Lübecker Lebensläufe

aus neun Jahrhunderten

herausgegeben von Alken Bruns

Karl Wachholtz Verlag Neumünster

Im Auftrag der
Gesellschaft für Schleswig-Holsteinische Geschichte
und des Vereins für Lübeckische Geschichte und Altertumskunde

Umschlagentwurf: Ingrid Thern-Steinhaus

ISBN 3 529 02729 4

GELEITWORT

Lübecker aus neun Jahrhunderten – es gibt verschiedene Wege, auch dem Menschen der Gegenwart mit einem mehr oberflächlichen Geschichtsverständnis die zeitliche Tiefendimension der Geschichte nahezubringen. Hier wird es am Beispiel der Biographie versucht, indem zugleich in den ausgewählten Lebensläufen sowohl lübeckische Eigentümlichkeit als auch die Assimilationsfähigkeit der Lübecker fern der Heimat hervortritt.

Neugier, die Lebensläufe von Mitmenschen auch vergangener Zeiten kennenzulernen, gehört wohl zu den charakteristischen Eigenschaften der Menschheit. Den Lebensmut, die Durchsetzungkraft, die Leistung, aber wohl auch die Skurrilität mag man an andern bewundern; die früher vielgerühmte Vorbildfunktion großer Persönlichkeiten ist jedoch unwiederbringlich dahin. Ein Verlust für uns Gegenwärtige? Aber Vergleiche wird man ziehen, Einsichten gewinnen, Unbekanntes entdecken können oder auch Bekanntes richtiggestellt finden. Ja, der Biographie darf auch Unterhaltungscharakter nicht abgesprochen werden. So schlüpft vielleicht lübeckische Historie ganz unauffällig ins Bewußtsein des Lesers, umsomehr als die Lebensdarstellungen hier nicht im lexikalischen Telegrammstil, sondern eher erzählend gestaltet sind.

Bedeutende Lübecker enthält diese Sammlung – was ist nun aber „bedeutend"? Kann Bedeutung, oder vielleicht sogar „Größe", überhaupt objektiv erfaßt werden? Ist hier nicht immer das individuelle Urteil des Lesers oder auch die Vorstellungswelt dessen, der die Auswahl zum Abdruck getroffen hat, ausschlaggebend? Erhält jemand nicht gar durch Aufnahme in eine solche ausgewählte Sammlung erst Gewicht und Berühmtheit? Spielt nicht auch die Überlieferung eine Rolle? Man wird die Frage nicht beantworten können.

Jedoch kommt uns zu Hilfe, daß die vorliegenden Lebensläufe alle von Personen aus Lübeck absolviert worden sind, also mindestens Vergleichskriterien aufgrund des vielleicht eigentümlich prägenden Herkunftsortes bei der Hand sein sollten. Hinzu kommt, daß es sich bei Lübeck, wie ja wohl feststeht, um ein Objekt besonderen geschichtlichen Formats handelt, und Städte überdies nach Ahasver von Brandt „Zellen sind, in denen sich das geistige Leben am stärksten verdichtet" hat, ja sich seiner Meinung nach in ihnen auch „eine besondere geistige Atmosphäre der sie umgebenden Landschaft, der Geist ihres näheren Kulturraums" konzentriert. Während also hier, so sollte man denken, allein schon prozentual eine große Schar interessanter und geistig regsamer Menschen zu erwarten ist, beruht auf dieser Summe besonderer Menschen zugleich die Bedeutung des Stadtwesens selbst: es hat sie angelockt; ein gewisser „Überschuß" wurde auch abgegeben. – Daß der Begriff „Bedeutung" nicht durch sittliche Wertung verengt werden darf, um die Fülle des Lebens zu fassen, ist selbstverständlich, und so sind auch „Negativ"-Personen in diese Sammlung aufgenommen worden.

Lübecks Bedeutung im Mittelalter mag also in Wechselwirkung mit der Zahl bedeutender Persönlichkeiten gestanden haben, auch wenn bekanntlich gerade die offiziösen Chronisten aus bestimmten Gründen Individuen weniger hervorgehoben haben. Dies spiegelt sich auch in der relativ geringen Zahl der Biographien jener Zeit. Mit dem Abklingen des politischen und wirtschaftlichen Einflusses ist ein Abwandern der Tüchtigen aus der Travestadt zu verzeichnen, die als eng und weit zugleich empfunden worden ist: man flieht sie, man sucht sie auf. Es ändern sich natürlich auch die Wirkungsfelder: in einem provinzieller werdenden Stadtwesen sind überragende Juristen und Politiker auf die Dauer wohl kaum zu halten. In Kontemplation und Zurückgezogenheit schaffende Personen dagegen, wie Theologen, Musiker usw., mögen eine Oase der Ruhe, wie es die Travestadt z. B. im 18. Jahrhundert gewesen ist, aufgesucht haben. Eine Stadt im Aufbruch hat dagegen viele Begabungen angezogen. Eine Stadt mit ausgeprägt wirtschaftspolitischem Charakter wie Lübeck ist aber wiederum auch nicht eben der günstigste Ausgangspunkt für brotlose Künste gewesen. Jedoch mag eine Stadt mit nicht ganz so festgefügter sozialer Gliederung zu Zeiten auch Aufsteigern Entwicklungsmöglichkeiten geboten haben; eine Großstadt – und das war Lübeck schon im Mittelalter (und damals auch Zentrum mit weitreichender Anziehungskraft) – bedarf eben menschlichen Erfindungsgeistes und der Initiative auf vielen Gebieten.

Mit dem Verlust der unabhängigen Vormachtstellung im Ostseeraum der frühen Neuzeit begann sodann der Prozeß des Hereinwachsens der Travestadt in das deutsche Reich als großes Ganzes, in dem sie freilich nur noch die Rolle einer Provinzgröße spielen konnte. Die landschaftlich eigentümlich norddeutsch geprägte Persönlichkeit, ja das typisch Lübeckische an ihr mag mehr hervorgetreten sein, und auch die Wertigkeit von „Bedeutung" ist selbstverständlich abhängig vom Zeitgeist. Zu berücksichtigen ist natürlich auch die allgemeingeschichtliche Entwicklung, die Lübeck zum Prototyp eines bürgerlichen Gemeinwesens gemacht hat – Darstellungsobjekt und zugleich Nährboden eines Thomas Mann.

Neben der Vielfältigkeit und dem Zufall der Geschichte darf natürlich auch nicht die unterschiedliche Quellenüberlieferung außer acht gelassen werden, an der eigentlich alles hängt. Überdies haben die Geisteswissenschaftler als Biographen und als Biographierte traditionell einen Vorsprung, z. B. vor den Technikern, die sich schriftlich weniger gut artikuliert haben.

An erster Stelle, so suggeriert – wohl mit Recht – die vorliegende Auswahl, haben in Lübeck immer die Juristen, die Bürgermeister, die Senatoren, die Syndici oder auch die Politiker gestanden, sodann sind es die bildenden Künstler gewesen, unter ihnen besonders die Maler, die hier ihr förderndes und anregendes Publikum gefunden haben; für Literaten war Lübeck ein wohl weniger günstiges Pflaster. Theologen, Kaufleute, Architekten stehen an dritter Stelle, und dann folgen die Historiker, die Ärzte, die Naturwissenschaftler. Hervorgebracht hat Lübeck Wissenschaftler aller Forschungsbereiche bis hin zu Ägyptologen und Ethnologen. Einzelbeispiele, wie sie mit einem Kriminologen vielleicht für eine Stadt typisch, mit einem Landwirt aber völlig unüblich sind, bereichern das vielfältige Bild. Zahlenmäßig gering sind die Frauen vertreten, was aber in der

nun einmal unverrückbaren geschichtlichen Entwicklung einer jahrhunderte-
langen Arbeitsteilung zwischen den Geschlechtern begründet ist.

Bei den vorliegenden Lebensläufen, durch die der Verein für Lübeckische Geschichte und Altertumskunde – hoffentlich wie erwartet – Kenntnis und Interesse für die individuelle und dennoch übergreifende lübeckische Geschichte
fördern möchte, handelt es sich um eine Auswahl aus vorhandenen und künftigen Bänden des Biographischen Lexikons für Schleswig-Holstein und Lübeck.
Dessen für Lübeck zuständiger Redakteur, Dr. Alken Bruns, hat sie besorgt und
wird über den lübeckischen Anteil des Lexikons und die Entstehungsgeschichte
dieser Sammlung im folgenden Auskunft geben. Ist es schon schwer, aus der
großen Zahl der durch besondere „Taten" überlieferten Lübecker eine Auswahl
zu treffen, so ist dies für den vorliegenden Band natürlich besonders verwegen, –
möge sich eine anregende Diskussion ergeben!

Da hier, wie auch sonst ins Lexikon, nur natürliche Personen aufgenommen
werden, ist der Ruhm eines Abdruckes leider verdienstvollen Einrichtungen
versagt: das gilt ganz besonders für die in Lübeck so typischen Stiftungen. So sei
hier vor allem der Possehl-Stiftung, sodann ebenfalls der Reinhold Jarchow-Stif-
tung für die Finanzierung dieses Bandes gedankt. Es ist aber auch an der Zeit,
dem Senat der Hansestadt Lübeck, Amt für Kultur, Dank für die schon seit über
zehn Jahren übernommene Finanzierung der Verfasserhonorare der Artikel und
für die Verleihung des Hausrechts an den Redakteur des Lexikons im Archiv der
Hansestadt Lübeck auszusprechen. Darüber hinaus hat sich das Amt für Kultur,
von dem die erste Anregung zu diesem Buch kam, auch an den Druckkosten beteiligt. Schließlich befindet sich aber auch die Hansestadt Lübeck in einer Dan-
kesschuld gegenüber der Gesellschaft für Schleswig-Holsteinische Geschichte
(und damit indirekt dem Land Schleswig-Holstein) für die Stellung des Redak-
teurs, dessen ausdauernde, geduldige und qualitätvolle Arbeit hier rühmend
hervorgehoben werden soll.

Lübeck, im April 1993   Graßmann

VORBEMERKUNG

Bis zum Jahre 1979 hat es für Lübeck kein eigenes biographisches Nachschlagewerk gegeben. Die großen überregionalen Lexika, die Allgemeine Deutsche Biographie (ADB) und die Neue Deutsche Biographie (NDB), enthalten auch Lübecker Artikel, aber nicht über Personen, die eher lokale Bedeutung gehabt haben, so daß gerade bei diesen ein besonderer Informationsbedarf besteht. Die ADB ist von 1875 bis 1912 entstanden, sie dokumentiert den Wissensstand ihrer Zeit und ist auch in ihren Auswahlkriterien und der Form der Artikel von ihr geprägt. Die modernere, seit 1953 entstehende NDB enthält wiederum weniger Lübecker Artikel als noch die ADB und ist zudem über Band 16 mit dem Anfangsbuchstaben M bisher nicht hinausgelangt. So erschien ein eigenes biographisches Sammelwerk, das auch über historische Lokalgrößen informiert, lange als ein Desiderat der Lübecker Geschichtsforschung; Ahasver von Brandt, der damalige Direktor des Archivs, bezeichnete es 1954 als die wohl wichtigste historiographische Aufgabe in Lübeck.

Diese Lücke wird nun kontinuierlich durch das „Biographische Lexikon für Schleswig-Holstein und Lübeck" geschlossen, dessen Redaktion seit 1979 in Abstimmung mit dem Verein für Lübeckische Geschichte und Altertumskunde einen Mitarbeiter im Archiv der Hansestadt Lübeck beschäftigt. Das Nachschlagewerk, dessen erste fünf Bände von 1970 bis 1979 als „Schleswig-holsteinisches Biographisches Lexikon" erschienen, nimmt seit 1979 Lübecker Persönlichkeiten aus der gesamten Zeit der Eigenstaatlichkeit der Stadt vor 1937 auf. Um Lübecks eigene Geschichtlichkeit deutlich werden zu lassen, wurde es in „Biographisches Lexikon für Schleswig-Holstein und Lübeck" umbenannt. Unter diesem Titel sind seitdem die Bände 6 bis 9 erschienen, die zahlreiche Lübecker Biographien enthalten.

Als vom Amt für Kultur der Hansestadt Lübeck die Anregung kam, 1993 anläßlich der 850-Jahrfeier Lübecks als zehnten Band des Lexikons eine Sammlung neuer, ausschließlich lübeckischer Artikel zu publizieren, mußte die Redaktion des Lexikons abwinken; ein solches Projekt hätte sich schon aus Gründen fehlender Arbeitskapazität in der verfügbaren Zeit nicht realisieren lassen, ganz abgesehen davon, daß es schlecht in das Konzept des ganzen Werks gepaßt hätte. Dagegen erschien es möglich, aus Nachdrucken von Artikeln aus früheren Lexikonbänden und Vorabdrucken aus dem in Vorbereitung befindlichen Band 10 eine Lübeck-Auswahl zusammenzustellen. Dieser Plan fand Zustimmung bei der Gesellschaft für Schleswig-Holsteinische Geschichte und dem Verein für Lübeckische Geschichte und Altertumskunde, in deren gemeinsamem Auftrag das Lexikon erscheint, bei dem Verlag, der es traditionell betreut, und nicht zuletzt bei den Autoren der Artikel, die die Genehmigung zur Verwendung ihrer Arbeiten für diese Sammlung erteilten. Ihnen allen sei herzlich gedankt.

Die Beschränkung auf Nachdrucke und Vorabdrucke aus dem Biographischen Lexikon setzt der vorliegenden Auswahl naturgemäß Grenzen. Von den für das Biographische Lexikon insgesamt vorgesehenen Lübecker Biographien liegt zum gegenwärtigen Zeitpunkt erst ein kleiner Teil gedruckt vor, viele wichtige Namen fehlen noch. Wann eine Biographie für das Lexikon entsteht, ist abhängig vom jeweiligen Forschungsstand, der Zugänglichkeit der Quellen und vor allem davon, ob sich ein sachkundiger Autor für den jeweiligen Artikel finden läßt. Deshalb enthalten auch die einzelnen Bände des Biographischen Lexikons jeweils Artikel aus dem gesamten Alphabet, und das Gesamtwerk wird durch ein kumulierendes Inhaltsverzeichnis am Ende des jeweils letzten Bandes erschlossen. Die 138 Lübecker Biographien, die in der vorliegenden Sammlung enthalten sind, sind also eine Auswahl aus dem bisher Vorhandenen und deshalb notwendigerweise zufällig, eine bunte Mischung, in der der Leser wichtige Namen findet und andere vermissen wird, in der er Bekannte wiedertrifft, aber auch Neuentdeckungen machen kann. Auf keinen Fall darf sie als endgültige und repräsentative „Lübeckische Biographie" mißverstanden werden.

Die einzelnen Artikel sind in einem Zeitraum von über zwanzig Jahren entstanden und geben jeweils den Kenntnisstand aus der Zeit ihrer Entstehung bzw. ihres Erstdrucks im Biographischen Lexikon wieder. Es wäre wohl wünschenswert gewesen, ältere Artikel neu zu überarbeiten und zumindest die Verzeichnisse der Forschungsliteratur auf den heutigen Stand zu bringen, doch hätte das dann bei allen Artikeln, die hier im Nachdruck erscheinen, geschehen müssen, was sich schon aus Zeitgründen verbot. Den Autoren, die einen aktualisierten Neudruck lieber gesehen hätten, sei hier besonders gedankt, daß sie den unveränderten Nachdruck trotz ihrer Vorbehalte gestattet haben. Damit aber auch der Benutzer dieses Buches erkennen kann, ob es sich um einen älteren Artikel handelt, wurde im Inhaltsverzeichnis nach dem Verfassernamen der Band des Biographischen Lexikons angegeben, aus dem der Artikel stammt. Bei Artikeln ohne diese Angabe handelt es sich um Vorabdrucke aus dem 10. Band. Eingearbeitet wurden lediglich Ergänzungen und Korrekturen, die zu einzelnen Artikeln in späteren Lexikonbänden abgedruckt wurden. Darüber hinaus wurden im Interesse der Einheitlichkeit dieser Sammlung nur kleinere Anpassungen vorgenommen, die der Weiterentwicklung der redaktionellen Normen seit den Anfängen des Lexikons Rechnung tragen. Auf Artikel im Biographischen Lexikon wird mit dem Hinweis „s. SHBL ..." (für: Schleswig-Holsteinisches Biographisches Lexikon), auf Artikel innerhalb dieser Sammlung wie üblich mit „(s. d.)" verwiesen.

Abschließend sei drei Personen für ihr beständiges Interesse am Zustandekommen dieses Buches namentlich gedankt: Dr. Antjekathrin Graßmann im Archiv der Hansestadt Lübeck, dem Redakteur des Biographischen Lexikons in der Landesbibliothek in Kiel, Hartwig Molzow, und dem Herausgeber Professor Dr. Dieter Lohmeier, letzteren beiden besonders für vielfache praktische Hilfe bei Vorarbeiten und Drucklegung.

Alken Bruns

INHALTSVERZEICHNIS

(Hinter dem Verfassernamen Band des Erstdrucks des Artikels im Biographischen Lexikon für Schleswig-Holstein und Lübeck)

AEREBOE, *Albert* Eginhard Ernst Hans, geb. 31. 3. 1889 Lübeck, gest. 6. 8. 1970 ebd., begr. 10. 8. 1970 Wenningstedt auf Sylt; ev. – Maler.

Eltern: Hans Heinrich Carl Aereboe, geb. 4. 2. 1851 Kisdorf, Kr. Segeberg, gest. 18. 5. 1934 Lübeck, Pastor am Lübecker Dom; *Lina* Laura Elisabeth geb. Pohrt, geb. 20. 8. 1856 Riga, gest. 1. 9. 1945 Lübeck.

Ehefrau: Marie Karoline *Julie* Katz, geb. 13. 7. 1888 Bremen, gest. 1927 Kassel; verh. 5. 8. 1922 ebd.; Tochter d. Karl Leupold Katz u. d. Elvire geb. Schellhaß; Textilkünstlerin.

Keine Kinder.

Ae. besuchte von 1896 bis 1900 das Katharineum in Lübeck, danach die Realschule am Johanneum bis Abschluß der Tertia. Von 1906 bis 1909 machte er bei dem Dekorationsmaler Paul Gathemann in Berlin eine handwerkliche Lehre als Kirchendekorationsmaler durch, anschließend studierte er an der Berliner Kunstgewerbeschule. 1912 ging er wieder nach Lübeck, wo er in den folgenden zwei Jahren, unterbrochen von einer Studienreise nach Livland und Moskau, die private Kunstschule des Malers und Konservators Leo v. Lütgendorff besuchte. Auf dessen Vermittlung ging er 1914 an die Bayerische Kunstakademie nach München, wo er Schüler in der Malklasse Hugo v. Habermanns wurde. Von 1916 bis 1918 war Ae. Kriegsteilnehmer. Danach ließ er sich in Lübeck als freischaffender Künstler nieder. Nachdem er schon während der Ausbildungszeit mit Ausstellungen vornehmlich im norddeutschen Raum hervorgetreten war, wurde er 1919 zum Leiter für Monumentalmalerei an die Staatliche Kunstschule in Kassel berufen. Dort lernte er seine Frau Julie Katz kennen, die die Textilklasse der Schule leitete. 1925 gab Ae. seine Lehrtätigkeit auf und übersiedelte nach List auf Sylt, um dort ausschließlich freischaffend tätig zu sein, seit 1927 in einem eigenen Atelierhaus in der Dünenlandschaft. Noch im gleichen Jahr starb seine Frau, ein einschneidendes Ereignis von großer Auswirkung auf sein Schaffen. In den dreißiger Jahren war Ae. abwechselnd in List und Berlin tätig, wo er sich 1934 ein zweites Atelier einrichtete. 1939 übersiedelte er endgültig zu seiner Schwägerin Gretchen Dwerhagen nach Berlin. Nach der Zerstörung seines Ateliers durch Bomben und dem Verlust des Großteils seines Werkes im Jahre 1943 zog er mit seiner Schwägerin in deren Haus nach Kampen auf Sylt. Nach Gretchen Dwerhagens Tod im Jahre 1959 kehrte er nach Lübeck zurück, wo er seine letzten Lebensjahre verbrachte.

Ae.s Gesamtwerk, Landschaften, Stilleben, Porträts, spiegelt einen weiten Bogen stilistischer Möglichkeiten des 20. Jh. vom Impressionismus über Jugendstil, Expressionismus, Konstruktivismus, Neue Sachlichkeit bis hin zur abstrakten Malerei wieder. Schon darin zeigt sich, daß Ae. nicht zum stilistisch Neuen tendierte; er war kein Avantgardist, sondern zog die introvertierte Beschäftigung mit bereits vollzogenen stilistischen Entwicklungen vor. Daher offenbart sich sein Rang auch eher im Einzelwerk als im Gesamtschaffen. Während die Arbeiten der ersten Ausbildungszeit bis 1913 sich am akademischen Naturalismus und auch am Impressionismus orientierten und eher als ein Suchen nach eigenen Ausdrucksmöglichkeiten denn als künstlerische Selbstverwirklichung zu sehen sind, zeigen die zwischen 1914 und 1919 entstandenen Werke bereits ein

Albert Aereboe
Foto von J. Appel, um 1930

eigenes Gepräge. Diese von Jugendstil, Münchner Moderne, von van Gogh und Ferdinand Hodler beeinflußte Stilphase, die formal durch starke Farbigkeit, dunkle Kontur und durch dekorative flächige Gestaltung auffällt, zeigt auch die für spätere Arbeiten gültigen Wesensmerkmale: eine eigentümliche träumerische Inhaltlichkeit, das Zusammenspiel von Vision und Wirklichkeit und die Verwendung von eigenen Symbolchiffren. Die bedeutendsten Werke dieser Periode sind die Ölgemälde „Im Frühling" (um 1915) und „Selbstbildnis" (1916). Nach 1920 folgten Arbeiten, die sich einer mehr expressiven Formensprache bedienten. Ganz unvermittelt wandte Ae. sich 1922 dem Konstruktivismus zu. Mitte der zwanziger Jahre fand er dann zu einem künstlerischen Ausdruck, der in Konzeption und Durchführung ganz seinem Wesen entsprach. Mit seinen der Neuen Sachlichkeit zuzurechnenden Werken wurde er nun zum Mitgestalter einer neuen künstlerischen Sehweise. Etwa von 1924 an entstanden Arbeiten in einer stofflich-realistischen Malweise, die alltägliche Dinge in altmeisterlicher Manier präsentierten. Ausgehend von der banalen Erscheinungsform von Gegenständen des täglichen Gebrauchs, die aus ihrer gewohnten Umgebung herausgelöst wurden, suggeriert das Dargestellte ein geheimnisvolles Eigenleben. Vermittelt werden so allgemeingültige Zusammenhänge. Die Gestimmtheit der Werke ist melancholisch. Die bedeutendsten Arbeiten dieser mit dem Begriff

Magischer Realismus zu umschreibenden Stilphase sind „Selbstbildnis in der Turmstube" (1924), „Porträt Dr. F. Bonhoff" (1924), „Die rote Jacke" (1924), „Der Blumenstrauß" (1926), das Hauptwerk „Der Einsiedler" (1927) sowie „Julies blauer Malerkittel" (1927) und „Das tote Lamm" (1928).

Die neusachliche Stilphase endete um 1930. Danach trat eine malerische Lokkerung bis etwa 1945 ein. Ae. beschäftigte sich in dieser Zeit hauptsächlich mit Auftragskunst. Nach dem Zweiten Weltkrieg vollzog sich in seinem Schaffen erneut ein radikaler Wandel, Ae. beschäftigte sich jetzt mit gegenstandsloser, konstruktivistischer Malerei. Vorbild war dabei Picasso, dessen Werk ihn schon auf einer Parisreise 1930 beeindruckt hatte und mit dem er sich auch theoretisch auseinandersetzte. Es sind wohlkalkulierte, flächige, oft mit figurativen Elementen durchsetzte Kompositionen, die durch erlesene Farbigkeit einen eher heiteren Charakter zeigen. Ae.s künstlerischer Rang aber offenbart sich vor allem in den neusachlichen Werken der zwanziger Jahre, mit denen er in die Reihen der europäischen Avantgarde vorrückte. Sie bilden einen eigenständigen Beitrag, der das Spektrum des neusachlichen Realismus erweiterte, während die Werke der anderen Schaffensphasen eher von regionaler Bedeutung sind. – Professorentitel 1923 durch das Preußische Handelsministerium Berlin. – Kunstpreis d. Landes Schleswig-Holstein, 1958. – Ehrenbürgerschaft Kampen auf Sylt, 1959. – Ehrenplakette d. Hansestadt Lübeck, 1964.

Quellen: Verz. b. Maaß-Spielmann (s. Lit.). – Briefe an E. Hablik-Lindemann (Privatbesitz Itzehoe, Wenzel-Hablik-Haus).
Nachlaß: Gemälde, Zeichnungen, Briefe, Selbstdarstellungen in Lübecker Privatbesitz (A. Tillmann). – Entwürfe z. Restaurierung d. Lübecker Domkirche m. Schriftwechsel im AHL.
Werke u. Veröffentlichungen: Verz. b. Maaß-Spielmann (s. Lit.). *Hauptwerke:* Im Frühling, um 1915 (Kiel, Kunsthalle). – Selbstbildnis, 1916 (SHLM). – Selbstbildnis in d. Turmstube, 1924 (MusKK). – Die rote Jacke, 1924 (MusKK). – Der Blumenstrauß, 1926 (Kiel, Kunsthalle). – Der Einsiedler, 1927 (ebd.). – Julies blauer Malerkittel, 1927 (SHLM). – Das tote Lamm, 1928 (MusKK). – Blick zu d. Sternen, 1958 (SHLM).
Literatur: B. Maaß-Spielmann, Der Maler A. Ae., 1889–1970, Kiel 1983 (Schrr. d. Kunsthalle zu Kiel 9); m. Literaturverz. – Danach erschienen: H. Lungagnini, A. Ae., in: Weltkunst 54 (1984), H. 19, S. 2632–2635.
Porträts: Selbstbildnisse: Gemälde, 1914 (Privatbesitz Neustadt); 1916 (SHLM); 1924 (MusKK); um 1926 (Privatbesitz Iserlohn); 1949 (Kurverwaltung Kampen auf Sylt); Kohlezeichnung, 1958 (Privatbesitz Bln.) (alle Selbstbildnisse sowie Fotos aus d. Jahren 1914–1963 abgeb. b. Maaß-Spielmann, s. Lit.). – Büste v.A. Gonda, um 1940 (MusKK). – Foto, 1957, b. G. Bettermann / W. Rieger, Gruppe Schl.- Holst. 1956, Schleswig 1958. – Foto v. J. Appel, um 1930 (MusKK), Abb. (Ausschnitt) s. S. 16.

Brigitte Maaß-Spielmann

Heinrich Jacob Aldenrath
Gemälde von F.C.Gröger, um 1800

ALDENRATH, Heinrich Jacob, geb. 17. 2. 1775 Lübeck, gest. 25. 2. 1844 Hamburg; ev. – Maler, Miniaturist, Lithograph.

Eltern: Matthäus Daniel Aldenrath, geb. 20. 10. 1745 Lübeck, gest. 13. 5. 1813 ebd., Golddrahtfabrikant; Sophie Magdalena Elisabeth geb. Balck, geb. 1751 Rhena (Mecklenburg), gest. 1826.
Unverheiratet.

Über A.s Schulbildung ist nichts bekannt. Seinen ersten Unterricht als Maler erhielt er in Lübeck bei Johann Jacob Tischbein. In den späten achziger Jahren machte er die Bekanntschaft des neun Jahre älteren F. C. Gröger (s. d.), der sich damals als Miniaturmaler in Lübeck niederließ und A. künstlerisch förderte. Mit ihm verband A. von nun an eine enge Zusammenarbeit und lebenslange Freundschaft. Zusammen mit Gröger ging er im Herbst 1788 nach Berlin, um an der dortigen Akademie zu studieren. Die Ausstellung einer Miniatur in der Zeichenklasse der Akademie im Jahre 1791 läßt vermuten, daß sich A. dort besonders im Zeichnen ausgebildet hat. Nach dem Berliner Aufenthalt ließen sich die beiden Freunde zuerst in Hamburg, dann in Lübeck nieder. Im Jahre 1798 unternahmen sie eine Studienreise nach Dresden. Danach kehrten sie nach Lübeck zurück, wo sie ein gemeinsames Atelier in der Königstraße errichteten, in dem sie bis 1806/07 arbeiteten. In Lübeck konnten sie viele Aufträge für Porträts übernehmen, die A. als Miniaturen (Silberstift, Deckfarben) ausführte, während Gröger – als Folge einer 1802 unternommenen gemeinsamen Studienreise nach Paris – immer mehr zur Bildnismalerei in Öl überging. Neben dem Lübecker Bürgertum gehörte nun auch der holsteinische Landadel zu den Auftraggebern. Es folgten mehrjährige Aufenthalte in Dänemark, wo sich die beiden Freunde von 1807/08 bis 1809 und von 1812/13 bis 1815 als Maler des dänischen Adels und der königlichen Familie einen Namen machten. A. soll König Friedrich VI. dreizehnmal porträtiert haben. Nach den Wirren der Befreiungskriege siedelten die beiden Maler 1815/16 nach Hamburg über, das nun ihr fester Wohnsitz wurde und wo sie viele Bildnisaufträge vom hamburgischen Patriziat erhielten. Seit 1818 trat A. als Bildnislithograph der Hamburger Steindruckerei Michael Speckters hervor, selbständig und gemeinsam mit Gröger. Von A.s eigenhändig geschaffenen Lithographien wurden besonders die Bildnisse der Grafen Chr. und F. L. Stolberg (s. SHBL, 1, S. 257–263) bekannt, die als Titelblätter zu deren Schriften Verwendung fanden, sowie das Bildnis Grögers. In den gemeinsam mit Gröger geschaffenen Lithographien kam es zu einer so engen künstlerischen Symbiose, daß eine Scheidung der Hände nicht mehr möglich ist. Die Zusammenarbeit der beiden Künstler und ihr gemeinsames Atelier waren inzwischen zu einem Begriff geworden, so daß sie ihre gemeinsamen Arbeiten mit der Bezeichnung „Gröger & Aldenrath in Hamburg" versahen. Nach dem Tod Grögers (1838), der ihn zum Erben einsetzte, arbeitete A. noch eine Zeitlang allein weiter, bis er sich 1842 zu Verwandten nach Holstein zurückzog. Er starb 1844 in Hamburg und wurde auf dem St. Michaelis-Kirchhof vor dem Dammtor neben seinem Freund Gröger begraben.

A. war zu seiner Zeit zusammen mit Gröger einer der angesehensten Bildnismaler Norddeutschlands. Er ist besonders als Miniaturmaler hervorgetreten. Die

Künstlerlexika aus der Mitte des 19. Jh. heben bei seinen Porträts besonders die sorgfältige Ausführung und die treffende Charakteristik der Dargestellten hervor. In seinem frühen Werk überwiegen – wie bei Gröger – Silberstift- und Sepiazeichnungen; später wandte er sich immer mehr der Deckfarbenminiatur zu, in der er es zu großer Meisterschaft brachte. Bei diesen Miniaturen wurden besonders die natürliche Haltung der Dargestellten und die Wärme des Kolorits gerühmt. Besonders gut gelangen A. Porträts von Frauen. Hervorragendes hat er schließlich – auch zusammen mit Gröger – in seinen Bildnis-Lithographien geleistet, die von Goethe 1821 lobend erwähnt und von dem Neuen allgemeinen Künstler-Lexikon (s. Qu.) zu den „vollendetsten Erzeugnissen dieser Kunst" gezählt wurden.

Quellen: AHL: Adreßbücher 1799–1805. – L. Thiesen, Veiviser for Kjøbenhavn for aarene 1815 og 1816. – StA Hamb.: Hamburgisches Adreßbuch 1816 ff.; Testamente (alphabetische Serie) Nr. 5040 m. Zusatz v. 3. 8. 1830 (F. C. Gröger) u. Nr. 1518 (H. J. A.); Erbschaftsamt Serie I Nr. 408 (Legat an Lina Gröger, Pflegetochter Grögers). – Einige Nachr. v. d. Bildung d. Malers Gröger zum Künstler, in: Der Genius d. 19. Jh. 4, 1802 (Neudr. Nendeln 1972), S. 103–134. – J. W. v. Goethe (u. H. Meyer), Über Lithographie u. lithographische Blätter, in: Über Kunst u. Altertum 3 (1821), H. 2, S. 97–136, bes. 135 f. – Kunst-Blatt, redigiert v. L. Schorn, Stgt. u. Tübingen 1820, S. 68, 300, 411; 1822, S. 375. – H. H. Füssli, Neue Zusätze zu d. allg. Künstlerlexicon, H. 1, Zürich 1824, S. 50. –N. H. Weinwich, Dansk, Norsk og Svensk Kunstner-Lex., Kop. 1829, S. 7. – G. K. Nagler, Neues allg. Künstler-Lex., 1, Lpz. 1835, S. 48. *Werke:* Verz. in: Allg. Künstlerlex. 1983 (s. Lit.), 1, Sp. 934, u. in: P. Vignau-Wilberg, Der Maler F. C. Gröger (s. Lit.), S. 275; Lithos mit F. C. Gröger vgl. ebd. S. 221–252. – Ferner die Miniaturen: Daniel Good, Mary Ann Good, Henriette Duntzfeld (Kop., Kunstindustrimuseet); August Wilhelm Pauli (Hbg., Kunsthalle); Karl Sieveking (Privatbesitz Hbg.); Friedrich Gottlieb Klopstock (Privatbesitz München). *Literatur:* ADB, 1, S. 327. – DBL, 1, S. 235 f. – DBL 3. Ausg., 1, S. 113 f. – J. Meyer (Hrsg.), Allg. Künstler-Lex., 1, Lpz. 1872, S. 254 f. – Th. Gaedertz, Kunststreifzüge, Lübeck 1889, S. 197. – E. Zimmermann (Hrsg.), Gesch. d. Lithographie in Hamburg, Hbg. 1896, S. 25–28. – A. Lichtwark, Das Bildnis in Hamburg, 2, Hbg. 1898, S. 86–88, 93. – Ausstellung dt. Kunst aus d. Zeit v. 1775–1875 in d. kgl. Nationalgalerie 1906. Hrsg. v. Vorstand d. dt. Jh.ausstellung, München 1906, Bd. 1, S. 15 (Abb.en), Bd. 2, Nr. 647. – Th.-B., 1, S. 243 f. – K. Schaefer, F. C. Gröger u. seine Zeit, in: Jb. d. MusKK 2/3 (Lübeck 1915), S. 30–40. – Weilbach, 1, S. 20. – H. Berner Schilden Holsten / A. Fabritius, Lensbaron Hans Berner Schilden Holstens Slægtebog, Bd. 2, 1, Kop. 1955, S. 432 f., 505 f. – L. Martius, Die schl.-holst. Malerei im 19. Jh., Neumünster 1956, S. 77 f., 80 f., 135. – Kat. d. Meister d. 19. Jh. in d. Hamburger Kunsthalle, bearb. v. E. M. Krafft u. C.-W. Schümann, Hbg. 1969, S. 68, Abb.en. – P. Vignau-Wilberg, Miniaturen v. H. J. A., in: Wagen 1969, S. 117–120, Abb.en. – Ders., Der Maler F. C. Gröger, Neumünster 1971, bes. S. 275. – Ders., H. J. A. Ein Hamburger Miniaturmaler u. Bildnislithograph, in: Weltkunst 56 (1986), H. 18, S. 2492 f. – A. Götze, Hamburger Steindrucke in Goethes Kunstslg., in: Philobiblon 14 (1970), S. 143–151. – Allg. Künstlerlex., hrsg. v. G. Meißner u. a., 1, Lpz. 1983, Sp. 934 f. *Porträts:* Von F. C. Gröger gemalte Bildnisse A.s verz. u. abgeb. in: P. Vignau- Wilberg, Der Maler F. C. Gröger (s. Lit.), Nr. 24, 35, 152, 154, 340, L 10 (Litho); Doppelbildnisse zus. m. Gröger: Nr. 57, 58. – Doppelbildnis m. Gröger, Abb.: Der Genius d. 19. Jh. (s. Qu.), S. 130. – Zeichnung v. R. Suhrlandt (1930 Bln., Nationalgalerie). – Selbstbildnis (Zeichnung) (Dresden, Staatliche Kunstslg.en). – Gemälde v. F. C. Gröger, um 1800 (MusKK), Abb. s. S. 18.

Peter Vignau-Wilberg

ANTHES, *Otto* Wilhelm Johannes Eugen (Ps.: Eugen Thossan), geb. 7. 10. 1867 Michelbach a. d. Ahr (Nassau), gest. 19. 11. 1954 Wiesbaden; ev. – Lehrer, Schriftsteller.

Eltern: Eugen Heinrich Philipp August Christian Anthes, geb. 16. 2. 1837 Dillenburg, gest. 12. 10. 1917 Homburg v. d. Höhe, Pfarrer; *Auguste* Friedericke Wilhelmine Christiane geb. Schmidt, geb. 2. 2. 1838 Wiesbaden, gest. 29. 7. 1879 Kaub; Tochter d. Revisors Heinrich Schmidt.
Ehefrau: 1.) *Margarete* Sophie Ludovica Stockmann, geb. 27. 9. 1869 Burgörner, Landkreis Eisleben (Mansfeld), gest. 24. 12. 1930 Partenkirchen; verh. 29. 4. 1893. – 2.) *Georgette* Frida Johanna Westphal verw. Green, geb. 18. 3. 1889 Lübeck, gest. 16. 4. 1964 Wiesbaden; verh. 25. 8. 1938; Tochter d. Kaufmanns Hermann Siegfried Westphal.
Kinder: aus 1.) 1 Tochter.

A., zweites von sieben Kindern aus der ersten Ehe des Vaters, besuchte die Volksschule in Michelbach (1873–1875) und in Kaub (1875–1877). Durch Privatunterricht vom Vater vorbereitet, trat er zum Herbst 1881 in die Obertertia des Fürstlichen Landesgymnasiums zu Korbach (Waldeck) ein, wo er am 8. 4. 1886 die Reifeprüfung bestand. Anschließend bezog er die Univ. Leipzig, um Theologie und Philologie zu studieren. Ostern 1888 wechselte A. auf Rat des Vaters an die preußische Univ. Halle/Saale. Im Februar 1891 legte er die Staatsprüfung in den Fächern Religion, Hebräisch und Latein ab (sog. „Oberlehrerzeugnis"). Am 1. 4. 1891 trat A. die Stelle des vierten ordentlichen Lehrers an der Rektoratschule zu Weidenau a. d. Sieg – einer privaten Bürgerschule – an. Von 1892 bis 1893 leistete er in Halle/Saale seinen Militärdienst ab und wurde als Vizefeldwebel entlassen. In der Zeit von 1893 bis 1896 fand er als vorläufig angestellter Hilfslehrer Beschäftigung an verschiedenen Schulen in Altenburg (Herzogtum Sachsen-Altenburg). Zwischenzeitlich hatte er am 20. 1. 1894 an der Univ. Halle/Saale eine Ergänzungsprüfung im Fach Deutsch (für mittlere Klassen) bestanden. Von 1896 bis 1898 bekleidete A. seine erste Oberlehrerstelle an der städtischen höheren Töchterschule in Sondershausen (Fürstentum Schwarzburg-Sondershausen). Am 1. 7. 1898 wurde er als 2. Oberlehrer an der Zabelschen höheren Töchterschule in Gera fest angestellt. Seit 1. 4. 1903 lebte A. in der Freien und Hansestadt Lübeck als Oberlehrer, Studienrat (1919) und Oberstudienrat (1924) an der Ernestinenschule (höhere Mädchenschule mit Lehrerinnenseminar). Aus Gesundheitsgründen trat er zum April 1926 in den Ruhestand und betätigte sich fortan als freier Schriftsteller. 1936 zog A. nach Wiesbaden, von wo aus er 1943 wegen des Bombenkrieges auf das Gut eines Freundes nach Niederschlesien auswich. Als Flüchtling gelangte er 1945 an den Bodensee, kam von 1946 bis 1948 in Lübeck unter und lebte von 1948 bis zu seinem Tode erneut in Wiesbaden.

Mit einigen vieldiskutierten Schriften zur Neugestaltung des Deutschunterrichts machte sich A. nach der Jahrhundertwende zum Vorkämpfer der Bewegung der Reformpädagogik. Er stand in Verbindung mit der Hamburger Kunsterziehungsbewegung um Alfred Lichtwark und schrieb u. a. für Ferdinand Avenarius' „Kunstwart". In unmittelbarer Beziehung zu den Diskussionen auf dem Weimarer Kunsterziehungstag 1903 entstand die Schrift „Dichter und

Schulmeister", ein Beitrag über „die Behandlung dichterischer Kunstwerke in der Schule". Mit den Programmschriften „Der papierne Drache" und „Die Regelmühle", mit einer „Deutschen Sprachlehre für deutsche Kinder" und schließlich mit einer großen Zahl von Vorträgen und kleineren Beiträgen in Zeitschriften und Zeitungen trat A. dafür ein, den Deutschunterricht von toter grammatischer Terminologie zu befreien und eine lebendige, schülergerechte Sprach-, Literatur- und Kunsterziehung einzuführen.

Von dem geringen Erfolg seiner Reformbestrebungen enttäuscht, wandte sich A. um 1908 der Belletristik zu. Schon als Student hatte er zum Broterwerb und unter Pseudonym sog. Eisenbahnlektüre verfaßt, billige Unterhaltungsliteratur, die seit 1896 im Leipziger Verlag C. F. Tiefenbacher herauskam. 1897 war eine Novelle über seine Schulzeit auf dem Korbacher Gymnasium erschienen („Klosterjungen"), und 1912 publizierte A. einen Roman über seine Erfahrungen als Student und junger Lehrer („Heinz Hauser, ein Schulmeisterleben"). Vor allem aber widmete er sich seit 1908 dem Theater. Das Drama „Don Juans letztes Abenteuer" wurde zu einem europäischen Erfolg. In Wien 1909 uraufgeführt, ging es an mehr als 40 Bühnen in Szene. Auch die gleichnamige Oper – vertont von Paul Graener – wurde erfolgreich an mehr als 40 Opernbühnen gegeben.

Weiteren Bühnenwerken, vorwiegend Lustspielen, blieb der große Erfolg versagt, und nach dem Ersten Weltkrieg setzte A. sich vorwiegend organisatorisch und publizistisch für das Theater ein: als bürgerliches Mitglied der Theaterbehörde in Lübeck (1918–1933), als Mitgründer und Vorsitzender des Lübecker Volksbühnenvereins (1921–1933 und erneut bei der Neugründung 1946), als Vorsitzender der Literarischen Gesellschaft, als Mitglied im Ausschuß für die Freilichtbühne, schließlich als Schriftleiter verschiedener Kulturzeitschriften („Die Trese", „Die Salzspeicher"). Schriftstellerisch wandte er sich jedoch mehr dem Genre der historischen Novelle, der Anekdote und dem historischen Roman zu. In nahezu 100 Anekdoten, Novellen und kleinen Geschichten – „Miniaturen", wie sie im Titel einer der Sammlungen heißen – setzte A. sich mit der Geschichte Lübecks und spezifischen Eigentümlichkeiten seiner Bewohner auseinander. Sein humorvoll-distanziertes und zugleich sehr liebevolles Verhältnis zu Lübeck spiegelt sich auch in dem 1948 erschienenen und 1980 neu aufgelegten Roman über den Grafen von Chasot (s. d.) wider, der hier als ein Fremder und Zugewanderter, ein nachdenklicher und geselliger Lebenskünstler erscheint, wie A. selbst es war.

A.s erzählerisches Werk gehört nach Form und Thematik und mit seinen deutlich anti-intellektuellen, romantisierenden Zügen in den Rahmen der norddeutschen Heimatliteratur vom Anfang dieses Jh. Doch zeichnet es sich durch wohltuenden Humor, stilistische Eleganz und unaufdringliche Volkstümlichkeit aus: A. blieb auch als Heimatdichter Bohemien.

Der Lübecker Senat verlieh dem Oberlehrer A. 1909 den Titel „Professor" und benannte 1952 die Schule für musische Erziehung in „Otto-Anthes-Schule" (heute: Realschule sowie Grund- und Hauptschule).

Quellen: AHL: Personalakte O. A.
Nachlaß: Teile (Hss., Briefe, Fotos usw.) im AHL.
Werke in Auswahl: Pädagogische Schriften: Dichter u. Schulmeister, Lpz. 1904. – Der papierne Drache, Lpz. 1905. – Die Regelmühle, Lpz. 1906. – Erotik u. Erziehung, Lpz. 1908. – Deutsche Sprachlehre für deutsche Kinder, Lpz. 1909. – *Unterhaltungsliteratur:* Sternschnuppen. 10 Novellen, Lpz. 1896. – Möblierte Herren. Wanda, 2 Novellen, Lpz. 1897. – Beim Kommiß, Lpz. 1897. – Klosterjungen, Lpz. 1897. – Ledige Bräute, Lpz. 1899. – Das Marockche, Gera 1902. – *Bühnenwerke:* Don Juans letztes Abenteuer. Drama, Bln. 1909. – Ungedruckte Bühnenwerke im Nachlaß, AHL. – *Opernlibretti* (vertont v. Paul Graener): Don Juans letztes Abenteuer, 1909. – Frau Juttas Untreue. – Das Narrengericht. – Theophano, Bln. 1918. – Byzanz. Schwanhild. – *Romane, Novellen, Erzählungen, Gedichte:* Heinz Hauser, ein Schulmeisterleben, Lpz. [1912]. – Rund um die Erde zur Front. Dem Flüchtling nacherzählt, Bln. 1917. – Bunter Herbst. Gedichte, Lübeck 1917. – Lübische Geschichten, Tübingen [1922]. – Herzklostersee. Novelle, Tübingen [1923]. – Unter den sieben Türmen. Lübische Geschichten, Lpz. 1926. – Kapitänsgeschichten, Lübeck 1929. – Zum Reiche wöll'n wir stan. Historische Erzählungen, Köln 1941. – Lübeck, du seltsam schöne Stadt . . . Die lübischen Geschichten, Lübeck 1943 (4. Aufl. 1982). – Ein Kranz von Versen um die schönste Stadt, Lübeck 1947. – Der Graf v. Chasot, Bleckede 1948 (Neudruck Lübeck 1980). – Lübecker Miniaturen, Hbg. 1948. – Von Uschi zu Ursula, Kempen 1949. – *Hörspiele* (ungedr., v. Reichssender Hamburg gesendet): Wullenwever, 1932. – Das lübsche Stadtspiel, 1933. – Brahms auf dem Lübecker Dom, 1935.
Literatur: Kosch Lit., 1, S. 124. – J. Havemann, Gesch. d. schönen Literatur in Lübeck, Lübeck 1926, S. 120, 139, 152. – A. Bach, O. A. z. Gedenken, in: Nassauische Heimatbll. 46 (1956), H. 1, S. 27–31. – P. Guttkuhn, O. A. – Lehrer an d. Ernestinenschule, in: R. Saltzwedel (Hrsg.), Festschr. z. 175jährigen Bestehen d. Ernestinenschule, Lübeck 1979, S. 19–32. – Ders., O. A. in Lübeck, in: VBl 1979, S. 99–101; 1980, S. 3–5.

Porträts: Gemälde v. E. Linde-Walther in d. Otto-Anthes-Schule Lübeck. – Zeichnung v.
E. Stumpp, 1926, Abb.: Havemann (s. Lit.), S. 137 u. VBl 1979, S. 101. – Foto v. L. Christen-
sen, um 1910 (AHL, Nachlaß Anthes), Abb.: s. S. 22. – Zahlreiche Fotos im Nachlaß, AHL,
z. T. abgeb. in VBl 1979, S. 99–101.

Peter Guttkuhn

ARNOLD VON LÜBECK, gest. 27. 6. 1211/14. Benediktinerabt in Lübeck;
Chronist.

A. wurde 1177 Abt des in diesem Jahre in Lübeck gestifteten Johannisklosters
und war wohl zuvor, gleich den ersten Mönchen der Neugründung, Benedikti-
ner des Braunschweiger Ägidienklosters, dessen früherer Abt, Bischof Heinrich
von Lübeck (s.d.), der die Stiftung veranlaßte, ihm persönlich nahestand. Seine
Jugenderziehung erhielt A. vermutlich an einer Klosterschule Niedersachsens,
das als seine Heimat gelten darf. 1172 nahm er wahrscheinlich an der Pilgerfahrt
Heinrichs des Löwen ins Heilige Land teil. Beziehungen zum Kanzler Heinrichs
VI., Konrad von Querfurt, verschafften ihm wertvolle Nachrichten. Offenbar
stand A. auch Adolf III. von Holstein und Wilhelm von Lüneburg, dem jüngeren
Bruder Ottos IV., nahe, für den er nach Vollendung seiner Chronik Hartmann
von Aues Erzählung vom „guten Sünder" Gregorius als „Gregorius peccator" in
lateinische Verse übertrug.

Die Chronik A.s gehört zu den bedeutendsten Quellen der deutschen Geschichte um die Wende des 12. zum 13. Jh. Sie ist ein Alterswerk und als Fortsetzung der „Slavenchronik" des Helmold von Bosau (s. SHBL, 1, S. 159) gedacht,
hat jedoch einen weiteren Horizont. Die Chronik setzt 1172 ein und endet 1209.
Für die Spätzeit Heinrichs des Löwen, die Regierung Heinrichs VI., den Thron-
streit Philipps von Schwaben mit Otto IV. ist A. ein wichtiger Berichterstatter,
ebenso für die Beziehungen zwischen dem Reich und Dänemark sowie für die
Verhältnisse in Nordelbingen um die Jahrhundertwende, die den Hauptinhalt
der Bücher III-VII ausmachen. Welfisch und päpstlich gesinnt, erstrebte A. dennoch Unparteilichkeit. Er verarbeitete eigenes Erleben, schriftliche Quellen und
mündliche Mitteilungen. Nur bei räumlich und zeitlich entferntem Geschehen
wird er zuweilen ungenau. Von seiner Belesenheit zeugen viele Zitate aus römischen Schriftstellern, während er auf die Bibel im Vergleich zum Zeitgebrauch
wenig zurückgreift. Besondere Aufmerksamkeit finden bei ihm ferner der 3. und
4. Kreuzzug und die Einführung des Christentums in Livland.

Werke: Arnoldi abbatis Lubecensis chronica, hrsg. v. J.M. Lappenberg, in: Monumenta
Germaniae historica, Scriptores, 21, S. 115–250, u. Scriptores rerum Germanicarum, 1868,
unveränderter Neudr. 1930; zur Neubearbeitung s. d. Jahresber. d. Monumenta Germaniae historica in: Deutsches Arch. f. Gesch. d. Mittelalters 9 ff. (1952 ff.); dt. v. J.C.M. Lau-
rent, neu bearb. v. W. Wattenbach, in: Geschichtsschreiber d. dt. Vorzeit, 71, 1940. – Gregorius Peccator, hrsg. v. G. v. Buchwald, 1886.
Literatur: ADB, 1, S. 582. – NDB, 1, S. 381. – R. Damus, Die Slavenchronik A.s v. L., 1872;
auch in: ZLGA 3 (1876), S. 195–253. – W. Wattenbach, Deutschlands Geschichtsqu. im Mittelalter, 2, Bln. 1896, S. 343 ff. – A. Potthast, Bibliotheca historica medii aevi, 1, Bln. 1896,

S. 119 f. – W. Ohnesorge, Zur neuesten Forsch. über A. v. L., in: Z. d. Hist. Ver. Niedersachsen 77 (1912), S. 427 f. – J. Mey, Zur Kritik A.s v. L., Diss. Leipzig 1912. – W. Biereye, Zur Kritik A.s v. L., in: ZHG 18 (1914), S. 203–211. – A. Leitzmann, Zum Gregorius Peccator, in: Z. f. dt. Altertum u. dt. Lit. 67 (1930), S. 285–288. – E. Joranson, The Palestine pilgrimage of Henry the Lion, in: Medieval and historiographical essays in honor of J.W. Thompson, Chicago 1938, S. 146 ff. – Enciclopedia Cattolica, 1, Rom 1949. – Repertorium fontium historiae medii aevi (Neuer Potthast), 2, Rom 1967, S. 401. — H.J. Freytag, Der Nordosten d. Reiches nach d. Sturz Heinrichs d. Löwen. Bischof Waldemar v. Schleswig u. d. Erzbistum Bremen (1192/93), in: Deutsches Arch. f. Gesch. d. Mittelalters 25 (1969), S. 471–530.

Adolf Friederici

AVÉ-LALLEMANT, Friedrich Christian *Benedikt,* geb. 23. 5. 1809 Lübeck, gest. 20. 7. 1892 Marienfelde b. Berlin; ev. – Jurist, Kriminologe, Schriftsteller.

Die Familie Avé-Lallemant stammt von dem französischen Adelsgeschlecht Lallemant de Betz ab. Der Ahnherr ist Pierre Avé-Lallemant (1744–1794), der der Familienüberlieferung zufolge 1764 aus einem französischen Kloster floh und nach Magdeburg kam, wo er im preußischen Militär diente und seit 1774 Lehrer an der Domschule war. Von seinen fünf Söhnen kamen drei nach Lübeck, darunter A.-L.s Vater.

Eltern: Jacob Heinrich Dionysius Philipp Avé-Lallemant, geb. 19. 6. 1776 Magdeburg, gest. 10. 6. 1852 Lübeck, Harfenist; Maria Friederike geb. Canier, geb. 16. 5. 1783 Magdeburg, gest. 5. 3. 1857 Lübeck, Tochter eines Tischlers.
Ehefrau: 1.) Ida Blüher, geb. 10. 10. 1814 Kastorf b. Lübeck, gest. 24.8.1864 Lübeck; verh. 20. 9. 1842 Kastorf; Tochter d. Carl Friedrich Blüher u. d. Sophie Magdalena geb. Stahmer. – 2.) Johanna Dittmer, geb. 13. 7. 1826 Lübeck, gest. 23. 10. 1881 ebd.; verh. 8. 11. 1866 ebd.; Tochter d. Kanzleisekretärs Georg Wilhelm Dittmer u. d. Johanna Dorothea geb. Willigmann. – 3.) Mathilde Pökel (1896–1906 als Hofratswitwe im Berliner Adreßbuch geführt).
Kinder: aus 1.) 2 Söhne, 5 Töchter.
Brüder: Theodor, geb. 2. 2. 1806 Magdeburg, gest. 9. 11. 1890 Hamburg, Musiker. - Friedrich, geb. 27. 7. 1807 Lübeck, gest. 26. 12. 1876 ebd., Pastor in Rio de Janeiro (1843–1848) und Warnemünde (1857–1869). – Robert, geb. 25. 7. 1812 (s. d.).

A.-L. besuchte das Katharineum in Lübeck und ging 1830 zum Jurastudium nach Jena, wo ihm seine künstlerischen Talente Zugang zu den literarischen Kreisen der Stadt verschafften. Er selbst berichtete später über einen Leseabend im Hause Caroline v. Wolzogens, der Schwägerin Schillers, und einen Besuch bei Goethe, dem er mit seinem Bruder Friedrich das Lied des Mephisto in Auerbachs Keller in der Vertonung Beethovens vorsang. Die vier Jenaer Studienjahre prägten ihn nach seinem eigenen Zeugnis für das ganze Leben. Auch die Weichen für seine spätere Berufstätigkeit wurden hier gestellt: Unter dem Einfluß des Juristen Christoph Martin spezialisierte er sich auf das Kriminalrecht und wurde 1834 mit einer Dissertation über den Begriff des Kindesmordes zum Doktor beider Rechte promoviert.

1834 ließ A.-L. sich als Anwalt in Lübeck nieder. 1842 erhielt er das Bürgerrecht, trat kurz darauf der Gesellschaft zur Beförderung gemeinnütziger Tätigkeit bei und wurde ein Jahr später zum Obergerichtsprokurator ernannt. Seit der Rückkehr aus Jena nahm er in Zeitungs- und Zeitschriftenbeiträgen an der öffentlichen Diskussion über die kulturellen und sozialen Zustände der Stadt teil; vielleicht hatte er dabei von Anfang an eine Karriere im lübeckischen Staatsdienst im Auge. Wesentliche Merkmale seines späteren schriftstellerischen Werks – sein romantischer Nationalismus, seine historischen Interessen, seine auffallend starke Abneigung gegen französische Kultur und gegen den Katholizismus – sind schon in diesen frühen Beiträgen ebenso wie in den Vorträgen ausgebildet, die A.-L. zwischen 1842 und 1857 in der Gesellschaft zur Beförderung gemeinnütziger Tätigkeit hielt. Vor allem hing er romantischen Vorstellungen von deutscher Sitte und deutschem Volksgeist an, die er im städtischen Bürgertum des Mittelalters verwirklicht sah und von denen er sich eine Wiedergeburt christlich-deutscher Bürgerlichkeit in seiner eigenen Zeit erhoffte. In seinen Berichten über die Lübecker Sängerfeste von 1841 und 1847 wird diese Einstellung erstmals besonders deutlich. Gleichzeitig vertrat er auch liberale Reformvorstellungen, vor allem in seinen frühen Beiträgen zur Reform und Organisation des Polizeiwesens. Er trat darin, wie auch in einem Vortrag von 1847 über das soziale Leben in Lübeck in älterer Zeit, für eine von polizeilichen Einschränkungen möglichst freie Entwicklung bürgerlichen Lebens ein.

Nachdem er 1849 in einem Vortrag und 1851 in einer selbständigen kleinen Schrift Beiträge zu der damals anstehenden Polizeireform in Lübeck geliefert hatte, wurde A.-L. 1851 zum „Aktuar" des neugeschaffenen Polizeiamts ernannt. Die Stellung war nicht näher definiert, und unter anderem aus diesem Grund kam es während A.-L.s gesamter Dienstzeit zu Reibereien mit Untergebenen und dem vorgesetzten Polizeidirigenten, d. h. dem für das Polizeiwesen zuständigen Senator. Wohl zu Recht sah A.-L. selbst die Hauptursache in einer verfehlten Organisation der Lübecker Polizeiverwaltung. Stark beschäftigt mit schriftstellerischen Arbeiten scheint er in seinen letzten Dienstjahren dann kaum noch etwas für sein Amt getan zu haben. Den äußeren Anlaß für seine Suspendierung im Herbst 1868 gab schließlich, daß A.-L. sich gegen das ausdrückliche Verbot des Polizeidirigenten eine Wohnung außerhalb der Stadtmauern nahm. Noch im gleichen Jahr wurde er endgültig pensioniert; nach dem Tod seiner zweiten Ehefrau zog er 1882 nach Berlin, wo er das letzte Jahrzehnt seines Lebens verbrachte.

Zum Zeitpunkt seiner Pensionierung war A.-L. bereits weit über die Grenzen Lübecks hinaus als Polizeischriftsteller und Kulturhistoriker der Unterwelt bekannt. 1858 waren die beiden ersten Bände seines Hauptwerks „Das deutsche Gaunertum in seiner sozialpolitischen, literarischen und linguistischen Ausbildung zu seinem heutigen Bestande" erschienen, das von der Fachwelt mit Zustimmung, teilweise sogar begeistert aufgenommen wurde. Es ist die erste umfassende Darstellung der Geschichte, Kultur, Sprache und der Gebräuche des deutschen Gaunertums. Obwohl mit umfangreichen kulturhistorischen Forschungen verbunden, war sie als Beitrag eines Polizeipraktikers für die Verbesserung der täglichen polizeilichen Arbeit gedacht. A.-L. ging dabei von den zukunftweisenden Grundsätzen aus, daß Kriminalität ein kulturell erlernbares Verhalten sei, ihre Ursachen hauptsächlich in Fehlentwicklungen der Gesellschaft habe und daß sie in einer Zeit der Industrialisierung und sozialen Mobilität nicht mehr das Monopol einer einzelnen Gruppe sei, sondern sich durch die gesamte Bevölkerung fortsetzen könne. Die Beschreibung der Sprache des Gaunertums besonders im dritten und vierten Band, die 1862 erschienen, wurde von Philologen schon damals wegen ihrer dilettantischen etymologischen Ableitungen kritisiert, hat aber als Inventar spezieller Jargons und Geheimsprachen Bedeutung behalten. A.-L. ergänzte sein Hauptwerk später durch zwei kleinere kulturhistorische Abhandlungen über „Die Mersener Bockreiter des 18. und 19. Jahrhunderts" (1880) und den „Magnetismus mit seinen mystischen Verirrungen" (1881).

Im ersten Teil des „Gaunertums" hatte A.-L. sich auch mit literarischen Quellen und der belletristischen Literatur über das Gaunertum beschäftigt. 1867 schrieb er selbst seinen ersten erfolgreichen Polizeiroman „Die Mechulle Leut"; in den 70er Jahren folgten mehrere Polizeiromane und zwei Sammlungen mit Polizeinovellen. Sie sind literaturgeschichtlich als Zeugnisse des Polizeiromans im 19. Jh. interessant, dienten dem Autor aber vor allem zur Illustrierung seiner Ansichten über Ursachen und Erscheinungsformen der Kriminalität und zu deren Propagierung in einer größeren Öffentlichkeit. Als der bedeutendste gilt der dreibändige Roman „Jadá" (1879).

Als wissenschaftlicher Autor konnte A.-L. den Erfolg des „Gaunertums" später nicht mehr wiederholen. Bereits 1861 forderte er mit einer anläßlich eines Bestechungsskandals in der Berliner Polizei eilig zusammengestellten und in sich widersprüchlichen Schrift über „Die Krisis der deutschen Polizei" eine scharfe Gegenkritik heraus. Im Jahr darauf rühmte er in einem Beitrag über „Die Reform der Polizei in Hamburg" die dortige enge Verbindung zwischen Senat und Polizei, die er zuvor für Lübeck öffentlich kritisiert hatte, so daß man ihm Opportunismus vorwarf. Sein reformerischer Idealismus verlor sich unter dem Eindruck der Reichsgründung; bereits 1868 hatte er in einem Beitrag über „Die Norddeutsche Bundespolizei" die Idee einer liberalen Bürgerpolizei zugunsten einer institutionalisierten Staatsbehörde aufgegeben. A.-L.s letzte Schrift zum Polizeiwesen „Die Physiologie der deutschen Polizei" (1882) – eine Schrift über die Polizei unter den Hohenzollern ging nach seinem Tod im Manuskript verloren – ist als unsystematische Zitatsammlung aus eigenen und fremden Schriften nur insofern von Interesse, als A.-L. hier erstmals die Autorität anführt, die er vermutlich schon viel früher gekannt und stillschweigend benutzt hat: den Nationalökonomen Julius v. Soden. In dessen Schrift „Die Staats-Polizei nach den Grundsätzen der National Oekonomie" (1817) sind Vorstellungen zur Funktion der Polizei, die A.-L. vertrat, grundsätzlich und auch in konkreten Einzelheiten vorweggenommen.

Von der wissenschaftlichen Kriminologie seiner Zeit, die er selbst weitgehend ignorierte, wurde A.-L. nach dem Anfangserfolg der ersten beiden Bände des „Gaunertums" kaum noch beachtet. Seine zukunftweisenden kriminologischen Einsichten werden in seinem Werk allerdings auch von rückständigen Ideen und Idiosynkrasien verdeckt, von denen A.-L. sich nicht lösen konnte; vor allem sein romantischer Idealismus und Nationalismus überschatten die Modernität seiner Auffassungen. Erst die neuere Forschung hat deutlich machen können, daß er bei allem Vorbehalt als ein früher Repräsentant der soziogenetischen Richtung in der Kriminologie und der Ethologie der Unterwelt und, was seine Sprachforschungen betrifft, als ein Vorläufer der modernen Soziolinguistik zu gelten hat. – Sachsen-Weimarischer Hofrat, 1882.

Quellen: AHL.: Schnobel; Polizeiamt Nr. 140 (Personalakte A.-L.). – Weitere Quellen verz. b. Puckett (s. Lit.).
Werke: Verz. b. Puckett (s. Lit.), S. X–XIV. Die Hauptwerke sind im Text genannt.
Literatur: ADB, 46, S. 144. – NDB, 1, S. 465. – R. N. Puckett, Historian of the Underworld. F. C. B. A.-L., Diss. masch. Univ. of Pennsylvania 1970 (Kopie im AHL); m. Verz. weiterer Lit. S. XV–XIX.
Porträt: Foto in: C. N. Lührsen, Die Familie A.-L. u. ihre Töchternachkommen, Neustadt a. d. Aisch 1963 (Sonderdruck aus: Deutsches Familienarch. 23), vor S. 215.

Alken Bruns

AVÉ-LALLEMANT, *Robert* Christian Berthold, geb. 25. 7. 1812 Lübeck, gest. 10. 10. 1884 ebd.; ev. – Arzt, Forschungsreisender.
Eltern: s. beim Bruder Benedikt A.-L.
Ehefrau: 1.) Meta Löwe, geb. 22. 6. 1814 Hamburg, gest. 20. 11. 1855 Lübeck; verh. 28. 2. 1841 Hamburg; Tochter d. Moses Löwe u. d. Sophie geb. Pollack aus Hamburg. – 2.) Ida Luise Löwe, geb. 17. 7. 1817 Hamburg, gest. 20. 6. 1871 Lübeck; verh. 11. 4. 1856 Lübeck; Schwester v. 1.) – 3.) *Adamine* Ulrike Wilhelmine von Rosen, geb. 5. 8. 1814 Plön, gest. 14. 8. 1882 Lübeck; verh. 25. 7. 1872 Plön; Tochter d. Kammerjunkers u. Erbförsters Conrad Adolph von Rosen u. d. Catharina Brigitte geb. von Fisker.
Kinder: aus 1.) 3 Söhne, 4 Töchter, darunter: Elisabeth (*Lilly*), geb. 30. 7. 1843 Rio de Janeiro, gest. 28. 6. 1925 Hamburg, Sängerin. – Aus 2.) 1 Tochter.
Brüder: s. b. Benedikt A.-L.

A.-L. besuchte von 1819 bis 1822 eine Lübecker Privatschule, danach das Katharineum. Seit 1833 studierte er Medizin in Berlin, Heidelberg, Paris und Kiel; 1837 wurde er in Kiel mit einer Dissertation über Blasenerkrankungen promoviert. Anschließend ging er nach Rio de Janeiro, wo seine Brüder Friedrich und Louis als Pastor bzw. Kaufmann lebten. Er arbeitete dort als Arzt an der Santa Caza da Mizericordia und am Hospicio do Pedro II., leitete das Gelbfieberhospital Nossa Senhora da Saude und wurde Mitglied des obersten Gesundheitsrates Brasiliens.

1855 kehrte A.-L. nach 17jähriger Tätigkeit in Rio de Janeiro nach Lübeck zurück. Er eröffnete eine kleine Arztpraxis, beschäftigte sich aber vorwiegend schriftstellerisch und legte zunächst seine Erfahrungen als Arzt in Brasilien in einer größeren Abhandlung über das Gelbfieber und einer Schrift mit Ratschlägen für Besucher der Gelbfieberhäfen nieder. Wohl aufgrund dieser Schriften ist er später als der erste Tropenhygieniker bezeichnet worden, der durch Prophylaxe den tropischen Seuchen entgegenwirken wollte. Die Lübecker Praxis gab A.-L. schon nach zwei Jahren wieder auf, um durch Vermittlung Alexander v. Humboldts, den er zu diesem Zweck in Berlin aufsuchte, als Schiffsarzt auf der österreichischen Fregatte „Novara" an einer wissenschaftlichen Weltreise teilzunehmen. Da die Tätigkeit auf der „Novara" ihm nicht zusagte, verließ er das Schiff in Rio de Janeiro, wo er für kurze Zeit wieder als Arzt arbeitete. Unterstützt von den brasilianischen Behörden brach er dann im Februar 1858 zu einer großen Forschungsreise durch Brasilien auf. Er bereiste zunächst die südliche Provinz Rio Grande do Sul, besuchte die dortigen Ansiedlungen deutscher Auswanderer und drang bis in das ehemalige Missionsgebiet der Jesuiten am Uruguay vor. Nach einer Ruhepause in Porto Alegre erforschte er die Küste und das Landesinnere der Provinz Santa Catarina und besuchte die deutschen Ansiedlungen in Blumenau, Donna Francisca und Joinville. Anschließend reiste er durch die Provinzen Paraná und Sao Paulo und kehrte von Santos aus mit dem Schiff nach Rio de Janeiro zurück. Von dort aus reiste er im November 1858 in die Provinzen nördlich Rio de Janeiros und besuchte die Urwälder am Rio Pardo und die Provinzen Minas Gerais und Espirito Santo. Nach kurzem Zwischenaufenthalt in Rio, wo er sich um eine Verbesserung der Lage der deutschen Kolonisten am Rio Pardo bemühte, bereiste er die Provinzen Pernambuco, Alagóas und Sergipe. Danach fuhr er in die Provinz Pará, lernte den Flußlauf des Tocantin kennen und fuhr dann auf dem Amazonas über Manáos als Zwischenstation bis zur peruanischen Grenze. Nach der Rückreise durch Pará und Pernambuco kehrte er mit dem Schiff nach Europa zurück. Im Oktober 1859 war er wieder in Lübeck.

Die Erfahrungen der Forschungsreisen durch Brasilien legte A.-L. in den umfangreichen, jeweils zweibändigen Berichten „Reise durch Südbrasilien im Jahre 1858" (1859) und „Reise durch Nordbrasilien im Jahre 1859" (1860) nieder, die als seine Hauptwerke zu gelten haben. Der erste entstand bereits auf der Reise selbst, der zweite nach der Rückkehr nach Lübeck, wo A.-L. seine Arztpraxis wiederaufgenommen hatte, sich jedoch weiterhin vorwiegend schriftstellerischen Arbeiten widmete. In den Reiseberichten beschreibt er Geographie, Natur und Kultur in Brasilien, geht aber auch ausführlich auf die Lage der Auswanderer in den deutschen Ansiedlungen ein und kritisiert das Kolonisationssystem besonders in den Provinzen nördlich Rio de Janeiros. Später empfahl er anläßlich der Diskussion der Lage der Auswanderer in Brasilien im Deutschen Reichstag 1872 die Ansiedlung in der Provinz Rio Grande do Sul, nicht aber in den nördlichen Provinzen, da die geographischen und klimatischen Verhältnisse dort zu ungünstig seien. 1874 verteidigte er sich vor einem Lübecker Gericht erfolgreich gegen eine Beleidigungsklage belgischer Agenten, deren Verträge mit deutschen Auswanderern er als Menschenhandel bezeichnet hatte. 1869 nahm A.-L. an der Einweihung des Suezkanals teil, fuhr anschließend auf dem Nil bis nach Nubien und reiste dann durch Italien und nach Paris. Er berichtete über diese Reise in „Fata Morgana. Reiseeindrücke aus Ägypten und Unteritalien" (1872) und anderen kleineren Schriften und Vorträgen.

A.-L. entdeckte auf seinen Reisen kein geographisches Neuland und bereicherte auch Kartographie und Naturwissenschaften nicht direkt durch neue

Robert Avé-Lallemant
Gemälde von F. Krumholz, 1851

Erkenntnisse. Schriftstellerisch begabt, besaß er jedoch die Fähigkeit, seine Kenntnisse von Geographie und Natur fremder Länder und den Lebensumständen ihrer Bewohner an eine breite Öffentlichkeit weiterzugeben. Verdient gemacht hat er sich auch um den in Lübeck geborenen, dort aber ganz unbekannten Naturforscher und Philosophen J. Jungius (s. d.). 1863 gab er dessen Briefwechsel mit Freunden und Schülern heraus, und zwei Jahre vor seinem Tod veröffentlichte er eine Biographie über Jungius, die als populärwissenschaftliche Schrift auch heute noch lesbar ist. – Ehrenmitglied der Geographischen Gesellschaft Lübeck, 1882. – Rosenorden u. Christusorden (Brasilien). – Leopoldorden (Belgien). – Nordsternorden (Schweden). – Stanislausorden (Rußland). – Meister d. freien deutschen Hochstifts.

Quellen: MGGL 1(1882), H. 1, S. 11 f. – Briefe an Heinrich Zeise, abgedr. in: A. Kohůt, Heinrich Zeise, Breslau 1913, S. 354–357. – R. A.-L., Jugenderinnerungen, hrsg. v. P. Range, in: LBl 1928, S. 956–962. – Ders., Ein Besuch b. A. v. Humboldt, mitgeteilt v. P. Range, in: Deutsche Rundschau 222 (1930), S. 233–236.

Werke: Verz. in ADB (s. Lit.). Zu ergänzen: Beitrr. z. Kenntniss d. gelben Fiebers zu Rio de Janeiro . . ., Rio de Janeiro 1855. – Das gelbe Fieber, Breslau 1857. – Bedenken über eine Depesche d. kaiserl. dt. Minister-Residenten am brasilianischen Hofe v. 20. 4. 1872, Lübeck 1872 (alle Stadtbibl. Lübeck). – Verz. d. Vorträge in d. Ges. zur Beförderung gemeinnütziger Tätigkeit im AHL.

Literatur: ADB, 46, S. 144–146. – NDB, 1, S. 465 f. – Nachrufe in: LBl 1884, S. 500–502, u. in: Deutsche Rundschau f. Geographie u. Statistik 7 (1885), S. 187–189. – F. v. Rohden, Von alten Lübecker Ärzten, in: Wagen 1960, S. 83–100, bes. 87 f. – D. Henze, Enz. d. Entdecker u. Erforscher d. Erde, 1, Graz 1978, S. 116.

Porträts: Gemälde v. F. Krumholz, 1851 (MusKK), Abb.: s. S. 30. – Foto in: C. N. Lührsen, Die Familie A.-L. u. ihre Töchternachkommen, Neustadt a. d. Aisch 1963 (Sonderdruck aus: Deutsches Familienarch. 23), nach S. 214. – Stahlstich in: Deutsche Rundschau f. Geographie u. Statistik 7 (1885), S. 187.

Alken Bruns

B A L T Z E R , *Johannes* Richard, geb. 4. 12. 1862 Bielefeld, gest. 25. 6. 1940 Lübeck; ev. – Architekt, Denkmalpfleger, Oberbaudirektor.

Eltern: Karl *Wilhelm* Baltzer, geb. 15. 5. 1828 Jüterbog (Brandenburg), gest. 26. 3. 1881 Recklinghausen, Bauinspektor; *Juliane* Albertine geb. Huber, geb. 15. 5. 1837, gest. 23. 12. 1916 Bielefeld.
Ehefrau: Martha Huber, geb. 9. 6. 1861 Stepenitz (Pommern), gest. 9. 10. 1941 Lübeck; verh. 26. 11. 1894; Tochter d. Kreisgerichtsrats Heinrich Huber in Demmin u. d. Augusta Antonia Luise geb. Woock.
Kinder: 3 Töchter, 2 Söhne.
Bruder: Paul (1870–1927), Landesoberbaurat b. d. Rheinischen Provinzialverwaltung, Leiter d. Hochbauamts Düsseldorf.

Die Familie B. entstammt einem angesehenen Kaufmanns- und Ratsherrengeschlecht in Jüterbog. B.s Vater verließ jedoch als preußischer Bauinspektor die heimatliche Gegend und gründete seine Familie in der Rheinprovinz in Nohfelden bei Birkenfeld. B. und seine Geschwister sind alle an verschiedenen Orten am Niederrhein und in Westfalen geboren, was auf eine rege berufliche Mobilität des Vaters schließen läßt. So verbrachte B. seine Kindheit und Jugend in Bielefeld, Herford, Rheine und zuletzt in Recklinghausen, wo er die Volksschule und von 1872 bis 1881 das Petri-Gymnasium besuchte.

Danach studierte B. an der Technischen Hochschule Berlin-Charlottenburg, Abteilung für Architektur, bei Karl Schäfer. Zwischen 1882 und 1883 unterbrach er das Studium für kurze Zeit, um seinen Militärdienst abzuleisten, im Juni 1886 schloß er es mit der Bauführerprüfung ab, die er mit Auszeichnung bestand. Noch im selben Jahr übertrug man ihm Entwurfsarbeiten an den Kölner und Ausführungsarbeiten an den Düsseldorfer Bahnanlagen. Im Februar 1890 bestand er auch die 2. Staatsprüfung mit Auszeichnung. In den nächsten zwei Jahren wurde er als Regierungsbaumeister im Ministerium der Öffentlichen Arbeiten in Berlin zu Kirchenbauentwürfen unter Leitung des Oberbaurats Friedrich Adler herangezogen. Ein Stipendium, das er von seiner Dienststelle erhielt, nutzte B. zwischen Februar und August 1892 zu einer Studienreise nach Italien, Österreich und Süddeutschland. Nach einer Tätigkeit als Kreisbauinspektor in Bartenstein (Ostpreußen) von Oktober 1892 bis April 1893 wurde B. nach Osnabrück versetzt, wo unter seiner Leitung das Regierungsgebäude entstand. Außerdem sind in Osnabrück noch kleinere Arbeiten am Turmaufbau der reformierten Kirche bekannt. Seit dem 1. 4. 1897 stand B. dem neu eingerichtete Baubüro in Plön vor und leitete in dieser Funktion den Bau des dortigen Kaiserin-Auguste-Viktoria-Gymnasiums.

Wegen fehlender Aussicht auf Festeinstellung in Preußen trat B. am 1. 7. 1898 als Bauinspektor in lübeckische Staatsdienste, womit ein mehr als dreißigjähriges Wirken in der Hansestadt begann. Er wurde zunächst in die Abteilung für Landbauten in der Bauverwaltung eingearbeitet, konnte aber schon nach fünf Jahren, zum August 1903, wegen Weggangs des bisherigen Stelleninhabers die Position des Baudirektors übernehmen. Im Februar 1915 meldete sich B. freiwillig zum Militärdienst. Da er aber als Leiter der beiden Hochbauabteilungen, des Garten- und Tiefbaus und des technischen Heizungswesens in Lübeck unersetzlich war, wurde er schon nach vier Monaten zurückgerufen. Am 1. 7. 1923 wurde er zum Oberbaudirektor ernannt. Durch die Bearbeitung des Generalsiedlungsplans für das Wirtschaftsgebiet Lübeck verlängerte sich B.s Amtszeit um mehr als ein Jahr bis zum 31. 7. 1929. Nach der Pensionierung gewährte ihm der Senat als Zeichen der Dankbarkeit Mittel für eine Erholungsreise nach Italien. Die letzten Jahre seines Lebens verbrachte B., von schwerer Krankheit gezeichnet, zurückgezogen in seinem Lübecker Wohnhaus.

Als Bauinspektor in Lübeck hatte B. die Ausführung verschiedener öffentlicher Zweckbauten wie u.a. der Marlikasernen und der Navigationsschule (beide 1900) geleitet. Nachdem er 1903 das Amt des Baudirektors übernommen hatte, begann in Lübeck eine Zeit reger staatlicher Bautätigkeit, die aber nach Ausbruch des Ersten Weltkriegs zurückging und schließlich ganz zum Erliegen kam. Unter enger Mitwirkung der Bauinspektoren Karl Mühlenpfordt und Friedrich Wilhelm Virck entstand in den ersten anderthalb Jahrzehnten dieses Jh. eine Vielzahl von Neu- und Umbauten öffentlicher Gebäude, darunter Schulen (z.B. Ernestinenschule, 1904; Johanneum, 1906), städtische Verwaltungsgebäude und Krankenhäuser (Erweiterung des Allgemeinen Krankenhauses, Anlage der Heilanstalt Strecknitz). Nach dem Ersten Weltkrieg richtete B. sein Augenmerk hauptsächlich auf Fragen des Siedlungs- und Wohnungswesens und, da die Wohnungsnot nicht unmittelbar zu beheben war, auf soziale Verbesserungen. Sein Engagement galt nun der Schaffung von gesetzlichen Grundlagen für die Erschließung von Neubaugebieten (neue Bauordnung mit neuem Straßenbaugesetz hinsichtlich Flächenaufteilungsplan, Bebauungsplan und Höhenregulierung). Das neue Baugesetz vom 19. 2. 1919 ermöglichte den Bau neuer Wohnviertel über die inneren Vorstädte hinaus mit weitläufigen Siedlungen und gut durchlüftbaren Wohnungen. Die Bearbeitung des Generalsiedlungsplans für Lübeck war B.s wichtigstes Betätigungsfeld nach seiner Ernennung zum Oberbaudirektor.

B.s Schaffen in Lübeck hat das Stadtbild der Hansestadt nachhaltig geprägt. Seine Formensprache wurde von seinen Berliner Lehrern, den Neugotikern Schäfer und Adler, mitgeprägt, ist jedoch vielfältiger. So sind in seinen Bauten neben Renaissance- und Barockelementen auch Jugendstilformen aufgenommen. Sein vehementes Eintreten für das Stadttheater in der Beckergrube (Architekt: Martin Dülfer), damals das vielleicht modernste Gebäude in Lübeck, zeigt, daß B. auch neuerer Architektur gegenüber aufgeschlossen war. Im übrigen läßt seine eigene historistische Formensprache ein Bemühen um Verbindung von altlübeckischer mit zeitgenössischer Architektur erkennen. Sein bekanntester Bau, die Ernestinenschule, ein frühes Beispiel des „Heimatschutzstils", geht auf einen

Johannes Baltzer
Foto von R. Mohrmann, 1926

1901 von B. gewonnenen Wettbewerb zurück. Die ausdrückliche Vorgabe, den Charakter des Lübecker Stadtbilds zu bewahren, wurde von B. dadurch gelöst, daß er sich bei seinem Entwurf hinsichtlich Proportion, Größe, Bauflucht und Material an den Vorgängerbau, ein Konglomerat aus drei Häusern der ehemaligen Bernstorffschen Kurie von 1746, anlehnte und diesen in neuer Form wieder aufnahm. Auch in seinen nachfolgenden Schulbauten ist das Verknüpfen des „guten Alten und des edlen Neuen", wie es in der lokalen Presse anläßlich der Eröffnung des Johanneums 1906 hieß, zu spüren. So verwundert es nicht, daß sich B. schon früh mit Problemen des Denkmalschutzes und der Denkmalpflege befaßte. Die auf ihn zurückgehende Inventarisation von Baudenkmälern bildete die Grundlage für die beiden letzten, von ihm mitverfaßten Bände der „Bau- und Kunstdenkmäler der Freien und Hansestadt Lübeck" (1920, 1928, s. Werke). Die Schaffung eines Lübecker Denkmalschutzgesetzes (1915) ist ebenfalls seinem Eintreten für den Erhalt alter Bausubstanz zu verdanken.

Quellen: AHL: Bauverwaltung, Akten d. Hochbauamts; Personalakte. – Landesbauamt Lübeck, Pläne f. d. Strafanstalt Lauerhof. – W. Haase-Lampe, Oberbaudirektor J. B. zu seinem 25jährigen Dienstjubiläum, in: LBl 1923, S. 323 f. – [Ders.,] Oberbaudirektor B. scheidet aus d. Amt, in: Heimatbll. Monatsschr. d. Lübecker Generalanzeigers 1929, S. 253. – O. Baltzer, Stammbaum d. Familie B., Dresden 1929. – Petrinum zu Recklinghausen. Festschr. z. 500jährigen Jubiläum, Recklinghausen 1929, S. 119.
Werke: (Neubauten, Um- u. Erweiterungsbauten in Lübeck, die unter B.s Leitung entstanden): Marlikasernen (1901). – Navigationsschule (1900). – St.-Lorenz-Schule, Facken-

burger Allee (1901). – St.-Lorenz-Schule, Moislinger Allee (1902). – Polizei- und Feuerwache, Hansestraße (1902). – Lehrerseminar, Langer Lohberg (1904). – Ernestinenschule, Kl. Burgstraße (1904). – St.-Lorenz-Schule, Marquardplatz (1904). – St.-Lorenz-Schule, Schwartauer Allee (1905). – Freese-Schule, Fleischhauerstraße (1905). – Johanneum, Bei St. Johannis (1906). – St.-Gertrud-Schule, Heinrichstraße (1906). – Hauptfeuerwache, Fleischhauerstraße (1906). – Offizierskasino d. Regiments Lübeck, Hüxtertorallee (1906). – St.-Jürgen-Schule, Kahlhorststraße (1907). – Warmbadehaus, Travemünde (1907). – Strafanstalt Lauerhof, Marliring (1908). – Kirchhof u. Pfarrhaus St. Jakobi (1908). – Städtisches Verwaltungsgebäude, Fleischhauerstraße (1909). – Kirche u. Schule in Kücknitz (1909). – Schule in Siems (1910). – Heilanstalt Strecknitz (1913). — Viehmarkthalle, St.-Lorenz-Brücke (1914). – Umbau d. St.Annen-Klosters zum Museum (1915). – Schule in Schlutup (1916). – Verwaltungsgebäude in Travemünde (1919).

Veröffentlichungen: Das neue Regierungs-Dienstgebäude in Osnabrück, in: Z. f. Bauwesen 48 (1898), S. 169–174. – Wettbewerb z. Erlangung eines Bebauungsplanes f. d. Gebiet am Holstentor in Lübeck, in: Zbl. d. Bauverwaltung 26 (1906), S. 487–492. – Der Neubau d. Ernestinenschule in Lübeck, in: ebd., S. 27, 46. – Über Friedhofskunst m. Bezugnahme auf d. Ausgestaltung d. Friedhofs Vorwerk, in: LBl 1907, S. 241–245. – Vom Kanzleigebäude u. anderen Fragen unseres Stadtbildes, in: LBl 1908, S. 111–114, 133–135. – [J.B./J. Kretzschmar,] Die Ausstellung in d. Katharinenkirche, in: LBl 1908, S. 554–559. – Über d. Wohnungsversorgung Lübecks, Lübeck 1918. – (zus. m. F. Bruns) Die Bau- u. Kunstdenkmäler d. Freien u. Hansestadt Lübeck, 3, Lübeck 1920. – Ein Beitr. z. Entstehungsgesch. d. Ziegelbaukunst in Lübeck u. Wagrien, in: ZLGA 23 (1926), S. 173–206. – (zus. m. H. Rahtgens) Das Bild d. Stadt Lübeck, in: Lübecker Heimatbuch, hrsg. im Auftrage d. Senates v. Denkmalrate, Lübeck 1926, S. 183–205. – Die Aufgaben u. d. gesetzlichen Grundlagen d. Heimatschutzes, in: ebd. S. 293–302. – (zus. m. F. Neufeld) Generalsiedlungsplan für d. Wirtschaftsgebiet d. Freien u. Hansestadt Lübeck, Lübeck 1928. – (zus. m. F. Bruns u. H. Rahtgens) Die Bau- u. Kunstdenkmäler d. Freien u. Hansestadt Lübeck, 4, Lübeck 1928.

Literatur: [J.] Kinder, Plön. Beitrr. z. Stadtgesch., Plön 1904, s. Register. – J. B., Totengedächtnis, in: ZLGA 30 (1940), S. 423. – H. Pieper, Oberbaudirektor i. R. J. B. gest., in: LBl 1940, S. 261 f. – Johanneum zu Lübeck 1872–1972. Festschr. zum 100jährigen Bestehen, Lübeck 1972, S. 21–24. – R. Saltzwedel (Hrsg.), Ernestinenschule zu Lübeck 1804–1979. Festschr. zum 175jährigen Bestehen d. Ernestinenschule, Lübeck 1979, S. 58. – Osnabrück. 1200 Jahre Fortschritt u. Bewahrung. Profile bürgerlicher Identität, Nürnberg 1980, S. 242. – Architektur in Schl.-Holst., zus.gestellt v. H. Beseler u. a., Neumünster 1980, s. Register. – Chr. Kämmerer, Stadt Osnabrück. Braunschweig u. Wiesbaden 1986 (Baudenkmale in Niedersachsen 32), S. 95 f. – K. Matthias, Großbauten d. Lübecker Innenstadt nach 1900. Von d. Überwindung d. Historismus zum Jugendstil, in: Wagen 1992, S. 182–205, bes. S. 185–189.

Porträts: Foto in Heimatbll. Monatsschr. d. Lübecker Generalanzeigers 1929, S. 253. – Foto v. R. Mohrmann, 1926 (MusKK), Abb. s. S. 33.

Monika Ryll

BARTH, *Erwin* Albert, geb. 28. 11. 1880 Lübeck, gest. 10. 7. 1933 Berlin; ev. – Gartenarchitekt.

Eltern: Gustav *Albert* Barth, geb. 22. 10. 1850 Gräfenhainichen / Merseburg, gest. 1. 8. 1883 Schöneberg, Oberlehrer am Katharineum Lübeck; Mariane Louise Henriette geb. Petri, geb. 20. 8. 1856 Lübeck, gest. 1. 12. 1939 ebd.; Tochter d. Lübecker Schulrektors Franz Heinrich Petri.

Ehefrau: Maria Mathilde *Elisabeth* Frenkel, geb. 16. 1. 1886 Göttingen, verh. 2. 7. 1910 ebd.; Tochter d. Göttinger Gymnasiallehrers Ferdinand Frenkel (1849–1930).

Erwin Barth

Kinder: 1 Tochter, 1 Sohn Jürgen Albert, geb. 21. 5. 1911 Lübeck, Gartenarchitekt, Professor an d. TU Berlin.

Nach dem Besuch des Katharineums in Lübeck bis zur Obersekundareife und gärtnerischer Lehr- und Gehilfenzeit in Lübeck und Elmshorn studierte B. von 1900 bis 1902 an der Kgl. Preußischen Gärtner-Lehranstalt am Wildpark in Potsdam Gartenkunst. In den folgenden Wanderjahren (1902–1906) erwarb er sich bei dem freischaffenden Gartenarchitekten Hoemann in Düsseldorf und in den Gartenbauverwaltungen in Hannover (unter Julius Trip) und Bremen umfassende technische und gestalterische Kenntnisse. In diesen Jahren dürfte er auch mit der zeitgenössischen Diskussion über Form und Funktion städtischer Grünanlagen vertraut geworden sein. 1906 legte B. in Potsdam die Obergärtner-Prüfung ab; anschließend war er Geschäftsführer bei dem Gartenarchitekten Finken in Köln. Von 1908 bis 1911 leitete er das Gartenamt in Lübeck; danach war er bis 1926 Gartendirektor von Charlottenburg und bis 1929 Gartendirektor von Berlin. Seit 1921 lehrte B. Gartenkunst an der TH Berlin. 1929 wurde er Ordinarius des Instituts für Gartengestaltung an der Landwirtschaftlichen Hochschule Berlin. B. schied 1933 freiwillig aus dem Leben.

Als Leiter des Lübecker Gartenamts setzte B. sich intensiv mit dem Friedhofswesen, der Anlage von Spiel- und Sportplätzen, mit dem Kleingartenwesen und dem Natur- und Landschaftsschutz auseinander. Seine bekanntesten Lübecker Anlagen sind der Vorwerker Friedhof, der Friedhof in Kücknitz, die Parkanlagen an der Marlistraße und die Sportanlage Buniamshof. Nebenher war B. privat als gartenkünstlerischer Berater tätig; als solcher plante er u. a. die Parkanlagen um den bei Warnsdorf gelegenen Landsitz „Lindenhof" Arthur Donners. Als Gartendirektor von Charlottenburg entwarf B. noch vor dem Ersten Weltkrieg eine Vielzahl von Stadtplätzen und kleineren Anlagen. Nach 1918 trat die von ihm schon von jeher betonte soziale Funktion städtischer Grünanlagen in seinen Entwürfen noch mehr in den Vordergrund. Der Volkspark Jungfernheide, entstanden seit 1922 nach dem Vorbild des Hamburger Stadtparks, gilt als beispielhafte Synthese von landschaftlich und dekorativ gestalteten Flächen mit Spiel-, Sport- und Erholungsmöglichkeiten. Mit dem 1919 eröffneten Volkspark Sachsenplatz (seit 1945 Brixplatz) schuf B. einen Anschauungspark, der Vegetationsbilder der Mark Brandenburg darstellen sollte und der in seiner räumlichen Gestaltung als besonders gelungen gilt. Seit 1926 dürfte B. als Gartendirektor von Berlin an allen größeren Projekten in der Stadt beteiligt gewesen sein, doch ist sein Anteil an den Entwürfen der einzelnen Bezirksgartenämter, etwa dem des Volksparks Rehberge, in Einzelheiten noch nicht genau erforscht. 1929 wurde dank B.s Bemühungen das bereits einhundert Jahre vorher von Peter Joseph Lenné geforderte Hochschulstudium für Gartenarchitekten eingerichtet. Das neugegründete Institut wurde der Landwirtschaftlichen Hochschule zugeordnet und kam nach dem Zweiten Weltkrieg an die TH Berlin. Als sein erster Ordinarius hat B. der weiteren Entwicklung des Fachgebiets „Garten und Landschaft" und dem heutigen Umweltschutz entscheidende Impulse gegeben.

Neben Fritz Encke, Alfred Lichtwark, Leberecht Migge und Harry Maaß (s. d.) gehört B. zu den Vertretern der Volksparkbewegung, nach deren Vorstellungen ein Park nicht nur Kunstwerk, sondern auch Erholungsstätte sein soll. So zeichnen sich seine Anlagen mit ihren Spiel- und Ruheplätzen durchweg durch hohe soziale Nutzungsqualität aus. Gestalterisch überwand er die formal-dekorative Tradition der von Lenné gegründeten Gärtner-Lehranstalt am Wildpark in Potsdam. Heute wird seinen geradezu visionären farbigen Landschaftsbildern, z. B. dem Vorwerker Friedhof oder dem Marli-Park in Lübeck, künstlerischer Wert beigemessen.

Quellen: Personalakte B. (AHL).
Werke: Die Lübecker Arbeiten B.s verz. in: Von Lübecks Türmen 1911, S. 406 f. u. in: LBl 1980, S. 348. – Die Berliner Anlagen dokumentiert in: E. B., Gärten, Parks, Friedhöfe. Kat. zur Ausstellung, Bln. 1980 (Veröff. d. Planslg. d. UB d. TU Bln.) (dort auch Verz. d. Schrr. B.s über seine einzelnen Anlagen).
Literatur: Verz. in: E. B., Gärten, Parks, Friedhöfe (s. Werke). – H. Hahne, E. B. plante Vorwerker Friedhof, in: LBl 1980, S. 347 f. – H. B. Jessen, E. B., ein nordelbischer Gartenarchitekt 1880–1933, in: NE 50 (1981), S. 91–100. – R. Stürmer, E. B. (1880–1933) – sein Wirken für Berlins Grünanlagen, in: Jb. f. Brandenburgische Landesgesch. 34 (1983), S. 82–104.
Porträts: Fotos in: Von Lübecks Türmen 1911, S. 401; E. B., Gärten, Parks, Friedhöfe (s. Werke); R. Stürmer (s. Lit.), S. 83. – Foto (AHL), Abb. s. S. 35.

                                                                        Heinz Hahne

BECKER, Johann Rudolph, geb. 28. 3. 1736 Rostock, gest. 18. 12. 1815 Lübeck; ev. – Historiker, Kämmereisekretär.

Eltern: Johann Hermann Becker, geb. 10. 12. 1700 Rostock, gest. 5. 4. 1759 Lübeck, Dr. theol., Archidiakon an d. Marienkirche zu Rostock, 1747 Professor an d. Univ. Greifswald, 1751 Pastor an St. Marien zu Lübeck; Johanna Magdalena Möller, gest. 25.6.1746.

Ehefrau: Catharina Dorothea Mentze, geb. 28. 2. 1755 Lübeck, gest. 25. 1. 1823 ebd.; verh. 12. 10. 1773 ebd.

Kinder: 3 Töchter.

Brüder: Peter Hermann (1730–1788), Senior d. Geistlichen Ministeriums in Lübeck. – Heinrich Valentin (1732–1796), Pastor u. Professor an d. Univ. Rostock.

Die Familie, ursprünglich aus Westfalen eingewandert, läßt sich seit Mitte des 17. Jh. in Rostock nachweisen, wo sie schon seit der ersten Generation Theologen stellte, sei es als Professoren oder als Pastoren. B. brach mit dieser Familientradition und wandte sich nach dem Schulbesuch in Rostock, Greifswald und Lübeck mit früh ausgeprägtem Geschichtsinteresse von 1754 bis 1757 dem Philosophie- und Jurastudium in Jena zu. In der englischen und französischen Sprache bildete er sich ebenfalls fort. 1758 übernahm er eine Tätigkeit als Informator bei den Söhnen des Geheimrats und Domdekans Christian August v. Eyben und dazu von 1759 bis 1765 als Sekretär beim dänischen Residenten in Lübeck, Etatsrat Carl Friedrich v. Clausenheim. 1765 wurde er Prokurator des Lübecker Domkapitels. Vier Jahre später unter Hermann Becker in Greifswald zum Lizentiaten und anschließend zum Dr. beider Rechte promoviert, verwendete er dennoch zeit seines Lebens den Lizentiatentitel. Seiner Dissertation „de iure de non evocando" folgten – unterbrochen von der Dichtung „Polybia" – zwei preisgekrönte wissenschaftliche Schriften der „Fürstlich Jablonowskischen Gesellschaft der Wissenschaften" zu Leipzig, an denen sein besonderes Interesse für Rechts- und Stadtgeschichte abzulesen ist. Schon 1764 war B. aufgrund einer Abhandlung über das Ende der byzantinischen Herrschaft in Rom in die Akademie der Wissenschaften in Berlin berufen worden.

Nachdem der untüchtige Kämmereisekretär Johann Jacob v. Melle vom Lübecker Rat seines Amtes enthoben worden war, erhielt B. vor zwei anderen Bewerbern 1773 endlich eine Lebensstellung als Lübecker Kämmereisekretär, noch jahrelang mit der Auflage, v. Melle einen Teil seines Gehaltes abzutreten, und daher lange Zeit in finanziell bedrängten Verhältnissen, wie seine häufigen Eingaben um Gehaltserhöhung zeigen. Erst im genannten Jahr wurde er Bürger und schloß die Ehe. Dem Kämmereisekretär oblag als leitendem Beamten der Finanzbehörde die Überwachung der Einnahmen, insbesondere auch das Eintreiben der Gelder in den sog. Kämmereidörfern im lübeckischen Landgebiet, und der Ausgaben sowie die Abrechnung und Führung der Kämmereiprotokolle, in denen Verwaltungsaufgaben und Rechtsprechung noch vermischt waren. Belohnungen z.B. für die Herbeiführung eines günstigen Grenzvergleichs mit dem Dorf Kulpin zeugen für B.s geschickte Amtsführung. Auch hat er durch juristische Nebenarbeiten und die Advokatur sein Salär aufgebessert, denn 1757 hatte er sich von J.C.H. Dreyer (s. SHBL, 5, S. 76), der als Hofpfalzgraf hierzu berechtigt war, das Notariat erteilen lassen. B.s Interessen führten ihn jedoch über seinen Beruf hinaus: Er gehörte nicht nur zu den ersten Mitgliedern der 1789 gegründeten Gesellschaft zur Beförderung gemeinnütziger Tätigkeit, sondern wandte sich auch der Forschung unter besonderer Berücksichtigung seiner rechtshistorischen Neigungen zu. Zwischen 1789 und 1794 hielt er insgesamt 14 Vorlesungen in der Gesellschaft, die sich – um nur einige zu nennen – mit der prätendierten Reichsunmittelbarkeit des St.-Johannis-Jungfrauenklosters, den Hexenprozessen in Lübeck, der Aufnahme der Reformierten in Lübeck, dem Möllner Prozeß im 17. Jh. und dem Bürgerrezeß 1669 befaßten, aber auch zu Gegenwartsereignissen Stellung bezogen. Mit seiner langjährigen, vom Senat gewürdigten Arbeit – erst 1809 trat er in den Ruhestand – hatten sich Beruf und Neigung vereinbaren lassen, das zeigen B.s zahlreiche fachkundige Ergänzungen im historischen Kämmerei-Aktenverzeichnis (heute im AHL).

Seine Hauptarbeitskraft jedoch wandte B. der von ihm geschaffenen und auf eigene Kosten gedruckten „Umständlichen Geschichte der Kaiserl. und des Heil. Römischen Reichs freyen Stadt Lübeck" zu, in der er zum ersten Mal die Geschichte der Stadt fortlaufend erzählte, Vorgeschichte und Folgen der Ereignisse mit in die Interpretation einbezog und – am wichtigsten – auf die Quellen zurückging. Sein Ziel war, nicht hanseatische Geschichte, sondern lübeckische Geschichte – und zwar auch die Reformationsgeschichte und die jüngere Zeit – darzustellen und dabei auch auf die Geschichte des Lübecker Domkapitels einzugehen.

Die ersten beiden Bände erschienen in schneller Folge 1782 und 1784 und reichen von der Gründung bis zur Reformation bzw. bis zum Westfälischen Frieden. Das in seinem Stoffreichtum unübertroffene Werk, bei dem sich B., wie er selbst sagt, der „Raisonnements" enthält, fand gute Aufnahme beim Publikum, das nach einer Fortsetzung bis zur Gegenwart verlangte. Durch Senatsdekret vom 7. 3. 1784 jedoch wurde die Veröffentlichung unterbunden und B. zur Abgabe seiner Sammlungen und Materialien gezwungen, schon vorliegende Druckbogen wurden vernichtet. Der Rat wollte möglicherweise aus aktuellem Anlaß eine ausführliche Darstellung der Auseinandersetzungen zwischen Bürgerschaft und Rat um die Mitte des 17.Jh. verhindern; auch hat vielleicht Dompropst J. C. H. Dreyer, angetrieben von seinem bekannten wissenschaftlichen Ehrgeiz, hier einen Konkurrenten ausschalten wollen. Erst zwei Jahrzehnte später, 1805, versuchte B., nun endlich die Druckgenehmigung für den 3. Band zu erlangen. Der Rat erteilte sie aufgrund eines Gutachtens, aus dem hervorging, daß B. keine amtlichen Quellen benutzt, durch „übergroße Behutsamkeit" vieles weggelassen und lebende Personen nicht genannt habe. Späterhin entstand hieraus unverdientermaßen das Verdikt, B. habe für das ganze Werk keine archivalischen Quellen herangezogen, was die wissenschaftlich solide und auch kritische Arbeit in ihrer Bedeutung noch bis zum Ende des 19. Jh. schmälerte. Der 3. Band reicht von der Mitte des 17. Jh. bis 1800 und widerlegt, ganz im Sinne des Verfassers, daß der Stoff uninteressant sei, da er wenig „Kriegsgeschrei" enthalte. Die gründliche und in umfangreichen Anmerkungen auch kritisch kommentierende Darstellung bietet die lübeckische Geschichte zum ersten Mal ausgewogen und bis in die Einzelheiten dar. Sie wurde erst im letzten Jahrzehnt des 19. Jh. überholt und hat Kritik wohl nur in den Abschnitten der Frühgeschichte der Stadt verdient; einige sachliche Ungenauigkeiten sind von H. W. Hach aufgelistet worden, beeinträchtigen jedoch nicht die bewundernswerte Pionierleistung.

Quellen: AHL: Altes Senatsarch., Interna, Buch- und Zeitungsgewerbe 24/17; ebd. Cameraria 2/8; Arch. d. Ges. z. Beförderung gemeinnütziger Tätigkeit 13 und 19; Verz. d. Vorträge u. Vorlesungen gehalten in d. Versammlungen d. Ges. z. Beförderung gemeinnütziger Thätigkeit v. Jahre 1789 bis Ostern 1889, Lübeck 1889; Ergänzungen z. Index Camerariae Lubecensis v. H. D. Krohn 1764; Nachlaß Hach VI K II,1; Schröder, Genealogische Stammtafeln. – LAS, Abt. 268, Nr. 720. – J. C. Koppe, Jetztlebendes gelehrtes Mecklenburg, 3. Stück, Rostock u. Lpz. 1784, S. 8–18.
Werke: Memoria viri . . . Caroli Henrici Langii Philos. Dr. Gymnasii Lub. conrectoris meritissimi . . . Lübeck [1753]. – Commentatio Juris publici de urbibus immediatis sacri imperii romani germanici, Rostock u. Wismar 1757, 2. Aufl. 1770. - Polybia. Ein Trauerspiel, Bln. 1767. — Dissertatio de iure de non evocando, Greifswald 1768 (= Tractatus historico-iuridicus sistens ius de non evocando, Lübeck 1769). – Historisch-critische Untersuchung betr. den Zeitpunct der Veränderungen in Absicht der Oberherrschaft über die Stadt Rom, Lübeck 1769. – Responsio ad quaestionem historicam: Quibus ex rationibus imperatores & reges carolingicae stirpis recentiores in germania dignitatem ducalem restituerint, quemque postea duces potentiae gradum sint consecuti, in: Acta societatis Jablonovianae 5 (1779). – Responsio ad quaestionem historicam: Quid ansam seu occasionem dederit polonis iam saeculo XIII iure saxonico utendi? in: ebd. 6 (1780). – Umständliche Geschichte d. Kaiserl. u. des Heil. Römischen Reichs freyen Stadt Lübeck, 1–3, Lübeck 1782–1805.
Literatur: ADB, 2, S. 222. – E. Deecke, Beitrr. zur lübeckischen Geschichtskunde, Lübeck 1835, S. 41 f. – [Anon.,] Das Duell der beiden lübeckischen Domcapitularen Otto Henrich und Friedrich August von Brömbsen im Jahre 1776, in: LBl 1858, S. 162–165, 172–176, 180–184, 188–192, bes. 162 f. – A. v. Brandt, Das Lübecker Arch. in d. letzten hundert Jahren, in: ZLGA 33 (1952), S. 33–80, bes. 62 f.
Porträt: Gemälde, Abb.: Wagen 1958, S. 93.

Antjekathrin Graßmann

BIPPEN, Wilhelm von (Ps.: Gotthelf Weiter), geb. 8. 4. 1808 Lübeck, gest. 17. 5. (nicht 29. 3.) 1865 ebd.; ev. – Arzt, Schriftsteller.
Eltern: Daniel von Bippen, geb. 26. 3. 1767 Pernau (Livland), gest. 22. 2. 1841 Lübeck, Kaufmann, seit 1819 Postmeister in Lübeck; 2. Ehefrau Magdalena Elisabeth geb. Rohlfien, geb. 24. 5. 1777 Lübeck, gest. 25. 10. 1846 ebd.; verh. 5. 4. 1805 ebd.; Tochter d. Schmieds Heinrich Rohlfien.
Ehefrau: Emma Heise, geb. 30. 7. 1814 Göttingen, gest. 6. 10. 1905 Lübeck; verh. 9. 10. 1838 Lübeck; Tochter d. Rechtswissenschaftlers G. A. Heise (s. d.).
Kinder: 2 Töchter, 8 Söhne, darunter: Wilhelm, geb. 5. 11. 1844 (s. d.).

B.s Kindheit fällt in die Zeit der französischen Besetzung Lübecks, unter der auch das Geschäft des Vaters litt. 1813 wich die Familie vor dem Krieg nach Eutin und Kiel, von dort nach Wismar, Rostock und schließlich nach Warnemünde aus. 1814 kehrte sie nach Lübeck zurück. In den Nachkriegsjahren ging das Geschäft des Vaters schlecht, so daß er nach einem Bankrott im Jahre 1819 die Stelle des Postmeisters in Lübeck übernahm. Die frühen Kindheitserinnerungen an Franzosenzeit und Befreiungskriege dürften den Patriotismus mitbewirkt haben, der für B. zeitlebens bezeichnend war.

B. besuchte zunächst zwei private Knabenschulen in Lübeck, dann, von 1820 bis 1827, das Katharineum. Anschließend studierte er Medizin in Heidelberg, wo er u. a. mit dem ebenfalls aus Lübeck stammenden Juristen Johann Heinrich Thöl befreundet war. Während eines längeren Ferienaufenthalts in Weinsberg lernte er den Arzt und Schriftsteller Justinus Kerner kennen, mit dem er auch später in Verbindung blieb. Seit 1830 studierte B. in Halle, dort vor allem von dem Kliniker Peter Krukenberg beeinflußt. 1831 wurde er in Halle mit einer Dissertation über Hermaphroditen promoviert. Nach kurzem Aufenthalt in Berlin, wo er sich mit Krukenberg über die dort ausgebrochene Cholera informierte, arbeitete er in Halle als Assistent im Cholerahospital. Im April 1832 ging er nach Würzburg, um den berühmten Kliniker Johann Lukas Schönlein zu hören, brach von dort nach Paris auf, kehrte aber von Heidelberg aus nach Lübeck zurück, um bei der Bekämpfung der dort ausgebrochenen Cholera zu helfen. Nachdem er seine Studien im Winter 1832/33 in Berlin abgeschlossen hatte, kehrte B. 1833 endgültig nach Lübeck zurück und ließ sich dort als Arzt nieder.

B. war mit seiner Praxis in Lübeck nicht übermäßig erfolgreich, was vermutlich auf seine Strenge und sein streitbares Temperament zurückzuführen ist. Sein Ansehen beruhte eher auf einer ausgedehnten ehrenamtlichen Tätigkeit im politischen und kulturellen Leben der Stadt und auf schriftstellerischen Arbeiten. Politisch war er Anhänger des Gedankens nationaler Einigung unter Führung einer konstitutionellen preußischen Erbmonarchie, in innenpolitischen und in Verfassungsfragen war er konservativ eingestellt. Entsprechend kritisch verhielt er sich zu den revolutionären Ereignissen von 1848. Anläßlich der Verfassungsreform in Lübeck in diesem Jahre vertrat er, etwa in der Frage der Selbstergänzung des Senats und in der Wahlrechtsfrage, eine reflektierte konservative Position. 1848 wurde er in die Bürgerschaft gewählt, der er seitdem nach mehrfacher Wiederwahl bis zu seinem Tod angehörte. Im Juli 1859 wurde er Wortführer des Bürgerausschusses (Ausschuß der Bürgerschaft zur Begutachtung von Senatsvorlagen), im Juli 1861 Wortführer der Bürgerschaft, im Juli 1863 wieder Wortführer des Bürgerausschusses. Größere Reformvorhaben gab es in den Jahren nach 1848, abgesehen von der langwierigen Gerichtsreform (Abtrennung der Justiz vom Senat), allerdings nicht mehr, und die wichtigen Entscheidungen der 60er Jahre – Beitritt Lübecks zum Norddeutschen Bund, Einführung der Gewerbefreiheit, Anschluß an den Zollverein – erlebte B. schon nicht mehr mit. In den Senat wurde er nicht gewählt, doch übernahm er 1862 das sehr angesehene Ehrenamt des Direktors der Gesellschaft zur Beförderung gemeinnütziger Tätigkeit.

Nachdem er bereits 1847 bei der Organisation des Allgemeinen deutschen Sängerfestes und der Germanistenversammlung in Lübeck mitgewirkt hatte, gehörte B. 1859 als Präses dem Organisationskomitee für die Feierlichkeiten zu Schillers 100. Geburtstag an. Im Anschluß an das Schillerfest regte er die Gründung einer Lübecker Schillerstiftung an, deren Vorsitzender er bis zu seinem Tod war. Die Stiftung unterstützte als lokaler Zweigverein die Deutsche Schil-

Wilhelm von Bippen (1808–1865)
Zeichnung von L. Buchheister, 1850

lerstiftung in Weimar, diente aber mit regelmäßigen Vortragsveranstaltungen und geselligen Zusammenkünften auch der Unterhaltung und ästhetischen Bildung ihrer Mitglieder. In dieser Funktion ist sie für das geistige Leben in Lübeck wichtig geworden. B. selbst eröffnete die Reihe der Vorträge 1860 mit Mitteilungen über den Lübecker Bürgermeister und Dichter Christian Adolph Overbeck (s. d.).

B.s eigene dichterische Arbeiten – Gedichte, Opernlibretti, Bühnenspiele und Farcen – liegen auf dem durchschnittlichen Niveau damaliger Gelegenheitsdichtung und sind heute vergessen. Wertvoll ist aber nach wie vor die Biographie seines Schwiegervaters, des Präsidenten des Oberappellationsgerichts der vier freien Städte in Lübeck, G. A. Heise (s. d.), eine Darstellung aus erster Hand, die auf persönlicher Bekanntschaft und der Auswertung zahlreicher Briefe beruht. B.s wichtigstes Werk sind die „Eutiner Skizzen" (1859), eine Schilderung des literarischen Lebens in Eutin am Ende des 18. Jh. B. schrieb sie aus Anlaß der Schillerfeier 1859 und stellte ihr einen patriotischen, auf die Entwicklung eines gemeinsamen deutschen Nationalgefühls bezogenen Überblick über die neuere deutsche Geschichte und die Literatur bis Schiller voran. Die Darstellung des geistigen Lebens in Eutin selbst gilt bis heute als grundlegend, da B. aus Quellen, die inzwischen nicht mehr zugänglich sind, interessante biographische Einzelheiten über den Eutiner Kreis und sein Umfeld mitteilt. Unvollendet blieb B.s letzte literaturgeschichtliche Arbeit, eine Biographie über Charles de Villers (s. d.), den Vermittler zwischen deutscher und französischer Literatur und Philosophie, der von 1796 bis 1810 in Lübeck lebte; B.s Sohn Wilhelm (s. d.) hat das Thema später in zwei Veröffentlichungen wieder aufgenommen.

Quellen: AHL: Schnobel; Familienarch. Hach; Arch. d. Lübeckischen Schillerstiftung; Protokolle d. Bürgerschaft 1848 u. 1861; Protokolle d. Bürgerausschusses 1859–1861 u. 1863–1865.
Werke: Über politische Parteien, in: LBl 1848, S. 188, 196 f., 208–210. – Die Selbstergänzung d. Senats, in: ebd. S. 17–21, 47–49. – Georg Arnold Heise. Mitt. aus dessen Leben, Halle 1852. – Bühnenspiele von Gotthelf Weiter [d. i. W. v. B.], 2 Bde., Lübeck 1857. - Eutiner Skizzen, Weimar 1859. – Zur Erinnerung an W. v. B. 21 Gedichte aus seinem Nachlaß, Weimar 1866.
Literatur: ADB, 2, S. 653 f. – Nachruf in: LBl 1865, S. 173. – W. Deecke, W. v. B. Ein Lebensbild, Weimar 1867. – J. Havemann, Gesch. d. schönen Literatur in Lübeck, Lübeck 1926, S. 96 f.
Porträt: Foto (Altersbild) in: VBl 1908, S. 57. – Zeichnung v. L. Buchheister, 1850 (Foto: AHL, HS. 1114), Abb. s. S. 41.

Alken Bruns

BIPPEN, Wilhelm von, geb. 5. 11. 1844 Lübeck, gest. 22. 8. 1923 Bremen; ev. – Historiker, Archivar.

Eltern: Wilhelm von Bippen, geb. 8. 4. 1808 (s. d.); Emma geb. Heise.
Ehefrau: Sophie von Ettingshausen, geb. 1850 Glina (Kroatien), gest. 6. 6. 1918 Bremen; verh. 1880 Graz; Tochter d. Generalmajors Sigmund v. Ettingshausen u. d. Franciska geb. Henriquez.
Kinder: 1 Tochter.

Nach dem Besuch des Katharineums in Lübeck begann B. 1864 in Bonn ein Rechtsstudium, studierte dann 1865/66 in Berlin und von 1866 bis 1868 in Göttingen, wo er sich unter dem Einfluß von Georg Waitz vor allem der Geschichtswissenschaft widmete. Bei Waitz und dem Nationalökonomen Johann Helferich wurde er 1868 mit einer quellenkritischen Dissertation über ein Thema der mittelalterlichen Geschichtsschreibung Schleswig-Holsteins promoviert. Er wies darin nach, daß zwei Texte des Propstes Sido von Neumünster aus der Zeit um 1190 Tendenzschriften zugunsten von dessen Kloster waren.

Von 1868 bis 1870 war B. Prinzenerzieher am Hof des Fürsten von Waldeck in Arolsen. Er unternahm mit seinen Zöglingen Reisen, u. a. an die Riviera; 1870 hielt er sich in Cannes auf. Im gleichen Jahr bewarb er sich auf Veranlassung des Hamburger Historikers Karl Koppmann, ebenfalls eines Waitz-Schülers, um eine in Bremen neu geschaffene Stelle zur Fortführung der Arbeit an dem seit 1859 geplanten, dann von Diedrich Ehmck begonnenen und 1865 steckengebliebenen Bremischen Urkundenbuch. Am 1. 12. 1870 trat B. die Stelle an; 1872 erwarb er das bremische Bürgerrecht. 1873 wurde der erste Band des Bremischen Urkundenbuchs abgeschlossen.

Im Februar 1875 erhielt B. eine feste Anstellung. Er wurde 3. Regierungssekretär (1878: Senatssekretär; 1898: Syndikus des Senats) mit der Aufgabe, das von der Senatsregistratur abgetrennte Archiv zu verwalten und zu erschließen. Neben dieser Tätigkeit als Archivar führte B. die Arbeit am Bremischen Urkundenbuch weiter, dessen Herausgabe als eines seiner großen Verdienste anzusehen ist. Bis 1886 erschienen die Bände 2 bis 4, 1902 folgte ein 5. Band, der die Urkundenedition bis zum Jahre 1433 weiterführt. Gleichzeitig entstanden verschiedene Aufsätze zur bremischen Geschichte, in denen B.s Hauptinteressen deutlich sichtbar werden: Quellenforschung, Rechtsgeschichte und historische Biographie. Auffallend ist auch die Bevorzugung des Mittelalters. Doch widmete B. sich auch einigen Aspekten der Architektur- und Kunstgeschichte, u. a. als Mitarbeiter am Werk über die bremischen Kirchen in den „Denkmalen der Geschichte und Kunst der Freien Hansestadt Bremen" (1879), und drang immer mehr ins 16. und 17. Jh. vor. 1890/91 erschien sein wichtiger Aufsatz über „Die Gründung des lübeckischen Oberappellationsgerichts", dessen erster Präsident sein Großvater G. A. Heise (s. d.) gewesen war.

1887 wurde B. die Aufgabe übertragen, eine Gesamtgeschichte der Stadt Bremen zu schreiben. Geplant war ein wissenschaftliches und zugleich populäres Werk. Dazu mußte B. weite Bereiche neu bearbeiten, zumal seinem kritischen Sinn die Übernahme älterer Darstellungen nicht lag. Es entstand ein dreibändiges Werk von einer Art, die auf die Bedürfnisse des Bildungsbürgertums jener Zeit zugeschnitten war. Sachlich und nüchtern im Stil, stellt es die innen- und außenpolitische Entwicklung in den Vordergrund. Das Werk nötigt uns auch heute noch Bewunderung ab, obwohl B. Bereiche wie die Wirtschafts-, Sozial- und Kulturgeschichte fast völlig ignorierte – ein Mangel, der besonders für die Darstellung der ersten Jahrzehnte des 19. Jh. schmerzlich empfunden wird.

B. trug die kritische Beherrschung der Quellen auch in wissenschaftliche Gesellschaften hinein. Von 1875 bis 1881 und 1893 bis 1912 leitete er als Vorsitzender die bremische „Historische Gesellschaft". Er hielt dort zahlreiche Vorträge und redigierte lange Zeit das „Bremische Jahrbuch". Im Hansischen Geschichtsverein gehörte er seit 1880 dem Vorstand an und war einige Zeit Schriftführer und Ausschußmitglied zur Herausgabe der „Hansischen Geschichtsblätter". Zu den Bürgerpflichten gehörte in jener Zeit jedoch auch die Mitwirkung in anderen Vereinen und Kommissionen: so war B. 1872 bis 1874 Schriftführer der „Deutschen Gesellschaft zur Rettung Schiffbrüchiger", hatte seit 1876 den Vorsitz in der „Sachverständigen-Kammer für Literatur", war seit 1892 Mitglied der „Kommission zur Erhaltung kunsthistorischer Denkmale", seit etwa 1898 senatorischer Vertreter in der Ober-Ersatzkommission, die Prüfungen der Einjährig-Freiwilligen durchführte, und schließlich gehörte er dem Ausschuß der Historischen Kommission für Niedersachsen an.

Die vielseitige Beanspruchung machte nach 1902 eine weitere Arbeit am Urkundenbuch unmöglich, doch verfaßte B. eine ganze Reihe von wichtigen Aufsätzen, wobei er in späteren Jahren eine besondere Vorliebe für die bremische Biographie entwickelte. Diese Arbeiten erschienen sowohl als größere Aufsätze als auch in kürzerer Fassung in dem Sammelwerk „Bremische Biographie des 19. Jahrhunderts" (1912). In diesem Zusammenhang gehören seit 1909 Forschungen zum Leben und Werk des bremischen Bürgermeisters Johann Smidt, an deren

Wilhelm von Bippen (1844–1923)

Ende die große Smidt-Biographie von 1921 stand, die der gealterte und kranke B.
sich bereits unter großen Mühen abringen mußte. Das Werk ist auf der Grundlage sorgfältiger Quellenforschung und Persönlichkeitserfassung geschrieben; B.
bewunderte den patriarchalischen Realpolitiker Smidt, der in neuerer Zeit von
einigen Historikern als starrer Reaktionär kritisiert worden ist.

1909 wurde das bremische Archiv durch den Neubau an der Tiefer eine von
der Senatsregistratur getrennte eigenständige Behörde. An der Last der Umstel-
lung und der damit verbundenen Neuordnung der Akten trug der alternde B.
schwer.

Nach Herkunft und Erfahrung wurde B. in jungen Jahren durch das hanseatische Bürgertum, den akademischen Liberalismus in Bonn und Göttingen sowie
durch den preußisch-deutschen Nationalgeist geprägt. Sachlichkeit und Nüchternheit waren die Grundzüge seines Wesens; er war im Grunde kein geselliger
Mensch, sondern eher ein Einzelgänger, der bei vollendeten Umgangsformen
Distanz hielt. Auch die Historische Gesellschaft blieb unter seiner Leitung auf
einen Honoratiorenkreis beschränkt, in dem B.s nüchtern-kritische Art Anklang
fand. B.s letzte Lebensjahre waren durch Krankheit verdüstert: Im Januar 1913
erlitt er einen Schlaganfall, mehrfach mußte er seine dienstliche Tätigkeit unter-
brechen, bis er im Januar 1914 um Pensionierung zum 31. 3. 1914 bat. Bei Aus-

bruch des Ersten Weltkriegs übernahm er noch einmal die Leitung des Staatsarchivs, bis er im Juli 1917 endgültig ausschied.

Quellen: Staatsarch. Bremen: 2 – P.7.d.2.b.2.f.12; 2 – P.7.d.2.b.2.o.1; 3 – B.4.A.1. Nr. 130.
Werke: Verz. in: Bremisches Jb. 40 (1941), S. 20–23. – *Zu ergänzen:* Kritische Untersu-
chung über die Versus de Vita Vicelini u. d. sog. Ber. d. Propst Sido v. Neumünster, Diss.
Göttingen 1868.
Literatur: NDB, 2, S. 251. – F. Frensdorff, W. v. B., in: Nachr. d. Ges. d. Wiss. zu Göttin-
gen. Geschäftliche Mitt. 1923/24, S. 53–58. – H. Entholt, W. v. B., in: DBJb 5 (1923), S. 25–27.
– Ders., Zum Gedächtnis W. v. B.s, in: Bremisches Jb. 29 (1924), S. 146–152 – Ders., Zum
Gedächtnis W. v. B.s, in: HG 49 (1924), S. I–VII. – Bremische Biogr. 1912-1962, bearb. v. W.
Lührs, Bremen 1969, S. 43–45.
Porträts: Foto in Bremisches Jb. 49 (1924), nach S. 146. – Foto im Staatsarch. Bremen, Abb.
s. S. 44.

Herbert Schwarzwälder

BÖRM, Heinrich Nikolaus, geb. 18. 7. 1780 Hattstedt b. Husum, gest. 16. 10.
1831 Lüneburg; ev. – Ingenieur, Architekt.
Eltern: Nikolaus Börm, geb. 27. 7. 1748 Börm, Ksp. Hollingstedt, gest. 3. 5. 1820
Schleswig, seit 1777 Diakon in Hattstedt, seit 1783 Pastor ebd., seit 1797 Pastor an
d. Michaeliskirche in Schleswig; Dorothea Maria geb. von Passow.
Unverheiratet.
Nach erstem Unterricht beim Vater in Hattstedt und dem Besuch der Lateinschule in Schleswig von 1797 bis 1800 studierte B. in Kiel seit Herbst 1800 Theologie und die „encyclopädischen Wissenschaften", insbesondere Arithmetik,
Geometrie und Mechanik. 1801 ging er nach Jena, studierte Naturwissenschaften
und wurde 1803 in die Jenaer Gesellschaften für Mineralogie und für Physik
aufgenommen. Danach entschloß er sich endgültig zu einem technischen Studium und wechselte noch 1803 über zur Bauakademie in Berlin, wo er sich vor
allem auf den Wasserbau spezialisierte. Seine Lehrer waren hier Johann Albert
Eytelwein für Wasserbau und Johann Heinrich Gentz in der Stadtbaukunst.
Nach einer Studienreise durch Deutschland, Frankreich und die Niederlande
wurde er 1809 „Deichconducteur" für das Herzogtum Holstein. Von 1815 bis
1820 arbeitete er in Eutin als „Bauconducteur" für den oldenburgischen Herzog,
hatte aber in dieser Eigenschaft keine größeren Bauaufgaben zu lösen. Am 31. 5.
1820 stellte ihn die Freie und Hansestadt Lübeck als Stadtbaumeister ein. Er war
verantwortlich für das gesamte öffentliche Bauwesen in Lübeck, das allerdings
nach der wirtschaftlichen Rezession in der napoleonischen Zeit erst allmählich
wieder Auftrieb erhielt.
Erste Aufgaben waren die Wiederherstellung der Torzingeln, der ringförmi-
gen Einfriedigungen an den wichtigsten Toren der Stadt, und die Errichtung von
kleinen Häusern für die Torschreiber in den Jahren bis 1826. Ein größeres Projekt
war 1825–1827 der Neubau der Synagoge der jüdischen Gemeinde in Moisling
nach deren Vertreibung aus der Stadt. Diese Bauten wurden am Ende des 19. Jh.
wieder beseitigt. Sein heute noch bestehendes Hauptwerk schuf B. nicht im Auf-

trag der Stadt: Es handelt sich um den Bau der Reformierten Kirche an der Königstraße, der in den Jahren 1823–1826 geplant und errichtet wurde. B. war daran gebunden, die Umfassungsmauern des Vorgängerbaus, eines großen Bürgerhauses der Zeit um 1760, beizubehalten, schuf aber mit der großzügigen Fassade und dem interessant gegliederten Innenraum eine selbständige und formal schlüssige Lösung, die ihrer Aufgabe noch heute gerecht wird. Darüber hinaus stellte er mit dieser Architektur dem sonst in Lübeck vertretenen, eher konventionellen Klassizismus dänischer Prägung einen Akzent gegenüber, der sich letzten Endes von der französischen Revolutionsarchitektur herleitet.

Neben seiner praktischen Arbeit befaßte sich B. auch theoretisch mit der Materie seines Berufs und verwandten Themen. Außer einem frühen Aufsatz „Über Kanalfahrt", der 1812 im Druck erschien, sind im Archiv der Hansestadt Lübeck verschiedene Manuskripte erhalten, die für „Vorlesungen" in der „Gesellschaft zur Beförderung gemeinnütziger Tätigkeit" ausgearbeitet worden sind. Darunter befindet sich eines von 1821 mit dem Titel „Über Geist und Bedeutung der gothischen Architektur im Gegensatz zur griechischen", das Aufschlüsse über die Architekturtheorie des Stadtbaumeisters vermittelt. Bemerkenswert ist daneben, daß B. sich 1830 in einem weiteren Vortrag mit der modernen Verkehrstechnik auseinandersetzte und ausführlich über Eisenbahnen referierte.

B. hatte als Stadtbaumeister in Lübeck nur wenige größere Arbeiten durchzuführen und hinterließ daher ein zwar kleines, aber um so stärker bis ins einzelne durchformtes Werk. In der Lübecker Architekturgeschichte ist er der Vertreter des kompromißlosen Klassizismus der Zeit um 1800, der sich durch die Betonung der großen Form, des Kubisch-Körperhaften, im Kontrast zur großen ruhigen Fläche auszeichnet und dessen Protagonisten vor allem Friedrich und David Gilly in Berlin waren. B.s Studienzeit in Berlin und seine gute und intensive Kenntnis solcher Formen haben ihn als Architekt geprägt. Da er vorwiegend als Ingenieur tätig war und sich als Architekt nicht weiterentwickeln konnte, schuf er in Lübeck Zeugnisse eines ehemals revolutionären Klassizismus zu einer Zeit, da dieser in den Zentren der Kunst bereits durch eine andere klassizistische Stilstufe abgelöst worden war.

Quellen: Akten im AHL: Baubehörde, Ablieferung v. 1926, Vol 8 II, Beamte, 18 u. Vol 2a, 11 Rechnungswesen 1814/15–1830. – Hochbau J 4/11 (Acta Befriedigungen Ao 1820–31). – Hochbau D II/18 (Acta Moislinger Gebäude 1821–28) Hs. 554 a, S. 7–8. – Hs. 1092, S. 32–37 (Friedrich Bruns, Stadtbaumeister).

Werke: Architektur: Lübeck, Torzingel Mühlentor 1820; Lübeck, Torzingel Holstentor 1823/24; Lübeck, Torschreiberhäuschen für Burgtor, Mühlentor, Holstentor 1826; Moisling, Synagoge 1826/27; Lübeck, Zeughaus, Nordgiebelbekrönung 1822; Lübeck, Reformierte Kirche 1823/26. *Veröffentlichungen:* Über Kanalfahrt, besonders in Beziehung auf d. beiden Herzogthümer Schleswig und Holstein, in: PB 1812, S. 695–709. *Vorträge:* (Mss. im AHL, Rep. 744, Nr. 19) Über Geist u. Bedeutung d. gothischen Architektur im Gegensatz zur griechischen (10.4.1821). – Geschichtliche Darst. d. bisher gemachten Versuche einer Wasserkommunikation v. d. Ostsee mit d. inneren Deutschland (22. 1. 1822). – Warum bauen wir jetzt weniger solide als in alten Zeiten? (13. 2. 1827). – Über Eisenbahnen (12. 2. 1830).

Literatur: W. Deiß, Gesch. d. ev.-reformierten Gem. in Lübeck, Lübeck 1866. – O. A. Bode, Aus d. Gesch. d. ev.-reformierten Gem. zu Lübeck, Lübeck (1925). – BuKHL, 4,2,

S. 370–380. – H.-P. Stricker, Das Kirchengebäude, die Gemeinderäume u. d. Bibl. in d. Königstraße, in: Ev.-reformierte Gem. Lübeck 1666–1966, Lübeck 1966, S. 59–67. – M. Hasse, Lübeck, 5. Aufl. München u. Bln. 1973 (Deutsche Lande, deutsche Kunst), S. 42. – J.-U. Brinkmann, Der Lübecker Stadtbaumeister H. N. B. (1780–1831), in: NE 44 (1975), S. 8–44.

Jens-Uwe Brinkmann

BONNUS (latinisiert aus Bunne bzw. Bonne), Hermann, geb. 1504 Quakenbrück, gest. 12. 2. 1548 Lübeck; ev. – Theologe, Superintendent.

Eltern: Arnold (Arnd) von Bunne(n), Schuhmacher, Ratsherr in Quakenbrück; Hilla geb. Dreckmann(s).

Ehefrau: Catharina; verh. in Lübeck.

Kinder: 1 Tochter, 3 Söhne, darunter: Arnold, geb. 1542, gest. 16. 1. 1599, 1578 Ratsherr, 1594 Bürgermeister in Lübeck.

Zunächst erzogen in der humanistischen Domschule zu Münster, ging B. vor 1521 vermutlich zu Bugenhagen (s. SHBL, 1, S. 93) in die Stadtschule von Treptow a.d. Rega, wohin auch andere Westfalen zogen. Er studierte in Wittenberg (Immatrikulation am 13. 4. 1523) vor allem als Schüler Melanchthons, mit welchem er später befreundet war; anschließend in Greifswald (1525?), wo er Magister und an der Artistenfakultät tätig geworden zu sein scheint; in den Wirren der dortigen Universität hielt er zusammen mit seinem Freund Johannes Aepin, dem späteren Hamburger Superintendenten, den Lehrbetrieb aufrecht. In Greifswald befreundete er sich auch mit dem Juristen Johann Oldendorp (s.d.), einem seiner späteren Gegenspieler in Lübeck. Nach vergeblichem Versuch, in Stralsund eine Lehrerstelle zu bekommen, wurde B. 1527 (1528?) in Kopenhagen und Gottorf Erzieher des Prinzen Johann (= Herzog Hans d. Ä., s. SHBL, 7, S. 89). In dieser Zeit verfaßte er eine lateinisch-niederdeutsche Grammatik (gedr. in Lübeck mit Vorrede vom 24. 4. 1531), die später viel benutzt und oft nachgedruckt wurde. Ob B. 1529 noch einmal nach Wittenberg ging (so eine Notiz bei Mathesius 1568), ist ungewiß. Nach der Einführung der Reformation in Lübeck, an der B. nicht beteiligt war, und der Umwandlung des Katharinenklosters in eine Gelehrtenschule (März 1531) wurde er – durch Vermittlung des damals in Lübeck tätigen Bugenhagen — zu deren erstem Rektor bestellt.

Nachdem der Lübecker Rat längere Zeit vergeblich einen evangelischen Superintendenten gesucht hatte, übertrug er schließlich 1532 (entgegen der communis opinio kann es nicht schon 1531 gewesen sein) B. dieses Amt, obwohl er eher Pädagoge als Theologe war. Hierbei wird mitgespielt haben, daß Hamburg ihn Ende 1531 als Pastor für St. Petri gewinnen wollte. In den Wirren der Wullenwever-Zeit bewährte er sich als eigenständiger Kirchenführer und Kritiker einer evangelisch begründeten Demokratie (so Oldendorp) und als Befürworter der alten Ordnung (gegen Wullenwever). Wullenwever erteilte ihm 1534 Predigtverbot, woraufhin er sein berühmtes Memorandum an den „unordentlichen Rat" verfaßte, das im Sinne der lutherischen Obrigkeitslehre erstmals in Lübeck

Hermann Bonnus
Kupferstich von C. Fritzsch

das kirchliche Wächteramt gegenüber den Politikern herausstellte. Diese Distanz
gegenüber dem neuen bürgerlichen Rat von 1531 an trug entscheidend dazu bei,
daß die Reformation in Lübeck bei der politischen Restauration 1535 nicht rückgängig gemacht wurde. Im April 1535 leitete B. zusammen mit Aepin den Konvent der Superintendenten des wendischen Hansequartiers, der mit seinen Be-
schlüssen über die Abwehr der Täufer, über die Angleichung der Kirchenordnungen und über die Normierung der evangelischen Lehre gemäß dem Augs-
burgischen Bekenntnis eine weitreichende Wirkung auf die Konsolidierung des
konservativen Luthertums in Norddeutschland hatte und die Zusammenarbeit
der Geistlichen Ministerien von Lübeck, Hamburg und Lüneburg begründete
(später sog. Ministerium Tripolitanum). Damit bahnte B. die kirchenpolitische
Führungsrolle Lübecks an. Die Ereignisse jener Zeit kommentierte er in seiner
knappen, von den Anfängen bis 1538 reichenden Chronik Lübecks.

1543 folgte B. einer Bitte des Rates von Osnabrück, im Einverständnis mit dem
evangelisch gesinnten Bischof von Münster und Osnabrück, Franz von Waldeck,
dort in der Stadt die Reformation einzuführen (2. 2. 1543 feierliche Proklamation,
danach Neuordnung der kirchlichen und schulischen Verhältnisse trotz der Widerstände des Domkapitels). Im Auftrag des Bischofs begann er anschließend
mit der Reformation des Stiftsgebiets und der Grafschaft Delmenhorst. Nach
dem Muster der für die Stadt nach dem Lübecker Vorbild aufgestellten Kirchenordnung verfertigte er eine kurze Ordnung für das Land. Die Widerstände (vor
allem im Münsterland) veranlaßten ihn, trotz eines Angebots, in bischöfliche
Dienste zu treten, nach Lübeck zurückzukehren.

B. war nur ein mittelmäßiger Theologe, aber ein begabter Praktiker, der viel für die Festigung des evangelischen Kirchenwesens geleistet hat, auch über Lübecks Grenzen hinaus. Im Zusammenhang mit seiner Lehrtätigkeit verfaßte er 1539 einen Katechismus, welcher den Katholizismus abwehrte und in volkstümlicher Form zu einem neuen Frömmigkeits- und Lebensstil anleitete. Das in Norddeutschland viel benutzte Gesangbuch des Rostocker Reformators Joachim Slüter von 1526 bzw. 1531 ergänzte er durch eigene Bearbeitungen älterer Gesänge und andere Choräle (1534, seitdem mehrfach aufgelegt, 1545 als – freilich nicht offizielles – Lübecker Gesangbuch herausgegeben, welches 1556, 1564 und 1614 neu bearbeitet wurde). B. schuf auch eigene Choräle, z.B. das noch heute im evangelischen Gesangbuch abgedruckte Lied „Och wy arme sünder" und die Umdichtung des Magnifikat. Er hat den niederdeutschen Kirchengesang erheblich gefördert. Seine Predigt- und Vorlesungstätigkeit hat dagegen eine geringere Wirkung gehabt, nur wenig davon ist überliefert: die „Farrago", eine kirchenhistorische Kompilation von Lebensbildern der Apostel, Märtyrer und Heiligen aus älteren Werken, sowie eine vor der dänischen Königin Dorothea 1546 in Reinfeld gehaltene Predigt; ferner die posthum edierten Vorlesungen über die Apostelgeschichte und die Sonntagsepisteln. In Lübeck engagierte B. sich neben der kirchlichen Aufbauarbeit im Kampf gegen Reste des Katholizismus (von ihm veranlaßtes Ratsmandat 1544) und gegen radikal-evangelische „Schwärmer" (Mandate 1540. 1546. 1547).

Werke: Verz. in Cimb. lit., 2, S. 73 f. – Elementa partium orationis in usum puerorum, Lübeck o. J. (1531, mehrfach nachgedr., z. B. Magdeburg 1571, Hbg. 1583, Lübeck 1596. 1603). – Sog. Schrift an den unordentlichen Rat (1534) b. Starck (s. Lit.), S. 86–88, Spiegel (s. Lit.), S. 147–158. – Chronica der vörnemelikesten Geschichten vnde hendel der Keyserliken Stadt Lübeck, Magdeburg o. J. (1539, mehrfach nachgedr.). – Eine korte voruatinge der Christliken lere vnde der vörnemesten fragestücke, Magdeburg 1539 (Neudr. hrsg. v. B. Spiegel, Osnabrück 1875). – Farrago praecipuorum exemplorum de Apostolis, Martyribus, Episcopis et Sanctis Patribus veteris Ecclesiae, Schwäbisch Hall 1539 (deutsche Aufl. 1578. 1604). – Christliche kerckenordenunge der stadt Oßenbruck, 1543 (hochdtsch. Aufl. 1588. 1612. 1652). – Kerckenordnunge vor de landkercken des stifts Osenbrugge (1543, gedr. bei Spiegel, S. 182–187; Die ev. Kirchenordnungen d. 16. Jh., Bd. 7, 1, Tübingen 1963, S. 222–228). – Enchiridion. Geistlike Lede vnd Psalmen vppet nye gebetert. Mit einem nien Calender, Lübeck 1545. – Enarrationes succinctae ... e Paulinis et aliorum Apostolorum epistolis (ed. A. Bonnus), Basel 1571. – Institutiones de modo et ratione orandi (ed. A. Bonnus), ebd. 1571. – In Acta Apostolorum annotationes, vgl. v. Seelen, 4, S. 58 ff. – Propositiones, Epigramme, Briefe u. Testament b. Starck (s. Lit.), S. 85–92 u. Spiegel (s. Lit.), S. 190–207; dort S. 67–82 bzw. S. 209 f. Schriftenverz. m. weiteren Angaben.
Literatur: ADB, 3, S. 133. – NDB, 2, S. 448 f. – Cimb. lit., 2, S. 70–74. – Jöcher, 1, Sp. 1240. – C.H. Starck, Lübeckische Kirchen-Historie, 1, Hbg. 1724, S. 16–92. – Ph. Wackernagel, Das Kirchenlied. v. d. ältesten Zeit bis zu Anfang d. 17. Jh., 3, Lpz. 1870, S. 733 ff. – W. Mantels, H. B., Lübecks erster Rector u. Superintendent, als lübscher Chronist, in: W. M., Beitrr. z. lübisch-hansischen Gesch., Jena 1881, S. 371–391. – B. Spiegel, H. B. Erster Superintendent zu Lübeck u. Reformator v. Osnabrück, 2. Aufl. Göttingen 1892. – RE, 3, S. 313 f. – W. Jannasch, Gesch. d. luth. Gottesdienstes in Lübeck, Gotha 1928, S. 69 ff., 91 ff. – F. Flaskamp, Zur Reformationsgesch. d. Hochstifts Osnabrück. H. B., Gütersloh 1951 (Qu. u. Forsch. z. Natur u. Gesch. d. Kreises Wiedenbrück 75). – RGG, 1, 3. Aufl. 1957, Sp. 1361. – H. Rothert, H.B., der Reformator d. Osnabrücker Landes, in: Jb. d. Vereins f. westf. Kirchengesch. 51/52 (1958/59), S. 161–175. – MGG, 15, 1973, Sp. 943.

Porträts: Gemälde in d. Stadtbibl. Lübeck (Kopie d. verlorenen Originals v. H. Kemmer in St. Marien, vgl. BuKHL, 2, S. 337). – Kupf. v. C. Fritzsch nach altem Holzschnitt, b. Starck (s. Lit.), vor S. 1 (vgl. S. 60 A. f.), Abb. s. S. 48. – Gemälde in St. Katharinen Osnabrück, danach Litho b. Spiegel (s. Lit.), vor d. Titelbl.

Wolf-Dieter Hauschild

BOY, Peter, get. 8. 5. 1651 (?) Lübeck, gest. 20. 3. 1727 Düsseldorf; ev. – Goldschmied, Emailmaler.

Eltern: Joachim Boy, Bootsmann, Schiffskapitän in Lübeck; Christina, geb. Pagelsen, gest. 1684 Frankfurt am Main.

Ehefrau: 1.) Maria Catharina von den Popeliere(n), geb. 23. 6. 1650 Frankfurt am Main, gest. vor 1699; verh. 16. 8. 1675 Frankfurt; Tochter d. Wilhelm von den Popeliere(n), Goldschmied ebd. – 2.) Anna Rebecca Duve (Düven), geb. um 1666 Hannover, gest. 27. 11. 1712 Frankfurt; verh. 12. 6. 1699 ebd.; Tochter d. Moritz Duve, Handelsmann in Hannover. – 3.) Name unbekannt; verh. Düsseldorf-Benrath, gest. 1713 ebd. – 4.) Maria Adelheid Bräuers aus Düsseldorf; verh. 19. 4. 1714 ebd.

Kinder: Aus 1.): 4 Töchter, 3 Söhne, darunter: Peter d. J., geb. 13. 11. 1681 Frankfurt, gest. 28. 5. 1742 ebd.; Goldschmied, Emailmaler ebd. (s. Th.-B., 4, S. 488). – Aus 2.): 3 Töchter, 1 Sohn Gottfried, geb. 20. 5. 1701 Frankfurt, gest. 16. 1. 1755 Hannover; Maler (s.Th.-B., 4, S. 488). – Aus 4.): 1 Tochter.

Das Geburtsdatum B.s ist nicht gesichert, da Name und Vorname in den Lübecker Taufbüchern mehrmals vorkommen, jedoch ist das genannte Datum am wahrscheinlichsten. Über B.s Lehr- und Wanderjahre ist nichts bekannt. Auf Grund seiner bedeutenden künstlerischen Leistungen ist anzunehmen, daß er in einer der Goldschmiedemetropolen (Prag, Wien, Paris oder auch Hamburg) gelernt hat. Das erste sichere Datum ist der August 1675, als er in Frankfurt am Main das Bürgerrecht erwarb und heiratete. Am 7. 3. 1677 wurde er hier „Meister in Gold". Sein beruflicher Aufstieg ging relativ rasch vonstatten; 1685 konnte er ein größeres Anwesen, ein Doppelhaus auf der Zeil in bester Stadtlage, beziehen, das er dann 27 Jahre lang bewohnte. Schon bald machte er sich einen Namen als Goldarbeiter und Miniaturist in Emailmalerei, aber auch als Maler großformatiger (nicht signierter) Porträts „in Öl und Crayon", worüber sich die zünftigen Maler der Stadt beschwerten.

Sein Hauptauftraggeber für Gold- und Emailarbeiten war der Trierer Kurfürst und Erzbischof Johann Hugo v. Orsbeck (1676–1711); daneben arbeitete er für den Mainzer Kurfürsten Lothar Franz v. Schönborn (1695–1729), Kurfürst Johann Wilhelm von der Pfalz-Neuburg in Düsseldorf (1690–1716), Friedrich Adolf Graf zur Lippe in Detmold und gelegentlich auch für andere. Archivalisch lückenlos nachweisbar sind nur die Arbeiten für Orsbeck, der ihm zwischen 1680 und 1711 über 70 Aufträge erteilte; darunter befinden sich an Gold-, Email- und Juwelierarbeiten: eine Prunkmonstranz, eine Prunkmitra, zwei Pektorale, acht Pokale, Becher und Deckelschüsseln mit römischen Goldmünzen (Aurei), Schmuckketten, Ringe, Diamantkapseln, Stockknäufe und viele kurfürstliche Porträts, außerdem noch über 120 kurfürstliche Wappen in Goldemail, die in Edelmetallgefäße fremder Herkunft eingesetzt wurden. Viele dieser Arbeiten verwendete der Kurfürst als Gnadengeschenke und Auszeichnungen. Ähnliche Aufträge erteilten andere Höfe an B., doch fehlen darüber erschöpfende Nachrichten. Trotz des Umfangs seiner künstlerischen Produktion hatte B. nur wenige Mitarbeiter. Von Lehrjungen ist in den Akten nie, von Gesellen nur ein einziges Mal die Rede. Wahrscheinlich hat er sich wegen seines hohen künstlerischen Anspruchs nach Möglichkeit auf eigene Leistungen beschränkt.

B.s Hauptwerk war die goldene, mit 537 Edelsteinen verzierte und etwa sieben Kilogramm schwere Prunkmonstranz von 1708–1710 für den Trierer Kurfürsten. Sie zeigte die Form eines Baumes, den Stamm bildete eine gegossene Figur Abrahams. In den Ästen hingen 38 Miniaturporträts in Emailmalerei, die den Stammbaum Christi von Isaak bis Jakob (gemäß Matthäus 1, 1–17) darstellten. Die Monstranz wurde 1804, nachdem sie als Teil des Trierer Domschatzes in Folge des Reichsdeputationshauptschlusses dem Fürsten von Nassau-Weilburg ausgehändigt worden war, auseinandergenommen, die Steine und das Gold wurden verkauft und die 38 Emailmedaillons dem Fürsten übergeben (seit 1890 zusammen mit vier dazugehörenden Emailminiaturen der Evangelisten im Besitz des Großherzogs von Luxemburg). Ein anderes bedeutendes Werk der Goldschmiedekunst ist der sogenannte „Thüngenbecher" von 1698 im Schloß zu Pommersfelden, ein prunkvoller goldener Deckelbecher mit drei vorzüglichen Miniaturen in Emailmalerei mit Darstellungen des Mainzer Kurfürsten Lothar Franz v. Schönborn sowie einer Vedute und einer Vogelschauansicht der Stadt Mainz. Besonders zu erwähnen ist schließlich eine einzigartige Serie von acht goldenen Münzgefäßen, die heute in englischem (Woburn Abbey, Bedfordshire) und anderem Privatbesitz aufbewahrt wird, bestehend aus zwei Deckelpokalen mit je 146 römischen Aurei, vier Deckelbechern mit je 28 Aurei, zwei Deckelschüsseln mit 19 bzw. 40 Aurei, in die insgesamt 463 Aurei aus dem Münzschatzfund von Perscheid bei Oberwesel (1693) eingearbeitet waren.

Im Jahre 1712, nach Orsbecks Tod, erhielt B. von Kurfürst Johann Wilhelm von der Pfalz einen Ruf als Galerieinspektor und „Cabinets Emaillieur-Mahler" nach Düsseldorf. Dort entstanden nur noch wenige namhafte Werke, zumal die Residenz bald nach dem Tode Johann Wilhelms (1716) nach Mannheim verlegt wurde. In Düsseldorf verbrachte B. seinen Lebensabend.

B.s umfangreiches Lebenswerk, das in alle Winde zerstreut und demzufolge weitestgehend unbekannt ist, fand lange Zeit nur in Einzelaspekten Erwähnung. Erst nachdem in jüngster Zeit die Hauptwerke wiederentdeckt wurden, konnten seine künstlerischen Leistungen im Zusammenhang dargestellt werden. Seine künstlerische Bedeutung wurde jedoch schon früh erkannt. So schrieb Hüsgen (s. Lit.) 1780, B. habe sich durch seine goldene Prunkmonstranz für den Trierer Dom „große Ehre und Ruhm erworben", während Zell (s. Lit.) ihn zur gleichen Zeit "zu den berühmtesten Miniatur- und Emailmalern" zählte. Im Jahre 1911 schrieb Buchheit (s. Lit.), er sei „den berühmten französischen Künstlern völlig ebenbürtig". Seine kürzliche Wiederentdeckung bestätigt B. als Künstler von europäischem Rang.

Quellen: Landeshauptarch. Koblenz: Landrentamtsrechnungen. – StA Wiesbaden: Akten d. Weilburger Hofkammer. – StA Detmold: L 92 P, Titel 8c Nr. 9. – Archivalische Qu. auszugsweise abgedr. b. Clasen (s. Lit.), 1993, S. 195–228.

Werke: Verz. b. Clasen (s. Lit.), 1993. – Die wichtigsten Werke sind im Text genannt. Andere *Miniaturporträts* in Emailmalerei befinden sich in Den Haag (Johann Hugo v. Orsbeck), in München, Bayerisches Nationalmus., u. in Düsseldorf (Johann Wilhelm von der Pfalz und seine Gemahlin Anna Maria Luisa von Medici), in Paris, Louvre (Peter der Große), ferner in Darmstadt u. in Privatbesitz. – Zwei Paare v. *Einsetzbechern* m. Gewürzdose u. Zahnstocher in Gold u. farbigem Email m. Orsbeck-Wappen (Privatbesitz), ein farbig emaillierter, goldener (?) *Blasebalg* m. d. Allianzwappen d. Johann Wilhelm von der Pfalz u. seiner Gemahlin (Florenz, Palazzo Pitti), ein silberbeschlagener *Buchdeckel* für ein Evangeliar d. St.Hubertus-Ordens (München, Schatzkammer der Residenz) u. eine große *Emailminiatur* m. d. Darst. d. Grablegung Christi nach Adriaen van der Werff (München, Bayerisches Nationalmus.) gehören zu d. größeren Arbeiten. – Darüber hinaus sind in unterschiedlichem Besitz viele Miniaturporträts u. Wappenminiaturen in Emailmalerei nachzuweisen. Von B.s großen Porträts ist eine Anzahl nur noch in zeitgenössischen Nachstichen überliefert.

Literatur: Verz. b. Clasen (s. Lit.), 1993, S. 243–247. – ADB, 47, S. 156. – H.S. Hüsgen, Nachr. v. Frankfurter Künstlern u. Kunst-Sachen, Ffm. 1780, S. 124–127. – J.M. Zell, Leben des P.B., des älteren, in: Frankfurter Beitrr. z. Ausbreitung nützlicher Künste u. Wiss., 13. Stück, Ffm. 1781, S. 193–198. – E. Molinier, Dictionnaire des Emailleurs depuis le Moyen Age jusqu'à la Fin du 18e Siècle, Paris 1885, S. 16. – Th.-B., 4, S. 448. – H. Buchheit, Emailarbeiten v. P. B., in: Jb. d. Düsseldorfer Geschichtsver. 23 (1911), S. 186–189. – Th. Levin, Beitrr. z. Gesch. der Kunstbestrebungen i. d. Hause Pfalz-Neuburg, T. 3, Johann Wilhelm, in: ebd. S. 25–28. – [Chr.] Lager, Zur Gesch. d. Trierer Domschatzes seit d. französischen Revolution, in: Trierer Chron., N. F. 12 (1916), S. 114–174. – F. Michel, Der Silber- u. Juwelenschatz d. Trierer Erzbischöfe d. Barockzeit, in: Trierer Volksfreund v. 22. 8. 1925, S. 2–8. – W. Boll, Ein Mainzer Goldbecher v. Jahre 1698, ein unbek. Werk d. Goldschmieds P. B., in: Beitrr. z. Kunst u. Gesch. d. Mainzer Lebensraumes. Festschr. f. Ernst Neeb, Mainz 1936, S. 143–151. – H. Eichler, Ein goldener Münzpokal v. Jahre 1732, in: Aus d. Schatzkammer d. antiken Trier, Neue Forsch. u. Ausgrabungen, Festgabe d. Rheinischen Landesmus. Trier, Trier 1951, S. 107–120 [m. ausführl. Lit.-angaben]. – W. Scheffler, Goldschmiede Rheinland-Westfalens, Daten Werke Zeichen, Bln. u. New York 1973, Düsseldorf Nr. 15. – Ders., Goldschmiede Hessens, Daten Werke Zeichen, Bln. u. New York 1976, Frankfurt Nr. 293. – C.-W. Clasen, Ein goldener Blasebalg aus d. Juwelenschatz d. Kurfürstin Anna Maria Luisa v. d. Pfalz, d. letzten Medicäerin, in: Stud. z. europ. Kunsthandwerk, Festschr. f. Yvonne Hackenbroch, München 1983, S. 193–198. – Ders., P. B. d. Ä. als rheinischer Hofgoldschmied u. -emailleur, in: Schatzkunst Trier, Ausstellungskat. Trier 1984, S. 206–219. – Ders., P.B. Ein rheinischer Goldschmied u. Emailmaler d. Barockzeit u. d. Schatzfund v. Perscheid, Rheinbach 1993 [m. Lit.-verz.]. – H.W. Kuhn, P.B., Goldarbeiter u. Emailmaler d. Barock, in: Jb. f. westdt. Landesgesch. 15 (1989), S. 117–157. – Die Grafen v. Schönborn. Kirchenfürsten Sammler Mäzene. Ausstellungskat. Nürnberg 1989, S. 322–323.

Porträts: Selbstbildnis, Miniatur in Emailmalerei, um 1708, Abb.: Schatzkunst Trier, Ausstellungskat. Trier 1984, Farbtaf. 12 (links unten) u. in: Weltkunst 12 (1988), S. 1792. – Radierung (nach einer verlorenen Miniatur) b. J.M. Zell (s. Lit.), S. 193, Abb.: Clasen (s. Lit.), 1993, S. 151.

Carl-Wilhelm Clasen

BRADKE, Michael Detlef (seit 1718 von), geb. 28. 10. 1686 Lübeck, gest.
17. 8. 1759 ebd.; ev. – Offizier, zuletzt Stadtkommandant.

Eltern: nach Schnobel (s. Qu.): Caspar Bradke, gest. 15. 11. 1705 Lübeck, Artil-
lerieleutnant; nach Gritzner u. Elgenstierna (s. Lit.): Peter Bradke, Artillerie-
hauptmann in Lübeck. Mutter unbekannt.
Ehefrau: Anna Margareta Prael, verw. Weckmann, gest. 1740; verh. 21. 11. 1715;
Tochter d. Kaufmanns Peter Prael aus Kristianstad u. d. Jannika von Deurs.
Kinder: namentlich bekannt 1 Tochter, 3 Söhne.

Über B.s Kindheit und Schulzeit ist nichts bekannt. Unsicher ist auch, ob er bereits im Lübecker Stadtmilitär diente, bevor er in schwedische Dienste ging. Ein
für 1703 in den Lübecker Quellen erwähnter Leutnant Bradke, der als Wachoffi-
zier am Mühlentor in die „Plönniesschen Unruhen" verwickelt war, kann auch
der Bruder Hinrich Nicolaus oder ein anderer Verwandter gewesen sein, denn B.
selbst war zu diesem Zeitpunkt erst 17 Jahre alt. Auch die Nachrichten über den
Eintritt B.s in die militärische Laufbahn sind unsicher: einerseits soll er 1699
schon als 13jähriger zu den alliierten Armeen in Brabant gekommen sein und
sich dort zum Fähnrich hochgedient haben, um dann 1707 in schwedischen
Diensten seine Offizierskarriere zu beginnen (Elgenstierna); andererseits soll er
erst 1714 seinem Bruder nach Schweden gefolgt sein (Gritzner). Fest steht, daß
beide Brüder sowie der Stiefsohn B.s am 17. 11. 1718 in den schwedischen Adelsstand erhoben und 1720 in die Matrikel des Ritterhauses aufgenommen wurden.

B.s Werdegang zeigt die Merkmale einer Laufbahn, wie sie noch für das 17. Jh.
für einen Kompanie- und Regimentschef typisch war. Bereits in Schweden
diente er in acht verschiedenen Regimentern, in denen er die Leiter der Offizierskarriere emporstieg. Als Major gehörte er zum Garnisonsregiment der Stadt
Stralsund, wo er vermutlich vor allem die Erfahrungen sammelte, die ihn später
für die Kommandantenstelle in der Reichsstadt Lübeck qualifizierten.

Im Januar 1728 kehrte B. als Oberst in seine Vaterstadt zurück und übernahm
die Aufgaben des höchsten Offiziers der Stadt. Die Stelle war ein Jahr vakant
gewesen und wurde erst mit B. wieder auf Dauer neu besetzt, nachdem sich im
August 1727 ein größerer Tumult von Handwerksgesellen ereignet hatte (Röder-
sche Unruhen). Rat und Bürgerschaft antworteten auf die sozialen Auseinandersetzungen u. a. mit dem Ausbau des Militärs. Bereits bei B.s Einstellung zeigte
sich damit der Wandel der Lübecker Garnison von einer Truppe zur Bekämpfung äußerer Feinde zu einer mit zahlreichen Polizeifunktionen betrauten For-
mation für die Ordnung innerstädtischer Belange und besonders für die Abwehr
bzw. Eindämmung innerer Konflikte. B., der sich selbst als Stadtobrist alter Tradition und Oberbefehlshaber einer – wenn auch kleinen – Kriegstruppe verstand, konnte die neue Entwicklung nur schwer und widerstrebend mitvollzie-
hen. Da er in rebellierenden Handwerkern und Unterschichtangehörigen der eigenen Stadt keine militärischen Feinde sehen und die fachlich nicht vorgebilde-
ten Ressort-Senatoren („Kriegskommissare") nicht als militärische Vorgesetzte
akzeptieren konnte, kam es während seiner gesamten Dienstzeit immer wieder
zu Reibereien mit dem Rat. Der Konflikt äußerte sich in wiederholten Ermah-
nungen des Rates zur Pflichterfüllung und kam anläßlich der Bekämpfung eines

Aufstandes von Handwerkern und Bootsleuten im Jahre 1751 offen zum Aus-
bruch. Das Stadtmilitär, das zur Eindämmung des Tumultes kommandiert worden war, handelte zögernd und erfolglos und zeigte sich der Aufgabe aus der
Sicht des Rates nicht gewachsen. Der Rat ging kriegsgerichtlich gegen mehrere
Offiziere vor und ließ einige von ihnen äußerst hart bestrafen. B., dem ebenfalls
Nachlässigkeit, Führungsschwäche und unziemliches Betragen gegenüber der
Obrigkeit vorgeworfen wurden, äußerte seinerseits deutliche Kritik am Rat und
lehnte eine militärische Gehorsamspflicht gegenüber den Kriegskommissaren
für sich ab. An den sich anschließenden Maßnahmen des Rates zur Eindämmung künftiger Aufstände, durch die das um eine Kompanie verstärkte Stadtmilitär schrittweise zur Polizeitruppe und bewaffneten Macht der Stadtobrigkeit
ausgebaut wurde, scheint B. dann auch nicht mehr mitgewirkt zu haben.

Erfolgreicher war B. in seinen Versuchen, das Lübecker Stadtmilitär umzuor-
ganisieren und die soziale Lage der Soldaten zu verbessern, wobei er sein Wissen aus jahrzehntelangem Offiziersdienst in der schwedischen Armee nutzbar
machen konnte. Während die Politik von Rat und Bürgerschaft traditionell darauf hinauslief, in Friedenszeiten Einsparungen im Militäretat durch Verkleine-
rung der Truppe zu erreichen, versuchte B. immer wieder, eine Kostensenkung
durch strukturelle Umorganisation zu verwirklichen. Seine Konzepte sahen stets
die Beibehaltung oder sogar Vergrößerung der Mannschaftsstärke bei gleich-
bleibenden Ausgaben vor und stellten seine organisatorischen Erfahrungen unter Beweis. Damit fand er Anerkennung bei der Bürgerschaft, die ihn mehrfach
bei seinen Eingaben um Verbesserung seiner persönlichen – offenbar zerrütteten
– finanziellen Verhältnisse unterstützte. Darüber hinaus entwarf B. mehrere
Dienstreglements für die Stadtgarnison, bei denen das Vorbild der oranischen
Heeresstruktur Pate stand. Ein von ihm aufgezeichnetes Exerzierreglement
wurde vom Rat allerdings nur widerwillig zur Kenntnis genommen und den Of-
fizieren nur unverbindlich für den Exerzierdienst empfohlen. Als 1751/52 im
Zuge des Ausbaus des Stadtmilitärs zu einer Polizeitruppe des Rats auch diese
Exerziervorschriften durch die Kriegskommissare großzügig vereinfacht werden sollten, zog sich der inzwischen 66jährige B. wegen ständiger Unpäßlichkei-
ten endgültig aus der Diskussion zurück.

Ein besonderes Verdienst B.s ist die Einrichtung einer Invalidenkasse für Soldaten, die aus Alters- oder Krankheitsgründen dienstuntauglich waren. Im
18. Jh. war die soziale Lage der Soldaten, die bei steigenden Lebenshaltungsko-
sten und hohen Eigenleistungen (Selbstfinanzierung von Wohnung, Lebensunterhalt und Uniform) keine Solderhöhung erhielten und durch die strenge
Zunftordnung bei der Ausübung von Nebentätigkeiten behindert wurden,
durch zunehmende Verschuldung und Verelendung gekennzeichnet. Die Soldaten mußten bis zu ihrem Tod Dienst leisten oder bei Untauglichkeit Ersatz-
männer selbst finanzieren. Um dienstunfähige Soldaten aus der stark überalterten Truppe entlassen und durch jüngere Männer ersetzen zu können, begann B.
1730 mit dem Entwurf zur Einrichtung einer Invalidenkasse. Unteroffiziere,
Tamboure und gemeine Soldaten sollten bei Untauglichkeit in Pension gesetzt
werden und eine Rente aus einem Fonds erhalten. Die Kasse sollte nach dem

Solidaritätsprinzip arbeiten und sich aus Pflichtbeiträgen aller Soldaten finanzieren. B.s Vorschläge wurden schließlich im Jahre 1750 zum größten Teil durch Ratsdekret angenommen.

Als Kommandant des Lübecker Stadtmilitärs steht B. zweifellos im Schatten des ungleich berühmteren Chevalier F. de Chasot (s. d.), der noch im Todesjahr B.s zu dessen Nachfolger ernannt wurde und mit seinen mondänen Attitüden einen ganz anderen Offizierstyp repräsentiert als der traditionsverhaftete B. Was jedoch die Entwicklung des Lübecker Stadtmilitärs angeht, so beruhten wesentliche konzeptionelle, qualitative und sozial innovative Veränderungen im 18. Jh. auf B.s Entwürfen, wenngleich eine Reihe seiner Planungen erst in der Ära Chasot verwirklicht wurde.

Quellen: AHL: Akten d. vormaligen Reichshofrates: P 3 (Gotthard v. Plönnies gegen d. Zirkel- oder Junkerkompanie, d. Kaufleutekompanie, Schonenfahrer u. Konsorten, 1703) u. R 6 (Jakob Roland gegen d. Magistrat, 1752); Militärarchive A u. C; Schnobel; St.-Petri- Begräbnisse, 1759, S. 38. – Svenska Riksarkivet, Stockholm: Biographica U 36.
Literatur: J. R. Becker, Umständliche Gesch. d. kaiserlichen u. d. Heiligen Römischen Reiches freyen Stadt Lübeck, 3, Lübeck 1805, S. 163 f. – LBl 23 (1881), S. 376. – A. Hach, Zum Tode Chasots, in: MLGA 2 (1885/86), S. 75–77. – Siebmachers großes u. allg. Wappenbuch, bearb. v. M. Gritzner, 3, 11. Abt.: Der Adel d. russischen Ostseeprovinzen, Nürnberg 1898, S. 253. – G. Elgenstierna (Hrsg.), Den introducerade svenska adelns ättartavlor, 1, Stockholm 1925, S. 553. – O. R. Landelius, Gebürtige Lübecker in Schweden, in: Wagen 1965, S. 27–34. – Th. Schwark, Lübecks Stadtmilitär im 17. u. 18. Jh. Unters. zur Sozialgesch. einer reichsstädtischen Berufsgruppe, Lübeck 1990 (Veröff. d. AHL, R. B., Bd. 18), bes. S. 90 f., 109–111, 248 f., 296 f.

Thomas Schwark

BRECHT, Walther Rudolf *Arnold*, geb. 26. 1. 1884 Lübeck, gest. 11. 9. 1977 Eutin; ev. – Verfassungs- u. Verwaltungsjurist, Staatssekretär a. D., Staatswissenschaftler.

Eltern: Walther Brecht, geb. 8. 11. 1841, gest. 10. 11. 1909, Direktor d. Lübeck-Büchener-Eisenbahn (s. SHBL, 7, S. 31); Regina Erdmuthe Marie geb. Weishaupt, geb. 9. 6. 1856, gest. 8. 3. 1928.
Ehefrau: Clara Berg gesch. Heckmann, geb. 28. 7. 1876 Aachen, gest. 24. 6. 1970 Freiburg/Breisgau; verh. 4. 12. 1915 Berlin.
Keine Kinder (Stieftochter Irmgard, verh. Hoppe).
Bruder: Gustav, geb. 9. 1. 1880, gest. 9. 10. 1965, Maschinenbauingenieur, Wirtschaftsführer (s. SHBL, 7, S. 30).

B. besuchte das Katharineum in Lübeck, wo er 1902 das Abitur bestand. Trotz reicher musischer Anlagen studierte er auf den Rat des Vaters Jura in Bonn, Berlin und Göttingen und legte 1905 in Celle das Referendarexamen ab. Nach seiner Promotion in Leipzig verbrachte er die Referendarjahre 1906 bis 1909 in der Provinz Hannover und in Berlin, wo er 1910 das Assessorexamen bestand. Nach halbjähriger Tätigkeit als Hilfsrichter in Lübeck wurde er im Dezember 1910 als wissenschaftlicher Hilfsarbeiter im Reichsjustizamt in Berlin eingestellt. Hier war er, zusammen mit Ernst Zweigert und Ernst Trendelenburg, mit den Vorar-

beiten für das neue Strafgesetzbuch beschäftigt und führte Protokoll bei der
Kommission für die Strafrechtsreform. Der Plan, im Wintersemester 1914/15
Vorlesungen an der Juristischen Fakultät in Marburg zu halten, war nach Ausbruch des Ersten Weltkriegs nicht zu verwirklichen; B. blieb statt dessen im
Reichsjustizamt und arbeitete an der inneren Kriegsgesetzgebung und der Vorbereitung des Friedensvertrages mit. Nach mehr als siebenjähriger Tätigkeit
wechselte er als Regierungsrat in das Reichswirtschaftsamt über und wurde Referent für die Sequestration und Liquidation feindlichen Eigentums. Im Oktober
1918 wurde B. vom Reichskanzler Prinz Max von Baden in die Reichskanzlei berufen und im November 1918 von Friedrich Ebert übernommen. Damit erlebte er
„aus nächster Nähe" (so der Titel seiner Erinnerungen) die Gründung, Entwicklung und den Untergang der Weimarer Republik mit. Er wurde zunächst beauftragt, die amtlichen Unterlagen zur Vorgeschichte des Waffenstillstands als
Weißbuch zusammenzustellen, zu dem er eine Vorbemerkung schrieb. Im April
1919 wurde er Ministerialrat und führte zeitweise unter Reichskanzler Joseph
Wirth die Geschäfte als Chef der Reichskanzlei. 1921 übernahm er als Ministerialdirektor die Verfassungsabteilung im Reichsinnenministerium. Er war über-
zeugter Anhänger der Weimarer Republik, und Wirth nannte seine Ernennung
an sich „schon ein Programm". B. richtete für die junge Republik die Verfas-
sungsfeiern jeweils zum 11. August ein; im Jahre 1928 hielt er selbst die Festrede
in seiner Heimatstadt Lübeck. Nach der Ermordung Walther Rathenaus (1922)
war B. einer der Initiatoren des Gesetzes zum Schutz der Republik. In persönlicher Verantwortung nahm er ferner folgende Aufgaben in Angriff: die Verwaltungsreform, die Neuordnung des Verhältnisses zwischen Reich und Ländern,
die Verknüpfung und Vereinfachung der Zentralverwaltungen des Reiches und
Preußens in Berlin, den Zusammenschluß kleiner Länder zu größeren Einheiten,
die Verbesserung des Wahlsystems und die Neugestaltung des Beamtenrechts.
Durch diese Reformpläne machte sich B. einen Namen als guter Verfassungsju-
rist. Er verfolgte sein Reformprogramm konsequent unter acht Reichsinnenmi-
nistern aus verschiedenen Parteien, aber es blieb, da die wechselnden Koalitio-
nen seine Verwirklichung nicht zuließen, in wesentlichen Teilen unvollendet.
Nur die „Büroreform" wurde 1926 als Teil der „Gemeinsamen Geschäftsordnung der Reichsministerien" eingeführt.

Nach seiner Entlassung durch den deutschnationalen Reichsinnenminister
Walter von Keudell am 2. 4. 1927 übernahm B. auf Aufforderung des Preußischen Ministerpräsidenten Otto Braun die Vertretung Preußens im Reichsrat
und besonders die Generalberichterstattung für den Reichshaushalt. Auf diese
Weise konnte B. weiterhin an Angelegenheiten des Reichs mitwirken. In die Arbeit an der Reichsreform schaltete er sich jetzt von Preußen her ein. Nach seinem
Entwurf sollten der Dualismus zwischen dem Reich und Preußen in der oberen
und mittleren Instanz beseitigt, die betreffenden Ämter zu Reichsbehörden vereinigt und damit eine außerordentliche Vereinfachung in der Verwaltung geschaffen werden. Bevor der Entwurf vom Reichsrat angenommen werden
konnte, veranlaßte Franz von Papen am 20. 7. 1932 auf Grundlage des Artikels 48
die Übernahme der Preußischen durch die Reichsregierung und brachte die

Arnold Brecht, 1954

Reichsreform damit zum Scheitern. Zahlreiche preußische Minister wurden durch Notverordnung ihres Amtes enthoben und durch Reichskommissare ersetzt. Bei dem nachfolgenden Prozeß vertrat B. Preußen vor dem Staatsgerichtshof; er erreichte, daß den preußischen Ministern ihre Amtsbefugnisse nur vorübergehend entzogen werden durften und die Rechte der Preußischen Regierung im Reichsrat wiederhergestellt wurden.

Durch Erlaß des Preußischen Staatsministeriums vom 24. 11. 1932 über die Weiterführung der Geschäfte wurde B. zum stimmführenden Bevollmächtigten Preußens im Reichsrat ernannt. In dieser Eigenschaft antwortete er Hitler auf dessen Antrittsrede als Reichskanzler am 2. 2. 1933 im Reichsrat. B. unterstrich die Bedeutung von Tradition und Legalität und sicherte Hitler in der Wahrung der Verfassung und der Gesetze des Reichs, in der unparteiischen und gerechten Führung der Geschäfte die Unterstützung des Reichsrats zu. Hitler verließ wortlos den Reichsrat.

Am 10. 2. 1933 wurde der überzeugte Republikaner und Demokrat B. zum zweiten Mal in den einstweiligen Ruhestand versetzt und am 30. 8. 1933 auf Grund von § 4 des „Gesetzes zur Wiederherstellung des Berufsbeamtentums" als „national unzuverlässig" entlassen. Im selben Monat erhielt er eine Berufung an die soeben gegründete „Graduate Faculty of Political und Social Science" der New School for Social Research in New York. In New York und an den Universitäten Harvard und Yale hielt er in englischer Sprache Vorlesungen über europäische und vergleichende Verfassungsgeschichte, über eine Verwaltungsreform und eine Reform des Öffentlichen Dienstes in Amerika und Deutschland sowie über politische Theorie.

Nach dem Krieg war B., seit 1946 amerikanischer Staatsbürger, beratend bei der Schaffung des Grundgesetzes tätig. Er kam im Frühjahr 1948 nach Deutschland als „Expert to the Secretary of the Army" und amerikanisches Mitglied einer Gruppe von fünf Akademikern, die Fragen der föderalistischen Neugestaltung Deutschlands zu beraten hatte. Er nahm an der Eröffnung des Parlamentarischen Rats in Bonn teil und arbeitete als Berater des Beamtenreferenten der Militärregierung an der Reform des deutschen Beamtenrechts mit. An der Univ. Heidelberg hielt er von 1952 bis 1957 in jedem Sommersemester Gastvorlesungen über vergleichende Verfassungsgeschichte und politische Theorie. 1953 wurde er im Rahmen der Wiedergutmachung mit rückwirkender Kraft zum 1. 4. 1933 zum Staatssekretär a. D. ernannt. B. starb 93jährig während eines Sommeraufenthalts in Deutschland.

B.s wissenschaftliches Werk war entscheidend von seinen Erfahrungen in der politischen Praxis geprägt. Das Erlebnis des nationalsozialistischen Totalitarismus führte ihn zu der Frage nach der ethischen Begründbarkeit politischen Handelns und damit zur grundsätzlichen Erörterung des Verhältnisses von Moral, Politik und Wissenschaft; in dieser Auseinandersetzung, die in seinem grundlegenden Werk „Politische Theorie" gipfelte, blieb er der kantianischen Tradition Georg Simmels, Max Webers und des frühen Gustav Radbruch (s. d.) verpflichtet. Seine Beobachtungen beim Untergang der Weimarer Republik führten ihn darüber hinaus zu der Frage, ob und inwieweit die klassischen Institutionen des liberal-demokratischen Verfassungsstaats den Anforderungen der industriellen Massendemokratie gewachsen seien; seine bei aller Skepsis hoffnungsvolle Antwort erschien erst nach seinem Tod unter dem Titel „Kann die Demokratie überleben?" – Auszeichnungen: Großes Verdienstkreuz der Bundesrepublik Deutschland 1959, mit Stern 1964; Woodrow Wilson Foundation Award 1960; Doctor of Letters h. c. der New School for Social Research, New York 1964; Founders Medal 1973.

Quellen: A. Brecht, Aus nächster Nähe. Lebenserinnerungen 1884–1927, Stuttgart 1966. – Ders., Mit der Kraft d. Geistes. Lebenserinnerungen 2. Hälfte 1927–1967, Stuttgart 1967. – Mitt. v. Christoph Brecht, Essen.
Werke: Verz. in: The Political Philosophy of A. B. u. in: The Political Education of A. B. (s. Hauptwerke). – *Hauptwerke:* Prelude to Silence, New York 1944; Übs.: Vorspiel zum Schweigen, Wien 1948. – Federalism and Regionalism in Germany, ebd. 1945; Übs.: Föderalismus u. Regionalismus. Die Teilung Preußens, Bonn 1949. – The Political Philosophy of A. B., hrsg. v. M. D. Forkosch, New York 1954. – Political Theory. The Foundation of Twentieth Century Political Thought, Princeton, New Jersey 1959; 5. Aufl. 1968 (with a New Preface and Supplementary Notes on Literature) (mehrfach nachgedruckt); Übs.: Politische Theorie. Die Grundlagen politischen Denkens im 20. Jh., Tübingen 1961, 2. Aufl. 1976. – Aus nächster Nähe. Lebenserinnerungen (s. Qu.). – Mit d. Kraft d. Geistes. Lebenserinnerungen 2. Hälfte (s. Qu.); amerikanische Ausg.: The Political Education of A. B. An Autobiography 1884–1970, Princeton, New Jersey 1970. – Facing the Horrors of the Future.

A Study on the Rival Forms of Government; Übs.: Kann die Demokratie überleben?, Stuttgart 1978.

Literatur: C. J. Friedrich, A. B., Jurist and Political Theorist, in: Social Research 21 (1954), S. 107–109. – E. Hula, A. B.'s Contribution to Comparative Government and International Relations, in: ebd., S. 110–115. – M. D. Forkosch, Introduction, in: The Political Philosophy of A. B. (s. Werke). – F. Morstein- Marx, A. B., in: Wagen 1965, S. 88 f. – International Encyclopedia of Social Sciences, Bd. 1/2, New York 1968, S. 145–148. – Kürschner Gel. 1976, 1, S. 346 f. – H. Seebacher, Erinnerung an d. Lübecker A. B., in: LBl 1980, S. 257–259. – Nachrufe: F. K. Fromme, in: Frankfurter Allgemeine Ztg. v. 28. 9. 1977. – H. Schulze, in: Die Zeit v. 30. 9. 1977.

Porträts: Fotos in: A. B., Aus nächster Nähe (s. Qu.); The Political Philosophy of A. B. (s. Werke); Morstein-Marx, A. B. (s. Lit.), S. 88. – Foto, Pan-America Photo Service, 1954, Abb. s. S. 57.

Hedwig Seebacher

BROCKHAUS, *Paul* Wilhelm Gerhard, geb. 3. 2. 1879 Bad Godesberg, gest. 2. 6. 1965 Lübeck; ev. – Pädagoge, Schriftsteller.

B. stammt aus einer westfälischen Familie, aus der Ratsherren und Theologen, später Tuchmacher und Unternehmer hervorgegangen sind; über einen gemeinsamen Vorfahren im 17. Jh. ist sie mit der Leipziger Verlegerfamilie verwandt.

Eltern: Karl Brockhaus, geb. 18. 1. 1851 Elberfeld, gest. 9. 2. 1918 Bad Godesberg, Mediziner (Geh. Sanitätsrat), Sohn d. Carl Friedrich Wilhelm Brockhaus, gest. 1899, Lehrer, Schriftsteller u. Verleger in Elberfeld; Maria geb. Keller, geb. 28. 7. 1856, gest. 26. 1. 1915 Bad Godesberg.
Ehefrau: Magdalene Haukohl, geb. 1. 3. 1890 Lübeck, gest. 26. 9. 1979 ebd.
Kinder: 1 Tochter, 3 Söhne.

Nach dem Besuch des Evangelischen Pädagogiums in Bad Godesberg und des Kgl. Gymnasiums in Bonn widmete sich B. seit 1898 in Tübingen, wo er Angehöriger der Burschenschaft Derendingia war, sowie in Bonn dem Studium der evangelischen Theologie; er beendete es dort mit dem 1. theologischen Examen und besuchte für die praktische Ausbildung das Kgl. Predigerseminar in Soest in Westfalen. Die theologische Abschlußprüfung legte er 1904 in Koblenz ab, ging dann jedoch in den Höheren Schuldienst über: von 1904 bis 1911 war er Lehrer an der Deutschen Schule in Brüssel und legte von dort aus 1906 in Bonn auch das philologische Staatsexamen ab. Diese Zeit in Brüssel war für die Entfaltung seiner Interessen – so für die Pflege der kulturellen Beziehungen Lübecks zu Flandern – von prägendem Einfluß.

Durch den als fortschrittlicher Pädagoge bekannten Sebald Schwarz (s. d.), den Direktor der damaligen Realschule zum Dom und späteren Landesschulrat, wurde B. im Jahr 1911 als Oberlehrer nach Lübeck berufen; er erwarb dort sogleich das lübeckische Staatsbürgerrecht und wurde 1918 zum Professor ernannt. Im Kulturleben Lübecks nahm er bald eine einflußreiche Stellung ein. Bedeutsam für seine außerschulische Betätigung wurde seine Mitgliedschaft in der „Gesellschaft zur Beförderung gemeinnütziger Tätigkeit" von 1789, der „Ge-

Paul Brockhaus, 1930

meinnützigen". B. wollte an der Überwindung von Klassengegensätzen mitar-
beiten, Kunst und Kultur zu einem Anliegen aller Schichten des Volkes machen
und dazu beitragen, die Lübecker Bevölkerung zu einem echten Gemeinschafts-
leben zu führen. In einer religiös fundierten, volkstümlichen Kunstpflege, wie
sie sich in der Musik, besonders im Chorgesang, im Laienspiel und im Volkstanz
äußert, sah er einen unpolitischen Boden für seine Zielsetzung.

Bedeutsam wurde der „Lübecker Heimatkalender", den B. sogleich nach dem
Ersten Weltkrieg herausbrachte, gleichsam als Organ der von ihm gegründeten
„Vereinigung für volkstümliche Kunst." Er verstand es, kunstverständige und
künstlerische Mitarbeiter für die Veröffentlichung zu gewinnen, die dann zum
periodischen „Lübecker Jahrbuch" wurde und seit 1927 alljährlich – mit kriegsbedingten Unterbrechungen – als „Der Wagen. Ein lübeckisches Jahrbuch" erscheint. Im Jahr 1923 übernahm B. auch die Redaktion der „Lübeckischen Blätter"; die Zeitschrift, die als Sprachrohr und demokratisches Diskussionsforum
der „Gemeinnützigen" seit je nachhaltigen Einfluß auf das Kulturleben besaß,
gewann unter B.s Leitung gesteigerte Aktualität.

In die erste Nachkriegszeit fiel auch die Gründung des niederdeutschen Krip-
penspiels, das B. 1920 mit Schülern in der Ägidienkirche aufführte und das seither in Lübeck zum Weihnachtsfest gehört. Bei der 700-Jahrfeier der Reichsfreiheit Lübecks im Jahr 1926 bekleidete B. wichtige Ämter. Er wirkte bei der Einrichtung der Freilichtbühne mit, betätigte sich in der Deutschen Bühnengemeinde,
der Deutschen Jugendbühne und im Bundesvorstand des Bühnenvolksbundes
und nahm an den niederdeutsch-flämischen Kulturtagen des Jahres 1927 Anteil.
Der Nationalsozialismus zog den Idealisten B. in seinen Sog. Er erwartete eine

neue Zeit kulturellen Aufstiegs, versuchte, die eigenen Ziele mit den neuen politischen Gegebenheiten in Einklang zu bringen und bemühte sich weiterhin um Verwirklichung seiner kulturellen Vorstellungen, besonders im Bereich der volkstümlichen Kunst. Mehrere Jahre lang war er Kirchenvorsteher der Domgemeinde; er betätigte sich in dem von ihm mitgegründeten „Bund der Religionsfreunde" und war Mitglied der Synode der Lübecker Landeskirche. Bis 1933 war er Vorsitzender der Deutschen Bühnengemeinde.

Über den Zusammenbruch 1945 hinaus blieb B. bis 1951 Schriftleiter der „Lübeckischen Blätter"; auch „Der Wagen" konnte bald wieder – bis 1965 unter seiner Leitung – in regelmäßiger Folge zweijährlich erscheinen. Die „Gemeinnützige", die ihn 1939 mit der silbernen, 1951 mit ihrer goldenen Denkmünze geehrt hatte, errichtete 1957 eine „Paul-Brockhaus-Stiftung"; in deren Zweck, das Kunsthandwerk in Lübeck zu fördern, lebt das Andenken an B.s jahrzehntelanges Bemühen fort.

Quellen: Personalakte B. im Amt für Schulwesen, Senat d. Hansestadt Lübeck.
Werke: Verz. in: Bibliogr. d. Werke v. P. B., Lübeck 1964 (SHLB). Weitere Veröff.: Von unsern Lübecker Heiligen, in: Lübecker Heimatkal. 1919, S. 36–38. – Die Volksbühne, in: ebd. 1921, S. 76–79. – Dokumente z. Entwicklung d. jungen Overbeck, in: Wagen 1927, S. 19–29. – Über Gemeinnützigkeit, in: ebd. 1930, S. 7–10. – Die kulturellen Aufgaben Lübecks im neuen Reich, in: ebd. 1936, S. 27–29. – Friedrich Ernst Peters, in: ebd. 1941, S. 216–222. – Zur Gründung Lübecks im Jahre 1143, in: ebd. 1942/44, S. 9 f. – Kunsthandwerk u. Volkstum, in: ebd., S. 105–109. – Der Totentanz in d. Marienkirche, in: ebd. 1951, S. 53–62. – Carl Westphal 70 Jahre alt, in: SH 1951, S. 87 f. – Gedenkbl. f. Gustav Falke, in: Wagen 1954, S. 92–94. – „Du seltsam schöne Stadt". Ein Gedenkbl. f. Otto Anthes, in: ebd. 1956, S. 71–74. – Die Mär von Ceyx und Halkyone. Übs. aus d. Metamorphosen d. Ovid, in: ebd., S. 213–219. – Ferdinand Röse, Lübecks vergessener Philosoph, in: ebd. 1957, S. 73–77. – Verborgene Schätze, in: ebd. 1958, S. 75–86. – Der Carton zu Friedrich Overbecks „Einzug Christi in Jerusalem", in: ebd. 1959, S. 72–74. – Hermann Claudius z. 80. Geburtstag, in: ebd., S. 132 f. – Ferdinand Röse, in: ebd. 1960, S. 79–82. – Ernst Barlach-Gedenkstätte in Ratzeburg, in: ebd., S. 153–155. – Noch ein Wort über d. Lübecker Sängerfest, in: ebd. 1962, S. 114–116. – Über Gemeinnützigkeit, in: ebd. 1965, S. 7 f. – Zahlreiche Einzelgedichte in: Wagen 1927 ff. – Lübecker Krippenspeel vun Edgar Schacht, in een speelbor korte Form bröcht vun P. B., in: ebd. 1970, S. 7–31.
Literatur: R. Saltzwedel, P. B., in: Wagen 1967, S. 7–14. – Ders., Das lübeckische Jahrbuch „Der Wagen", in: VBl 1977, S. 7. – Ders., Zum 100. Geburtstag v. Prof. P. B., in: LBl 1979, S. 32–35.
Porträts: Foto v. Kripgans in: Wagen 1966, S. 5. – Zeichnung v. E. Klahn, Abb.: ebd. 1967, S. 7. – Gemälde v. A. Aereboe, 1961 (Lübeck, Ges. z. Beförderung gemeinnütziger Tätigkeit), Abb.: B. Maaß-Spielmann, Der Maler Albert Aereboe, 1889–1970, Kiel 1983 (Schrr. d. Kunsthalle zu Kiel 9), S. 150. – Foto, 1930 (MusKK), Abb. s. S. 60.

Richard Carstensen

BULOW (Buelow), Nicolaus, geb. um 1465 Lübeck, gest. 1548 (?) Moskau; kath. – Theologe, Arzt, Übersetzer.
Eltern: Hans, gest. um 1477 Lübeck; Greteke geb. Wittenborg.
Unverheiratet.

B. entstammte einer bürgerlichen Familie, die besonders enge Verbindungen zur Kirche besaß – ein Onkel von ihm war Lübecker Domherr –, was für die Entwicklung seiner Interessen bedeutungsvoll wurde. Seit 1480 studierte er in Rostock, wo er 1483/84 den Titel des Magisters artium erwarb. Daran schloß sich wahrscheinlich ein theologisches Studium an. Seit 1490/91 war B. in Rußland, und zwar bis 1504 in Nowgorod, bald darauf in Moskau. In die Zeit zwischen der Nowgoroder und der Moskauer Tätigkeit könnte ein in den Quellen erwähnter Aufenthalt am päpstlichen Hof fallen.

Nach Nowgorod war B. berufen worden, um Tafeln der kirchlichen Festtage aufzustellen, was notwendig geworden war, weil die in Rußland verwendeten byzantinischen Festkalender nur bis zum Jahre 1492 reichten. Als Mitglied des geistig regen Kreises um den Nowgoroder Erzbischof Gennadij übersetzte er außerdem einen die Zeitrechnung betreffenden Text und eine judenfeindliche Schrift aus dem Lateinischen ins Russische; diese sollte dem Kampf Gennadijs gegen die Häresie der „Judaisierenden" dienen. In Moskau wirkte B. am Hofe Vasilijs III. (1505–1533) als dessen Leibarzt, obwohl er vermutlich im wesentlichen nur wundärztliche Fähigkeiten besaß. Gleichzeitig fungierte er am Moskauer Hof als Dolmetscher. In den 1530er Jahren fertigte er eine Übersetzung des medizinischen Werkes „Gaerde der Suntheit" an, wobei er einen Lübecker Druck als Vorlage benutzte.

Während seiner Tätigkeit in Moskau trat B. mit Sendschreiben hervor, in denen er eine Vereinigung der russischen Kirche mit Rom befürwortete und astrologisch begründete Zukunftserwartungen äußerte. Sein offenes Eintreten für die katholisch-orthodoxe Union war möglich, weil er die russische Kirche nicht angriff, sondern die grundsätzlichen Gemeinsamkeiten der Konfessionen als Voraussetzung ihres Zusammenschlusses hervorhob. Für seine Auffassungen konnte B. Anhänger gewinnen, doch rief er auch Widersacher auf den Plan, zu denen der bedeutende Theologe Maksim Grek und der Pleskauer Mönch Filofej gehörten, die in eigenen Sendschreiben und Traktaten Gegenpositionen entwikkelten. So hat B. durch sein Wissen und als Übersetzer dem Moskauer Rußland medizinische, mathematische und andere Kenntnisse vermittelt und zugleich bei den dortigen geistigen Auseinandersetzungen eine sehr aktive Rolle gespielt. Da sein Wirken außerdem in eine ungewöhnlich frühe Zeit gehört, kommt ihm in der Geschichte der deutsch-russischen Kulturbeziehungen besondere Bedeutung zu.

Quellen: Sočinenija prepodobnago Maksima Greka, T. 1, Kazań 1860. – V. Malinin, Starec Eleazarova monastyrja Filofej i ego poslanija, Kiev 1901, Beil. V–VIII, S. 33–48. – A. I. Sobolevskij, Materialy i zametki po drevne-russkoj literature, in: Izvestija Otdelenija russkago jazyka i slovesnosti Imperatorskoj Akademii nauk 20 (1915), Buch 1, S. 275 f. – Hansisches Urkundenbuch 11 (1916), Nr. 739, S. 474.

Literatur: [Ed. Pabst,] N. B., Astronom, Dolmetsch und Leibarzt beim Großfürsten in Rußland, in: Beitrr. z. Kunde Ehst-, Liv- u. Kurlands 1 (1868/73), S. 83-86. – N. L. Majkov, Nikolaj Nemčin, russkij pisatel' konca XV- načala XVI veka, in: Izvestija Otdelenija russkago jazyka i slovesnosti Imperatorskoj Akademii nauk 5 (1900), Buch 2, S. 379–392. – D. O. Svjatskij, Astrolog Nikolaj Ljubčanin i al'manachi na Rusi XVI veka, in: Izvestija Naučnogo instituta im. P. F. Lesgafta 15 (1929), Nr. 1 f., S. 45–55. – A. A. Zimin, Doktor Nikolaj Bulev – publicist i učenyj medik, in: Issledovanija i materialy po drevnerusskoj literature, Moskau 1961, S. 78–86. – H. Raab, Über die Beziehungen Bartholomäus Ghotans u. N. B.s zum Gennadij-Kreis in Novgorod, in: Wiss. Z. d. Univ. Rostock. Ges.- u. sprachwiss. R. 8 (1958/59), S. 419–422. – N. Angermann, N. B. Ein Lübecker Arzt u. Theologe in Novgorod u. Moskau, in: ZLGA 46 (1966), S. 88–90. – Ders., Neues über N. B. und sein Wirken im Moskauer Rußland, in: Jbb. f. Gesch. Osteuropas N. F. 17 (1969), S. 408–419. – N. V. Sinicyna, Maksim Grek v Rossii, Moskau 1977, bes. S. 76–93. – D. B. Miller, The Lübeckers Bartholomäus Ghotan and N. B. in Novgorod and Moscow and the Problem of Early Western Influences on Russian Culture, in: Viator 9 (1978), S. 395–412.

Norbert Angermann

BUXTEHUDE, Dietrich (Diderich), geb. um 1637, gest. 9. 5. 1707 Lübeck; ev. – Komponist, Organist.

Eltern: Johannes (Hans) Buxtehude, geb. um 1602, gest. 22. 1. 1674 Lübeck, Organist, 1641 an d. Marienkirche in Helsingborg, etwa von 1642 bis 1671 an d. St. Olai-Kirche in Helsingør; Helle Jespersdatter, begr. 27. 12. 1671 Helsingör, verh. m. Johannes B. nachweislich seit 1645; umstritten, ob sie d. Mutter von Dietrich B. war.

Ehefrau: Anna Margaretha Tunder, geb. 11. 8. 1646 Lübeck, gest. Januar 1715 ebd.; verh. 3. 8. 1668 ebd.; Tochter d. Organisten u. Komponisten Franz Tunder.

Kinder: 7 Töchter, davon zu nennen: Anna Margaretha, get. 10. 6. 1675, begr. 18. 12. 1709 Lübeck; verh. 21. 8. 1707 m. Johann Christian Schieferdecker (1679–1732), von 1707 bis 1732 als Nachfolger B.s Organist an d. Marienkirche in Lübeck.

Wann und wo B. geboren ist, steht nicht mit Sicherheit fest. Die einzige zeitgenössische Quelle, eine Nachricht aus Lübeck in den „Nova Literaria Maris Balthici" (Juli 1707), die seinen Tod meldet, bezeichnet Dänemark als sein Heimatland und gibt an, er sei etwa 70 Jahre alt geworden („Patriam agnoscit Daniam, unde in nostras delatus oras septuaginta circiter vivendo annos implevit"). Joh. Moller (Cimb. lit., s. Lit.), der 1637 als B.s Geburtsjahr und Helsingør als seinen Geburtsort nennt, hat dafür keine andere Quelle als die zitierte Nachricht und sein Wissen, daß B. nach Lübeck von Helsingør gekommen war; daher ist seine Angabe nicht geeignet, die Frage nach Jahr und Ort von B.s Geburt zu entscheiden. Mollers Angabe stand indessen widerspruchslos in den Lexica und musikgeschichtlichen Werken bis zum Anfang des 20. Jh.; seitdem sind zwei Theorien um B.s Geburtsort aufgestellt worden. Pirro (1913) und Hagen (1920) (beide s. Lit.) meinen, er sei in dem damals zu Dänemark gehörenden Helsingborg geboren, wo der Vater mußmaßlich in den 1630er Jahren Organist war (von wann an, ist aber nicht gesichert; Friis, s. Lit., nimmt an, schon seit 1633). L. Pedersen (s. Lit.) und W. Stahl (1951, s. Lit.) sind dagegen der Ansicht, er sei in Oldesloe geboren, da eine Inschrift an der früher in Helsingborg, jetzt in Torrlösa (Schonen) befindlichen Orgel beweist, daß B.s Vater jedenfalls 1641 in Helsingborg Organist gewesen ist und daß er aus Oldesloe stammt; dort ist der Name Buxtehude seit dem frühen 16. Jh. bekannt. Sofern er mit dem bis 1638 in Oldesloe bezeugten „Scholmeister Johannes", der zugleich ehrenamtlicher Organist war, identisch sein sollte, könnte B. in Oldesloe geboren sein, wie neuerdings zumeist angegeben wird. Kurz nach 1641 muß Johnannes B. nach Helsingør gegangen sein, denn B. gibt auf dem Titelblatt der Trauermusik für seinen Vater an, er sei dort 32 Jahre tätig gewesen (bis zu seinem Todesjahr gerechnet; jedoch wurde sein Nachfolger schon 1671 ernannt). Wo immer B. geboren sein mag: aufgewachsen ist er in Helsingør. Man weiß nichts von seinem Schulbesuch und seiner musikalischen Ausbildung. Vermutlich war sein Vater sein erster Musiklehrer. Sicher ist, daß die Familie B. Beziehungen zu der Orgelbauer- und Organistenfamilie Lorentz in Kopenhagen hatte. Johann Lorentz d.J. gab gerade in der Zeit, als B. heranwuchs, in der St. Nikolaikirche in Kopenhagen seine berühmten Orgelkonzerte. Weiter wirkte in diesen Jahren Kaspar Förster d.J. aus Danzig als Sänger und Hofkapellmeister auf dem Schloß Kronborg in Helsingør und auf dem naheliegenden Schloß Frederiksborg in Hillerød.

1657 wurde B. Organist an der Marienkirche in Helsingborg und erlebte dort die unruhigen Jahre des dänisch-schwedischen Krieges, der 1658 damit endete, daß Schonen und damit Helsingborg zu Schweden kam. 1660 bewarb sich B. um das Amt des Organisten an der Marienkirche in Helsingør, die die Hauptkirche für die dortige deutsche Gemeinde war. Er erhielt die Anstellung und wirkte in Helsingør bis 1668. Aus diesen Jahren stammen seine ältesten bekannten Werke, so mit Sicherheit die Kantate „Aperite mihi portas justitiae".

Nach dem Tode des Organisten der Marienkirche in Lübeck, Franz Tunder, wurde B. dessen Nachfolger und blieb dort bei stets wachsender internationaler Berühmtheit bis zu seinem Tod. Wie sein Vorgänger hatte B. zugleich das Amt als Werkmeister in der Kirchenverwaltung inne. – B. nahm die Abendmusiken wieder auf, die Tunder in Lübeck eingeführt hatte, weitete sie aber zu größeren Oratorienaufführungen aus, wie aus noch vorhandenen Textbüchern hervorgeht. Das mit Text und Musik erhalten gebliebene anonyme Werk „Das jüngste Gericht" ist wahrscheinlich eines der von B. für die Abendmusiken geschriebenen Oratorien. Es ist 1939 unter B.s Namen herausgegeben, aber die Echtheit ist angezweifelt worden. Die Abendmusiken fanden unmittelbar nach dem Nachmittagsgottesdienst an den zwei Sonntagen vor und an drei Sonntagen nach dem 1. Adventssonntag statt, und mehrere Quellen zeugen davon, daß diese Konzerte ein großes Publikum anzogen, zum größten Teil dem wohlhabenden Bürgerstand der Stadt angehörend, das die Aufführungen durch finanzielle Unterstützung ermöglichte.

Auch B.s Ruf als Organist war weit verbreitet. Unter seinen Schülern, die sich als schaffende Künstler einen Namen gemacht haben, können Nicolaus Bruhns in Husum (s. SHBL, 5, S. 56), Georg Dietrich Leyding in Braunschweig, Daniel Erich in Güstrow, Friedrich Gottlieb Klingenberg in Stettin und Lovies Busbetzky in Narva genannt werden. Unter denen, die nach Lübeck reisten, um B. zu hören und von ihm zu lernen, war der 18jährige G. F. Händel, der 1703 zusammen mit Johann Mattheson von Hamburg kam. Der letzte und bekannteste Beweis für den Ruf B.s ist, daß J. S. Bach die 50 Meilen lange Fußreise von Arnstadt nach Lübeck machte, wo er sich von Oktober 1705 bis Februar 1706 aufhielt, um B. zu hören.

B.s Kompositionen umfassen mehr als 100 Orgelwerke (Präludien, Fugen, Chaconnen und Choralbearbeitungen), etwa 120 Kirchenkantaten und andere kirchliche Vokalwerke wie acht Hochzeitskantaten für Freunde und angesehene Bürger in Lübeck, ferner zwei Sammlungen von je sieben Triosonaten und einzelne andere Kammermusikwerke, 21 Suiten und sechs Variationswerke für Cembalo (einige möglicherweise für Laute), außerdem einige wenige erhaltene Kanons als Gelegenheitsmusiken. Weiter ist ihm – wie oben gesagt – das Oratorium „Das jüngste Gericht" zugeschrieben.

B.s Orgelwerke sind alle nur in Abschriften von 2. oder 3. Hand, oft wenig zuverlässig, überliefert. Die meisten Werke hält man für Abschriften von Bach-Schülern oder aus dem Kreis um Bach, u. a. von Johann Georg Walther. Einige sind auf dem Weg über den Stettiner Organisten F. G. Klingenberg in der Sammlung des schwedischen Organisten G. Lindemann erhalten geblieben. (Ein vollständiges Quellenverzeichnis befindet sich in Beckmanns Ausgabe von 1971.) Ungefähr die Hälfte von B.s Orgelmusik besteht aus freien Orgelwerken (Toccaten, Canzonen, Präludien und Fugen, zwei Chaconnen und einer Passacaglia), die durch große Improvisationskunst, Phantasiefülle und überraschende tonale Wendungen gekennzeichnet sind und die klanglichen Möglichkeiten der Orgel optimal berücksichtigen. Die übrigen Orgelwerke, die Choralbearbeitungen, können in drei Kategorien gegliedert werden: a) die kleinen Choralvorspiele, in denen B. (ebenso wie der jüngere Georg Böhm) eine Form mit einer kolorierten Bearbeitung der Melodie in der Oberstimme entwickelte, b) Choralvariationen oder Choralpartiten, in denen er in altmodischer Art verschiedene Cantus-firmus-Bearbeitungen von Melodien, die in langen Notenwerten in wechselnden Stimmen liegen, Vers für Vers zusammensetzte, c) Choralphantasien, die eine längere abwechselnde Bearbeitung der gegebenen Melodie sind. Diese letztgenannte Form repräsentiert auch eine speziell norddeutsche Entwicklung, die B. zu einem Höhepunkt führte. Zu den größten und bedeutendsten Choralphantasien B.s gehören die Bearbeitungen des „Te Deum" und des Liedes „Nun freut Euch lieben Christen g'mein".

Das andere Hauptgebiet des Komponisten B. waren die kirchlichen Vokalwerke, die später unter dem Namen Kantaten zusammengefaßt wurden und zum größten Teil zum Gebrauch während des Gottesdienstes, einige wahrscheinlich auch für Hausandachten bestimmt waren. B.s Kantatenstil ist von der italienischen Cantilene geprägt und sicher von Kaspar Förster d. J., der in Italien ausgebildet war und in B.s Jugendjahren in Kopenhagen und Helsingør wirkte, beeinflußt. Aber auch die deutsche Tradition mit Andreas Hammerschmidt, Wolfgang Carl Briegel, Samuel Scheidt und Heinrich Schütz war mitbestimmend für die Gestaltung von B.s Kantaten, die ein Zwischenstadium zwischen

Vokal-Konzerten und opernmäßigen Kantaten einnehmen. Dabei geht die Zusammenstellung größerer Kantaten mit kontrastierenden Sätzen (Chor über Bibeltexte, denen Lied-, Arien- und Choralbearbeitungen folgten, wie z.B. „Alles was Ihr tut", „Gott hilf mir") weit über den Typus des geistlichen Konzerts hinaus, den Schütz und Hammerschmidt geschaffen und entwickelt hatten. B.s Freund Gustav Düben d. J., Hofkapellmeister und Organist an der Deutschen Kirche in Stockholm, sammelte den größten Teil der B.-Kantaten (sog. Düben-Sammlung der UB Uppsala), darunter sowohl Autographen als auch Abschriften von Düben und anderen. Außer den Kantaten sind die 16stimmige Motette „Benedicam Dominum" für vier Chöre mit Instrumenten und eine „Missa brevis" für a-cappella-Chor erhalten geblieben.

B.s Suiten für Klavier, die in den 1930er Jahren in einem alten dänischen Familienalbum aus B.s Zeit gefunden und später durch neuere Funde in der Ihre-Sammlung in Uppsala vervollständigt wurden, führen ebenso wie die Variationswerke, die mit den Suiten zusammen überliefert sind, die französischen Traditionen weiter, die Froberger nach Deutschland gebracht hatte. Die Triosonaten für Violine, Viola da gamba und Basso continuo, die zu B.s Zeit gedruckt wurden, wie die später gefundenen Kammermusikwerke, sind dagegen in ihrem Stil und ihrer Anlage von typisch italienischer Prägung (Legrenzi-Corelli-Tradition).

B. gehört zu den Komponisten, die im 19. Jh. wiederentdeckt wurden, nachdem sie etwa 150 Jahre fast vergessen waren. 1873 schrieb Ph. Spitta (s. Lit.) im 1. Band seines Werkes über J.S. Bach ein Kapitel über B., das die Veranlassung zur ersten Edition seiner gesamten Orgelwerke war und zur Entdeckung von B.s Kantaten in der Düben-Sammlung führte. In den „Denkmälern deutscher Tonkunst" wurden eine Reihe von B.s größeren Kantaten und seine Triosonaten herausgegeben, und 1925 begann die Gesamtausgabe seiner Kantaten, die noch nicht abgeschlossen ist. Außerdem erschienen zahlreiche Einzelausgaben seiner Werke und neue Ausgaben seiner gesamten Orgel- und Klavierwerke. Man sieht in B. heute nicht mehr nur einen Vorläufer J. S. Bachs, sondern hat ihn als einen der bedeutendsten und eigenständigsten Komponisten des 17. Jh. erkannt, dessen Werk immer noch lebendige Musik ist.

Nachlaß: 4 Briefe in dt. Sprache (AHL, Dröge 172); abgedr. b. H.-B. Spies, Vier neuentdeckte Briefe D. B.s, in: ZLGA 61 (1981), S. 81–93. – 6 Briefe in dt. Sprache aus d. Jahren 1683, 1685, 1686, 1687, 1689 u. 1696 (AHL Ecclesiastica, Liturgica C 5); d. Briefe v. 1686, 1687 u. 1689 abgedr. b. A. Hagedorn, Briefe v. D. B., in: MLGA 3 (1887/88), S. 192–196; d. Brief v. 1685 als Faksimile b. W. Stahl (s. Lit.). – 3 Briefe in dänischer Sprache aus d. Jahren 1666 u. 1667 (als Faksimile b. N. Friis, s. Lit.).
Werke: Verz. in MGG, 2 (s. Lit.). – Vollständiges Verz. (m. Lit.-angaben und Hinweisen auf d. Ausgaben): G. Karstädt, Thematisch-systematisches Verz. d. musikalischen Werke v. D.B. (Bux WV), Wiesbaden 1974. – *Werkausgaben:* A. *Orgelwerke:* Sämtliche Orgelwerke, Bd. 1 u. 2, hrsg. v. Ph. Spitta, Lpz. 1876/77; Neuausg. v. M. Seiffert, ebd. 1903/04; Bd. 3 (Erg.-Bd.) hrsg. v. M. Seiffert, ebd. 1939. Neuausg. d. Spitta-Seiffert-Ausg., bearb. v. W. Kraft, Bd. 1 u. 2, Wiesbaden 1952. – Sämtliche Orgelwerke in 4 Bdn., hrsg. v. J. Hedar, Kop. 1952. – Sämtliche Orgelwerke in 2 Bdn., hrsg. v. K. Beckmann, Wiesbaden 1971/72. – B. *Kantaten:* Gesamtausg., begonnen 1925 v. d. Ugrino-Glaubensgemeinde (Klecken), hrsg. v. W. Gurlitt, später v. H. Trede u. G. Harms, Bd. 1–7, Hbg. 1925–1937; Bd. 8, hrsg. v. A. Adrio u.

D. Kilian, 1958 (alle 1–3stimmigen u. neun 4stimmige Kantaten, Benedicam Dominum u. Missa brevis). Eine Fortsetzung d. Gesamtausg. bei d. Edition Wilhelm Hansen, Kop., u. den Broude Brothers Music-Publishers, New York, in Vorbereitung. – Die anderen Kantaten in Einzelausg. oder in d. Slg.en v. B. Grusnick, K. Matthaei, J. Hedar, D. Kilian, S. Sørensen, T. Fedtke u. a. – C. *Klavierwerke:* Ausg. v. E. Bangert, Kop. 1942; mehrere Neudrucke, zuletzt 1977. – Vier Suiten aus d. Ihre-Slg., hrsg. v. Bo Lundgren, Kop. 1955. – D. *Kammermusik:* Opus I u. II (je sieben Triosonaten f. Violine, Viola da gamba u. Basso continuo) nebst „Anhang" (3 Sonaten), hrsg. v. C. Stiehl, in: Denkmäler deutscher Tonkunst, 1. Folge, Bd. 11, Lpz. 1903 (später mehrere Einzelausg.). – Abendmusik (?) „Das jüngste Gericht", hrsg. v. W. Maxton, Kassel 1939.

Literatur: ADB, 3, S. 667 f. – NDB, 3, S. 82 f. – Bricka, 3, S. 270–272. – DBL 3. Ausg., 3, S. 93–95. – Cimb. lit., 2, S. 132 f. – Ph. Spitta, J. S. Bach, 1, Lpz. 1873, s. Register. – A. Pirro, D. B., Paris 1913. – S. A. E. Hagen, D.B., Hans Familie og lidet kendte Ungdom, inden han kom til Lübeck 1668, Kop. 1920. – W. Stahl, Franz Tunder u. D. B., Lpz. 1926. – Ders., D. B., Kassel 1937, 2. Ausg. 1952. – Ders., D. B.s Geburtsort, in: Die Musikforsch. 4 (ebd. 1951), S. 382. – L. Pedersen, Fra Didrik Hansen B.s Barndom og Ungdom, in: Medlemsblad for Dansk Organist- og Kantorsamfund 3 (Kop. 1937), S. 25 ff. – F. Blume, Das Kantatenwerk D.B.s, in: Peters Jb. für 1940, Lpz. 1941, S. 10–39. – J. Hedar, D. B.s Orgelwerke, Stockholm usw. 1951. – MGG, 2, 1952, Sp. 548–571 (m. weiteren Lit.-angaben). – F. K. Hutchkins, D. B., Paterson, N. J. (New Jersey) 1955. – H. Lorenz, Die Klaviermusik D. B.s, Bln. 1956. – H. J. Moser, D. B., Bln. 1957. – S. Sørensen, D. B.s vokale kirkemusik, studier til den evangeliske kirkekantates udviklingshistorie (m. deutschem Resümee), Kop. 1958. – Ders., Das B.-Bild im Wandel der Zeit, Lübeck 1972. – N. Friis, D.B., With an english summary: The Danish Childhood and Youth of D. B., Kop. 1960. – G. Karstädt, Die „extraordinairen" Abendmusiken D. B.s, Lübeck 1962. – Ders., Der Lübecker Kantatenband D. B.s, Lübeck 1971. – H. J. Pauly, Die Fuge in den Orgelwerken D. B.s, Köln 1964. – M. Geck, Die Vokalmusik D. B.s u. d. frühe Pietismus, Kassel 1965. – H. Wettstein, D. B. (1637–1707). Eine Bibliogr., Freiburg i. Br. 1979 (Schrr. d. UB Freiburg i. Br. 2). – K. Johnson Snyder, D. B., in: The New Grove Dictionary of Music and Musicians, 3, London 1980, S. 526–537.

Porträt: Der Mann mit d. Notenblatt auf Johannes Voorhouts Gemälde „Häusliche Musikszene" 1674 (Mus. f. Hamburgische Gesch., Hbg.) stellt möglicherweise B. dar. Vgl. G. Jaacks, „Häusliche Musikszene" v. Johannes Voorhout, in: Beitrr. zur dt. Volks- u. Altertumskunde, Hbg. 1978.

Søren Sørensen

CARLEBACH, *Joseph* Hirsch, geb. 30. 1. 1883 Lübeck, gest. 26. 3. 1942 bei Riga; jüd. – Rabbiner, Pädagoge.

Eltern: Salomon Carlebach, geb. 28. 12. 1845 (s. d.); Esther geb. Adler.

Ehefrau: Charlotte Helene Preuss, geb. 16. 12. 1900 Berlin, gest. 26. 3. 1942 bei Riga; verh. 1. 1. 1919 Berlin.

Kinder: Eva Sulamith, geb. 15. 11. 1919 Berlin, gest. 10. 7. 1966 Jerusalem. – Esther, geb. 23. 11. 1920 Lübeck. – Mirjam, geb. 1. 2. 1922 Hamburg. – Julius Isaak, geb. 28. 12. 1922 ebd. – Judith Jeanette, geb. 26. 2. 1924 ebd., gest. 21. 10. 1970 Cardiff, England. – Salomon, geb. 17. 8. 1925 Hamburg. – Ruth Rosa Cilly, geb. 11. 8. 1926 Altona, gest. 26. 3. 1942 bei Riga. – Noemi, geb. 24. 10. 1927 Hamburg, gest. 26. 3. 1942 bei Riga. – Sara Stella, geb. 24. 12. 1928 Hamburg, gest. 26. 3. 1942 bei Riga.

C. wurde als achtes von elf Kindern des seit 1870 in Lübeck amtierenden Rab-

Joseph Carlebach

biners Salomon Carlebach geboren, besuchte zunächst das private Progymnasium des Georg Otto Bussenius in seiner Heimatstadt und dann das Katharineum, von dem er zu Ostern 1901 mit dem Abitur entlassen wurde. Von 1901 bis
1905 studierte er an der Univ. Berlin Naturwissenschaften und Mathematik sowie Philosophie und Kunstgeschichte. Zu seinen akademischen Lehrern zählten
der Physiker Max Planck, in dessen Laboratorium er zeitweilig arbeitete, der
Astronom Wilhelm Foerster (1832–1921), der Philosoph Wilhelm Dilthey und
der Altertumswissenschaftler Ulrich von Wilamowitz-Moellendorff. Zugleich
vertiefte C. seine Kenntnisse in den jüdischen Wissenschaften, mit denen er sich
bereits im Elternhaus beschäftigt hatte. Nach dem Staatsexamen in den Fächern
Naturwissenschaften und Mathematik lehrte er von 1905 bis 1907 als Oberlehrer
am der Lämel-Volksschule angegliederten, 1904 gegründeten Lehrerseminar in
Jerusalem. Im WS 1907/08 studierte er an der Univ. Leipzig und begann, seine
Dissertation zu schreiben. Vom Oktober 1908 an unterrichtete er als Oberlehrer
am Margareten-Lyceum in Berlin in den Fächern Naturwissenschaften, Mathematik, Erdkunde und Kunstgeschichte. Seine akademischen Studien schloß er
im Februar 1909 mit der Promotion zum Dr. phil. nat. an der Univ. Heidelberg
ab. Sein Dissertationsthema „Lewi ben Gerson als Mathematiker" läßt C.s judai-
stische, historische und naturwissenschaftliche Interessen erkennen.

Nach weiteren Studien am (orthodoxen) Rabbinerseminar in Berlin erwarb C. 1914 das Rabbinatsdiplom. Während des Ersten Weltkriegs organisierte er im besetzten Litauen das jüdische Erziehungswesen und gründete Schulen in Kovno, Wilna, Riga und in Memel. Seine Tätigkeit am Margareten-Lyceum endete zu Ostern 1919; C. ging nach Lübeck und übernahm dort das Rabbineramt seines verstorbenen Vaters, wechselte aber schon im März 1921 zur Talmud Tora-Realschule in Hamburg über, an der er den Posten des Direktors erhielt und das Lehrangebot reformierte. Im September 1925 wurde er als Oberrabbiner der Hochdeutschen Israeliten-Gemeinde Altona mit Zuständigkeit für die ganze Provinz Schleswig-Holstein ins Amt eingeführt. Im April 1936 wechselte er auf den Posten des Oberrabbiners des Deutsch-Israelitischen Synagogen-Verbands Hamburg über und wurde zugleich zum Chacham (Rabbiner) der Portugiesisch-Jüdischen Gemeinde ernannt. Im Herbst 1938 und im Sommer 1939 schickte C. seine fünf ältesten Kinder ins Ausland. Mit seiner Frau und den vier jüngeren Kindern wurde er, zusammen mit vielen Gemeindeangehörigen, am 6. 12. 1941 nach Riga deportiert und ist am 26. 3. 1942 mit seiner Frau und seinen drei jüngsten Töchtern ermordet worden; sein Sohn Salomon überlebte.

C. zählt zu den bedeutendsten deutschen Rabbinern des 20. Jahrhunderts. Seine persönlichen Beziehungen zu anerkannten rabbinischen Autoritäten im Lande Israel, wie Samuel Salant und Abraham Isaak Kook (Kuk), die an Ort und Stelle erworbenen Kenntnisse über das osteuropäische Judentum und das traditionelle jüdische Erziehungswesen sowie die gründliche Ausbildung im Rabbinerseminar in Berlin bildeten die Grundlage für sein umfassendes judaistisches Wissen. Hinzu kamen seine Kenntnisse in den profanen Wissenschaften, wobei er nicht nur in seinen akademischen Hauptfächern Bedeutendes leistete, sondern auch auf anderen Gebieten wichtige Veröffentlichungen vorlegte: er verfaßte Kommentare zu biblischen Büchern, wirkte als namhafter Lehrer und Pädagoge, hielt als begnadeter Redner vielbeachtete Vorträge und verfaßte u. a. für das „Jahrbuch für die jüdischen Gemeinden Schleswig-Holsteins und der Hansestädte" eine Vielzahl von theologischen und historischen Aufsätzen. Als Seelsorger, der besonders durch sein Wirken von 1933 bis zu seinem Tod seiner Gemeinde Trost bot, wurde er sehr geschätzt. Er war Mitglied der (orthodoxen) Agudat Israel, wurde aber wegen seines toleranten und aufrichtigen Wesens auch von Liberalen und Nichtgläubigen anerkannt. Sein Wirken als Rabbiner, die Treue zu seiner Gemeinde und sein tragisches Ende haben ihn zu einem Symbol jüdischen Wirkens und Leidens in Deutschland in diesem Jahrhundert werden lassen. – Seinen Namen tragen eine Straße in Hamburg und eine in Jerusalem sowie die Joseph-Carlebach- Loge in Hamburg.

Quellen: Nachlaß zu Teilen b. Mirjam Gillis-Carlebach, Petach Tiqvah (Israel) u. b. Rabbiner Salomon Carlebach, New York; vgl. M. Gillis-Carlebach, Das J. C.-Arch. Petach-Tiqvah, Petach-Tiqvah u. New York 1976 (masch. vervielfältigt, hebräisch-deutsch; Bibl. des Inst. f. d. Gesch. d. deutschen Juden, Hbg.).
Werke: Verz. in M. Gillis, Education and Faith (s. Lit.), S. 191–206. – Ausgewählte Schrr., mit einem Vorwort v. H. Cohn hrsg. v. M. Gillis-Carlebach, 2 Bde., Hildesheim u. New York 1982.

Literatur: N. Carlebach, J. C. and his Generation, New York 1959. – H. H. Cohn, J. C., in: Leo Baeck Institute Yearbook 5 (1960), S. 58–72. – E. G. Lowenthal (Hrsg.), Bewährung im Untergang. Ein Gedenkbuch, Stuttgart 1965, bes. S. 33 f. – Lex. d. Judentums, hrsg. v. J. F. Oppenheimer u. a., Gütersloh 1967, Sp. 139 f. – Encyclopedia Judaica, Jerusalem 1971, Bd. 5, Sp. 182 f. – J. C. zum Gedenken, Hbg. 1974. – M. Gillis, Education and Faith. Principles and Practice in the Pedagogics of Joseph Zvi Carlebach, Tel Aviv 1979 (hebräisch). – Oberrabbiner Dr. J. C., Hbg. 1983 (zur Gedenkfeier am 30. 1. 1983 in d. Synagoge in Hbg.).

Porträts: Fotos in: Lowenthal (s. Lit.), Bildseite 5. – N. Carlebach (s. Lit.), Frontispiz u. S. 43, 114, 120 a, 162, 172, 216 f. – Lex. d. Judentums (s. Lit.), nach S. 191. – Encyclopedia Judaica (s. Lit.), Sp. 183. – Jb. f. d. jüdischen Gemeinden Schleswig-Holsteins u. d. Hansestädte 8 (1936/37), nach S. 8. – O. Wolfsberg-Aviad, Die Drei-Gemeinde, München 1960, S. 123. – Gillis (s. Lit.), Frontispiz u. S. 222, 228, 239. – Hamburger Abendbl. v. 3. 10. 1983, S. 3. – Oberrabbiner Dr. J. C. (s. Lit.), auf d. Umschlag. – Repro eines Fotos (SHLB), Abb.: s. S. 68.

Peter Freimark

CARLEBACH, Salomon, geb. 28. 12. 1845 Heidelsheim (Baden), gest. 12. 3. 1919 Lübeck; jüd. – Rabbiner.

Eltern: Joseph Carlebach, geb. 21. 7. 1802 Heidelsheim (Baden), gest. 19. 12. 1881 ebd.; Cilly geb. Stern, geb. 1811 Michelbach an der Heide, Kr. Schwäbisch Hall, gest. 18. 6. 1883 Heidelsheim.

Ehefrau: Esther Adler, geb. 12. 6. 1853 Lübeck-Moisling, gest. 11. 2. 1920 Lübeck, verh. 10. 1. 1872 ebd.; Tochter d. Rabbiners in Moisling u. Lübeck Sussmann Adler.

Kinder: 4 Töchter, 7 Söhne, von denen 5 Rabbiner wurden, darunter: Joseph, geb. 30. 1. 1883 (s. d.).

Nach dem Besuch des Gymnasiums in Bruchsal und des Lyzeums in Karlsruhe, das er mit dem Reifezeugnis im August 1865 verließ, studierte C. an der Univ. Würzburg Philosophie und Philologie. Ab März 1867 setzte er seine Studien an der Univ. Berlin fort; er belegte dort auch orientalistische Lehrveranstaltungen. Im Dezember 1868 wurde er an der Philosophischen Fakultät der Univ. Tübingen mit einer Dissertation über „Die Entwicklung des deutschen Dramas bis zum Beginn des 18. Jahrhunderts" zum Dr. phil. promoviert.

Neben dem Universitätsstudium unterzog sich C. der traditionellen rabbinischen Ausbildung und erhielt 1870 seine Autorisation als Rabbiner von Oberrat Joseph Altmann, Karlsruhe, und Rabbiner Isaac Friedberg, Bruchsal. Mit der am 12. 6. 1870 erfolgten Wahl zum Rabbiner der Israelitischen Gemeinde Lübeck, die der Senat der Stadt am 18. 6. 1870 bestätigte, nahm C. die Position ein, von der aus er fast fünfzig Jahre lang segensreich wirken sollte. Kurz vor seinem Tode erhielt er von der Philosophischen Fakultät der Univ. Tübingen am 29. 12. 1918 ein Jubiläums-Diplom zur Erneuerung seines Doktorgrades.

In der – recht kurzen – Geschichte der Juden in Lübeck bilden die fast fünfzig Jahre, in denen C. das Rabbinat innehatte, die glücklichste Periode. Wegen der ungünstigen Quellenlage können seine Verdienste nicht im einzelnen nachgewiesen werden; unter ihm nahm die Gemeinde aber zunächst einen deutlichen

Aufschwung. Er betrieb den Bau der neuen Synagoge in der St.-Annen-Straße 13, die im Juni 1880 eröffnet wurde, und des Armenheims im Nachbarhaus (Einweihung September 1904). C. hielt die Lübecker Gemeinde als orthodoxe Einheitsgemeinde zusammen; eine Spaltung in Liberale und Orthodoxe, wie sie andernorts häufig war, konnte er vermeiden. Neben seinem Amt als orthodoxer Rabbiner leitete er die jüdische Religionsschule; von 1877 bis 1895 war er Mitglied der Lübecker Bürgerschaft. Außerdem verfaßte er eine Vielzahl von rabbinischen und theologischen Werken und eine „Geschichte der Juden in Lübeck und Moisling", zu der ihm freilich die Benutzung des Staatsarchivs nicht erlaubt worden war, angeblich, weil der Senat vermeiden wollte, daß die schlechte Behandlung der Juden in älterer Zeit bekannt würde.

Zu seinem 40jährigen Amtsjubiläum wurde C. eine umfangreiche Festschrift gewidmet. Auch in nichtjüdischen Kreisen erfreute er sich hoher Anerkennung, er galt als „populäre Persönlichkeit" der Stadt Lübeck. Thomas Mann (s. d.) nennt ihn in seinem „Doktor Faustus" mit Namen. – C. war Mitbegründer und Vorstandsmitglied der „Freien Vereinigung für die Interessen des orthodoxen Judentums, Frankfurt a. M." und der Weltorganisation des orthodoxen Judentums.

Quellen: AHL: Senatsakten; Israelitische Gemeinde, Verschiedenes1884–1938, Abt. IX 1 Gruppe 13. – Arch. d. Univ. Tübingen: 131/18 b Nr. 9. – Lübecker Staats- Kal. auf d. Jahr 1871, S. 78. – LBl v. 29. 12. 1918, S. 662.
Werke: Rabbinica: Beth Josef Zebi zum Traktat Sukka, Bln. 1910. – Beth Josef Zebi zum Traktat Berakot, ebd. 1915. – *Judaica:* Die neue Synagoge in Lübeck. Ein Gedenkbl. z. Erinnerung an 2 festlich verlebte Tage, Lübeck 1880. – Predigt gehalten z. Feier d. 100jährigen Geburtstages d. Sir Moses Montefiore in d. Synagoge zu Lübeck am . . . 26. Oktober 1884, ebd. 1884. – Predigt gehalten in d. Synagoge zu Lübeck am Sabbat d. 6. Juli 1895 (Parschath Balak) b. d. Feier seiner 25jährigen Amtseinführung v. Rabbiner Dr. C., ebd. 1895. – Zur Jahreswende. Sieben Predigten z. Schlusse d. Jahres 5654 u. z. Beginne d. Jahres 5655 in d. Synagoge zu Lübeck, Mainz 1895. – Gesch. d. Juden in Lübeck u. Moisling, Lübeck 1898. – Das Gebet d. Rabbi Nechunjoh ben Hakkonoh erklärt in 7 Tischri-Predigten im Jahre 5664=1903, Bremen 1904. – An Horebs Höhen, T. 1, Mainz 1901; T. 2, Lübeck 1907. – Haarverhüllung d. jüdischen Weibes, in: Festschr. David Hoffmann, Bln. 1914, S. 454–459. – Das Heerwesen u. d. jüdische Erziehung, in: Jeschurun 2 (1915), S. 293–308. – Sittenreinheit. Ein Mahnwort an Israels Söhne u. Töchter, Väter u. Mütter, Lübeck 1917. – Ratgeber f. d. jüdische Haus, Bln. 1918. (Nachforschungen nach einem Exemplar d. Diss. sind leider erfolglos geblieben.)
Literatur: Nachrufe in: Israelitisches Familienbl. Hbg. v. 20. 3. 1919, S. 3; Von Lübecks Türmen v. 22. 3. 1919, S. 24; VBl v. 30. 3. 1919,S. 49 f. – D. Winter, Die Bildung d. israelitischen Gemeinde in Moisling-Lübeck u. d. Gesch. ihres Gottesdienstes, in: Jb. f. d. jüdischen Gemeinden Schl.-Holst.s u. d. Hansestädte 1936/37, S. 59–89, bes. 88 f. – H. H. Cohn, Joseph Carlebach, in: Leo Baeck Institute Yearbook 5 (1960), S. 58–61. – K. Loewenstein, Thomas Mann z. jüdischen Frage, in: Bulletin d. Leo Baeck Instituts 10 (1967), S. 1–59, 340–342, bes. 20. – A. Schreiber, Wegweiser durch d. Gesch. d. Juden in Moisling u. Lübeck, Lübeck 1984, bes. S. 50 f., 67.
Porträts: Je 1 Foto in: Festschr. z. 40jährigen Amtsjubiläum d. Herrn Rabbiners Dr. S. C., hrsg. v. M. Stern, Bln. 1910, Frontispiz; Von Lübecks Türmen (s. Lit.); VBl (s. Lit.).

Peter Freimark

François Vicomte de Chasot
Gemälde von Stefano Torelli

CHASOT, Isaac *François* Egmond Vicomte de, geb. 18. 2. 1716 Caën, gest. 24. 8. 1797 Lübeck; kath. – Offizier.

Eltern: Thomas Louis Seigneur de Vary et d'Escorches, französischer Offizier; verh. 1709 m. Claude, Tochter d. Gervais de Prépetit.

Ehefrau: Camilla Torelli, geb. 1744, gest. 1820; verh. 17. 7. 1760 Lübeck; Tochter d. Malers Stefano Torelli (wirkte 1759–1761 in Lübeck).

Kinder: 2 Söhne, darunter: Ludwig Egmont Adolf Graf von Chasot, geb. 10. 10. 1763 Lübeck, gest. 13. 1. 1813 Pleskau (Pskov), Offizier (s. NDB, 3, S. 195).

Ch. entstammte einem burgundischen Adelsgeschlecht, dessen Hauptlinie seit Anfang des 17. Jh. in der Normandie nachweisbar ist. Er besuchte die Kadettenschule in Metz und nahm 1734 als junger Offizier an den französisch-österreichischen Auseinandersetzungen um die polnische Thronfolge am Rhein teil. Nach einem für seinen Gegner tödlichen Duell mußte Ch. bei den Truppen Prinz Eugens Asyl suchen. Hier lernte er den Kronprinzen Friedrich von Preußen kennen, der ihn zu seinem Freund und Günstling machte. Ch. wurde preußischer Offizier. Er bewährte sich in den schlesischen Kriegen in den Schlachten von Mollwitz und Caslau als Befehlshaber eines Jägercorps und wurde mit dem Orden pour le mérite ausgezeichnet. Der preußische Sieg bei Hohenfriedberg 1745 wird u. a. auf seinen mutigen und geschickten Einsatz mit Dragonern des Regiments Bayreuth zurückgeführt.

Das Verhältnis zu Friedrich dem Großen wurde später zeitweilig schlechter. Ch. scheint ein unbedenklicher Draufgänger gewesen zu sein. Friedrich der Große verurteilte ihn nach einem Duell, an dessen Folgen der Gegner gestorben war, 1746 zu einjähriger Festungshaft in Spandau. Nach dreimonatiger Haft wurde Ch. begnadigt. Er ließ sich 1751 zu einer längeren Reise nach Frankreich beurlauben und nahm 1752 endgültig Abschied aus preußischen Diensten.

Als Garnisonskommandeur von Treptow hatte Ch. seit 1746 am gesellschaftlichen Leben am Hofe der Herzogin Sophia Dorothea von Mecklenburg in Neu-Strelitz teilgenommen; seit dem Tod des Herzogs 1752 lebte sie in Schwerin. Wohl um in ihrer Nähe zu sein, ging Ch. 1754 nach Lübeck und kaufte ein kleines Gut an der Wakenitz, den sog. Ackerhof. Er taufte den Besitz nach einem Lustschloß Ludwig XIV. in „Marly" um, erweiterte ihn durch Zupacht und ließ einen Park mit französischen Obstbäumen, Treib- und Gewächshäusern und Maulbeerplantagen für die Seidenkultur anlegen. Nach seiner Heirat mit Camilla Torelli wurde Marly (heute der Stadtteil Marli) ein Zentrum des geselligen Lebens der Zeit.

Am 19. 10. 1759 wurde Ch. zum Kommandanten der Lübecker Garnison ernannt. Er gehörte damit zu den vornehmen Beamten der Stadt und bezog ein ansehnliches Gehalt, das er aber, um die Kosten für seine exklusive Lebensführung bestreiten zu können, immer wieder durch humorvolle Eingaben an den Rat aufzubessern versuchte. Der Kriegsfall trat während Ch.s Kommandantur nicht ein. Als aber Herzog Karl Peter Ulrich von Holstein-Gottorf (s. SHBL, 5, S. 193) als Peter III. auf den russischen Thron gelangte und 1762 bei Lübeck Truppen zusammenzog, um gegenüber Dänemark alte Ansprüche seines Hauses auf Besitzungen in Schleswig durchzusetzen, traf Ch. die notwendigen Vorkehrungen zum Schutz der Stadt und führte Verhandlungen mit dem dänischen Feldmarschall, dem Grafen Saint Germain, so daß Lübeck von der drohenden Besetzung verschont blieb. Friedrich V. von Dänemark verlieh Ch. den Titel eines Generalleutnants.

In Lübeck wurde Ch.s imposante Persönlichkeit sehr bald zum Gegenstand der Heldenverehrung und Legendenbildung, die sich an seine erste Bekanntschaft und Verbindung mit der schönen Camilla Torelli knüpfte. Besondere Bedeutung hat er aber vor allem als Freund und Offizier Friedrichs des Großen erlangt.

Quellen: AHL: Senatsdekrete 1762; Militärarchive A Nr. 30.4, 43.6, 88.7–10; Familienarch. Carstens (IX, 24). – R. Krauel, Zwei Briefe des Stadtkommandanten v. Lübeck, in: LBl 1909, S. 35–37, 45–47.

Literatur: ADB, 4, S. 108. – NDB, 3, S. 194. – K. v. Schlözer, Ch., Bln. 1856. – A. Hach, Zum Tode Ch.s, in: MLGA 2 (1887), S. 75–77. – K.Th. Gaedertz, Friedrich der Große u. General Ch., Bremen 1893 (Zahlreiche Besprechungen im AHL, Familienarch. Gaedertz 200). – Ders., Was ich am Wege fand, Lpz. 1902, S. 253–266.

Porträts: Ölgemälde v. Stefano Torelli (MusKK); Abb. S. 72. – Zeichnung v. A. v. Menzel (vor 1945 Bln., Nationalgalerie).

Alken Bruns

CORDES, Jochim *Emil*, geb. 20. 8. 1829 Lübeck, gest. 11. 10. 1900 München; ev. – Arzt.

Eltern: Johann Jochim Cordes, geb. 30. 11. 1782 Lübeck, gest. 23. 11. 1866 ebd., Kaufmann; Emilie Christiane geb. Grautoff, geb. 23. 9. 1790 Kirchwerder, gest. 17. 11. 1849 Lübeck; Tochter d. Predigers Georg Bernhard Grautoff in Hamburg.

Ehefrau: 1.) Therese Ottilie Rennebarth, gesch. 26. 9. 1857. – 2.) Maria Dorothea Prösch, geb. 7. 10. 1836 Ravensbusch b. Stockelsdorf, gest. 11. 10. 1900 München; verh. 1862.

Keine Kinder.

Bruder: Johann Wilhelm, geb. 16. 3. 1824 (s. d.).

Nach dem Besuch des Katharineums zu Lübeck studierte C. seit 1849 Medizin. 1853 promovierte er in Berlin zum Dr. med., 1857 legte er, nach einem längeren Aufenthalt in Amerika, ebenfalls in Berlin das Staatsexamen ab. Anschließend ließ sich C. als praktizierender Arzt in Lübeck nieder. Nebenher war er als Assistenz- und seit 1863 als Oberarzt des Lübeckischen Militärkontingents sowie 1859/60 als Assistenzarzt am Krankenhaus tätig. Im April 1868 übernahm er die Leitung der Wasserheilstätte Alexandersbad im Fichtelgebirge, die er kurz darauf käuflich erwarb. Seinen Wohnsitz nahm C. in München. Neben der Führung des Bades, die er seit etwa 1887 angestellten Ärzten überließ, widmete er sich seinen Interessen als Kunst- und Literaturliebhaber. Unter anderem gehörte er dem Freundeskreis um den Dichter Paul Heyse an.

In den Jahren seines Wirkens in Lübeck zeichnete C. sich durch einen mit Zähigkeit und Tatkraft geführten Kampf gegen hygienische Mißstände in der Hansestadt aus. Er erkannte früh die Bedeutung der durch Choleraepidemien angeregten, 1855 von dem bayerischen Hofapotheker und späteren Hygieneprofessor Max Pettenkofer durchgeführten Untersuchungen der Trinkwasser- und Abwasserverhältnisse in München und anderen Städten Bayerns. Als Vorsitzender wirkte C. im „Verein zur Erforschung der localen Ursachen der Cholera in Lübeck", der sich die Verhütung der seit 1832 in Lübeck fast alljährlich wiederkehrenden Choleraepidemien zum Ziel gesetzt hatte. Nach dem Pettenkoferschen Vorbild untersuchte er in Lübeck durch umfangreiche Probebohrungen die Einflüsse unterschiedlicher Bodenverhältnisse auf das Trinkwasser und die Abwasserbeseitigung in den einzelnen Stadtteilen. Auch der Wohnsituation und der Nahrungsmittelversorgung besonders der ärmeren Bevölkerungsschichten, die von der Cholera immer besonders heftig betroffen waren, galt seine Aufmerksamkeit. C. gelang der Nachweis, daß stets Mängel der Trinkwasserversorgung und der hygienischen Bedingungen in bestimmten Straßen und Höfen der Stadt mit einer signifikanten Erhöhung der Cholerasterblichkeit einhergingen. In mehreren Veröffentlichungen legte er in präziser Weise die Ergebnisse seiner Forschungen vor und forderte von den in Regierung und Medizinalbehörde Verantwortlichen die Beseitigung der Mißstände durch Kanalisation der Straßen zur Unratentfernung, Siellegung und Straßenpflasterung, Anlage von Wasserklosetts, Ausbau neuer, hygienisch einwandfreier Wohnsiedlungen vor den Toren der Stadt und eine verstärkte Armenfürsorge. Ihm ist es zu danken, daß derartige, den Staatshaushalt der Freien Hansestadt Lübeck erheblich belastende

Emil Cordes

Verbesserungen hier intensiver und früher durchgeführt wurden als in ver-
gleichbaren Städten. Nachdem im Laufe der Zeit trotz aller Anfeindungen und
Zweifel, auch aus dem Kreise der Ärzteschaft, die wesentlichsten seiner Forde-
rungen erfüllt waren, gab der Erfolg C. recht: nach 1866 kam die Cholera in Lübeck nicht mehr zum Ausbruch. Dennoch ist C. in seiner Bedeutung als hervorragender Hygieniker mit dem epochemachenden Verdienst, seine Vaterstadt
von der Cholera befreit zu haben, von der medizingeschichtlichen Forschung
erst spät gebührend gewürdigt worden.

Quellen: AHL: Genealogisches Register; Th. Behn, Slg.en v. Drucksachen u. Hss. etc. über
einzelne Fragen, Nr. 9: Drucksachen über d. Cholera in Lübeck 1856–1862. – Mitt. d. Stadtarch. Wunsiedel.
Werke: Die Cholera in Lübeck. Einige Worte an d. Patriotismus u. d. Behörden, Lübeck
1861. – Vergangenheit u. Zukunft d. Cholera in Lübeck, ebd. 1866. – Beleuchtung d. Ent-
wurfes einer Medizinalordnung f. d. Freistaat Lübeck, ebd. 1866. – Die letztjährige Chole-
raepidemie in Lübeck, in: LBl 1867, S. 25–37. – Die Cholera in Lübeck, München 1868. – Die
Wasserclosettfrage in Lübeck, in: LBl 1868, S. 49 f., 53–57, 68 f., 84–86.
Literatur: Nachruf in: LBl 1900, S. 549–551. – W. v. Stokar, Alexandersbad Fichtelgebirge.
Der Sichersreuther Brunnen. Die Gesch. d. Alexandersbades, Sichersreuth-Alexandersbad
1934. – F. v. Rohden, Der ärztliche Verein zu Lübeck, Lübeck 1959, S. 30 f., 41 f. – D. Helm,
Die Cholera in Lübeck. Epidemieprophylaxe u. -bekämpfung im 19. Jh., Neumünster 1979
(Kieler Beitrr. z. Gesch. d. Medizin u. Pharmazie 19).
Porträt: Ölgemälde im Kostüm d. 16. Jh. v. C. Willich (MusKK). – Foto (MusKK), Abb. s.
S. 75.

Dietrich Helm

CORDES, Johann Wilhelm, geb. 16. 3. (nicht 16. 5.) 1824 Lübeck, gest. 16. (nicht 17.) 8. 1869 ebd.; ev. – Maler.

Eltern: s. bei Emil Cordes.

Unverheiratet.

Bruder: Emil, geb. 20. 8. 1829 (s. d.).

C. besuchte das Katharineum in Lübeck bis zum 14. Lebensjahr und wurde dann zur weiteren Ausbildung nach Wandsbek und Hamburg geschickt. Nach kurzer Tätigkeit im väterlichen Handelshaus ging er 1842 zum Studium an der Kunstakademie nach Prag; danach hielt er sich in Dresden und 1845 in Frankfurt und im Taunusgebiet auf. Möglicherweise besuchte C. schon in diesen und den folgenden Jahren die Düsseldorfer Akademie. Von 1846 bis 1848 unternahm er ausgedehnte Wanderungen durch das Niederelbegebiet, Dithmarschen, Holstein und Schleswig. An der schleswig-holsteinischen Erhebung war er seit Mai 1848 als Freiwilliger im von Wasmerschen Freikorps beteiligt. Die Schauplätze der Erhebung besuchte er nach einem weiteren Studienaufenthalt in Dresden im Winter 1848/49 nochmals bis zum Mai 1850. Kurz darauf trat er seine erste ausgedehnte Norwegenreise an, auch in den folgenden Jahren hielt er sich für längere Zeit in Norwegen auf. Im Sommer 1853 beschäftigte er sich intensiv mit Licht- und Wolkenstudien auf Norderney. Von etwa 1852 bis 1856 lebte er in Düsseldorf im Umkreis der dortigen Akademie, ohne sich jedoch bei einem Lehrer einschreiben zu lassen. Vielleicht gehörte er zu den Privatschülern Johann Wilhelm Schirmers oder des Norwegers Hans Frederik Gude, mit dem er befreundet war. Von 1856 bis 1859 lebte C. wieder in Lübeck. 1858 bereiste er die dänischen Inseln und besonders Bornholm, eine letzte Reise nach Norwegen erfolgte 1859. Etwa 1860 ließ sich C. als Landschafts- und Genremaler in Weimar nieder und verkehrte in den Kreisen der dort 1860 unter seinem Freund Eduard Stanislaus Graf von Kalckreuth gegründeten Kunstschule. Nachdem er im Frühjahr 1869 in Travemünde vergeblich Erholung von einer schweren Krankheit gesucht hatte, starb er kurze Zeit darauf in Lübeck.

Künstlerisches Talent hatte C. schon früh gezeigt, wobei die zeichnerische Betätigung des Vaters nicht ohne Bedeutung gewesen sein dürfte. Er beschäftigte sich anfänglich mit Illustrationen zu Märchen und geschichtlichen Themen. In den ersten Jahren seines akademischen Studiums konzipierte er historische Landschaften, die wie das kleine Bild „Auf der Flucht" (1844–1846, MusKK) den Einfluß des Düsseldorfers Karl Friedrich Lessing verraten. Auf seinen Wanderungen durch die Landschaften Schleswig-Holsteins gelangte C. zu einer realistischen Landschaftsauffassung, die sich in zahlreichen frischen Zeichnungen und Ölskizzen dokumentiert. Auch die Zeichnungen, die während der schleswig-holsteinischen Erhebung entstanden, zeigen Ansätze zu einer realistischen, unpathetischen Darstellung historischer Ereignisse und Persönlichkeiten (von Wasmer zu Pferde, Lithographie 1848, MusKK). In seinen Skizzen aus dem Krieg 1866 gelangen ihm malerische Ereignisbilder (Batterie bei Würzburg, 1866, MusKK), deren Frische in den Auftragsarbeiten aber verlorenging. Auf seinen Reisen nach Norwegen vollendete C. seinen Stil im Sinne einer realistischen Landschaftsmalerei. Er hielt in zahllosen Zeichnungen und Ölskizzen vor der

Natur die norwegische Fjord- und Bergwelt in einem detailgenauen malerischen Realismus fest. Auch die koloristisch feinen Figurenstudien von Bauern, Fischern und Matrosen erhalten in ihrer objektiven Beobachtung Überzeugungskraft. In seinen besten Kompositionen wie dem „Norwegischen Fjord" von 1859 (MusKK), der seine Beherrschung der Linear- und Luftperspektive zeigt, folgte C. dem Vorbild der Schirmerschule. In der Mehrzahl seiner mit Staffage ausgeführten Gebirgslandschaften und Marinen erreichte er jedoch nicht den überzeugenden Realismus seines Freundes Gude, sondern blieb mit seinen teils sentimental verklärten, teils heroisierenden Bildern von Schmugglern und Schiffbrüchigen der nach 1850 aufblühenden Genremalerei verhaftet, für die er dann auch seine Auszeichnungen erhielt (Die Schiffbrüchigen, 1861, ehemals St. Petersburg; Letzte Ehre, 1864, ehemals Berlin). Seine bedeutendsten künstlerischen Leistungen hat C. jedoch im privaten Bereich der zeichnerischen Auseinandersetzung mit der Natur erbracht, während die beim Publikum beliebten Atelierarbeiten die Merkmale einer idealisierenden Genremalerei zwischen sonntäglicher Beschaulichkeit (Dänische Post, 1859, MusKK) und irrlichternder Spätromantik (Wilde Jagd, 1868, MusKK) tragen. – Ehrenmitglied der Kaiserlichen Akademie St. Petersburg, 1861; Goldene Medaille der Berliner Akademie, 1864; Weißer Falkenorden (Sachsen-Weimar), 1869.

Quellen: AHL: Genealogisches Register; Senatsakten IX, 3–18a1 / 12 (Nachlaß). – Mitt. d. Kunstms. Düsseldorf, d. Stadtarch. Düsseldorf, d. Staatsarch. Weimar.
Nachlaß: Künstlerischer Nachlaß im MusKK.
Werke: Hauptwerke im Text. – 15 Ölgemälde verz. bei W. L. v. Lütgendorff, Beschreibendes Verz. der Gemäldeslg., Lübeck 1908, S. 21–25.
Literatur: ADB, 4, S. 476. – LBl 1869, S. 517–519. – O. Grautoff, Ein vergessener deutscher Maler, in: Münchner Neueste Nachr. v. 16. 1. 1901. – Ders., Lübeck, Lpz. o. J. (Stätten d. Kultur 9), S. 116–120. – LBl 1906, S. 428–430. – VBl 1907, S. 79 f. – Th.-B., 7, S. 399. – F. v. Boetticher, Malerwerke d. 19. Jh., 1, Lpz. [1948], S. 188. – W. Scheidig, Die Gesch. d. Weimarer Malerschule 1860–1900, Weimar 1971, S. 20, Abb. 28. – O. Klose/L. Martius, Skandinavische Landschaftsbilder, Neumünster 1975 (Stud. z. schl.-holst. Kunstgesch. 13), S. 59, 73, 95, 102, Abb. 217. – Kunst u. Kultur Lübecks im 19. Jh., Lübeck 1981 (Hefte zu Kunst u. Kulturgesch. d. Hansestadt Lübeck 4), S. 278 f.
Porträts: Fotos in VBl 1907, S. 79.

Jenns Eric Howoldt

CURTIUS-FAMILIE. Ältester bekannter Vorfahr der Lübecker Familie C. ist Paul Kurtz, der in Kopenhagen Goldschmied war, wahrscheinlich aber in Deutschland geboren ist. Er lieferte seit 1655 Goldschmiedearbeiten an den königlichen Hof, nach 1660 auch die Krone für Friedrich III. Paul Kurtz starb 1679 in Kopenhagen. Von seinen vier Kindern wurde der Sohn Jürgen (nicht Frederik) ebenfalls Goldschmied. Er erhielt 1697 die Erlaubnis zur Niederlassung in Kopenhagen und arbeitete in den folgenden Jahren häufig in Gold und Emaille für den Hof. Eine kleine Silberbüste Christians V. von 1697 ist von ihm signiert.

Auszug aus der Stammtafel der Familie Curtius

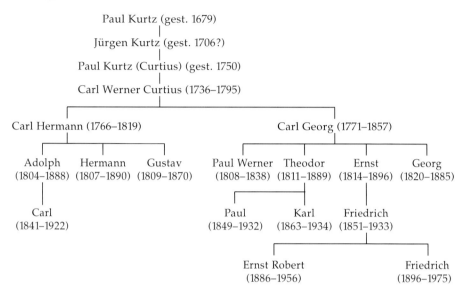

Jürgen Kurtz scheint früh (1706?) gestorben zu sein, denn sein Sohn Paul, dessen Geburtsdatum nicht bekannt ist, wuchs im Haus seiner älteren Schwester Catharina Elisabeth verh. von der Hardt in Kolding auf. Der Schwager Richard von der Hardt besaß dort eine Apotheke, in der Paul Kurtz, der sich später Curtius nannte, mitarbeitete. 1718 ging er als Apothekerlehrling nach Altona, 1729/1730 hielt er sich in Moskau auf. Er wird in Kopenhagen (nicht in Lübeck) geboren sein, denn er wurde am 13. 10. 1731 in Halle als Paulus Curtius Hauniensis immatrikuliert (Ehrencron-Müller, s. Lit.). 1734 wurde er dort zum Dr. med. promoviert und 1735 in Narva als Stadtarzt angestellt. Er heiratete im selben Jahr Eva Maria Schwarz, eine Tochter des Bürgermeisters von Narva Carl Georg Schwarz, die jedoch schon 1736 nach der Geburt des Sohnes Carl Werner starb. Aus einer zweiten Ehe des Paul C., der bis zu seinem Tode 1750 in Narva lebte, gingen drei Töchter hervor, die in Narva bzw. in der Umgebung blieben und dort heirateten; ein Sohn Lorenz Georg wurde Offizier in russischen Diensten und starb als Hauptmann in Viborg.

Der Sohn aus der ersten Ehe, Carl Werner C. (1736–1795), ist der erste aus der Familie, der sich in Lübeck niederließ. Er war als Zwölfjähriger von seinem Vater nach Halle in das von August Hermann Francke gegründete Waisenhaus gegeben worden. Nach dem Studium der Medizin in Halle, Rostock, Leiden und Paris kam er nach Lübeck, wo er durch seine Großmutter mütterlicherseits, Dorothea Hartmann (1691–1741), Verwandte hatte. Statt wie ursprünglich geplant

nach Narva zurückzukehren, wurde er 1764 Bürger in Lübeck und Garnisons-
arzt und heiratete im selben Jahr Anna Catharina Krohn, Tochter des Lübecker
Stadtsyndikus Hermann Georg Krohn. Carl Werner C. wurde ein angesehener
Arzt in Lübeck.

Von seinen vier Kindern sind der älteste Sohn Carl Hermann (1766–1819) und
der jüngste Sohn Carl Georg (1771–1857, s. d.) für die weitere Geschichte der
Familie wichtig geworden. Carl Hermann wurde nach dem Studium der Medi-
zin Garnisons- und Armenarzt in Lübeck. Er gehörte 1809 zu den Gründern des
„Ärztlichen Vereins zu Lübeck", 1817 wurde er dessen Vorsitzender. Mit seiner
Frau Elisabeth, Tochter des Lübecker Kaufmanns Friedrich Lang, hatte er vier
Töchter und fünf Söhne, darunter Hermann (1807–1890), der als Chemiker in
Warschau tätig war und seit 1839 eine Apotheke in New Orleans besaß, und Gu-
stav (1809–1870), der Gutspächter in Ostpreußen war und mit Auguste Lang aus
Gallnau eine Familie gründete, aus der eine zahlreiche Nachkommenschaft (5
Töchter, 5 Söhne) hervorging. Ein weiterer Sohn, Adolph (1804–1888), studierte
Theologie und wurde Pastor in Siebeneichen in Lauenburg. Adolph C. war ver-
heiratet mit Wilhelmine Luise, einer Tochter des Hamburger Kaufmanns Wilhelm Ganslandt. Von den vier Kindern aus dieser Ehe ist der einzige Sohn Carl
(1841–1922) zu erwähnen, der Klassische Philologie studierte und Oberlehrer am
Katharineum in Lübeck wurde. Seit 1879 betreute er im Nebenamt, seit 1903 im
Hauptamt die Stadtbibliothek und die Münzsammlung der Stadt. Er veröffentlichte Aufsätze über griechische Inschriften, über Lübecker Wiegendrucke und
zur Münzkunde.

Carl Georg C., der jüngste Sohn des Arztes Carl Werner C., wurde Jurist und
1801 Lübecker Stadtsyndikus. In der ersten Hälfte des 19. Jh. spielte er eine bedeutende Rolle in der lübeckischen Politik, so bei der Regelung der Beziehungen
zu Frankreich, als Mitglied des „Hanseatischen Direktoriums" bei der Sicherung
der Unabhängigkeit der Hansestädte, bei den Bemühungen um eine Reform der
lübeckischen Verfassung und schließlich in der Schul- und Kirchenpolitik. Er
war mit Dorothea Catharina Plessing, einer Tochter des Lübecker Bürgermeisters Johann Philipp Plessing (1741–1810), verheiratet. Die vier Söhne, die aus
der Ehe hervorgingen, wurden im Geiste des Luthertums, der Wertschätzung
der Antike und eines republikanischen Patriotismus erzogen. Von ihnen starb
der älteste, Paul Werner (1808–1838), verhältnismäßig jung als Pastor in Altengamme bei Hamburg. Die drei anderen gehören zu den bedeutendsten Vertretern der Familie. Theodor (1811–1889, s. d.) wurde wie sein Vater Jurist und
nahm sich als Senator und Bürgermeister besonders der Außenbeziehungen Lübecks und seiner Handels- und Verkehrspolitik an. Ernst (1814–1896, s. d.), Historiker und Archäologe, wurde als Geschichtsschreiber des klassischen Griechenland und als Leiter der Ausgrabungen in Olympia einer der bekanntesten
Gelehrten seiner Zeit. Der jüngste Sohn Georg (1820–1885, s. d.) wurde Altphilo-
loge und erlangte als Sprachwissenschaftler dadurch Bedeutung, daß er die
damals noch junge Indogermanistik in die Klassische Philologie einbrachte.

Georg C. und sein ältester Bruder Paul Werner hinterließen keine Kinder.
Theodor C. hatte aus zweiter Ehe mit Cäcilie von Schlözer, einer Tochter des

Russischen Generalkonsuls in Lübeck Karl von Schlözer (s. d.), zwei Töchter und drei Söhne, von denen der Rechtsanwalt Paul C. (1849–1932) als Biograph seines Vaters und seines Onkels Kurd von Schlözer (s. d.) schriftstellerisch hervorgetreten ist. Die älteste Tochter Theodor C.', Friederike Dorothea Eugenie (1847–1921), war mit dem aus Lübeck stammenden, in Berlin tätigen Architekten Hermann von der Hude verheiratet, der jüngste Sohn Karl (1863–1934) war Verlagsbuchhändler in London und gründete 1906 den Verlag Karl Curtius in Berlin.

Der Historiker und Archäologe Ernst C. hatte aus erster Ehe mit Auguste Besser geb. Reichhelm (1815–1851) einen Sohn Friedrich (1851–1933), der Jurist wurde und über drei Jahrzehnte Verwaltungsbeamter in hohen Positionen im Elsaß war, zuletzt als Präsident des Direktoriums und Oberkonsistoriums der Kirche Augsburgischer Konfession in Elsaß-Lothringen. Seine Aufzeichnungen und Schriften haben wegen seiner kritischen Haltung zur Militarisierung der deutschen Politik im Elsaß vor dem Ersten Weltkrieg Beachtung in der einschlägigen Geschichtsforschung gefunden. Friedrich C. gab das „Lebensbild in Briefen" seines Vaters heraus. Besonders für das Werk des älteren seiner beiden Söhne, des bekannten Romanisten Ernst Robert C. (1886–1956, s. NDB, 3, S. 447 f.), ist die wechselseitige Durchdringung französischer und deutscher Kultur im Elsaß wichtig geworden. Sein jüngerer Sohn Friedrich (1896–1975, s. d.) wurde Arzt. Nachdem er 1934–1944 die 1. Medizinische Universitäts-Poliklinik an der Berliner Charité geleitet hatte, übernahm er 1946 die Stelle des Chefarztes der Medizinischen Klinik am Städtischen Krankenhaus Ost in Lübeck, der heutigen Medizinischen Universität. Er ist der letzte Vertreter der Familie, der längere Zeit in Lübeck gewirkt hat.

Quellen: AHL: Schnobel. – Briefe, bes. an Carl Werner C. (Familienbesitz, Kopien im AHL). – RAK: Antikv. Saml. Ribe Nr. 413 (Stammbuch A. Anchersen). – F. Curtius (Hrsg.), Ernst C. Ein Lebensbild in Briefen, Bln. 1903, neue Ausg. in 2 Bdn. ebd. 1913.
Literatur: [Anon.,] Leben u. Verdienste d. ... Carl Werner Curtius ..., Lübeck [1795] (AHL). – A. Buchholtz, Gesch. d. Rigaischen Familie Schwartz, Bln. 1921, bes. S. 57 f. – I. Brennsohn, Die Ärzte Estlands, Riga 1922, Neudr. Hannover-Döhren 1972, S. 159. – H. Ehrencron-Müller, Forfatterlex. omfattende Danmark, Norge og Island indtil 1814, 2, Kop. 1925, S. 303. – L. Bobé, Die deutsche St. Petri Gemeinde, Kop. 1925, S. 21. – H. Banniza Edler v. Bazan, Die Ahnen d. Brüder C. in Lübecks Gesch., in: ZLGA 32 (1951), S. 97-102. – Weilbach, 2, 1949, S. 190. – F. v. Rohden, Der Ärztliche Ver. zu Lübeck, Lübeck 1959, s. Register. – R. v. Thadden, Friedrich C., Elsaß-Lothringen u. d. Kaiserreich, in: Das Vergangene u. d. Gesch. Festschr. f. Reinhard Wittram z. 70. Geburtstag, hrsg. v. R. v. Thadden u.a., Göttingen 1973, S. 79–104. – V. Helk, Dansk-norske studierejser 1661–1813, Kop. 1991. – F. Hassenstein, Runge, d. Syndikus u. d. „göttliche Kind", in: Idea, Jb. d. Hamburger Kunsthalle 7 (1988), S. 63–65. – Ders., Ein bisher unbekannter Brief v. J. M. R. Lenz aus Petersburg, in: Jb. d. Freien Dt. Hochstifts 1990, S. 112–117.

Alken Bruns

CURTIUS, Carl Georg, geb. 7. 3. 1771 Lübeck, gest. 4. 10. 1857 ebd.; ev. – Syndikus.

Eltern: Carl Werner Curtius, geb. 31. 3. 1736 Narva, gest. 13. 12. 1795 Lübeck, Arzt; Anna Catherine geb. Krohn, geb. 20. 8. 1738 Lübeck, gest. 4. 5. 1788 ebd.; Tochter d. Lübecker Stadtsyndikus Hermann Georg Krohn (1705–1756).
Ehefrau: Dorothea Catharina Plessing, geb. 22. 4. 1783 Lübeck, gest. 26. 1. 1851 ebd.; verh. 14. 4. 1803 ebd.; Tochter d. Lübecker Bürgermeisters Johann Philipp Plessing (1741–1810) u. d. Margareta Elisabeth geb. Küsel.
Kinder: 4 Söhne: Paul Werner (1808–1838), Pastor in Altengamme; Theodor, geb. 6. 3. 1811 (s. d.); Ernst, geb. 2. 9. 1814 (s. d.); Georg, geb. 16. 4. 1820 (s. d.).

Nach erstem Unterricht durch einen Hauslehrer besuchte C. von 1782 bis 1790 das Lübecker Katharineum, das damals unter der Leitung von J.D. Overbeck (s. d.) im wesentlichen noch auf die Vermittlung der klassischen Literatur der Antike ausgerichtet war. Seit Ostern 1790 studierte er in Jena die Rechte, hörte aber auch philosophische Vorlesungen bei K. L. Reinhold (s. SHBL, 5, S. 227) und trieb historische, mathematische und naturwissenschaftliche Studien. Reinhold trug er bei dessen Weggang nach Kiel (1794) als Sprecher der Studentenschaft ein Abschiedsgedicht vor und blieb auch nach dem Studium mit ihm in freundschaftlichem Kontakt. Von den Juristen in Jena hatte Karl Friedrich Walch besonderen Einfluß auf ihn; bei ihm schrieb er 1794 eine Dissertation über die Lehre vom Anspruch auf Herausgabe von Eigentum und ihre Modifikationen nach Lübischem Recht.

1794 kehrte C. nach Lübeck zurück und betrieb dort zunächst eine Advokatur. 1798 wurde er Aktuar am Niedergericht, und bereits 1801 wurde er zum Zweiten Syndikus der Stadt gewählt. Ein Jahr später rückte er als Nachfolger J. C. H. Dreyers (s. SHBL, 5, S. 76) zum Ersten Syndikus auf. Abgesehen von der Zeit der Zugehörigkeit Lübecks zum französischen Kaiserreich (1811–1813) behielt er dieses Amt bis zu seinem Tod.

Als Syndikus hatte C. die Angelegenheiten des Stalhofs in London, die Mitverwaltung des Amtes Bergedorf, Registratur und Archiv der Stadt, deren diplomatische Verhandlungen und Korrespondenzen, das Kirchen- und Schulwesen und das Justizwesen zu betreuen. Traditionsgemäß war der Syndikus Mitglied der für das Katharineum zuständigen Schuldeputation. Die Gelehrtenschule, die gegen Ende des 18. Jh. auf einen Tiefstand ihrer Entwicklung gesunken war, wurde um Realklassen erweitert und erlebte während C.' Amtszeit unter den Direktoren Christian Julius Wilhelm Mosche, August Göring, Friedrich Jacob und Friedrich Breier einen neuen Aufschwung. Besonders aber widmete sich C. der Reform des in desolatem Zustand befindlichen niederen Schulwesens. Er war Vorsitzender der 1805 eingesetzten Kommission des Senats zur Reorganisation des niederen Schulwesens und übernahm 1810 auch den Vorsitz des in diesem Jahr neu gebildeten, für die Elementarschulen zuständigen Schulkollegiums, den er bis zu seinem Tod behielt. Zwar blieb das Schulsystem auch noch während seiner Amtszeit nach überliefertem ständischen Gesellschaftsbild vertikal gegliedert, doch wurde es insgesamt sehr viel überschaubarer und effizienter gestaltet.

Carl Georg Curtius
Litho von F. Jentzen

Als rechtsgelehrter Syndikus war C. Beisitzer des aus den Mitgliedern des Senats bestehenden Obergerichts. 1806, als die Auflösung des Reichskammergerichts bevorstand, führte er mit Bremer und Hamburger Senatoren erste Verhandlungen über ein eigenes hanseatisches Oberappellationsgericht, das aber wegen der Besetzung der Hansestädte durch die Franzosen erst 1820 unter C.' Mitwirkung als Oberappellationsgericht der vier freien Städte Deutschlands (Bremen, Hamburg, Lübeck, Frankfurt) in Lübeck gebildet werden konnte. 1807, nach der Besetzung Lübecks, hatte eine Senatskommission das Verhältnis des französischen zum heimischen Recht zu klären; C., der ihr angehörte, entwickelte sich bei dieser Tätigkeit zu einem ausgezeichneten Kenner des Code Napoléon. Nach der Befreiung arbeitete er bei der Wiederherstellung des früheren Justizwesens in Lübeck und der Vereinfachung der unteren Instanzen mit, außerdem war er seit 1814 wieder Mitglied des Obergerichts, für das er vor allem zivil- und strafrechtliche Sachen bearbeitete.

In der Zeit der französischen Besetzung und nachfolgenden Zugehörigkeit der Stadt zum französischen Kaiserreich hatte C.' Tätigkeit für Lübeck besondere Bedeutung. Nach der Besetzung im November 1806 bestanden die alten öffentlichen Einrichtungen Lübecks vorläufig weiter, und C. blieb zunächst Syndikus. 1809 war er mit Chr. A. Overbeck (s. d.) in Hamburg, um über eine neue Verfassung für die Hansestädte, die dem Rheinbund beitreten sollten, und die Regelung ihrer Beziehungen zu Frankreich zu verhandeln. Die Verhandlungen, an denen auch Charles de Villers (s. d.) beteiligt war, blieben folgenlos, da im Dezember 1810 die Einverleibung Lübecks in das französische Kaiserreich erfolgte. C. war Mitglied der Lübecker Kommission, die die Franzosen seit Anfang Januar

1811 in Hamburg bei der Bildung des Departements der Elbmündungen zu beraten hatte, er kehrte jedoch vor Abschluß der Verhandlungen Mitte Februar nach Lübeck zurück, da er dort ein Amt als Kaiserlicher Kommissar an dem neu gebildeten provisorischen Obertribunal erhalten hatte. Als dann im Juli dieses Jahres das gesamte Justizwesen der Hansestädte umgestaltet und statt des provisorischen Obertribunals ein für das ganze Departement zuständiger Kaiserlicher Gerichtshof in Hamburg gebildet wurde, wurde C. zu dessen Mitglied berufen. Dieses Amt behielt er bis zur Auflösung des Gerichtshofes 1813.

Nach der ersten Befreiung Lübecks im März 1813 übernahm C. sofort wieder die Geschäfte des Syndikus. Er arbeitete zunächst bei der Aufstellung und Ausrüstung der Hanseatischen Legion und der Organisation einer Bürgergarde zum Schutz der Stadt mit. Im Mai dieses Jahres war er in Stralsund, um die Stadt nach der Landung des Kronprinzen von Schweden unter dessen Schutz zu stellen. Nach der erneuten Besetzung Lübecks im Juni 1813 mußte er nach Reinfeld und von dort nach Kiel ausweichen. Von Heiligenhafen aus fuhr er dann zusammen mit prominenten Hamburger Flüchtlingen, darunter dem Buchhändler Friedrich Perthes, mit dem Schiff nach Warnemünde. Mit Perthes, Ferdinand Beneke, dem Hamburger Syndikus Johann Michael Gries und dessen damaligen Sekretär Karl Sieveking u. a., zu denen später auch der Lübecker Pastor J. Geibel (s. d.) kam, bildete er das „interimistische Directorium der hanseatischen Angelegenheiten", kurz Hanseatisches Direktorium genannt, das zunächst nur für die Verteilung englischer Hilfsgelder an die Flüchtlinge sorgen sollte, dann aber auch die Hansestädte bei den Verbündeten vertrat und erste Vorschläge zur Reform ihrer veralteten Verfassungen erarbeitete und das später an der Wiederherstellung und Sicherung der gefährdeten Unabhängigkeit der Hansestädte nach der endgültigen Befreiung wesentlichen Anteil gehabt hat. Neben dieser Tätigkeit war C. bemüht, die in Mecklenburg zusammenströmenden wehrfähigen Flüchtlinge militärisch zu organisieren und eine Bürgerwehr der Hansestädte zu errichten.

Die Mehrzahl der Mitglieder des Hanseatischen Direktoriums ging von Mecklenburg aus in das Hauptquartier der Alliierten nach Frankfurt am Main, während C. am 5. 12. 1813 mit den einrückenden schwedischen Truppen nach Lübeck zurückkehrte, um dort seine Tätigkeit als Syndikus wieder aufzunehmen. Es ging jetzt vor allem um die Sicherung der Unabhängigkeit der Hansestädte und um eine Reform der alten lübeckischen Verfassung. Insbesondere mußte die Gefahr einer Abtretung Lübecks und Hamburgs an Dänemark als Ersatz für das im Kieler Frieden an Schweden verlorene Norwegen abgewendet werden. Schon im Oktober 1806, als nach dem Ende des Deutschen Reichs die Unabhängigkeit und Neutralität der Hansestädte gefährdet waren, hatte C. die Stadt auf den Hanseatischen Konferenzen in Lübeck vertreten. In der kritischen Zeit nach der Befreiung leitete er ihre auswärtigen Angelegenheiten und instruierte Senator Johann Friedrich Hach, der Lübeck in Paris (Pariser Frieden), Wien (Wiener Kongreß) und schließlich in Frankfurt vertrat. In den Jahren 1822, 1828, 1832, 1836, 1840 und 1844 war C. dann selbst Gesandter Lübecks beim Bundestag in Frankfurt.

Wie Hach und Chr. A. Overbeck strebte C. nach der Befreiung eine Reform der seit 1669 bestehenden, inzwischen veralteten Verfassung Lübecks an. Er war Vorsitzender der 1814 eingesetzten Verfassungsreformkommission. Reformfreudig, zugleich aber an die überlieferten verfassungsrechtlichen Zustände in Lübeck anknüpfend, schlug er statt der alten aus den Kollegien zusammengesetzten Bürgerschaft eine Repräsentativvertretung nach Ständen mit neuer Verteilung der Stimmen und erweiterten Befugnissen in der Gesetzgebung vor. Die Zeit nach der Befreiung aber war für Reformen wenig günstig, und C.' Vorschläge scheiterten 1817 nach schleppender Behandlung am ablehnenden Votum der bürgerschaftlichen Kollegien, die ihre überkommenen Rechte gefährdet sahen; sie waren aber grundlegend für die Verfassungsreform von 1848, an der C. selbst nicht mehr unmittelbar beteiligt war, und wurden durch diese teilweise schließlich doch noch geltendes lübeckisches Verfassungsrecht.

Auch kirchlich war C. stark engagiert. In seiner Religiosität noch im Rationalismus wurzelnd, öffnete er sich jedoch auch der Erneuerung des religiösen Lebens in Lübeck durch J. Geibel, mit dem er befreundet war. Mit Geibel und seinem Presbyterium entwarf C. eine Gemeindeordnung und ein Regulativ für die staatsrechtliche Gleichstellung der reformierten Gemeinde, die der Senat 1825 verabschiedete. Der 1814 gegründeten Bibelgesellschaft stellte C. sich als Vicepräses, nach Chr. A. Overbecks Tod (1821) als Präses zur Verfügung. An den Reformvorhaben in der evangelischen Kirche bis 1847 war er als Präses der Kirchenkommission des Senats beteiligt, und von ihm gingen die ersten wesentlichen Anstöße zur Reform der Kirchenverfassung aus. Die „Beratungspunkte über den Entwurf einer Kirchenordnung", die er 1827/28 vorlegte, wurden jedoch vom Geistlichen Ministerium verworfen, das nach einem Gutachten des Pastors an der Marienkirche Johann Ägidius Ludwig Funk die spezifisch biblischen Gesichtspunkte einer Gemeindeordnung nicht genügend berücksichtigt sah. Da andererseits eine Trennung von Staat und Kirche, wie das Geistliche Ministerium sie forderte, für den Senat nicht akzeptabel und auch für C. noch nicht denkbar war, kam die Kirchenreform in der Folgezeit nur schleppend voran.

Über seine amtlichen Verpflichtungen hinaus war C. im kulturellen und sozialen Leben Lübecks aktiv. Gleich nach seiner Rückkehr aus Jena 1794 war er der Gesellschaft zur Beförderung gemeinnütziger Tätigkeit beigetreten. Von 1798 bis 1801 war er ihr Sekretär, 1810, 1815–1818 und 1829–1832 ihr Vorsitzender. Er hielt zahlreiche Vorträge insbesondere über juristische, politische, pädagogische und schulpolitische Themen und schrieb zehn Jahre nach ihrer Gründung die erste Geschichte der Gesellschaft.

Von bürgerlicher Frömmigkeit und dem Geist der Antike und der Goethezeit geprägt, gehörte C. zum Kreis um Chr. A. Overbeck, der dem kulturellen Leben in Lübeck zu Anfang des 19. Jh. eine für die Hansestadt ungewöhnliche Ausrichtung auf das Schöngeistige verlieh. Mit dem aus Lübeck stammenden Philosophen Friedrich Köppen, der ihn vermutlich in seinem staatsrechtlichen Denken beeinflußt hat, stand er zeitlebens in freundschaftlichen Beziehungen. Auch mit Reinhold korrespondierte er, und als er Lübeck 1813 nach der zweiten Besetzung der Stadt verlassen mußte, fand er vorübergehend Zuflucht in dessen Haus in Kiel. C. war auch selbst literarisch tätig. Schon als Schüler hatte er zusammen mit seinem Freund Karl Rechlin ein Drama „Demetrius" geschrieben, das die beiden als Studenten in Jena überarbeiteten und im Druck erscheinen ließen, nachdem Schiller es begutachtet hatte. Auch später trat C. mit Gelegenheitsdichtungen hervor. So widmete er F. Overbeck (s. d.) ein Abschiedsgedicht, als dieser 1806 Lübeck verließ, und 1814 feierte er die Befreiung in einem Dankgedicht. — Goldene Medaille d. Ges. zur Beförderung gemeinnütziger Tätigkeit u. Goldene Ehrendenkmünze d. Lübecker Senats anläßlich d. 50jährigen Amtsjubiläums 1851.

Quellen: AHL: Familienarch. Curtius; Familienarch. Plessing 73; Familienarch. Hach, bes. Vol. B Fasz. 4,3; Altes Senatsarch., Interna: Syndikat; Ältere Lübecker Gerichte 3, Altes Niedergericht 9 (Wahl zum Niedergerichtsaktuar); Ceremonalia 26,3 (Verleihung d. Ehrendenkmünze d. Senats). – 3 Briefe Schillers betr. „Demetrius" im Faksimile im AHL: Familienarch. Curtius Nr. 10, abgedr. in: Schillers Briefe, hrsg. v. F. Jonas, Stgt. usw. o. J., 3, S. 81 f., 197, 209. – Nachr. über d. Lübeckische Bibelges. 1–12, Lübeck 1822–1861. – Viro illustrissimo Carolo Georgio Curtio ... hoc pietatis monumentum posuerunt Catharinei rector et praeceptores [Lübeck 1851] (AHL). – [Anon.,] Jubelfeier, in: LBl 1851, S. 161–163. – Briefe König Ludwigs I. v. Bayern [an C. G. C.], in: Tägliche Rundschau v. 25. 5. 1911, 2. Beil. (AHL).

Werke: [C. G. C./K. Rechlin,] Demetrius, Jena 1792 (Stadtbibl. Lübeck). – De rei vindicatione jure lubecensi arctis admodum limitibus circumscripta, Diss. Jena 1794. – Nachr. v. d. Lübeckischen Ges. z. Beförderung gemeinnütziger Thätigkeit, Lübeck 1799. – [Anon.,] Etwas über d. Stecknitzfahrt, und über deren in d. Jahren 1660 bis 1669 zu Lübeck projektirte Verbesserung, in: Hanseatisches Magazin 3, Bremen 1800, S. 93–110. – [Anon.,] Karl Rechlins Leben, in: ebd. 4, Bremen 1800, S. 85–114. – Darst. d. Lebens u. d. Wirksamkeit d. Herrn Hermann Dieterich Krohn . . ., Lübeck 1806. – Feierliche Rede gehalten . . . am 18. October 1815 b. Ueberreichung d. Fahnen an d. Bataillons d. Bürgergarde [Lübeck 1815]. – Der sechste November 1806 zu Lübeck, u. dessen nächste Folgen, in: LBl 1835, S. 330–333, 337–341, 345–348, 353–355, 363–366. – Verz. d. Vorträge in d. Ges. z. Beförderung gemeinnütziger Tätigkeit b. Funk (s. Lit.), S. 141 f.

Literatur: ADB, 4, S. 650 f. – Darmstädter Allg. Schulztg. 1857, Nr. 40. – F. Breier, Einladung zu d. . . . . öffentlichen Prüfungen u. Redeübungen d. Schüler d. Catharineums in Lübeck, Lübeck 1858, S. 75 f. – W. Plessing, C. G. C., Lübeck 1860. – K. Klug, Gesch. Lübecks während d. Vereinigung m. d. französischen Kaiserreiche. 1811–1813, Lübeck 1856/57, 1, S. 14, 18, 22, 30; 2, S. 47 f., 73, 129, 153. – A. Wohlwill, Napoleon u. d. Hansestädte im Herbst 1809, in: ZHG 7 (1883), S. 65–88. – Ders., Karl v. Villers u. d. Hansestädte, in: HG 15 (1909), S. 483–507, bes. S. 490 f. – M. Funk, Lübeckische politische Dichtungen aus d. Zeit vor hundert Jahren, in: ZLGA 15 (1913), S. 111–153, bes. 140–143. – E. F. Fehling, Die Revision d. lübeckischen Staatsverfassung in d. Jahren 1814–1817, in: ZLGA 16 (1914), S. 231–260, bes. 239–260. – Ders., Zur lübeckischen Ratslinie. 1814–1914, Lübeck 1915 (Veröff. z. Gesch. d. Freien u. Hansestadt Lübeck 4, H.1), S. 6 f. – A. Hagedorn, Gedenkbl. z. Erinnerung an d. Einsetzung d. Oberappellationsgerichts d. vier freien Städte Deutschlands in Lübeck am 13.11.1820, Hbg. [1920], S. 12 f., 42 f., 45. – S. Horstmann, Der lübeckische Liberalismus in d. ersten Hälfte d. 19. Jh., in: ZLGA 26 (1932), S. 1–49, 277–318, bes. S. 37–49. – F. Bruns, Die Lübecker Syndiker u. Ratssekretäre bis zur Verfassungsänderung von 1851, in: ZLGA 29 (1937), S. 91–168, bes. 116 f. – H. Greb, Das Oberappellationsgericht d. vier freien Städte Deutschlands, in: Wagen 1963, S. 47–55, bes. 49 f. – W.-D. Hauschild, Kirchengesch. Lübecks, Lübeck 1981, s. Register. – F. Hassenstein, Runge, d. Syndikus u. d. „göttliche Kind", in: Idea. Jb. d. Hamburger Kunsthalle 7 (1988), S. 63–65. – C.-H. Offen, Schule in einer hanseatischen Bürgergesellschaft. Zur Sozialgesch. d. niederen Schulwesens in Lübeck (1800–1866), Lübeck 1990 (Veröff. z. Gesch. d. Hansestadt Lübeck, R. B, 17), bes. S. 100.

Porträts: Gemälde v. R. Schneider, 1851 (Verbleib unbekannt, Kopie in Familienbesitz); danach Litho v. F. Jentzen (MusKK), Abb. s. S. 82.

Alken Bruns

CURTIUS, Ernst, geb. 2. 9. 1814 Lübeck, gest. 11. 7. 1896 Berlin; ev. – Historiker, Archäologe.

Eltern: Carl Georg Curtius, geb. 7. 3. 1771 (s. d.); Dorothea geb. Plessing.

Ehefrau: 1.) Auguste Besser geb. Reichhelm, geb. 7. 6. 1815 Königsberg, gest. 10. 8. 1851 Berlin; verh. 22. 3. 1850 Lübeck; Tochter d. Regierungs- und Schulrats Carl Wilhelm Ferdinand Reichhelm (1791–1835) u. d. Amalie Caroline geb. Groll. – 2.) Clara Reichhelm, geb. 7. 12. 1828 Berlin, gest. 5. 9. 1900 ebd., Schwester d. 1. Ehefrau; verh. 12. 2. 1853 ebd.

Kinder: aus 1.) 1 Sohn Friedrich, geb. 7. 7. 1851 Berlin, gest. 4. 5. 1933 Heidelberg, Oberkonsistorialpräsident. – Aus 2.) 1 Tochter Dora, geb. 18. 1. 1854 Berlin, gest. 1931, verh. mit Richard Lepsius (1851–1915), Prof. d. Geologie.

Brüder: s. beim Vater.

C. hatte es als dritter von vier Söhnen eines geistig bedeutenden, politisch einflußreichen, zu Hause patriarchalisch herrschenden Vaters gewiß nicht leicht, seine Position im Familienkreis zu finden, aber alle Zeugnisse erwecken den Eindruck, daß er sich geborgen und nach Wunsch gefördert fühlte. Dem Gymnasium Katharineum, das er bis 1833 besuchte, verdankte er nicht nur den gründlichen Unterricht durch pädagogisch und wissenschaftlich hervorragende Lehrer wie Friedrich Jacob, sondern auch einen Kreis von Freunden, deren Eltern den eigenen gleichfalls verbunden waren, darunter den späteren Historiker Wilhelm Wattenbach und den Dichter E. Geibel (s. d.). Zufrieden, unter seinen Kindern schon einen Theologen und einen Juristen zu haben, billigte der Vater den Wunsch des dritten, Philologie zu studieren. C. hat sich der Autorität seines Vaters nie entzogen, sondern ihm bis zu dessen Tod (1857) regelmäßig Rechenschaft über das gegeben, was das Philologiestudium und die dem Geist der Hansestadt, des Luthertums und der Goethezeit verpflichtete Atmosphäre des Elternhauses aus ihm gemacht hatten.

C. bezog Ostern 1833 die Univ. Bonn und studierte dort vor allem bei dem Philologen Friedrich Gottlieb Welcker und dem Philosophiehistoriker Christian August Brandis. Dem Korporationswesen hielt er sich fern, klagte aber auch über behördliche Schikanen, denen die Studenten ausgesetzt waren. Im Herbst 1834 ging C. an die Univ. Göttingen, wo er in Karl Otfried Müller einen Lehrer fand, der ihm die klassische Antike als lebensvollen wissenschaftlichen Zusammenhang nahezubringen verstand. Trotz seiner Begeisterung für Müller wechselte C. nach zwei Semestern noch einmal den Studienort und ging im Herbst 1835 nach Berlin. K. O. Müllers Berliner Lehrer, der Altertumsforscher August Boeckh, der Philosoph F.A. Trendelenburg (s. SHBL, 6, S. 285), der Philologe Karl Lachmann und der Archäologe Eduard Gerhard waren die Professoren, die C.s letztem Studienabschnitt die Richtung wiesen. Aber bevor er seine geplante Dissertation in Angriff nahm, erreichte ihn 1837 das lockende Angebot, mit seinem Bonner Lehrer Brandis, der vom jungen König Otto I. von Griechenland zum Berater erkoren war, als Hauslehrer von dessen Söhnen nach Athen überzusiedeln. C. nahm an, und ein Jahr später folgte ihm sein Freund E. Geibel, auch er als Hauslehrer nach Athen gerufen.

Die Freunde verfügten über viel freie Zeit. Die Gemeinschaft mit Geibel brachte C.' poetisches Talent zur Blüte. Bis zu seinem Tode hat es ihm Freude gemacht, Gedichte zu schreiben. Anders als Geibel hat er sie nicht veröffentlicht, nur die mit seinem Freund in Griechenland geschaffenen Nachdichtungen antiker Poesie haben die beiden 1840 unter dem Titel „Klassische Studien" in Bonn drucken lassen. Gemeinsam gingen die Freunde auch auf Reisen, so besuchten sie die Inseln Paros und Naxos. Auf anderen Fahrten, die eher Studien- und Forschungsexkursionen waren und nach Attika, Böotien und auf die Peloponnes führten, hatte C. die Gesellschaft des Geographen Karl Ritter, der ihm wichtige Anregungen für seine historisch-geographischen und topographischen Interessen gab. Die letzte seiner Expeditionen, mit Delphi als Ziel, unternahm C. 1840 als Begleiter seines Göttinger Lehrers K. O. Müller, der, Opfer einer Infektion, die Reise nicht überlebte und von seinen Gefährten auf dem Kolonoshügel begraben wurde.

Nach dieser Katastrophe nahm C. Abschied und kehrte nach einem Zwischenaufenthalt in Rom 1841 nach Berlin zurück. Immerhin hatte er vier Jahre auf klassischem Boden zugebracht. Jetzt galt es, so schnell wie möglich das Studium abzuschließen. C. wurde noch im selben Jahr in Halle mit einer Arbeit über die Häfen Athens promoviert, und zwei Jahre später folgte in Berlin die Habilitation mit der Inschriften-Edition „Anecdota Delphica", dem Ergebnis gemeinsamer Studien mit K. O. Müller. Während C. in Berlin seine wissenschaftliche Laufbahn betrieb, unterrichtete er zugleich als Lehramtskandidat am Französischen und am Joachimsthaler Gymnasium. Wie seine Briefe zeigen, nahm er den Schuldienst ernst und war bestrebt, seine Erfahrungen der Lehrtätigkeit an der Universität nutzbar zu machen.

Als junger Dozent, der durch seine ungewöhnliche Griechenlandkenntnis, aber auch durch seine anziehende Erscheinung und seine Beredsamkeit aufgefallen war, wurde C. eingeladen, am 10. 2. 1844 in der Berliner Singakademie einen Vortrag über die dem Publikum damals noch wenig bekannte Akropolis von Athen zu halten. Die angeblich etwa tausend Zuhörer, darunter die königliche Familie, waren entzückt, besonders Prinzessin Augusta, Gemahlin des Prinzen Wilhelm von Preußen. Auf ihr Betreiben wurde C. aufgefordert, das Amt des Zivilgouverneurs des 13jährigen Prinzen Friedrich Wilhelm, des späteren Kaisers Friedrich III., zu übernehmen. Bei Hofe gab es Widerstand gegen den Plan, den Prinzen einem Nicht-Preußen, dazu noch einem hanseatischen Republikaner, anzuvertrauen, und auch C. zögerte eine Weile, aber im Spätherbst trat er sein Amt an und gewann rasch die Liebe seines Zöglings.

Sechs Jahre lang war C. als Prinzenerzieher tätig. Zwar war er zum ao. Professor an der Universität ernannt worden, aber sein Amt fesselte ihn an den Hof. Eine gemeinsame Reise nach Lübeck (1847) gab dem Prinzen eine lebenslange Sympathie für die Hansestadt ein. Da Prinzessin Augusta gern die Größen der Berliner Künste und Wissenschaften um sich scharte, angeführt vom Kammerherrn Alexander v. Humboldt, aber auch C.s Lübecker Gefährten wie dessen Bruder Georg, E. Geibel und Kurd v. Schlözer (s. d.) in ihren Kreis zog, kam es oft zu heiterer und geistreicher Geselligkeit. Damit war es zu Ende, als im Frühjahr 1848 die Revolution ausbrach, Prinz Wilhelm nach England fliehen und sich

seine Familie nach Potsdam zurückziehen mußte. C. hatte dort die schwierige Aufgabe, Sohn und Mutter vor allzu großer Depression zu bewahren, und selber war er in der Hofgesellschaft mit seinen keineswegs revolutionären, aber konstitutionellen Anschauungen ein verdächtiger Außenseiter. So war die Rückkehr nach Berlin 1849 eine Erlösung. Da Prinz Wilhelm sich dazu durchgerungen hatte, seinen nun 18jährigen Sohn eine Universität besuchen zu lassen, begleitete C. diesen für einige Wochen nach Bonn, dann kehrte er endlich in sein Berliner Hochschulamt zurück.

Der Erfolg seines pädagogischen Wirkens am Hohenzollernhof war umstritten. Viele meinten, dem weichen, bestimmbaren Prinzen hätte ein weniger liberaler und humanistischer Erzieher besser getan. Aber neben C. hatte auch ein Militärgouverneur gewirkt, und Friedrich Wilhelm wurde später trotz seiner liberalen Neigungen ein erfolgreicher Soldat. Doch seine Aufgeschlossenheit für Kunst und Wissenschaft, an deren Entfaltung C. so sehr beteiligt gewesen war, hat sich der Prinz zum Vorteil des preußischen und deutschen Kulturlebens bewahrt, und seine Anhänglichkeit, ja Ergebenheit gegenüber dem einstigen Erzieher hat ihn bis zu seinem frühen Tode begleitet. C. muß ein guter Pädagoge gewesen sein, so wie er sich auch als Hochschullehrer in weit höherem Maße als Erzieher der akademischen Jugend verstand, als es standesüblich war.

Die frühen 50er Jahre in Berlin waren für C. die Epoche seiner größten wissenschaftlichen Leistung: Das zweibändige Werk „Peloponnesos. Eine historisch-geographische Beschreibung der Halbinsel" (Gotha 1851/52) ist ein Klassiker der historischen Landeskunde, der wissenschaftsgeschichtlich Epoche gemacht hat und dazu glänzend geschrieben ist. Ein Vortrag über Olympia, den C. nach dem Erscheinen des zweiten Bandes in der Singakademie hielt, erregte ähnliches Aufsehen wie der Akropolis-Vortrag acht Jahre zuvor und gab den ersten Anstoß zum öffentlichen Interesse an einer Ausgrabung. Doch diese Erfolge und seine Wahl in die preußische Akademie der Wissenschaften (1852) konnten die Kultusbehörde nicht dazu bewegen, C. eine ordentliche Professur an einer preußischen Universität zu verleihen, und so folgte er 1856 dem Ruf auf einen philologischen Lehrstuhl an der Univ. Göttingen.

C.' Göttinger Lehrauftrag betraf die „Realseite" der klassischen Philologie, so daß er in seinen Vorlesungen vornehmlich die historische Geographie, die Kunst-, Kultur- und Religionsgeschichte des alten Hellas behandeln konnte. Diese Themen waren auch die Schwerpunkte des großen Werks seiner Göttinger Jahre. C.' „Griechische Geschichte", vom Verleger Weidmann als Pendant zu Th. Mommsens (s. SHBL, 4, S. 154) „Römischer Geschichte" geplant, erschien in Berlin von 1857 bis 1861 in drei Bänden mit zusammen 2500 Seiten. Anschaulich, ja schwungvoll geschrieben, fand sie rasch ein großes Publikum und erlebte bis 1889 sechs Auflagen. Aber sie war, ganz im Gegensatz zu Mommsens Werk, keine politische Geschichte, und von der Fachwelt wurde sie nicht so günstig aufgenommen. C.' Darstellung beruhte nicht so sehr auf Quellenkritik, aber umso mehr auf Anschauung, Intuition, wenn nicht gar Phantasie. Einige Hypothesen, z.B. die einer Kolonisation Griechenlands durch kleinasiatische Ionier, stießen auf allgemeine Ablehnung. Der zweite Band, der das 5. Jh. bis zum Peloponnesischen Krieg behandelt, verklärt die klassische Epoche in geradezu poetischem Überschwang, während die Erzählung der Ereignisse bis zur Niederlage gegen Philipp von Makedonien, die für C. das Ende der griechischen Geschichte bedeutete, dem dritten Band die Stimmung der Wehmut, zuweilen auch des Abscheus verleiht. Die „Griechische Geschichte" ist ein sprachliches Kunstwerk, das auch seinen Gegenstand als künstlerische Ganzheit entwarf, doch gerade in der Evokation eines zeitlos idealen Hellenentums spiegelt sich die zeitliche Gebundenheit des Werks.

Zur Breitenwirkung der „Griechischen Geschichte" gesellte sich der Erfolg von C.' stark besuchten Vorlesungen und der glänzenden Festreden, die er als Professor Eloquentiae bei feierlichen Anlässen wie Preisverleihungen und königlichen Geburtstagen zu halten hatte. Ein Band „Göttinger Festreden" erschien sogar 1864 in Berlin. Aber als zwei Jahre später das Königreich Hannover ein Opfer Bismarckscher Machtpolitik wurde, geriet C. in Göttingen in Verdacht, ein Parteigänger der ungeliebten Besatzungsmacht zu sein. Er fühlte sich isoliert und folgte umso lieber einem Ruf an seine alte Universität Berlin, als es sich nun

nicht mehr um einen philologischen, sondern um einen archäologischen Lehrstuhl, den von Eduard Gerhard, handelte.

Auch in Berlin ging es C. um die Vermittlung eines Gesamtbildes der griechischen Kultur, um deren große inneren Zusammenhänge, und so beabsichtigte er
nicht, sich in Spezialforschung zu verlieren. Vielmehr entwickelte er sich immer
mehr zu einem der großen Anreger und Organisatoren der Altertumswissen-
schaften. Neben dem Lehrstuhl häuften sich weitere Ämter: C. wurde 1869 Präsident der Archäologischen Gesellschaft, 1872 Direktor des „Antiquariums", der
Sammlung antiker Kleinkunst im Alten Museum, im selben Jahr ständiger Sekretär der Historisch-Philologischen Klasse der Preußischen Akademie der Wissenschaften und schließlich Mitdirektor des durch eine neue Sektion in Athen
vergrößerten Archäologischen Instituts. In der Universität, wo er wieder als Professor der Eloquenz und 1881 für eine Amtszeit als Rektor zu repräsentieren
hatte, und vor den anderen Gremien hatte er weiterhin Gelegenheit zu vielen
Reden und Vorträgen, die er in mehrfach aufgelegten Sammelbänden („Altertum und Gegenwart", 3 Bde., Bln. 1875–1889), den dritten Band mit dem bezeichnenden Untertitel „Unter drei Kaisern", der breiten Öffentlichkeit zugänglich machte.

Zu C.' folgenreichster Aktivität wurde sein 20 Jahre früher angekündigtes Engagement für die Ausgrabung des Tempelbezirks von Olympia. Nach der
Reichsgründung war die Konjunktur für ein deutsches „Friedenswerk" günstig,
zumal der Kronprinz, C.' einstiger Zögling, zum „Protektor der Museen" berufen worden war. C. konnte im Auftrag der Reichsregierung 1874 nach Athen reisen, um dort den Ausgrabungsvertrag mit dem Königreich Griechenland abzuschließen. Dieser Vertrag war ein Vorbild für spätere: er initiierte keine Raub-
bau-Archäologie, sondern die wissenschaftlich-systematische und zugleich re-
staurierende Erschließung eines Grabungsfeldes, dessen Fundstücke, darunter
der enthusiastisch begrüßte Hermes des Praxiteles, Eigentum des griechischen
Staates blieben. Allerdings ärgerte es viele, darunter auch Bismarck, daß das
Deutsche Reich die Grabung in Olympia bezahlte, ohne Beute zu machen; 1881
mußte der alte Kaiser intervenieren, um seinen Kanzler für die Finanzierung des
sechsten und letzten Grabungsjahres umzustimmen. C. war leitendes Mitglied
der Grabungskommission, ohne vor Ort tätig zu sein; sein Hauptverdienst war,
daß er mit großer Sicherheit die richtigen Mitarbeiter ausfindig machte: Wilhelm
Dörpfeld, Adolf Furtwängler und manche andere künftige Leuchte der Archäologie. Die Publikation der Grabungsergebnisse war musterhaft, sie erfolgte, von
C. herausgegeben, in fünf Bänden (Die Ausgrabungen von Olympia, hrsg. von E.
C. u. a., Bln. 1877–81) und in zehn Text- und Tafelbänden (Olympia. Die Ergebnisse der von dem Deutschen Reich veranstalteten Ausgrabungen, hrsg. v. E. C.
u. F. Adler, Berlin 1890–97). Ein Jahr vor seinem Tode wurde C. durch die feierliche Aufstellung seiner Marmorbüste in der Vorhalle des olympischen Museums
geehrt; die Presse pries ihn als den „letzten Olympiasieger".

C. blieb bis ins hohe Alter lehrend und forschend, vor allem aber repräsentie-
rend und organisierend aktiv. Trotz Olympia blieb er seiner alten Liebe zu Athen
treu: Seinem „Atlas von Athen" (Bln. 1878), mit technischer Hilfe deutscher

Generalstabsoffiziere erstellt, folgte dreizehn Jahre später seine „Stadtgeschichte von Athen" (ebd. 1891), die ihn noch einmal als Meister der historischen Geographie und Topographie auswies. Es war die letzte größere Publikation. Die meisten der vielen Nachrufe, die nach seinem Tode gedruckt wurden, stellten C. bei allem Respekt als Repräsentanten einer Epoche dar, die er selbst überlebt hatte. Obwohl er viele jüngere Wissenschaftler selbstlos förderte, hat er keine Schule gegründet. Schon als junger Gelehrter zuweilen als „Schwärmer" belächelt, war er mit den Jahren immer mehr zum priesterlichen Verkünder eines idealisierten Hellenentums geworden, das den Zeitgenossen, die Jacob Burckhardt und Friedrich Nietzsche lasen, fremd sein mußte. Kritik traf C. schmerzlich und war ihm eigentlich unbegreiflich. Es war sein Glaube an eine gottgegebene Harmonie zwischen Griechentum und Christentum, zwischen Wissenschaft und Kunst, der seinen Blick in die Höhe lenkte und ihn über politische und soziale Entwicklungen der Gegenwart hinwegschweifen ließ. Realistische Wiedergabe der Wirklichkeit oder gar psychologische Seelenzergliederung, also auch die um 1880 beginnende Moderne in Kunst und Literatur, weckten seinen Abscheu. So abgeschirmt und durch glückliche Umstände begünstigt, gelang es ihm, sein Leben, wie er es sich schon in seiner Jugend vorgenommen hatte, wie ein Kunstwerk zu gestalten. Schon der nächsten Generation erschien er als eine in sich geschlossene imponierende Figur, aber aus einer versunkenen Zeit. – Ehrungen (Auswahl): Guelfenorden 4. Klasse, 1864 (Hannover); Pour le mérite, 1879; Stern des Comthurs des Hausordens der Hohenzollern, 1891; Kronenorden 1. Klasse, 1894 (Preußen); Titel „Exzellenz" (Preußen); Maximilianskreuz (Bayern).

Quellen: F. Curtius (Hrsg.), E. C. Ein Lebensbild in Briefen, Bln. 1903, neue Ausg. in 2 Bdn. ebd. 1913 (Das Verz. d. Briefpartner in: F.Schlawe, Die Briefslg. en d. 19. Jh., Stgt. 1969, S. 34, 272, 646 läßt d. stark veränderte „Neue Ausg." unberücksichtigt, verzeichnet aber d. Druckorte einiger weiterer Briefe). – Zahlreiche unveröffentlichte Briefe im Nachlaß. – Staats- u. Gesellschaftslex., hrsg. v. H. Wegener, 5, Bln. 1861, S. 694 f. – [Anon.] E.C., Müller, and Mommsen, in: International Review, New York 1875, S. 745–782. – A. Milchhöfer, E. C. Zum 80. Geburtstag, in: Deutsche Rundschau 20 (1894), S. 388–396.
Nachlaß: UB Bonn.
Werke: Vollständigstes Verz. bei Gurlitt (s. Lit.), S. 139–144. – Die Hauptwerke sind im Text genannt.
Literatur: Einander ergänzende Verz.e d. älteren Lit. in ADB u. Michaelis (s.u.). – ADB, 47, S. 580–597. – NDB, 3, S. 446 f. – A. Michaelis, E. C., in: BJb 1 (1897), S. 56–88. – K. Plath, E. C. u. d. Erforschung d. dt. Altertums, Bln. 1897. – L. Gurlitt, Erinnerungen an E. C., in: Biogr. Jb. f. Altertumskunde 24 (1901), S. 113–144. – F. Hashagen, E.C. Skizzen zu seinem Lebensbild in Briefen, Lpz. 1904. – R. Glaser-Bensheim, E. C. in seinen Briefen, Darmstadt 1909. – M. Lenz, Gesch. d. Kgl. Friedrich-Wilhelms-Univ. Bln., 2, 2. Hälfte, Halle 1918, S. 150–152. – E. Stemplinger (Hrsg.), Der Münchner Kreis. Platen, Curtius, Geibel, Strachwitz, Lpz. 1933 (Deutsche Lit. in Entwicklungsreihen 22,1). – F. Curtius, Göttinger Jugendjahre, Göttingen 1960. – G. P. Gooch, Gesch. u. Geschichtsschreiber im 19. Jh., Ffm. 1964, S. 502–505. – K. Christ, Von Gibbon zu Rostovtzeff, Darmstadt 1972, S. 68–83. – G. Heres, E. C. als Archäologe, in: Forsch. u. Berr. d. Staatlichen Museen Berlin 16 (1975), S. 129–148. – W. Arenhövel u. Chr. Schreiber (Hrsg.), Berlin u. d. Antike, Bln. 1979, S. 128–141. – J. Bleicken, Die Herausbildung d. alten Gesch. in Göttingen, in: C. J. Classen (Hrsg.), Die klassischen Altertumswiss.en an d. Georg-August-Univ. Göttingen, Göttingen 1988, S. 96–127, bes. 112–115. – F. Hassenstein, E. C. als Prinzenerzieher am Hohenzollernhof, in: ZLGA 69 (1989), S.171–197.

Porträts: Holzstich in: Allg. Illustrierte Ztg. 42 (Oktober 1878–1879), Nr. 39, Abb.: Der Archäologe. Graphische Bildnisse aus d. Porträtarch. Diepenbroich, Münster 1983, S. 311. – Zeichnung (Jugendbildnis) v. L. Asher (?), Abb. in: E. C., Lebensbild, Neue Ausg. 1 (s.Qu.), Frontispiz, u. in: Hassenstein (s. Lit.), S. 172. – Marmorbüste v. F. Schaper, 1884 (MusKK), 2. Exemplar 1895 (Mus. Olympia). – Bronceplakette v. H. Fechner, 1896; Broncemedaille v. F. W[eber], 1913 (AHL); Medaille v. F. Weber (AHL), alle abgeb. in: H. Röhl, Lübeck. Medaillen, Marken, Zeichen, Lübeck 1987, S. 131 f. – Ölgemälde (Sitzbild) v. R. Lepsius, 1891 (Bln., Staatliche Museen, Nationalgalerie). – Ölgemälde (Sitzbild, Halbfigur) v. M. Koner, 1896 (ebd.). – Fotos im Deutschen Archäologischen Inst. Rom, darunter ein frühes (um 1862), abgeb. b. Bleicken (s. Lit.), S. 99. – Foto, 1880 (Familienbesitz), Abb. s. S. 88.

Friedrich Hassenstein

CURTIUS, Friedrich, geb. 2. 10. 1896 Thann (Elsaß), gest. 13. 3. 1975 Weilheim (Oberbayern); ev. – Internist.

Eltern: Friedrich Curtius, geb. 7. 7. 1851 Berlin, gest. 4. 5. 1933 Heidelberg, Jurist, Oberkonsistorialpräsident; Louise geb. Gräfin v. Erlach-Hindelbank, geb. 8. 9. 1857 Karlsruhe, gest. 7. 2. 1919 Heidelberg.

Ehefrau: 1.) Edith Schulz, geb. 22. 3. 1907 Essen, gest. 31. 7. 1953 Berlin; Tochter d. Hauptmanns Otto Schulz u. d. Else geb. Rehn; verh. 1927 Bonn, gesch. 1933. – 2.) Marie Frank, geb. 21. 4. 1899 Bonn, gest. 31. 12. 1990 Diessen (Oberbayern); Tochter d. Landgerichtsrats Max Frank u. d. Clara geb. Wagner; verh. 1945 Kiel.

Kinder: aus 1.) 1 Sohn Carl Friedrich, geb. 8. 3. 1928 Bonn, Jurist, Kanzler d. Univ. Düsseldorf, Senator e.h. d. Univ. Freiburg im Breisgau.

Geschwister: Ernst Robert (1886–1956), Romanist (s. NDB, 3, S. 447 f.). – Olympia (1887–1979), verh. m. Viktor Freiherr v. Weizsäcker (1886–1957), Neurologe. — Greda (1889–1971), verh. m. Werner Picht (1887–1965), Schriftsteller.

C. wuchs in Thann, Colmar und Straßburg als Nachkömmling seiner drei Geschwister auf. Schon in seiner Jugend hatte er den Wunsch, Arzt zu werden. Zu den Freunden des Elternhauses, mit denen er über seine Zukunftspläne sprechen konnte, gehörte Albert Schweitzer. Nach dem Besuch des Realgymnasiums in Straßburg, den er 1914 mit dem Abitur abschloß, und nachfolgendem Kriegsdienst als Sanitäter im Feldheer ließ sich C. 1919 an der Univ. Heidelberg als Student der Medizin immatrikulieren. Als die Professoren, die ihn am meisten beeindruckt haben, nannte er später den Biochemiker Albrecht Kossel (1853–1927) und den Internisten Ludolf v. Krehl (1861–1937).

1922 wurde C. auf Grund einer bei dem Pharmakologen Rudolf Gottlieb geschriebenen Dissertation promoviert; danach kehrte er als Assistenzarzt zu seinem Lehrer Krehl zurück. Er arbeitete nicht nur in dessen Klinik, sondern auch in der neurologischen Abteilung seines Schwagers Viktor v. Weizsäcker. 1925 folgte er Krehls bedeutendem Schüler Richard Siebeck (1883–1965) als Assistenz-, später Oberarzt nach Bonn und 1931 wieder zurück nach Heidelberg, wo er sich im gleichen Jahr habilitierte. 1934 wechselten Siebeck und C. nach Berlin an die Charité. Hier leitete C. zehn Jahre lang die 1. Medizinische Universitäts-Poliklinik und eine erbpathologische Forschungsabteilung. 1935 erhielt er den

Friedrich Curtius

Titel eines außerplanmäßigen Professors. 1944 wurde C. als Marinearzt eingezogen, das Kriegsende erlebte er in Kiel.

C. konnte sich nach dem Krieg nicht dazu entschließen, einen Lehrstuhl für Innere Medizin an einer Univ. in der sowjetischen Besatzungszone anzunehmen, sondern zog es vor, in Westdeutschland tätig zu werden. So übernahm er 1946 die Stelle des Chefarztes der Medizinischen Klinik am Städtischen Krankenhaus Ost in Lübeck. Obwohl nun nicht mehr Hochschullehrer, setzte er dort in Zusammenarbeit mit jüngeren Mitarbeitern seine Forschungs- und Publikationstätigkeit fort. Nach seiner Pensionierung 1961 nahm er seinen Ruhesitz in Kirchzarten (Breisgau), später in Diessen am Ammersee.

C.' wissenschaftliches Lebenswerk läßt sich bei vereinfachter Darstellung zeitlich und inhaltlich in zwei Abschnitte gliedern. Im ersten lagen die Schwerpunkte in der Untersuchung der Erbbedingtheit von Nervenkrankheiten, die C. auf der Basis umfassender Familien- und Zwillingsstudien durchführte, und in der Konstitutionsmedizin. Ergebnisse dieser Forschungen waren neben einer Reihe von Artikeln im „Handbuch der Inneren Medizin" mehrere Monographien: „Multiple Sklerose und Erbanlage" (1933), „Die organischen und funktionellen Erbkrankheiten des Nervensystems" (1935), „Tabes dorsalis" (mit H. Schlotter und E. Scholz, 1938) und „Klinische Konstitutionslehre" (1954).

C.' Annahme einer Erbanlage bei Multipler Sklerose wurde bestritten; er blieb sein Leben lang um den Nachweis ihrer Richtigkeit bemüht.

Unabhängig davon, daß C. den Nationalsozialismus heftig ablehnte, teilte er als Erbbiologe die Grundauffassungen seiner zeitgenössischen Fachkollegen, so daß er das Erbgesundheitsgesetz von 1933 für zweckmäßig hielt und als Gutachter an dessen Ausführung mitwirkte. Seine politische Haltung kommt darin zum Ausdruck, daß er mit Widerstandskämpfern wie Klaus Bonhoeffer befreundet war. Ernst Niekisch hat in seinen Memoiren bezeugt, daß C. den Mut hatte, ihm als politischem Häftling des Zuchthauses Brandenburg ärztlich beizustehen.

Die zweite Hälfte seiner wissenschaftlichen Lebensarbeit widmete C. der psychosomatischen Medizin. In Berlin hatte er mit führenden Psychotherapeuten wie Harald Schultz-Hencke (1884–1970) kooperiert. In Lübeck konnte er die Prinzipien der Psychosomatik systematisch in die Praxis der Inneren Medizin umsetzen. Seine Klinik war eine der ersten dieser Art in Deutschland; mit ihr begründete er in Lübeck eine Tradition, die dort auch nach seiner Pensionierung fortgesetzt wurde. Aus der Lübecker Praxis entstanden C.' Schriften „Die Colitis ulcerosa und ihre konservative Behandlung" (1962) und „Moderne Asthmabehandlung" (mit R. Commichau, 1965). Als C.' Hauptwerk kann sein umfangreiches Buch „Individuum und Krankheit" (1959) angesehen werden. Es wurde in den Fachzeitschriften zustimmend rezensiert; ob es aber eine entsprechende Ausstrahlung in die Praxis erzielte, bleibt wegen seiner Überfrachtung mit Zitaten und Fallmaterial und der daraus resultierenden schweren Lesbarkeit zweifelhaft. Das gilt auch für C.' letztes Buch: „Von medizinischem Denken und Meinen" (Stuttgart 1968), worin er noch einmal gegen schematische und monokausale Beschränktheit, gegen mechanistische und spekulative Irrwege stritt, um einer Praxis den Weg zu bahnen, in welcher der einzelne Patient als Individualität zu seinem Recht kommt.

Als Arzt war C. nach allen Zeugnissen ein aufopferungsbereiter Begleiter seiner Patienten, auf die er mit väterlicher Autorität, zuweilen auch mit beträchtlicher Suggestivkraft einzuwirken pflegte. Das ihm eigene heftige Temperament brachte ihn oft in Verlegenheiten. Bei Fachkollegen galt er im allgemeinen als „schwierig". Das mag neben der Tatsache, daß seine Forschungsinteressen mehr in Grenzgebieten angesiedelt waren, dazu beigetragen haben, daß C. in der Bundesrepublik keinen Ruf auf einen internistischen Lehrstuhl erhielt. Die Erhöhung seiner Klinik zur Lübecker Universitätsklinik nach der Gründung der Medizinischen Hochschule Lübeck (1964) kam für ihn drei Jahre zu spät.

C. war Mitherausgeber oder Berater mehrerer medizinischer Fachzeitschriften. Die Liste seiner – oft gemeinsam mit Mitarbeitern publizierten – Fachaufsätze nennt über 100 Titel. Sein Name lebt in drei von ihm entwickelten, anerkannten und nach ihm benannten klinischen Syndromen fort. Seit 1991 trägt eine Fachklinik für Psychosomatische Medizin in Malente-Gremsmühlen seinen Namen.

C. war ein über sein Fach hinaus hochgebildeter Mann. Sein Leben lang beschäftigte er sich mit Philosophie, Geschichte und Kunstgeschichte. Vor allem seine Bücher zu medizinischen Grundsatzfragen dokumentieren eine umfassende Belesenheit und gleichsam philologische Akribie. – Senatsplakette d. Hansestadt Lübeck (1961). – Bundesverdienstkreuz Erster Klasse (1967).

Quellen: E. Niekisch, Gewagtes Leben, Köln u. Bln. 1958, S. 348–351. – F. C., Über dreißig Jahre Arzt [Selbstdarstellung], in: Therapie der Gegenwart 102 (1963), H.10, S. 1–7.
Nachlaß: Familienarch. d. Sohnes.
Werke: Die Hauptwerke sind im Text genannt. – Verz. bis 1966 in: Internistische Praxis 6 (1966), H. 3 (unpaginiert). – *Zu ergänzen:* Von medizinischem Denken u. Meinen, Stgt. 1968.
Literatur: H. Grebe, F. C., Versuch eines Porträts, in: Fortschritte d. Medizin 87 (1969), S. 582 f. – R. Adam, In memoriam F. C., in: Z. f. Psychosomatische Medizin u. Psychoanalyse 21 (1975), S. 301 f. – H. Feiereis / G. Schmidt, Tod eines bedeutenden Arztes, in: Lübecker Nachr. v. 23. 3. 1975.
Porträts: Zeichnung v. H. Peters, 1949 (Privatbesitz). – Fotos b. F. C., Über dreißig Jahre Arzt (s. Qu.), Grebe (s. Lit.), S. 582, Feiereis/Schmidt (s. Lit.) u. vor d. Werkverz. (s. Werke). – Foto (Privatbesitz), Abb. s. S. 93.

Friedrich Hassenstein

CURTIUS, Georg, geb. 16. 4. 1820 Lübeck, gest. 12. 8. 1885 Hermsdorf b. Warmbrunn (Schlesien), begr. Leipzig; ev. – Sprachwissenschaftler.
Eltern: Carl Georg Curtius, geb. 7. 3. 1771 Lübeck (s.d.); Dorothea geb. Plessing.
Ehefrau: Amalie Reichhelm, verh. Okt. 1850 Berlin; Tochter d. Regierungs- und Schulrats Carl Wilhelm Ferdinand Reichhelm (1791–1835), Schwester d. Ehefrauen d. Bruders Ernst (s. d.).
Keine Kinder.
Brüder: s. beim Vater.
C. wuchs als jüngster von vier Söhnen in einer der kultiviertesten und angesehensten Familien der Stadt Lübeck auf. Christliche, republikanisch-patriotische und humanistische Gesinnung und Bildung prägten den Geist des Elternhauses und des Gymnasiums Katharineum. Der Kunsthistoriker C. F. v. Rumohr (s. SHBL, 3, S. 230) als Freund des Vaters und der Philologe Johannes Classen als Lehrer scheinen die Begabung des physisch zarten, aber energisch lernenden Jungen besonders nachhaltig gefördert zu haben. Dessen Interesse galt vor allem dem klassischen Altertum, ähnlich wie bei seinem sechs Jahre älteren Bruder Ernst (s. d.), der ihm sein Leben lang der beste Freund blieb. Nach dem Abitur 1837 begleitete C. seinen Vater nach Frankfurt, wo dieser damals als Bundestagsgesandter tätig war, und begann ein halbes Jahr darauf das Studium der Klassischen Philologie an der Univ. Bonn. Seine philologischen Lehrer waren Friedrich Gottlieb Welcker und Friedrich Wilhelm Ritschl, aber er hörte auch Vorlesungen von August Wilhelm Schlegel und Christian Lassen, so daß er die Sanskrit-Forschung, aus der sich die vergleichende Sprachwissenschaft entwickelte, kennenlernte. Das war die entscheidende Weichenstellung für C.' Lebensweg, denn er setzte sich schon jetzt zum Ziel, die Indogermanistik der klassischen Philologie dienstbar zu machen.

1840 wechselte C. an die Univ. Berlin, wo er bei Karl Lachmann und August
Boeckh, F.A. Trendelenburg (s. SHBL, 6, S. 285) und Leopold v. Ranke studierte.
Vor allem aber war es der Begründer der Indogermanistik Franz Bopp, dem C.
die entscheidenden Anregungen für seine Dissertation „De nominum forma-
tione" (Bln. 1842) verdankte; er hat sie ihm gewidmet. Die Arbeit löste Probleme
der griechischen Wortbildung durch Anwendung von Ergebnissen der Sanskrit-
forschung. Nach der Prüfung zog der 22jährige Philologe nach Dresden um, wo
er drei Jahre lang als Lehrer und Internatserzieher am Vitzthum'schen Gymnasium arbeitete, aber auch einige gelehrte Abhandlungen schrieb.

Im Herbst 1845 konnte C. nach Berlin zurückkehren und in räumlicher und
geistiger Gemeinschaft mit seinem Bruder Ernst die Habilitation vorbereiten.
Das Ergebnis war sein erstes Buch, „Die Bildung der Tempora und Modi im
Griechischen und Lateinischen sprachvergleichend dargestellt" (Bln. 1846). Im
Anschluß an seine Antrittsvorlesung war er beim Prinzen Friedrich Wilhelm von
Preußen eingeladen, zu dessen Erzieher sein Bruder ernannt worden war. Die
Mutter des Prinzen, die spätere Königin und Kaiserin Augusta, sammelte in die-
sen Jahren Künstler und Gelehrte um sich, und so konnte sich C., durch seinen
Bruder eingeführt, bei Hofe der Gesellschaft von Koryphäen wie Alexander v.
Humboldt, aber auch von Lübecker Freunden wie E. Geibel (s. d.) und Kurd v.
Schlözer (s. d.) freuen.

Die Idylle zwischen Universität und Schloß wurde 1848 durch die Revolution
gestört. C. war sich seiner Verantwortung als Hochschullehrer und seiner republikanischen Herkunft bewußt, und so trat er dem bewaffneten „Academischen
Corps" bei und ließ sich als Wahlmann für das Frankfurter Parlament nominie-
ren. Seine im „Lebensbild" des Bruders Ernst abgedruckten Briefe (s.Qu.) aus
dem dramatischen Jahr zeigen C. als politisch interessierten und engagierten
Zeitgenossen. Das baldige Ende der revolutionären Epoche ließ ihn desillusio-
niert zurück, und so war ihm der überraschende Ruf auf eine ao. philologische
Professur an der Univ. Prag nicht unwillkommen.

C. beschloß, sich in Prag dem „politischen und nationalen Lärmen" fernzuhal-
ten, sich aber für die Realisierung schul- und hochschulpolitischer Reformpläne
einzusetzen, die im nachrevolutionären Österreich diskutiert wurden. Vom
Wiener Unterrichtsminister Leo Graf v. Thun forderte er das Recht, künftige
Gymnasiallehrer zu examinieren und ein philologisches Seminar, das erste in
Österreich, einzurichten. Nach der Zusage heiratete C. in Berlin Amalie Reichhelm, die Schwägerin seines Bruders, zog mit ihr in die böhmische Fremde und
gründete dort einen Hausstand.

Kurz nach C. wurde auch der große Sprachwissenschaftler August Schleicher
nach Prag berufen, so daß eine Arbeitsgemeinschaft entstand, in welcher der
Philologe C. die Verschwisterung seines Fachs mit der Indogermanistik voran-
treiben konnte. Doch wußte er dies mit seinen schulpolitisch-pädagogischen Bestrebungen zu verknüpfen, und so entstand in Prag seine „Griechische Schulgrammatik" (Prag 1852). Es war ein Lehrbuch neuer Art, welches dumpfes Re-
gellernen durch sprachliche Einsicht ersetzen sollte; das Prinzip des Sprachver-
gleichs im Grammatikunterricht mochte gerade den zweisprachigen Schülern

Georg Curtius
Zeichnung von L. Asher, 1838

Böhmens willkommen sein. Das Buch wurde an den Schulen Österreichs und einiger deutscher Länder eingeführt, vielfach angefeindet, aber auch als bahnbrechend gepriesen, und erlebte immer wieder Neuauflagen und Neubearbeitungen bis ins 20. Jh. hinein. Zu diesem Erfolg trug auch bei, daß C. dem Schulbuch einen Band „Erläuterungen zu meiner griechischen Schulgrammatik" (Lpz. 1864) folgen ließ, der den Lehrern die Arbeit erleichterte.

Obwohl C. nach zwei Jahren zum ordentlichen Professor ernannt worden war und offenbar großen Lehrerfolg, auch bei seinen literaturhistorischen Vorlesungen, genießen konnte, war er glücklich, im Jahre 1854 an die Univ. Kiel berufen zu werden. In Österreich war die politische und klerikale Reaktion wieder auf dem Vormarsch, so daß sich Professoren evangelischer Konfession unter Druck fühlten und gern dem Kaiserreich den Rücken kehrten. Zudem war Kiel für C. dank der Nähe der geliebten Heimatstadt selber ein Stück Heimat. Als Professor der Philologie war er in Kiel nach alter Tradition zugleich Professor der Eloquenz, und so hatte er bei festlichen Anlässen Reden zu halten und dabei dem dänischen König zu huldigen. Die Reden „Über den König" (1859) und „Über Pietät" (1861) dokumentieren, wie C. philologische und bildungsphilosophische Betrachtungen ein wenig politisch zu schattieren verstand, denn selbstverständlich dachte er nicht gesamtstaatlich, sondern deutsch.

Im Vergleich zu Prag war die Studentenzahl in Kiel dürftig, um so eher fand
C. dort Zeit und Kraft, seiner immer wieder angegriffenen Gesundheit sein wissenschaftliches Hauptwerk abzuringen: zwei starke Bände „Grundzüge der
griechischen Etymologie" (Lpz. 1858 und 1862, fünfmal neu aufgelegt und bearbeitet). Die Erkenntnisse vergleichender indogermanistischer Sprachforschung
der Darstellung des Griechischen auf seiner Laut- und Wortebene nutzbar zu
machen, war hier auf so umfassende und überzeugende Weise gelungen, daß
die „Grundzüge" bis heute in der Wissenschaftsgeschichte als eine der großen
Leistungen der Philologie des 19. Jh. gelten.

Im Jahre 1862 wechselte C. noch einmal die Universität, u. a. mit der Begründung, daß ihm das rauhe Ostseeklima nicht bekömmlich sei. Er wurde an die
zentral gelegene, stark besuchte Univ. Leipzig berufen, an der er dann 23 Jahre
lang bis zu seinem Tode tätig war. Mit einer programmatischen Vorlesung „Philologie und Sprachwissenschaft" (Lpz. 1862) stellte er sich seinem neuen Publikum vor. Seine Vorlesungen waren und blieben stark besucht, in manchen Semestern waren es gegen 300 Hörer. 1865 gründete C. eine fachübergreifende
„Grammatische Gesellschaft" für Lehrende und Lernende. Unter seiner Ägide
wurden Promotions- und Habilitationsordnung der Fakultät reformiert. Als
Franz Bopp 1867 starb, erhielt C. den Ruf auf dessen Lehrstuhl an der Univ. Berlin, aber er schlug ihn aus. Seit 1868 gab er eine Schriftenreihe „Studien zur griechischen und lateinischen Grammatik" heraus, die in Leipzig bis 1878 in 10 Bänden mit 30 Arbeiten seiner Schüler, aber auch von ihm selbst, erschien. 1872 fand
in Leipzig die deutsche Philologenversammlung statt, C. war ihr Präsident. Zwei
Jahre später wurde er aus Anlaß seines 25jährigen Professorenjubiläums mit einer Festschrift und der Übergabe des Kapitals für eine „Curtius-Stiftung" zur
Förderung junger Wissenschaftler geehrt.

Trotz seiner Belastung durch Ämter und Würden, durch Lehr-, Prüfungs- und
Verwaltungspflichten, rundete C. in Leipzig sein wissenschaftliches Lebenswerk
durch viele Vorträge und Abhandlungen, vor allem aber durch sein zweites
Hauptwerk ab: „Das Verbum in der griechischen Sprache" (2 Bände, Lpz. 1873
und 1876). Es war eine Neufassung des Jugendwerks „Tempora und modi",
nunmehr auf das Griechische beschränkt und zu einem umfassenden Kompen-
dium erweitert. Neben anderem, das damals schon als veraltet kritisiert wurde,
enthielt es zukunftträchtige Erkenntnisse etwa zur Wechselwirkung zwischen
Zeitstufe und Aktionsform im Tempussystem. Im ganzen zeigte die Resonanz
unter den Fachkollegen, daß eine jüngere Generation von Gelehrten, darunter
die meisten von C.' eigenen Schülern, neue Wege eingeschlagen hatten. C., dessen Temperament wenig zu wissenschaftlicher Polemik neigte, litt an dem Widerspruch und antwortete schließlich mit einem Buch „Zur Kritik der neuesten
Sprachforschung" (Lpz. 1885). Noch im gleichen Jahr erschienen Gegenkritiken
der jüngeren Kollegen, aber C. hat sie nicht mehr lesen können. Erst kurz zuvor
von einer Herzerkrankung genesen, erlitt er im August 1885 während eines Er-
holungsaufenthalts im Riesengebirge einen Schlaganfall, der seinem Leben ein
Ende setzte.

Mit der genannten „Kritik der neuesten Sprachforschung" reagierte C. auf den Siegeszug der „Junggrammatiker", einer Schule von Sprachforschern, die im Zuge ihrer wissenschaftsgläubigen Epoche nicht nur in der Natur, sondern auch in der Sprachentwicklung das Walten ausnahmsloser Gesetze erkannt zu haben meinte. Für C., der noch ein Kind der Goethezeit war und seine sprachphilosophischen Grundlagen bei Wilhelm v. Humboldt, Franz Bopp und Jacob Grimm gefunden hatte, war ein solches Denken fast eine Versündigung gegen den Geist der Sprache. Ihm erschien diese als etwas Lebendiges, organisch Wachsendes. C. war kein romantischer Kulturpessimist; er verstand das Abschleifen der Formenfülle der Sprache im Laufe ihrer Entwicklung nicht als Verfall, sondern als neue Chance für Flexibilität und Mobilität. Seinem ganzheitlichen Sprachempfinden mußte eine wissenschaftliche Richtung fremd bleiben, die die Sprache auf ihren Lautcharakter zu reduzieren schien, deren Methode ein gewaltsamer Konstruktivismus und deren Ergebnis eine seelenlose Systematik zu werden drohten. Oft jedoch waren es eher terminologische als inhaltliche Differenzen. Die altväterlich anmutende Bildlichkeit des C.'schen Stils verdeckte den Blick auf die methodische Präzision der Aussage. Die von C. immer wieder geforderte „tastende Behutsamkeit" des Forschens brachte ihm zwar den Vorwurf wissenschaftlicher Halbherzigkeit und das Schicksal ein, daß kein Lautgesetz nach ihm benannt wurde, aber dafür brachte er Klassische Philologie und Vergleichende Sprachwissenschaft in eine Wechselbeziehung, die sich im Verlauf der Geschichte der Linguistik als überaus fruchtbar erwiesen hat. – Pour le mérite, 1877; Maximiliansorden (Bayern); Komturkreuz des Sächsischen Zivilverdienstordens; Sitz in d. wissenschaftlichen Akademien v. Berlin, Leipzig, Rostock, Wien, Pest u. Turin.

Quellen: LAS, Abt. 471 (Universitätsakten, Kurator d. Univ. Kiel). – Briefe von u. an C. in: F. Curtius (Hrsg.), Ernst Curtius. Ein Lebensbild in Briefen, Bln. 1903, neue Ausg. in 2 Bdn. ebd. 1913.
Nachlaß: Verz. in: Gelehrten- u. Schriftstellernachlässe in d. Bibliotheken d. DDR, 1, Bln. 1959, S. 24; 2, 1968, S. 22; 3, 1971, S. 39.
Werke: Verz. (bis 1882) b. Alberti (s. Lit.). Zu ergänzen: Zur Kritik d. neuesten Sprachforschung, Lpz. 1885. – Kleine Schrr., hrsg. v. E. Windisch, Lpz. 1886, Neudr. Hildesheim 1972. – Die Hauptwerke sind im Text genannt.
Literatur: ADB, 47, S. 597–602. – Alberti 1867, 1, S. 144 f. – Alberti 1885, 1, S. 117 f. – E. Curtius, Vorwort zu: G.C., Kleine Schrr. (s. Werke), T. 1, S. VII–XXVIII, auch in: E. Curtius, Altertum u. Gegenwart, 3, 2. Aufl. Bln. 1895, S. 236–253. – C. Angermann, G. C., in: Beitr. z. Kunde d. indogermanischen Sprachen 10 (1886), S. 325–340. – E.Windisch, G.C., in: Biogr. Jb. f. Altertumskunde 9 (1886), S. 75–128, auch in: Portraits of Linguists, edited by Th. A. Sebeok, 1, Bloomington and London 1966, S. 311–373. – A. Thumb, G. C. u. seine Zeit, in: Grundriß d. indogermanischen Altertumskunde 2, 1, Straßburg 1916, S. 21–36. – H. Arens, G. C., in: Sprachwiss. Der Gang ihrer Entwicklung von d. Antike bis z. Gegenwart, Freiburg u. München 1956, S. 242–251. – Volbehr-Weyl, S. 141. – H.H. Christmann (Hrsg.), Sprachwiss. d. 19. Jh., Darmstadt 1977, S. 67–84.
Porträts: Zeichnung v. L. Asher, 1838 (Privatbesitz), Abb. s. S. 97. – Holzstich nach einem Foto um 1880, Abb: G. C., Kleine Schrr. (s. Werke), 1, u. in: F. Curtius (s. Qu.), Neue Ausg., 2, vor S. 177. – Singer, 1, Nr. 7465.

Friedrich Hassenstein

CURTIUS, Theodor, geb. 6. 3. 1811 Lübeck, gest. 25. 10. 1889 ebd.; ev. – Jurist; Senator, Bürgermeister.

Eltern: Carl Georg Curtius, geb. 7. 3. 1771 (s. d.); Dorothea Catharina geb. Plessing.

Ehefrau: 1.) Sophie Charlotte Petit, geb. 30. 6. 1812 Kopenhagen, gest. 23. 5. 1841 Lübeck; verh. 22. 6. 1838 ebd.; Tochter d. Charles Petit, Kaufmann in Kopenhagen, seit 1839 in Lübeck, u. d. Sophie Cathrine Fiedler. – 2.) Dina *Cäcilie* von Schlözer, geb. 20. 12. 1820 Lübeck, gest. 26. 2. 1904 ebd.; verh. 30. 5. 1843 ebd.; Tochter d. Karl von Schlözer (s. d.) u. d. Friederike Platzmann.

Kinder: Aus 1.) 1 Sohn, der kurz nach d. Geburt 1839 starb. – Aus 2.) 2 Töchter, 4 Söhne, darunter: Paul (1849–1932), Rechtsanwalt in Lübeck, später Berlin, Biograph seines Vaters u. seines Onkels Kurd von Schlözer (s. d.). – Karl (1863–1934), Verlagsbuchhändler in London, später Berlin.

Brüder: s. beim Vater.

Unter väterlichem Einfluß begann C. sich schon früh für Rechtswissenschaft und Diplomatie zu interessieren. Nach dem Besuch des Lübecker Katharineums studierte er seit Herbst 1829 Jura in Göttingen. Im Frühjahr 1832 wechselte er zur Univ. Heidelberg über, wo er ein Jahr später zum Doktor beider Rechte promoviert wurde. Es folgte ein weiteres Studienjahr in Göttingen, bevor C. im April 1834 vor dem Oberappellationsgericht der vier freien Städte in Lübeck sein Staatsexamen ablegte. Hier ließ er sich sogleich als Advokat und Notar nieder und betätigte sich daneben anfänglich auch als Registrator für seinen Onkel Johann Philipp Plessing, den Aktuar des Landgerichts. 1838 erhielt er auch die Zulassung als Prokurator am Oberappellationsgericht. Einen ausgedehnten geschäftlichen Wirkungskreis gewann C. allerdings nicht. 1845 erhielt er beim Kommerz-Kollegium, einem für die Handelsförderung zuständigen Gremium, die Position des Sekretärs. Noch vor Ablauf seines ersten Amtsjahres wurde er 1846 in den Senat gewählt; gleichzeitig zog er sich von seinen bisherigen beruflichen und öffentlichen Tätigkeiten zurück.

Die Berufung des noch nicht ganz 35jährigen in eines der höchsten Staatsämter war eine Folge von C.' jahrelangem öffentlichen Wirken. Nach seiner Rückkehr in die Heimatstadt hatte er sich der später als „Jung-Lübeck" bezeichneten Bewegung angeschlossen, einem Kreis gemäßigt liberaler Reformer, die die verkrusteten politischen Strukturen in Lübeck aufzubrechen und die seit Ende der Napoleonischen Kriege herrschende wirtschaftliche Stagnation zu überwinden suchten. Als einer ihrer führenden Köpfe hatte C. sich vor allem publizistisch für die Förderung von Handel und Verkehr, für die Erneuerung der Staatsverfassung und der Verwaltungsstrukturen sowie für das Prinzip der Öffentlichkeit eingesetzt. Dem Sprachrohr „Jung-Lübecks", den 1835 von der Gesellschaft zur Beförderung gemeinnütziger Tätigkeit neu ins Leben gerufenen „Lübeckischen Blättern", hatte er von Anfang an als Mitglied des Redaktionsausschusses, zunächst als Hauptredakteur, angehört. Der „Gemeinnützigen" selbst diente er von 1836 bis 1844 als korrespondierender Sekretär und von 1841 bis 1847 als Vorstandsmitglied der ihr angeschlossenen „Industrieschule für bedürftige Mädchen".

Die bald weit über Lübeck hinausreichende Publizität der Reformbestrebungen war nicht zuletzt ein Ergebnis der Tätigkeit des im Spätherbst 1843 von C. mitbegründeten, auch „Neuner-Club" genannten Korrespondentenvereins, der für die lübeckische Verfassungsreform auch in auswärtigen Kreisen Verständnis zu wecken suchte. Zu den damaligen Mitstreitern von C. gehörten – sowohl im „Neuner-Club" als auch im Redaktionsausschuß der „Lübeckischen Blätter" — u. a. F. Krüger (s.d.) und der spätere Bürgermeister Theodor Behn. Die vom „Jung-Lübeck"-Kreis erstrebte Reform von innen heraus, die letzlich auch zum Erfolg führte, stärkte die Position des Senats, dem selbst an einer Reorganisation der antiquierten bürgerschaftlichen Kollegiatsverfassung gelegen war. C. wurde 1845 gemeinsam mit Krüger zu der gemischten, aus Delegierten des Senats und der Bürgerschaft zusammengesetzten Verfassungsrevisionskommission zugezogen. Hier trat er, anders als der zu den bürgerschaftlichen Abgeordneten zählende Behn, der eine Repräsentativverfassung auf ständischer Grundlage befürwortete, offenbar schon frühzeitig für das allgemeine gleiche Wahlrecht ein, so wie er es dann im Herbst 1848 - nunmehr als Vertreter des Senats und mit Unterstützung des inzwischen von der Notwendigkeit weitergehender Reformen überzeugten Behn - gegenüber den retardierenden Kräften der Bürgerschaft durchsetzen konnte.

Nach der Wahl zum Senatsmitglied – übrigens der letzten, die gemäß dem althergebrachten Selbstergänzungsrecht des Senats erfolgte – fand C. sehr schnell zu dem seinen Neigungen und Fähigkeiten entsprechenden Wirkungsfeld, dem der Diplomatie. Unter weitgehender Übernahme des Aufgabenbereichs, der seinem Vater als Syndikus übertragen gewesen war, entwickelte C. sich zunehmend zum Gestalter der lübeckischen Außenbeziehungen, außer in der Außenpolitik im engeren Sinne vor allem in der Handels- und Verkehrspolitik, im Militärwesen sowie in Zoll- und Postangelegenheiten. Seine erste diplomatische Mission führte ihn im Sommer 1846 nach Berlin und Bad Königswart (Böhmen), wo er sich der Unterstützung Preußens und Österreichs gegen Dänemark versicherte, das sich bisher geweigert hatte, die für die Wirtschaftsentwicklung Lübecks wichtige Eisenbahnverbindung nach Hamburg zu genehmigen. C. gelang es, die Eisenbahnfrage als Existenzfrage Lübecks herauszustellen. Bei dieser Gelegenheit konnte er, u. a. durch Vermittlung seines Bruders Ernst (s. d.), die für seine spätere Politik immer wieder wichtigen Kontakte zum preußischen Hof knüpfen. Die anschließenden Verhandlungen in der deutschen Bundesversammlung, zu denen C. nach Frankfurt reiste, waren insofern erfolgreich, als die Regierung in Kopenhagen, nachdem sich dort ein Umschwung vollzogen hatte, bald einlenkte. Der im Juni 1847 von Dänemark und der Hansestadt unterzeichnete Staatsvertrag über den Bau der Lübeck-Büchener-Eisenbahn war der erste entscheidende Schritt zur Überwindung der wirtschaftlichen Stagnation.

Nach einem mehrmonatigen Zwischenspiel als Bundestagsgesandter in Frankfurt, wo er politische Wirkungsmöglichkeiten vermißte, kehrte C. im Mai 1848 auf eigenen Wunsch nach Lübeck zurück, um die Verfassungsentwicklung in der entscheidenden Phase mitgestalten zu können. C. war Mitglied der Cen-

Theodor Curtius
Gemälde von G. L. Meyn

tral-Armen-Deputation (1847), der Rechnungsrevisions-Deputation (1847–1851), der Brandbehörde (1852–1856) sowie des Stempel- und Steuerdepartements (1855/56). 1853 wurde er erstmals der Senatskommission für auswärtige Angelegenheiten beigeordnet, seit 1857 führte er ausschließlich die auswärtige Korrespondenz des Senats und blieb bis zu seinem Ausscheiden aus dem Senat maßgebliches Mitglied der Kommission (1868–1879 als Präses). Die Übernahme weiterer leitender Funktionen – Senatskommission für Handel und Schiffahrt (1865–1868, 1871/72), Senatskommission für Zollangelegenheiten (1871/72), Eisenbahnkommissariat (1861–1868), Senatskommissar für Eisenbahn, Post- und Telegraphenwesen (1871/72, 1875/76, 1879–1885) – ermöglichte ihm die von Anfang an angestrebte enge Verzahnung aller wesentlichen Bereiche der Handels- und Verkehrspolitik. Als langjähriger Präses der militärischen Behörden – Bewaffnungs-Deputation (1849–1864), Militär-Departement (1851–1864), Militär-Gericht (1851–1864) – bewirkte er in Verhandlungen mit Hamburg, Bremen und Oldenburg eine für Lübeck langfristig kostengünstige Neustrukturierung des hanseatischen Bundeskontingents.

Maßgeblichen Anteil hatte C. an der Reform des lübeckischen Postwesens. Unter seiner Obhut (1849–1854, 1857–1868) entwickelte sich das Postdepartement zu einer effizient arbeitenden Behörde, vor allem auch dadurch, daß C. in der Person des mecklenburgischen Hofpostsekretärs H. Lingnau (s. SHBL, 9, S. 211) einen hervorragenden Fachmann für die Position des Postmeisters gewinnen konnte. Zahlreiche in dieser Zeit geschlossene Postverträge erleichterten die Wirtschafts- und Verkehrsbeziehungen zu den deutschen Bundesstaaten und zum Ausland, namentlich zu Dänemark.

Der lübeckisch-dänische Staatsvertrag von 1847 und die fast zeitgleich mit der Errichtung eines dänischen Postamts (Juli 1852) in Lübeck vollzogene Eröffnung der Lübeck-Büchener Eisenbahn (Oktober 1851) hatten die dänische Abschnürungspolitik zwar durchbrochen, aber nicht beendet. Um die Beeinträchtigung des lübeckischen Handels durch die nach wie vor hohen holsteinischen Transitzölle zu verringern, nutzte C. die 1855 von den Vereinigten Staaten zur Ablösung des Sundzolls erzwungenen Verhandlungen. Indem er die für Lübeck weniger wichtige Sundzollablösung mit der Transitfrage verknüpfte, gelang es ihm, die verkehrspolitische Isolierung seiner Heimatstadt endgültig abzuwenden. Anfänglich als außerordentlicher Gesandter selbst mit der Vertretung der hanseatischen Interessen beauftragt, betrieb er alsbald die Wiedereinrichtung der 1848 eingezogenen hanseatischen Ministerresidentur in Kopenhagen, die auf seine Empfehlung hin 1856 mit dem gleichgesinnten F. Krüger besetzt wurde. In enger Kooperation vermochten beide, die Großmächte England, Frankreich und Rußland zur Unterstützung der lübeckischen Position zu bewegen und Dänemark 1857 im Sundzollvertrag zur Reduzierung des Transitzolls auf ein Fünftel des bisherigen Tarifs zu veranlassen.

Im Gefolge dieser Entwicklung, die Dänemark von der Steigerung des lübeckischen Transitverkehrs sozusagen zu profitieren zwang, erwirkten C. und Krüger, auch gegen lübeckische und hamburgische Widerstände, allerdings auch gegen das Zugeständnis von Transitzöllen auf dem seit alters zollfreien Stecknitzkanal, die endgültige Zustimmung Kopenhagens zum Bau einer direkten Eisenbahnverbindung von Lübeck nach Hamburg über Oldesloe, die 1865 eröffnet wurde. Mit ihr wie auch mit der ein Jahr zuvor fertiggestellten Verlängerung der Lübeck-Büchener Bahn bis Lüneburg war der Anschluß an das deutsche Eisenbahnnetz erreicht. Weniger erfolgreich hingegen waren C.' seit Mitte der 1840er Jahre verfolgten Bemühungen um eine Eisenbahnverbindung nach Travemünde als Teil eines Verkehrsweges nach Skandinavien. Das Projekt wurde nach mehrmaligem Anlauf erst 1879 wieder aufgegriffen und 1882 lediglich als Nebenbahn ausgeführt.

Waren somit Mitte der 1860er Jahre die Weichen für die wirtschaftliche Aufwärtsentwicklung Lübecks gestellt, so hatte sich C. in dem sich anbahnenden österreichisch-preußischen Konflikt bald mit der politischen Zukunft des Stadtstaates zu befassen. Infolge seiner langjährigen außenpolitischen Erfahrungen lagen seine Sympathien von vornherein bei Preußen, unter dessen Führung er sich die Lösung der „deutschen Aufgabe" versprach. Wenngleich anfänglich kein entschiedener Anhänger Bismarcks, war er doch von der Notwendigkeit eines grundsätzlichen, notfalls auch bedingungslosen Zusammengehens der Hansestädte mit Preußen überzeugt. In dieser Hinsicht im Einklang mit dem bremischen Bürgermeister Johann Smidt und wiederum mit dem seit 1864 als hanseatischer Gesandter beim Bundestag amtierenden F. Krüger handelnd, vermochte er zunächst den lübeckischen Senat und schließlich auch die Hamburger zum Bündnis mit Preußen zu bewegen. Mit dem grundsätzlichen Votum der am 21. 6. 1866 unter C.' Vorsitz in Hamburg tagenden hanseatischen Konferenz gab sich Bismarck jedoch nicht zufrieden, sondern drängte auf eine aktive militärische Beteiligung, was C. zu vermeiden gesucht hatte. Mit der erst kurz vor der entscheidenden Schlacht von Königgrätz herbeigeführten, im Grunde unausweichlichen Entscheidung zugunsten der Truppengestellung konnte C. aber das Wohlwollen des preußischen Ministerpräsidenten erkaufen, das er dann bei den Verhandlungen der folgenden Jahre für Lübeck vorteilhaft zu nutzen wußte.

Der Beitritt zum Norddeutschen Bund erfolgte konsequenterweise unter C.' klarem Bekenntnis zu einer an der preußischen Führungsrolle ausgerichteten bundesstaatlichen Verfassung. Die frühzeitig signalisierte Bereitschaft, stadtstaatliche Hoheitsrechte nationalen Interessen zu opfern, erlaubte es ihm, Bismarck Zugeständnisse abzuringen, die der begrenzten Leistungsfähigkeit Lübecks Rechnung trugen. Kennzeichnend für seine Vorgehensweise war dabei, durch direkte zweiseitige Verhandlungen Arrangements zu treffen, die die späteren Bundesverhandlungen präjudizierten. Nicht unerheblich für seinen Erfolg war auch, daß ihm F. Krüger, der 1866 den liberalen Hamburger Friedrich Heinrich Geffken als hanseatischer Ministerresident in Berlin ablöste, wiederum als enger Vertrauter vor Ort zur Seite stand. So konnte er günstige Regelungen sowohl für den 1869 erfolgten Übergang des Post- und Telegraphenwesens an den Norddeutschen Bund als auch für die 1867 abgeschlossene Militärkonvention mit Preußen erwirken, durch die das lübeckische Kontingent in die preußische Armee überführt wurde. Die Konsolidierung des lübeckischen Staatsgebiets durch die im selben Jahr vereinbarte Veräußerung des bergedorfischen Anteils an Hamburg bewerkstelligte C., indem er bei den zunächst festgefahrenen Verhandlungen Bismarck ins Spiel brachte und die Hamburger damit in Zugzwang setzte. Den raschen Anschluß an den Zollverein, der anders als in den Schwesterstädten bereits im August 1868 erfolgte, betrieb C. gegen starke Widerstände in seiner Vaterstadt. Er legte damit einen weiteren Grundstein für den wirtschaftlichen Aufschwung, den Lübeck im letzten Drittel des 19. Jh. nahm.

Nach dem Abschluß der Zollverhandlungen zog sich C. aus der aktiven Diplomatie weitgehend zurück, ohne jedoch die außenpolitischen Fäden aus der Hand zu geben. 1867 zum ersten lübeckischen Bevollmächtigten beim neugeschaffenen Bundesrat des Norddeutschen Bundes ernannt, gab er dieses Amt ein gutes Jahr später an den auf seinen Vorschlag hin gewählten Krüger ab, der es fortan in Personalunion mit der hanseatischen Ministerresidentur bei Preußen wahrnahm. In der Folgezeit widmete C. sich verschiedentlich wieder innenpolitischen Fragen, so als Mitglied des Oberschulkollegiums (1871/72) und als Präses der Senatskommission für kirchliche Angelegenheiten (1875–1876). Gesellschaftspolitisch vertrat er zunehmend konservative, ja z. T. reaktionäre Positionen, u. a. in der Auseinandersetzung um die Reform der Kirchenverfassung. Die in den Jahren 1876 bis 1879 von seinem Gegenspieler Theodor Behn eingebrachten Anträge auf Liberalisierung der antiquierten lübeckischen Kirchenverfassung wußte C., als dogmatischer Verfechter des althergebrachten senatorischen Kirchenregiments, zunächst zu verzögern und schließlich mit der Mehrheit des Senats zu Fall zu bringen. Titel und Aufgaben eines Bürgermeisters fielen ihm dreimal zu: 1869/70, 1873/74 und 1877/78. Als ihm diese Würde 1880 erneut angetragen wurde, mußte er aus gesundheitlichen Gründen ablehnen. Zu Hypochondrie neigend und seit Beginn der 1870er Jahre an rheumatischen Beschwerden leidend, veranlaßte ihn sein Gesundheitszustand, im Herbst 1885 seine Versetzung in den Ruhestand zu beantragen.

C.' Bedeutung liegt darin, daß er in der gesellschaftlichen Umbruchphase vom Vormärz bis zur Reichsgründung die grundlegenden außenpolitischen und wirtschaftlichen Weichenstellungen für die Zukunft Lübecks herbeigeführt hat, eine Leistung, die auf hervorragendem Sachverstand, Zähigkeit, Geduld und diplomatischem Geschick sowie konsequenter Ausnutzung günstiger personeller und politischer Konstellationen beruhte. Indem er sich vom gemäßigt liberalen Reformer zum konservativen Politiker und Verfechter des Einheitsgedankens Bismarckscher Prägung wandelte, war er in seiner Persönlichkeit eine durchaus zeittypische Erscheinung. – Senatsmedaille „bene merenti", 1885. – Goldene Ehrendenkmünze der Handelskammer zu Lübeck, 1885.

Quellen: AHL: Familienarch. Curtius; Familienarch. Plessing 39, 75, 85, 226; Familienarch. von der Hude. – W. Weber, Briefe d. Senators Dr. Th.C. aus d. Jahren 1863 u. 1864, in: Wagen 1965, S. 69–80.

Literatur: ADB, 47, S. 602–606. – NDB, 3, S. 448 f. – C.F. Wehrmann, Die Entstehung u. Entwicklung d. Eisenbahnverbindungen Lübecks, in: ZLGA 5 (1888), S. 26–116. – Ders., Die Betheiligung Lübecks b. d. Ablösung d. Sundzolls, in: ebd. 6 (1892), S. 405–430. – H. v. Poschinger, Fürst Bismarck u. d. Bundesrat, Stgt. u. Lpz. 1897, 1, S. 115; 2, S. 53–60. – F. Bruns, Verfassungsgesch. d. lübeckischen Freistaats 1848–1898, Lübeck 1898. – P. Curtius,

Bürgermeister [Theodor] C. Lebensbild eines hanseatischen Staatsmannes im 19. Jh., Bln. 1902. – Ders., Bürgermeister C. Gedenkbl. zu seinem hundertsten Geburtstage, in: LBl 1911, S. 147–150. – E.F. Fehling, Vor 50 Jahren. Zur Erinnerung an Friedrich Krüger u. Lübecks Politik am Sunde, in: HG 1906, S. 219–243. – Ders., Heinrich Theodor Behn, Lpz. 1906. – Ders., Zur lübeckischen Ratslinie 1814–1914, Lübeck 1915 (Veröff. z. Gesch. d. freien u. Hansestadt Lübeck 4, H.1), S. 33 f. – Ders., Behns Anteil an d. Gesch. d. lübeckischen Staatsverfassung v. 1848, in: Ders., Marksteine lübischer Gesch., Bln. 1919, S. 84–98. – Fehling Nr. 994. – J. Kretzschmar, Gesch. Lübecks in d. Neuzeit, in: Fritz Endres (Hrsg.), Gesch. d. freien u. Hansestadt Lübeck, Lübeck 1926, S. 57–112. – Ders., Bürgermeister Th. C., in: Wagen 1936, S. 169–178. – K. Lange, Bismarck u. d. norddeutschen Kleinstaaten im Jahre 1866, Bln. 1930, S. 7–9, 66 f., 121–143. – G. Radbruch/H.A. Stolterfoht, Die Lübecker Germanistenversammlung, in: Ehrengabe, dem dt. Juristentage überreicht v. VLGA, Lübeck 1931, S. 103–121. – G. Fink, Dr. Friedrich Krüger, ein Staatsmann in hanseatischen Diensten, in: Wagen 1937, S. 162–168. – I. Schweisfurth, Die „Neuen Lübeckischen Blätter" als Wegbereiter einer staatlichen Neuordnung, Diss. Kiel 1946. – A. v. Brandt, Geist u. Politik in d. lübeckischen Gesch., Lübeck 1954, s. Register. – O. Becker, Bismarcks Kampf um d. Eingliederung d. Hansestädte in d. Zollverein, in: Städtewesen u. Bürgertum als geschichtliche Kräfte. Gedächtnisschr. f. Fritz Rörig, hrsg. v. A. v. Brandt u.a., Lübeck 1953, S. 227–242. – H.P. Dahl, Lübeck u. d. Bundesrat 1871–1914, Lübeck 1969 (Veröff. z. Gesch. d. Hansestadt Lübeck 23). – H. Zimmermann, Die Lübeck-Büchener Eisenbahn, in: LbgH 71 (1971), S. 34–57. – W.-D. Hauschild, Die Reform d. Lübecker Kirchenverfassung im 19. Jh., in: ZLGA 57 (1977), S. 52–102. – Ders., Kirchengesch. Lübecks, Lübeck 1981, s. Register. – G. Ahrens, Krisenmanagement 1857, Hbg. 1986 (Veröff. d. Ver. f. hamburgische Gesch. 28), S. 45, 48, 95–97. – A. Graßmann (Hrsg.), Lübeckische Gesch., Lübeck 1988, s. Register.

Porträts: Ölgemälde v. G.L. Meyn (MusKK), Abb. s. S. 102.

Hartmut Bickelmann

CURTIUS (latinisiert aus Korte), Valentin, geb. 6. 1. 1493 Lebus/Mark (so die herkömml. Auffassung; möglich: Lübeck), gest. 27. 11. 1567 Lübeck; ev. – Theologe, Superintendent.

Eltern: Valentin Korte, Barbier, seit 1504 in Lübeck nachweisbar, gest. 1540 Lübeck; Taleke geb. Bruns, verw. Blancke; gest. 1504 Lübeck; verh. 1487.

Ehefrau: Ilsebe, vermutlich in Rostock geb.; gest. 1597 Lübeck; verh. 19. 5. 1532 Rostock.

Kinder: 1 Sohn, 2 Töchter.

C. wuchs in Lübeck auf, studierte seit dem 8. 10. 1512 in Rostock Theologie (die Matrikel bezeichnet ihn als Lübecker) und trat zugleich ins dortige Minoritenkloster St. Katharinen ein, wo er später Lesemeister wurde. Durch Joachim Slüter für die ev. Sache gewonnen, wurde C. auf Drängen der Bürgerschaft am 28. 4. 1528 in Rostock der zweite lutherische Prediger (Heilig-Geist-Kirche) und wirkte maßgeblich an der Einführung der Reformation 1530/31 mit. Seine konservative Haltung hinsichtlich der lateinischen Gottesdienstformen setzte er gegenüber Slüter durch (Gespräch beider mit Bugenhagen in Lübeck im Sommer 1531). 1531 wurde er Hauptgeistlicher an St. Marien in Rostock. Bei seiner Heirat 1532 beteiligten sich alle Ratsherren am öffentlichen Kirchgang, um ihn mit dieser ungewöhnlichen Geste zu ehren und für die evangelische Amts- und Eheauffassung zu demonstrieren. Infolge des Streits mit der oppositionellen Bürgerpartei unter Syndikus Johann Oldendorp (s. d.) verließ C. zu Michaelis 1534 Rostock. Er wurde im selben Jahr Pastor in Mölln (bis 1544), danach Prediger an St. Petri in Lübeck, 1545 ebd. Pastor (als Nachfolger von Reiner von Rensen), zwischen April 1553 und Februar 1554 Superintendent von Lübeck als Nachfolger des 1548 verstorbenen Hermann Bonnus (s. d.).

C., kein Gelehrter, aber ein theologisch gebildeter Praktiker, erwies sich in den kirchenpolitisch schwierigen Jahren nach 1548 mit dem Augsburger Interim und innerevangelischen Lehrstreitigkeiten als besonnener Kirchenführer von entschieden lutherischer (gnesiolutherischer) Position. In Lübeck stritt er 1549 mit Andreas Wilms über die Höllenfahrt Christi und wirkte 1551 an der erstmaligen Ausweisung eines Predigers wegen Irrlehre mit (Lorenz Mörsken, der in der Frage der guten Werke von Luther abwich). 1554 verweigerte er die Aufnahme der aus London vertriebenen evangelischen Exulantengemeinde unter Johann Laski wegen deren Calvinismus. 1560 verpflichtete C. die Lübecker Geistlichkeit auf die von ihm verfaßte formula consensus, wodurch Lübeck als erstes deutsches Territorium ein offizielles lutherisches Bekenntnisschriftencorpus erhielt (1561 in einem Buch zusammengefaßt).

An den Lehrstreitigkeiten im norddeutschen Luthertum war C. mit theologischen Gutachten und Verhandlungen beteiligt: 1548 und 1551 griff er Melanchthon wegen dessen irenischer Haltung betr. Interim und gute Werke an; später arbeitete er an überregional bedeutsamen Gutachten mit, z. B. 1553 gegen Georg Major betr. gute Werke, 1555 gegen Andreas Osiander betr. Rechtfertigungslehre, 1556 gegen die calvinistische Abendmahlslehre, 1559 gegen den Frankfurter Rezeß, 1561 gegen die Abendmahlslehre des Bremer Pastors Albert Hardenberg. Gegen die Einladung Lübecks zum Konzil von Trient votierte C. mit dem ausführlichen Nachweis, daß dies nicht das lange geforderte rechtmäßige, allgemeine Konzil sei. Kirchenpolitisch wichtig im Blick auf die zum Konkordienwerk von 1577/80 führenden Verhandlungen war C.' Beteiligung an den Lüneburger Artikeln 1561, mit denen die Städte des niedersächsischen Reichskreises unter Leitung von Joachim Mörlin ihre konfessionelle Identität klärten und ein lutherisches Corpus Doctrinae vorbereiteten. C.' Hauptverdienst liegt darin, Lübecks führende Position in Norddeutschland auf kirchlichem Gebiet zur Geltung gebracht zu haben.

Quellen: AHL, Personenkartei.
Werke: Verz. in: Cimb. lit., 2 (s. Lit.). – Formula consensus de doctrina evangelii et administratione sacramentorum, Lübeck 1560 (b. Starck, s. Lit., S. 196 f., u. A. Petersen, Das Besondere Buch, SSHKG 2, 28, 1972, S. 135 f.). – Protestatio contra Synodum Tridentinum, 1561 (b. Starck, S. 208–243).
Literatur: ADB, 4, S. 652. – Cimb. lit., 2, S. 159–160. – Jöcher, 1, Sp. 2263 f. – N. Gryse, Historia van der Lere, Leuende vnd Dode Joachimi Slüters, Rostock 1593. – C. H. Starck, Lübeckische Kirchen-Historie 1, Hbg. 1724, S. 118–244. – RE, 4, S. 358–360 (m. weiteren Lit.angaben). – M.H. Burmeister, V.C., 1. ev. Kirchherr in Mölln, in: LbgH N. F. 27 (1959), S. 11–17. – W.-D. Hauschild, Kirchengesch. Lübecks, Lübeck 1981, s. Register.

Wolf-Dieter Hauschild

DISTLER, August *Hugo,* geb. 24. 6. 1908 Nürnberg, gest. 1. 11. 1942 Berlin; ev. - Kantor, Organist, Komponist.

Die Vorfahren mütterlicherseits waren hauptsächlich Bauern oder ländliche Handwerker; unter den Vorfahren väterlicherseits gab es auch Akademiker und Musiker.

Eltern: August Louis Gotthilf Roth, geb. 3. 2. 1883 Stuttgart, gest. 10. 2. 1958 ebd., Maschineningenieur, später Fabrikant; Helene Distler, geb. 19. 2. 1881 Nürnberg, gest. 4. 3. 1969 ebd., Modistin, Damenschneiderin; Tochter d. Matthias Distler (1856–1886) u. d. Kunigunde geb. Beyer (1857–1925), letztere 1889 in 2. Ehe verh. m. d. Großviehhändler Johann Michael Herz (1860–1930).

Ehefrau: Waltraut-Maria Thienhaus, geb. 17. 8. 1911 Lübeck, verh. 14. 10. 1933 ebd.; Tochter d. Lübecker Gymnasialprofessors Paul Thienhaus (1877–1958) u. d. Maria geb. Schauke (1886–1936).

Kinder: 2 Töchter, 1 Sohn.

D. lebte als unehelich geborenes Kind seit dem viertem Lebensjahr bei seinen im Großviehhandel tätigen Großeltern, nachdem die Mutter 1912 den Deutsch-Amerikaner Anthony Meter geheiratet hatte und mit ihm nach Chicago gegangen war. Da beide Großeltern tagsüber im Geschäft arbeiteten, blieb das Kind meist allein und auf sich gestellt, ohne mütterliche Zuwendung, was sich später als Lebensangst auswirkte, obwohl seine Mutter bereits 1919 mit ihrem zweiten Sohn Anton Meter verwitwet aus Amerika nach Nürnberg zurückkehrte und D. seitdem wieder bei ihr lebte.

Bereits in der Volksschule wurde D.s Musikalität entdeckt; er erhielt Klavierunterricht in der bekannten Nürnberger Klavierschule Carl Dupont, wo ihn der Meister seit dem Winter 1923/24 selbst unterrichtete. Bedeutsam war für ihn während dieser Jahre die freundschaftliche Beziehung zur Dupont-Mitschülerin Ingeborg Heinsen und deren Familie. Durch sie lernte er den Komponisten und Musikschriftsteller Erich Rhode kennen, der ihm Unterricht in Musikgeschichte und -theorie erteilte. Im Frühjahr 1918 trat D. in das Nürnberger Realgymnasium ein. In der Nachkriegszeit und besonders seit dem Tod der Großmutter (1925) verschlechterten sich die wirtschaftlichen Verhältnisse der Familie. D. bewarb sich um eine Freistelle am Nürnberger Städtischen Konservatorium, wurde aber auch nach zweimaliger Wiederholung der Bewerbung wegen „mangelnder Begabung" abgewiesen. Diese Zurückweisungen hat er sein Leben lang nicht verwunden.

Nach dem Abitur am Nürnberger Realgymnasium im April 1927, in das D. im Frühjahr 1918 eingetreten war, ging er nach Leipzig ans Landeskonservatorium, wo er u. a. bei Carl Adolf Martienssen Klavier und bei Hermann Grabner Tonsatz und Musiktheorie studierte. Auf Anraten Martienssens und Grabners, die schnell seine ungewöhnliche kompositorische Begabung erkannt hatten, studierte er seit 1928 im Hauptfach Orgel und Komposition bei dem damaligen Thomas- und Gewandhausorganisten Günther Ramin. Das Verhältnis zu den Lehrern Grabner und Ramin entwickelte sich zu lebenslangen Freundschaften. Durch Grabner wurde er auf die Musik der vorbachschen Zeit verwiesen, und durch Ramin und Friedrich Högner, der ihn seit 1929 in liturgischem Orgelspiel unterrichtete, kam D. in Kontakt mit der Orgelbewegung, die eine Rückwendung zum Orgelklang des Barock und Vorbarock anstrebte. Einfluß übte außerdem der Thomaskantor Karl Straube mit seinen Aufführungen Neuer Musik und von Werken des 16. und 17. Jh auf ihn aus, und schließlich war die Musik Heinrich Schütz' ein wichtiger Stimulus. An eigenen Kompositionen entstand in Leipzig eine Reihe von Klavierwerken, von denen die „Konzertante Sonate" für zwei Klaviere 1931 als opus 1 im Verlag Breitkopf & Härtel erschien.

Nach dem Tod des Stiefgroßvaters, der das Studium hauptsächlich finanziert hatte, mußte D. seinen Lebensunterhalt selbst verdienen. Im Januar 1931 konnte er durch Vermittlung Ramins die nebenamtliche Organistenstelle an St. Jakobi in Lübeck antreten. Da das Gehalt gering war, überließ ihm der Kirchenmusikdirektor Bruno Grusnick auch die Leitung des von ihm gegründeten Sing- und Spielkreises. Seit dem Frühjahr 1932 leitete D. auch das neugegründete Lübecker Kammerorchester, beteiligte sich seit November 1932 an den von Fritz Jöde begründeten Lübecker Singtagen und leitete Singwochen in verschiedenen Städten Deutschlands. Im September 1933 erhielt er zusätzlich einen Lehrauftrag an der Kirchenmusikschule Berlin-Spandau für die Fächer Komposition, Kontrapunkt und Harmonielehre, den er jedoch wegen Arbeitsüberlastung und aus gesundheitlichen Gründen nach einem Semester wieder aufgeben mußte. Neben seiner inzwischen hauptamtlichen Position als Jakobi-Organist wurde er 1934 auch Leiter der kirchenmusikalischen Abteilung des ein Jahr zuvor gegründeten Lübecker Staatskonservatoriums. Im Jahre 1935 wurden die Orgeln der Jakobikirche restauriert; D., der die Restaurierung betrieben hatte, beaufsichtigte die Arbeiten und veröffentlichte nach ihrem Abschluß mit seinem Schwager Erich Thienhaus ein Buch „Die beiden Orgeln in St. Jakobi zu Lübeck".

D.s Lübecker Zeit, die bis 1937 dauerte, war die fruchtbarste Zeit seines Schaffens als Komponist geistlicher Werke. Neben der pädagogischen und konzertierenden Tätigkeit entstanden Kompositionen, die schon früh einen eigenen Stil zeigten, stark geprägt von vorbachscher Musik. Die Choralpassion op. 7, im März 1933 in Berlin uraufgeführt, machte ihn mit einem Schlag berühmt; im selben Jahr folgte die ebenfalls stark beachtete Weihnachtsgeschichte op. 10. Besonders hervorzuheben ist auch die Motettensammlung „Geistliche Chormusik", von der in den Jahren 1934 bis 1936 sieben Stücke fertig wurden und deren Titel auf Heinrich Schütz verweist; der „Totentanz" aus dieser Sammlung ist als bedeutendster Ausdruck von D.s Individualstil bezeichnet worden.

D.s musikalisches Schaffen litt schon in Lübeck sehr unter dem NS-Regime. Sein Cembalokonzert op. 14 (1935/36) wurde 1936 als „kulturbolschewistisch" diffamiert, sein „Lied von der Glocke" opus 9/1 (1933/34) war 1934 gar „negroid" genannt worden. Schwerer wog jedoch, daß Lübeck 1936 zu einem Brennpunkt des nationalsozialistischen Kirchenkampfes wurde; im Dezember wurden neun Pastoren der Bekennenden Kirche amtsenthoben und unter Hausarrest gestellt, und Pastor Axel Werner Kühl, mit D. befreundet und ein Förderer seiner Arbeit, wurde polizeilich aus dem Gebiet der Hansestadt verwiesen. Da D. für seine Arbeit in Lübeck keine Zukunft mehr sah, nahm er zum 1. 4. 1937 einen Ruf nach Stuttgart an die Württembergische Hochschule für Musik als

Hugo Distler
Zeichnung von R. Sprick, 1935

Dozent für Musiktheorie, Formenlehre und Chorleitung an. Im Herbst desselben Jahres übernahm er zusätzlich die Leitung der Eßlinger Singakademie. Kirchenmusik, die vom NS-Staat behindert wurde, konnte er zu dieser Zeit kaum noch aufführen. Auf dem Musikfest in Düsseldorf 1938 konnte nur durch Intervention des Geigers und Dirigenten Gerhard Maasz verhindert werden, daß sein Werk als „entartete Kunst" diffamiert wurde. 1939 aber erlebte D. noch einmal einen sensationellen Erfolg mit der Aufführung seines Mörike-Chorliederbuches opus 19 (1938/39) auf dem Fest der deutschen Chormusik in Graz. Im Mai 1940 wurde er dann in Stuttgart zum Professor ernannt, wodurch die drohende Einberufung zum Kriegsdienst vorläufig abgewendet war. Ein Jahr darauf erschien sein einziges musiktheoretisches Werk, die „Funktionelle Harmonielehre", in der er die durch Max Reger und seinen Lehrer H. Grabner tradierte Theorie Hugo Riemanns selbständig erweiterte und ergänzte.

Zum 1. 10. 1940 folgte D. einem Ruf an die Staatliche Hochschule für Musikerziehung und Kirchenmusik in Berlin-Charlottenburg als Professor für Chorleitung, Komposition und Orgelspiel. 1941 schrieb er den Text zu einem großangelegten Oratorium „Die Weltalter", das in antiker Verkleidung den Frieden beschwört, der einer Menschheit verlorengegangen ist, die sich von Gott abgewandt hat. Zur Vertonung des Werks ist es nicht mehr gekommen. Auch die schon in Stuttgart begonnene „Johannespassion" blieb unvollendet. Seit dem Frühjahr 1942 übernahm D. zusätzlich zu seiner Professur die Leitung des traditionsreichen Berliner Staats- und Domchors, wodurch er wiederum in Auseinandersetzungen mit den Nationalsozialisten hineingezogen wurde, die den Chor geschlossen in die Hitlerjugend überführen wollten. Hinzu kamen ständige Arbeitsüberlastung, die Angst vor dem Krieg und der drohenden Einberufung, die ihn so sehr belasteten und deprimierten, daß er seinem Leben am 1. 11. 1942 ein Ende setzte.

D.s kompositorisches Schaffen ist aufs engste verbunden mit der Singbewegung der 20er und 30er Jahre und der Wiederentdeckung der alten Musik. Sein Verdienst ist es, auch auf dem Gebiet der Chormusik die alten Formen rhythmisch und harmonisch mit neuem Leben erfüllt zu haben, ohne dabei dem Historismus zu erliegen. Mit seinem Chorwerk kann D. als der in Deutschland einflußreichste Komponist des 20. Jh. gelten. Er schuf einen individuellen Kompositionsstil, der sich nach dem Zweiten Weltkrieg durch Aufführungen in Deutschland und im Ausland verbreitete und seinerseits als Anregung wirkte. Die rhythmische und kontrapunktische Faktur führt in den Chorwerken zu einer äußerst intensiven chorischen Deklamation; die tonalen Verhältnisse verharren dabei meist im traditionellen Rahmen. Dieser Stil prägt auch D.s Orgelwerke, für die die Orgelbewegung und D.s Arbeit an Barockorgeln besonders in Norddeutschland wichtig waren.

Werke: Verz. b. U. Herrmann, L. Palmer u. in The New Grove (alle s. Lit.). Die Hauptwerke sind im Text genannt.
Literatur: MGG, 3, S. 582 f. – The New Grove Dictionary of Music and Musicians, 5, London 1980, S. 497–499. – W. Oehlmann, Das Chorwerk H. D.s, in: Die Musikpflege 14 (1943), S. 1–3. – H. Grunow, Die zu früh Gestorbenen – H. D., in: Neue Musikzeitschrift 6 (1948), S. 173 f. – B. Grusnick, Wie D. Jakobi-Organist in Lübeck wurde, in: Musik u. Kirche 28 (1955), S. 97–107. – Ders., Kirchenmusik in St. Jakobi seit 1925, in: VBl 28 (1977), S. 83–85. – H. Grabner, H. D.s Lehrjahre in Leipzig, in: Der Kirchenmusiker 9 (1958), S. 72–74. – G. Kappner, In memoriam H. D. Zur fünfzigsten Wiederkehr seines Geburtstages am 24. Juni, in: Musik u. Gottesdienst 12 (1958), S. 78–85. – Ders., H. D. u. d. Aufbruch d. Kirchenmusik, in: Musik u. Kirche 51 (1981), S. 58–66. – J. G. Mehl, Zu H. D.s 50. Geburtstag, in: Gottesdienst u. Kirchenmusik 9 (1958), S. 112-115. – U. v. Rauchhaupt, Die vokale Kirchenmusik H. D.s, Gütersloh 1963 (m. weiteren Lit.angaben). – W. Reimann, Aus meinem Leben, in: Der Kirchenmusiker 18 (1967), S. 137–143. – L. Palmer, H. D. and his Church Music, St. Louis u. London 1967. – W. D. Pritchard, Creative Historicism in the Choral Music of H. D., Diss. Univ. of Colorado 1967. – W. Jennrich, H. D., Bln. 1970. – U. Herrmann, H. D. – Rufer u. Mahner, Bln. 1972 (m. Werk- u. Lit.verz.). – O. Söhngen, Erneuerte Kirchenmusik, Göttingen 1975. – K. Stoll, H.-D.-Arch., in: VBl 28 (1977), S. 90. – S. Kruse, Das Werk H. D.s – Probleme d. Komponierens in d. Zeit v. 1920 bis 1945, Lübeck 1978 (Staatsexamensarbeit, Kopie im AHL). – M. Bergaas, Compositional Style in the Keyboard Works of H. D., Diss. New Haven 1978. – Ders., H. D. and Church Music in the United States, in: R. Saltzwedel/K. D. Koch (Hrsg.), Festschr. f. Bruno Grusnick z. 80. Geburtstag, Neuhausen u. Stgt. 1981, S. 26–34. – Ders., H. D. 1908–1942, in: The American Organist 16 (1982), Nr. 4, S. 174. – F. Neumann, Anm. z. Kompositionsstil H. D.s, in: Musikerziehung 33 (1979/80), S. 16–21. – F. Krautwurst, H. D., in: Fränkische Lebensbilder, 9, Neustadt/Aisch 1980, S. 289–312. – Weitere, auch unveröffentlichte Lit. im H.-D.-Arch., Kirchenkr. Lübeck.
Porträts: Porträtbüste v. O. Schäfer (H.-D.-Arch., Kirchenkr. Lübeck). – Zeichnung v. L. Thieme, 1931 (MusKK). – Zeichnung v. R. Sprick, 1935 (MusKK), Abb.: s. S. 110; danach Litho v. dems. (Bärenreiter-Verlag Kassel), Abb.: U. Herrmann (s. Lit.), nach S. 64. – Relief auf Gedenktafel in Lübeck, Jakobikirchhof 1. – Fotos b. U. Herrmann (s. Lit.) u. im MusKK.

Sabine Kruse

DREYER, Benedikt, geb. um 1485 Lübeck (?), gest. 1553/55 Lübeck. – Bildschnitzer.

Eltern: Sie könnten in Lübeck, Pferdemarkt 5, ansässig gewesen sein. In diesem Fall war der Vater vermutlich Maler (eventuell Bildschnitzer) oder Goldschläger; die Mutter war dann Greteke Dreyer, gest. 1490 Lübeck.

Ehefrau: Taleke van dem Kroghe, gest. 1546 Lübeck; Tochter d. Malers Hinrik van dem Kroghe (?).

Kinder: 1 Sohn Christopher.

Als Geburtsort D.s wird neuerdings Lübeck angenommen. Von 1505 bis 1507 ist er in Lüneburg als Gesellenschaffer der dortigen Lukasbruderschaft bezeugt. Um 1510 übersiedelte er nach Lübeck, wo ihm seit 1516 die repräsentativen Aufgaben zur Ausgestaltung der Marienkirche, vor allem die Herstellung der Lettnerfiguren (1518–1520), übertragen wurden. 1522 beendete er die Schnitzarbeit am Altarschrein der Antoniusbruderschaft in der Burgkirche. Die um 1524 einsetzenden reformatorischen Bestrebungen verhinderten weitere Aufträge dieser Art, doch wurde D. 1533 für die figürlichen Schnitzarbeiten an der Kanzel der Marienkirche herangezogen, den bedeutendsten Auftrag für kirchliche Kunst zur Zeit der Reformation in Lübeck. 1535 zog D., der 1522 am Pferdemarkt wohnte, in ein kleineres Haus in der Hundestraße um. Von 1538 bis 1553 war er „Kirchenmaler" der Marienkirche. In dieser Zeit beschäftigten ihn verschiedenartige Aufträge; ein Leuchtermodell für die Marienkirche (1540) und der Anstrich von Teilen des Mühlentores sind archivalisch gesichert, daneben scheint D. auch Schnitzarbeiten für Möbel ausgeführt zu haben. 1550 wird er als Ältermann des Maleramtes bezeichnet, 1555 war er verstorben.

Nur ein einziges erhaltenes Bildwerk, der Mittelteil des Altars der Antoniusbruderschaft von 1522, ist archivalisch als Arbeit D.s gesichert. Sonst beruht unsere Kenntnis seines Œuvres auf stilkritischen Zuschreibungen. Diese ermöglichen für die Zeit von 1516 bis 1522 eine weitgehend akzeptierte Vorstellung von der Kunst D.s. Am Anfang dieser Gruppe stehen die 1942 beim Luftangriff auf Lübeck verbrannten und durch unzulängliche Fotografien nur schwer zu beurteilenden figürlichen Schnitzereien an der großen Orgel von St. Marien (1516–1518), es folgt der Zyklus der Lettnerfiguren (1518–1520), der ebenfalls beim Brand der Marienkirche vernichtet wurde; aus diesem Zeitraum erhalten geblieben ist lediglich der Altar der Antoniusbruderschaft. Die Figuren dieses Altarwerks, aber auch die von den Lettnerfiguren glücklicherweise vorhandenen guten Fotografien ermöglichen es, die künstlerische Leistung, die sich in ihnen als den Hauptwerken D.s manifestiert, zu beurteilen. Sie zeigen, daß D. über eine breite Ausdrucksskala verfügte, die von einer in sich gekehrten Ruhe (Johann Evangelist vom Lettner) bis zur erregten Bewegung (Rochus vom Lettner) reicht. Gesichtsausdruck und Faltenspiel der Gewänder unterstützen eindringlich den Ausdruck der Körperhaltung. – Außer den genannten Arbeiten können zwei miteinander verwandte Werke, die Fragmente des Lendersdorfer Altars und der Mittelteil des Altarschreins aus Birket in Kopenhagen, D. zugeschrieben werden. Sie gehören wohl beide dem 2. Jahrzehnt des 16. Jh. an.

Die von der Forschung als Frühwerke D.s vorgestellten Arbeiten sind in ihrer

Zuschreibung umstritten und dürften eher seinem künstlerischen Umkreis zu-
zurechnen sein. Einige dieser problematischen Werke, wie der Altarschrein aus
Kvæfjord in Oslo, stehen mit einer Gruppe von Arbeiten in Verbindung, die dem
Werk D.s aus der Zeit um 1525 zugewiesen werden. In ihnen, wie in dem 1942 in
der Marienkirche verbrannten Mann mit der Geldmulde, findet sich der Stil D.s
in einer erstarrt wirkenden Form wieder. Erst an der Kanzel für die Marienkirche (1533) offenbart sich wieder die Schnitzkunst D.s. Die Gebärdensprache ist
jetzt noch eindringlicher entwickelt, das Faltenspiel ist spröde und scharfkantig
geworden, wirkt formelhaft verspielt und gewinnt dabei einen eigentümlichen,
grafisch-abstrakten Reiz. – In den noch folgenden zwanzig Jahren seines Lebens
hat der bedeutendste Bildschnitzer der Reformationszeit in Lübeck offenbar
keine seine Fähigkeiten fordernden Aufträge mehr erhalten.

Quellen: Verz. b. Hasse, B. D. (s. Lit.).
Werke (Chronologisches Verz. aller f. D. gesicherten u. d. wichtigsten ihm zugeschriebenen Schnitzarbeiten): Mittelteil d. Altarschreins aus Birket, 1510–1520 (Kop., Nationalmus.). – Reste d. Altarschreins v. Lendersdorf, 1510–1520 (Düren-Lendersdorf, Pfarrkirche;
New York, The Metropolitan Mus. of Art; Providence Mus. of Art; weitere Teile sind verschollen). – Madonnenfigur, 2 Prophetenreliefe, 4 Konsolträger f. d. große Orgel d. Lübek-
ker Marienkirche, 1516–1518 (1942 verbrannt). – 7 Figuren f. d. Lettnerbrüstung d. Lübek-
ker Marienkirche, 1518–1520 (1942 verbrannt, ein Fragment d. ornamentalen Schnitzerei
im MusKK). – Mittelteil d. Altarschreins d. Antoniusbruderschaft in d. Lübecker Burgkirche, 1522 vollendet (MusKK). – Gestühlswange m. Darstellung d. heiligen Sebastian aus d.
Lübecker Dom, um 1522 (MusKK). – Mann m. d. Geldmulde, um 1525 (1942 in d. Lübecker
Marienkirche verbrannt). – Mittelteil d. Altarschreins aus Kvæfjord, um 1525 (?) (Oslo,
Universitetets Oldsakssamling). – 4 Wappenschilde f. d. Haus d. Lübecker Kaufleutekom-
panie, 1527 (3 davon erhalten, MusKK). – Schnitzwerk an d. Kanzel d. Lübecker Marien-
kirche, 1533 (Kanzelkorb in Zarrentin, Pfarrkirche; Bekrönung d. Schalldeckels im
MusKK). – Leuchtermodell f. d. Lübecker Marienkirche, 1540 (einige Güsse nach diesem
Modell in d. Marienkirche erhalten, d. Modell selbst verloren). – 2 Füllungen eines Kir-
chenstuhls d. Familien Müter u. Lüneburg, um 1540 (MusKK, aus d. Marienkirche).
Literatur: Grundlegend M. Hasse, B. D., in: Ndt. Beitrr. z. Kunstgesch. 21 (1982), S. 958
(m. Verz. d. gesamten relevanten Lit. bis 1982). – Ders., Die Marienkirche zu Lübeck, Lübeck 1983, bes. S. 155–160, 165, 178–182. – M. J. Liebmann, Die dt. Plastik 1350–1550, Lpz.
1982, Gütersloh 1984, S. 390 (noch ohne Kenntnis d. Aufsatzes v. Hasse).

Jürgen Wittstock

DUMMER, *Erich* Albert Hermann, geb. 30. 9. 1889 Lübeck, gest. 7. 2. 1929
ebd.; ev. – Maler.
Eltern: Ferdinand *Albert* Dummer, geb. 6. 11. 1856 Copan b. Rügenwalde, gest.
13. 9. 1934 Lübeck, Postsekretär; *Ida* Johanna geb. Steffens, geb. 29. 5. 1864 Hamburg, gest. 9. 4. 1952 Lübeck.
Ehefrau: Ida Alwine Anna *Beate* Neuroth, geb. 28. 11. 1894 Lübeck, gest. 10. 6. 1967
ebd.; verh. 5. 7. 1919 ebd.; Tochter d. Oberbahnhofvorstehers Johann Ernst Neuroth.
Kinder: 1 Tochter.

D. besuchte seit 1896 das Katharineum in Lübeck, das er 1907 ohne Abschluß verließ, um sich, betreut durch seinen ehemaligen Zeichenlehrer Karl Sondermann, in der privaten Lübecker Kunstschule des Freiherrn Leo von Lütgendorff auf den Besuch der Kunstakademie vorzubereiten. Er begann sein Studium 1909 in Weimar, wo ihn auf dem Gebiet der Landschaftsmalerei vor allem Theodor Hagen förderte. Ende 1910 wechselte er, nachdem er den Sommer malend in Herrnburg verbracht hatte, nach München über, wo er Vorlesungen über Kunsttheorie und Kunstgeschichte hörte und sich mit der Kunst der Alten Meister kopierend auseinandersetzte. Ein Wintersemester (1911/12) an der Kunstschule in Berlin u.a. bei den Professoren Ulrich Hübner und Philipp Franck schloß sich an; nach einem zweiten kürzeren Aufenthalt in Weimar beendete D. in Berlin unmittelbar vor Ausbruch des Krieges im Jahre 1914 sein Studium, auf Wunsch des Vaters mit dem Zeichenlehrerexamen.

Von der Großstadt irritiert, kehrte er anschließend zu seinen Eltern nach Lübeck zurück, ohne sich um eine Übernahme ins Lehramt zu bemühen. Er lebte fortan als freischaffender Künstler unter den beengtesten Verhältnissen und verließ nur noch sehr selten seine Heimatstadt oder deren nähere Umgebung. Vom Kriegsdienst blieb er aus gesundheitlichen Gründen verschont. Er nutzte die nächsten Jahre, um die Eindrücke aus dem Studium aufzuarbeiten und sich seiner speziellen künstlerischen Möglichkeiten zu versichern. Figürliche Darstellungen religiösen und mythologischen Inhalts, wie sie damals Mode waren, standen am Anfang, wurden aber von der lübeckischen Presse mit Kritik bedacht und nicht weiter fortgeführt. Groß angelegte Porträts („Bildnis des Vaters", 1916) entstanden zum Teil in der Auseinandersetzung mit Franz v. Lenbach und kulminierten in dem „Bildnis Conrad Neckels" (1916/18), das wegen seiner expressiven Züge Befremdung beim Publikum auslöste. Besonders aber trieb D. die Landschaftsmalerei voran, mit Motiven, die die Stadt und ihre Umgebung boten: das winterliche Lübeck aus dem Atelierfenster gesehen und der verschneite Zollbahnhof von der Wallhalbinsel aus, die traurig anmutenden „Prisenschiffe" (1915) im Hafen oder – in immer neuen Anläufen – die sagenumwitterte „Schwedenkirche" (um 1916) in der Elisenstraße sowie das „Walderlebnis" (1917) aus dem Riesebusch. Die Arbeiten dieser Jahre wurden in den Kunsthandlungen Nöhring und Möller und in den Ausstellungen des Lübecker Kunstvereins in der Katharinenkirche regelmäßig der Öffentlichkeit vorgestellt, und schon 1915 fand D. in dem Baurat Ferdinand Reeps einen Förderer, der im Laufe der Jahre mehr als 100 Arbeiten von ihm erwarb.

Seit 1919 begann D., zuerst als Schriftführer und seit 1921 als Erster Vorsitzender, sich in der „Vereinigung Lübecker bildender Künstler" zu engagieren, zu deren Gründungsmitgliedern er gehörte. Auch im Verwaltungsrat der Overbeckgesellschaft hatte seine Stimme Gewicht. Seit 1920 arbeitete er dort eng mit dem neuen Museumsdirektor Carl Georg Heise zusammen, der ihn bereits 1921 mit einer Reihe von Arbeiten an der Ausstellung „Hundert Jahre Lübecker Malerei" anläßlich der „Nordischen Woche" beteiligte und sein künstlerisches Schaffen 1923 durch eine Gesamtausstellung in der Overbeckgesellschaft würdigte. Um D. bildete sich in diesen Jahren ein Freundeskreis, zu dem neben seinem

Schulkameraden Jan Cleemann der Radierer Bernhard Rothballer und der Zeichner Leopold Thieme gehörten, der junge Organist Hugo Distler (s. d.), die Ehepaare Bossanyi und Enns und der Philosoph Woldemar Oskar Döring. D. erschloß sich neue Arbeitsgebiete, die mehr Breitenwirkung versprachen. Zahlreiche Lithographien, die auch Hamburger Motive einbezogen, entstanden in Zusammenarbeit mit Rothballer und Sondermann für den „Neuen Kunstkalender", der zwischen 1919 und 1925 erschien. Die Jahre 1920 bis 1922 brachten überdies etwa 30 Radierungen, und in D.s Malerei begann eine neue Auseinandersetzung mit der Farbe und den Problemen des Bildaufbaus, angeregt durch die Beschäftigung mit dem Werk Paul Cézannes und gefördert durch einen mehrwöchigen Aufenthalt in Timmendorf im Frühsommer 1921. Hellere Bilder, transparenter im Aufbau, waren das Ergebnis („Strandlandschaft mit Badekarren", um 1921; „Fischerboote am Strand", 1921; „Ernte", 1921). Sie markieren den Beginn einer Entwicklung, die sich auch an den Bildern, die D. während eines längeren Aufenthalts in Ostfriesland im Frühjahr 1923 schuf, und an den Arbeiten der Folgezeit ablesen läßt. Es handelt sich um Landschaftsdarstellungen, die mit wenig Inhalt auskommen, häufig Öl auf Papier, durchscheinend gemalt, streng geometrisch organisiert und farblich fein differenziert, weit entfernt von der bemühten Detailtreue der frühen Arbeiten. In der souveränen Zurückgenommenheit ihrer Formensprache gehören sie zu seinen besten Leistungen: „Kahle Felder" z.B. (um 1925), in unterschiedlichen Fassungen überliefert, belegt den Weg immer stärkerer Verknappung.

Gleichzeitig öffnete sich D. mehr und mehr für die künstlerischen Herausforderungen der Welt, in der er seit langem lebte: Motive aus der Vorstadt St. Lorenz mit ihren tristen Straßenzügen, dunklen Brückendurchfahrten und abweisenden Brandmauern wurden in Bildern wie „Hausecke", „Neubauten", „Lazarettweg" gestaltet. Eine Bildreihe kam hinzu, in der sich die Zerstörung der Natur durch die zunehmende Industrialisierung am Rande der Stadt spiegelt, und eine zweite, die die Wandlungen des Hafens registriert. Diese Arbeiten, die D. auf einer neuen Höhe seiner gestalterischen Möglichkeiten zeigen, sind in einer Zeit entstanden, in der er infolge der Währungsreform Ende 1923 in materielle Not geriet. Verkäufe blieben fast ganz aus, und so sah er sich gezwungen, seit 1925 am Katharineum und in der Frauenfachschule aushilfsweise als Zeichenlehrer zu arbeiten. Carl Georg Heise suchte ihm dadurch zu helfen, daß er ihm im Herbst 1925 einige Räume des Behnhauses für die Präsentation seiner Jahresproduktion zur Verfügung stellte. Der Verkaufserfolg blieb jedoch offenbar bescheiden. Eine existentielle Krise bahnte sich an, die sich in manchen von D.s Bildern niedergeschlagen haben dürfte: „Zerblitztes Haus" (1925), „Einsamer Baum", „Sterbender Fisch" (1925). Sie hielt ihn jedoch nicht davon ab, sich weiterhin, auch als Redner und Autor essayhafter Artikel, für die Belange der Kunst und der Künstler zu engagieren, so in der „Vereinigung", für die Overbeckgesellschaft und bei der Vorbereitung der 700-Jahrfeier der Reichsfreiheit Lübecks im Jahre 1926. D. beteiligte sich in den letzten Jahren seines Lebens, von der Kritik meist mit anerkennenden Worten bedacht, an zahlreichen Gemeinschaftsausstellungen in Lübeck, in Hamburg und an anderen Orten Deutschlands. Im

Spätherbst 1928 mußte er sich wegen eines Nervenleidens in klinische Behandlung begeben, im Februar 1929 starb er plötzlich an Herzversagen.

D.s Ruhm blieb auf seine Vaterstadt beschränkt, wo man ihn im Jahre seines Todes und dann 1940, 1950, 1968 und 1989 durch Gedächtnisausstellungen ehrte. Sein Werk hat sich weitgehend aus sich selbst heraus entwickelt. Neben seinen Landschaftsbildern sind vor allem die Selbstbildnisse von Belang, die sein Schaffen von 1907 bis 1928 begleiten. Sie verraten viel von einem Menschen, der von selbstkritischen Zweifeln geplagt und gegenüber dem eigenen Werk voller Ungenügen war.

Quellen: L. v. Lütgendorff, E.-D.-Ausstellung in d. Kunsthandlung v. E. Nöhring, in: Lübeckische Anzeigen v. 11. 6. 1915. – K. Gerlach, Der Lübecker Maler E. D., in: LBl 1915, S. 416 f. – C. Neckels, E. D., in: VBl 1916, S. 151. – Ders., Kollektion E. D. Lübeck, in: Lübeckische Anzeigen v. 9.11.1916. – Ders., Aus d. Lübecker Kunstleben, in: VBl 1916, S. 45. – Ders., Der Lübecker Maler E. D., in: Lübecker Anzeigen v. 26. 9. 1917. – Ders., Neue Bilder v. E. D., in: VBl 1920/21, S. 4. – Ders., Ein neues Werk v. E.D. „Wir Drei", in: ebd. 1927/28, S. 22–24. – A. B. Enns, Kunstausstellung Möller, in: LBl 1920, S. 522. – Ders., E.-D.-Kollektivausstellung in d. Overbeck-Ges., in: ebd. 1923, S. 275–277. – Ders., E. D., Leopold Thieme, Kleinplastik, in: ebd. 1924, S. 1053 f. – Ders., E. D. Neuere Arbeiten b. Ludwig Möller, in: ebd. S. 234. – Ders., Zur Sonderausstellung v. E. D. im Behnhaus, in: ebd. 1925, S. 628–630. – Ders., E.-D.-Selbstbildnisse, in: LBl 1928, S. 370 f. – E. Horn, E. D. im Behnhaus, in: LBl 1925, S. 609 f. – D. Neumann u.a., E. D., Grundsätzliches z. Ausstellung seiner Jahresarbeit im Behnhaus, in: LBl 1925, S. 609. – Weitere Rezensionen, Ausstellungsverzeichnisse, Eröffnungsansprachen u. Briefe im Besitz d. Tochter, Dina-Beate Wegener geb. Dummer, Lübeck.

Werke: Ein Werkverz. liegt nicht vor. Ausführliches Ausstellungsverz. in: E. D. Kat. d. Gedächtnisausstellung im Dommus., Lübeck 1968. – Faltbl. z. Gedächtnisausstellung d. BfG-Galerie in Lübeck, 1989 (AHL). *Gemälde in öffentlichen Sammlungen:* Dorfteich in Herrnburg (MusKK). – Norddeutsche Landschaft, 1910/15 (Lübeck, Nordelbische ev.-luth. Kirche, Bischofskanzlei). – Bildnis d. Vaters, 1915 (MusKK). – Blick auf d. Altstadt Lübeck, 1917 (ebd.). – Sommertag in Schwartau, 1917 (ebd.). – Gloxinien, vor 1921 (ebd.). – Strandlandschaft m. Badekarren, um 1921 (ebd.). – Pariner Landschaft, vor 1923 (ebd.). – Lazarettweg im Winter, 1924 (ebd.). – Blumenfenster, um 1927 (ebd.). – Bildnis d. Mutter d. Künstlers, 1928 (ebd.). – Vorstadtfrühling (Lübeck, Kaufmannschaft). – Nächtlicher Strand (Lübeck, Posselhstiftung). – Friesische Landschaft (Lübeck, Ges. z. Beförderung gemeinnütziger Tätigkeit). *Gemälde in Privatbesitz* (fast ausnahmslos in Lübeck): Brodtener Ufer, 1908. – Frühlingsmorgen an d. Wakenitz, 1909. – Heideweg in Herrnburg, 1910 (Bad Schwartau). – Straße b. Weimar. – Häuser einer Kleinstadt, um 1910. – Der blaue Zaun, um 1910 (später überarbeitet). – Verkündigung an d. Hirten, 1914/15. – Sebastian, 1914/15. – Polyphem, 1914/15. – Prisenschiffe, 1915. – Segler im Stadtgraben (auch: Novemberstimmung), um 1915 (Bremerhaven). – Wintertag in Lübeck, 1916/17. – Schwedenkirche I–III, um 1916. – Bildnis Conrad Neckels, 1916/18. – Walderlebnis I u. II, 1917. – Blick auf Lübeck vom Pariner Berg, 1917. – Erntefuhre. – Kirchenkonzert in St. Marien. – Alter Zollbahnhof im Winter, vor 1920. – Stadtwinter, 1920. – Bildnis I.B. Dummer, 1920. – Ernte, 1921. – Fischerboote am Strand, 1921. – Stilleben vor blauem Schrank. – Hemmelsdorfer See (Bremerhaven). – Marschlandschaft, 1923. – Tief hinterm Deich. – Wattlandschaft b. Ebbe. – Brücke in Ostfriesland. – Lazarettweg, 1923. – Dass., 1925. – Vorstadtstraße, 1923. – Hausecke. – Nächtliche Neubauten (Köln). – Chinesenbrücke. – Stadtgraben m. alter Gasanstalt. – Nächtliche Brückendurchfahrt. – Gelände m. Fabrik. – Gelbe Landschaft vor Lübeck. – Schlackenweg u. Fabrikschuppen. – Hafenausfahrt. – Hafenbecken. – Mole vor Travemünde, 1923 (Wentorf b. Hbg.). – Landungsbrücken Travemünde. – Brodtener Ufer. – Raupenknick. – Kahle Felder I u. II, um 1925. – Zerblitztes Haus, 1925. – Sterbender Fisch, 1925. – Viadukt im Winter, 1925. – Einsamer Baum. – Vorfrühling in Travemünde. – Stiller

Tag an d. Höllenbucht. – Der große Acker, 1926. – Frühlingsabend, 1927. – Besonnter Waldgrund, 1927. – Wir Drei, 1927. – Windige Wakenitzlandschaft (Wentorf b. Hbg.). – Türkenbund. – Abendliches Flußufer. *Zeichnungen:* Winter in Lübeck (MusKK). – Selbstbildnis (ebd.). – Brodtener Ufer; Verkündigung; Eisenbahnzug; Landschaft m. eisernem Gitter; Friesische Landschaft (alle Privatbesitz). *Radierungen:* Lübeck im Schnee (MusKK). – Blick auf d. Marienkirche (ebd.). – Verlassener Strand (ebd.). – Waldinneres. – Bahngleise. – Badekarren. – Travemünde m. Dreimaster. – Lübecker Hafen. – Auf d. Mole. *Lithographien:* Waldlandschaft. – Baum am Fluß. – Der Neue Kunstkalender, Lübeck 1919, 1920, 1922; Hbg. 1923, 1925.

Veröffentlichungen: Ein Sommerabend, in: VBl 1917, S. 205 f. – Wohnwagen zu verkaufen, in: ebd. 1921, S. 84. – Regenbogenlandschaft, in: ebd. S. 7. – Karl Hofer, in: LBl 1923, S. 351. – Karl Sondermann, in: ebd. 1925, S. 46. – Von Natur u. Wakenitz, in: Lübecker Bucht 1 (1926), S. 187. – Mein Bilderhafen, in: ebd., S. 133. – Lübeck u. Lübecker Künstler, in: Siebenhundertjahrfeier d. Reichsfreiheit Lübecks, 3.–6.6.1926. Programmbuch, Lübeck 1926, S. 168. – Nordseebilder, in: Schl.-Holst.-Hbg.Lübeckische Mh.e 2 (1927), S. 56. – Selbstbildnisse v. E. D. aus 20 Jahren, in: VBl 1928, S. 68 u. LBl 1928, S. 333. – Gedichte, in: LBl 1929, S. 789.

Literatur: Nachrufe in: Lübeckische Anzeigen v. 9. 2. 1929; Lübecker Generalanzeiger v. 10. 2. 1929; Von Lübecks Türmen, Unterhaltungsbl. d. Lübecker Generalanzeigers v. 2. 3. 1929, S. 20; VBl v. 17. 2. 1929, S. 38 f.; LBl 1929, S. 121–123, 790–793. – C. Neckels, E.D., in: VBl 1929/30, S. 14. – J. Cleemann, Rede, gehalten b. d. Eröffnung d. E.-D.-Gedächtnisausstellung am 4. 2. 1940, in: LBl 1940, Nr. 7 (Beil.). – A. B. Enns, Maler entdecken Travemünde, in: Wagen 1953, S. 122. – Ders., E. D. 1889–1929, in: E. D., Kat. d. Gedächtnisausstellung im Dommus. Lübeck 1968. – Ders., E. D., ein ringender Künstler (1889–1929), in: Wagen 1969, S. 121–132. – Ders., Kunst u. Bürgertum. Die kontroversen zwanziger Jahre in Lübeck, Hbg. u. Lübeck 1978, s. Register. – C. Stoermer, Kampf um d. Absolute, in: Lübecker Morgen v. 10. 8. 1968. – K. Strube, Das hoffende u. leidende Leben, in: Lübecker Nachr. v. 11. 8. 1968. – G. Schmidt, E.D. (1889–1929), in: LBl 1989, S. 303 f. – H. Hannemann, Über E.D. (1889–1929), in: Wagen 1990, S. 159–170.

Porträts: Selbstbildnisse (Auswahl; falls nicht anders angegeben: Ölbilder in Lübecker Privatbesitz): Kleines Selbstbildnis, 1907. – Selbstbildnis, frontal, 1912. – Selbstbildnis im Malerkittel, 1912 (MusKK). – Kohlezeichnung, 1917. – Selbstbildnis m. Palette, 1919. – Litho, um 1920. – Kreidezeichnung (MusKK). – Selbstbildnis im Atelier (um 1920, MusKK). – Selbstbildnis, 11. 1. 1924. – Selbstbildnis rot, 9. 7. 1925 (MusKK). – Contemplatives Selbstbildnis, 1925. – Selbstbildnis vorm Fenster, 2. 4. 1927. – Selbstbildnis im Interieur, 1927. – Selbstbildnis Mai 1928. – Lichtes Selbstbildnis, 1928 (Verbleib unbek.). – Verschattetes Selbstbildnis, 1928 (Verbleib unbek.). – Foto v. J. Appel, um 1930 (MusKK).

Horst Hannemann

FEHLING-FAMILIE. Der Name der in Lübeck ansässigen Familie deutet auf eine Einwanderung aus Westfalen hin. 1597 wird in den Wochenbüchern des Doms zu Lübeck ein Stecknitzfahrer Asmus Westfehlingk (gest. 1618) erwähnt. Die Schreibweise der weitverzweigten Sippe ist unterschiedlich: Westphelingk, Westpfehling, Westphäling, Westfehling. Ihre Mitglieder gehörten fast alle dem angesehenen Amt der Stecknitzfahrer an. Die lückenlose Stammfolge der Familie beginnt mit Hans Westfehling (geb. 1658). Sein gleichnamiger Sohn (1697–1777) hatte einen Sohn Hans Christoph (1722–1803). Dieser, ebenfalls Stecknitzfahrer und später Wagenlader, wurde 1757 Bürger der freien Reichsstadt Lübeck und erhielt bei dieser Gelegenheit die obrigkeitrechtliche Genehmigung zur Änderung seines Namens in Fehling; seine Kinder nannten sich fortan teils Fehling, teils wieder Westfehling. Der Sohn Hermann Christian Fehling (1767–1836) ist der Stammvater aller hier behandelten Namensträger. Er war als Brauer und Kaufmann tätig, verarmte während der Franzosenzeit und erhielt 1821 zur Sicherung des Lebensunterhalts die Stelle eines Zöllners am Mühlentor zu Lübeck. Von seinen Söhnen wurde der älteste, Johannes Christoph (1800–1882), ein erfolgreicher Kaufmann in seiner Heimatstadt, ein anderer, Hermann Christian, geb. 1811 (s.d.), ein angesehener Chemiker in Württemberg. Ein weiterer Sohn, Wilhelm (1824–1903), Weinhändler und preußischer Konsul in Lübeck, war der Großvater des Kurators der Univ. Kiel, August Wilhelm Fehling (s. SHBL, 4, S. 65). Johannes heiratete 1826 eine Tochter des wohlhabenden jüdischen Bankiers Jacob Amschel Oppenheimer (1778–1845) in Hamburg, des ehemaligen Teilhabers von Salomon Heine. Deren jüngere Schwester Adele (1807–1873), verheiratet mit dem späteren Hamburger Bürgermeister Ferdinand Haller (1805–1876), war die Mutter des Hamburger Baumeisters und Architekten Martin Haller (1835–1925; s. NDB, 7, S. 553 f.). Von den elf Kindern des Johannes F. brachten es mehrere in ihrer Vaterstadt zu besonderem Ansehen: Johannes, geb. 1835 (s. d.), wurde in den Senat gewählt, *Hermann* Wilhelm, geb. 1842 (s. d.), war – wie schon der Vater – als Präses der Handelskammer tätig, während der jüngste Sohn Emil *Ferdinand,* geb. 1847 (s. d.), im und nach dem Ersten Weltkrieg Bürgermeister der Freien und Hansestadt war. Dessen Sohn war der Theaterregisseur Jürgen F., geb. 1885 (s. d.). Emil *Ferdinands* Schwester Margarete *Adele* F. (1827–1890) war mit dem Bürgermeister der Freien und Hansestadt Lübeck Heinrich Theodor Behn, geb. 15. 2. 1819 in Lübeck, gest. 28. 2. 1906 ebd. (s. NDB, 2, S. 9), verheiratet.

Quellen: AHL, Personenkartei u. Genealogisches Register.
Literatur: E. F. Fehling, Aus meinem Leben, Lübeck usw. 1929, S. 3–10. – O. Döhner, Das Hugenottengeschlecht Souchay de la Duboissière u. seine Nachkommen, Neustadt a. d. Aisch 1961 (Deutsches Familienarch. 19), S. 103–109.

                                                        Gerhard Ahrens

FEHLING, Emil *Ferdinand,* geb. 3. 8. 1847 Lübeck, gest. 3. 8. 1927, ebd.; ev. – Bürgermeister.
Eltern: Johannes Christoph Fehling, geb. 7. 8. 1800 Lübeck, gest. 17. 10. 1882 ebd., Kaufmann u. erster Präses d. neuerrichteten Handelskammer zu Lübeck (1853–1854); verh. 22. 6. (nicht 31. 1.) 1826 Nienstedten b. Altona m. Anna Emilie Oppenheimer, geb. 8. 8. 1803 Hamburg, gest. 5. 6. 1885 Lübeck; Tochter d. Hamburger Bankiers Jacob Amschel Oppenheimer (1778–1845) u. d. Emilie geb. Heckscher.
Ehefrau: 1.) Ada *Maria* Caroline Geibel, geb. 10. 5. 1853 München, gest. 27. 9. 1906 Lübeck; verh. 22. 5. (nicht 23. 5.) 1872; Tochter d. Dichters E. Geibel (s. d.) u. d.

Ferdinand Fehling
Foto von H. Hahn, 1928

Amanda *(Ada)* Louise geb. Trummer. – 2). Katharina *(Käthe)* Wilhelmine Henriette Wessel, verw. Morgen, verw. Vogts, geb. 11. 10. 1862 Berlin, gest. 20. 3. 1933 Mönchen-Gladbach; verh. 12. 7. 1910.

Kinder: aus 1.) 7 Söhne, 2 Töchter, darunter: Ferdinand, geb. 11. 11. 1875 Lübeck, gest. 8. 12. 1945 Waldhilsbach in Baden, Historiker; verh. 1.) m. Margarethe (Grete) Planck (1889–1917), Tochter d. Physikers Max Planck (1858–1947); verh. 2.) m. Emma Planck (1889–1919), Zwillingsschwester d. ersten Frau. – *Ada* Louise Emilie, geb. 28. 6. 1881 Lübeck, gest. 1972 Garmisch-Partenkirchen; verh. m. d. Bildhauer Georg Eduard Roemer (1868–1922). – Jürgen, geb. 1. 3. 1885 (s. d.).

Brüder: Johannes, geb. 18. 11. 1835 (s. d.) – Hermann, geb. 23. 4. 1842 (s. d.).

F. wurde als jüngstes von elf Geschwistern geboren. Sein Vater hatte es verstanden, den in der Franzosenzeit verlorengegangenen Wohlstand der Familie aufs neue zu begründen und zu festigen. So durchlebte F. eine sorgenfreie Jugend, bevor er nach dem am Katharineum abgelegten Abitur Lübeck zum Studium der Rechtswissenschaften verließ. Heidelberg und Leipzig waren die ersten Stationen auf diesem Weg; es folgten die Promotion an der Göttinger Univ. und schließlich 1869 die Prüfung vor dem Oberappellationsgericht der drei freien Hansestädte zu Lübeck. Dieses Staatsexamen berechtigte zur Ausübung von Advokatur und Notariat, wovon F. auch nach einer neunmonatigen Reise durch Frankreich, Italien und Großbritannien Gebrauch machte. Seine erfolgreiche Anwaltstätigkeit, besonders in Handels- und Seerechtsangelegenheiten, aber auch in Strafsachen, ermöglichte ihm schon mit 24 Jahren die Gründung eines eigenen Hausstandes.

Schon bald wandte F. sich den öffentlichen Angelegenheiten Lübecks zu, wobei ihm sein 1878 zum Senator gewählter Bruder Johannes und vor allem der seit 1871 turnusgemäß als Bürgermeister amtierende Schwager Th. Behn (dessen einfühlsamer Biograph er später wurde) zum Vorbild dienten. Als Vorsitzender des Lübecker Anwaltvereins, als Direktor der Gesellschaft zur Beförderung gemeinnütziger Tätigkeit (1895–1897), vor allem aber als Wortführer von Bürgerausschuß und Bürgerschaft (1886–1896, mit Adolph Brehmer alternierend) hat F. das ihm nachgerühmte Verhandlungsgeschick vielfach erproben können. Erst mit fast 50 Jahren wurde er 1896 in den Senat gewählt, wo er freilich dank seiner reichen Erfahrungen sogleich eine umfassende Wirksamkeit entfaltete. Zunächst hauptsächlich in der Justizkommission (seit 1902 als deren Vorsitzender) und im Finanzdepartement tätig, wandte er seine Aufmerksamkeit bald auch der wichtigen Kommission für Reichs- und auswärtige Angelegenheiten zu. Als stellvertretender (seit 1913 als ordentlicher) Bevollmächtigter Lübecks im Bundesrat hat F. sich immer wieder um eine würdige und wirkungsvolle Vertretung hanseatischer Belange und Interessen bemüht. Erst relativ spät, nach zwanzigjähriger Mitgliedschaft im Senat, wurde er für die Jahre 1917–1918 zum Bürgermeister gewählt. Schwindende Siegeszuversicht, Friedenshoffnungen, der verhängnisvolle Kriegsausgang und Deutschlands Zusammenbruch kennzeichneten seine Amtszeit. Es bleibt F.s denkwürdige Leistung, daß in Lübeck nach 1918 – als einzigem deutschen Bundesstaat – kein gewaltsamer Umsturz stattgefunden hat. Seinem feinen Gespür für das politisch Durchsetzbare war es vor allem zu danken, daß der Übergang zu parlamentarisch-demokratischen Verhältnissen unblutig vollzogen worden ist.

In der Folgezeit hat er kraftvoll – und doch immer wieder geschickt ausgleichend – darauf hingewirkt, „die neuen Männer mit den alten Elementen des Rates zu ehrlicher und fruchtbarer Arbeitsgemeinschaft zu vereinigen" (Aus meinem Leben, S. 122, s. Qu.). Diese staatsmännische Leistung fand schon damals ihre Anerkennung durch die nur einmal beschlossene Abänderung der Verfassungsbestimmung über die Bürgermeisterwahl; sie ermöglichte es F., in den spannungsgeladenen Jahren 1919–1920 weiter an der Spitze des Stadtstaates zu stehen und hier seine politische Laufbahn mit der Ausarbeitung und Einführung der neuen lübeckischen Landesverfassung vom 23. 5. 1920 zu krönen und gleichzeitig abzuschließen.

Mit Ablauf des Jahres 1920 trat F. in den Ruhestand. Er konnte sich nun wieder mit voller Aufmerksamkeit den historischen Studien zuwenden, die seit fast zwei Jahrzehnten seine dienstliche Tätigkeit begleitet hatten, ja gewissermaßen aus ihr hervorgegangen waren. Zu dieser Beschäftigung mit der Entwicklung lübischer Verfassungs- und Verwaltungstradition hatte ihn seinerzeit Bürgermeister Brehmer, sein früherer Mentor im Senat, ermuntert. Er war es auch gewesen, der ihn zu seinem Nachfolger im Vorsitz des Hansischen Geschichtsvereins ausersehen hatte (1903–1919). F.s historische, besonders seine biographischen Arbeiten haben ihm reiche Anerkennung eingetragen. Er erhielt den philosophischen und den staatswissenschaftlichen Ehrendoktor (Rostock 1917, Hamburg 1927) und wurde Ehrenmitglied des Vereins für Lübeckische Geschichte und Altertumskunde (1917) sowie des Hansischen Geschichtsvereins (1919).

F., Lübecks letzter Bürgermeister der „alten" Reihe, war ohne Zweifel der bedeutendste Politiker der Freien und Hansestadt im 20. Jh. Senat und Bürgerschaft haben ihn, der schon 1917 mit der goldenen Ehrendenkmünze „Bene Merenti" ausgezeichnet worden war, darum am 80. Geburtstag – seinem Todestag – zum Ehrenbürger der Stadt ernannt. Wie A. v. Brandt es treffend formuliert hat (s. Lit., S. 82), bezeichnen „F.s Lebenswerk und seine Persönlichkeit – mit ihrer manchmal fast allzu gewandten Klugheit, mit ihrer oft recht robusten aristokratischen Selbstgewißheit, aber auch mit ihrer hohen Geistigkeit und ihrer tiefhistorisch begründeten Sachkenntnis des Hanseatischen – ... recht eigentlich das Ende des ‚alten' Lübeck".

Quellen: E. F. Fehling, Aus meinem Leben. Erinnerungen u. Aktenstücke, Lübeck usw. 1929. – Ders., Bürgermeisterreise an d. Ostfront u. ins Baltenland 1917, in: ZLGA 36 (1959), S. 31–52.
Nachlaß im Familienarch. Fehling (AHL).
Werke: Lübeckische Stadtgüter, 2 Bde., Lübeck 1904–1905. – Heinrich Theodor Behn, Lpz. 1906. – Haushalt d. freien u. Hansestadt Lübeck 1882–1904, Lübeck 1906. – Vermögensrechnung d. freien u. Hansestadt Lübeck, Lübeck 1910. – Zur Lübeckischen Ratslinie 1814–1914, Lübeck 1915 (Veröff. z. Gesch. d. Freien u. Hansestadt Lübeck 4, H. 1). – Lübeckkische Ratslinie v. d. Anfängen d. Stadt bis auf d. Gegenwart, Lübeck 1925 (Veröff. z. Gesch. d. Freien u. Hansestadt Lübeck 7, H. 1); Nachdruck: Lübeck 1978. – Marksteine Lübischer Gesch. Vorträge, Bln. 1919.
Literatur: NDB, 5, S. 46 f. – Fehling Nr. 1023. – J. Kretzschmar, E. F. F. Ein Nachruf, in: HG 53 (1928), S. XVII–XXIV. – A. v. Brandt, E. F. F., in: Geist u. Politik in d. Lübeckischen Gesch., Lübeck 1954, S. 80–82. – K. Friedland, Die Ehrenbürger d. Hansestadt Lübeck, in: Wagen 1969, S. 24–27.
Porträts: Ölgemälde v. Leopold Graf v. Kalckreuth, 1920 im Auftrag d. Overbeck-Ges. entstanden (Rathaus zu Lübeck); Abb.: E. F. F., Aus meinem Leben (s. Qu.) u. b. Friedland (s. Lit.). – Foto b. Kretzschmar (s. Lit.). – Foto v. H. Hahn, 1928 (AHL), Abb. s. S. 119.

Gerhard Ahrens

FEHLING, *Hermann* Christian von (württembergischer Personaladel 1854), geb. 9. 6. 1811 (nicht 1812) Lübeck, gest. 1. 7. 1885 Stuttgart; ev. – Chemiker.
Eltern: Hermann Christian Fehling, geb. 9. 12. 1767 Lübeck, gest. 14. 6. 1836 ebd., Brauer u. Kaufmann; *Margaretha* Elisabeth geb. Heitmann, geb. 30. 10. 1782 Lübeck, gest. 3. 1. 1862 ebd.
Ehefrau: Sophie Cleß, geb. 26. 5. 1822, gest. 18. 1. 1888; verh. 20. 5. 1844; Tochter d. August Eberhard Carl v. Cleß (1794–1874), Gymnasialprofessor in Stuttgart (s. ADB, 4, S. 329), u. d. Julie geb. Elben.

Kinder: 2 Töchter, 1 Sohn, darunter: *Clara* Sophie Julie Emilie Elisabeth, geb. 13. 4. 1845, gest. 28. 10. 1916; verh. m. Ludwig *Friedrich* Blohm, geb. 13. 1. 1837, gest. 26.3.1911, Kaufmann u. Mitbegründer d. Firmen G. H. & L. F. Blohm zu Hamburg und Blohm & Co. in Venezuela. – Hermann, geb. 14. 7. 1847, gest. 2.11.1925, Ordinarius f. Geburtshilfe u. Gynäkologie in Basel, Halle u. Straßburg (s. NDB, 5, S. 47 f.).

Bis zu seinem 16. Lebensjahr besuchte F. in Lübeck das Katharineum und begann danach seine Ausbildung beim Apotheker Kindt, die er nach einigen Jahren bei dessen Verwandten in Bremen fortsetzte. 1835 nahm er das Studium der Chemie in Heidelberg auf. Nach kurzer Assistentenzeit bei Leopold Gmelin wandte er sich nach der Promotion (1837) nach Gießen, um seine Kenntnisse und praktischen Erfahrungen im Laboratorium Justus v. Liebigs zu erweitern. Nach einem kurzen Aufenthalt im Pariser Laboratorium von Jean Baptiste André Dumas wurde er im August 1839 auf Liebigs Empfehlung als Lehrer an die zehn Jahre zuvor gegründete Kunst-, Real- und Gewerbeschule in Stuttgart berufen. An dieser Anstalt, die unter seiner maßgeblichen Mitwirkung zum Polytechnikum und später zur Technischen Hochschule entwickelt wurde, hat F. über vier Jahrzehnte gewirkt, bis ihn 1883 ein Schlaganfall zwang, die Lehrtätigkeit aufzugeben.

Seine bedeutende Lehrbegabung, durch die er einen großen Schülerkreis um sich sammelte, äußerte sich in beispielhaften Experimentaluntersuchungen, so bei der Darstellung des Benzonitrils (dabei geht die Bezeichnung „Nitril" auf ihn zurück). Die anorganische Chemie bereicherte F. um zahlreiche Bestimmungsmethoden. Noch heute wird die 1848 gefundene „Fehlingsche Lösung" aus Kupfervitriol, weinsaurem Salz und Natronlauge zum Nachweis und zur quantitativen Bestimmung von Traubenzucker verwendet. Die Neuorganisation des Universitätsunterrichts in Chemie geht wesentlich auf ihn zurück. Im Laufe seines Lebens hat F. Analysen fast aller württembergischen Heilquellen und Salinen erarbeitet. Er wirkte in den Jurys der großen Weltausstellungen seiner Zeit mit und war Vizepräsident der Deutschen Chemischen Gesellschaft. 1854 erhielt er das Ritterkreuz des württembergischen Kronenordens, mit dem der persönliche Adel verbunden war, auch wurde ihm der Titel eines Geheimen Hofrats verliehen.

Quellen: AHL: Familienarch. Fehling.
Werke: Neues Hdwb. d. Chemie, Bde. 1–3, Braunschweig 1874–1878 (fortgesetzt v. C.M. Hell u. a., Bde. 4–10, ebd. 1886–1930).
Literatur: ADB, 48, S. 508–510. – NDB, 5, S. 47. – Nachruf in d. Ber. d. Deutschen Chemischen Ges. 18 (1885), S. 1811–1818 (m. Foto); die dortige Würdigung ist nachgedruckt in: LBl 27 (1885), S. 390–393.

Gerhard Ahrens

Hermann Fehling
Foto von L. Haase, um 1900

FEHLING, *Hermann* Wilhelm, geb. 23. 4. 1842 Lübeck, gest. 7. 12. 1907 ebd.;
ev. – Kaufmann u. Präses d. Handelskammer zu Lübeck.

Eltern: s. beim Bruder Ferdinand.

Ehefrau: Bertha Eschenburg, geb. 4. 5. 1846 Lübeck, gest. 4. 4. 1926 ebd.; verh. 14.
7. 1865; Tochter d. Johann Daniel Eschenburg, geb. 9. 9. 1809 Lübeck, gest. 26. 2.
1884 ebd., Kaufmann u. Senator d. Freien u. Hansestadt Lübeck, u. d. Elisabeth
Luise geb. Michels, geb. 14. 9. 1817, gest. 1. 7. 1887.

Keine Kinder.

Brüder: Ferdinand, geb. 3. 8. 1847 (s. d.). – Johannes, geb. 18. 11. 1835 (s. d.).

Ostern 1858 verließ F. die Selekta der Realschule des Katharineums in Lübeck,
um als Lehrling bei Jac. Ludw. Bruhns & Sohn die Kaufmannschaft zu erlernen.
Schon vier Jahre später beteiligte er sich an der Gründung eines eigenen Han-
delshauses, der Spedition und Kolonialwarengroßhandlung Piehl & Fehling.
Dies war für die lübeckische Börse ein Ereignis, da der erst Zwanzigjährige dazu
eigens für mündig erklärt werden mußte; zudem war er – anders als seinerzeit
üblich – vorher niemals im Ausland gewesen. Doch er wurde, wie sein Bruder
Ferdinand später bezeugt hat, „ein scharfblickender Kaufmann, der das gesetzte
Ziel mit Zähigkeit verfolgte". Alter hanseatischer Tradition folgend, vergaß er
darüber den Einsatz für die Vaterstadt nicht. 1871 erstmals in die Bürgerschaft
gewählt, war er mehrfach stellvertretender Wortführer des Bürgerausschusses
und der Bürgerschaft. Rund drei Jahrzehnte lang hat er der Finanzdeputation
angehört. Von 1887 bis 1890 vertrat F. die Interessen der lübeckischen Kauf-

Johannes Fehling

mannschaft als nationalliberaler Abgeordneter im Reichstag. In der Folgezeit setzte er sich unermüdlich für den Bau des Elbe-Trave-Kanals ein. Dreimal, zuerst für das Amtsjahr 1898-1899, wurde er zum Präses der Handelskammer gewählt.

1881 hatte F. sich in Travemünde angekauft, dessen Entwicklung zum bevorzugten Ostseebad er mit Weitblick und Umsicht förderte. Der Ankauf der Seebadeanstalt durch den Staat (1898), vor allem aber die Aufforstung des Brodtener Ufers und dessen Gestaltung zu einer der schönsten Promenaden an der ganzen Ostseeküste gehen auf seine Initiative zurück. Die dort nach ihm benannte „Hermannshöhe", der 1908 bei der Hafeneinfahrt aufgestellte Denkstein und die später nach ihm benannte Straße sind bis heute sichtbare Zeichen für das gemeinnützige Wirken des schon 1890 zum Ehrenbürger Travemündes ernannten Kaufmanns.

Quellen: AHL: Familienarch. Fehling.
Literatur: LBl 49 (1907), S. 707–710 (Nachruf). – VBl 1907, S. 201 (Nachruf). – E.F. Fehling, Aus meinem Leben, Lübeck usw. 1929, S. 89–93.
Porträts: Foto v. L. Haase, um 1900 (MusKK), Abb. s. S. 123.

Gerhard Ahrens

FEHLING, Johannes *(Hans)*, geb. 18. 11. 1835 (nicht 8. 11. 1833) Lübeck, gest. 19. 11. 1893 ebd.; ev. – Kaufmann u. Senator.

Eltern: s. beim Bruder Ferdinand.
Ehefrau: Henriette Charlotte *(Tottie)* Harms, geb. 1. 4. 1842 Lübeck, gest. 19. 11. 1929 ebd.; verh. 1862; Tochter d. Kaufmanns Johann Heinrich Harms, geb. 1810 Lübeck, gest. 31. 1. 1893 ebd., u. d. Charlotte geb. Leithoff, geb. 2. 7. 1819, gest. 10. 11. 1903.
Kinder: 5 Söhne, 3 Töchter.
Brüder: Ferdinand, geb. 3. 8. 1847 (s.d.) – Hermann, geb. 23. 4. 1842 (s. d.).

1856 verließ F. die Vaterstadt, um seine Lehrzeit bei dem Altonaer Merchant Banking-Haus Hesse, Newman & Co. anzutreten. Nach längeren Aufenthalten in Bremen, Glasgow und Bordeaux kehrte er heim und wurde sogleich als Teilhaber in das väterliche Reedereigeschäft Johs. Fehling & Sohn aufgenommen. 1861 wechselte er als Mitinhaber in die angesehene Firma Charles Petit & Co. über und wirkte daneben seit 1866 als österreichischer Konsul in der Hansestadt. 1876 wurde F. in die Bürgerschaft gewählt, doch schon zwei Jahre später trat er als kaufmännisches Mitglied in den Senat ein. Hier hat er fast ein Vierteljahrhundert lang, zuletzt als Präses, der Kommission für Handel und Schiffahrt angehört. F.s bleibendes Verdienst liegt in der Reform der lübeckischen Krankenhausverwaltung, die ihren sichtbaren Ausdruck im neuerbauten Krankenhaus fand. Seit 1880 hat er sich als Präses von dessen Vorsteherschaft unermüdlich für die Einführung und Durchsetzung des medizinischen Fortschritts eingesetzt.

Quellen: AHL: Familienarch. Fehling.
Literatur: LBl 35 (1893), S. 541 f. (Nachruf). – E. F. Fehling, Zur Lübeckischen Ratslinie 1814–1914, Lübeck 1915 (Veröff. z. Gesch. d. Freien u. Hansestadt Lübeck 4, H. 1), Nr. 73. – Ders., Aus meinem Leben, Lübeck usw. 1929, S. 88 f. – Fehling Nr. 1011.
Porträt: Foto (MusKK), Abb. s. S. 124.

Gerhard Ahrens

FEHLING, *Jürgen* Karl Geibel, geb. 1. 3. 1885 Lübeck, gest. 14. 6. 1968 Hamburg; ev. – Theaterregisseur.
Eltern: Ferdinand Fehling, geb. 3. 8. 1847 (s. d.); Maria geb. Geibel.
Unverheiratet.

F., der sich nach anfänglichem Studium der Theologie in Marburg und Köln 1903 in Berlin den Rechtswissenschaften zugewandt hatte, absolvierte nach dem Referendarexamen eine Ausbildung zum Schauspieler. Seine Lehrer waren Paul Wegener und Friedrich Kayssler. Wegener bezeichnete ihn damals als talentlos, überschäumend und undiszipliniert. Seit 1910 spielte F. ohne rechten Erfolg an verschiedenen Bühnen, u. a. in Berlin und Wien. 1918 engagierte ihn Kayssler an die Berliner Volksbühne, wo er schon bald mit Gogols Komödie „Die Heirat" sein Regiedebüt gab, mit dem F. sogleich Anerkennung fand. 1920 wurde F. zum Oberspielleiter ernannt und wechselte damit endgültig zur Regie über. Innerhalb von zwei Spielzeiten brachte er dreizehn Inszenierungen heraus, darunter die erste öffentliche Aufführung von Ernst Tollers „Masse-Mensch" (1921), und konnte damit seinen jungen Ruhm festigen. Der einflußreiche Kritiker Alfred Kerr schrieb 1921 im „Berliner Tageblatt": „F. ist als Regisseur Mitschöpfer ohne Mätzchen: Das Beste, was man von dieser Berufsklasse sagen kann." Mit der Spielzeit 1922/23 wechselte F., zusammen mit seiner damaligen Lebensgefährtin, der Schauspielerin Lucie Mannheim, an die unter der Intendanz Leopold Jessners stehenden Preußischen Staatstheater über. Im Schauspielhaus am Gendarmenmarkt, wo er über hundert Stücke in Szene setzte, fand er seine eigentliche künstlerische Heimat, zunächst unter Jessner, später auch unter dessen Nachfolger Ernst Legal (1881–1955) und Gustaf Gründgens (1899–1963). F. inszenierte von Anfang an, mit Ausnahme von Shakespeare und Shaw, vor allem Stücke deutscher Autoren, wie z. B. Kleists „Käthchen von Heilbronn" (1923), Hebbels „Die Nibelungen" (1924), Hans Henny Jahnns (s. SHBL, 2, S. 184) „Medea" (1926; Uraufführung) und Else Lasker-Schülers „Die Wupper" (1927) sowie eine Reihe von Dramen Ernst Barlachs (s. SHBL, 1, S. 55), die er erst eigentlich für die Bühne gewonnen hat: „Der arme Vetter" (1923), „Die Sündflut" (1925) und „Der blaue Boll" (1930). Zusammen mit dem Dirigenten Otto Klemperer, der von 1927 bis 1931 an der Kroll-Oper in Berlin wirkte, brachte er die kühnsten und provozierendsten Aufführungen des damaligen Musiktheaters heraus, u. a. Opern von Richard Wagner, was zu Beschwerden der Deutschnationalen im Preußischen Landtag führte.

Nach 1933 blieb F. in Deutschland. Zusammen mit Gründgens und der Elite der nicht emigrierten Schauspieler gab er der Glanzzeit der Staatstheater das Gepräge. Seine Vorliebe für religiös überhöhte existentialistische Tragik und für alles, „was von Luther bis Barlach über die norddeutsche Tiefebene gegeistert ist" (wie er selbst in seinem Nachruf auf den von ihm besonders geschätzten Schauspieler Heinrich George formulierte), erlaubte es F., auch Stücke von Autoren auf die Bühne zu bringen, die in das kulturpolitische Konzept der Nationalsozialisten paßten. Obwohl er sein Publikum nicht zuletzt in einer für die Zeitstimmung sehr bezeichnenden Weise durch völlig schwerelose Inszenierungen von Komödien, darunter „Ein Glas Wasser" von E. Scribe (1934), „Donna Diana" von A. Moreto (1935) und „Preziosa" von P.A. Wolff (1941) zu begeistern vermochte, waren die Höhepunkte seiner Tätigkeit doch die großen Tragödien: „Don Juan und Faust" von Grabbe (1936), „König Richard der Dritte" von Shakespeare (1937), „Maria Magdalene" von Hebbel (1938), „König Richard der Zweite" und „Julius Cäsar" von Shakespeare (1939 bzw. 1941) sowie zwei Gastinszenierungen in Hamburg: „Don Carlos" von Schiller (1935) und „Kriemhilds Rache", das Schlußstück der Nibelungen-Trilogie von Hebbel (1936). Am bemerkenswertesten unter allen diesen großen Erfolgen war wohl die Aufführung von Shakespeares Drama um den Mörder und Tyrannen Richard III., die von den Zeitgenossen als gleichermaßen künstlerisch grandios und politisch tollkühn empfunden wurde. Spannungen mit Gründgens, der in gewisser Hinsicht sein künstlerischer Antipode war (der aber als Intendant ihm Inszenierungen wie die von „Richard III." ermöglichte), bewogen F., mit der Spielzeit 1939/40 an das damals von Heinrich George geleitete Schillertheater in Berlin überzuwech-

Jürgen Fehling, 1960

seln, doch gelang es Gründgens, ihn wieder ans Schauspielhaus zurückzuholen, wo er bis zum Herbst 1944, als alle Theater in Deutschland geschlossen wurden, tätig war.

Nach dem Krieg begann F. wieder in Berlin, zunächst mit einer eigenen kleinen Bühne in Zehlendorf, dann übernahm er 1947 die Intendanz des Hebbeltheaters, wo er jedoch am Widerspruch der Alliierten scheiterte. 1948 inszenierte er dort den ersten großen Berliner Theatererfolg nach dem Krieg, Sartres Stück „Die Fliegen". Bemühungen, F. dauerhaft an eine der Berliner Bühnen zu binden, scheiterten teils an der Unvereinbarkeit der Ansprüche, teils an F.s wachsender Unberechenbarkeit, in der sich wohl ein Nervenleiden ankündigte, das F. in seinen letzten Jahren die Arbeit unmöglich machen sollte. Zunächst wurde er jedoch vom Münchner Staatsschauspiel unter Vertrag genommen, wo er drei sehr erfolgreiche Inszenierungen herausbrachte: Ibsens „Nora" (1949), Hebbels „Maria Magdalene" (1949) und Lorcas „Dona Rosita bleibt ledig" (1950), alle mit seiner Lebensgefährtin Joana Maria Gorvin in der Hauptrolle. Mit Ludwig Tiecks Komödie „Ritter Blaubart" (1951) löste F. jedoch einen Skandal aus, der zur Lösung seines Vertrages führte. Danach hatte er 1952 mit Schillers „Maria Stuart" am Berliner Schillertheater einen letzten Erfolg. 1960, im Jahre seines 75. Geburtstages, wurden F. der Schillerpreis der Stadt Mannheim und der von der Hansestadt Lübeck neu gestiftete Golddukaten verliehen.

Als F. sein Regiedebüt gab, wurde gerade die Romantik Max Reinhardts von einem härteren Ausdruckstheater abgelöst. Doch bereits in seinen ersten Inszenierungen zeigte F., daß er sich nicht einer bestimmten Zielrichtung zuordnen ließ. Die Raumbühne F.s, die er mit dem Bühnenbildner Traugott Müller (1895–1944) schuf, muß nicht nur gegen das atmosphärische Theater der Vorkriegszeit, sondern auch gegen das dekorationslose Theater des Expressionismus abgegrenzt werden, obwohl Einflüsse auch von dorther zu erkennen sind. Für F. war die Inszenierung die Verwirklichung einer Vision, bei der er keine Grenzen, weder materiell noch personell, kannte. Er war daher kein Intendant, sondern der große Gestalter ausbrechender Dramen und Komödien. Dabei entwickelte er die Figuren und die Spannung zwischen ihnen vor allem aus der Sprache. F. nahm viele der späteren Theaterexperimente (z. B. Spiel auf leerer Bühne, aufsteigende Riesenfläche) bereits vorweg, blieb dabei aber niemals im Experimentellen stecken, sondern verwirklichte jede seiner Konzeptionen zu einem organischen Ganzen. Große Schauspieler trieb er zu Höchstleistungen, und Chargen wurden von ihm zu echter künstlerischer Leistung gesteigert. F. formte den Schauspieler nach seiner dramatischen Phantasie. Sein Ziel war es, die Menschen im Zuschauerraum und auf der Bühne durch die „Magie des Theaters" zu zwingen, seine Phantasiewelt als wirklich anzuerkennen und so die hintergründige Dämonie der Realität zu erfahren.

Quellen: J. F., Die Magie d. Theaters. Äußerungen u. Aufzeichnungen, m. einem Essay v. S. Melchinger, Velber 1965 (Reihe Theater heute 17).
    Literatur: K. H. Ruppel, Berliner Schauspiel, Bln. u. Wien 1943, s. Register. – Ders., Großes Berliner Theater, Velber 1962. – Ders., J.F., in: Theater heute 3 (1962), H. 8, S. 28–33. – Ders.,

Über J.F., in: Jb. d. dt. Akademie für Sprache u. Dichtung in Darmstadt 1967 (1968), S. 55–62. – W. Th. Anderman, Bis d. Vorhang fiel, Dortmund 1947, S. 400 ff. – W. Kosch, Deutsches Theater-Lex., 1, Klagenfurt u. Wien 1953, S. 432. – Kürschners Biogr. Theater-Hdb., Bln. 1956, S. 162 f. – A. Mühr, Rund um d. Gendarmenmarkt, Oldenburg u. Hbg. 1965, s. Register. – H. Jhering, Zwei Regisseure, zwei Welten. J. F. u. Heinz Hilpert zum Geburtstag, in: Theater heute 6 (1965), H. 3, S. 18–20. – C. Zuckmayer, Der Autor u. sein Regisseur. Erinnerungen an d. Arbeit mit Regisseuren nebst einer Huldigung an J.F., in: ebd., S. 22 f. – C. Riess, Gustaf Gründgens, Hbg. 1965, s. Register. – K. Gröning / W. Kließ, Friedrichs Theaterlex., Velber 1969, S. 150. – Ch. Trilse u.a., Theater-Lex., Bln. (Ost) 1978, S. 165. – J. F., Der Regisseur (1885 bis 1968). Kat. d. Ausstellung in d. Akad. d. Künste v. 28. 10. bis 26. 11. 1978, Bln. 1978.
Porträts: Bronzebüste v. E. F. Reuter. – Zahlreiche Fotos in d. genannten Lit. u. im Arch. d. Lübecker Nachr. – Foto, Arch. d. Lübecker Nachr., Abb. s. S. 127.

Gerhard Ahrens

FIDUS, eigentlich Höppener, Reinhold Karl Johann *Hugo*, geb. 8. 10. 1868 Lübeck, gest. 23. 2. 1948 Woltersdorf b. Berlin; ev. – Zeichner.
Eltern: August *Julius* Höppener, geb. 3. 6. 1830 Lübeck, gest. 10. 2. 1895 ebd., Konditor; 2. Ehefrau Maria Wilhelmine *Camilla* geb. Stender, geb. 15. 8. 1843 Lübeck, gest. 18. 4. 1931 ebd.; Tochter d. Handschuhmachers Reinhold Heinrich Stender in Lübeck.
Ehefrau: 1.) Elsa Knorr, geb. 1877, gest. 19.4.1915; Tochter d. Postdirektors Knorr; verh. 23. 2. 1900. – 2.) Elsbet Lehmann-Hohenberg, geb. 1877, gest. 12. 10. 1976 Woltersdorf; verh. Okt. 1922; Tochter d. Johannes Lehmann-Hohenberg (1851–1925), 1886–1903 Prof. f. Geologie in Kiel.
Kinder: 1 uneheliche Tochter m. Amalie Reich (1862–1946). – Aus 1.) 1 Sohn, 1 Tochter.

F.' Eltern stammten aus dem Lübecker Handwerkerstand, die Großeltern väterlicherseits waren wohlhabend und besaßen ein Haus in der Sandstraße. F.' Vater fertigte als Konditormeister Torten mit phantastischen Marzipan-Architekturen; Spötter brachten die späteren Tempelentwürfe des Sohnes hiermit in Zusammenhang. F.' Kindheit und Jugend waren überschattet von einem Impfschaden, dem die Ärzte hilflos gegenüberstanden. Das Leiden machte ihn auf Dauer militäruntauglich, es wies aber auch den Weg in seine lebensreformerische Weltanschauung.

Nach dem Besuch der Großheimschen Realschule und der Gewerbeschule in Lübeck ging F. im April 1887 nach München, um sich an der Akademie als Maler ausbilden zu lassen. Bereits nach einem Semester verließ er die Akademie, um Schüler und Mitarbeiter des Malers und Naturapostels Karl Wilhelm Diefenbach in Höllriegelskreuth bei München zu werden. Durch Diefenbach gelangte er zu einer neuen Einstellung zu Krankheit und Gesundheit. Vegetarische Ernährung, Freikörperkultur und ein naturnahes Leben abseits der städtischen Vergnügungen rückten in den Mittelpunkt seiner Lebensanschauung. Diefenbach, als „Kohlrabiapostel" berühmt und belacht, lief zu jeder Jahreszeit barfuß, in kut-

tenähnlichem Gewand und mit langer Haar- und Bartpracht durch München,
und der junge F., inzwischen ebenso gewandet wie sein glühend verehrtes Vorbild, half ihm nicht nur beim Ausführen von Entwürfen (berühmt wurde der
Fries „Per aspera ad astra"), sondern verteidigte ihn auch gegen Spott, Verun-
glimpfungen und polizeiliche Aktionen. Diefenbach verlieh ihm dafür den Namen Fidus, der Getreue, den F. seitdem als Pseudonym benutzte.

Als F. den Theosophen Wilhelm Hübbe-Schleiden kennenlernte und sich
mehr und mehr zu diesem und seinen religiösen Ideen hingezogen fühlte, verfluchte Diefenbach den Abtrünnigen als „Infidus", so daß es 1889 zum Bruch
kam. F. zog zurück nach München, 1892 dann zusammen mit Hübbe-Schleiden
nach Steglitz, damals noch ein Vorort von Berlin. F. hatte schon in München erste
Ideen zu Bildern ausgearbeitet, die das Spezifische seiner Malerei und Zeichenkunst enthalten: es sind eher zeichenhafte als malerische Ideenbilder, in denen es
nicht um Farbe, Licht, Stofflichkeit oder andere genuin malerische Fragen geht.
Paradoxerweise ist F., der allem Großstädtischen mit seiner Lichter-, Flimmer-
und Warenwelt zutiefst skeptisch, ja ablehnend gegenüberstand, als Zeichner
von der eben dieser Warenwelt verpflichteten Gebrauchsgraphik nicht weit entfernt. Seine Bildentwürfe „Zu Gott" (1890), die zu dem ein Leben lang immer
wieder variierten „Lichtgebet" hinführen, können als graphische Umsetzungen
von religiösen Haltungen gedeutet werden. Insofern nimmt es nicht wunder,
daß F. in der Berliner Zeit immer wieder gebrauchsgraphische Aufträge ausführte, die ihn als hochbegabten Zeichner ausweisen. Dennoch war er nach wie
vor ein Suchender, der sich mit materiellem Erfolg und bürgerlich abgesicherter
Stellung nicht zufriedengeben konnte.

In die frühen 90er Jahre fällt auch seine Abnabelung von der zweiten Vaterfi-
gur Hübbe-Schleiden und die erste Bindung an eine Frau, allerdings nicht in
bürgerlicher Ehe, sondern in freier eheähnlicher Gemeinschaft. Amalie Reich,
Mutter seiner ersten Tochter und von F. später wegen ihres jüdischen Vaters, des
Schriftstellers Adolph Reich, diffamiert, regte ihn zur ersten Reise nach Norwegen an (1894), die ihm ganz neue Landschaftseindrücke vermittelte; weitere
Norwegenreisen folgten 1896 und 1900. F. arbeitete in diesen Jahren enorm flei-
ßig an Buchschmuck und -illustrationen und galt auf diesem Gebiet bald als ein
führender Künstler. Gleichzeitig entstanden weiterhin seine weltanschaulich
aufgeladenen Ideenbilder; ein Zyklus, „Das Drama von der Doppelseele"
(1890–93), wurde in der renommierten Berliner Galerie Gurlitt ausgestellt. Mit
diesen Bildern kündigt sich aber auch eine Erweiterung seiner künstlerischen
Tätigkeit an, die wiederum stark von der Ausformung seines lebensreformeri-
schen Welt- und Menschenbildes geprägt ist: es ist der Komplex der Tempelbau-
Ideen.

Schon lange vor der Jugendbewegung entstanden Vereine und Gruppierun-
gen, die die städtische Umgebung, vor allem die industrielle Arbeitswelt, als un-
gesund, lebens- und menschenfeindlich ansahen und sich einer Reformierung
des gesamten Alltagslebens unter dem Aspekt der Natürlichkeit und Gesundheit an Leib und Seele verschrieben hatten. Während F. diese Ideale auf seine
Weise als Zeichner und Maler propagierte, schritten andere bereits zur Tat, etwa

Fidus, um 1928/35

mit der Gründung der Vegetarischen Obstbau-Kolonie Eden bei Oranienburg (1894). F. wollte diese Aktivitäten bündeln und ihnen eine ästhetische Überwölbung geben: er plante eine Siedlungsgemeinschaft, die sich um einen Tempel scharen sollte. Vorerst aber fehlten noch die Mittel. Als der Wanderprediger und Grundbesitzer Josua Klein diese verhieß, folgte ihm F., inzwischen mit Elsa Knorr verheiratet und Vater zweier weiterer Kinder, 1903 mit seiner Familie auf einen Hof am Walensee in die Schweiz. Von dort aus gab es auch Verbindungen zum Monte Verità bei Ascona, wo sich bereits ein lebensreformerisches Zentrum zu bilden begann. Doch weder hier noch dort wurde ein Fidus-Tempel errichtet; die Gemeinschaften, denen es nicht an Idealismus, um so mehr aber an Tatkraft und Geld fehlte, erschöpften sich im Zerreden ihrer Weltanschauungen. Nachdem er nach einem Zwischenaufenthalt in Zürich im Oktober 1904 nach Berlin zurückgekehrt war, fand F. wieder Anschluß an die Künstler und Literaten besonders des Friedrichshagener Kreises (Bruno Wille, Wilhelm Bölsche, Wilhelm Spohr u. a.), aber er blieb ein Außenseiter und nur gelegentlicher Gast der Berliner Boheme.

1907 gelang F. durch die großzügige Spende eines jüdischen Bankiers aus Frankfurt die zumindest teilweise Verwirklichung seines Traums vom Künstler

als Künder: er erwarb ein Waldrand-Grundstück in der gerade im Entstehen be-
griffenen Villen- und Landhauskolonie Schönblick-Woltersdorf am östlichen
Rande Berlins und baute ein Atelier- und Wohnhaus nach eigenem Entwurf.
Damit stand er auf dem Höhepunkt seines Lebens: er war ein geachteter und
durch zahlreiche Publikationen bekannt gewordener Künstler, wenn auch vom
offiziellen Kunstbetrieb der Museen und Akademie-Ausstellungen nicht beachtet, dazu Hausbesitzer, Familienvater und Mittelpunkt eines Kreises interessanter Menschen, die Sucher und Außenseiter waren wie er. Zu ihnen gehörte
(schon seit 1901) auch die Schriftstellerin Gertrud Prellwitz, die ihm zwar nicht
die Stellung als Guru der Gruppe, aber doch die als Mann seiner Frau streitig
machte. Nach einem kurzen und folgenlosen Versuch, mit Rudolf Steiner zu einer Zusammenarbeit zu kommen, wurde 1912 ein eigener lebensreformerischer
Verein gegründet, der „St.Georgs-Bund", eine Vereinigung für die Verwirklichung gemeinsamer Kulturideale und den Kampf gegen die als lebens- und
menschheitsfeindlich angesehene Zivilisation. Aus ihm ging der „Verlag des St.-
Georgs-Bundes" hervor, der, seit 1927 unter dem Namen „Fidus-Verlag", F.'
graphisches Werk in zahlreichen Reproduktionen weit verbreitete.

Auf den Ausbruch des Ersten Weltkriegs reagierte F. mit Appellen an das
Ideale und Geistige im deutschen Wesen. Mit Flugblättern und auf Postkarten
weitverbreiteten Ideenbildern beschwor er die Kraft des deutschen Idealismus,
von dessen Wiedererwachen er, in Erinnerung an die nationale Begeisterung der
Befreiungskriege gegen Napoleon, den Sieg Deutschlands erhoffte. Zugleich
aber wies er darauf hin, daß sich das Heil nicht allein durch Macht und militärischen Sieg erringen lasse. F. wurde vom Krieg selbst nicht erfaßt, doch trafen ihn
in dieser Zeit zwei schmerzliche Verluste: 1915 starb seine Frau Elsa, 1918 die
Tochter Drude achtzehnjährig.

Nach Kriegsende wandelte sich allmählich die politische Einfärbung von F.'
Arbeit. Immer häufiger hielt er Lichtbildervorträge über sein „Völkisches Groß-
schaffen". Es ging nicht mehr nur um Tempel und Siedlungen für eine kleine,
ästhetisch gestimmte Gemeinde von Naturschwärmern mit der Sehnsucht nach
Vergeistigung des Alltagslebens, sondern um „Geistführerschaft" bis hin zu einer völkischen Erneuerung der Deutschen. Ein Parteigänger der Nationalsozialisten wurde F. jedoch vorläufig noch nicht. In seinem Werk und seiner Person
kommt die Ambivalenz der Lebensreform beispielhaft zum Ausdruck; sie
drängte aus den Städten und aus den bürgerlichen Konventionen hinaus und
strebte eine antibürgerliche, mitunter anarchische Lebenspraxis an, doch lagen
der Aufbruch zu neuen Ufern und der Ausbruch dumpfer Irrationalität in ihr
nah beieinander.

In den 20er Jahren war F. kaum noch als schöpferischer Künstler, um so mehr
aber als Propagandist seiner Weltanschauung tätig. Anläßlich seines 60. Geburtstages 1928 wurde deutlich, welche Stellung er im deutschen Kunst- und
Kulturleben einnahm: offiziell kaum wahrgenommen, hatte er eine große An-
hängerschaft, die seine Bilder und Aufsätze als Lebenshilfe annahm und seinen
Vorträgen mit glühendem Enthusiasmus lauschte. Spott erntete er allenfalls aus
den Kreisen abtrünniger Geistesverwandter, aus sich politisierenden Kreisen der

Jugendbewegung, aber auch seitens der Nationalsozialisten. Als F. sich nach 1933 den Nationalsozialisten als Tempelarchitekt und Berater in allen Fragen ästhetischer Volkserziehung anbot, wurde er als Romantiker zurückgewiesen.

Als NSDAP-Mitglied (seit Mai 1932) und Mitglied der Reichskunstkammer und der Reichskulturkammer überstand F. die Zeit des Nationalsozialismus ohne persönliche Drangsalierungen. Schönblick-Woltersdorf blieb von Bomben verschont. Erst mit Kriegsende kamen schwierigere Zeiten; es galt, das Haus und das Werk unbeschadet auch durch diese neue Zeit zu bringen. Im Februar 1948 starb F. an einem Schlaganfall. Das Haus und mit ihm Teile des Werks und des Archivs konnten bis heute in Privatbesitz überdauern.

F. hat zwar keinen Beitrag zur Entwicklung der Kunst, wohl aber zur Kulturgeschichte geleistet. Er hatte das Talent zu einem hervorragenden Illustrator und Gebrauchsgraphiker, stellte es aber vorwiegend in den Dienst lebensreformerischer Ideen und weltanschaulicher Propaganda. Besonders das in zahlreichen Fassungen vorliegende „Lichtgebet" wurde zum Bildsymbol reform- und jugendbewegter Kreise zwischen Links und Rechts, zum Symbol des die materielle Welt transzendierenden Geistesmenschen.

Quellen: AHL: Genealogisches Register; Brandassekuranzkasse, Johannisquartier 928. – W. Spohr, Fidus. Minden i. W. 1902. – Autobiogr. bis 1906 in: VBl 1906, S. 58 f. – A. Rentsch, Fidus-Werk, Dresden 1925. – Weitere Qu. b. Frecot (s. Lit.).
Nachlaß: Erbengemeinschaft sowie Berlinische Galerie – Mus. f. moderne Kunst, Photographie u. Architektur, Künstlerarch.
Literatur: NDB, 5, S. 138 f. – Th.-B., 17, S. 212 f. – Vollmer, 2, S. 100. – J. Frecot u.a., Fidus 1868–1948. Zur ästhetischen Praxis bürgerlicher Fluchtbewegungen, München 1972. – R. Y, Fidus. Der Tempelkünstler, Göppingen 1985 (Göppinger Akademische Beitr. 123, Bd. 1 u. 2) (= Diss. Regensburg 1982). – M. Schuster, Fidus' Illustrationen in d. Z.en d. Jh.wende. 2 Bde., Magisterarbeit Univ. Bochum 1990.
Porträts: Fotos aus allen Lebensphasen b. Frecot (s. Lit.). – Selbstbildnis (Ölgemälde), um 1890, Abb.: ebd., S. 468. – Fotos in VBl 1906, S. 58 u. ebd. 1932/33, S. 2. – Foto, um 1928–35 (Berlinische Galerie), Abb. s. S. 131.

Janos Frecot

FONNE (Funne), Tönnies (Thomas), geb. nach 1586 Lübeck (?), gest. nach 1627; ev. – Kaufgeselle, wahrscheinlich Verfasser eines niederdeutschen Handbuchs des Russischen.

Eltern: Hans Fonne (Fünne, Funne), begr. 31. 12. 1605 Lübeck (St. Petri), Kaufmann, Mitglied d. Nowgorodfahrerkompanie und d. „Hispanischen Kaufmanns"; Elsebe geb. Marchquar(d)t, gest. um 1627, Tochter d. Lübecker Kaufmanns Brandt Marchquardt, verh. 11. 12. 1586.
Ehefrau: Name und Herkunft unbekannt, verh. 24. 11. 1617 Lübeck.
Kinder: 1 Kind bezeugt.
Der Kaufgeselle F., Sohn eines mit Rußland Handel treibenden Lübecker Kaufmanns, hat in der archivalischen Überlieferung seiner Vaterstadt nur ge-

ringe Spuren hinterlassen. Das Bürgerannahmebuch erwähnt, daß er am 6. 11. 1617 als Bürger angenommen wurde. Bürgen waren Godert Marchquart, wohl der Bruder seiner Mutter, und Johann Meyer, wahrscheinlich der Ehemann seiner Schwester Catharina. Am 24. 11. 1617 verehelichte er sich. Am 3. 3. 1619 ließ er in St. Petri ein Kind taufen. Für den 17. 6. und den 4. 10. 1619 wird er im Petri-Taufbuch noch zweimal als Pate erwähnt. F. lebte noch 1627, als er und seine Geschwister das väterliche Haus in der Königstraße verkauften. Eine zehn Jahre vor seiner Einbürgerung in Lübeck entstandene Notiz, die auch Aufschluß gibt über seinen damaligen Aufenthaltsort, Pleskau (Pskov) in Rußland, findet sich in einer Handschrift der Königlichen Bibliothek in Kopenhagen: „Tonnies Fonne gehordt düt boek / anno 1607 den 1. Septemb. / zur Pleschow geschrieben". Dieser Besitznachweis gehört zu einem ursprünglich 566 Seiten umfassenden handschriftlichen niederdeutschen Handbuch der nordwestrussischen Umgangssprache, das als Verständigungshilfe für einen mit Russen Handel treibenden niederdeutschen Kaufmann gedacht gewesen sein muß. Darauf deutet der Inhalt des Werks hin. Neben einem russisch-niederdeutschen Vokabularium enthält es Sprichwortverzeichnisse, Briefmuster und vor allem einen umfangreichen Gesprächsteil, in dem Handelsgespräche, wie sie in der Praxis des Kaufmanns ständig vorkamen, in niederdeutscher und russischer Sprache zusammengestellt sind. Im Juni 1609 hat F., wie aus einer anderen Eintragung hervorgeht, die Handschrift dem Hinrich Wistinghaußen (Wistinghusen) geschenkt. Anscheinend benötigte er seinen Sprachführer nicht mehr, nachdem der Handel der Lübecker Kaufleute in Pleskau, dessen Umfang nach 1603 zunächst stark zugenommen hatte, infolge der inneren Wirren Rußlands und der ausländischen Intervention schon vor der Zerstörung des Lübecker Hofes in Pleskau durch russische und schwedische Truppen 1609 nahezu zum Erliegen gekommen war. Mit der Sammlung des Grafen Otto Thott (gest. 1785) gelangte die Handschrift in die Königliche Bibliothek in Kopenhagen. Aufgrund eines Lesefehlers galt der Sprachführer lange als das Werk eines Tönnies Fenne, den man für einen bei der Abfassung nicht mehr ganz jungen Mann baltischer Herkunft hielt (L. L. Hammerich). 1973 hat P. Jeannin den Lesefehler nachgewiesen und F. mit dem Verfasser des Handbuches identifiziert. Zwar kommt dessen Name in der Handschrift ausschließlich in dem zitierten Besitznachweis vor, der ohne Beweiskraft für die Verfasserschaft ist. Dennoch ist F.s Autorschaft sehr wahrscheinlich, da der Besitznachweis und der gesamte Sprachführer von einer Hand geschrieben sind.

Quellen: AHL: Personenkartei, darin Notizen aus Bürgerannahmebuch 1591–1633, Petri-Taufbuch, Niederstadtbuch und Wettejahrbuch 1617; Hs. 850 k (H. Schröder, Regesten der Oberstadtbücher), Bd. 2.

Werke: KB, Thott 1104–4°. – Tönnies Fenne's Low German Manual of Spoken Russian, Pskov 1607, hrsg. v. L. L. Hammerich, R. Jakobson u. a., 2 Bde., Kop. 1961/70.

Literatur: A. Stender-Petersen, Slaviske og russiske håndskrifter i det Kongelige Bibliotek, in: Nordisk Tidskrift för Bok- och Biblioteksväsen 5 (1918), S. 246–260. – R. Jakobson, E. van Schooneveld, Foreword, in: Tönnies Fenne's Low German Manual of Spoken Russian, 1, Kop. 1961, S. 5–31. – L. L. Hammerich, Ein baltisches Handbuch d. Russischen aus d. 17. Jh., in: Deutsche Studien 5 (1967), S. 257–266. – Ders. und R. Jakobson, Preface, in: Tönnies Fenne's Low German Manual of Spoken Russian, 2, Kop. 1970, S. VII–XXVIII. – P. Jeannin,

Der Lübecker Tönnies Fonne. Ein Pionier d. Slawistik, in: HG 91 (1973), S. 50–53. – Ders., Entre Russie et Occident au début du XVIIe siécle: le contexte historique d'un grand document linguistique, in: Études Européennes. Mélanges offerts á Victor L. Tapié, Paris 1973 (Publications de la Sorbonne, Études 6), S. 503–524. – H. Klueting (Hrsg.), Das Leidener russisch-deutsche Gesprächswörterbuch von ca. 1730. Bibliotheca Academiae Lugduno-Batavae, Msc. LTK 584, Amsterdam 1978, S. XXXII.

Harm Klueting

FRANCISCI (eigentlich: Finx), Erasmus, geb. 19. 11. 1627 Lübeck, gest. 20. 12. (nicht 10.) 1694 Nürnberg; ev. – Jurist, Schriftsteller.

Auch im bürgerlichen Leben benutzte F. in seiner Nürnberger Zeit immer das latinisierte Patronymikon, nie den Familiennamen.

Eltern: Franciscus Finx, gest. in Hamburg, begr. 24. 5. 1650 Lübeck (Dom), Jurist im Dienst d. Herzogs Johann Albrecht II. von Mecklenburg-Güstrow, später Braunschweig-Lüneburgischer Rat u. Vizedrost zu Lauenstein und Lauenau; Margareta geb. Reutz, begr. 7. 4. 1630 Lübeck (Dom), Tochter d. königlich dänischen Geheimen Rats u. Kanzlers d. Bischofs Ulrich von Schleswig u. Schwerin, Erasmus Reutz (1566–1617).

Ehefrau: Maria Hedwig Sibylla Friedrich, gest. 9. 3. 1692 Nürnberg; verh. 1656 Lübeck; Tochter d. sachsen-lauenburgischen Oberinspektors d. Elbzolls Lucas Friedrich u. d. Cäcilia Sophia geb. Danckwärt; in 1. Ehe verh. m. Johann Mänhof, Hauptmann unter Josias Rantzau.

Keine Kinder.

F. wurde in Lübeck geboren, wohin seine Eltern vor den Truppen Wallensteins geflohen waren. Nach dem frühen Ableben der Mutter wurde er bei Schwestern des Vaters in Lüneburg und später in Lauenburg erzogen. Seit 1641 besuchte er das Gymnasium in Lüneburg und wechselte von dort 1644 auf das Pädagogium in Stettin über. 1647 begann er ein insgesamt fünf Jahre währendes Jurastudium, von dem nur eine Immatrikulation in Königsberg im September 1650 sicher bezeugt ist. In Königsberg kam er mit dem späteren preußischen Landhofmeister Johann Ernst von Wallenrodt in Verbindung und erhielt vermutlich durch ihn eine Anstellung als Hofmeister und Reisebegleiter bei dessen Verwandten. Seine schwächliche Gesundheit zwang F. jedoch, diese Tätigkeit vorzeitig aufzugeben. Danach kehrte er ins heimatliche Lübeck zurück und verheiratete sich dort 1656 mit der Offizierswitwe Maria Hedwig Sibylla Mänhof. Nachdem sie beide ihr kleines Vermögen verloren hatten, zogen sie etwa 1659 nach Nürnberg, wo F. eine Anstellung als Korrektor bei der Verlagsfirma Endter erhielt. Durch seine kränkliche Natur an den Schreibtisch gefesselt, entwickelte er sich hier vom emsigen Leser zum Berufsschriftsteller, Editor und Polyhistor und genoß großes Ansehen weit über die engere Umgebung hinaus. Eine durch Wallenrodt veranlaßte Berufung an die Univ. Königsberg lehnte er 1677 aus Rücksicht auf seine Gesundheit ab. 1688 wurde er vom Grafen Heinrich Friedrich von Hohenlohe-Langenburg zum Rat ernannt, lebte aber bis zu seinem Tode weiterhin in Nürnberg.

Die schriftstellerische und dichterische Tätigkeit F.s setzt erst um 1660 mit sei-
ner Übersiedlung nach Nürnberg und der editorischen Tätigkeit im Verlagshaus
Endter ein. Seine voluminösen kompilatorischen Werke sind als unmittelbare
Lesefrüchte anzusehen. Zunächst versuchte er sich an Erbauungsschriften und
Liebesbriefstellern. Ein wirklicher Publikumserfolg war ihm jedoch erst mit der
„Lustigen Schau-Bühne" (3 Bde., 1663–1673) beschieden, einer Sammlung von
Gesprächsspielen in der Manier Georg Philipp Harsdörffers, die viele Auflagen
erlebte. Als einer der frühesten vollberuflichen Schriftsteller Deutschlands verstand es F., sich – wenn es sein mußte – über Nacht auf eine neue Interes-
sensphäre umzustellen, von der sich seine Verleger einen guten Absatz versprachen. Besonderer Beliebtheit erfreuten sich seine zahlreichen emblematischen
Erbauungsbücher wie auch die prachtvoll illustrierten großformatigen Topo-
graphien. Während der Türkenkriege verfaßte er eine Anzahl historischer und
geographischer Schriften, die sichtlich auf die Wißbegierde des großen Publi-
kums zugeschnitten waren. F.s Sammelbände, vornehmlich der 186 tragische
Biographien enthaltende „Hohe Traur-Saal" (3 Bde., 1665–1672), dienten vielen
Dichtern von Grimmelshausen bis Schiller als unerschöpfliches Quellenmaterial.
Nach Johann Rists (s. SHBL, 6, S. 250) Tod im Jahre 1667 führte er dessen „Mo-
nats-Gespräche" in sechs starken Bänden (1668–1671) zu Ende. Mit unermüd-

licher Schaffensfreude produzierte F. in rund einem Vierteljahrhundert alljährlich etwa zweitausend Druckseiten an neuen Büchern, von Umarbeitungen und Neuauflagen früherer Titel ganz abgesehen. Nach dem Verlust seiner geliebten Ehefrau (und Mitarbeiterin) im Jahre 1692 verbrachte er die beiden ihm verbleibenden Jahre ausschließlich mit dem Dichten geistlicher Lieder, von denen etwa 300 überliefert sind.

Quellen: E. Francisci, Verzeichniß meiner ... bißhero gedruckter Schrifften, Nürnberg 1691 (HAB). – J. C. Feuerlein, Die unzertrennliche Verlöbdnus mit Jesu des ... E. F., Nürnberg 1697; mit Anhang: W. Chr. Deßler, Das Contrefait christlicher Klugheit ... nach dem Leben des ... E. F. (ebd.). – J. S. Plitz, Neueröffnete Schaubühne ... nach d. Leben d. ... E. F., Lpz. 1702. – H. Suden (=Erdmann Uhse), Der gelehrte Criticus, 3, Lpz. 1706, S. 581–616. – B. L. Spahr, The Archives of the Pegnesischer Blumenorden, Berkeley (Kalifornien) 1960, S. 70–72.
Werke: Verz. bei G. Dünnhaupt, Bibliographisches Hdb. d. Barocklit., 1, Stuttgart 1980, S. 628–658.
Literatur: ADB, 7, S. 207. – Cimb. lit., 1, S. 178–184. – J. C. Wetzel, Hymnopoeographia, 1, Herrnstadt 1719, S. 227–233 (mit Verz. d. Lieder F.s). – Ders., Analecta Hymnica, 1, 5. Stück, Gotha 1752, S. 32–38. – G. A. Will, Nürnbergisches Gelehrten-Lex., 1, Nürnberg u. Altdorf 1755, S. 462–467; 5, Altdorf 1802, S. 346 f. – H. Sterzl, E. F., in: Fränkische Klassiker, hrsg. v. W. Buhl, Nürnberg 1971, S. 337–348. – V. Meid, F., Happel u. Pocahontas, in: Amerika in d. deutschen Lit., hrsg. v. S. Bauschinger u. a., Stuttgart 1975, S. 17–27. – G. Dünnhaupt, E. F., ein Nürnberger Polyhistor d. 17. Jh., in: Philobiblon 19 (1975), S. 272–303. – Ders., Das Oeuvre d. E. F. ... u. sein Einfluß auf d. deutsche Lit., in: Daphnis 6 (1977), S. 359–364; wieder abgedr. in: Argenis 2 (1978), S. 317–322.
Porträt: Kupf. vor d. Leichenpredigt v. Feuerlein (s. Qu.); Abb.: s. S. 136.

Gerhard Dünnhaupt

FÜCHTING, Johann, geb. 16. 6. 1571 Rietberg (Westfalen), gest. 24. 5. 1637 Lübeck; ev. – Kaufmann, Ratsherr.
Eltern: Johann Füchting, Margareta Füchting.
Ehefrau: Margareta von Lengerke, geb. 1582 Kiel, gest. 2. 2. 1636 Lübeck, verh. 18. 7. 1604 Kiel; Tochter d. Kieler Bürgermeisters Amelink von Lengerke.
Keine Kinder.

F. kam im Jahr 1587 zu seinem Onkel Hermann Haselkampf nach Lübeck, ging hier noch ein Jahr zur Schule und begann in der Pfingstwoche 1588 eine Kaufmannslehre bei Johann vom Lohe. Nach Beendigung der siebenjährigen Lehrzeit reiste er 1595 mit geringem Kapital nach Gotland und machte dort eine eigene Handlung auf. Anfang 1604 war er wieder in Lübeck und wurde hier am 8. 3. 1604 als „Hans Füfftingk", Beruf „Kaufgeselle", zum Bürger angenommen. Im Sommer dieses Jahres heiratete er in Kiel die Tochter des Bürgermeisters Amelink von Lengerke, kehrte anschließend nach Lübeck zurück und erwarb 1605 ein stattliches Haus mit großem Grundstück in der vornehmen Breiten Straße. Er betätigte sich mit anderen Lübecker Kaufleuten als Partenreeder beim Bau von Handelsschiffen und dehnte seinen Handel, der anfänglich auf die

Johann Füchting
Gemälde von unbekanntem Künstler,
1623

nähere Ostsee beschränkt war, allmählich mit Hilfe von Bevollmächtigten nach
Rußland, Finnland, Holland, England und Spanien aus. Mit der Aufnahme des
Handelsgeschäfts in Lübeck trat er der ältesten und einflußreichsten Kauf-
mannsgesellschaft, der Schonenfahrer-Kompanie, als Mitglied bei und gehörte
später zu den Älterleuten. F. übernahm nach und nach verschiedene Ehrenämter: so war er 1613 Vorsteher am St. Annen Armen- und Werkhaus und 1621 Kirchenvorsteher an St. Marien. Seit 1628 gehörte er dem Rat an, war von 1630 bis
1636 Bauherr, d. h. mit einem weitern Ratsherrn für das Bauwesen der Stadt zuständig, und ist 1636 und Anfang 1637 als Wetteherr (Wette: Gewerbeaufsicht)
nachgewiesen. Durch seine kaufmännische Tätigkeit brachte er es nicht nur zu
großem Ansehen in der Stadt, sondern auch zu großem Reichtum. Außer seinem
Wohnhaus besaß er ein weiteres Haus in der Stadt und einen Hof vor dem Burgtor. In seinem Testament, das er nach dem Tode der Ehefrau am 15. 10. 1636 ab-
fassen ließ, setzte er zahlreiche Legate zugunsten von Verwandten, Freunden
und gemeinnützigen Einrichtungen der Stadt aus und bestimmte, daß der Rest
seines Vermögens in zwei gleiche Hälften geteilt und teils für eine Stiftung zum
Nutzen der Armen verwendet, teils unter seine Erben aufgeteilt werden solle.
Sein Wohnhaus in der Breiten Straße (später Nr. 44) vermachte er seinem Neffen,
der ebenfalls Johann Füchting hieß und zu seinen Testamentsvollstreckern ge-

hörte; seinen Hof vor dem Burgtor schenkte er den Predigern an St. Marien. Noch zu seinen Lebzeiten hatte F. in Holland ein großes Epitaph anfertigen lassen, das in der Marienkirche angebracht wurde und den Brand in der Bombennacht des Jahres 1942 überdauert hat.

Nach seinem Tode stellten die Testamentsvollstrecker fest, daß F. durch seinen Handel ein Vermögen von mehr als 250 000 Mark Lübsch erlangt hatte; auf heutige Verhältnisse umgerechnet war er damit mehrfacher Millionär. Aus den für die Stiftung bestimmten Mitteln errichteten sie einen Wohnhof für zwanzig Kaufmanns- und Schifferwitwen, der 1639 fertiggestellt und nach dem Stifter „Füchtings Hof" genannt wurde. Nach Bestreitung der Bau- und Grundstückskosten blieb der Stiftung noch so viel Kapital, daß die Erträge davon bis zu den großen Geldentwertungen dieses Jh. ausreichten, den Gebäudebestand der Stiftung zu erhalten und den Bewohnern neben der freien Wohnung eine regelmäßige Unterstützung zu gewähren. Die Stiftung „Johann Füchting Testament" besteht noch heute; der Füchtings Hof wurde 1975 bis 1977 restauriert und zu modernen Altenwohnungen umgebaut, der Fortbestand der Stiftung im Sinne des Stifters damit gesichert.

Quellen: AHL: Johann Füchting Testament.
Literatur: G. Kohlmorgen, J. F. u. Füchtings Hof in Lübeck. Ein Beispiel f. d. Anfänge sozial wirkenden Kleinwohnungsbaues, Lübeck 1982 (Veröff. z. Gesch. d. Hansestadt Lübeck, R. B, Bd. 8) (mit ausführl. Lit.-Verz. u. Quellenabdruck).
Porträts: Gemälde (Kniestück) v. unbek. Maler, 1623, m. Pendant: Bildnis d. Ehefrau. Kopien davon, 1647. Alle im Vorsteherzimmer im Füchtings Hof in Lübeck; Abb. s. S. 138. – Stifterfiguren auf Epitaph, Marienkirche Lübeck; Abb.: Wagen 1972, S. 12 f.

Günter Kohlmorgen

FUNCK, Christian, geb. 8. 4. 1659 Lübeck, gest. 10. 11. 1729 Aurich; ev. – Pastor, Geschichtsschreiber.
Eltern: Hans Funck, Schneider; Catharina geb. Nicolai.
Ehefrau: Sophia Catharina Flörke, geb. 10. 4. 1661 Neuenburg (Oldenburg), begr. 23. 6. 1728 Aurich; verh. 24. 4. 1688; Tochter d. Neuenburger Amtmanns Johann Flörke u. d. Anna Elisabeth geb. von Mandelsloh.
Kinder: 4 Töchter, 2 Söhne.

F. besuchte das Katharineum in seiner Vaterstadt und bezog 1681, unterstützt durch Stipendien aus Lübeck, die Univ. Rostock, wo er die damals herrschende orthodoxe Theologie studierte. 1682 disputierte er über den Novatianismus, 1684 verließ er Rostock. Durch Vermittlung eines Gönners - vermutlich war es Christoph Gensch von Breitenau (s. SHBL, 8, S. 151), dem er die 2. Auflage seines Erbauungsbüchleins „Poetische Leiden-Cypressen" widmete – nahm er für drei Jahre die Stelle eines Hauslehrers im Oldenburgischen an. Nachweislich hielt er sich im November 1686 in Oldenburg auf. Von 1687 bis 1692 war F. in Neuenburg an der oldenburgisch-ostfriesischen Landesgrenze Hofprediger der Gräfin

Sophie Catharina, Witwe des 1667 verstorbenen Grafen Anton Günther. Von Neuenburg aus versorgte F. als Geistlicher auch die kleine Garnison am Ellenser Damm. 1692 berief ihn die Kirchengemeinde der ostfriesischen Residenzstadt Aurich zum Diakon an der Stadtkirche, und nach dem Tod des Hauptpastors Franz Albert Nessel wurde er dort 1697 Hauptpastor und zum Senior gewählt. Da die Stelle des Generalsuperintendenten bis 1698 vakant war, amtierte er bis zu diesem Jahr in Aurich zugleich als Hofprediger.

F.s Amtszeit in Aurich war geprägt durch Auseinandersetzungen mit dem Pietismus. Fürst Christian Eberhard von Ostfriesland (1690–1708) hatte die pietistische Gedankenwelt in süddeutschen und fränkischen Residenzen und durch persönliche Berührung mit Philipp Jakob Spener kennengelernt und förderte sie in Ostfriesland. Der Gegensatz zwischen der orthodoxen Geistlichkeit und den Pietismus-Anhängern in der Regierung brach voll aus, als Enno Rudolf Brenneysen, ein Schüler des Juristen Christian Thomasius in Halle, 1697 zum „Advocatus fisci" (Staatsanwalt) berufen wurde; später wurde Brenneysen Regierungs- und Konsistorialrat, und unter Fürst Georg Albrecht stieg er zum Kanzler auf. F., der in Aurich schon mehrfach gegen die Abweichungen der „Schwärmer" gepredigt hatte, warnte 1697 vor den „falschen Propheten", zu denen er auch Thomasius und seine Anhänger zählte. Brenneysen fühlte sich angegriffen, da er häusliche Konventikel abhielt, was allgemein bekannt war. Auf seine schriftliche Beschwerde ließ F. im Januar 1698 in Bremen eine in 43 Punkten zusammengefaßte Aufstellung pietistischer Abweichungen drucken („Christlich-gemeinte Entdeckung"). Brenneysen kam mit einer Gegenschrift heraus, darauf wieder F. mit einer „abgenötigten Antwort" (Emden 1698). Als F. vom Landesherrn gemaßregelt wurde, appellierte er an den kaiserlichen Reichshofrat in Wien, wurde aber abgewiesen. Der Streitschriftenkrieg wurde noch eine Weile fortgeführt, auch von anderer Seite, nachdem Brenneysen von Philipp Jakob Spener in Halle Zurückhaltung empfohlen worden war.

F. war ein vielseitiger Mann, interessiert an der Beobachtung von Naturerscheinungen, wie u.a. sein „Historischer Bericht" über die Sturmflut von 1570 zeigt, außerdem Liebhaber von Musik und Dichtung und auch selbst Kirchenlieddichter. Bedeutung hat er vor allem als Geschichtsschreiber erlangt. Sein Hauptwerk ist das hinterlassene Manuskript „Chronica der Stadt Aurich", das in 18 Bücher eingeteilt ist, von denen F. zunächst die Bücher 1–16 verfaßte, die mit dem Jahr 1716 enden. Das Reformationsjubiläum, die Sturmfluten von 1717 und 1718 und „andere denkwürdige Begebenheiten" veranlaßten ihn zu einer Fortsetzung in zwei 2 Büchern, die die Jahre 1717-1718 aus der Regierungszeit des Fürsten Georg Albrecht behandeln. Auch das Erscheinen der zweibändigen „Ost-Friesischen Historie und Landesverfassung" seines Gegners E. R. Brenneysen (Aurich 1720) mag F. in dem Wunsch bestärkt haben, seine Chronik fortzusetzen. Dem Vorwort zufolge arbeitete er bis nach 1724 daran. Nebenprodukte seiner historischen Studien waren eine ostfriesische Regentenliste und Zusammenstellungen ostfriesischer Superintendenten, Hofprediger und Pastoren. Gegen Ende seines Lebens wandte er sich dann wieder mehr der Dichtung zu („Poetische Sieges-Palmen", 1728).

Seine Chronik hat F. zu Lebzeiten nicht in Druck gegeben. Das erhaltene Manuskript, heute im Besitz der Großen Kirche in Emden, ist eine von ihm vorgenommene Abschrift des Originals, das verloren gegangen ist. Das Manuskript blieb in Familienbesitz; die Erben eines der Söhne F.s brachten es 1784–1788 unter dem Titel „Christian Funcks Ost-Friesische Chronick" im Druck heraus. Es ist die erste größere ostfriesische Geschichtsdarstellung in hochdeutscher Sprache. F.s Vorgänger Eggerik Beninga und Ubbo Emmius schrieben mittelniederdeutsch bzw. lateinisch. Emmius' „Historia nostri temporis" (Abschnitt 1592-1608) kannte F. nicht, da sie erst 1732 in Groningen erschien. Seine Chronik der Jahre 1562 bis 1718 ist also selbständig verfaßt, unter Verwendung der zeitgenössischen Literatur. Es muß ihm auch gestattet worden sein, das fürstliche Archiv zu benutzen, denn nur so lassen sich bis dahin unbekannte Mitteilungen über die Familie des Grafen Edzard I. erklären. Die Verbreitung des Werks litt unter dem Erscheinen der umfangreichen „Ostfriesischen Geschichte" von T. D. Wiarda, deren erster Band 1791 herauskam. Dennoch ist F.s Chronik ein unentbehrliches Hilfsmittel für die Erforschung der ostfriesischen und insbesondere der Geschichte der Stadt Aurich geblieben.

Werke: Verz. bis 1720 b. v. Seelen (s. Lit.) u. Cimb. lit., 1, S. 202. – Hs. Verz. v. W. Hinrichs in d. Landschaftsbibl. Aurich. – Predigten 1691–1703, 3 Bde. (Niedersächsisches Staatsarch. Aurich, Repertorium 241, Ms. A 184). – Sammelbd. v. Druckschrr. F.s im Pietismusstreit (ebd.). *Hauptwerke:* Die Poetische Leiden-Cypressen, Oldenburg 1686. – Chronica d. Stadt Aurich . . . (Emden, Bibl. d. Großen Kirche), Druck: Chr. F.s Ost-Friesische Chronick. Hrsg. v. d. Erben d. weil. Predigers zu Resterhave Joh. Diedr. Funck, 8 Teile, Aurich 1784–1788. – Poetische Sieges-Palmen, Oldenburg 1728.
Literatur: Cimb. lit., 1, S. 202. – Jöcher, 2, Sp. 808. – v. Seelen, 2, S. 137–144. – J.Fr. Bertram, Parerga Ostfrisica . . ., Bremen 1735, S. 92, 119, 127, 167, 235. – P.Fr. Reershemius, Ostfriesländisches Prediger-Denkmahl, Aurich 1796, S. 104–106. — T.D. Wiarda, Ostfriesische Gesch., 11 Bde., Aurich u. Leer 1791–1817, 6, S. 405–424; 7, S. 59, 94. – Anklam, Die Lambertikirche zu Aurich, Aurich 1924, S. 20 f. – A. de Boer, Der Pietismus in Ostfriesland am Ende d. 17. u. in d. ersten Hälfte d. 18. Jh., Aurich 1938, S. 13–23, 33 f. – J. König, Das Jahr 1790, ein Höhepunkt im kulturellen Leben Ostfrieslands, in: Heimatkunde u. Heimatgesch. (Beil. d. Ostfriesischen Nachr.) Nr. 14, 1950. – I. Joester, Enno Rudolph Brenneysen (1661–1734) u. d. ostfriesische Territorialgeschichtsschreibung, Diss. Münster 1963, S. 35–42. – M. Smid, Ostfriesische Kirchengesch., Pewsum 1974 (Ostfriesland im Schutze d. Deiches 6), S. 358 f. – M. Jakubowski-Tiessen, Sturmflut 1717. Die Bewältigung einer Naturkatastrophe in d. frühen Neuzeit, München 1992 (Ancien Régime, Aufklärung u. Revolution 24), s. Register.

Heinz Ramm

GATERMANN, *Karl* Joachim Heinrich Friedrich, geb. 19. 7. 1883 Mölln, gest. 14. 2. 1959 Ratzeburg, begr. Mölln; ev. – Maler.
Eltern: Hans Hinrich *Gottfried* Gatermann, geb. 21. 5. 1843 Groß Klinkrade b. Mölln, gest. 20. 1. 1887 Mölln, wandernder Händler; Maria Dorothea Elisabeth

geb. Hack, geb. 17. 1. 1845 Hammer, Kr. Herzogtum Lauenburg, gest. 7. 11. 1918 Mölln.

Unverheiratet.

G. entstammte einer bereits im frühen 17. Jh. in Klinkrade nachweisbaren Kätner- und Handwerkerfamilie. Er verlor früh den Vater, durchlief nach dem Besuch der Volksschule eine Malerlehre in Mölln, der sich von 1901 bis 1903 Wanderjahre anschlossen, die ihn u. a. nach Dessau, nach München und durch Hessen führten. 1903 ging er nach Lübeck, wo er von 1904 bis 1907 in den Abendkursen der Kunstschule des Malers und Konservators Willibald Leo v. Lütgendorff seine erste künstlerische Ausbildung empfing und die Aufmerksamkeit des Arztes und Heimatforschers Rudolf Struck erregte, der ihn 1906 für die Illustrierung seines Buches „Das alte bürgerliche Wohnhaus in Lübeck" gewann und ihm schließlich für die weitere Mitarbeit daran ein Stipendium gewährte. 1907 bezog G. die Münchner Akademie. Er war bis 1914 Schüler Hugo v. Habermanns, zuletzt in der Meister- und Kompositionsklasse. In dieser Zeit errang er seine ersten Erfolge, so z. B. in einem Wettbewerb für Malerei den Preis der Stadt München für das Bild „Das Leben", das 1942 zerstört wurde. Im Ersten Weltkrieg war G. Soldat. Danach ließ er sich in Lübeck als freischaffender Künstler nieder und erwarb sich hier während der zwanziger Jahre die Wertschätzung des Museumsdirektors Carl Georg Heise. Besondere Bedeutung für seine künstlerische Weiterentwicklung hatten zwei Reisen durch Italien, die G. 1923 und 1925 auf Einladung seines Freundes und Mäzens Carl Axel Follin unternehmen konnte, während ihm eine Hollandreise im Jahre 1927 das Werk Rembrandts nahebrachte. 1926 stellte G. im Hamburger Kunsthaus Heumann seine Aquarelle vor, mit dem Erfolg, daß er in der Londoner Times als einer der besten deutschen Aquarellisten bezeichnet wurde. 1927 richtete ihm die Overbeckgesellschaft in Lübeck eine erste Kollektivausstellung aus, und im gleichen Jahr erwarb Heise auch ein Ölbild vom Pönitzer See für das Museum Behnhaus. Von den Maßnahmen der Nationalsozialisten blieb G. – trotz der Wertschätzung durch Heise – unberührt. 1942 vertrat er die Lübecker Maler in der Großen Berliner Kunstausstellung in der Nationalgalerie, und wenig später kam eine großformatige Darstellung der Neustädter Bucht sogar in die Große Deutsche Kunstausstellung 1942 im Haus der Deutschen Kunst zu München. Im gleichen Jahr wurde sein Atelier in der Lübecker Innenstadt durch Bomben zerstört und zugleich ein großer Teil seines Werkes, darunter etwa 100 Ölbilder aus allen Schaffensperioden und 125 Aquarelle. Von diesem Schlag hat G. sich nicht mehr erholt. Er übersiedelte mit seiner Lebensgefährtin Magdalene Hammerichs, die er 1927 kennengelernt hatte, nach Ratzeburg in das Haus seiner Schwester. Obgleich man ihn in Lübeck 1953 zu seinem 70. Geburtstag mit einer Einzelausstellung im Behnhaus feierte und mit einer Lübeck-Ansicht für Stockholm beauftragte, geriet er in seinen letzten Lebensjahren in materielle Not.

G.s Ruhm ist auch zu seinen Lebzeiten nur selten über die Stätten seines jeweiligen Wirkens hinausgedrungen. Seine Arbeiten haben in öffentliche Sammlungen kaum Eingang gefunden; sie sind heute weit in Privatbesitz verstreut und z. T. verschollen. Das graphische Werk ist schmal. Von den Zeichnungen,

die G. schuf, erscheinen vor allem die frühen topographischen Arbeiten für Struck als Abbildungen Lübecker Bürgerhäuser bemerkenswert, obgleich ihr künstlerischer Wert gering ist und ihr dokumentarischer nicht ganz unumstritten. Erwähnung verdienen außerdem ein Zyklus von Bewegungsstudien von der Tanzgruppe Rudolf v. Laban (1922, größtenteils zerstört), sowie eine kleinere Anzahl von Radierungen aus den Jahren nach der Hollandreise. G.s Hauptinteresse galt der Ölmalerei. In den zwanziger Jahren entstanden – z. T. wohl als Auftragsarbeiten – zahlreiche Porträts, darunter solche von Wilhelm Furtwängler, O. Anthes (s. d.) und dem Kammersänger Hans-Peter Mainzberg, ferner großformatige figürliche Szenen (Badende Frauen mit Pferden, An der Tränke, Sommerabend am Weiher), nach 1930 gelegentlich auch Blumenstücke (Zinnienstrauß), während Stilleben vereinzelt blieben. Seit seiner Rückkehr nach Lübeck im Jahre 1919 war die künstlerische Auseinandersetzung mit der Landschaft und der Architektur seiner Heimat sein eigentliches Arbeitsgebiet; sie begründete seinen Ruf als Heimatmaler. Als Höhepunkt seines Schaffens erscheinen jedoch auch heute noch jene Arbeiten, mit denen er auch zu Lebzeiten überregionalen Erfolg errang: die Aquarelle aus den zwanziger Jahren, z. B. „Kircheninterieur aus Würzburg" oder „Siracusa" oder „Blick zum Rathaus". Unbedingt sicher in ihrem künstlerischen Zugriff, sind sie G.s eigentlicher Beitrag zur Geschichte der lübeckischen Kunst in der ersten Hälfte des 20. Jh., in der er, Einzelgänger, der er war, sonst nur wenig Spuren hinterlassen hat. Die Aquarelle weisen ihn als Impressionisten aus, während viele seiner Ölbilder mehr auf die Münchner Tradition der zweiten Hälfte des 19. Jh. verweisen, der er sich durch seine beiden Lehrer verpflichtet wußte und der er zeit seines Lebens treu blieb.

Anders als seine Lübecker Zeitgenossen A. Aereboe (s. d.), Erich Dummer (s. d.) oder C. Stoermer (s. d.) war G. gänzlich uninteressiert an einer Auseinandersetzung mit den nichtimpressionistischen zeitgenössischen Kunstströmungen. Er gehörte nicht zu den Innovatoren, und vielleicht hat es ihm gerade der konservative Grundzug seines Schaffens ermöglicht, sich im Lübeck der zwanziger und der dreißiger Jahre malend auch finanziell zu behaupten. Nach seinem Tode geriet sein Werk mehr und mehr in Vergessenheit. Erst im Jahre 1984 machte man in Lübeck durch eine umfassende Ausstellung wieder auf ihn aufmerksam.

Quellen: R. Struck, Das alte bürgerliche Wohnhaus in Lübeck, T. 1, 2, Lübeck 1908, 1913. – C. Neckels, Waterkant, in: VBl 1916/17, S. 127. – Ders., Israelsdorfer Bilder v. K. G., in: ebd. 1919/20, S. 41. – Ders., Aus d. Ausst. d. Lukas-Gilde, in: ebd. 1920/21, S. 9. – Ders., K. G. als Aquarellist, in: ebd. 1926/27, S. 17 f. – Ders., Vom Reichtum dt. Kunst, in: Lübecker Ztg. v. 10. 1. 1943. – Ders., Ein Künstler d. Lübecker Landschaft, in: Sonntagsbeil. d. Lübecker Ztg. v. 18. 7. 1943. – K. G., Romfahrt, in: Lübeckische Anzeigen Nr. 149, 1923. – Ders., Ein Lübecker Maler in Rom, in: ebd. Nr. 157. – Ders., Rom, Florenz, Arezzo, Verona, in: ebd. Nr. 173. – Ders., Tusculum, in: ebd. Nr. 202. – Ders., Plauderei zu d. Ausst. Alt-Lübecker Dielen im St.-Annen-Mus., in: LBl 1928, S. 730. – Ders., Verz. d. zerstörten u. abhanden gekommen Bilder u. Zeichnungen, 1942 (ungedr., Kopie AHL). – Ders., Mein Weg zur Kunst, in: Wagen 1954, S. 165. – Landau, Rom, K. G., in: Dt. Bote 33 (1926), Nr. 1, S. 7. – W. L. v. Lütgendorff, Lübecker Kunst u. Künstler, in: Lübeck seit d. Mitte d. 18. Jh., Lübeck 1926, S. 183–212, bes. 200, 210, 308. – A. B. Enns, K. G., in: LBl 1927, S. 144. – H. Heyen, Lübecker Künstler, in: Lübecker Generalanz. v. 15. 11. 1931, S. 9. – Der Maler Lauenburgs, in: Lübecker Nachr. v. 9. 3. 1948. – Ein Lebensbild K.Gs, in: Neue Schwarzenbeker Ztg. v. 31. 1. 1952. – Das ist sie, meine Heimat, in: Lübecker Nachr. v. 14. 6. 1953. – H. Heuer, Einer unserer großen u. letzten Impressionisten, in: Lauenburgische Ztg. v. 1. 8. 1953.

Werke (Auswahl; weitere Gemälde, Aquarelle, Zeichnungen u. Radierungen im Besitz d. Stadt Ratzeburg, d. Gemeinde Stockelsdorf, d. MusKK u. in Privatbesitz): *Gemälde in öffentlichen Slg.en:* Pönitzer See, 1927 (MusKK). – Kammersänger Mainzberg in d. Rolle als Kaspar, 1927 (Ratzeburg, Kreismus.). – Landschaft Lübecker Mulde, 1935 (MusKK). – Frau in d. Oper (MusKK). – Hintergärten in d. Brauerstraße, nach 1942 (Ratzeburg, Kreismus.). – Blick auf d. Fischerstraße, nach 1942 (ebd.). – Blick v. Heidberg, 1942 (Mölln, Heimatmus.). – Ratzeburger See bei Pogeez, nach 1942 (Ratzeburg, Kreismus.). *Gemälde in Privatbesitz:* Dominneres, 1898. – Knabe Neffe Bruno, 1908. – Rückenakt, 1910. – Blick zur Hüxtertorbrücke, 1919. – Atelier, 1922. – Lübecker Hafen, 1923. – Badende Frauen mit Pferden, 1923. – Figürliche Szene, 1924. – Fischerbuden, 1924. – Porträt Otto Anthes. – Travemünde, 1930. – Obstblüte in Ratekau, 1930 (Kreissparkasse Ratzeburg). – Zinnienstrauß, 1932. – Mölln, St. Nikolai m. Scharfrichterstuhl, um 1935. – Landschaftsstudie, vor 1942. – Schl.- holst. Dorf, nach 1942. – Winterlandschaft, 1944. – Küstenlandschaft, um 1950. – Küchensee, um 1950. – Frühling am Ratzeburger See, 1955. – Die Gemälde An der Tränke, Sommerabend am Weiher, Porträt W. Furtwängler sind 1942 zerstört bzw. verschollen. *Aquarelle:* Obertrave 19–21, 1906 (MusKK). – Kircheninterieur in Würzburg, 1923 (MusKK). – Siracusa, 1925 (MusKK). – Girgenti, 1925 (MusKK). – Blick zum Rathaus, 1929 (Privatbesitz Wuppertal). *Zeichnungen:* Slg. R. Struck (Dielen, Portale, Türen, Innenräume) (MusKK). *Abb.en v. verschollenen oder zerstörten Arbeiten:* Porträt Dr. Kopsch, Porträt Kapitän Follin, Lübecker Hafenansicht, in: Von Lübecks Türmen 1915, S. 132 f. – Arbeiterbörse, in: VBl 1916/17, S. 127. – Aus Israelsdorf, in: ebd. 1919/20, S. 41 f. – Burgtor, in: ebd., S. 47. – Das Urteil d. Paris, Untere Hundestraße, Des Künstlers Mutter, in: ebd. 1920/21, S. 9 f. – 3 Bewegungsstudien (Tanzgruppe Rudolf v. Laban), in: ebd. 1922/23, S. 7 f. – Landschaft b. Segeberg, um 1935, in: Wagen 1937, S. 134. – Dass., in: ebd., S. 135. – Am Hemmelsdorfer See, in: Lübecker Ztg. v. 6. 4. 1943. – Klempauer Moor, in: ebd., 18. 7. 1943. – Bauernhof in Koberg, in: Lübecker Nachr. v. 9. 3. 1948. – Frühling am Ratzeburger See, in: ebd., 14. 6. 1953. – Pötenitzer Wiek, in: Wagen 1954, S. 165.

Literatur: Vollmer, Nachtrag A–G, S. 509. – H. Funck, Von denVorfahren K.G.s, in: Lauenburgische Heimat H. 27 (1959), S. 31. – Das alte Lübecker Stadtbild (Ausstellungskat. d. MusKK), Lübeck 1963. – F. v. d. Trave, Dem Gedenken an K. G., in: VBl 1963, Nr. 7/8, S. 6. – K. Strube, Die Gemeinschaft Lübecker Maler u. Bildhauer, in: Wagen 1968, S. 71. – B. Gatermann, K. G. – ein Leben, d. Kunst gewidmet, Lübeck 1973 (AHL). – Ders., K. G. 100 Jahre, in: VBl 1983, Nr. 3, S. 36 f. – B. R. Kommer, Blick ins lübsche Haus, Lübeck 1974, S. 47, 50. – A. B. Enns, Kunst u. Bürgertum, Hbg. u. Lübeck 1978. – H. Hannemann, Erinnerung an K. G., in: LBl 1983, S. 185 f. – Dokumentarist d. alten Lübeck,in: Lübecker Nachr. v. 19. 7. 1983. – G. Schmidt, Ausstellung K. G., in: LBl 1983,S. 30 f. – W. Tschechne, Lübeck als Farbklang v. Sonne u. blauem Licht, in: Lübecker Nachr. v. 18. 1. 1984.
Porträts: Selbstporträts: Ölgemälde 1905 u. 1942 (beide Privatbesitz Wuppertal); Kohlezeichnung, abgeb. in: VBl 1916/17, S. 129. – Foto (MusKK), Abb. s. S. 143. – Weitere Fotos: Dt. Bote 33 (1926), Nr. 1, S. 7; Sonntagsbeil. d. Lübecker Ztg. v. 18. 7. 1943; Lübecker Nachr. v. 14. 6. 1953 u. 22. 7. 1958; VBl 1963, Nr. 7/8, S. 6; Lübecker Morgen v. 22. 7. 1963.

Horst Hannemann

GEIBEL, Franz *Emanuel* August, seit 1852 von (bayerischer Personaladel), geb. 17. (nicht 18.) 10. 1815 Lübeck, gest. 6. 4. 1884 ebd.; ev.-ref. – Dichter, Übersetzer.
Eltern: Johannes Geibel, geb. 1. 4. 1776 (s. d.); Elisabeth Luise geb. Ganslandt.
Ehefrau: Amanda (*Ada*) Luise Trummer, geb. 15. 8. 1834 Lübeck, gest. 21. 11. 1855 München; verh. 26. 8. 1852 Lübeck; Tochter d. Rechtsanwalts Adolph Trummer (1796–1841) u. d. Caroline geb. Kupfer (1808–1850).
Kinder: Maria, geb. 10. 5. 1853 München, gest. 27. 9. 1906 Lübeck; verh. m. Ferdinand Fehling (s. d.), Bürgermeister in Lübeck.

G. erhielt seit Ostern 1824 am Lübecker Gymnasium Katharineum eine gediegene humanistische Erziehung. Prägend und fördernd wirkten auf ihn die Lehrer Johannes Classen und Ernst Deecke, mit dem G. auch nach der Schulzeit Verbindung hielt, sowie der Direktor Friedrich Jacob. Der Unterricht in den alten und neuen Fremdsprachen, in Geschichte und deutscher Literatur hatte in G.s Schulbildung besonderes Gewicht. Von ebenso großer Bedeutung für seine Entwicklung dürfte der gesellige Umgang mit gleichgestimmten Freunden gewesen sein. Wie er lebenslang sein literarisches Schaffen mit Geselligkeit zu verbinden wußte, gründete er schon am Katharineum einen „Poetischen Verein", dem u. a. der spätere Lübecker Historiker Wilhelm Mantels (s. d.), der Philosoph Ferdinand Röse (s. d.) und Carl Conrad Theodor Litzmann (s. SHBL, 8, S. 211) angehörten. Hier wurden die literarischen Versuche der Mitglieder vorgelesen und diskutiert; aus diesem Kreis ist G.s erste Veröffentlichung hervorgegangen, ein in der Primanerzeit verfaßtes Gedicht „Vergessen", das 1833, zusammen mit einem Gedicht von Röse, im von Adalbert v. Chamisso und Gustav Schwab herausgegebenen „Deutschen Musenalmanach auf das Jahr 1834" unter dem Pseudonym „L. Horst" veröffentlicht wurde. Von der zeitgenössischen Lyrik beeindruckten ihn in dieser Zeit Franz Kuglers „Skizzenbuch" (1830), Wilhelm Müller, Ludwig Uhland, Heinrich Heine, Friedrich Rückert und August v. Pla-

*Emanuel Geibel
Gemälde von F. R. A. Korneck,
um 1845*

ten; hingegen lehnte er Nikolaus Lenau schon damals ab. Für G.s klassizistische Orientierung bedeutsam mag die Freundschaft mit dem späteren Archäologen Ernst Curtius (s. d.) gewesen sein, der für kurze Zeit auch sein Klassenkamerad war.

Nach dem Abitur (Ostern 1835) begann G. auf Wunsch seines Vaters zum SS 1835 in Bonn das Studium der Theologie; sein Hauptinteresse galt aber literarischen Gegenständen, und so belegte er auch römische Literaturgeschichte und Geschichte der Philosophie; u. a. hörte er Vorlesungen bei dem Philologen und Altertumsforscher Friedrich Gottlieb Welcker (1784–1868), dem Philosophen Christian August Brandis (1790–1867) und bei August Wilhelm Schlegel. Den Großteil seiner lyrischen Produktion dieser Zeit machten an seine Jugendliebe Cäcilie Wattenbach (1815–1883) gerichtete Liebesgedichte aus. In den Semesterferien unternahm er, dem Vorbild Goethes und einiger Romantiker folgend, eine Rheinreise. Im „Musenalmanach" für 1836 erschien G.s erstes unter eigenem Namen veröffentlichtes Gedicht („Gondelfahrt"). Sein Interesse an Heine und den Spätromantikern nahm in Bonn ab und konzentrierte sich statt dessen auf die Antike, Shakespeare, Byron und Goethe.

Im Frühjahr 1836 wechselte G. für vier Semester nach Berlin und gab dort das Studium der Theologie ganz auf, um vor allem klassische Philologie zu hören: Vorlesungen über Metrik bei August Böckh, über Aristophanes bei Johann

Gustav Droysen, Textkritik bei Karl Lachmann. Bei Franz Kugler nahm er an kunstgeschichtlichen Kollegien teil; in dessen Haus verkehrte er bald regelmäßig und führte dort später auch den jungen Paul Heyse ein, zu dem eine lebenslange Freundschaft entstand, die durch einen umfangreichen Briefwechsel dokumentiert ist. Ihr sind auch die Übersetzungen im „Spanischen Liederbuch" zu verdanken, das G. 1852 zusammen mit Heyse herausgab und das durch Hugo Wolfs Vertonung berühmt geworden ist.

Alte Freunde aus Lübeck wie Curtius, Mantels, Litzmann und Markus Niebuhr wurden auch in Berlin G.s Kommilitonen; vertieft wurde die Bekanntschaft mit Adolph Friedrich v. Schack, den er schon in Bonn flüchtig kennengelernt hatte und mit dem zusammen er, nach dem Vorbild elisabethanischer Dramatiker, eine Tragödie schrieb. Ein Besuch seines Vaters (1836) vermittelte G. Bekanntschaften mit einer Reihe einflußreicher Persönlichkeiten des akademischen und des öffentlichen Lebens. Der Buchhändler Julius Eduard Hitzig führte ihn bei Chamisso und in die „Literarische Mittwochsgesellschaft" ein. Hier verkehrten Joseph Freiherr v. Eichendorff, Franz v. Gaudy, Ernst Raupach, Karl Holtei, August Kopisch, Gottfried Schadow und Friedrich Gubitz regelmäßig. Näheren Umgang hatte G. mit Gaudy, Willibald Alexis und Kopisch. Chamisso zog ihn als Mitarbeiter bei der Redaktion des „Musenalmanachs" heran, und sein Entschluß, das Dichtertum zu seinem Beruf zu machen, wurde in dieser Zeit gefestigt, nicht ohne Konflikt mit dem Vater, obgleich dieser selbst literarische Neigungen hatte. Von Bedeutung für den äußeren Lebensweg G.s wurde die Wiederbegegnung mit Carl Friedrich v. Rumohr (s. SHBL, 3, S. 230), den G. schon aus der Lübecker Jugendzeit kannte und der sich nun für ihn einsetzte, und die Bekanntschaft mit Bettina v. Arnim. Diese vermittelte ihm Ende 1837 unter Mithilfe ihres Schwagers Friedrich Carl v. Savigny eine Hauslehrerstelle in Griechenland bei dem russischen Gesandten in Athen, Fürst Katakazy. Auf das überraschende Angebot hin beendete G. sein Studium, indem er, unterstützt durch eine Empfehlung des Berliner Professors Friedrich Rheinwald, im März 1838 bei der Philosophischen Fakultät der Univ. Jena die Verleihung der Doktorwürde beantragte und sich gegen das – offenbar nicht gehaltene – Versprechen, eine Abhandlung „de elegiacis Romanorum poetis" nachzureichen, in Abwesenheit zum Dr. phil. promovieren ließ.

Auf seinem Weg nach Griechenland machte G. in München Station, wo er u. a. Peter Cornelius, Julius Schnorr v. Carolsfeld, Clemens Brentano und Joseph Görres kennenlernte. In Athen traf er zufällig mit dem Übersetzer Wolf Heinrich Graf Baudissin (s. SHBL, 4, S. 29) zusammen. Gemeinsam unternahmen sie mehrere Ausflüge, auf die Peloponnes, zum Pentelikon, nach Kap Sunion und auf die Akropolis. Im Umgang mit dem 1837 nach Athen berufenen Brandis und mit Curtius, der seit Ende 1836 Hauslehrer war und mit dem G. im Herbst 1839 eine Reise auf die Inseln der Ägäis unternahm, erwarb er sich tiefere Kenntnisse des Landes und seiner Kultur. Literarische Frucht dieser Zeit waren die „Klassischen Studien von Emanuel Geibel und Ernst Curtius", metrische Übersetzungen aus Werken altgriechischer Autoren, die 1840 mit Widmung an die griechische Königin Amalie erschienen.

Im Frühjahr 1840 reiste G., nachdem er schon im Herbst des Vorjahres die Stellung beim Fürsten Katakazy aufgegeben hatte, von Griechenland über Triest und Wien zurück nach Lübeck. Noch vor den „Klassischen Studien" hatte G.s erste Gedichtsammlung herauskommen sollen; nach der Vernichtung des Manuskriptes durch einen Brand der Druckerei stellte er eine neue Sammlung zu dem noch im selben Jahr erschienenen Band „Gedichte" zusammen, der – nach zögernder Aufnahme der ersten Auflage – in den folgenden Jahren G. s. Ruhm als Lyriker begründete und 1884 die 100. Auflage erlebte. In Lübeck erhielt G. durch Vermittlung seines Vaters eine Einladung von Karl Freiherrn v. d. Malsburg auf dessen Schloß Escheberg unweit Kassel. Dort beschäftigte er sich damit, die hinterlassene Bibliothek des Calderon-Übersetzers Ernst Otto v. d. Malsburg zu ordnen und dabei seine Kenntnisse der spanischen Sprache und Literatur zu erweitern. Auf Escheberg entstanden seine Gedichtsammlung „Zeitstimmen" (1841), die Übersetzungen „Volkslieder und Romanzen der Spanier" (1843) und sein erstes veröffentliches Trauerspiel, „König Roderich" (1844). Erst im Juni 1842 kehrte er nach Lübeck zurück.

Inzwischen hatte G. durch einen Streit mit Georg Herwegh Stellung im literarischen und politischen Leben der Zeit bezogen. Er hatte im Frühjahr 1842 ein auf Herweghs „Gedichte eines Lebendigen" (Bd. 1, 1841) gemünztes Gedicht „An Georg Herwegh" verfaßt (in dem er ihm Aufrührertum vorwarf und ihn zu geistvollem Quietismus ermahnte), das er auch in die zweite Auflage seiner „Zeitstimmen" (1843) aufnahm. Herwegh antwortete nach seinem eigenen Bruch mit König Friedrich Wilhelm IV. von Preußen (Ende 1842) mit dem „Duett der Pensionierten", das G. und Ferdinand Freiligrath verspottete, die 1842 vom König mit einer lebenslänglichen Gnadenpension von je 300 Talern ausgezeichnet worden waren. Mit der Pension waren G. die Voraussetzungen gegeben, seine Vorstellung vom Dichtertum als Beruf zu verwirklichen, freilich in der für Kollegen wie Herwegh und später auch Freiligrath selbst (der 1844 freiwillig auf die Pension verzichtete) fragwürdigen Rolle eines gewissermaßen staatlich anerkannten Poeten.

In den folgenden Jahren begab sich G. auf zahlreiche Reisen innerhalb Deutschlands. Er besuchte alte Freunde und führte sich bei geistesverwandten Schriftstellern ein. 1843/44 fuhr er nach St. Goar zu Freiligrath, dem er die zweite Auflage seiner „Gedichte" gewidmet hatte, nach Weinsberg zu Justinus Kerner, nach Stuttgart zu Röse und dem Verleger Cotta, nach Hannover und Weimar und nach Schlesien zum Grafen Moritz v. Strachwitz. Seit 1849 weilte er des öfteren beim Fürsten Heinrich v. Carolath auf dessen Besitz in Schlesien. Zahlreiche längere Besuche in Berlin wechselten ab mit Badeaufenthalten des häufig kränkelnden Dichters in Travemünde, Heringsdorf oder Karlsbad. Im Winterhalbjahr 1848/49 vertrat er seinen ehemaligen Lehrer Deecke, der ins Frankfurter Parlament gewählt worden war, am Katharineum.

Im November 1847 erschienen G.s „Juniuslieder", die sein Ansehen als einer der führenden Dichter seiner Zeit festigten. Der kunstsinnige König Maximilian II. von Bayern, der im als „Isar-Athen" verstandenen München versuchte, mit klassizistisch ausgerichteten Künstlern und Dichtern den Weimarer Musenhof

zu restituieren, bot G. im Februar 1852 eine Honorarprofessur für Poetik und Ästhetik an der Univ. München an. Da diese Aufgabe sowie die erwünschte Teilnahme an den vom König im Schloß arrangierten wöchentlichen Symposien jeweils nur für den Winter nach München verpflichteten, nahm G. an. Im Mai 1852
erhielt er die bayerische Staatsangehörigkeit und die Ernennung zum Professor.
Im August desselben Jahres heiratete er und reiste dann mit seiner Frau nach
München. Dort verschaffte er sich Achtung nicht nur im Kreise der akademischen Kollegen, sondern erlangte auch das besondere Vertrauen des Königs, so
daß er die maßgebliche Stimme bei der Auswahl der in den im November 1853
gestifteten Maximilians-Orden für Wissenschaft und Kunst aufzunehmenden
Schriftsteller hatte. Hierdurch gewann G. beträchtlichen Einfluß auf das literarische Leben, denn eine Berufung nach München war mit einer großzügigen Pension verbunden. Der sich in München versammelnde Dichterkreis bestand zu
einem großen Teil aus Norddeutschen, spöttisch „Nordlichter" genannt. Trotz
mancher Anfeindungen seitens der Einheimischen konnte G. sich wiederholt
durchsetzen, u. a. bei den Berufungen von Heyse und Friedrich Bodenstedt. Privat organisierten sich die Dichter unter seiner Führung im Dichterverein „Kro-
kodil", der in seinen Geselligkeits- und Diskussionsformen den 1827 in Berlin
gegründeten „Tunnel über der Spree" nachahmte, den G. dort während seines
Studiums kennengelernt hatte. „Ästhetisches Credo" (Heyse, Jugenderinnerungen u. Bekenntnisse, 1900) der Vereinigung wurde das von G. redigierte und
herausgegebene „Münchner Dichterbuch" (1862) mit Beiträgen u. a. von G.,
Heyse, Hermann Lingg, Schack, Wilhelm Hertz, Julius Grosse, Heinrich Leuthold, Joseph Viktor v. Scheffel, Hans Hopfen und Bodenstedt. Der Kreis um G.
und Heyse wurde damit Sammelpunkt der gegen den zukunftweisenden Realismus gerichteten restaurativen klassizistischen Literaturströmung nach der
Revolution von 1848. Zeitweilig war sein Gewicht im literarischen Leben äußerst
groß; beglaubigt durch den immensen Verkaufserfolg seiner Gedichtbände,
konnte G. zusammen mit seinen Münchener Vertrauten z. B. auch die redaktionellen Entscheidungen des von Cotta verlegten und weit verbreiteten „Morgen-
blatts für gebildete Leser" beeinflussen.

    Nach dem Tode Maximilians II. (März 1864) änderte sich G.s Beziehung zu
München; der Thronfolger Ludwig II. favorisierte Musiker, vor allem Richard
Wagner. Die politischen Auseinandersetzungen zwischen Österreich und Preußen veranlaßten G. zu offenem Eintreten für König Wilhelm I. von Preußen, den
er bei dessen Besuch in Lübeck (1868) mit einem Huldigungsgedicht („Vom Fels
zum Meer") begrüßte. Diese Parteinahme führte sogleich zu der vorläufigen
Streichung seines bayerischen Gehalts, worauf er um seine Entlassung bat, die er
Anfang Oktober 1868 erhielt. G., der schon seit dem Tode seiner Frau wieder
häufig nach Lübeck gekommen war und dort seit 1865 wieder seinen Hauptwohnsitz hatte, kehrte nun endgültig dorthin zurück, zumal ihm Wilhelm I. einen lebenslänglichen Ehrensold von 1000 Talern zusätzlich zur Gnadenpension
aussetzte und er die Ehrenbürgerrechte seine Vaterstadt erhielt. Zunehmend behindert von seinem chronischen Leiden unklarer Ursache blieb er dort; nach
1871 gefeiert als „Sängerherold des neuen Reiches" (Heinrich v. Treitschke),

brachte er mit erlahmender Schaffenskraft noch das „Classische Liederbuch"
(1875) und die „Spätherbstblätter" (1877) heraus und widmete sich den zahlreichen Neuauflagen seiner Gedichtsammlungen und Werkausgaben.

Bei seinen Zeitgenossen war G. als Lyriker ungeheuer erfolgreich; bedeutend
ist er aus heutiger Sicht als Übersetzer. Von seinen Originalgedichten sind allenfalls die als Volksliedtexte bekannten biedermeierlichen Gedichte wie „Der Mai
ist gekommen", „Wer recht in Freuden wandern will" oder „Und dräut der Winter noch so sehr" nicht vergessen, außerdem diejenigen Gedichte, die von Komponisten wie Schumann und Brahms vertont worden sind; die unzähligen Melodien (fast 3700) der weniger bekannten Komponisten haben G.s Liedstrophen
kein Überdauern bescheren können. G. war ein lyrisches Formtalent; er versuchte sich in einer Fülle von Genres der europäischen Tradition bis hin zu den
schon von Platen populär gemachten orientalischen Strophenformen. Dabei gelangen ihm wohlklingende, metrisch geschickt gereimte Kunstgebilde, deren
Anspruch auf Klassizität durch Konventionalität eingelöst wird, die sich am
aufdringlichsten in der gehobenen, aber blassen Wortwahl und der Fülle von der
Bildungstradition entnommenen Gedanken- und Sprachklischees offenbart. Seinen aus dem Vorbild der antiken Dichter und Goethes abgeleiteten Begriff des
Klassischen konnte G. inhaltlich nicht ausfüllen; im Zurückscheuen vor einer
ungeliebten, als prosaisch empfundenen zeitgenössischen Realität, der „Zeit aus
Erz" („Die junge Zeit", 1847), kommt er über Formübungen, die heute nur als
Symptome ihrer Epoche interessant sind, kaum hinaus. Hingegen erklärt sich
wohl aus derselben verblüffenden Formgewandtheit, die G. schon als Schüler
und bei Geselligkeiten immer wieder auch im Extemporieren unter Beweis gestellt hatte, seine bleibende Leistung als Übersetzer, die ihm in der Literaturgeschichte einen Platz als Vermittler der romanischen Literatur sichert und ihn im
übrigen wiederum als für die Münchener Dichterschule repräsentativ auszeichnet. (Zusammen mit Schack veröffentlichte G. 1860 den „Romanzero der Spanier
und Portugiesen", 1862 erschienen Übersetzungen von G. und Leuthold aus
dem Französischen, „Fünf Bücher französischer Lyrik".)

Zum von der geschichtlichen Entwicklung überholten Konservativismus G.s
stimmen der häufig sanft melancholische und klagende Ton seiner Gedichte, der
ihm auch den Spottnamen „Backfischlyriker" eingetragen hat, und die bevorzugte Haltung der Erinnerung und Betrachtung, weniger der zielgerichteten Reflexion. Thematisch bewegt sich G. durchweg in einem engen Kreis: die Gedichte
behandeln hauptsächlich Liebes-, Natur- und Wanderthemen. Auch die politischen Gedichte, mit denen er nach 1848 die vorher repräsentative überwiegend
revolutionäre politische Lyrik des Vormärz durch national-konservative, selten
liberale Töne ablöst, erschöpft sich letztlich in ästhetisch-virtuosem Spiel. Sie
kreisen alle um die deutsche Einheit: den Kampf um die Herzogtümer, den
Deutschen Krieg von 1866 und die Kaiserproklamation von 1871, und kommen
in ihrer klassizistischen Scheu vor heftiger Bewegung nicht über gepflegtes Pathos hinaus.

Als Dramatiker blieb G. trotz mehrfacher Versuche, zu denen er vor allem
durch Schack angespornt wurde, erfolglos. Weder mit seiner psychologisierten

Liebes- und Eifersuchtsgeschichte aus der Heldensage, der „Brunhild" (1857), noch mit seinem am ehesten auch heute noch lebendigen Lustspiel „Meister Andrea" (1855) konnte er mehr als wohlwollende Anerkennung ernten. Auch mit dem „Loreley"-Libretto (1861) hatte er kein Glück. Auf Bitten Felix Mendelssohn-Bartholdys hatte er es für eine Oper zu schreiben begonnen, deren Titelrolle Jenny Lind übernehmen wollte. Als der Komponist nach Beendigung von Teilen des ersten Aktes starb, stellte es G. erst 1859 fertig. Max Bruch verwendete es in von ihm gekürzter Fassung für seine Loreley-Komposition (1863).

Es ist bezeichnend, daß eines der wenigen überzeugenden Gedichte G.s seine Epigonensituation zum Thema macht: in einem „Bildhauer des Hadrian" (1853) spiegelt er die Problematik des klassizistischen Dichters, der seiner Gegenwart fremd gegenübersteht, sich seinem überkommenen Ideal verpflichtet fühlt und dem Vorrat der vorbildlichen Formen nichts wirklich Eigenes hinzuzufügen wagt. – Ehrungen neben den bereits erwähnten: Bayerischer Kronen-Orden. – Großkreuz des mexikanischen Guadaloupe-Ordens. – Mecklenburgische Kunst-Medaille mit dem Großband. – Schiller-Preis (1869).

Quellen: Nachlaß Stadtbibl. Lübeck, eine Reihe von Briefen u. Gedichten an verschiedenen Stellen abgedruckt (s. Werke u. Briefe). Vgl. H. Schneider, E. G.s Briefnachlaß in d. Lübecker Stadtbibl. als Qu. z. deutschen Literaturgesch., in: Zbl. f. Bibliothekswesen 47 (1930), S. 435–453; H. Wegener, Die G.slg d. Stadtbibl., in LBl N. R. 93 (1957), S. 126–130;P. Karstedt, [Vorwort zu] J. Renner, Livländische Historie 1556–1561, hrsg. v. P. K., Lübeck 1953 (Veröff. d. Stadtbibl. Lübeck N. R. 2), S. V–VIII, bes. S. VII. – Nachweise weiterer Hss. in: W. Frels, Deutsche Dichterhss. v. 1400 bis 1900, Stuttgart 1970 (Neudruck d. Ausg. v. 1934), S. 80 f. – K.-H. Hahn, Goethe-u. Schiller Arch. Bestandsverz., Weimar 1961, S. 238 u. öfter. – Stadt u. Landesbibl. Dortmund. Autographenkat., bearb. v. H. Gunnemann u. H. Heim, Dortmund 1962, S. 117. – L. Lohrer, Bestandsverz. d. Cotta-Archivs, 1, Dichter u. Schriftsteller, Stuttgart 1963, S. 90 f. – Gelehrten- u. Schriftstellernachlässe in d. Bibliotheken d. Deutschen Demokratischen Republik, 3 Teile, Berlin (DDR) 1959–1971, T. 2, S. 52, T. 3, S. 63. – L. Denecke/T. Brandis, Die Nachlässe in d. Bibliotheken d. Bundesrepublik Deutschland, 2. Aufl. Boppard 1981 (Verz. d. schriftlichen Nachlässe in deutschen Archiven u. Bibliotheken 2), S. 105. – J. Behrens u. a., Freies Deutsches Hochstift. Frankfurter Goethe Mus. Kat. d. Hss., Tübingen 1982 (R. d. Schrr. 25), S. 189.

Werke: Die wichtigsten Werke sind im Text genannt. Einander ergänzende Verzeichnisse in C. Leimbach (s. Lit.), S. 329 f., 338–341; G. v. Wilpert u. A. Gühring, Erstausg. deutscher Dichtung, Stuttgart 1967, S. 379 f. – Ges. Werke, 8 Bde., Stuttgart 1883 (Ausg. letzter Hand). – Werke, hrsg. v. W. Stammler, 3 Bde., Lpz. u. Wien [1918–1920] (einzige kritische u. kommentierte Ausg.; Bd. 1 mit ausführlicher Biogr., S. 9–74, u. Literaturverz., S. 410–417; alle Bde. mit umfangreichen Nachweisen v. Einzeldrucken u. Aufl.). – Zusätzlich: (Hrsg.) H. Lingg, Gedichte, 1, Stuttgart u. Tübingen 1854. – Der schöne Tag [Gedicht], in: Litzmann, E. G. (s. Lit.), S. 32 f. – [Einige Gedichte in:] Gaedertz (s. Lit.) – An Cäcilie Wattenbach. 6. November 1834 [Faks.], Bln. [1915]. – Es kommt ein Schiff gezogen [Gedicht], in: Wegener (s. Quellen), S. 130. – Und als wir diesen Morgen aufgewacht; Ein gutes Wort trifft eine gute Statt [Gedichte], in: Baum (s. Lit.), S. 118 f.

Briefwechsel: Briefe an Karl Freiherrn v. d. Malsburg u. Mitglieder seiner Familie, mitgeteilt v. A. Duncker, in: Deutsche Rundschau 44 (1885), S. 42–65, 209–224. [Abdr. einiger Briefe in:] Litzmann (s. Lit.) u. Gaedertz (s. Lit.). – Jugendbriefe, [hrsg. v. E. F. Fehling,] Bln. 1909. – Zwei Briefe aus E. G.s Werdezeit, in: Im Zeichen der Türme. 1. Ber. d. Verlages v. Karl Curtius in Berlin, Bln. [1909], S. 82–86. – J. Schwering, Ein Kampf für Mörike. Mit Benutzung ungedr. Briefe E. G.s, in: Süddeutsche Monatshefte 7, H. 2 (1910), S. 555–568. – G. Bölsing, E. G. über seine Juniuslieder. Unveröffentlichte Briefe aus d. Cotta'schen Arch.,

m. einem Faks., in: Der Greif 1 (1913 / 14), H. 2, S. 21–32. – A. Kohut, E. G. als Mensch u. Dichter. Mit ungedr. Briefen, Gedichten u. einer Autobiogr. G.s, Bln. 1915. – A. Stoll, Aus E. G.s Schülerzeit, Kassel [1915], S. 21–25. – P. Merker, G. u. Otto Ludwig. Nach ungedr. Briefen, in: Das literarische Echo 20 (1918), Sp. 202–208. – Der Briefwechsel v. E. G. u. Paul Heyse, hrsg. v. E. Petzet, München 1922. – H. Schneider, Klaus Groth u. E. G., Lübeck 1930. – F. Richter, G. u. Mörike, in: Monatshefte f. deutschen Unterricht 30 (1938), S. 13–15. – Briefwechsel E. G. u. Karl Goedeke, hrsg. v. G. Struck, Lübeck 1939 (Veröff. d. Bibl. d. Hansestadt Lübeck, N. R. 1). – H. Schneider, Die freundschaftliche Begegnung Heinrich Leutholds u. E. G.s im Münchener Dichterkr., Lübeck 1961 (ebd. 4). – Briefe an Henriette Nölting. 1838–1855, hrsg. v. H. Reiss u. H. Wegener, Lübeck 1963 (ebd. 6). – W. Schoof, Neun unveröffentlichte Briefe Dingelstedts an G., in: Börsenbl. f. d. Deutschen Buchhandel 21 (1965), S. 2231–2234. – Ders., Briefwechsel zwischen Schücking u. G., in: Westfälische Z. 116 (1966), S. 137–143. – B. Goldmann, Wolf Heinrich Graf v. Baudissin, Hildesheim 1981, S. 261 f., 340.

Literatur: ADB, 49, S. 265–274. – NDB, 6, S. 139 f. – Umfassendstes Verz. d. ältesten Lit. in: C. Leimbach, E. G.s Leben, Werke u. Bedeutung f. d. deutsche Volk, 2. Aufl. bearb. v. M. Trippenbach, Wolfenbüttel 1894, S. 331–338; außerdem heranzuziehen: E. G., Werke, hrsg. v. W. Stammler (s. Werke), 1, S. 410–417. – *Besonders hervorzuheben:* C. C. T. Litzmann, E. G. Aus Erinnerungen, Briefen u. Tagebüchern, Bln. 1887. – K. Th. Gaedertz. E. G. Sänger d. Liebe, Herold d. Reiches, Lpz. 1897. – Neuere Lit. verzeichnet in: Kosch Lit., 3. Aufl., 6, Bern u. München 1978, Sp. 138 f. – *Außerdem:* W. Stahl, E. G. u. d. Musik, Bln. 1919. – H. Maync, Deutsche Dichter, Frauenfeld 1928, bes. S. 117–152. – S. Peek, Cottas Morgenbl. f. gebildete Stände, in: Arch. f. Gesch. d. Buchwesens 44 (1965), S. 947–1063, bes. 975 f. – F. Winterscheidt, Deutsche Unterhaltungslit. d. Jahre 1850–1860, Bonn 1970, bes. S. 220–227. – W. Rieck, Zur Trivialisierung d. klassischen Erbes in d. bürgerlich-apologetischen Lit. d. 19. Jh., dargestellt an einem Werk E. G.s, in: Wiss. Z. d. Pädagogischen Hochschule Potsdam 16 (1972), S. 401–409. – B. Brinkmann-Scheihing, Spanische Romanzen in d. Übersetzung v. Diez, G. u. Schack, Marburg 1975 (Marburger Beitrr. z. Germanistik 51). – H. Baum, Zwei unbekannte Gedichte v. E. G. u. sein Besuch in Bergheim, in: Geschichtsbll. f. Waldeck 64 (1975), S. 116–120. – H. Kaiser, Die ästhetische einheit d. lyrik G.s, in: Wirkendes Wort 27 (1977), S. 244–257. – W. Hinck, Epigonendichtung u. Nationalidee. Zur Lyrik E. G.s, in: ders., Von Heine zu Brecht, Frankfurt 1978 (suhrkamp taschenbuch 481), S. 60–82, 144–146. – V. de la Giroday, Die Übersetzertätigkeit d. Münchner Dichterkr., Wiesbaden 1978 (Athenaion Lit.wiss. 13). – K. Lindemann, Eichbaum u. Garten, in: Aurora 40 (1980), S. 152–171. – S. v. Moisy / K. H. Keller, Paul Heyse, München 1981 (Bayerische Staatsbibl. Ausstellungskataloge 23).

Porträts: Slg. Trippenbach (MusKK); z. T. verzeichnet b. Leimbach (s. Lit.), S. 342–344. – Zeichnung v. Th. Rehbenitz, 1834 (MusKK; in „Geibelblatt", s.u.), Abb.: E. G., Jugendbriefe (s. Briefwechsel), Frontispiz; danach Kupf. v. K. Becker (MusKK) u. Holzstich b. Leimbach (s. Lit.), S. 15. – Zeichnung, 1839 / 40 (MusKK), Abb.: Gaedertz 1897, nach S. 152. – Zeichnung v. O. Speckter, 1843 (MusKK); danach Litho v. dems. (MusKK), Abb.: M. Mendheim, E.G., Lpz. 1915, Frontispiz. – Kupf. nach Zeichnung v. L. Kugler, 1844 (SHLB); nach ders. Zeichnung auch Litho v. Schwertle, Abb.: Leimbach (s. Lit.), S. 83. – Gemälde v. F. R. A. Korneck, um 1845 (MusKK), Abb. s. S. 146. – Gemälde, wahrscheinlich v. Adolf Diedrich Kindermann (MusKK). – Gemälde v. R. Schneider, 1851 (MusKK). – Kupf. v. Aug. Semmler nach Zeichnung v. G. Quentell (SHLB). – Stahlstich, in: E. G., Juniuslieder, 7. Aufl. Stuttgart 1851, Frontispiz. – Foto v. F. Hanfstaengl (Bayerische Staatsbibl., München), Abb.: Moisy / Keller (s. Lit.), S. 49. – Foto, um 1852, b. M. Trippenbach, E. G. u. d. Fürstin Alma Carolath, in: Z. d. Verf. f. Gesch. Schlesiens 72 (1938), S. 330–346. – Foto (mit Ehefrau), 1852 (MusKK), Abb.: Leimbach (s. Lit.), S. 118. – Foto (G. im mittleren Alter) in d. SHLB. – Holzstich nach Zeichnung v. Th. Pixis (Gruppenbild „Ein Festabend der Münchner Dichter"), um 1865, in: Daheim, 1865, S. 325. – Foto v. F. Hanfstaengl, 1860er Jahre (SHLB). – Foto v. F. Hanfstaengl, um 1868 (MusKK); danach Radierung v. J. L. Raab (SHLB), Abb.: Leimbach (s. Lit.), S. 151. – Foto v. H. Linde, 1870 (MusKK), Abb.: Gaedertz 1897 (s. Lit.), Frontispiz; danach Holzstich v. C. Angerer, um 1870, nach Zeichnung v. A. Sambert (SHLB). – Foto v.

J. Behse (SHLB). – Zeichnung v. H. de Boor, Abb.: Stoll (s. Briefwechsel), nach S. 50. – Foto, um 1872 (SHLB). – Büste v. H. Pohlmann, 1877 (MusKK). – Foto (Altersbild), in d. SHLB. – Gemälde v. H. Osterley, 1882 (MusKK). – Foto v. H. Schroeder, 1883 (MusKK), Abb.: Leimbach (s. Lit.), S. 173. – Zeichnung (G. auf d. Totenbett) v. A. Godtknecht (MusKK). – Denkmal v. H. Volz, 1889 (Lübeck, Geibelplatz), davon Foto b. Gaedertz 1897 (s. Lit.), nach S. 386. – Stahlstich v. Aug. Spieß (Staatliche Graphische Slg. München). – „Geibelblatt" (7 Bildnisse aus verschiedenen Lebensaltern, v. Th. Rehbenitz, O. Speckter, F. Hanfstaengl, W. Albert, H. Weger u. H. Linde), vermutlich 1873 (MusKK); danach Kupf. v. K. Becker (MusKK).

Bernd Goldmann

GEIBEL, Johannes, geb. 1. 4. 1776 Hanau, gest. 25. 7. 1853 Lübeck; ev.-ref. – Pastor d. ref. Gemeinde in Lübeck.

Eltern: Johann Friedrich Geibel, geb. um 1741, gest. 1828, Ratsdiener u. Hausbesitzer in Hanau; Johanna Elenore Catharina geb. Ermentraut, geb. 1754, gest. 1824, Tochter d. Rats- u. Amtsdieners Johannes Ermentraut in Hanau.

Ehefrau: Elisabeth Louise Ganslandt, geb. 19. 5. 1778 Lübeck, gest. 7. 4. 1841 ebd.; verh. 14. 1. 1799 ebd.; Tochter d. Lübecker Großkaufmanns Röttger Ganslandt (1740–1816) u. d. Johanna Wilhelmine geb. Souchay (1746–1818).

Kinder: 4 Töchter, 4 Söhne (2 weitere Kinder starben früh), darunter: Emanuel, geb. 17. 10. 1815 (s. d.). – Wilhelmine Amalie, geb. 11. 8. 1801, gest. 1. 12. 1855; verh. 3. 1. 1828 mit d. Lübecker Pastor u. späteren Senior Johann Carl Lindenberg. – Johanna, geb. 17. 6. 1811, gest. 4. 3. 1859; verh. 23. 1. 1834 mit d. Lübecker Pastor Alexander Michelsen. – Conrad Heinrich, geb. 26. 10. 1817 Lübeck, gest. 24. 4. 1872 ebd., Musiklehrer u. Organist an d. ref. Kirche in Lübeck.

G. besuchte das Gymnasium in Hanau und bezog als 17jähriger die Univ. Marburg, an der er zwei Jahre lang Theologie und Philosophie studierte und u. a. mit dem Theologen und Kantianer Karl Daub Freundschaft schloß. Anschließend ging er als Erzieher nach Kopenhagen. Nach einer Probepredigt im November 1797 und anschließender kurzer Vikariatszeit trat er im Juni 1798 die Nachfolge Otto Butendachs (s. SHBL, 8, S. 51) als Pastor der reformierten Gemeinde in Lübeck an. In dieser Stellung wurde G., obwohl die reformierte Gemeinde nur klein und in ihrer Religionsausübung seit je behindert worden war, zum Erneuerer des gesamten religiösen Lebens der Stadt in den ersten drei Jahrzehnten des 19. Jh.

Nach der Jahrhundertwende löste G. sich langsam von der rationalistischen Theologie der Aufklärung, der er u. a. als Mitglied und zeitweiliger Vorsitzender Meister der Freimaurerloge „Zum Füllhorn" anfangs verpflichtet war. Durch Schleiermacher, der ihn später (1817) zum Ehrendoktor promovierte, durch den Bremer Erweckungstheologen Gottfried Menken, vor allem aber durch Friedrich Heinrich Jacobi (s. SHBL, 9, S. 157), den er häufig in Eutin aufsuchte, fand G. um 1805 zu einer neuen Christusfrömmigkeit. Sie wurzelte in der Überzeugung, daß der Glaube nicht Ergebnis rationaler Erkenntnis sei, sondern unmittelbarer Erfahrung und göttlicher Gnade entspringe. Darin traf sich G. mit seinem Kieler

Johannes Geibel
Gemälde von F.C. Gröger, 1830

Kollegen Claus Harms (s. SHBL, 2, S. 164), dessen berühmte 95 Thesen vom 31. Oktober 1817 er allerdings nicht gutheißen mochte, da er in ihnen eine konfessionelle Einengung der Erweckungstheologie sah.

Der mit ungewöhnlicher rhetorischer Begabung vorgetragene antirationalistische Appell an die gnadenhafte Wiedergeburt im Glauben sicherte G. in einer Zeit europäischer Kriegswirren und wirtschaftlicher Nöte ein großes Publikum aus allen Kreisen Lübecks. Seine Popularität wuchs um so mehr, als sein religiöses Pathos mit einem deutschnationalen Patriotismus gepaart war, den G. auch zur Zeit der französischen Besetzung der Stadt nicht verheimlichte. Nach dem vorläufigen Abzug der Franzosen weihte er am 2. April 1813 die Fahnen des Corps der Lübecker Freiwilligen, weswegen er vor der neuerlichen Besetzung Lübecks nach Mecklenburg ausweichen mußte. 1814 hielt er eine patriotisch begeisterte Rede bei der Einweihung des Denkmals für den während der Befreiungskriege gefallenen Major von Arnim; das Denkmal trägt als Inschrift ein Gedicht G.s. Der 1826 vollendete Bau der reformierten Kirche in der Königstraße, der ersten Kirche der Reformierten innerhalb der Mauern der Stadt, die in ihrer Größe nicht auf die kleine Gemeinde, sondern auf G.s Zuhörerschaft angelegt war, spiegelt das große Ansehen wieder, das G. in dieser Zeit in Lübeck genoß.

Die Erneuerung des religiösen Lebens der Stadt fand ihren Ausdruck u. a. in der von G. veranlaßten Gründung der Bibelgesellschaft (1814). Sie war nach englischem Vorbild organisiert und hatte den Zweck, Bibeln kostenlos in den unteren Schichten zu verbreiten. Darüber hinaus zielte sie jedoch auf eine allgemeine Erweckung des Glaubens und der tätigen Nächstenliebe. 1821 entstand auf Initiative G.s ein Missionsverein, der in der Bevölkerung Interesse für die Mission zu wecken und diese finanziell zu unterstützen versuchte. Im Laufe der Zeit schlossen sich ihm Hilfsvereine in Holstein, Lauenburg, Eutin und Mecklenburg an. Eine reformierte Gemeindeschule, 1805 von G. mitbegründet, mußte allerdings schon 1812 wieder schließen.

Im letzten Drittel seiner Lübecker Amtszeit wurde es um G. stiller. Eine neue Generation junger lutherischer Theologen um G.s Schwiegersohn, den späteren Senior Johann Carl Lindenberg, und den Pastor an der Marienkirche Johann Ägidius Ludwig Funk hatte sein Erbe übernommen. G. bat 1846 um Pensionierung. Im April 1847 hielt er seine Abschiedspredigt und zog sich anschließend zu seinem ältesten Sohn nach Detmold zurück. Nach dessen frühem Tod kehrte er im Juni 1853 wieder nach Lübeck zurück, wo er bereits einen Monat später starb.

Quellen: AHL: Schnobel; Familienarch. Gaedertz 178; Nachr. über d. Lübeckische Bibelges. Nr. 1 ff., Lübeck 1822 ff.; Nachr. über d. ev.-luth. Missionsver. in Lübeck, Lübeck 1829 ff.; Dr. theol. J. G., in: LBl 1847, S. 127 f.

Werke: Verz. bei W. Deiß (s. Lit.), S. 248 f. – Zu ergänzen: – Über d. Bibelges. Ein Wort an meine Mitbürger, Lübeck 1814 (AHL). Über d. gegenwärtige Stellung d. Pastor Carl Geibel zu seiner Gemeinde . . . , Lübeck 1833 (AHL). – Einzelne Gedichte abgedr. bei Gaedertz (s. Lit.), S. 6–15. – 2 Kirchenlieder, u. a. abgedr. in: Ev.-luth. Gesangbuch, hrsg. v. E. Ehrw. Ministerium d. freien Hanse- Stadt Lübeck, Lübeck 1839.

Literatur: NDB, 6, S. 140 f. – K. M. J. Klug, Gesch. Lübecks während d. Vereinigung mit d. französischen Kaiserreiche 1811–1813, Lübeck 1856/1857 (bes. 2. Abt. S. 17, 47, 89). – W. Deiß, Gesch. d. ev.-ref. Gem. in Lübeck, ebd. 1866, S. 197–249. – K. Th. Gaedertz, Emanuel Geibel, Sänger d. Liebe, Herold d. Reiches, Lpz. 1897, S. 1–16. – J. C. Lindenberg, Geibels Vater, in: LBl 35 (1893), S. 209–211, 213–217, 227–231, 238–242. – Realenz. f. protestantische Theologie u. Kirche, 6, Lpz. 1898, S. 423–425. – L. Tiesmeyer, Die Erweckungsbewegung in Deutschland während d. 19. Jh., H. 10: Die drei Hansestädte Bremen, Hamburg u. Lübeck, Kassel 1908, bes. S. 176 ff. – M. Funk, Ein vergessenes Jubiläum, in: LBl 56 (1914), S. 786–790. – J. Hennings, Gesch.d. Johannis-Loge „Zum Füllhorn" zu Lübeck 1772–1922, Lübeck 1922, S. 102–121. – F. Böhme, Ferdinand Röse, ein Freund Geibels. Eine Studie zur 100. Wiederkehr ihrer Geburtstage, in: ZLGA 17 (1915), S. 137–172, bes. 151–156. – O. A. Bode, Aus d. Gesch. d. ev.-ref. Gem. zu Lübeck, in: Wagen 1925, S. 57–73. – A. v. Brandt, Lübeck in d. deutschen Geistesgesch. Ein Versuch, in: ZLGA 31 (1949), S. 149–188, bes. 179–182. – RGG 3. Aufl., 2, Sp. 1266. – O. Döhner, Das Hugenottengeschlecht Souchay de la Duboissière u. seine Nachkommen, Neustadt a. d. Aisch 1961, S. 63–65. – H. Weihmann, Der Lübecker Ver. z. Beförderung d. Verbreitung d. Christentums unter d. Heiden, in: Wagen 1966, S. 63–70. – Ev.-ref. Gem. zu Lübeck 1666–1966, Lübeck 1966, S. 17–23 (AHL). – W.-D. Hauschild, Kirchengesch. Lübecks, ebd. 1981, S. 377–385.

Porträts: Gemälde v. F. C. Gröger, 1830 (Ev.-ref. Kirche Lübeck), Abb. s. S. 154. Danach Stich v. Auguste Hüssener, 1831, Abb.: Wagen 1925, S. 71, u. Litho v. Ch. W. Wohlien (beide MusKK). – Litho v. E. Krafft nach Gemälde v. J. S. W. Greve (MusKK).

Alken Bruns

GETELEN, Augustinus von, geb. um 1495 Lübeck, gest. nicht vor d. 20. 6. 1557 im Baltikum; kath. – Dominikaner.

Eltern: Hans van Ghetelen, gest. vor d. 31. 1. 1528, Buchdrucker; Metteke geb. Lange, gest. vor 1524.

Das Geburtsjahr G.s ist unbekannt, kann jedoch aus der Angabe, daß er 1515 zum „magister studentium" promoviert wurde, annähernd erschlossen werden. G. wuchs als Sohn des Lübecker Buchdruckers Hans van Ghetelen auf, dessen Mohnkopfoffizin zu den bedeutendsten Inkunabeldruckereien Deutschlands zählte. 1514 gehörte G. dem Lübecker Dominikanerkonvent im Burgkloster an; möglicherweise stand er hier unter dem Einfluß einer einsetzenden Klosterreform. 1515 findet sich sein Name unter den Mitgliedern des Hildesheimer, 1516 unter denen des Hamburger Konvents („magister studentium secundarius"). In Hamburg könnte er in Kontakt mit dem Domtheologen Albert Krantz gestanden und somit frühhumanistischen Einfluß erfahren haben. 1517 hielt er sich im Erfurter Dominikanerkloster auf, 1519 wurde er zum Generalstudium nach Heidelberg gesandt. Nach einem möglichen Aufenthalt in Köln (1520) wird er 1523 als „lector secundarius" des Hamburger Konvents erwähnt. Mit einiger Wahrscheinlichkeit wirkte er aber bereits 1521/22 in der Hansestadt und nahm an der Disputation mit dem Prämonstratensermönch und Reformationsprediger Johannes Osenbrügge teil. 1524 ernannte man ihn hier zum „lector primarius"; später wird er als Lizentiat bezeichnet.

Nachdem G. bereits einen Ruf nach Lüneburg erhalten hatte, wurde er vom Hamburger Rat im Herbst 1525 aufgefordert, die vakante Stelle des Domtheologen zu übernehmen. G. versah diese Aufgabe bis Februar 1526, als der Rostocker Theologieprofessor Barthold Moller vom Baum in Hamburg eintraf. Im Frühjahr erreichte ihn in Lüneburg die Schrift des Reformators Johannes Bugenhagen (s. SHBL, 1, S. 93) „Van dem Christen louen vnde rechten guden wercken", in deren Anhang er persönlich angegriffen wurde. G. verteidigte sich zunächst in einer handschriftlichen Erwiderung an den Hamburger Rat (Vorwort datiert auf den 15. Mai), sah sich aber durch die 2. Auflage der Bugenhagen-Schrift genötigt, seine Ausführungen 1527 im Druck zu veröffentlichen („Wedder erdichteden sendebreff", s. Werke). Er bediente sich dabei der Lübecker Werkstatt seines Vaters.

Anfang Januar 1528 trat G. die Predigerstelle im St. Johannis-Kirchspiel in Lüneburg an. Während seiner Tätigkeit sah er sich mehrfach Verdächtigungen aus den eigenen Reihen ausgesetzt, die ihn mit der reformatorischen Bewegung in Verbindung brachten. Im Zuge der Durchsetzung der Reformation in Lüneburg kam es zu Auseinandersetzungen um seine Person, in deren Gefolge G. Ostern 1530 die Stadt verlassen mußte. Er wandte sich an Erzbischof Christoph von Bremen und nahm als dessen Begleiter am Augsburger Reichstag teil. Wahrscheinlich lernte er dort den reformatorischen Prediger Urbanus Rhegius kennen, mit dem er – anders als bei Bugenhagen – später einen durchaus offenen Umgang pflegte. Trotz der inhaltlichen Differenzen behandelte man sich gegenseitig mit Respekt und lehnte die gegnerische Position nicht generell ab.

In der ersten Hälfte der 1530er Jahre hielt G. sich in verschiedenen norddeutschen Städten auf; eindeutig belegt ist seine Predigttätigkeit in Altkloster bei Buxtehude (1532). Später übersiedelte er ins Baltikum. 1542 ist er als Domherr in Lemsal, 1543 als Domherr und Kellner (Wirtschaftsleiter) in Riga bezeugt. 1545 wird er als Senior und Kellner des rigaischen Kapitels genannt. In den 1550er Jahren bekleidete er das Amt des Dompropstes in Hasenpoth. Entgegen der Vermutung, G. sei vor dem 1. 5. 1556 gestorben, stand er noch am 20. 6. 1557 als Zeuge bei der amtlichen Aufsetzung einer Urkunde zur Verfügung. Seine Spur verliert sich in den kriegerischen Wirren, die seit 1558 das Baltikum erschütterten.

Das Urteil über G.s Stellung innerhalb der katholischen Kontroverstheologie, das die Forschung bislang beherrschte, muß inzwischen revidiert werden. Galt er bisher als „entschiedenster Gegner des Evangeliums" (Sillem, s. Lit.), dessen Predigten „von innerlichem Glaubensleben und Ueberzeugungstreue wenig spüren lassen" (Uhlhorn, s. Lit.), so ist heute auf die komplexe Gestalt seiner theologischen Position aufmerksam zu machen. In der Ratsbibliothek Lüneburg werden zahlreiche Manuskripte G.s aus der ersten Hälfte der 1530er Jahre aufbewahrt, die aus dem Kontakt mit dem Lüneburger Propst Johannes Koller stammen dürften. Sie offenbaren die thomistische Prägung G.s; er entwickelte seine Gnadenlehre in enger Orientierung an der „Summa Theologiae" seines Ordensbruders Thomas von Aquin. Betont hervorgehoben wird die exklusive Bedeutung der Gnade, die jeder menschlichen Aktivität vorausgehe. In diesem Zusammenhang konnte G. auch die reformatorischen Exklusivpartikel „sola gratia" und „solus Christus" verwenden und für die altgläubige Theologie beanspruchen. Eine solche besondere Form der Gnadenlehre, die den semipelagianischen Tendenzen des spätmittelalterlichen Nominalismus entgegentrat und terminologisch zudem Anklänge an die Reformation aufwies, dürfte zu den Anfeindungen geführt haben, denen G. aus den eigenen Reihen etwa in Lüneburg ausgesetzt war.

Daneben ist aber auch auf Einflüsse der (vermutlich von der Devotio moderna geprägten) Frömmigkeit seines Elternhauses hinzuweisen, mit der die besondere Bedeutung der Heiligen Schrift in G.s Theologie und seine Vernachlässigung des kultisch-sakramentalen Lebens der Kirche in Zusammenhang stehen dürften. G. besaß eine profunde Bibelkenntnis; er bediente sich zwar auch des Traditionsbeweises, rekurrierte aber bevorzugt auf biblische Belegstellen. Er konzentrierte sich ganz auf den Gedanken der Nachfolge Christi, dem der Gläubige sein Leben zu widmen habe. Explizit wies er eine am bloßen kultischen Vollzug orientierte kirchliche Frömmigkeit ab. In diesem Zusammenhang begegnet wiederholt eine intensive Kritik an kirchlichen Mißständen; zu erwähnen sind etwa die Mißbräuche in der Heiligenverehrung, der Ablaßhandel oder die sittlichen Verfehlungen des Klerus. Ausdrücklich setzte G. sich für eine Aufhebung des Zölibats ein, um so die Mißstände zu beseitigen.

Auch durch Erasmus von Rotterdam erfuhr G. entscheidende Impulse. In seiner Kirchenkritik und der Forderung der individuellen Nachfolge Jesu bezog er sich explizit auf den berühmten Humanisten. Er verwendete das „Novum

Testamentum" des Erasmus sowie dessen Kirchenväterausgaben und folgte damit der humanistischen Devise „ad fontes". Auch in der Frage des kontroverstheologischen Umgangs zwischen den Konfessionen berief er sich auf Erasmus und postulierte einen gemäßigten, toleranten Stil.

Aus dem persönlichen Kontakt mit Urbanus Rhegius, dem Reformator Niedersachsens, könnte ein individueller Zug der theologischen Position G.s stammen, der seine theologische Aufgeschlossenheit offenbart. Nach 1530 rezipierte G. die reformatorische Unterscheidung einer doppelten Gerechtigkeit in dem Sinne, wie es etwa bei den katholischen Reformtheologen der 1540er Jahre zu verzeichnen ist. Die umfangreiche Lektüre reformatorischer Schriften Martin Luthers, Philipp Melanchthons, J. Bugenhagens oder Rhegius' hat ihm also nicht allein zur Formulierung seiner ablehnenden Haltung verholfen, die er vor allem mit der vermeintlichen Vernachlässigung der guten Werke durch die Reformation begründete; vielmehr gelangte G. durch diese Lektüre auch zur Rezeption eines zentralen Gedankens der Reformation: der Gründung der Heilsgewißheit in der Gerechtigkeit Christi. 1535 begegnen Äußerungen, in denen sich der Dominikaner einem reformatorischen Rechtfertigungsverständnis nähert, ohne sich allerdings von der thomistischen Gnadenlehre abzuwenden.

Die erhaltenen handschriftlichen Aufzeichnungen machen deutlich, daß es sich bei G. um einen aufrichtigen Kämpfer für die Erneuerung der altgläubigen Kirche am Beginn einer neuen Epoche handelt; er gehört wohl zu den bedeutendsten niederdeutschen Theologen der ersten Hälfte des 16. Jh. Ohne Rücksicht auf die eigene Person prangerte er die Mißstände seiner Zeit an; in seinem von Humanismus und Devotio moderna geprägten religiösen Empfinden machen sich vorreformatorische Elemente bemerkbar, die ihm durchaus den Weg zur reformatorischen Seite hätten ebnen können. Dennoch hielt er an der unabdingbaren Notwendigkeit der römisch-katholischen Kirche fest, die ihm als Mittlerin und Garantin des Heils galt.

Quellen: Ratsbibl. Lüneburg: Ms. Theol. 4⁰, Nr. 22; Ms. Theol. 4⁰, Nr. 22a; Ms. Theol. 4⁰, Nr. 22b; Ms. Theol. 4⁰, Nr. 32; Ms. Luneburg. A4⁰, Nr. 21; Ms. Luneburg. A4⁰, Nr. 22. Eine Übersicht über d. in d. einzelnen Bänden enthaltenen handschriftlichen Aufzeichnungen bietet C. Borchling, Mittelndt. Hss. in Norddeutschland u. d. Niederlanden. 1. Reiseber., in: Aus d. Nachr. d. Kgl. Ges. d. Wiss. zu Göttingen, Geschäftliche Mitt. 1898, H. 2, S. 158–165.

Werke: Wedder erdichteden sendebreff Jmm namen ernn Johan Puggenhagen vthgeghaen Antwort Augustin van Getelen an den erbaren rath to Hamborch, [Lübeck 1527] (HAB).

Literatur: ADB, 49, S. 336–339. – NDB, 6, S. 351 f. – Cimb. lit., 1, S. 208. – C. Sagittarius, Memorabilia historiae Luneburgicae explicabunt Caspar Sagittarius D. histor. Saxon. P.P. et Heinricus Gause Luneburgenses, 1788, S. 38–40. – G. Uhlhorn, Urbanus Rhegius. Leben u. ausgew. Schrr., Elberfeld 1861 (Leben u. ausgew. Schrr. d. Väter u. Begründer d. luth. Kirche 7), S. 179–187. – C.H.W. Sillem, Zwei Beitrr. z. Reformationsgesch. Hamburgs, in: Monatsschr. f. d. ev.-luth. Kirche im hamburgischen Staate 5 (1885), S. 329–344. – Ders., Biographisches aus d. Reformationszeit, in: Mitt. d. Ver. f. Hamburgische Gesch. 15 (1892/93), S. 401–403. – Ders., Beitrr. zu Janssens Gesch. d. Hamburgischen Kirche (Schluß). Nachtrag zur Z. f.d. ev.-luth. Kirche in Hbg. 10, Hbg. 1905, S. 58 f. – G. Berkholz, Der Rigaische Domherr A. v. G., in: Mitt. aus d. Gebiete d. Gesch. Liv-, Est- u. Kurlands 11 (1886), S. 521–525. – A. Wrede, Zwei Beitrr. z. Gesch. d. Fürstenthums Lüneburg im Reformationszeitalter in: Z. d. hist. Ver. f. Niedersachsen 1894, S. 1–38. – N. Paulus, Cornelius

v. Sneek u. A. v. G. Zwei Dominikaner d. 16. Jh., in: Z. f. d. kath. Theologie 25 (1901), S. 401–419. – L. Arbusow, Livlands Geistlichkeit v. Ende d. 12. bis ins 16. Jh. Dritter Nachtrag, in: Jb. f. Genealogie, Heraldik u. Sphragistik 1911, 1912 u. 1913 (Mitau 1914), S. 1–432, s. Register S. 386. – G.M. Löhr, Die Kapitel d. Provinz Saxonia im Zeitalter d. Kirchenspaltung 1513–1540, Vechta u. Lpz. 1930 (Qu. u. Forsch. z. Gesch. d. Dominikanerordens in Deutschland 26), s. Register. – W. Jannasch, Reformationsgesch. Lübecks v. Petersablaß bis z. Augsburger Reichstag 1515–1530, Lübeck 1958 (Veröff. z. Gesch. d. Hansestadt Lübeck 16), S. 358 f. – O. Scheib, Die Reformationsdiskussionen in d. Hansestadt Hbg. 1522–1528, Münster 1976 (Reformationsgeschichtliche Stud. u. Texte 112), S. 204. – R. Postel, Die Reformation in Hbg. 1517–1528, Gütersloh 1986 (Qu. u. Forsch. z. Reformationsgesch. 52), S. 83, 210–215. – D. Fabricius, Die theologischen Kontroversen in Lüneburg im Zusammenhang m. d. Einführung d. Reformation, Lüneburg 1988, S. 42–60, 72, 87–91, 120–123. – R. Kötter, Hans van Ghetelen als Drucker d. Mohnkopfoffizin, in: ZLGA 71 (1991), S. 353–367, bes. 360–362. – Ders., Luthers Einfluß auf d. Rechtfertigungslehre d. Dominikaners A.v.G., in: Luthers Wirkung. Festschr. f. M. Brecht z. 60. Geburtstag, hrsg. v. W.-D. Hauschild u.a., Stgt. 1992, S. 135–163. – Ders., Johannes Bugenhagens Rechtfertigungslehre u. d. römische Katholizismus. Stud. z. Sendbrief an d. Hamburger (1525), Diss. theol. Münster 1992, S. 243–354.

Ralf Kötter

GLOXIN-FAMILIE. Mit David G. (1568–1646, s. SHBL, 6, S. 101), dem Burger Bürgermeister, trat die Familie in die schleswig-holsteinisch-lübeckische Geschichte ein. Sein Vater war zuletzt Superintendent in Arnswalde / Neumark gewesen, nachdem er sein Studium in Wittenberg und Frankfurt / Oder absolviert hatte, wo seine Vorfahren das Bürgermeisteramt bekleidet hatten. Seine Mutter war die Tochter eines Arnswalder Bürgermeisters; auch sein Großvater väterlicherseits war Ratsverwandter in Arnswalde gewesen. Sein Bruder Samuel (1564–1631) war Prediger zu Freienwalde, dann Inspektor in Sonnenburg, ein weiterer, Nathan, ist für 1602–1617 als Rektor der Schule in Neusohl (heute Tschechoslowakei) nachzuweisen. Sein Bruder Benjamin war Bürgermeister in Worms.

Von seinen Söhnen sind David, geb. 1597 (s.d.), und Balthasar (1601–1654, s. SHBL, 6, S. 99) – ein älterer Balthasar starb früh – hervorzuheben, wogegen der älteste, Giesebrecht (geb. 1593, gest. nach 1646) anscheinend aus der Art schlug und 1614 wegen Ungehorsams im Lübecker Marstall in Haft war. Der jüngste Sohn aus vierter Ehe, Benjamin, starb 1658 als Student in Jena.

Von den neun Kindern des jüngeren David – durch seine Gattin war die Brücke zu den Mecklenburger Schabbels geschlagen – starben vier jung, und auch der älteste Sohn, Friedrich (geb. 8.5.1632), kam nicht zu höherem Alter, da er beim Schlichten einer Studentenrauferei in Jena eine tödliche Wunde davontrug (19. 7. 1654). Die ältere Schwester, Margaretha Elisabeth (geb. 1629, gest. vor 29. 8. 1671), schloß die Ehe mit Valentin Heider, Württemberg. Rat und Syndikus zu Lindau. Seine jüngere Schwester, Anna (geb. Juli 1634, gest. 1709) heiratete 1651 Johannes Francke J. U. D., Syndikus des Lübecker Domkapitels und der Landstände des Fürstentums Ratzeburg, den späteren fürstl. sächs. Hof- und Justizrat zu Gotha; sie war die Mutter von August Hermann Francke, dem Gründer des Hallischen Waisenhauses. Die jüngste Schwester, Catharine Elisabeth (geb. 24. 6. 1641, gest. 3. 5. 1680), schloß 1660 die Ehe mit Georg v. Dassel, Sohn des Lüneburger Bürgermeisters Albrecht v. Dassel. Davids Sohn Anton Hinrich (geb. 16. 6. 1645, gest. 22. 1. 1690), J. U. D., war kaiserlicher Pfalzgraf.

Balthasars ältester Sohn, Friedrich Hans (geb. 11. 5. 1635, gest. 7. 7. 1684), Kanonikus zu Lübeck, 1666 fürstl. schleswig-holstein-gottorfischer Rat, 1674 kgl. dänischer Reg.-Rat und Kanzler in Glückstadt, war in erster Ehe (1661) mit Sophie Augusta Schacht, der Tochter des gottorfischen Etats- und Kanzleisekretärs Eilhard Schacht (gest. 8. 7. 1674), verheiratet, in zweiter mit Maria Elisabeth, Tochter des gottorfischen Rats Andreas Cramer (s. SHBL, 2, S. 112). Die drei Töchter Balthasars hatten Ehen mit schleswig-holsteinischen Juristen und Beamten geschlossen: Margaretha Agneta (geb. 1. 1. 1637, gest. 27. 7. 1704) mit Bernhard Balthasar Soltau, J. U. D. u. Hofgerichtsadvokat in Schleswig (gest. 1653), Hedewig Ursula (geb. 9. 11. 1639, gest. 5. 3. 1670) mit Detlev Held, J. U. D. (1656), nach dessen Tod 1662 mit Heinrich Seedorf, J. U. D. (gest. 1682), Dorothea Beata 1661 mit Henrich Schmidt, gottorfischem Hof- und Kanzleirat zu Schleswig. Der jüngste Sohn Balthasars, Peter Balthasar, J. U. D., war ebenfalls in Schleswig tätig.

Quellen: AHL: Schnobel; Slg. Ed. Hach, Lübecker Personalia.
Literatur: Cimb. lit., 1, S. 212. – K. Berg, Arnswalde im 16. Jh., in: Schrr. d. Ver. f. Gesch. d. Neumark 16 (1904), S. 86, 93–97, 161–165.

Antjekathrin Graßmann

GLOXIN, David, geb. 16. 3. 1597 Burg auf Fehmarn, gest. 26. 2. 1671 Lübeck; ev. – Jurist, Diplomat, Bürgermeister.

Eltern: David Gloxin, geb. 8. 2. 1568, gest. 11. 9. 1646, Bürgermeister in Burg auf Fehmarn (s. SHBL, 6, S. 101); Margaretha geb. von Hövenstein, gest. April 1609.
Ehefrau: Anna Schabbel, gest. 1671; verh. 8. 2. 1625 Lübeck; Tochter d. Jacob Schabbel, Bürgermeister in Wismar.
Kinder: 4 Söhne, 5 Töchter (s. Familienartikel).
Bruder: Balthasar, geb. 10. 1. 1601, gest. 1. 8. 1654, Jurist (s. SHBL, 6, S. 99).

Bis 1621, als er die Univ. Wittenberg verließ, verlebte G. alle Phasen seiner Ausbildung gemeinsam mit seinem Bruder Balthasar. Von 1622 bis 1625 war er Hofmeister bei den holsteinischen Pogwisch, die sich damals in Neukloster, Kr. Wismar, aufhielten – günstig für G., der 1624 an der nicht weit entfernten Univ. Rostock zum Dr. jur. promoviert wurde. Anschließend ließ er sich als Advokat in Rostock nieder. 1626 begleitete er seine einstigen Schüler auf einer Kavalierstour durch Deutschland, England, Frankreich und einen Teil Spaniens. Der Eintritt G.s in den Dienst Herzog Friedrichs III. von Gottorf 1632 als Rat von Haus aus setzte seiner Advokatentätigkeit ein Ende. 1642 gab er der Berufung als Syndikus der Hansestadt Lübeck (ernannt 15. März) den Vorzug vor einem fast gleichzeitig eingetroffenen Angebot, Syndikus des Lübecker Domkapitels zu werden. Die Stellung als Rat und ein Lübecker Kanonikat gab er, der lieber „totus lubecensis" sein wollte, auf.

Schon bald nahmen die neuen juristischen und diplomatischen Aufgaben seine Arbeitskraft voll in Anspruch. 1642 regelte er Fragen des Sundzolls in Kopenhagen, 1643 war er wegen Handelsfragen in Schweden, bemühte sich um Wiederaufrichtung der russischen Handlung und verwandte sich für die Freigabe im Krieg angehaltener Schiffe. Überragende diplomatische Fähigkeiten zeigte er auf dem Westfälischen Friedenskongreß in Osnabrück, wo er von 1645 bis 1649 nicht nur lübeckische, sondern gesamthansische Belange wahrzunehmen hatte, dazu noch als Stimmführer des Bistums Lübeck, Sachsen-Lauenburgs, Nordhausens und Goslars fungierte und den Herzog von Württemberg bezüglich Mömpelgards vertrat. Er erreichte die Zusicherung der Reichsunmittelbarkeit der drei Hansestädte, außerdem Handelserleichterungen, da die Hansestädte in den zwischen Spanien und den Niederlanden geschlossenen Separatfrieden miteinbegriffen wurden (von G. am 11. 9. 1647 unterschrieben). Dadurch wurden die Städte im Handel diesen Ländern gleichgestellt und der Grundsatz der Neutralität berücksichtigt. Nebenbei setzte sich G. auch für die Sache der Evangelischen ein. An den Verhandlungen zur Friedensexekution in Nürnberg nahm G. 1649/50 maßgeblich teil, ebenso an den Niedersächsischen Kreistagen 1649, 1652, 1663 und am Reichstag zu Regensburg 1653/54. Kaiser Ferdinand III. ließ ihm durch Ernennung zum kaiserlichen Rat 1654 offizielle Würdigung seiner Tätigkeit für das Reich zuteil werden. G. erlangte Herabsetzung der Reichs- und Kreismatrikel für die Stadt Lübeck. Sein Verhandlungsgeschick machte die Anrufung gerichtlicher Entscheidungen entbehrlich, so z.B. bei dem schwedisch-bremischen Traktat in Stade 1654 und bei Streitigkeiten der Stadt Münster gegen ihren Bischof im gleichen Jahr. Er schlichtete Unzuträglichkeiten mit Lauenburg wegen des Elbzolls 1656, mit Holstein wegen der Trave 1663 und reiste im gleichen Jahr zur Klärung hansischer Fragen nach Bergen. 1657 vermittelte er nomine Hansae in Helmstedt zwischen der Stadt Magdeburg und ihrem Landesherrn. Im zweiten Nordischen Krieg zwischen Dänemark und Karl X. von Schweden bemühte er sich – allerdings ohne nachhaltigen Erfolg – um die Anerkennung der Neutralität Lübecks zu Wasser und um Verhinderung von dänischen Plünderungen im lübeckischen Landgebiet (1659). 1663–1667 sorgte er zugunsten der Stadt für die Abweisung der Ansprüche des Lübecker Johannisklosters auf Reichsunmittelbarkeit.

Seinen außenpolitischen Erfolgen standen die Ergebnisse seiner innenpolitischen Bemühungen nicht nach. Lübeck befand sich am Ende des 30jährigen Krieges – obgleich es nicht in das militärische Geschehen hineingezogen worden war – vor dem Bankrott. Die Befestigungen, die diplomatischen Maßnahmen der Stadt und die Reichsumlagen hatten ihren Preis gehabt. Die Erhebung außerordentlicher Steuern zur Deckung der Stadtschulden rief den Widerstand der Bürger hervor, die an der Finanzverwaltung Anteil haben wollten. Verwoben hiermit war soziale Unzufriedenheit, die sich daran entzündete, daß die Lübecker Patrizier auf ihren Landgütern brauen lassen konnten und Bönhasen beschäftigten, während die Brauer in der Stadt dem Gewerbezwang unterlagen. G. er-

David Gloxin
Kupferstich nach einem Gemälde
von A. von Hulle, um 1648

wirkte anläßlich eines Aufenthaltes in Wien die Abweisung der Klage der Brauer gegen den Rat am kaiserlichen Reichshofrat (1654). Im sog. Kassarezeß vom 26. Juli 1665 wurde den Bürgern mit dem Rat gemeinsame Verwaltung der neu eingerichteten allgemeinen Stadtkasse zugestanden. Die Krise Lübecks — eine der schwersten seines bisherigen Daseins – war damit noch nicht überwunden. Auf Drängen der Bürgerschaft wurde der 70jährige G. 1666 in den Rat und sogleich zum Bürgermeister gewählt. Ein Jahr zuvor hatte er sein hansisches Syndikat niedergelegt. Es gelang ihm, im sog. Bürgerrezeß vom 9. Januar 1669 einen gerechten Ausgleich zu schaffen zwischen dem Übergewicht und der übermäßigen Bevorrechtung der patrizischen Geschlechter, die durch Landbesitz um Lübeck den eigentlichen wirtschafts- und handelspolitischen Problemen der Stadt mehr und mehr entfremdet waren, und den verfassungsrechtlich benachteiligten Bürgern, die in Anbetracht ihrer Zahl und ihrer speziellen Bedürfnisse Mitwirkung am Stadtregiment begehrten. Dieser Rezeß, der die Bürger in einer korporativ gegliederten und überwiegend kaufmännisch bestimmten Bürgerschaft an der Regierung beteiligte, hat bis 1848 als Verfassungsgrundlage Lübecks gedient.

Seit 1667 Vorsteher der Petri-Kirche, 1668 Vorsteher am Dom, der Jakobikirche und dem Heiligen-Geist-Hospital, seit 1669 ebenfalls an der Marienkirche, nahm G. auch Anteil an der sozialen Seite des Lebens seiner Stadt. Überliefert ist sein Interesse für das Schulwesen; er legte seine diesbezüglichen Gedanken in der Einweisungsrede für den Rektor Heinrich Bangert nieder (1664). Er stand der Schabbelstiftung – gegründet durch einen Oheim seiner Frau – vor, der auch sein Enkel August Hermann Francke Unterstützung beim Studium zu verdanken hatte. Möglicherweise hat G. auch den Organisten Franz Tunder, den Vorgänger Dietrich Buxtehudes (s. d.) an der Marienkirche, von Fehmarn nach Lübeck empfohlen. Von der ihm selbstverständlichen Sorge für seine bedürftigen Mitbürger legte der Gloxingang bei St. Ägidien Zeugnis ab, der fünf Witwen Wohnung bot (bis 1819, dann Gloxin-Armenhaus in der Gr. Gröpelgrube). G.s letzte Lebensjahre waren allerdings durch mannigfache Verleumdungen verdüstert. Aus den Kreisen der konservativen Patrizier warf man ihm, dem Nichtlübecker und Emporkömmling, Bevorzugung der bürgerlichen Gruppen, Förderung der Uneinigkeit und damit Schädigung des Staatswesens vor. G. hat diese Vorwürfe kühl zurückgewiesen. Die weitere lübeckische Geschichte hat durch die Dauerhaftigkeit von G.s Verfassungskonstruktion seinen Weitblick und seine diplomatische Kunst erwiesen. Bis ins 19. Jh. hat die Travestadt keinen derart fähigen Politiker aufweisen können.

Quellen: Adam Tribbechovius, Abbildung seliger Heimfarth aus d. zeitlichen in d. ewige Leben . . . des . . . Herrn Davidis Gloxini, Lübeck 1671. – H. Nottelmann, Programma in funere nobilissimi Dn. D. Davidis Gloxini, JCti celeberrimi . . . scriptum, Lubecae 1671. – J.H. v. Seelen, De viro illustri Davide Gloxino . . . ad pacificationem westfalicam legato commentatio historica, Lübeck o. J. – AHL: Altes Senatsarch., Reichsfriedensschlüsse u. Kreistagsakten. – Interna, Junkerkompanie, Konv. 8 (Inhaltsangabe). – Interna, Syndikat Konv. 5,1. – Slg. Ed. Hach, Lübecker Ratsherren. – Familienarch. Hach, V H 2, 6. – LAS: Abt. 7, Nr. 255, Abt. 210, Nr. 2994 u. Abt. 260, Nr. 168–169 (G. als Bevollmächtigter für Lauenburg u. d. Bistum Lübeck).
Werke: Apologia oder Schutz- und Verantwortungsschr. Herrn Bm. David Gloxins D. wider eine Schmähschr. u. Rede, darin er als Turbator reipublicae u. Aufwiegler d. Bürger gegen E. Hochweisen Rat beschuldigt wird, o. J. – Ulterior confutatio impudentissimorum mendaciorum sceleratissimi cuiusdam calumniatoris, o. J. – Oratio de summa scholarum necessitate, 1664.
Literatur: ADB, 9, S. 241–244. – NDB, 6, S. 465 f. – Cimb. lit., 1, S. 211 f. – J. H. Zedler, Großes vollständiges Universallex., 10, Sp. 1700 f. – L. Heller, Der Lübecker Bürgermeister. D. G., in: LBl 1837, S. 81–83, 92–94, 99–101, 105–107, 113–116, 120, 126. – H. Petersen, Bildnisse verdienter Lübecker nebst deren Biographien, Lübeck 1843. – F. Bruns, Die Lübecker Syndiker u. Ratssekretäre bis zur Verfassungsänderung v. 1851, in ZLGA 29 (1938), S. 109. – Fehling Nr. 792. – A. v. Brandt, Neun Bürgermeister, in: Ders., Geist u. Politik in d. Lübeckischen Gesch., Lübeck 1954, S. 76–78 (auch abgedr. in: Wagen 1940, S. 36–37). – J. Asch, Rat u. Bürgerschaft in Lübeck 1598–1669, Lübeck 1961 (Veröff. z. Gesch. d. Hansestadt Lübeck 17), s. Register. – E. Höpner, 100 alteingesessene fehmarnsche Familien u. ihre genealogische Substanz, in: FJbSH 10 (1971), S. 15.
Porträts: Ölgemälde (Künstler unbekannt) im MusKK; Abb.: Asch (s. Lit.) nach S. 136. – Ölgemälde, um 1648, vermutl. v. Anselm v. Hulle, im Rathaus zu Osnabrück. – Kupf. (nach d. Gemälde A. v. Hulles) im MusKK u. in d. SHBL, Abb. s. S. 162.

Antjekathrin Graßmann

GRÖGER, Friedrich Carl, geb. 14. 10. 1766 Plön, gest. 8. 11. 1838 Hamburg, begr. St.-Michaelis-Friedhof vor dem Dammtor; ev. – Maler.

Eltern: Friedrich Carl Gröger, get. 4. 11. 1733 Plön, gest. 1808 ebd., Schneidermeister; 2. Ehefrau Anna Margarethe Charlotte geb. Meyer, get. 29. 10. 1737 Plön, gest. 24. 2. 1793 ebd.; Tochter d. Müllers Clas Meyer in Kleinmühlen b. Plön. *Unverheiratet.*

Geschwister: 2 Brüder, 1 Schwester; G. nahm die Tochter seines Bruders Johann Conrad, der Konditor in Hamburg war, als Pflegetochter an.

G.s Kindheit in Plön war ärmlich, seine früh sich zeigende Vorliebe für alles Künstlerische stieß bei den Eltern auf Ablehnung. Eine Lehre des Schneiderhandwerks schlug ebenso fehl wie eine begonnene Drechslerlehre. Schließlich begann er bei einem Anstreicher und Stubenmaler zu arbeiten, bei dem er in der Freizeit dem Zeichnen und Dekorationsmalen nachgehen durfte. G.s Begabung wurde von dem in Plön lebenden Grafen Woldemar Hermann von Schmettau (s. SHBL, 3, S. 238 f.) erkannt. Sein Vorschlag, den Knaben auf die Kopenhagener Akademie zu schicken, scheiterte am Widerstand der Eltern. Durch Vermittlung des Grafen erhielt er jedoch Zeichenunterricht bei Reinhold Ipsen in Plön, einem Bruder des Miniaturzeichners Paul Ipsen.

Seine miniaturartigen Profilzeichnungen machten G. bekannt. Zu Beginn der 80er Jahre war er auf verschiedenen adligen Gütern tätig. Als er 1783 in Rundhof bei Schleswig arbeitete, kündigte er seine Plöner Lehrstelle. Im selben Jahre war er in Schleswig, Husum und Flensburg – wo er einige Monate in einer Schauspielertruppe auftrat – selbständig als Miniaturmaler tätig. 1784 hielt er sich in Altona auf, 1785 zog er nach Braunschweig, dann nach Hamburg und von dort wieder nach Lübeck, wo er mit Unterbrechungen bis 1787 blieb. Seine Miniaturen aus dieser Zeit zeigen wohl Einflüsse von Johann Jacob Tischbein, der seit 1775 in Lübeck lebte. G. lernte Heinrich Jacob Aldenrath (s. d.) kennen, der sein Schüler wurde und mit dem ihn zeitlebens eine enge Freundschaft verband. Im Herbst 1788 gingen sie gemeinsam nach Berlin. G. studierte bei dem Rektor der Akademie, Johann Christoph Frisch, das Zeichnen und Malen nach der Natur. 1789 kehrte G. allein nach Lübeck zurück, folgte dann Aldenrath 1791 nach Hamburg. 1792 war er wieder in Lübeck und wurde am 27. November in die Lübecker „Gesellschaft zur Beförderung gemeinnütziger Tätigkeit" aufgenommen. So kam er in den Vorstand der „Freyen Zeichenschule für angehende Handwerker", die 1795 von der Gesellschaft gegründet wurde und an der er unterrichtete. Im Frühjahr 1798 ging er mit Aldenrath für sechs Monate nach Dresden, wo er in der Galerie Werke von A.R. Mengs und Raffael kopierte und den Porträtisten Anton Graff besuchte. 1801 war er mit Aldenrath in Hamburg und reiste von dort aus 1802 nach Paris. Das Studium der Pariser Kunstszene führte G. endgültig zum Ölbildnis. Vier Porträts, die er nach der Rückkehr 1802 für die Familie v. Rumohr malte, zeigen den Einfluß der französischen Porträtmalerei der Schule Louis Davids. Auf Grund solcher Leistungen wurde er bald einer der gesuchtesten Maler des schleswig-holsteinischen Adels. 1803 errichteten G. und Aldenrath zusammen ein Atelier in der Königstraße in Lübeck. Aus dieser Zeit stammt das große Bildnis der Frau von Heintze mit ihren Kindern (MusKK).

Friedrich Carl Gröger
Litho von H.J. Aldenrath, 1828

Die beiden Maler gaben das Atelier 1806 auf, um in Kiel für die herzogliche Familie und in den Gutshäusern für den Adel zu arbeiten. 1808/09 porträtierte G. die Mitglieder des dänischen Königshauses in Kopenhagen, 1810/11 arbeitete er in Hamburg, 1812 wieder in Kopenhagen und malte auf Lolland, Seeland und Fünen für den dänischen Adel, 1814/15 war er nochmals in Kopenhagen. 1816 ließ sich G. zusammen mit Aldenrath als hochgeschätzter und vielbeschäftigter Porträtmaler in Hamburg nieder. Nun half Aldenrath, der sich zuvor ganz auf die Miniaturmalerei beschränkt hatte, an den Bildern mit und malte die Gewandpartien. 1829 wurde G. Mitglied des „Vereins Vaterländischer Künstler und Kunstfreunde" in Altona; zusammen mit Aldenrath unterstützte er die „Hamburgische Gesellschaft für Kunst und nützliche Gewerbe". Schon 1818 hatte sich G. der Lithographie zugewandt und zeichnete in Michael Speckters Steindruckerei die ersten Bildnislithographien. Nach 1828 entstanden auch einige Lithos für das Institut von Charles Fuchs. G. entwickelte bald große Meisterschaft in der Beherrschung dieser Technik und machte die Lithographie zu einer neuen Bildnisgattung. Die Lithos von „Gröger & Aldenrath", die vielfach den gleichzeitigen Ölbildern überlegen sind, wurden in ganz Deutschland berühmt.

Werke: Verz. b. P. Vignau-Wilberg (s. Lit.); Verz. d. Steindrucke b. E. Zimmermann u. L. Dussler (s. Lit.).
Literatur: ADB, 9, S. 708 f. – NDB, 7, S. 110. – DBL, 8, S. 402 f. – Einige Nachr. v. d. Bildung d. Malers Gröger zum Künstler, in: Der Genius des 19. Jh., Februar 1802, S. 103–132. – E. Zimmermann, Gesch. d. Lithographie in Hbg., Hbg. 1896, S. 25 ff. – A. Lichtwark, Das

Bildnis in Hbg., 2, Hbg. 1898, S. 85 ff. – Ausstellung dt. Kunst aus d. Zeit v. 1775–1875 in d. kgl. Nationalgalerie 1906. Hrsg. v. Vorstand d. dt. Jh.ausstellung, 1, München 1906, Abb. 617; 2, ebd., Abb. 643–645. – K. Schäfer, F.C.G. u. seine Zeit, in: Jb. d. Mus. f. Kunst u. Kulturgesch. 2/3 (1914/15), S. 30 ff. – Th.-B., 15, S. 63 f. – G. Pauli, Die Hamburger Meister d. guten alten Zeit, München 1925, S. 17. – L. Dussler, Die Inkunabeln d. dt. Lithographie (1796–1821), Bln. 1925. – G. Dehio, Gesch. d. dt. Kunst 4, hrsg. v. G. Pauli, Bln. 1934, S. 187. – Weilbach, 1, S. 404 f. – L. Martius, Die schl.-holst. Malerei im 19. Jh., Neumünster 1956 (Stud. z. schl.-holst. Kunstgesch. 6), S. 77 ff., 134. – P. Vignau-Wilberg, Der Maler F. C. G., Neumünster 1971. – J. Schlick, F. C. G., ein Bildnismaler aus Plön, in: Jb. Plön 6 (1976), S. 156– 170.

Porträts: Litho v. H. J. Aldenrath, 1828 (MusKK u. SHBL), Abb. s. S. 165. – Selbstporträts b. P. Vignau-Wilberg (s. Lit.) Nr. 34, 51, 57, 58, 65, 124, 150, 151, 153, 339. – Litho v. Eybe (gedr. bei Ch. Fuchs, SHLB).

Lilli Martius

HEBERLE, Rudolf, geb. 3. 7. 1896 Lübeck, gest. 20. 4. 1991 Baton Rouge, Louisiana (USA). – Soziologe.

Eltern: Carl Otto Wilhelm Heberle, geb. 5. 6. 1860 Altenau (Harz), gest. 7. 12. 1937 Lübeck, Studienrat am Lübecker Katharineum; Ellen Mathilde geb. Feldmann, geb. 10. 6. 1865 Lübeck, gest. 2. 2. 1928 ebd.

Ehefrau: Franziska Tönnies, geb. 14. 2. 1900 Altona; verh. 6. 6. 1924 Kiel; Tochter d. Soziologen F. Tönnies (s. SHBL, 6, S. 279).

Kinder: 1 Tochter, 2 Söhne: *Jürgen* Wilhelm, geb. 9. 5. 1926 Königsberg, Prof. d. Physik an d. State University of New York in Buffalo. – *Klaus* Hinrich, geb. 7. 1. 1931 Kiel, Prof. d. Politologie an d. Eastern Kentucky University in Richmond.

Nach dem Besuch des Katharineums in Lübeck von 1903 bis 1915 begann H. ein Studium der Rechtswissenschaften in Göttingen. Von November 1915 bis Januar 1919 leistete er Kriegsdienst, dann setzte er das Studium in Königsberg, Freiburg und Marburg fort. 1920 ging er nach Kiel, um sein juristisches Studium durch das der Nationalökonomie am Institut für Weltwirtschaft zu ergänzen. Im SS 1921 war er zur Vorbereitung seiner Dissertation in Stockholm. 1923 wurde er in Kiel mit Staatsrecht und Soziologie als Nebenfächern zum Dr. sc.pol. promoviert. Seine Doktorarbeit, die bei Bernhard Harms am Institut für Weltwirtschaft entstand, behandelt die Geschichte der Arbeiterbewegung in Schweden. Sie enthält bereits im Kern sein Konzept empirischer sozialwissenschaftlicher Forschung: knappe theoretische Skizze eines Problems mit Kategorien, die überwiegend der Soziologie seines Lehrers und späteren Schwiegervaters Ferdinand Tönnies entstammen; Sammlung empirischer Materialien mittels Statistiken, Literaturrecherchen, historischer Quellenstudien, eigener Interviews, Gespräche und Beobachtungen; profunde Kenntnis der örtlichen Umstände; Deutung der Sachverhalte streng innerhalb des Rahmens der Problemstellung.

Von Mai 1923 bis August 1926 war H. außerplanmäßiger Assistent und Repetent am Institut für ostdeutsche Wirtschaft der Univ. Königsberg. Er führte dort zahlreiche nationalökonomische Seminare durch und sammelte auf Reisen durch Litauen das Material für eine umfangreiche soziologische Feldforschung über die dortige deutsche Minorität („Die Deutschen in Litauen", 1927). Anschließend, von September 1926 bis März 1929, hielt H. sich als Stipendiat der Rockefeller-Foundation erst in England, dann in den USA auf. Auch darin, daß er die Soziologie der Vereinigten Staaten nicht grundsätzlich abschätzig beurteilte, gehört er zu den Ausnahmen in seinem Fach. Die stark auf das Management einzelner, akuter sozialer Probleme bezogene Arbeitsweise der amerikanischen Soziologie kam H.s Soziologieverständnis teils entgegen, teils wurde dieses durch sie weiter gefestigt. Doch hat H. weder programmatisch noch forschungspraktisch ihren rigiden Positivismus geteilt oder nachvollzogen. Er arbeitete in den USA an einer Untersuchung über die Bevölkerungsmobilität in den Vereinigten Staaten, die nach seiner Rückkehr nach Deutschland in Kiel als Habilitationsschrift angenommen wurde und ihm, dem gelernten Volkswirt, 1929 die Venia legendi und einen dauerhaften Lehrauftrag in Soziologie verschaffte. Sein Habilitationsvortrag über „Quantitative Methoden in der Soziologie" zeigt symptomatisch den zentralen Standort konkret-empirischer Sachverhalte in seiner Soziologie an, was auch durch seine herausragende Mitarbeit in der Untergruppe „Soziographie" der Deutschen Gesellschaft für Soziologie seit 1931 belegt wird. Vom WS 1929/30 bis zum WS 1937/38 vertrat H. in Forschung und Lehre als Schwerpunkte Bevölkerungssoziologie, soziale Schichtung und Mobilität, Soziologie der politischen Parteien, Soziographie, Agrar- und Stadtsoziologie sowie Soziologie der Migrationen.

Seit 1933 mußte H. unter erschwerten, sich ständig verschlechternden Bedingungen arbeiten. Schon 1925 hatte er sich in einem unter Pseudonym in den Preußischen Jahrbüchern erschienenen Aufsatz kritisch mit dem Gemeinschafts- und Volksgedanken der völkischen Bewegung auseinandergesetzt. Den Aufstieg der NSDAP in Schleswig-Holstein verfolgte er von 1932 bis 1934 in einer nüchternen empirischen Bestandsaufname der politischen Haltung der Landbevölkerung, für die er keinen Verleger mehr finden konnte; nur ein kurzer Zeitschriftenartikel war noch möglich. H.s rationale Wahlanalyse der nationalsozialistischen Erfolge, die das Versagen der Regierungsparteien nicht verschwieg und reale Motive der Wahlentscheidung der Landbevölkerung aufspürte, war den Nationalsozialisten vermutlich zu sachlich und unparteiisch. So konnte die Schrift in deutscher Sprache erst 1963 erscheinen (gekürzte englische Ausgabe 1945). Ihre differenzierte Betrachtung lokaler, wirtschaftlicher und sozialgeschichtlicher Faktoren ist bis heute eine wichtige Quelle der Erforschung der nationalsozialistischen Bewegung geblieben. Anstößig dürfte in der schon früh nationalsozialistisch beeinflußten Univ. Kiel auch H.s Vorlesung über politische Parteien im WS 1932/33 gewirkt haben, in der die NSDAP stark, aber mit großen Vorbehalten berücksichtigt wurde. Nachdem H. 1936 den ersten Entlassungsversuch wegen angeblicher „Marxismen" in seinen Publikationen und Lehrveranstaltungen noch abwehren konnte, wurde ihm 1937 sein Privatdozentengehalt gestrichen. Angriffe der Studentenschaft und des Rektorats gaben den Ausschlag, wobei offiziell die „Zukunftslosigkeit" der Soziologie als Wissenschaft zur Begründung herhielt. Der nunmehr mittellos gewordene H. entschloß sich

Rudolf Heberle
Foto von Laskawy, 1936/38

zur Auswanderung in die Vereinigten Staaten im Juni 1938. Seine früheren Leistungen in den USA, die Bekanntheit, die er dort durch seine Veröffentlichungen erlangt hatte, und die Kontakte mit amerikanischen Kollegen, die er weitergepflegt hatte, ermöglichten ihm den Übergang an die Louisiana State University in Baton Rouge. Von 1938 bis 1940 wurde er dort als außerordentlicher Professor für Soziologie erneut von der Rockefeller Foundation getragen, bis er am 1. 4. 1940 zum festangestellten Professor ernannt wurde. Er hat dieses Amt bis zu seiner Emeritierung im Juli 1961 innegehabt. 1944 wurde er eingebürgert. So hat H. den überwiegenden Teil seiner akademischen Laufbahn in den USA verbracht: 23 Jahre lang wirkte er als akademischer Lehrer in Baton Rouge, dazwischen nahm er Gastprofessuren an der Michigan State University, der University of North Carolina und der Columbia University wahr. Er publizierte noch bis 1977, nach dem Krieg auch wieder in deutschen Zeitschriften und Verlagen. Zwei Drittel seiner etwa 120 Veröffentlichungen sind in den USA entstanden. Ein 1960 ergangenes Angebot des Schleswig-Holsteinischen Kultusministeriums, ihn als ordentlichen Professor wieder einzustellen, lehnte H. ab; längst war er zu einem integrierten Mitglied der Louisiana State University und der amerikanischen Soziologenschaft geworden. Inhaltlich bearbeitete H. in den amerikanischen Jahren Agrarsoziologie, soziale Bewegungen und politische Soziologie, Migrationen

und kriegsbedingte Bevölkerungsumschichtung, Wahlanalysen, Politische Öko-
logie und Auswirkungen der Industrialisierung in der Mississippi-Region. Zur
politischen Soziologie und den sozialen Bewegungen legte er umfangreiche systematische Werke vor, die auf deutsch und auf englisch erschienen. In ihnen
bündelt H. historische und empirische Materialien in einer verallgemeinernden
Betrachtung moderner politischer Phänomene, wie z.B. der Form politisch rele-
vanter Gruppen, der Organisation politischer Parteien, den Dominanten der
Wahlentscheidung, dem Verlauf der Revolutionen. Außerdem war H. zeit seines
Lebens um die Verbreitung und Deutung des Werks des Begründers der einzel-
wissenschaftlichen Soziologie in Deutschland, seines Lehrers Ferdinand Tönnies, bemüht. Der Tönnies-Rezeption in den USA gab er die systematische
Grundlage, und einer neuen Generation deutscher Tönnies-Forscher stand er
mit Rat und Tat zur Seite. Mit Recht wurde er als Brückenbauer, als Vermittler
amerikanischer und europäischer Wissenschaftskultur bezeichnet.

   H.s wissenschaftsgeschichtliche Bedeutung liegt in der Begründung eines
empirisch-einzelwissenschaftlichen Konzepts von Soziologie, das sich zwar von
einer transzendental- und geschichtsphilosophischen Erörterung, noch nicht
aber von einer generellen Theorie des Sozialen und der sozialen Entwicklung getrennt hat. — Ehrendoktor d. Philosophischen (1965) u. d. Wirtschafts- u. So-
zialwissenschaftlichen Fakultät (1976) der Univ. Kiel. – Zeitweilig Präsident d.
Southern Sociological Society. – Vizepräsident d. American Sociological Society.

Quellen: LAS Abt. 47, Nr. 1609 (eigener Lebensbericht). – R.H., Soziologische Lehr- u.
Wanderjahre, in: Kölner Z. f. Soziologie u. Sozialpsychologie 28 (1976), S. 197–211; Nach-
druck m. einem „Nachwort 1980" in: Lepenies (s. Lit.), 1, S. 271–298.
   Nachlaß: SHLB u. Louisiana State University Library, Department of Archives.
   Werke: Verz. v. R. Waßner in: Jb. f. Soziologiegesch. 1990, S. 269–276. *Hauptwerke:* Zur
Ideengesch. d. Arbeiterbewegung in Schweden, Jena 1925. – Über d. Mobilität d. Bevölke-
rung in d. Vereinigten Staaten, ebd. 1929. – Landbevölkerung u. Nationalsozialismus, Stgt.
1963 (gekürzte englische Ausgabe: From Democracy to Nazism, Baton Rouge 1945). – The
Labor Force in Louisiana, Baton Rouge 1948. – Social Movements, New York 1951. –
Hauptprobleme d. Politischen Soziologie, Stgt. 1967.
   Literatur: Nachrufe v. R. Fechner, in: Kölner Z. f. Soziologie u. Sozialpsychologie 43
(1991), S. 608–610; v. J. Zander, in: Mitt. d. Ges. f. Schl.-Holst. Gesch. 39 (Juli 1991), S. 7 f. u.
in: Lübecker Nachr. v. 4. 5. 1991; v. R. Waßner, in: Auskunft. Mitteilungsbl. Hamburger Bi-
bliotheken 11 (1991), S. 332–335. – W. Lepenies (Hrsg.), Gesch. d. Soziologie, 1–4, Ffm. 1981,
s. Register. – The Contributions of R.H. to Sociology, in: Sociological Spectrum 3 (1983), S.
103–130. – R. Uhlig (Hrsg.), Vertriebene Wissenschaftler d. Christian-Albrechts-Univ. zu
Kiel (CAU) nach 1933, Ffm. 1991 (Kieler Werkstücke R. A, Bd. 2), S. 86–89.
   Porträts: Foto v. Laskawy, 1936 oder 1938, in Lübecker Nachr. v. 4. 5. 1991 (Repro in d.
SHLB), Abb. s. S. 168.

Rainer Waßner

Carl Heinrich von Heineken
Kupferstich von
A. de Saint-Aubin, 1770

HEINEKEN, Carl Heinrich (seit 1749 von), get. 24. 12. 1707 Lübeck, gest. 23. 1. 1791 Altdöbern (Niederlausitz); ev. – Kunstgelehrter, Museumsdirektor.

Eltern: Paul Heineken, geb. vermutlich 9. 12. 1674 (s. d.); Catharina Elisabeth geb. Österreich.

Ehefrau: Friederika Magdalena Nöller, geb. 1721, gest. 30. 9. 1790 Altdöbern; verh. 29. 9. 1742 Dresden; Tochter d. Küchenmeisters Jacob Johann Nöller, Erbherr auf Altdöbern.

Kinder: 2 Töchter, 1 Sohn Carl Friedrich, geb. 20. 11. 1752, gest. 1815 Bollensdorf (Niederlausitz), Kammerherr und Radiererdilettant.

Bruder: s. beim Vater.

H. besuchte das Lübecker Katharineum, wo er, von Rektor J. H. v. Seelen (s. d.) durch Privatunterricht gefördert, bereits mit der Philosophie von Leibniz und Christian Wolff bekannt gemacht wurde. Der gesellige Verkehr von Künstlern, Gelehrten und Literaten in seinem Elternhaus dürfte ihn früh mit geistigen Bestrebungen der Zeit in Berührung gebracht haben. Zu seinen Mitschülern gehörte Joachim Friedrich Liscow, ein jüngerer Bruder des Satirendichters Christian Ludwig Liscow. Mit ihm ging er 1724 nach Leipzig, von dort nach Halle, um u.a. bei den Professoren Christian Thomasius, Johann Gottlieb Heineccius und Just Henning Böhmer die Rechte und nebenher Literatur zu studieren. An der Universität lernte er auch Johann Christoph Gottscheds frühe Aufklärungsgedanken kennen und sammelte in den Bibliotheken seine ersten Kenntnisse über Buchkunst und Graphik. Der befreundete Hofpoet Johann Ulrich König zog H. nach dem Studium als Hauslehrer nach Dresden. Danach war er in gleicher Stellung bei Minister Graf Sulkowsky, und 1739 wurde er Privatsekretär und Bibliothekar des allmächtigen Kabinettsministers Graf Brühl. Als General-

Accise-Sekretär trat H. nun auch in Dienste des sächsischen Hofes, wurde Kammerrat und Oberamtsrat und wußte sich bei Kurfürst Friedrich August II. als Kunstsachverständiger bekannt zu machen.

An Stelle des verstorbenen Hofarztes Johann Heinrich Heucher wurde H. 1746 Direktor des Kupferstich-Kabinetts Dresden und beeinflußte als Intendant Graf Brühls wesentlich die Erwerbungen der Gemäldegalerie. Im Jahre 1749 wurde er in den Reichsadel erhoben. In diplomatischen Diensten und zu privaten Studien reiste er nach Polen (u.a. 1762), Holland (1750, 1768) und Frankreich (1754, 1761, 1770). Während des Siebenjährigen Krieges wurde H. als Vertrauter Brühls von den preußischen Truppen in Dresden arrestiert, und nach Beendigung des Krieges und Rückkehr des sächsischen Hofes nach Dresden wurde er in einem Prozeß wegen Veruntreuung von kurfürstlichem Besitz und persönlicher Bereicherung angeklagt und in seinem Haus gefangen gehalten. Obwohl sich seine Unschuld erwies, wurde er 1763 aller seiner Ämter enthoben und mußte Dresden verlassen. H. siedelte nach Altdöbern über, befaßte sich mit landwirtschaftlichen Angelegenheiten und war bis zu seinem Tode als Schriftsteller und Kunstsammler tätig.

Sein moralisierendes Erstlingsbuch „Die wahren Absichten des Menschen und die dazu gehörenden Mittel" (1732), die dem Lübecker Freund Hermann Adolph Lefèvre gewidmete, später verworfene Schrift „Pflichten des Menschen oder die ganze Moral im Zusammenhang" (1738), besonders aber die aufsehenerregende Übersetzung von „Dionysius Longin vom Erhabenen" (1737), mit der er auf die Bedeutung antiker Kunsttheorie hinwies, hatten H. in Dresden als streitbaren Schriftsteller bekannt gemacht. In letztgenannter Schrift hatte er Kritik an Gottsched geübt und sich dessen Gegnerschaft zugezogen, die durch das von Chr.L. Liscow geschriebene Vorwort zur 2. Auflage (1742) noch vertieft wurde. Seine künstlerische Sachkenntnis und ein sicheres, oft sarkastisches Urteil sicherten ihm in Dresden die Position eines führenden Kunstkritikers, als der er z. B. den frühen Johann Joachim Winckelmann abfällig beurteilte. Seine Verdienste um die Dresdener Kunstsammlungen beziehen sich vor allem auf die Erweiterung, Aufstellung und Katalogisierung der Bestände. Beratend lenkte er die Gemäldeankäufe durch Mittelsmänner wie Francesco Algarotti, Guarienti und Rossi in Italien, De Brais und Le Leu in Frankreich, Talon in Madrid und kaufte selbst in Holland und Hamburg Gemälde von Rembrandt, Anthonis van Dyck und Adam Elsheimer. Nach Dresden kamen 1744 Bilder von Carlo Maratti, Hans Holbein und Palma Vecchio, 1746 die Modenesische Sammlung und 1754 die Sixtinische Madonna von Raffael. H. faßte 1748 den Plan, die Dresdener Gemälde in einem Galeriewerk zu veröffentlichen, und er beauftragte 8 Zeichner und 40 Stecher in Frankreich, Italien, den Niederlanden und Deutschland für diese private Prachtausgabe, zu der er und Pierre-Jean Mariette Vorworte verfaßten. Abgelehnt wurde jedoch die von ihm 1748 vorgeschlagene Gründung einer Kunstakademie in Dresden, die dann erst 1764 vorgenommen wurde.

H.s Haupttätigkeit galt vornehmlich dem Kupferstich-Kabinett Dresden, das er bis zu seiner Entlassung ordnete und wesentlich vergrößerte. Als sein Nachfolger Christian Ludwig Hagedorn die Sammlung übernahm, war sie in der siebzehnjährigen Amtszeit H.s um mehr als 80.000 Blätter gewachsen und hatte damit eine Gesamtzahl von 131.000 Werken überschritten. Seine Erwerbstätigkeit bezog sich außer auf französische, niederländische und italienische Graphik auch auf die damals wenig beachtete Frühzeit des deutschen Kupferstichs vor Albrecht Dürer, die er auch bei Ankäufen für seine Privatsammlung bevorzugte. Seine umfangreiche Bibliothek bestand aus wertvollen Inkunabeln und seltenen illustrierten Büchern des 15. und 16. Jh. und ist in Teilen in die Sächsische Landesbibliothek gelangt. H.s Hauptverdienst liegt in dem systematischen Aufbau des Dresdener Kabinetts, mit dem er ein oft nachgeahmtes Modell einer Graphiksammlung schuf. Seine Gedanken dazu finden sich in dem 1771 erschienenen Werk „Idée générale d'une Collection complette d'Estampes", in dem er das theoretische Modell einer systematisch geordneten Graphiksammlung errichtet und außerdem umfängliche Bemerkungen zu den Anfängen der deutschen Holzschneidekunst und zu deutschen Inkunabeldrucken macht, denen er ein Monogramm-Verzeichnis sowie eigene Nachzeichnungen nach alten Darstellungen anfügt. Als wichtiges Quellenmaterial erweisen sich heute seine „Nachrichten von Künstlern und Kunst-Sachen" und „Neue Nachrichten von Künstlern und Kunst-Sachen", in denen er Aufsätze und Werkverzeichnisse abdruckte und von Erfahrungen und Persönlichkeiten seiner Zeit berichtete. In dem seit 1778 erschienenen „Dictionnaire des artistes" versuchte er, alles Wissenswerte über bildende Künstler mit Vollständigkeit zu sammeln. Er verwertete ältere Lexika und Urkunden und gewann auch andere Mitarbeiter, stellte jedoch eigene Forschungen an die Spitze, gewonnen aus seiner ungewöhnlichen Kennerschaft und den Grundlagen seiner wissenschaftlichen Arbeit: Kritik und Gründlichkeit. Zahlreiche Künstlerviten mußten neu erarbeitet werden, denen H., was man bis dahin kaum kannte, auch Verzeichnisse der gestochenen Werke anfügte. Es entstand ein Manuskript von 30 handschriftlichen, durchschossenen und ergänzten Bänden, von denen bis zu H.s Tod 1791 jedoch nur vier Bände (Von der Aa - Diziani) im Druck erscheinen konnten; der Rest dieses bis dahin umfangreichsten aller Künstlerlexika, dessen Manuskript heute zu den kriegsvermißten Beständen des Dresdener Kupferstich-Kabinettes zählt, blieb ungedruckt.

Ganz im Geist der Aufklärung wurzelnd, ging H. mit seinen enzyklopädischen Bemühungen und seiner angewandten wissenschaftlichen Akribie über den einfachen Empirismus älterer Kunsthistoriker hinaus. Mit seinem Hauptwerk „Idée générale ..." schuf er eine rationalistische Systematik, deren entwicklungsgeschichtlicher Wert darin liegt, daß H. über die bloße, aus Beobachtung, Vergleich und Erfahrung gewonnene Erkenntnis hinaus zu einer Theoriebildung gelangte, die ihr Kriterium in seinen praktisch nutzbaren Schriften fand.

Quellen: AHL: Personenkartei. – Sächsisches Staatsarch. Dresden: Loc. 451, 3; 865; 11292; 395; 970; 1401. – Arch. d. Staatlichen Kunstslg.en Dresden, Kupf.-Kabinett, Cat. 140 (Briefwechsel u. Notizen 1728–1762) u. Cat. 12. – C. H. v. H., Nachr. v. Künstlern u. Kunst-Sachen (s. Werke). – O. E. Schmidt, Minister Graf Brühl u. Karl Heinrich von Heinecken, Bln. u. Lpz. 1921.

Werke: Die wahren Absichten d. Menschen u. d. dazu gehörenden Mittel, Dresden u. Lpz. 1732. – Dionysius Longin vom Erhabenen ..., Dresden 1737, 2. Aufl. ebd. 1742. –

Recueil d'estampes d'après les plus célèbres tableaux de la Galerie Royale de Dresde, 1, Dresden 1753, 2, ebd. 1757 (u. 6 Bll., nicht gebunden). – Recueil d'estampes, gravées d'après les Tableaux de la Galerie et du Cabinet de S. E. M. Le Comte de Brühl, Dresden 1754. – Nachr. v. d. Beschaffenheit d. Niederlausitz, Pförten 1760. – Nachr. v. Künstlern u. Kunst-Sachen, 2 Bde., Lpz. u. Wien 1768/69. – Idée générale d'une Collection complette d'Estampes avec une Dissertation sur l'origine de la Gravure et sur les premiers Livres d'Images, Wien u. Lpz. 1771. – Dictionnaire des Artistes, dont nous avons des Estampes . . ., 4 Bde., Lpz. 1778–1790. – Neue Nachr. v. Künstlern u. Kunst-Sachen, Dresden u. Lpz. 1786. – *Ungedruckte Werke:* Dissertation sur l'origine de la Gravure et sur les premiers livres d'Images (Kupf.-Kabinett Dresden, Kat. Nr. 78) . – Dictionnaire des artistes. Catalogue pour mon propre usage, 3 Bde. (ebd., Kat. Nr. 75-77). – Catalogue des estampes de l'Ecole Françoise, 5 Bde. (ebd., Cat. 11). – Catalogue des estampes de l'Ecole Italienne (ebd., Cat. 10). – Livres des Portraits (ebd., Cat. 71–72). – Livres remarquables avec figures (ebd., Cat. 67 I). – Livres des Arts (ebd., Cat. 67 II). – *Kriegsvermißte Mss.* (alle Kupf.-Kabinett Dresden): Dictionnaire des artistes, 30 Bde. – Catalogue v. Künstler-Portraits (Oktavband). – Nachr. über Künstler. – Verz. anonymer Kupferstiche, m. einem Brief v. C. H. v. H. an C. G. Schulze. – Kupferstiche nach Stechern chronologisch u. alphabetisch, nach vier Schulen geordnet.

Literatur: NDB, 8, S. 297–299. – Neue Bibl. d. schönen Wissenschaften u. d. freyen Künste, 26, Lpz. 1781, S. 22 f. – Chr. G. v. Murr, Journal z. Kunstgesch., 14, Nürnberg 1787, S. 91-131. – J. G. Meusel, Mus. f. Künstler u. Kunstliebhaber, T. 13, Mannheim 1787, S. 145–147. – F. Schlichtegroll, Nekrolog auf d. Jahr 1791, T.1, Gotha 1792, S. 294; T.2, ebd. 1793, S. 381-386. – S. Baur, Gallerie historischer Gemählde, 1, Hof 1804, S. 135–140. – F. Bülau, Geheime Geschichten u. rätselhafte Menschen, 3, Lpz. 1851, S. 439 f. – J. G. Wille, Mémoires et Journal de J. G. Wille, Paris 1857, bes. S. 171, 415, 421. – C. Justi, Winckelmann u. seine Zeitgenossen, 1, Lpz. 1866, S. 288 f., 434, 521. – M. Lehrs, Der Meister m. d. Bandrollen, Dresden 1886, S. 24 f. – K. Woermann, Kat. d. Königlichen Gemäldegalerie, Dresden 1902, S. 7–15. – M. Stübel, Dresdener Anzeiger v. 2. 8. 1902, S. 60–62. – O. E. Schmidt, Kursächsische Streifzüge, Lpz. 1904, S.12 f. – Ders., Schloß Alt-Döbern u. seine Umgebung, Dresden 1930, S. 75 f. – G. Lehmann, Der Prozeß gegen Karl Heinrich von Heinecken u. Genossen, in: Neues Arch. f. Sächsische Gesch. u. Altertumskunde 25 (1904), S. 264–295. – H. W. Singer, Unika u. Seltenheiten im Königlichen Kupf.-Kabinett Dresden, Lpz. 1911, S. 11–20. – Th.-B., 16, S. 291. – M. Stübel, Dresdener Sammler d. 18. Jh., in: Das Sammel-Cabinett 3 (1924), S. 1–6, bes. S. 4 f. – F. Schubert, Der Schöpfer d. Dresdener Kupf.-Kabinettes. Zum 150. Todestag v. C.H. v. H., in: Chemnitzer Neueste Nachr. 19 (1941), Beil. 2. – W. Schmidt, Erste Beachtung früher Kupferstiche im Dresdener Kupf.-Kabinett,, in: Kunstmuseen d. DDR, 3, Lpz. 1961, S. 29-35. – Chr. Dittrich, C.H. v. H.s kunsthistorische Schrr., in: Jb. d. Staatlichen Kunstslg.en Dresden 1965/66, S. 79–85. – Ders., Heineken u. Mariette. Eine Untersuchung zur Erwerbspolitik d. Dresdener Kupf.-Kabinettes im zweiten Drittel d. 18. Jh., in: ebd. 1981, S. 43–66. – Ders., Gedenkbl. f. C.H. v. H., in: Dresdener Kunstbll. 35 (1991), H.1, S. 6–14. – Chr. Alschner, Die Inkunabelslg. Karl Heinrich v. Heineckens, in: Marginalien. Zs. f. Buchkunst u. Bibliophilie 81 (1981), S. 21–33. – G. Beick, C. H. v. H. – Ein Kunstgelehrter im Dienste d. Grafen Brühl, in: Dresdner Hefte 11 (1987), S. 46–51. – G. Heres, Dresdener Kunstslg.en im 18. Jh., Lpz. 1991, bes. S. 101, 120.

Porträts: Gemälde v. M. Hubert-Descours, 1754 (vormals Baronin v. Bischofshausen, Niederjahna b. Meißen), Abb.: Schmidt (s. Qu.), S. 324. - Gemälde v. F. A. G. Latinville, 1761 (vormals Graf Pourtales, Lübben/Niederlausitz). – Kupf. v. A. de Saint-Aubin, 1770 (Kupf.-Kabinett Dresden, Singer Nr. 37784), Abb.: s. S. 170. – Kupf. v. C. G. Geyser, o. J. (Slg.en d. Veste Coburg, Singer Nr. 37788). – Kupf. v. C. G. Rasp (Kupf.-Kabinett Dresden, Singer Nr. 37786). – Kreidezeichnung eines dt. Zeichners, um 1785 (Delft, Slg. Wouters), Abb.: Dittrich (s. Lit.), 1991, S.13.

Christian Dittrich

HEINEKEN, Paul, geb. vermutlich 9. 12. 1674 Riga (nicht 1680 Rehna), gest. Juni 1740 Lübeck (nach Schröder, s. Qu.); ev. – Maler.

Eltern: Hinrich Henicke (Hänicke, Hönnicken), geb. 1639/40 Plön (?), gest. Mai 1705 Riga, Stadtmaurermeister ebd.; Mutter unbekannt.

Ehefrau: Catharina Elisabeth Österreich, geb. 20. 3. 1681 Lübeck, gest. 5. 11. 1757 Lützen, Malerin u. Kunsthändlerin; verh. 27. 2. 1707 Lübeck; Tochter d. Lübecker Malers Franz Österreich.

Kinder: 3 Töchter, 3 Söhne, darunter: Carl Heinrich, get. 24. 12. 1707 (s. d.); Christian Henrich, get. 7. 2. 1721, gest. 27. 6. 1725, das „Lübecker Wunderkind".

Die Angaben in der bisherigen Literatur über Herkunft und Ausbildung H.s sind nach einer Notiz des Sohnes Carl Heinrich (s. Qu.) zu berichtigen. H. erlernte die Grundlagen der Architekturzeichnung bei seinem Vater in Riga und ging dann nach Lübeck, um sich bei Charles Krieg im Malen auszubilden. In dessen Stieftochter lernte er seine spätere Ehefrau kennen. Von Lübeck aus reiste er nach Venedig und Rom, wo einige der Zeichnungen entstanden, die er in eine 1727 gedruckte Perspektivenlehre aufnahm. 1707 war er wieder in Lübeck, im Februar dieses Jahres wurde er dort mit der Berufsbezeichnung „Schilderer" als Bürger angenommen. Da ihm das Maleramt Schwierigkeiten bei der Berufsausübung machte, beantragte er im Mai 1707 beim Rat die Zulassung als nichtzünftiger Freimeister und erbot sich, im Rathaus an einem ihm zugewiesenen Ort ein Probestück anzufertigen. Dieses ist nach den archivalischen Quellen auch ausgeführt worden, es ist heute aber ebenso wenig nachweisbar wie die Porträts und Deckengemälde in Lübecker Bürgerhäusern, auf die H. in einer anderen Eingabe an den Rat verweist. Durch seinen Sohn ist bezeugt, daß er als Miniatur- und Emailmaler tätig war, und er muß als solcher einen Ruf gehabt haben, denn 1709 kam Johannes Harper aus Stockholm zusammen mit Ismael Mengs nach Lübeck, um sich bei H. in der Miniatur- und besonders der Email-Malerei zu üben. Im Staatsarchiv Hamburg ist eine „Ansicht [Hamburgs] von der Südseite" nach Zeichnung von H. (um 1730) und ein „Prospekt von der Alster" von H.s Hand (1726/27) erhalten.

Bei so schmaler Überlieferung hat als H.s Hauptwerk die oben genannte Perspektivenlehre zu gelten, die auf den Arbeiten der Architekturtheoretiker Nikolaus Goldmann und Leonhard Christoph Sturm aufbaut, auf die H. selbst in seinem Vorwort Bezug nimmt. Sie stellt auf 105 Tafeln mit dazugehörigen Erläuterungen die Grundlagen der Perspektivenlehre dar. Die Tafeln zeigen u.a. eine Reihe von Altären und Epitaphien aus Kirchen in Rom, als Lübecker Beispiele auch ein Epitaph aus der Petri- und den Fredenhagen-Altar aus der Marienkirche. Außer den angeführten Werken lieferte H. nach einem von seiner Frau ausgeführten Gemälde seines Sohnes Christian Henrich die Zeichnung für einen Kupferstich von Christian Fritzsch.

H.s Ehefrau Catharina Elisabeth malte vor allem Stilleben, doch ist keine Arbeit von ihr mehr bekannt. Sie betrieb alchemistische Experimente mit Christian v. Schöneich, der in ihrem Haus lebte und den jüngsten Sohn Christian Henrich unterrichtete. Dieser verfügte im Alter von drei Jahren über erstaunliche Kenntnisse u. a. in Geschichte, Geographie, Rechtswissenschaften, Latein, Französisch und Astronomie, wurde 1724 von seiner Mutter und Schöneich dem dänischen Hof vorgestellt und ist als Wunderkind berühmt geworden.

Das Ehepaar H. betrieb in seinem Haus in der Königstraße einen Kaffeeausschank, der ein Treffpunkt für kulturell interessierte Bürger der Stadt gewesen zu sein scheint. Die Familie Lefèvre verkehrte dort, besonders der Ratssekretär Hermann Adolf Lefèvre, mit dem der älteste Sohn Carl Heinrich eng befreundet war und der als Gelegenheitsdichter u.a. zu Johann Christoph Gottscheds Leipziger „Belustigungen des Verstandes und Witzes" beitrug. Georg Philipp Telemann kam von Hamburg in H.s Haus, um zusammen mit dem Rektor J.H. v. Seelen (s.d.) das Wunderkind in Augenschein zu nehmen. Auch der Satirenschreiber Christian Ludwig Liscow, der von 1729 bis 1734 als juristischer Kandidat und Hauslehrer in Lübeck lebte, gehörte zu den Freunden der Familie. H. stellte sein Haus auch wandernden Komödianten für ihre Vorstellungen zur Verfügung; bezeugt ist, daß die „Hoch-Teutschen Chur-Sächsischen Hoff-Comoedianten" dort gespielt haben, vermutlich war es aber nicht die einzige Veranstaltung dieser Art in seinem Haus.

Catharina Elisabeth H. war mit dem Maler B. Denner (s. SHBL, 6, S. 73) befreundet, der ihr Porträt malte. Nach dem Tod ihres Mannes zog sie nach Sachsen, und nachdem ihr ältester Sohn 1746 Direktor des Dresdener Kupferstich-Kabinetts geworden war, betätigte sie sich für ihn auch als Vermittlerin bei Bildankäufen.

Da von den Werken H.s wenig und von denen seiner Frau nichts erhalten ist, läßt sich der künstlerische Rang der beiden Eheleute nicht mehr einschätzen. Das Haus H. aber hat Bedeutung als ein ungewöhnlich lebendiges Zentrum im geistigen Leben Lübecks, das zu dieser Zeit von trockener Gelehrsamkeit und einer starren lutherischen Orthodoxie bestimmt war.

Quellen: C.H. v. Heineken, Dictionnaire des artistes. Catalogue pour mon propre usage. F-P, S. 94 verso (Kupferstich-Kabinett Dresden, Kat. 76). – AHL: Bürgerannahmebuch; Personenkartei; Slg. Hach; Schnobel; H. Schröder, Topographische Reg.; Altes Senatsarch., Interna: Ämter/Maler/Freimaler; Meister u. Verlehnungsbuch Nr. 315 S. 202 u. Wetteprotokoll v. 10. 11. 1708 (beides nach P. Hasse, s. Lit.). - [Chr. v. Schöneich,] Merkwürdiges Ehren-Gedächtnis v. d. Christlöblichen Leben u. Tode d. weyland klugen u. gelehrten Lübekkischen Kindes, Christian Henrich Heineken, Hbg. 1726 (AHL). – O.E. Schmidt, Minister Graf Brühl u. Karl Heinrich v. Heinecken, Lpz. u. Bln. 1921, S. 58, 66, 74, 112, 127.

Werke: Zeichnung d. Sohnes Christian Henrich H. nach Gemälde v. Catharina Elisabeth H., ca. 1725, danach Kupf. v. C. Fritzsch als Frontispiz b. Schöneich (s. Qu.). – Lucidum prospectivae speculum, Das ist: Ein heller Spiegel d. Perspektive ..., Augsburg 1727 (MusKK). – Prospekt von d. Alster, 1726/27 (StA Hbg., Plan- u. Kartenslg.). - Ansicht [Hamburgs] von d. Südseite, um 1730 (ebd.).

Literatur: C.H. v. Heineken, Nachr. v. Künstlern u. Kunst-Sachen, Lpz. 1768, S. 36 f., 52 f., 219 f. – F.Schlichtegroll, Nekrolog auf d. Jahr 1791, T.1, Gotha 1792, S. 294; T.2, ebd. 1793, S. 381–386, bes. S.383. – G. Ph. Schmidt v. Lübeck, Hist. Studien, Altona 1827, S. 175. – [Anon.,] Etwas aus d. Nachlasse d. weiland Hoch-Teutschen Chur-Sächsischen Hoff-Comoedianten–Bande, in: LBl 1827, S. 72–76, bes. 74. – [Anon.,] Erinnerung an einen jungen Gelehrten dieser Stadt, in: ebd. S. 217–220, 222–224, bes. S. 218. – G.Chr.F. Lisch, Liscows Leben, in: Jbb. d. Ver. f. mecklenburgische Gesch. u. Althertumskunde 10 (1845), S. 97–179, bes. 142, 162, 171 f., 173. – J. Classen, Ueber Christian Ludwig Liscow's Leben u. Schriften, Lübeck 1846, bes. S. 11, 21. (AHL). – P. Hasse, Aus d. Lübecker Malergesch., in: 15. u. 16.

Jahresber. d. Ver. v. Kunstfreunden in Lübeck, Lübeck 1896, S. 14–20, bes. S. 20 (AHL). – E. Rump, Lex. d. bildenden Künstler Hamburgs, Altonas u. d. näheren Umgebung, Hbg. 1912, S. 56 (fehlerhaft). – [W. v. Lütgendorff,] P. H., in: VBl 1920, S. 33–35. – O. E. Schmidt (s. Qu.), S. 263, 283, 285. – Th.-B., 16, S.292 f. – BuKHL, 1, T. 2, S. 379. – P. Campe, Lex. liv- u. kurländischer Baumeister, Bauhandwerker u. Baugestalter v. 1400–1850, Stockholm 1951, S. 101 (AHL). – A. Bruns, Christian Ludwig Liscows Lübecker Satiren, in: ZLGA 61 (1981), S. 95–127, bes. 113.

Porträts: Gemälde Catharina Elisabeth H.s v. B. Denner (nach Th.-B., s. Lit., 1923 in Familienbesitz; vgl. auch C. H. v. Heineken, s. Lit., Anm. S. 36 f.), Foto davon (?) im MusKK.

Alken Bruns

HEINRICH, geb. Brüssel (?), gest. 29. 11. 1182 Lübeck. – Abt, Bischof von Lübeck.

H. wurde nach Aussage des Chronisten Arnold (s. d.) in Brüssel geboren. Über seine Eltern ist nichts bekannt. Der in der Literatur angegebene „Familienname" Woltorp ist unwahrscheinlich. Arnold berichtet, H. habe nach Beendigung seines Studiums in Paris mit etwa 20 Jahren seine Heimat verlassen und sei aufgrund seiner wissenschaftlichen Bildung Leiter einer Schule zunächst in Hildesheim und später in Braunschweig geworden. Diese Angaben lassen sich aus anderen Quellen nicht belegen. H.s wiederholt erwähnte umfassende Gelehrsamkeit und vor allem seine griechischen Sprachkenntnisse, die nur wenige Kleriker besaßen, lassen auf eine sehr gute Ausbildung schließen. Es ist nicht bekannt, an welcher Schule H. in Hildesheim gelehrt hat. Da aber die Hildesheimer Domschule eine bedeutende Ausbildungsstätte war, die seit dem 12. Jh. enge Beziehungen zu den französischen Schulen hatte, und viele Hildesheimer Domschüler für weitere Studien nach Paris gingen, dürfte H.s Wirkungsstätte hier zu suchen sein. Die Gleichsetzung des Hildesheimer Domscholasters mit H. (Heinemann, s. Lit.) beruht jedoch auf einem Irrtum, denn der Domscholaster mußte seine Goslarer Pfründe auf bischöflichen Druck zu einem Zeitpunkt (1167) aufgeben, als H. bereits Benediktinerabt in Braunschweig war. Auch hier ist nicht überliefert, an welcher Braunschweiger Schule H. unterrichtete. Jedoch ist anzunehmen, daß er an der Schule des Kollegiatstifts St. Peter und Paul – dem seit 1173 genannten St. Blasiusstift – lehrte, wo auch schon der 1163 verstorbene Bischof Gerold von Lübeck Schulmeister gewesen war.

Der Chronist Arnold berichtet, H. sei – bewogen durch eine schwere Krankheit – als Mönch in das Braunschweiger Kloster St. Aegidien eingetreten. Wir dürfen wohl in ihm den 1158 nachweisbaren Mönch Heinrich sehen, der 1162/63 Abt dieses Klosters wurde. In dieser Funktion begleitete er 1172 Herzog Heinrich den Löwen auf dessen Pilgerfahrt nach Palästina, an der auch der Lübecker Bischof Konrad I. teilnahm. H. trat auf dieser Reise zweimal hervor. Auf der Hinreise wurde er nach dem plötzlichen Tod des ungarischen Königs Stephan III. (1172) vom Herzog mit den Verhandlungen zur Sicherung des weiteren Reisewegs beauftragt. In Konstantinopel wurden der Herzog und seine Begleiter dann vom griechischen Kaiser empfangen, und zwischen den Geistlichen beider

Fürsten kam es zu einem freundschaftlichen Streitgespräch um die Frage, ob der Heilige Geist nur von Gott dem Vater oder von Vater und Sohn gleicherweise ausgehe. Dieses sog. filioque-Problem hatte zur Spaltung in ost- und weströmische Kirche geführt und ist noch heute ein bedeutender theologischer Dissenspunkt. In dem Disput hat H. wohl seine ganze Eloquenz zeigen können. Es wurde deutlich, daß er die Argumentation beider Seiten außerordentlich genau kannte, und angeblich hat er sogar die griechischen Gelehrten von der westlichen Sichtweise überzeugen können.

Auf der Rückreise verstarb noch im Heiligen Land Bischof Konrad von Lübeck am 17. 7. 1172. Die Kunde seines Todes wird erst geraume Zeit später in Lübeck angekommen sein. Der wagrische Bischofssitz war – vor allem auf Betreiben Heinrichs des Löwen – 1160 von Oldenburg/Holstein nach Lübeck verlegt worden, wo dann auch erst ein Domkapitel gegründet worden war. Das Bistum Lübeck nahm – ebenso wie die Bistümer Ratzeburg und Mecklenburg/Schwerin – eine Sonderstellung ein; denn auf dem Goslarer Reichstag 1154 hatte Friedrich Barbarossa die Investitur dieser Bischöfe Heinrich dem Löwen zugestanden, dem die Bischöfe den Lehnseid leisten mußten. So waren die Bischöfe in den fünfziger und sechziger Jahren des 12. Jh. vom Herzog eingesetzt worden, ohne daß es zu einer kanonischen Wahl gekommen wäre. Nachdem das Lübekker Domkapitel vom Tod seines Bischofs erfahren hatte, scheint es jedoch erstmals eine Art Wahl gegeben zu haben. Arnold berichtet, die Lübecker Domherren hätten sich einmütig für H. als neuen Bischof ausgesprochen und ihn Herzog Heinrich vorgeschlagen, der ihm dann in Lüneburg die Investitur erteilte. In Gegenwart des Herzogs wurde H. am 24. 6. 1173 von den Bischöfen Walo von Havelberg, Evermod von Ratzeburg und Berno von Schwerin in Lübeck zum Bischof geweiht. Der zuständige Bremer Erzbischof Baldwin I. wurde übergangen. Anläßlich der Anwesenheit des Herzogs in Lübeck wurde der Grundstein der neuen Domkirche gelegt, der wohl ein Holzbau vorausgegangen war.

Schon bald nach seinem Amtsantritt muß H. sich zur Gründung des Lübecker St. Johannisklosters entschlossen haben, denn in der herzoglichen Ausstattungsurkunde von 1175 für die St. Johanniskapelle auf dem Sande wird bereits Besitz des St. Johannisklosters erwähnt. H. stellte am 11. 9. 1177 die Gründungsurkunde für das Kloster aus und besetzte es mit Benediktinermönchen des Braunschweiger St. Aegidienklosters, aus dem auch der erste Abt, der Chronist Arnold, kam. Die Klostergründung scheint zu einer Entfremdung zwischen Bischof und Domkapitel geführt zu haben, da die Ausstattung den Besitz des Bistums schmälerte. So übertrug der Bischof dem Kloster u.a. Grundstücke in der Stadt Lübeck, aus denen es wenige Jahre später beträchtliche Einnahmen zog.

Auch während seines Episkopats scheint H. mit Verhandlungen betraut worden zu sein. So reiste er „in Geschäften" nach Thüringen, ohne daß wir Genaueres darüber wissen. Die Arbeit in seinem Bistum hat er jedoch nicht im erforderlichen Umfang ausgeführt, wie Arnolds Chronik zu entnehmen ist. Ob ihm dafür das Interesse fehlte, er anderweitig zu beschäftigt war oder ihn seine labile Gesundheit hinderte, ist nicht mehr zu entscheiden. Offenbar ist er zeitlebens kränklich gewesen. Als nach dem Sturz Heinrichs des Löwen Friedrich Barbarossa im Sommer 1181 in Lübeck war, schickte er dem kranken Bischof seinen Arzt. Vorher hatte H. wegen der Übergabe Lübecks an den Kaiser auf Wunsch der Bürger vermittelt. H. starb gegen Ende des nächsten Jahres in dem von ihm gegründeten Kloster, wo er auf seinen Wunsch gegen den Willen der Domherren beigesetzt wurde.

Quellen: UBBL 1856, Nr. 10, 11. – Urk.buch d. Hochstifts Hildesheim u. seiner Bischöfe, T. 1, Lpz. 1896, Nr. 205. – Urk.buch d. Stadt Braunschweig, 2, Braunschweig 1900, Nr. 11. – Arnoldi Abbatis Lubecensis Chronica, hrsg. v. J. M. Lappenberg, in: Monumenta Germaniae Historica. Scriptores 21, 1869, S. 100-250. – Analecta Cismariensia, hrsg. v. K. Kohlmann, in: Qu.slg. d. Ges. f. Schl.-Holst.-Lauenburgische Gesch., 4: Scriptores minores rerum Slesvico-Holsatensium, Kiel 1875, S. 229–395, bes. 364. – Helmold v. Bosau, Slawenchron. Neu übertragen u. erläutert v. H. Stoob, Darmstadt 1980 (Ausgew. Qu. z. dt. Gesch. d. Mittelalters, Freiherr vom Stein-Gedächtnisausg. 19). – HAB: Cod. Guelf. 1.7.8 Aug. 2° (Kurzvita H.s, Hs. 15. Jh.). – Niedersächsische Landesbibl. Hannover, Ms. XXIII 534: H. Meibom (d.Ä.), Abbates Sanctaegidiani.

Literatur: E. F. Mooyer, Chronologisches Verz. d. Aebte d. lübeckischen Benediktinerklosters Cismar, in: ZLGA 1 (1860), S. 184–196, bes. 185. – Braunschweigische Schulordnungen v. d. ältesten Zeiten bis zum Jahre 1828, hrsg. v. F. Koldewey, 1: Schulordnungen d. Stadt Braunschweig, Braunschweig 1886. – W. Biereye, Das Bistum Lübeck bis zum Jahre 1524, in: ZLGA 25 (1929), S. 261–364, bes. 301–313. – E. Joranson, The Palestine pilgrimage of Henry the Lion, in: Medieval and historiographical essays in honor of J. Westfall Thompson, Chicago 1938 (Neudr. Port Washington, N.Y. 1966), S. 146–225. – W. Heinemann, Das Bistum Hildesheim im Kräftespiel d. Reichs- und Territorialpolitik vornehmlich d. 12. Jh., Hildesheim 1968 (Qu. u. Darst. z. Gesch. Niedersachsens 72), bes. S. 119, 233, 265. – U. Römer-Johannsen, Braunschweig St. Aegidien, in: Germania Benedictina, 6, Sankt Ottilien 1979, S. 33–56. – W.D. Hauschild, Kirchengesch. Lübecks, Lübeck 1981, bes. S. 48–52. – Series episcoporum Ecclesiae Catholicae occidentalis ab initio usque ad annum MCXCVIII, series 5: Germania, 2: Archiepiscopatus Hammaburgensis sive Bremensis, hrsg. v. St. Weinfurter/O. Engels, Stgt. 1984, S. 66 f. – K. Naß, Der Reliquienfund aus St. Aegidien u. die Braunschweiger Äbtesiegel, in: Braunschweiger Jb. 70 (1989), S. 7–38. – M. Kintzinger, Das Bildungswesen in d. Stadt Braunschweig im hohen u. späten Mittelalter, Köln u. Wien 1990 (Beihefte z. Arch. f. Kulturgesch. 32), bes. S. 40 f. – A.-Th. Grabkowsky, Abt Arnold v. Lübeck, in: S. Urbanski u.a. (Hrsg.), Recht u. Alltag im Hanseraum. Gerhard Theuerkauf z. 60. Geburtstag, Lüneburg 1993 (De Sulte 4), S. 207–231, bes. 211–214.

Anna-Therese Grabkowsky

HEISE, Georg Arnold, geb. 2. 8. 1778 Hamburg, gest. 6. 2. 1851 Lübeck; ev. – Rechtswissenschaftler, Präsident d. Oberappellationsgerichts zu Lübeck.

Eltern: Johann *Ludwig* Barthold Heise, geb. 18. 2. 1749 Hamburg, gest. 23. 12. 1812 ebd.; Kaufmann, später Assekuranz-Bevollmächtigter; in 2. Ehe verh. 14. 10. 1777 m. Maria Anna Behrmann, geb. 1. 5. 1746 Hamburg, gest. 6. 4. 1801; Tochter d. Kaufmanns u. Ratsherrn Peter Behrmann (1711–1777) in Hamburg.

Ehefrau: Elisabeth (*Betty*) Sophie Georgine Isenbart, geb. 29. 8. 1775 Harste b. Göttingen, gest. 17. 4. 1831 Lübeck; verh. 30. 9. 1804 Neuenkirchen b. Göttingen; Tochter d. braunschweigischen Obristen Friedrich Ludolph Isenbart, gest. 25. 3. 1815, u. d. Dorothea Catharina Amalia geb. Cumme, gest. 31. 1. 1802.

Kinder: 1 Sohn, 3 Töchter, darunter: Johanna Ernestine, geb. 6. 8. 1811 Heidelberg, gest. 10. 4. 1889 Lübeck, verh. 28. 7. 1831 Lübeck m. Hermann Wilhelm Hach, geb. 12. 3. 1800 Lübeck, gest. 1. 12. 1867 ebd., Landgerichtsprokurator, seit 1845 Senator in Lübeck. – Emma, geb. 30. 7. 1814 Göttingen, gest. 6. 10. 1905 Lübeck, verh. 9. 10. 1838 m. Wilhelm von Bippen, geb. 8. 4. 1808 (s. d.), Biograph H.s.

Nach Privatunterricht und Besuch des Akademischen Gymnasiums in Hamburg (seit 1796) ging H. im Herbst 1798 zum Jurastudium nach Jena. Im Verlauf der Handelskrise des folgenden Jahres mußte sein Vater Konkurs anmelden, so daß für die weitere Ausbildung des Sohnes nur noch bescheidene Mittel zur Verfügung standen. Der begabte Jurist wechselte nach Göttingen, wo er vor allem Johann Stephan Pütter hörte und sich mit seinem späteren Heidelberger Kollegen Christoph Martin befreundete. Zu Anfang 1802 bestand er das Doktorexamen und wurde kurz darauf zum außerordentlichen Beisitzer am Spruchkollegium der Göttinger Juristenfakultät gewählt, das als Revisions- und auch als Gutachterinstanz für deutsche Gerichte tätig war. Auf Vermittlung Friedrich Carl v. Savignys, den er ebenfalls während seines Studiums kennengelernt hatte, wurde H. im Frühjahr 1804 als ordentlicher Professor für Kirchenrecht nach Heidelberg berufen. Zu jener Zeit entwickelte sich die gerade nach dem Muster Göttingens reorganisierte Universität in nur wenigen Jahren zu einem Brennpunkt des akademischen Lebens in Deutschland. Zusammen mit seinen ebenfalls neuberufenen Kollegen, dem Pandektisten A. F. J. Thibaut (s. SHBL, 5, S. 269) und dem Prozeßrechtler Chr. Martin, bildete er das berühmt gewordene „juristische Triumvirat", das auf seine Weise wirkungsvoll im Sinne der sogenannten Göttinger Rechtsschule gelehrt hat. Nach dem Ende der Franzosenherrschaft folgte H. 1814 dem Ruf auf einen Lehrstuhl für Römisches Recht in Göttingen. Neben dieser Disziplin hat er übrigens dem gerade für die Hansestädte so wichtigen Handelsrecht erst eigentlich einen festen Platz im akademischen Unterricht erworben. Auch in Göttingen konnte H. an seine früheren Lehrerfolge anknüpfen, doch ließen ihn gerade die ständig steigenden Hörerzahlen und die Oberflächlichkeit vieler Studenten am Sinn seiner Lehrtätigkeit zweifeln. Gesundheitliche Rücksichten und der Wunsch nach praktischer Wirksamkeit trugen schließlich zu dem Entschluß bei, das Lehramt aufzugeben. Selbst Savignys Vorschlag, mit ihm zusammen an der neugegründeten Berliner Universität zu wirken, hatte H. 1810 trotz seiner Wertschätzung des bedeutenden Fachkollegen nicht annehmen wollen. Statt dessen übernahm er 1818 als Oberjustizrat eine leitende Stelle im Justizdepartement. Trotz der damit verbundenen Einkommensschmälerung fand er große Befriedigung bei den umfänglichen legislatorischen Arbeiten für das 1814 neugeschaffene Königreich Hannover. Aber schon nach zwei Jahren wechselte H. in das Amt über, dessen Ausfüllung ihm fortan zur Lebensaufgabe werden sollte: die Senate der vier freien Städte des Deutschen Bundes Lübeck, Frankfurt, Bremen und Hamburg wählten ihn einstimmig zum Präsidenten ihres gemeinsamen Oberappellationsgerichts. Trotz der reichen Möglichkeiten rechtspolitischen Wirkens in Hannover und der sich ihm dort bietenden Zukunftschancen hat H. seine Entscheidung, das neugeschaffene freistädtische Amt zu übernehmen, nie bereut. Seiner großen Sach-

Georg Arnold Heise
Kupferstich von
E. L. Riepenhausen, um 1800

kenntnis wie auch seinen menschlichen Qualitäten ist es vornehmlich zuzuschreiben, daß der in Lübeck errichtete, von Anfang an glänzend besetzte Gerichtshof in den drei Jahrzehnten seiner Amtsführung einen überragenden Ruf gewonnen hat. Ein Zeugnis für das hohe Ansehen des Gerichts war übrigens, daß es gemäß der Austrägalordnung des Deutschen Bundes wiederholt als Schiedsgericht bei Streitigkeiten zwischen Staaten und auch souveränen Fürsten des Bundes in Anspruch genommen wurde. Mit gutem Recht konnte der Pandektist Bernhard Windscheid später feststellen, es habe für einen wissenschaftlich ambitionierten Juristen zu jener Zeit zwei höchste Ehren gegeben: Nachfolger Savignys zu werden oder an H.s Stelle zu treten. Gerade die rechtsetzende Funktion einer höchsten Gerichtsinstanz mußte H. reizen, seinen juristischen Scharfsinn und seine freilich nicht selten ins Pedantische ausartende Gewissenhaftigkeit immer aufs neue zu erproben. So haben denn auch zahlreiche Entscheidungen des Gerichts in Handelssachen, besonders in Wechsel- und Schifffahrtsangelegenheiten, rechtsbildend gewirkt und die spätere Reichsgesetzgebung beeinflußt. Im übrigen aber hatte H. schon als Hochschullehrer in seinem „Grundriß eines Systems des gemeinen Civilrechts" analytische Fähigkeiten von hohem Rang bewiesen, die ihn zum eigentlichen Begründer des modernen Pandektensystems haben werden lassen. Sein Göttinger Kollege Gustav Hugo urteilte, dieses Buch habe, „wie vielleicht in der ganzen juristischen gelehrten Geschichte kein anderes, den Ton angegeben". Das als Leitfaden für seine Vorlesungen gedachte Werk über das Römische Recht hat nicht nur für eine Reform des Rechtsstudiums durch verstärkte Hinwendung zu den Quellen gewirkt, sondern durch seine scharfsinnige Systematik auch den Aufbau und die Einteilung des BGB und einiger ausländischer Kodifikationen maßgeblich beeinflußt. – Badischer Justizrat (1808), hannoverscher Hofrat (1816).

Quellen: Umfangreicher Nachlaß im Familienarch. Hach (AHL). – Zahlreiche Briefe von u. an H. bei von Bippen (s. Lit.). – Briefe Savignys an G. A. H., hrsg. v. O. Lenel, in: Z. d. Savigny-Stiftung für Rechtsgesch., Romanistische Abt. Bd. 36 (1915), S. 96–156.

Werke: Verz. in: Lex. d. hamburgischen Schriftsteller (s. Lit.). – Grundriß eines Systems d. gemeinen Civilrechts zum Behuf v. Pandekten-Vorlesungen, Heidelberg 1807 (3. Aufl. Göttingen 1819, mehrfacher Wiederabdr.). – H.s Handelsrecht. Nach d. Original-Ms., Frankfurt a. M. 1858 (hrsg. v. A. Wunderlich).

Literatur: ADB, 11, S. 666–669. – NDB, 8, S. 453 f. – NNdD, 29 (1851), T. 1 (1853), S. 148 f. (fehlerhaft u. unzuverlässig). – Lex. d. hamburgischen Schriftsteller 3, 1857, S. 159–164. – DGB 21, 1912, S. 284 f. – W. von Bippen, G. A.H., Mitt. aus seinem Leben, Halle 1852. – G. F. Baur, Nachr. v. d. Familie H. in Hamburg, Altona 1887. – E. I. Bekker, Vier Pandektisten, in: Heidelberger Professoren aus d. 19. Jh., Heidelberg 1903 (Festschr. d. Univ. Heidelberg zur Zentenarfeier ihrer Erneuerung, Bd. 1), bes. S. 153–164. – E. Landsberg, Gesch. d. deutschen Rechtswiss., 3. Abt., 2. Halbbd., München u. Bln. 1910, Textbd. S. 88–98 u. Notenbd. S. 37–46. – A. Hagedorn, Gedenkbl. zur Erinnerung an d. Einsetzung d. Oberappellationsgerichts d. vier freien Städte Deutschlands, Hbg. 1920. – A. B. Schwarz, Zur Entstehung d. modernen Pandektensystems, in: Z. d. Savigny- Stiftung für Rechtsgesch., Romanistische Abt. Bd. 42, 1921, S. 578–610. – H. Greb, Das Oberappellationsgericht d. vier freien Städte Deutschlands, in: Wagen 1963, S. 47–55.

Porträts: Kupf. v. E. L. Riepenhausen, um 1800; Abb.: s. S. 180. – Zeichnung v. C. J. Milde. – H. auf d. Totenbett, Zeichnung v. C. J. Milde; Abb.: Wagen 1963, S. 48 (alle AHL, Familienarch. Hach). – Statue v. E. Albrecht am Hamburger Ziviljustizgebäude.

Gerhard Ahrens

HELMS, Emil, geb. 14. 12. 1884 Apenrade, gest. 12. 9. 1965 Lübeck; ev. – Jurist, Präsident d. Landesversicherungsanstalt d. Hansestädte, Oberstadtdirektor.

H. entstammte einer seit der zweiten Hälfte des 16. Jh. in Lübeck nachweisbaren Kaufmanns- und Pastorenfamilie, deren bedeutendster Vertreter, Adam Helms (1579–1653), Pastor an St. Petri und Senior des Geistlichen Ministeriums war. Durch dessen Enkel Heinrich Helms (gest. 1723), Apotheker in Hadersleben, gelangte ein Zweig der Familie nach Dänemark. H.s Großvater Jacob Helms (1824–1906, s. DBL 3. Ausg., 6, S. 219) war Landpastor auf Fünen und hat als Kirchenbauhistoriker Bedeutung erlangt.

Eltern: Søren Nicolay *Johannes* Helms, geb. 5. 7. 1855 Ribe, gest. 11. 4. 1916 Høver b. Århus, Apotheker; *Anna* Sophie Frederike Christine geb. Johannsen, geb. 16. 9. 1849 Bredstedt, gest. 19. 12. 1884 Apenrade.

Ehefrau: Minna Johannsen, geb. 6. 1. 1877 Prüm, Eifel, gest. 22. 7. 1971 Bad Schwartau; verh. 18. 2. 1912 Kiel; Tochter d. Kieler Oberzollrevisors Peter Johannsen (1836–1926) u. d. Henriette Marie geb. Andresen.

Kinder: 1 Tochter, 2 Söhne.

Da die Mutter kurz nach seiner Geburt starb, verbrachte H. das erste Lebensjahr bei einer Verwandten und dann drei Jahre im Pastorat seines Großvaters in Skellerup-Ellinge auf Fünen, das er auch später noch häufig aufsuchte. Die entscheidenden Eindrücke seiner Kindheit und Jugend hat er nach eigenem Zeugnis hier erhalten. Von Ostern 1894 bis zum Abitur im Jahre 1903 besuchte er das Kgl. Gymnasium und Realgymnasium in Flensburg. Anschließend studierte er Rechtswissenschaften an den Universitäten München, Berlin und schließlich Kiel, wo er im Mai 1906 die erste juristische Staatsprüfung ablegte. Danach ging er nach Kopenhagen, um Material für ein Buch über die sozialdemokratische und gewerkschaftliche Bewegung in Dänemark zu sammeln. Seit Oktober 1906 absolvierte er die Referendarzeit in Preetz und Kiel, das Assessorexamen bestand er im Februar 1911 in Kiel. 1912 übernahm er, gleichfalls in Kiel, die Stelle eines Magistratssyndikus und Leiters des neu gegründeten Versicherungsamtes; in dieser Funktion wurde er nach und nach zu einem anerkannten Sozialversicherungsjuristen. Von 1917 bis 1920 bekleidete er das Amt des Bürgermeisters in Leer, Ostfriesland. Im Oktober 1920 ging H. nach Lübeck, um dort eine Stelle als Landesrat bei der Landesversicherungsanstalt der Hansestädte anzutreten. 1924 wurde er Leiter der Anstalt, seit 1926 führte er den Titel Präsident.

H. leitete die Landesversicherungsanstalt in einer außerordentlich schwierigen Zeit. Nach den Inflationsjahren mußten das Rentenwesen und die Heilfürsorge neu aufgebaut werden, die Weltwirtschaftskrise aber brachte das Versicherungswesen mit Massenarbeitslosigkeit, Rückgang der Beiträge und Vermehrung der Renten erneut in eine schwierige Situation. Mitten in dieser Krise wurde H. seines Amtes enthoben. Sozialpolitisch ein Anhänger Friedrich Naumanns und seit 1922 Mitglied der SPD, wurde er nach der Machtübernahme durch die Nationalsozialisten im April 1933 beurlaubt und im Mai 1933 aufgrund des „Gesetzes zur Wiederherstellung des Berufsbeamtentums" entlassen. Ein gleichzeitig eingeleitetes förmliches Disziplinarverfahren wegen angeblich ungerechtfertigter Hypothekengewährung an Erholungsheime endete nach schleppendem Fortgang im September 1934 mit einem Freispruch. Danach arbeitete H. als freiwilliger Mitarbeiter im Lübecker Archiv und seit Kriegsausbruch als Hilfsdezernent in der inzwischen nach Lübeck verlegten Landesversicherungsanstalt Schleswig-Holstein.

Nach Kriegsende berief ihn am 31. 5. 1945 die Britische Militärregierung zum Oberbürgermeister von Lübeck, und im Oktober dieses Jahres wurde H. vom Oberpräsidenten von Schleswig-Holstein O. Hövermann (s. SHBL, 2, S. 176) in diesem Amt bestätigt. Dringlichste Aufgabe der Selbstverwaltung war die Versorgung der zahlreichen (bis zu 97 000) Flüchtlinge, die sich nach Kriegsende in Lübeck sammelten. Außerdem galt H.s Tätigkeit vor allem der Wiederherstellung der Selbstverwaltung. Eine im November 1945 auf Vorschlag verschiedener Interessenverbände und Organisationen und in Abstimmung mit der Militärregierung von H. ernannte Bürgerschaft arbeitete unter seiner Leitung eine Stadtsatzung aus, die nach Revision auf Verlangen der Militärregierung im März 1946 in Kraft trat. Danach wurden am 14. 3. 1946 Senat und Bürgermeister und H. selbst zum Oberstadtdirektor, also zum hauptamtlichen Leiter der Verwaltung Lübecks, gewählt. Als solcher war er auch im Personal- und Kulturausschuß des Deutschen Städtetages tätig, an dessen Wiedererrichtung er Ende 1945 mitgewirkt hatte. Als 1950 mit Einführung der neuen schleswig-holsteinischen

Gemeindeordnung anstelle des Oberstadtdirektors das Amt des Bürgermeisters in Lübeck wiederhergestellt wurde, trat H., der bereits im Dezember 1949 die Altersgrenze erreicht hatte, in den Ruhestand. Er nahm jedoch kurz darauf eine umfangreiche Tätigkeit als ehrenamtlicher Beisitzer in verschiedenen Kammern des Schleswiger Oberversicherungsamtes auf und bekleidete seit 1954 als Vertrauensmann der Landesregierung eine Stelle als Landessozialrichter. Außerdem verwaltete er verschiedene Ehrenämter, u. a. den Vorsitz der Possehl-Stiftung, des Hansischen Geschichtsvereins und der dänischen Hilfsorganisation „Red Barnet" (Rettet das Kind).

H. war kein Mann großer Gesten, sondern eher bescheiden und sachlich, von besonnenem und ausgleichendem Wesen, ein Verwaltungsfachmann von hohem Rang. Daß es in Lübeck in der Zeit nach dem Krieg weder zu ernsthaften Zerwürfnissen mit der Besatzungsmacht noch zu tiefgreifenden Störungen innerhalb des Gemeinwesens kam, ist nicht zuletzt sein Verdienst. – Großes Verdienstkreuz der Bundesrepublik Deutschland (1954); Senatsplakette der Hansestadt Lübeck.

Quellen: AHL: Personalakte u. Familienarch. E. H.; Geschäftsber. d. Landesversicherungsanstalt d. Hansestädte 1920–1933. – StA Hamb.: Staatliche Pressestelle I–IV Nr. 3337 (Tätigkeitsber. u. Reorganisation d. Landesversicherungsanstalt d. Hansestädte). – Präsident i. R. Helms 70 Jahre alt, in: LBl 1954, S. 284.
Werke: Die sozialdemokratische u. gewerkschaftliche Bewegung in Dänemark, Lpz. 1907. – Die neuen Verfassungen d. drei Hansestädte, in: Hansische Rechtsz. 4 (1921), Sp. 339–346. – Altes u. neues Kapital b. d. Landesversicherungsanstalt d. Hansestädte, Lübeck 1925. – Das Erholungsheim f. Kinder in Groß-Hansdorf b. Hamburg, hrsg. v. d. Landesversicherungsanstalt d. Hansestädte in Lübeck, [1926]. – Die Landesversicherungsanstalt d. Hansestädte in Lübeck, Lübeck 1928. – Die Entstehungsgesch. d. Rheumaheilstätte Bad Bramstedt, Lübeck 1954 (masch. Ms., AHL). – Die Landesversicherungsanstalt d. Hansestädte in Lübeck 1881–1938, in: ZLGA 38 (1958), S. 41–93.
Literatur: A. v. Brandt, E. H. zum Gedenken, in: HG 84 (1966), S. 1–5. – S. Schier, Die Aufnahme u. Eingliederung v. Flüchtlingen u. Vertriebenen in d. Hansestadt Lübeck, Lübeck 1982, bes. S. 36 ff. – G. Meyer (Hrsg.), Lübeck 1945, ebd. 1986 (Veröff. d. Senats d. Hansestadt Lübeck, Amt f. Kultur, Reihe A, H. 23).
Porträts: Fotos in Lübecker Nachr. v. 15. 9. 1965 u. in G. Meyer (s. Lit.), S. 111.

Siegfried Schier

HEYLING, Peter, geb. 1607/1608 Lübeck, gest. 1652 (?) Suaqin (Sudan); ev.-Theologe, Missionar.

Eltern: Der Vater war Goldschmied in Lübeck (Name unbekannt); Mutter unbekannt.
Ehefrau: Name unbekannt; Tochter d. äthiopischen Königs Fâsilades.

H. besuchte das Katharineum in Lübeck und studierte früh die Schriften Martin Luthers, Johann Arndts, Johannes Taulers und Thomas a Kempis', die ihn nachhaltig beeinflußten. 1628 zog er zusammen mit sechs Lübecker Patriziersöhnen nach Paris, wo er, stark beeinflußt von den Lehren des Hugo Grotius,

Theologie und Rechtswissenschaft studierte. Während seines Studiums in Paris gehörte er einem Freundeskreis an, der sich zum Ziel gesetzt hatte, die Lehre Luthers in den alten orthodoxen Kirchen des Orients zu verbreiten. Zu diesem Zweck unternahm H. im Frühjahr 1633 eine Missionsreise, die ihn von Frankreich über Malta nach Alexandrien führte. In den koptischen Wüstenklöstern des Hl. Makarius (Dair Abû Maqâr) und dem syrischen Kloster (Dair as-Surîân) im Wâdî'n-Natrûn erlernte er die koptische und die arabische Sprache. Schon hier (1633/34) waren seine theologischen Gegner die vom Heiligen Stuhl entsandten Kapuzinerväter, die damals bemüht waren, die „schismatischen" Kopten der römisch-katholischen Kirche wieder zuzuführen. Der Kampf gegen die Kapuziner in Ägypten und Äthiopien bestimmte H.s missionarisches Wirken auch in der Folgezeit. Ostern 1634 verließ er die Wüstenklöster, kehrte nach Kairo zurück und schloß sich dort einer Gruppe koptischer und syrischer Pilger an, mit der er nach Jerusalem zog. Nach Kairo zurückgekehrt, begleitete er im Oktober 1634 den kurz zuvor zum Oberhaupt der äthiopischen Kirche (Abûnâ) geweihten Murqus nach Äthiopien. Der Abûnâ, bis dahin der katholischen Missionsarbeit gegenüber tolerant eingestellt, entwickelte sich zu einem ihrer schärfsten Gegner. Vermutlich wurde er auf der Reise von H. beeinflußt, doch dürfte auch die antikatholische Politik des äthiopischen Königs Fâsilades (1632–1667) eine Rolle gespielt haben. Während die katholischen Missionare verfolgt und des Landes verwiesen wurden, erhielt H. als „Engel Gottes" Zugang zum Hof des Königs. Er diente dort als Minister, Berater, Erzieher, Theologe und Arzt.

Während seines Aufenthaltes in Äthiopien residierte H. zuerst in Azazo, dem von König Susenius erbauten Gannata Iyassûs. Auch lebte er in Gondar, der Hauptstadt von Dambeyâ. Gondar, das Susenius zur Hauptstadt erhoben hatte, wurde durch Fâsilades noch erheblich vergrößert. Auch wird H. die alte Kaiserstadt Aksûm besucht haben, wo Fâsilades die bekannte Gottesmutterkirche vom Zion errichten ließ. Überliefert sind die Versuche H.s, den äthiopischen monophysitischen Klerus von der lutherischen Zwei-Naturenlehre zu überzeugen. Dieses führte zu grotesken Verzerrungen und Mißverständnissen. Seine bedeutendste Leistung ist die Übersetzung des Neuen Testaments in die amharische Landessprache. Besonders das Johannesevangelium erfreute sich weiter Verbreitung. Einem Bericht des britischen Afrikareisenden James Bruce zufolge soll H. als Kenner des Römischen und Zivilen Rechts auch Gesetzestexte ins Amharische übertragen haben. Fâsilades belohnte ihn, indem er ihm seine einzige Tochter zur Frau gab.

H. lebte siebzehn Jahre in Äthiopien. Über seinen Tod gibt es verschiedene Versionen. Einige sagen, daß er in Äthiopien starb. Wansleben (s. Lit.) weiß zu berichten, daß Fâsilades seinen Ratgeber des Landes verwies, weil er unzufrieden war mit H.s Kritik an den Lehren der äthiopischen Kirche und ihrer Heiligenverehrung und an des Königs Anhäufung von Reichtümern. Nach ungesicherter Überlieferung wurde H. 1652 in Suaqin am Roten Meer, wohin er möglicherweise geflüchtet war, von Türken ausgeraubt und ermordet.

Literatur: ADB, 12, S.–372. – J. M. Wansleben, Brief Account of the Rebellions and Bloodshed, occasioned by the Jesuits and other Popish Emissaries in the Empire of Ethiopia, London 1679. – H. Ludolphus, A New History of Ethiopia, Being a Full and Accurate Description of the Kingdom of Abyssinia, ebd. 1682. – J. H. Michaelis, Sonderbarer Lebens-Lauff Herrn P. H.s [...], Halle 1724 (AHL). – T. Somigli di S. Detole, Etiopia Francescana nei documenti dei secoli XVII e XVIII, Bd. 1, T. 1: 1636–1643, Quaracchi 1927 (Biblioteca Bio-Bibliografica della Terra Santa e dell' Oriente Francescano, hrsg. v. G. Golubovich). – O. F. A. Meinardus, P. H., History and Legend, in: Ostkirchliche Studien 14 (1965), S. 305–326. – Ders., P. H. in the Light of Catholic Historiography, in: ebd. 18 (1969), S. 16–22. – Abbâ Ayala Takla Haymanôt, La chiesa etiopica, Rom 1974. – G. Arén, Evangelical Pioneers in Ethiopia, Stockholm 1978. – A. d'Abbadie, Douze ans de séjour dans la Haute-Etiopie, Vatikanstadt 1980. – M. Kropp, Ein äthiopischer Text zu P. H. Ein bisher unbek. Fragment einer Chronik d. Fâsilades, in: S. Rubenson (Hrsg.), Proceedings of the 7th International Conference of Ethiopian Studies, University of Lund 26.–29. April 1982, Addis Abeba usw. 1984, S. 243–252.

Otto Meinardus

HINCKELDEYN, *Karl* Adolph, geb. 5. 2. 1847 Lübeck, gest. 21. 5. 1927 ebd.; ev. – Architekt.

Eltern: Carl Adolph Hinckeldeyn, geb. 28. 6. 1803 Warnkenhagen (Mecklenburg), gest. 28. 3. 1865 Lübeck, Gärtner; 2. Ehefrau Auguste Sophia Juliane Elisabeth geb. Burmester, geb. 11. 8. 1824 Ratzeburg, gest. 29. 4. 1891 Lübeck.

Ehefrau: Gertrud *Hedwig* Elisabeth Huber, geb. 14. 2. 1869 Eydkuhnen (Ostpreußen), gest. 29. 5. 1926 Niendorf / Ostsee.

Kinder: 1 Tochter, 1 Sohn.

H. wuchs in Lübeck auf und besuchte das Katharineum bis zur Obersekundareife Ostern 1863, um dann auf Wunsch des Vaters in der Tradition seiner Familie die Gärtnerei zu erlernen. Er trat in die Firma Philipp Paulig in Lübeck als Gartenbaueleve ein und setzte die Ausbildung in der Hofgärtnerei in Herrenhausen bei Hannover und in der Samenhandlung Wilhelm Mette in Quedlinburg fort. Nach dem Tode des Vaters änderte er jedoch seinen Berufswunsch, kehrte Ostern 1866 auf das Katharineum nach Lübeck zurück und bestand bereits Ostern 1867 das Abitur.

In der Absicht, Architektur zu studieren, arbeitete er anschließend als Baueleve im Lübecker Stadtbauamt unter Baudirektor Julius Krieg und dann seit Oktober 1867 ein Jahr lang in Berlin bei dem aus Lübeck stammenden Architekten Hermann von der Hude, der dort zusammen mit dem Baumeister Julius Hennicke eine angesehene Architektenfirma betrieb. In von der Hude fand H. einen Mentor, der seine Entwicklung förderte und seine zukünftige Karriere helfend begleitete. Von 1868 bis 1872 besuchte H. die Bauakademie in Berlin und schloß die Ausbildung mit der Bauführerprüfung (Erstes Staatsexamen) mit Auszeichnung und der Verleihung eines Reisestipendiums ab. Von der Hude und Hennicke beschäftigten ihn anschließend bei praktischen Bauaufgaben: neben Wohn- und Geschäftsbauten leitete H. insbesondere den Bau des Hotels der Aktiengesellschaft „Kaiserhof", das 1875 fertiggestellt und nach einem Brand in einem Seitenteil 1876 wiederhergestellt wurde. Neben dieser praktischen Tätig-

keit reichte H. 1876 auch einen Entwurf zu einer Landesuniversität beim Berliner
Architekten- und Ingenieurverein ein, zu dessen Mitgliedern er zählte. Er erhielt
dafür die begehrte Schinkelmedaille und das Preisgeld. Der Wettbewerbsent-
wurf wurde zugleich als Arbeit für die Baumeisterprüfung anerkannt, die H.
Ende Januar 1877 bestand. Nach der Ernennung zum Königlichen Regierungsbaumeister ging er auf eine viermonatige Reise nach Italien und Frankreich, mit
mehrwöchigem Aufenthalt in Rom.

Nach der Rückkehr zog der Architekt Friedrich Hitzig H. zur Mitarbeit an
dem Umbau des Zeughauses in Berlin zu einer „Herrscher-, Waffen- und Ehren-
halle des preußischen Heeres" heran. Die Arbeiten, die bis 1880 dauerten, führten H. mit den führenden Künstlern Berlins zusammen und brachten ihm als
Anerkennung für seine Arbeit an diesem Repräsentationsbau eine Ordensver-
leihung in Gegenwart Wilhelms I. Die Ausschmückung des Gebäudes leitete
nach dem Tode Hitzigs der Hofbaurat Reinold Persius, der wiederum H. mit den
Arbeiten beschäftigte. Diese waren im Sommer 1882 abgeschlossen. Anschließend wurde H. von Paul Wallot zur Überarbeitung der Reichstagsentwürfe herangezogen.

Nach der Ernennung zum Landbauinspektor im November 1882 trat H. in die
Hochbauabteilung des Ministeriums für öffentliche Arbeiten ein und wurde im
folgenden Jahr für die Schriftleitertätigkeit bei dem von dem Ministerium herausgegebenen „Zentralblatt der Bauverwaltung" freigestellt. Zusammen mit
seinem Studienkollegen und Freund Oskar Hoßfeld, mit dem er bereits unter
Persius zusammengearbeitet hatte, erhielt er 1883 nebenamtlich den Auftrag
zum Entwurf und Bau des Rathauses in Lützen bei Leipzig. Im Frühjahr 1884
wurde H. der Botschaft in Washington als technischer Attaché zugeteilt mit der
Auflage, zunächst eine Studienreise durch Spanien und Portugal zu unternehmen, die er Anfang April 1884 antrat. Sie führte ihn über Paris und Burgos nach
Madrid, von dort nach Lissabon und zurück durch verschiedene spanische
Städte über Paris nach Südengland, von wo er sich nach Amerika einschiffte.
Seine Aufgabe in Amerika war es, über neuere Entwicklungen im dortigen
Bauwesen zu berichten. Er kam diesem Auftrag in umfangreichem Maße nach
(s. die Liste im „Zentralblatt der Bauverwaltung" 1886 und 1887). Tief beeindruckt war H. insbesondere von Werken Henry Hobson Richardsons
(1838–1886) und Louis Henri Sullivans (1856–1924), deren funktionelle Bauweise
er auch für Europa und Deutschland für zukunftweisend hielt. Nach seiner
Rückkehr Ende 1886 bemühte er sich um die Verbreitung von Kenntnissen der
amerikanischen Architektur in Deutschland.

Anfang 1887 wurde H., zunächst in Verwaltung der Planstelle, die Leitung des
Hochbaubüros im Ministerium für öffentliche Arbeiten übertragen. Im Juli 1888
wurde er zum Regierungsbaurat ernannt und erhielt die Planstelle als Vorsteher
des Büros. Damit oblagen ihm die Prüfung und Korrektur, teilweise auch Entwurf und Ausarbeitung sämtlicher Pläne für Hochbauten im preußischen Staat.
Pläne für größere und bedeutendere Bauvorhaben mußten der Akademie des
Bauwesens zur Begutachtung vorgelegt werden. Auf persönlichen Wunsch Bismarcks wurde H. aufgefordert, zu den bereits von den zuständigen Sachbearbei-

tern vorgelegten Entwürfen einen Alternativentwurf zum Neubau des preußischen Landtages zu liefern.

Von April 1890 bis September 1891 wechselte H. zur Regierung in Ostpreußen und kehrte danach als sogenannter Hilfsarbeiter der Ministerialbeamten in das Ministerium für öffentliche Arbeiten nach Berlin zurück. Gleichzeitig wurde er in das Technische Oberprüfungsamt berufen. Im folgenden Jahr übernahm er den Vorsitz im Berliner Architekten- und Ingenieurverein, den er bis 1896 innehatte. In dieser Eigenschaft regte er, wohl unter dem Eindruck der Pariser Weltausstellung von 1889 und der bevorstehenden Ausstellung in Chicago („Columbian Exhibition"), als Thema für die Wettbewerbe des Vereins den Entwurf zu einer Weltausstellung in Berlin an. Obwohl dieser Denkanstoß in Berlin keinerlei Wirkung hatte, gab der Verein unter seinem Vorsitz noch 1895 den Entwurf eines Weltausstellungsgebäudes als Preisaufgabe heraus.

Im Sommer 1893 reiste H. als Berichterstatter der preußischen Regierung zur Weltausstellung nach Chicago und nahm dort als Vorsitzender des Verbandes Deutscher Architekten- und Ingenieurvereine an dem Ersten Internationalen Architektenkongreß teil. Der Bericht zur Weltausstellung ist in einer Artikelserie im „Zentralblatt der Bauverwaltung" (s. Werke) abgedruckt. H. war beeindruckt von der städtebaulichen Anlage, der großartigen parkartigen Gestaltung der Ausstellung durch Fredrick L. Olmsted. Hier war sein Interesse an der Gartenarchitektur angesprochen, das er zeit seines Lebens und besonders auf seinen Studienreisen weiterpflegte. Die Gebäude unterzog er einer vermittelnden Kritik, hob jedoch Sullivans „Verkehrsbau" als „echt amerikanisch" hervor.

Nach der Rückkehr aus Amerika wurde H. zum Geheimen Baurat und Vortragenden Rat im Ministerium für Geistliche, Unterrichts- und Medizinalfragen (kurz: Kultusministerium) ernannt. Zu seinem Aufgabenbereich gehörten Entwurf und Gestaltung neuer Krankenhäuser, moderner Schul- und Kirchenbau und die sogenannte Stadthygiene. Im Herbst 1894 nahm H. an der Tagung des Deutschen Vereins für öffentliche Gesundheitspflege in Magdeburg teil, wo er sich als Referent und Berichterstatter des Arbeitskreises „Stadterweiterungen" mit Fragen der Bebauungsplanung in gesundheitlicher Rücksicht beschäftigte. H. hatte wesentlichen Anteil an der Erarbeitung der Bauordnung für die Vororte der Stadt Berlin und der Berliner Bauordnung. Seine Denkschrift „Bau und Einrichtung ländlicher Schulen in Preußen" beeinflußte die spätere Heimatschutzbewegung und den von Reinold Persius begründeten Denkmalschutz in Preußen. 1894 fand nach langer Pause wieder ein protestantischer Kirchenbaukongreß in Berlin unter Vorsitz von H.s Mentor von der Hude statt, der den modernen Kirchenbau im Zusammenhang der erneuerten Liturgieformen zum Thema hatte. Nach diesem Kongreß vermittelte H. seinem Mitarbeiter Hermann Muthesius die folgenreiche Abordnung als Attaché an die Londoner Botschaft, wo Muthesius über den modernen englischen Kirchenbau zu berichten hatte.

Im Mai 1896 kehrte H. wieder in das Ministerium für öffentliche Arbeiten zurück und wurde im Oktober dieses Jahres zum Oberbaudirektor und Rat Erster Klasse befördert. Er veranlaßte die Herausgabe des Sammelwerks „Neubauten in Nordamerika" durch Paul Graef, das von 1897 bis 1902 mit einem Vorwort von H. als Loseblattsammlung erschien. Noch im gleichen Jahr organisierte er als Vorsitzender des Verbandes Deutscher Architekten- und Ingenieurvereine die Wanderversammlung, die, mit einer großen Ausstellung verbunden, in Berlin stattfand. Im folgenden Jahr nahm er an dem Zweiten Internationalen Architektenkongreß in Brüssel teil.

1898 wurde H. zum Vorsteher der Hochbauabteilung im Technischen Oberprüfungsamt ernannt und zum ordentlichen Mitglied der Akademie des Bauwesens (bis 1879 „Oberbaudeputation") berufen. 1900 wurde er Leiter der Hochbauabteilung der Akademie, 1902 ihr Präsident. 1903 wurde er zum Ministerialdirektor und Chef der preußischen Bauverwaltung ernannt. Damit wurde die sonst nur Juristen zugängliche Stellung eines Ministerialdirektors erstmals mit einem technischen Beamten besetzt. An der Spitze der Hochbauverwaltung blieb H. bis zu seiner Pensionierung im April 1919. Seine letzten Lebensjahre verbrachte er in seiner Heimatstadt Lübeck.

Unter Anleitung des älteren von der Hude hatte H. früh große Bauaufgaben zeichnerisch und praktisch zu lösen gelernt. Durch von der Hude kam H. auch in Verbindung mit dem durch Karl Friedrich Schinkel geprägten Klassizismus, dem er zeitlebens verpflichtet blieb, wobei er im Streit der Schulen im Berlin der 90er Jahre allerdings eine vermittelnde Position bezog. In seinen eigenen Vorstellungen von moderner Architektur orientierte H. sich mehr an amerikanischen Vorbildern, besonders an Richardson und Sullivan. Seine Bemühungen um die Verbreitung von Kenntnissen der amerikanischen Architektur wurden jedoch von dem großen Erfolg überdeckt, die der von ihm geförderte Muthesius mit dem Buch „Das englische Haus" erzielte. Erfolgreich war H. vor allem als Leiter der preußischen Bauverwaltung. Bei der Auflösung des Ministeriums wurde sein Ressort geschlossen in das Finanzministerium übernommen und um Abteilungen aus anderen Ministerien ergänzt. – Roter Adlerorden 4. Klasse, 1880. – Wirklicher Geheimer Rat, 1907. – Ehrendoktor der Technischen Hochschule Charlottenburg, 1909. – Medaille der Akademie des Bauwesens, 1924.

Quellen: Exzellenz Wirklicher Geheimrat K.A.H., in: VBl 1907, S. 39. – [A. Hoffmann,] K. H. Aus Anlaß seines 70. Geburtstages, in: Deutsche Bauztg. 1917, S. 87–91. – Dem ... K.A.H. zum 80. Geburtstage, in: VBl 1926/27, S. 40. – Ministerialdirektor ... K. H. 80 Jahre, in: LBl 1927, S. 90. – Zum 80. Geburtstag v. K. H., in: Zbl. d. Bauverwaltung 47 (1927), S. 57.

Werke: Bauten (Auswahl): Rathaus Lützen b. Leipzig, 1884; Kaiser-Wilhelm-Bibl. Posen, 1902; Kaiser-Friedrich-Mus. Posen, 1903; Schifferbörse Duisburg, 1901. *Publikationen* (Auswahl): Nekrolog f. H. H. Richardson, in: Zbl. d. Bauverwaltung 6 (1886), S. 221. – Hochbaukonstruktionen u. innerer Ausbau in d. Vereinigten Staaten, in: ebd. 7 (1887), S. 102, 116. – Eingebaute Häuser u. Mietswohnungen in d. Großstädten Nordamerikas, in: ebd. S. 211, 223. – Zeitfragen im amerikanischen Ingenieurwesen, in: Z. f. Bauwesen 38 (1888), S. 569. – Deutschlands Stellung in d. baulichen Bestrebungen d. Gegenwart, in: Zbl. d. Bauverwaltung 9 (1889), S. 102, 105. – Ber. v. d. Weltausstellung in Chikago, in: ebd. 13 (1893), S. 405, 425, 457, 501, 536, 545. – Über d. Notwendigkeit weiträumiger Bebauung b. Stadterweiterungen, in: Dt. Vjschr. f. Gesundheitspflege 27 (1895), S. 101–138. – Vorwort zu: Neubauten in Nordamerika, hrsg. v. P. Graef, Bln. 1897–1905 (Loseblattslg.). – Über Inschriften an öffentlichen Gebäuden u. Denkmälern, in: Zbl. d. Bauverwaltung 17 (1897), S. 76, 85. – Die Aufgaben d. Hochbauverwaltung d. Preußischen Staates, in: ebd. 25 (1905), S. 373.

Literatur: Nachruf in: Zbl. d. Bauverwaltung 47 (1927), S. 303. – A. Lewis, H., Vogel and American Architecture, in: Journal of the Society of Architecture Historians, Nr. 31, Dezember 1972, S. 272–290 (m. weiteren Lit.angaben).
Porträts: Fotos in VBl 1907, S. 39, u. VBl 1926/27, S. 40.

Otto Kastorff

JENISCH, Margaretha Elisabeth, geb. 3. 9. 1763 Hamburg, gest. 30. 8. 1832 Lübeck; ev. – Gründerin der Jenischschen Freischule für dürftige Mädchen.

Eltern: Emanuel Jenisch, geb. 21. 9. 1725 Hamburg, gest. 21. 11. 1783 ebd., Kaufmann u. (seit 1773) Senator in Hamburg; Anna Margaretha geb. Plessing verw. Schiebeler, geb. 18. 9. 1739 Lübeck, gest. 17. 8. 1780 Hamburg; Tochter d. Lübecker Kaufmanns u. (seit 1753) Ratsherrn Johann Christoph Plessing (1705–1773) u. d. Maria Christina Lang (nicht Lange) (1718—1751).

Unverheiratet.

Bruder: Martin Johann Jenisch (1760–1827), Kaufmann u. (seit 1798) Senator in Hamburg (s. NDB, 10, S. 400 f.).

Als Tochter einer angesehenen und wohlhabenden Hamburger Familie wird M. E. J. ihre Erziehung und Bildung im elterlichen Hause erhalten haben. Der Tod der Eltern lag wenige Jahre zurück, als M. E. J. – folgt man den Aussagen von Zeitgenossen – wahrscheinlich 1787 nach Lübeck kam. Schwer an einer Lähmung erkrankt, an deren Folgen sie auch später litt, bedurfte sie langer Pflege im Hause ihres Onkels, des Lübecker Senators und späteren Bürgermeisters Johann Philipp Plessing (1741–1810). Wann sie sich endgültig in Lübeck niederließ, ist nicht zweifelsfrei festzustellen. Sicher ist, daß sie dort seit 1799 über ein Haus verfügte, das sie 1825 kaufte.

Anstrengungen, ein eigenes Wirkungsfeld aufzubauen, unternahm die körperlich behinderte, aber finanziell unabhängige Frau wohl spätestens seit 1796/97, indem sie auf ihre Kosten dafür sorgte, daß Töchter bedürftiger Eltern Unterricht in Handarbeiten sowie im Lesen, Schreiben und Rechnen erhielten. Nachdem sie dann auch dazu übergegangen war, die geförderten Mädchen in ihrem Wohnhaus zu versammeln, gab M. E. J. ihren philanthropischen Bestrebungen schließlich den Rahmen einer eigenen „Freischule für dürftige Mädchen". Angeregt wurde sie durch das Vorbild der 1797 von der Gesellschaft zur Beförderung gemeinnütziger Tätigkeit eröffneten Industrieschule. Ob die erste Institutionalisierung der Freischule tatsächlich 1803 erfolgte, muß angesichts widersprüchlicher Angaben in Quellen und Literatur fraglich bleiben. Die materielle Grundlage der Schule wurde jedenfalls 1811 insofern gesichert, als M. E. J. in diesem Jahr eigens ein Haus erwarb, in dessen einem Flügel sich bis 1829 das Lokal ihrer Schule befand. Ebenfalls 1811 stellte sie einen der ersten Absolventen des Lübecker Schullehrerseminars, das 1807 als Privatanstalt gegründet worden war, als Lehrer an. Die Zahl der Schülerinnen lag bald bei 100 und darüber.

Voraussetzung für die Aufnahme in die Freischule war, daß die Mädchen mindestens acht Jahre alt waren und schon ein wenig lesen und stricken konnten. Außerdem verpflichteten sich die Eltern, die neben der Bedürftigkeit vor allem einen untadeligen Lebenswandel aufweisen mußten, die Tochter nicht vor der Konfirmation und erst im Alter von 16 Jahren aus der Schule zu nehmen. Die von M. E. J. selbst geleitete Schule sollte ganz im Sinne des rationalistischen und utilitaristischen Industrieschulkonzepts gleichzeitig elementare Bildung vermitteln und auf den Beruf vorbereiten. Die Schülerinnen sollten später als Dienstboten fähig sein, ihren Unterhalt selbst zu sichern. Dem entsprach neben einem begrenzten Unterricht in Religion, Lesen, Schreiben, Kopfrechnen und Singen ein Arbeitsunterricht, der auf möglichst große Fertigkeit im Stricken, Nähen, Stopfen und „Marken" (Kennzeichnen) sowie beim Spinnen von Flachs und Wolle zielte. Der Verdienst für die auf Bestellung ausgeführten und verkauften Handarbeiten wurde teilweise den Schülerinnen gutgeschrieben, so daß nach Beendigung der Schulzeit eine Aussteuer für sie bereitgestellt werden konnte.

Spätestens nach dem Tod des älteren Bruders Martin Johann Jenisch, der das Vermögen der Schwester verwaltet hatte, traf M. E. J. Vorbereitungen, um die Schule durch eine Stiftung zu sichern. Sachkundige Unterstützung fand sie bei ihrem Kurator, dem ihrer Lübecker Verwandtschaft verschwägerten Ratssyndikus Anton Diedrich Gütschow (1765–1833). 1827 legte M. E. J. die Grundzüge der zu stiftenden Schule fest. Nachdem sie zu Beginn des Jahres 1829 ein neues Schulhaus erworben hatte, rief sie schließlich am 3. 9. 1829 die Stiftung der „Freischule für dürftige Mädchen" ins Leben. Damit war die Existenz der Schule über den Tod M. E. J.s (1832) hinaus gesichert. Seit 1903 staatlich unterstützt und seit 1906 in ihrem Unterrichtsangebot den öffentlichen Volksschulen angeglichen, bestand die Jenischsche Freischule bis zum März 1923; dann stellte sie den Schulbetrieb für die inzwischen über 300 Schülerinnen ein, da das Stiftungsvermögen weitgehend der Inflation zum Opfer gefallen war. Grundstück und Gebäude, seit 1872 in der St.-Annen-Straße, überläßt die Stiftung seitdem der Hansestadt Lübeck zur Nutzung für schulische Zwecke.

Quellen: AHL: Jenischsche Freischule, bes. 3, 4, 7, 9, 28, 29, 32; Familienarch. Plessing 26; H. Schröder, Topographische Reg.; Genealogisches Register; Ober-Schul-Collegium, Konv. 1; Altes Senatsarch., Ecclesiastica Vol. E Fasz. 1. – StA Hamb.: 622–1 Familie M. J. Jenisch C I 7; Familie C. v. Godeffroy III; 741–2 Genealogische Slg.en 1. – Lübeckisches Adreßbuch 1798, 1799. – J. C. Kröger, Uebersicht d. Lübeck'schen Schulgesch. u. Schulverfassung, in: Freimüthige Jbb. d. allgemeinen dt. Volksschulen 9 (1829), S. 126.

Literatur: M.E.J., geb. 1763, gest. 1832, u. d. von Ihr gestiftete Freischule für dürftige Mädchen, in: LBl 1837, S. 177–181. – H. L. u. d. C. G. Behrens, Topographie u. Statistik v. Lübeck u. d. m. Hbg. gemeinschaftlichen Amte Bergedorf, 2, Lübeck 1839, S. 265–267. – H. Heppe, Gesch. d. dt. Volksschulwesens, 5, Gotha 1860, S. 362–363. – A. Michelsen, Die innere Mission in Lübeck, Hbg. 1880, S. 6–9, 99–100. — A. Lammers, Weibliche Wohlthätigkeit, in: Vom Fels zum Meer 1 (1884/85), S. 283–287 (auszugsweise nachgedruckt in: LBl 1885, S. 6–7). – Verz. d. Privat-Wohlthätigkeits-Anstalten im Lübeckischen Freistaate, Lübeck 1901. – Bilder aus d. Schulwesen d. Stadt Lübeck. XI. Die Jenischsche Freischule, in: Von Lübecks Türmen. Unterhaltungsbl. d. „Lübecker Generalanzeiger" 16 (1906), S. 394–399. – DGB 27 (1914), S. 196 f., 341 f. – W. Plessing, M. E. J. (Zu ihrem 100. Todestage.), in: LBl 1932, S. 480 f. – K. Plessing, M. E. J. u. ihre Freischule, Lübeck 1960 (masch., AHL, Familienarch. Plessing 247).

Porträts: Gemälde (Brustbild), nach Original v. F. C. Gröger, um 1800, Abb.: W. D. Hauschild, Kirchengesch. Lübecks, Lübeck 1981, S. 442. – Miniatur (Altersbildnis, Verbleib unbek.), Foto: AHL, Jenischsche Freischule 37.

Claus-Hinrich Offen

JUNGIUS (latinisiert aus Junge), Joachim, geb. 21./22. 10. 1587 Lübeck, gest. 23. 9. 1657 Hamburg; ev. – Naturforscher, Philosoph, Polyhistor.

Eltern: Nikolaus Jungius (Junge), gest. (ermordet) Spätherbst 1589 Lübeck, Präzeptor am Katharineum; Birgitta geb. Holtmann, Tochter d. Hauptpastors am Lübecker Dom Joachim Holtmann, in 2. Ehe verh. mit Martin Nordmann, Amtsnachfolger d. Nikolaus Jungius.

Ehefrau: Katharina Havemann, gest. 16. 6. 1638 Rostock; verh. 10. 2. 1624 ebd.; Tochter d. Rostocker Brauers u. Patriziers Valentin Havemann.

J. besuchte bis Herbst 1605 das Katharineum in Lübeck, wo der spätere Mathematiker Johann Adolf Tassius (1585–1654) sein Mitschüler war. Zwischen beiden entwickelte sich eine dauerhafte Freundschaft. Vom Mai 1606 bis zum Februar 1608 studierte er Philosophie und Mathematik an der Univ. Rostock. Zur Fortsetzung seines Studiums ging er an die Univ. Gießen, an der er sich am 30. 5. 1608 immatrikulierte und am 22. 12. 1608 zum Magister promoviert wurde. Bei der Disputation verteidigte er die aristotelische Ethik gegen die Auffassung, daß es nur eine theologische Ethik geben dürfe. Am 5. 11. 1609 wurde er Professor der Mathematik in Gießen; in seiner Antrittsrede legte er die propädeutische Bedeutung der Mathematik für die Philosophie dar, was er bei späteren Antrittsreden in Rostock (1624, 1626) und in Hamburg (1629) und 1655 bei der Einführung von Tassius' Nachfolger in Hamburg wiederholte. Im Juni 1612 begaben sich J. und sein Kollege Christoph Helvicus (Helwich), ein Theologieprofessor, im Auftrage des Landgrafen Ludwig V. von Hessen-Darmstadt nach Frankfurt, um die neue, auf das Studium der Muttersprache und den christlichen Glauben begründete Lehrmethode des Wolfgang Ratichius (Ratke) zu untersuchen, über die sie 1613 einen günstigen Bericht verfaßten. J. hat sich später noch mit didaktischen Fragen befaßt und auch mit Johann Amos Comenius korrespondiert. Im Mai 1614 folgte J. mit Ratichius und Helvicus einer Einladung nach Augsburg, wo sie die dortige Lateinschule zu St. Anna im Zusammenwirken mit deren Rektor David Hoeschelius, einem Späthumanisten, reformieren sollten; J. verzichtete dabei auf sein Gießener Amt. In Augsburg trennten sich beide von dem sehr unverträglichen Ratichius, und J. kehrte für kurze Zeit nach Lübeck zurück. Etwa im August 1616 begab er sich wieder nach Rostock und studierte dort bis 1618 Medizin. Er setzte das Studium in Italien fort und immatrikulierte sich Anfang August 1618 an der Univ. Padua, wo er im September Prokurator der deutschen Nation (Sprecher der deutschen Landsmannschaft) wurde und zum Jahreswechsel 1618/1619 den medizinischen Doktorgrad erwarb.

Nach einem kürzeren Aufenthalt in Lübeck ließ J. sich Ende August 1619 in Rostock nieder, wo er ärztliche Praxis betrieb und sich der botanischen Forschung widmete, wobei sich sein privater botanischer Garten als nützlich erwies.

In Rostock gehörte er mit Tassius einem Zirkel an, der sich mit den Rosenkreutzerschriften Johann Valentin Andreaes und seiner Freunde beschäftigte. Doch faßte J. die rosenkreutzerischen Ideen weniger nach der mystischen als nach der intellektuellen Seite auf. Er gründete 1622/1623 zusammen mit Tassius in Rostock, wahrscheinlich nach dem Vorbild der Accademia dei Lincei in Rom, die Societas Ereunetica, in der die Grundsätze aus seinen „Protonoetica Philosophiae" und „Heuretica" Anwendung finden sollten. Diese vermutlich erste gelehrte Gesellschaft in Deutschland scheint bis um 1625 bestanden zu haben. Mehrere zum Beitritt eingeladene Männer wurden Mitglieder, darunter der Lübecker Ratsherr Leonhard Elver, der gleich 100 Taler sandte. Im Oktober 1623 wurde J. vom Rostocker Rat zum Professor der Mathematik an die dortige Univ. berufen; er trat dieses Amt am 6. 2. 1624 an. Im Herbst 1624 wurde er auf Empfehlung seines Freundes Tassius von Herzog Friedrich Ulrich von Braunschweig-Wolfenbüttel als Professor der Medizin an die Univ. Helmstedt berufen. Er trat dieses Amt am 21. 6. 1625 an, flüchtete aber wenige Wochen später infolge der Kriegswirren nach Braunschweig. Schließlich nahm ihn der Statthalter Ernst v. Steinberg in Wolfenbüttel in das Schloß auf. In beiden Städten, Braunschweig und Wolfenbüttel, praktizierte J. auch als Arzt. Vor Juli 1626 kehrte er nach Lübeck zurück, zog aber vermutlich bereits im August wieder nach Rostock, wo er am 26. 9. 1626 vom Rat wieder auf die unbesetzt gebliebene Professur für Mathematik berufen wurde.

Ende 1628 berief ihn auf Veranlassung seines Jugendfreundes Johann Garmers aus Lübeck, der seit 1626 Ratssyndikus in Hamburg war, der Hamburger Rat zum Rektor der dortigen gelehrten Schulen, des Johanneums und des Akademischen Gymnasiums. Er trat diese Ämter am 19. 3. 1629 an; zusätzlich übernahm er am Akademischen Gymnasium die Professur für Physik und 1639 auch die für Logik. Die Professur für Mathematik erhielt 1629 auf seine Empfehlung Tassius. J. führte im Griechischunterricht des Johanneums die Lektüre weltlicher Autoren neben dem bisher ausschließlich gelesenen Neuen Testament ein, was er mit dem schon von einigen Humanisten erkannten Unterschied zwischen dem klassischen und dem neutestamentlichen Griechisch begründete. Hierdurch zog er sich einen geistlichen Tadel zu, gegen den er sich 1637 schriftlich verteidigte, womit er den langwierigen Streit über die Sprache und Diktion des Neuen Testaments an den deutschen Universitäten im 17. Jh. auslöste. Im Juli 1640 legte er freiwillig das Rektorat am Johanneum nieder und behielt nur noch seine Ämter am Akademischen Gymnasium, ohne daß der Rat seine Bezüge herabsetzte.

J., der schon zu Lebzeiten einen Ruf als bedeutender Gelehrter erlangte, besaß nach dem Zeugnis seiner Schüler ein freundliches Wesen und großes Lehrgeschick, obgleich er wohl nicht immer ganz verstanden wurde; auch gelang es ihm, den Ernst und die wissenschaftliche Strenge seines Unterrichts durch Verbreitung einer heiteren Stimmung zu mildern. Er selbst hat nur wenige Schriften veröffentlicht, weitere wurden von seinen Schülern aus dem Nachlaß herausgegeben. Ein Teil seines Nachlasses fiel 1691 einem Brand im Hause seines Schülers Johann Vagetius zum Opfer, doch wurde der Verlust früher überschätzt.

Joachim Jungius
Gemälde von unbekanntem Maler

J.' bedeutendste Leistungen liegen auf dem Gebiet der Logik, der Physik und der Chemie, der Botanik und der Mathematik; außerdem befaßte er sich mit didaktischen, sprachwissenschaftlichen und geographischen Fragen. Die für den Schulgebrauch geschriebene, noch von Leibniz anerkannte „Hamburger Logik" von J. nimmt unter den Logiken des 17. Jh. eine herausragende Stellung ein. Zwar gewann J. die logischen Formeln nicht aus prinzipieller Ableitung, und es fehlen auch nähere Begründungen, doch er erfaßte vollständig den gesamten Bestand des traditionellen Lehrgutes nach Art eines Kompendiums. J. definierte Logik als eine „ars", die die Verstandeserkenntnis leitet. Die systematische Mitte seiner Logik bildet die Lehre vom Beweis, dessen Wesensbestimmung für ihn nicht primär auf die Begriffsanalyse bezogen ist, sondern auf die erfahrungsbedingte Sachsynthese. Entsprechend galt ihm auch die methodische Gestaltung des Beweises als ein „ordo doctrinae" vom Aufbau des Wissens, gewonnen nach didaktischen Gesichtspunkten. Trotz der großen Bedeutung, die J. der Erfahrung beimaß, kann er nicht als reiner Empiriker angesehen werden, wie schon aus der bedeutsamen Stellung hervorgeht, die er der Mathematik und der Logik in der Grundlegung der Wissenschaften einräumt. Er nimmt eine Position zwischen der empiristischen und der rationalistischen Richtung ein.

Die Physik hat sich nach J.' Auffassung mit den Wirkursachen zu befassen; doch lehnte er die Zweckursachen nicht grundsätzlich ab und erkannte eine von ihm als „Eutaxia" bezeichnete planmäßige Organisation bei den Lebewesen an. Er war davon überzeugt, daß die Korpuskulartheorie die Mannigfaltigkeit der Naturkörper hinreichend erklären könne. J. hat seine atomistischen Ansichten wohl schon 1619 bis 1622 ausgebildet, noch bevor er die von ihm später gründlich studierten Werke des Wittenberger Naturphilosophen Daniel Sennert, den er erstmals 1629 erwähnt, kennengelernt hatte. Wie dieser bestritt auch J. die Umwandlungsfähigkeit der Elemente. Während aber Sennert an den vier antiken Elementen festhielt, lehrte J., daß erst a posteriori durch Beobachtung ergründet werden könne, welche Substanzen als „erste hypostatische Prinzipien" zu betrachten seien; das Wort „elementum" wird von ihm im Sinne von Bestandteil überhaupt, nicht speziell zur Bezeichnung einfacher Bestandteile verwendet. Die vier antiken Elemente reichen nach J. nicht zur Begründung der Vielfalt der vorhandenen Mischungen aus. So konnten Gold, Silber, Amiant (d. h. Asbest), Talk, Quecksilber und Schwefel noch nicht in verschiedenartige Teile zerlegt werden; bei diesen von J. angeführten Stoffen handelt es sich mit Ausnahme des Asbests und Talks tatsächlich um chemische Elemente im modernen Sinn. Die peripatetische Lehre, daß Wasser durch den Zwischenzustand des Dampfes in Luft verwandelt werden könne, bestritt J. entschieden und erklärte es für gewiß, daß die Substanz des Wassers im Dampf erhalten bleibe. Die Flamme besteht nach J. aus den Atomen des aus den Brennstoffen verdunstenden fetten Dampfes, der bisweilen mit Rauch vermischt sei und vielleicht Feueratome als Ursache des Leuchtens enthalte. Die Erde wird von J. nicht mehr als Element angesehen, sondern als Gemenge aus verschiedenen Substanzen. Auch die alchemistische Lehre von den drei Grundsubstanzen (dem philosophischen Quecksilber, Schwefel und Salz) wurde von J. als unbrauchbar abgelehnt. J. hat damit grundsätzlich den antiken Elementebegriff überwunden und die moderne Lehre von den chemischen Elementen angebahnt. Zwar hat er damit, wie neuere Forschungen deutlich gemacht haben, keine direkte Wirkung auf die Entwicklung der Naturwissenschaften ausgeübt, doch ist er dem modernen Erkenntnisstand näher als nach ihm Robert Boyle, der sich damit begnügte, die Frage nach den Elementen der Körperwelt für unlösbar zu erklären und eine rein mechanische Korpuskulartheorie zu vertreten.

J. erkannte im Prinzip auch, daß die Chemie neben den qualitativen die quantitativen Bestimmungen zu beachten hat; so konnte er die scheinbare Verwandlung (transmutatio) des Eisens in Kupfer beim Eintauchen von Eisen in eine Lösung von blauem Vitriol in Anknüpfung an die teilweise richtige Deutung bei Angiolo Sala als Vertauschung (permutatio) der Eisen- und Kupferatome unter Entstehung von grünem Vitriol erklären.

J. beobachtete den (1596 von David Fabricius entdeckten) Lichtwechsel des Sterns Mira Ceti und erklärte das kopernikanische Weltsystem dem ptolemäischen gegenüber als die wahrscheinlichere Hypothese. In der Mathematik gab er eine „Geometria empirica" heraus und entwarf ein Werk, das er zu Ehren seiner Heimatstadt „Analytica binomica Lubecensis" nennen wollte. Er benutzte die Buchstabenrechnung zur Lösung schwieriger geometrischer Probleme.

In der Botanik stellte er Definitionen von Pflanzenorganen auf, wobei er die Termini „stamen" (Staubblatt) und „stylus" (Griffel) einführte. Die herkömmliche Einteilung der Pflanzen in Bäume, Sträucher und Kräuter erkannte er als unzureichend und suchte die Pflanzen nach den Merkmalen ihrer Organe, besonders den Blütenformen, einzuteilen: er unterschied bereits die Familien der Kompositen, Labiaten und Leguminosen. Auch erkannte er, daß bei den Köpfchenblütlern die vermeintliche Blüte in Wahrheit ein Blütenstand ist. Der englische Botaniker John Ray hat in seine Werke zahlreiche Definitionen von J. unter ausdrücklicher Hervorhebung von dessen Verdiensten aufgenommen; durch die Schriften von Ray gelangte ihre Kenntnis zu Linné, der sie vielfach benutzt hat.

In der Anthropologie scheint J. zwischen der Seele als Lebensprinzip und der geistigen Seele unterschieden zu haben; der Mensch besitzt nach ihm die Fähigkeit zu freiwilligen Handlungen. J. trat auch für die Pflege der deutschen Muttersprache ein, verfaßte Entwürfe für eine deutsche Grammatik und ein deutsches Wörterbuch (Lexicon Germanicum) und erforschte das Niederdeutsche. Er hinterließ auch Aufzeichnungen zur Geographie mit Behandlung der Gebiete von Lübeck und Hamburg und zur Geschichte der Befestigung Lübecks, die zu Beginn des 17. Jh. von dem holländischen Festungsbaumeister Johann van Falkenborch erneuert worden war.

Leibniz zählte J. zu den bedeutendsten Logikern und stellte ihn neben Aristoteles und Descartes. Goethe befaßte sich in seinen letzten Lebensjahren, veranlaßt durch eine Bemerkung in der „Organographie végétale" des französischschweizerischen Botanikers Aug. P. de Candolle, mit J. und plante eine Schrift „Leben und Verdienste des Doctor J. J., Rectors zu Hamburg", von der fragmentarische Entwürfe erhalten sind.

Quellen: AHL: Schnobel. – Memoriae Joachimi Jungii mathematici, Hbg. 1657 (Neuaufl. unter d. Titel: Historia vitae et mortis Joachimi Jungii, Straßburg 1658; Nachdruck in: H. Witte, Memoriae philosophorum, oratorum, poetarum, historicorum et philologorum nostri seculi, Decas sexta, Frankfurt/Oder 1679, S. 261–280). – E. von Lehe, J.-Archivalien aus d. StA Hamb., in: Beitrr. z. J.- Forschung (s. Lit.), S. 62–87. – Chr. Meinel, Der handschriftliche Nachlaß v. J. J. i. d. SUBH, Stgt. 1984 (Kat. d. Hss. d. SUBH 9).

Werke: Verz. bei Kangro (s. Lit.), S. 350–357. Eine kritische Gesamtausg. erscheint seit 1957 im Auftrag d. J. J.-Ges. d. Wiss.en Hbg. – De matheseos dignitate, praestantia et usu, hrsg. v. J. Lemcke u. A. Meyer(-Abich), in: Beitrr. z. J.-Forschung (s. Lit.), S. 94–120 [Antrittsrede in der Hamburger Fassung v. 1629]. – Geometria empirica, Rostock 1627, Nachdruck Hbg. 1642 u. 1649. – Logica Hamburgensis, Hbg. 1635 [Elementarlogik in 3 Büchern]. – Logica Hamburgensis, Hbg. 1638 [Elementarlogik u. Methodenlehre in 6 Büchern]. – Joachimi Jungii Logica Hamburgensis, hrsg. u. übs. v. R. W. Meyer, Hbg. 1957 (Veröff. d. J. J.-Ges. d. Wiss.en Hbg. 1). – Verantwortung wegen desjenigen, was wegen d. griechischen Neuen Testamentes u. a. Schulsachen fürgebracht, Hbg. 1637; Ausg. v. J. Geffcken: J. J., Über die Originalsprache des Neuen Testamentes vom Jahre 1637, Hbg. 1863. – *Aus d. Nachlaß veröffentlicht:* Doxoscopiae physicae minores, hrsg. [u. mit Zusätze stark verändert] v. M. Fogelius, Hbg. 1662; kritische Ausg. hrsg. v. Chr. Meinel: J. J., Praelectiones physicae, Göttingen 1982 (Veröff. d. J. J.-Ges. d. Wiss.en Hbg. 45). – Harmonica, hrsg. v. J. Vagetius, Hbg. 1678. – Isagoge phytoscopica [Einf. in d. Botanik], hrsg. v. J. Vagetius, Hbg. 1679. – Germania superior, hrsg. v. J. Vagetius, Hbg. 1685. – Mineralia, bearb. v. Chr. Buncke, hrsg. v. J. Vagetius, Hbg. 1689. – Phoranomica id est De motu locali, hrsg. v. H. Sivers, Hbg. 1689. – Historia vermium, hrsg. v. J. Garmers, Hbg. 1691. – Mehrere nachgelassene Schrr. v. J. z. Logik, logische Schrr. v. J.-Schülern, Streitschrr. über d. Hamburger Logik u. Äußerungen v. Leibniz über J. in: Joachimi Jungii Logicae Hamburgensis Additamenta, hrsg. v. W. Risse, Göttingen 1977 (Veröff. d. J. J.-Ges. d. Wiss.en Hbg. 29). – Das 1635 anonym in Hbg. erschienene Auctarium Epitomes physicae clarissimi atque experientissimi viri Dn. Danielis Sennerti Med. D. et in Witteberg. Universitate professoris primarii ex aliis ejusdem libris excerptum, früher irrigerweise Sennert selbst zugeschrieben, stammt v. J. oder wurde in seinem Auftrag hergestellt. – Gedruckt wurden zu J. Lebzeiten auch die unter seinem Vorsitz gehaltenen Disputationen am Hamburgischen Akademischen Gymnasium, deren v. d. J.-Schülern verteidigte Thesen die Meinungen von J. wiedergeben; zwei Disputationen von 1642 über d. Grundbestandteile d. Naturkörper fast vollständig übs. b. Wohlwill (s. Lit.), S. 31–43.

Literatur: ADB, 14, S. 721–726. – NDB, 10, S. 686–689. – Cimb. lit., 3, S. 342–353. – v. Seelen, 3, S. 431–446. – Jöcher, 2, Sp. 2020 f. – G. E. Guhrauer, J. J. u. sein Zeitalter, nebst Goethes Fragmenten über J., Stgt. u. Tübingen 1850. – R. Chr. B. Avé-Lallemant, Yn gudes namen. Das Leben d. Dr. med. J. J. aus Lübeck, Breslau 1882. – E. Wohlwill, J. J. u. d. Erneuerung atomistischer Lehren im 17. Jh., Hbg. 1887 (Abh. aus d. Gebiete d. Naturwiss.en, hrsg. v. Naturwiss. Ver. in Hbg. 10, H. 2). – Beitrr. z. J.-Forschung. Prolegomena zu d. v. d. Hamburgischen Univ. beschlossenen Ausg. d. Werke v. J. J., hrsg. v. A. Meyer(-Abich), Hbg. 1929 (Festschr. d. Hamburgischen Univ. anläßlich ihres 10jährigen Bestehens). – A. Meyer-Abich, J. J., ein Philosoph vor Leibniz, in: Beitr. z. Leibniz-Forschung, hrsg. v. G. Schischkoff, Reutlingen 1947, S. 138–152. – Die Entfaltung d. Wiss.en. Zum Gedenken an J. J. (1587–1657). Vorträge, gehalten auf d. Tagung d. J. J.-Ges. d. Wiss.en Hbg. am 31. Okt./ 1. Nov. 1957, Hbg. 1958. – H. Kangro, J. J. Experimente u.Gedanken z. Begründung d. Chemie als Wiss., Wiesbaden 1968 (Boethius. Texte u. Abh. z. Gesch. d. exakten Wiss.en 7). – H. Barnstorf, Dr. J. J., Helmstedter Prof. u. Wegbereiter einer neuen Zeit, in: Braunschweigisches Jb. 50 (1969), S. 33–71. – Chr. Meinel, Der Begriff d. chemischen Elementes bei J. J., in: Sudhoffs Arch. 66 (1982), S. 313–338. – Ders., In physicis futurum saeculum respicio. J. J. u. d. naturwiss. Revolution d. 17. Jh., Göttingen 1984 (Veröff. d. J. J.-Ges. d. Wiss.en Hbg. 52). – A. Lumpe, Die Elementenlehre in d. Naturphilosophie d. J. J., Augsburg 1984.

Porträts: Gemälde (Brustbild) in d. SUBH, Abb. s. S. 193. – Kupf. aus d. Doxoscopiae physicae minores (s. Werke), Abb.: Kangro (s. Lit.), vor S. 1.

                                                                      Adolf Lumpe

K A L K B R E N N E R , *Georg* Rudolf Reinhold, geb. 20. 12. 1875 Dammer, Kr. Oels, Schlesien, gest. 18. 5. 1956 Lübeck; ev. – Senator.

Eltern: Friedrich *Reinhold* Kalkbrenner, geb. 5. 3. 1840 Dammer, gest. 3. 11. 1920 ebd., Freibauerngutsbesitzer; Pauline geb. Preller, geb. 29. 1. 1842 Stampen, Kr. Oels, Schlesien, gest. 17. 7. 1929 Dammer; Tochter d. Freigutsbesitzers Johann Gottfried Preller.

Ehefrau: Elisabeth Dorothea *Ida* Meyer, geb. 2. 7. 1893 Lübeck; verh. 6. 9. 1923; Tochter d. Kaufmanns Wilhelm Heinrich Friedrich Meyer u. seiner Ehefrau geb. Haase.

Kinder: 1 Sohn *Jürgen* Gustav Heinz, geb. 6. 8. 1924 Lübeck, Dr. jur., Vortragender Legationsrat 1. Klasse im Auswärtigen Amt in Bonn.

Nach dem 1895 mit der Reifeprüfung abgeschlossenen Besuch des Gymnasiums zu Oels studierte K. Volkswirtschaft an den Universitäten Breslau, Berlin, Göttingen und Freiburg i. Br. In Freiburg promovierte er zum Dr. der Staatswissenschaften. Seine erste Anstellung fand K. bei der Handelskammer in Lübeck: 1899 wurde er hier wissenschaftlicher Hilfsarbeiter, 1902 Zweiter und 1905 Erster Sekretär. 1907 wurde er zum Senator gewählt. Seine Arbeitsgebiete waren in

Georg Kalkbrenner

der Hauptsache Wirtschaft, Finanzen und Steuern. 1914 rückte er als Leutnant der Reserve des Dritten Garderegiments zu Fuß ins Feld. Nach einer Verwundung war er beim Ersatzbataillon seines Regiments in Berlin eingesetzt. 1919 übernahm K. den Vorsitz in der Senatskommission für Handel und Schiffahrt und 1921 zusätzlich den Vorsitz in der Finanzbehörde. Diese Funktionen behielt er bis 1933. Da er die neueren politischen Entwicklungen innerlich ablehnte, schied er am 12. 5. 1933 aus eigenem Entschluß aus dem Senat aus und trat zunächst kaum noch öffentlich in Erscheinung. 1939 wurde K. für die Dauer des Krieges zum Vertreter der Stadtkämmerers der Hansestadt bestellt. Dank seiner untadeligen Haltung im Dritten Reich blieb er auch nach 1945 in Lübecks Diensten tätig. Er leitete die Finanzverwaltung bis 1951 und trat erst in seinem 76. Lebensjahr in den Ruhestand. 1949 leitete er die Gründung der Deutschen Auslandsgesellschaft in die Wege und übernahm ihren Vorsitz. Er wollte dazu beitragen, die wegen der jüngsten Vergangenheit im Ausland bestehenden Vorbehalte gegen die Deutschen abzubauen.

Von K.s Wirken gingen starke Impulse auf Lübecks Wirtschaft aus. Er gehörte u.a. zu den Gründern der heutigen Metallhüttenwerke Lübeck GmbH, der Heimstättengesellschaft, der Lübeckischen Kreditanstalt (Staatsanstalt), der Lübeck Linie AG und der Lübecker Hypothekenbank AG. Er war in den Verwaltungs- und Aufsichtsräten dieser und anderer Gesellschaften, wie z. B. der Handelsbank in Lübeck und der Schiffshypothekenbank zu Lübeck AG, tätig. In der Zeit des wirtschaftlichen Wiederaufbaus nach dem Ersten Weltkrieg und der Inflations- und Deflationskrisen vermochte K. die lübeckischen Staatsfinanzen in leidlicher Ordnung zu halten. Die Aufgabe war angesichts ständig abnehmender Steuereinnahmen und wegen der durch die Erwerbslosigkeit fast ins Unermeßliche gehenden Fürsorgelasten außerordentlich schwierig. K. konnte trotz der angespannten Staatsfinanzen der bedrängten Lübecker Wirtschaft wirksame Hilfen gewähren. Ende 1931 schuf er durch Übernahme von Staatsgarantien für lübeckische Kreditinstitute die Voraussetzungen dafür, daß die allgemeine Bankenkrise in Lübeck gebannt wurde. Der Lübecker Wirtschaft blieben dadurch größere Erschütterungen erspart. Ebenso wußte K. die städtischen Finanzen in der Zeit des Zweiten Weltkriegs und danach gesund zu erhalten, und als er in den Ruhestand trat, waren auch die mit der Währungsreform verbundenen Belastungen der kommunalen Finanzen in Lübeck weitgehend überwunden.

K. meisterte diese Aufgaben mit Klugheit, gründlicher Bildung, kaum erlahmender Arbeitskraft, Willensstärke und Zielstrebigkeit. Er war ein vornehmer und ruhiger Mann. Zurückhaltend und jedem äußeren Gepränge abhold, strebte er keine öffentlichen Ehrungen an, konnte sich ihnen gleichwohl nicht entziehen. Auszeichnungen: Staatliche Verleihung des Titels „Syndikus" (1906); Eisernes Kreuz Erster und Zweiter Klasse (1914–1918); Goldene Ehrendenkmünze der Handelskammer Lübeck (1932); Kriegsverdienstkreuz Zweiter Klasse (1939–1945); Ehrenbürger der Hansestadt Lübeck (1951); Großes Verdienstkreuz des Verdienstordens der Bundesrepublik Deutschland (1954); Große Ehrendenkmünze Bene Merenti der Hansestadt Lübeck (1955).

Quellen: Acta d. Handelskammer in Lübeck betr. Dr. K. 1899–1956. – AHL: Neues Senatsarch. III 2 c; Registratur d. Hauptamts 033 Nr. 27 betr. Verleihung d. Ehrenbürgerrechts an Senator a. D. Dr. K. u. Verleihung der Ehrendenkmünze Bene Merenti 1955; Akten d. Personalamts, Personalakte K.
Werke: Die Wirkungen d. Handelsverträge, Diss. Freiburg 1899. – Zur Gründung d. Deutschen Auslandsgesellschaft, in: Ausblick. Mitteilungsbl. d. Dt. Auslandsges. Lübeck, 1949, S. 1 ff.
Literatur: A. v. Brandt, G. K. verstorben, in: HG 1957, S. 1 ff. – Fehling Nr. 1033. – K. Friedland, Die Ehrenbürger d. Hansestadt Lübeck, in: Wagen 1969, S. 8–37.
Porträts: Fotos in VBl 1907, S. 205, u. b. K. Molsen, Die Handelsbank in Lübeck 1856-1956, Hbg. 1956, S. 138. — Gemälde v. Clara Elisabeth Stolterfoht (im Dienstzimmer d. Finanzsenators v. Lübeck), Abb.: Wagen 1969, S. 33. – Foto (AHL, Hs. 1011c), Abb. s. S. 197.

Gerhard Schneider

KARUTZ, Heinrich Ludwig Matthias *Richard,* geb. 2. 11. 1867 Stralsund, gest. 10. 2. 1945 Dresden; ev. – Arzt, Ethnologe.

Eltern: Karl Elias Ferdinand Heinrich Karutz, geb. 18. 10. 1833 Stralsund, Kaufmann; Marianne geb. Gaertner, geb. 26. 10. 1842 Potsdam, gest. 7. 2. 1871 Stralsund; verh. 14. 9. 1862; Tochter d. Kaufmanns Karl Louis Gaertner.

Ehefrau: Frieda Auguste Johanna *Margarita* Christern, geb. 1. 1. 1893 Lübeck; verh. 22. 9. 1921 Buntenbock / Harz.

Kinder: 2 Töchter, 1 Sohn.

Nach dem Besuch des Gymnasiums in Stralsund studierte K. Medizin in Jena, wo er 1891 sein Staatsexamen machte und zum Dr. med. promoviert wurde. Erst 24jährig, fuhr er einige Reisen als Schiffsarzt nach Südamerika, leistete danach seinen Militärdienst ab, machte eine Praxisvertretung in Oberschlesien und ließ sich anschließend für nur wenige Monate als praktischer Arzt in Erfurt nieder. Nach Aufgabe der Praxis fuhr er nochmals als Schiffsarzt, diesmal nach Westafrika. Danach absolvierte er eine Facharztausbildung in Breslau, um sich im Jahre 1894 als Hals-, Nasen- und Ohrenarzt in eigener Praxis in Lübeck niederzulassen. 1921 verlegte er seinen Wohnsitz nach Stuttgart, von wo er 1938 nach Dresden umzog.

Seine Schiffsreisen hatten K. mit fernen Völkern und Kulturen in Kontakt gebracht und in ihm das Interesse zum Studium der Völkerkunde geweckt. Er studierte seit seiner Niederlassung in Lübeck die ethnologische Fachliteratur auf autodidaktischem Wege und wurde schon bald zu einem in Wissenschaftskreisen anerkannten völkerkundlichen Fachgelehrten. Der äußere Rahmen, innerhalb dessen er seine in der Theorie erworbenen Kenntnisse laufend in die Praxis umsetzen konnte, bot sich ihm durch die in Lübeck vorhandene Sammlung von Ethnographica, die im damals noch neuen Museum am Dom in einer gesonderten Abteilung aufgestellt war. Schon 1896 wurde K. in die Vorsteherschaft des Museums, dessen Träger die Gesellschaft zur Beförderung gemeinnütziger Tätigkeit war, berufen und zum Leiter der völkerkundlichen Abteilung ernannt.

Neben seinem Beruf als Arzt widmete sich K. mit großer Intensität dieser neuen ehrenamtlichen Aufgabe. Der feinsinnige Gelehrte, als der er beschrieben wird, begann zunächst mit der Neuaufstellung der Bestände nach ästhetischen und – für die damalige Zeit neuen – didaktischen Gesichtspunkten, setzte sich aber gleichzeitig für ihre systematische Erweiterung ein. Auf Grund der Aktivitäten des neuen Leiters konnte die eher kleine Sammlung, die K. zu Anfang seiner Tätigkeit übernommen hatte, bereits 1897 als „Museum für Völkerkunde zu Lübeck" firmieren. Die rasche Vervielfachung des Objektbestandes setzte K. durch einen vielbefolgten Aufruf an Lübecker Bürger in Gang, die von Berufs wegen im Ausland weilten. Er forderte sie auf, in Amerika, Afrika, Asien oder Ozeanien Ethnographica zu erwerben und diese dem Museum für Völkerkunde in Lübeck zu schenken. Er selbst ging in diesem Punkt allen voran: die meisten der von ihm auf eigene Kosten während seiner zahlreichen, selbstfinanzierten Auslandsaufenthalte erworbenen Gegenstände schenkte er seinem Museum. Zwischen 1903 und 1909 machte K. seine wichtigsten Sammel- und Forschungsreisen: dreimal fuhr er nach Mittelasien zu den Kirgisen, Turkmenen und Sarten, außerdem mehrmals nach Nordafrika, wo er Marokko, Südtunesien und Ägypten besuchte. Waren diese Reisen schon wissenschaftlich sehr ergiebig, so zählte das von K. mitgebrachte Objektmaterial von insgesamt rund 300 Einzelstücken (Archäologica, Wohnzelt mit Einrichtungsteilen, Hausgerät, Teppichknüpfereien, landwirtschaftliches Gerät, Werkzeug, Kleidung und Schmuck) in bezug auf seine Qualität später zu den Kernstücken der Lübecker Völkerkundesammlung. Ihr Wert lag einerseits in der guten Dokumentation der Sammelsituation und andererseits in der sicheren Auswahl kulturtypischer Exponate für die vorher geplante Aufstellung im Museum. Ähnlich verhielt es sich mit einer Sammlung von 118 Gegenständen, die er 1917 auf einer Reise nach Estland für das Museum erwarb. Schließlich geht auf seine Initiative auch eine im Auftrag des Museums in den Jahren 1907 bis 1909 von G. Tessmann (s. d.) durchgeführte Westafrika- Expedition zurück. Die damals erworbenen, im Zweiten Weltkrieg allerdings stark dezimierten Sammlungsobjekte vom Volk der Pangwe waren einer der international bekannten Glanzpunkte im Museum für Völkerkunde zu Lübeck. Das Museum, dessen Bekanntheit einerseits auf Grund seiner ständig wachsenden Bestände, andererseits durch den gelungenen Aufbau seiner Schausammlungen mit der Zeit weit über die Grenzen Deutschlands hinausreichte, war K.' Lebenswerk. Er leitete seinen weiteren Ausbau noch nach seinem Wegzug aus Lübeck (1921) und betrachtete es 1928 als vorläufig vollendet. Bis dahin hatte er zusätzlich durch eine stattliche Anzahl von Publikationen ethnographischen Inhalts in Fachzeitschriften für die Wissenschaftler einerseits und museumsbezogene für ein Laienpublikum andererseits dem Hause zu Geltung und Popularität verholfen und sich einen Namen in der Völkerkunde gemacht. Die Zerstörung des Museumsgebäudes im Jahre 1942 traf ihn schwer, mag aber durch die Tatsache gelindert worden sein, daß der größte Teil der Sammlungen und somit eine solide Grundlage für weitere völkerkundliche Museumsarbeit in Lübeck erhalten blieb.

Nach dem Ersten Weltkrieg, an dem er als Regimentsarzt teilnahm, beschäftigte sich K. mit anthroposophischen Schriften und hatte 1920 das Schlüsselerlebnis, das seinem Leben und Werk eine entscheidende Wende geben sollte: eine von ihm selbst herbeigeführte Begegnung mit Rudolf Steiner. Ein Jahr später löste er sich von Lübeck, um sich in Stuttgart der literarischen Bearbeitung völkerkundlicher, vor allem religionsethnologischer Themen zu widmen und außerdem am Goetheanum in Dornach (Schweiz) zu lehren. Hatte er ansatzweise bereits im Museum für Völkerkunde zu Lübeck versucht, durch Atmosphäre und entsprechende Beschriftungen bei den Exponaten anthroposophisch gefärbte Deutungen zur Entstehung und Ausformung materieller Kulturgüter zu geben, so ging er in seinem späteren literarischen Werk vorzugsweise nach der Methode vor, ethnographische Befunde, vor allem Märchen und Mythen der sog. Naturvölker, als Belege für den geistigen Erkenntnisweg der Anthroposophie heranzuziehen. Er war eifrig darum bemüht, die damals eher materialistische Ethnologie in eine spirituelle umzuwandeln und so eine neue wissenschaftliche Schule, die Ethnosophie, zu begründen, eine „Völkerkunde aus Goetheschem Geist", die er eine moralische nannte.

K.' gesamtes, auf dieser philosophisch-weltanschaulichen Richtung basierendes literarisches Werk wurde im Dritten Reich, in dem die Anthroposophie verfemt war, verboten. Doch schon in den Jahren zuvor wurde seine gnostisch-mystische Sicht der Entwicklung des Menschen und seiner kulturellen Errungenschaften von der Wissenschaft nicht akzeptiert. Seine zahlreichen „Schriften zur Völkerkunde" wurden in der Fachliteratur praktisch übergangen, und die von ihm vertretene Richtung hat bis heute keinen Eingang in die etablierte Völkerkunde gefunden. – Ernennung zum Professor durch den Senat der Hansestadt Lübeck (1913). – Goldene Denkmünze der Gesellschaft zur Beförderung gemeinnütziger Tätigkeit (1921). – Ehrenmitglied der Geographischen Gesellschaft zu Lübeck.

Quellen: AHL, Neues Senatsarch. Abt. IX, 3 Gr. 6 Nr. 1 (Pangwe-Expedition). – R. Karutz, Materialien z. Museumsfrage, Lübeck 1905 (AHL). – Ders., Zahlreiche Beitrr., Ber., Mitt. u. Vorträge sowie Jahresber. d. Mus. f. Völkerkunde, in: LBl 1894–1921. – Ders., Bemerkungen zu einem Memorandum über d. Wiederaufbau d. Lübecker Mus. f. Völkerkunde, Ms. in d. Akten d. Völkerkundeslg. Lübeck. – Sammlungsregister d. Mus. f. Völkerkunde 1894–1938.
Werke: Zur Ethnographie d. Basken, in: Globus 74 (1898), S. 333–340. – Die afrikanischen Hörnermasken, in: MGGL 15 (1901), S. 192. – Nach d. Höhlenstädten Südtunesiens, in: Globus 92 (1907), S. 117–123, 215–218. – Von Lübeck nach Kokand, in: MGGL 18 (1904), S. 1–142. – Unter Kirgisen u. Turkmenen, Lpz. 1911. – Der Emanismus, in: Z. f. Ethnologie 1913, S. 545–611. – Krieg u. Völkerkunde, Bln. 1917. – Führer durch d. Abt. Südsee d. Mus. f. Völkerkunde zu Lübeck, Lübeck 1917. – Die estnische Slg. d. Mus. f. Völkerkunde zu Lübeck, ebd. 1919. – Führer durch d. Mus. f. Völkerkunde zu Lübeck, ebd. 1921 (m. Verz. v. K.s Aufsatzveröff.). – Vom Sinn u. Ziel d. Mus. f. Völkerkunde zu Lübeck, ebd. 1921. – Atlas d. Völkerkunde, 1: Die Völker Nord- u. Mittelasiens, 2: Die Völker Europas, Stgt. 1925 / 26. – Schrr. z. Völkerkunde, 7 Bde., Verz. b. M. Schmidt (s. Lit.). – Vorlesungen über moralische Völkerkunde, 50 Lieferungen, Stgt. 1930–1934.
Literatur: M. Schmidt, Prof. Dr. R. K. zum Gedächtnis, in: MGGL R. 2, H. 41 (1947), S. 59. – M. Karutz, R. K., in: Wagen 1952 / 53, S. 140–144. – F. v. Rohden, Von alten Lübecker Ärzten, in: Wagen 1960, S. 83–100, bes. 95 f.
Porträts: Zeichnung v. M. Wolffhügel, Abb.: Wagen 1952/53, S. 140. – Foto in: Vom Völkerkundlichen Ver. u. d. Mus. f. Völkerkunde, Lübeck 1951 (Broschüre in d. Akten d. Völkerkundeslg. Lübeck).

Helga Rammow

KEMMER, Hans (Johann), geb. um 1495 Lübeck (?), gest. 2. 8. 1561 Lübeck. – Maler.
Ehefrau: 1.) Anneke Wickhorst; verh. vor 30. 9. 1522. – 2.) Margarete Berndes; verh. um 1543.
Kinder: Eine Tochter war mit d. Lübecker Buchdrucker Johann Balhorn d. Ä. verheiratet.

Die von Gmelin (s. Lit.) angenommene Lehrzeit K.s bei dem in Lübeck und Hamburg tätigen Halepagenmeister (Wilm Dedeke) ist nicht zu sichern. Dagegen weist das Werk K.s auf eine längere Mitarbeit in der Wittenberger Werkstatt des Lukas Cranach. Dort war er vermutlich um 1515/20 als Gehilfe tätig; vor allem K.s frühes Tafelbild „Christi Abschied von Maria" schließt sich eng an das Cranach-Werk dieser Jahre an. Von Wittenberg aus wandte sich K. nach Lübeck, wo ihm die Heirat mit der Witwe des 1521 verstorbenen Malers Hermann Wickhorst den Zugang zum Maleramt ermöglichte. Bereits auf den Flügeln des 1522 entstandenen Laurentiusaltars ist seine Handschrift erkennbar. Am 9. Oktober 1522 erhielt er den Auftrag für den Bergenfahreraltar der Marienkirche, den er 1524 vollendete.

Mit Einführung der Reformation in Lübeck änderten sich die Aufgaben K.s. Anstelle von Altarschreinen entstanden Andachtsbilder mit typischen Themen der Reformationskunst (Christus und die Ehebrecherin, 1530), Bildnisse (Bildnis Hans Sonnenschein, 1534) und Epitaphien (Gerdes-Epitaph, 1544). In den Jahren 1546, 1554 und 1558 ist K. als Ältermann seines Amtes bezeugt. Er wurde in der Katharinenkirche begraben.

Ähnlich wie Erhard Altdorfer und Hans von Köln löste K. um 1520 die harte, trockene Malweise der in Lübeck tätigen Nachfolger Bernt Notkes (s .d.) und Hermen Rodes durch eine frische Malerei mit warmer Farbigkeit im Sinne der Cranach-Schule ab. Seine Bedeutung liegt vor allem auf dem Gebiet des Porträts. Hier zeichnet sich K. durch eine nüchterne Sachlichkeit aus, die vor allem bei männlichen Bildnissen den Eindruck einer treffenden Charakterisierung hinterläßt.

Werke: Chronol. Verz. d. gesicherten Werke, bis auf d. beiden Altäre mit d. Monogramm HK bezeichnet: Abschied Christi von Maria, um 1520 (MusKK, als Leihgabe aus Privatbesitz). – Flügel d. Laurentiusaltars, 1522 (MusKK, aus d. Lübecker Burgkirche). – Flügel d. Olavaltars, 1522/24 (1942 in d. Lübecker Marienkirche verbrannt). – Christus u. d. Ehebrecherin, 1530 (MusKK, eine 2. Fassung in Düsseldorfer Privatbesitz). – Weibliches Bildnis, 1534 (Leipzig, Mus. d. bildenden Künste). – Bildnis Hans Sonnenschein, 1534 (MusKK). – Salvator mundi, 1537 (Hannover, Niedersächsische Landesgalerie). – Hochzeitsschüssel, 1540 (Schwerin, Staatliches Mus.). – Gerdes-Epitaph, 1544 (MusKK). *Ungesicherte u. zweifelhafte Zuschreibungen:* Buxtehude, St. Petri: Halepagen-Altar (Mitarbeit). – München, Bayerische Staatsgemäldeslg.en: Kopf d. Maria. – Oslo, Universitetets Oldsaksamling: Flügel d. Altars aus Kvæfjord. – MusKK: Bildnis Bugenhagen. Witinghoff-Epitaph. Flügel d. Magdalenenaltars. Bildnis einer Frau. Bildnis eines Mannes. – Lübeck, Rathaus: Bildnis v. Wickede. Bildnis v. Höveln. – 1942 in d. Marienkirche verbrannt: Hermann Bonnus auf d. Totenbett. Epitaph Walhoff. Gemälde am Lettner.

Literatur: F. Bruns, Die Lübecker Bergenfahrer u.ihre Chronistik, Bln. 1900 (Hansische Geschichtsqu. N. F. 2), S. 298 f. – Ders., Zur Lübischen Kunstgesch. 2, in: MLGA 10 (1901/02), S. 2–30, 38–52. – Ders., Der Lübecker Maler J. K., in: ZLGA 31 (1949), S. 113–116. – Th. Gaedertz, J. K., Lpz. 1901. – K. Schaefer, Der Lübecker Maler H. K., in: Mh. f. Kunstwiss. 10 (1917), S. 1–7. – Th.-B., 20, S. 135 f. – Th. Riewerts, Der Maler Johann Willinges in Lübeck, in: Z. d. dt. Ver. f. Kunstwiss. 3 (1936), S. 275–302. – H. Busch, Meister d. Nordens, Hbg. 1940, S. 110 f. – G. Lindtke, Lübecker Reformationskunst, in: Wagen 1961, S. 21–30. – H. G. Gmelin, Spätgotische Tafelmalerei in Niedersachsen u. Bremen, München u. Bln. 1974, S. 28. – W. Schadendorf, Eine Neuerwerbung d. Lübecker Mus., in: Weltkunst 45 (1975), S. 248. – W. Schade, Die Malerfamilie Cranach, Wien u. München 1977, S. 46.

Jürgen Wittstock

KIRCHMANN, Johannes, geb. 18. 1. 1575 Lübeck, gest. 20. 3. 1643 ebd.; ev. –
Philologe, Schulrektor, Bibliothekar.

Eltern: Gerhard Kirchmann, gest. 19. 8. 1593, Kaufmann, dessen Vater aus Ah-
len im Bistum Münster; Geseke geb. Dreyer, deren Mutter aus Dorpat.

Ehefrau: Emerentia Schele, gest. 11. 8. 1671; verh. 3. 2. 1606; Tochter d. Bürgermeisters Joachim Schele aus Rostock.

Kinder: 3 Söhne, 2 Töchter, darunter: Johann (1615–1687), Dr. jur. utr., Bürgermeister zu Schleswig. – Alexander, geb. 1619, Dr. jur. utr. in Straßburg. – Dorothea
(1609–1637), verh. m. Jacob Stolterfoht, Prediger an St. Marien zu Lübeck. – Emerentia (1612–1673), verh. 1.) m. d. Lübecker Kaufmann Hans Gröne, 2.) m. d. Lübecker Ratsherrn Hugo Schuckmann.

K. war Schüler des Katharineums zu Lübeck. Seit 1593 studierte er vier Jahre
an der Univ. Frankfurt/Oder, dann in Jena und Straßburg. 1601 und 1602 war er
mit Franz Witzendorf, einem Sohn des Bürgermeisters Heinrich Witzendorf aus
Lüneburg, auf Reisen in Frankreich und Italien, anschließend auf der Univ. Altdorf. Dann ging er an die Univ. Rostock, wo er schon 1603 die ordentliche Professur für Poetik erhielt. Ende 1613 folgte er einem Ruf als Rektor an das Katharineum in Lübeck. Dieses Amt hat er bis zu seinem Tod ausgeübt.

K. war ein hervorragender Gelehrter. Im Geiste des Späthumanismus veröffentlichte er Schriften zu verschiedenen Themen aus dem Bereich der klassischen Altertumskunde, die zum Teil mehrfach gedruckt wurden. Mit seinen
Abhandlungen über die Begräbnissitten der Römer, über Formen und Gebrauch
von Ringen im Altertum und Neuzeit, über die Bezwingung des Jähzorns u. ä.
m. erwarb er sich bei seinen Zeitgenossen hohes Ansehen als Gelehrter. Vielfach
benutzt und nachgedruckt wurden auch seine für das Katharineum geschriebenen Schulbücher: die Grundzüge der aristotelischen Logik, die Grundzüge der
Poetik und die nach Themen geordneten Sentenzen lateinischer Autoren. Mit
den berühmtesten Philologen und Literaten des In- und Auslandes stand er in
regem Briefwechsel; seine Briefe sind wegen ihres großen Interesses für die Ge-
lehrtenkultur des Späthumanismus teilweise gedruckt.

Als Rektor des Katharineums, für das er bald nach seinem Amtsantritt eine
verbesserte Schulordnung entwarf, geriet K. in eine schwierige Situation. Die Ereignisse des Dreißigjährigen Krieges hatten ihre Auswirkungen auch in der nicht
unmittelbar von kriegerischen Vorgängen betroffenen Stadt. Ordnung und Disziplin der Schüler waren schlecht. Zudem wurden sie zum Nachteil des Unterrichts übermäßig zu Gesang in den Gottesdiensten und bei Leichenbegängnissen
herangezogen. Viele verließen die Schule und gingen in Winkelschulen oder zu
Privatlehrern. Die Schuld an den Mißständen gab man K., der darüber in einen
unerfreulichen Streit mit dem Superintendenten Nicolaus Hunnius (s. SHBL, 6,
S. 133) geriet, obwohl K. sich stets um Besserung bemüht hatte. So führte er bereits 1621 eine neue Schulordnung ein, die bis gegen Ende des 18. Jh. gegolten
hat. Von nachhaltigster Wirkung aber war eine Tätigkeit, die in den meisten
Schriften über K. gar nicht oder nur ganz am Rande erwähnt wird, nämlich die
als Bibliothekar. K. richtete in den Jahren von 1616 bis 1622 die von Johannes Bugenhagen (s. SHBL, 1, S. 93) in der Kirchenordnung von 1531 vorgesehene

Johannes Kirchmann
Kupferstich von J. G. Mentzel

Johannes Kirchmannus.
Profeſſor primum Roſtochienſis.
Rector deinde Lubecenſis.

von der Puße del.   J. G. Mentzel f. Lips.

Lübecker Stadtbibliothek ein. Er ließ das ehemalige Dormitorium des Katharinenklosters zur Saalbibliothek umbauen, dem bis heute fast unverändert erhaltenen Scharbausaal. K. verzeichnete selbst die Bücher, die aus den Kirchen und
Klöstern, aus dem Rathaus und seiner Lateinschule als Grundstock der Bibliothek zusammenkamen, und sorgte für den Ankauf weiterer Bände. Er versah
das Amt des Bibliothekars, das auch nach ihm bis 1919 immer von einem Lehrer
des Katharineums nebenamtlich verwaltet wurde, bis an sein Lebensende.

Quellen: J. Stolterfoht, Oratio funebris, qua memoriam ... J.K. ... celebravit, Lübeck 1643.
Wieder abgedr. in: H. Witte, Memoriae philosophorum, oratorum, poetarum, historicorum
et philologorum ... Decas 4, Frankfurt 1677, S. 516 ff. (Auf diese Trauerrede v. K.s Schwie-
gersohn gründen sich mehr oder weniger alle Biographien). — AHL: Schnobel.
Nachlaß: 2 Bde. Briefe von u. an K. (HAB); Verz. m. Drucknachweisen in: Kat. d. HAB.
Die alte Reihe, Bd. 9: Die Gudischen Hss., Ffm. 1966, S. 83–93.
Werke: Verz. in Cimb. lit. (s. Lit.). *Hauptwerke:* De funeribus Romanorum, Hbg. 1605 u. ö. –
De ira cohibenda, Rostock 1611. – De annulis liber singularis, Lübeck 1623 u.ö. – Rudi-

menta logicae Peripateticae, Lübeck 1620 u.ö. – Rudimenta rhetorica, Lübeck 1621 u. ö. –
Florilegium ethicum, sive sententiae insigniores ex optimis . . . autoribus collectae, Lübeck
1622 u. ö.
Literatur: ADB, 16, S. 14–15. – Cimb. lit., 3, S. 353–362. – v. Seelen, 4, S. 251–386. – C. H.
Starck, Lübeckische Kirchen-Historie 1, Hbg. 1724. – Zedler, Großes vollst. Universallex.
15, Sp. 768–769. – E. Deecke, Das Catharineum zu Lübeck vor 1800, Lübeck 1843. – Ders.,
Einige geschichtliche Nachr. über unsere öffentliche Bibl., in: LBl 17 (1851), S. 163 ff. – G.
Wiegand, Die ältesten Kataloge d. Stadtbibl. Lübeck. Hausarb. Bibliothekar-Lehrinst. Köln
1968 (Maschinenschr. in d. Stadtbibl. Lübeck).
Porträts: Ölgemälde v. Zacharias Kniller (Stadtbibl. Lübeck). – Ölgemälde auf Epitaph v.
dems. (Lübeck, Marienkirche, 1942 zerstört), Abb.: BuKHL, 2, S. 355. – Kupf. v. J. G. Mentzel (MusKK), Abb. s. S. 204.

Gerhard Meyer

KLINSMANN, Herta Frieda *Luise* Gretchen geb. Schmidt, geb. 10. 5. 1896
Tramm (Kr. Hzgt. Lauenburg), gest. 9. 6. 1964 Lübeck; ev. – Kultursenatorin.
Eltern: Georg August Bernhard Schmidt, geb. 14. 5. 1869 Horneburg b. Stade,
gest. 14. 11. 1957 Lübeck, Bezirksschullehrer in Tramm, später Leiter d. Taub-
stummenschule in Lübeck; Auguste Catharine Adolfine Wilhelmine Antonie
Frieda Möller, geb. 5. 5. 1868 Waren (Mecklenburg), gest. 24. 5. 1936 Lübeck.
Ehemann: 1.) Josef Kons, geb. 3. 6. 1890 Hagen, Arzt; verh. 19. 8. 1922 Lübeck,
gesch. 28. 11. 1928. – 2.) Friedrich Wilhelm Klinsmann, geb. 7. 12. 1887 Oschers-
leben (Sachsen), gest. 5. 2. 1943 Lübeck, Studienrat; verh. 19. 1. 1929 Lübeck.
Kinder: aus 2.) 1 Tochter.
L. K. besuchte die Höhere Mädchenschule (Ernestinenschule) in Lübeck und
danach das Johanneum, wo sie Ostern 1916 das Abitur ablegte. Seit dem WS
1916/17 studierte sie Geschichte, Literaturwissenschaft und Wirtschaftswissen-
schaften in München, Heidelberg und Kiel. 1922 wurde sie an der Rechts- und
Staatswissenschaftlichen Fakultät der Univ. Kiel zum Dr. rer. pol. promoviert.
Ihre Dissertation über „Die Industrialisierung Lübecks" ist bis heute die einzige
umfassende Darstellung zu diesem Thema und wurde 1984, u. a. weil sie inzwischen nicht mehr vorhandene Quellen auswertet, vom Archiv der Hansestadt
Lübeck publiziert. Nach der Promotion und ihrer ersten Eheschließung lebte
L.K. in Kiel und in Hamburg. Sie besuchte in Hamburg Vorlesungen über Chemie, Physik und Englisch und arbeitete als Vorstandsmitglied im Vaterländi-
schen Frauenverein des Roten Kreuzes in Altona mit. Von Oktober 1927 bis Januar 1929 war sie Volontärin an der Stadtbibliothek Lübeck, gab diese Laufbahn
aber kurz vor ihrer zweiten Eheschließung auf. Bis 1945 war sie Hausfrau und
widmete sich vor allem der Pflege ihrer behinderten Tochter. Seit 1933 wurde
das Ehepaar K., das politisch der SPD nahestand, von den Nationalsozialisten
Schikanen ausgesetzt. Friedrich Wilhelm K. wurde 1935 vom Katharineum an
das Johanneum versetzt und bis zu seinem Tod wegen kritischer politischer
Äußerungen mehrmals denunziert und Disziplinarmaßnahmen unterworfen.

Luise Klinsmann

1945 schloß sich L. K. der SPD an und übernahm im Kreisverein Lübeck die kulturelle Betreuungsarbeit; bei der Kommunalwahl im Oktober 1946 gelangte sie über die Reserveliste in die Bürgerschaft. Sie wurde mit der Leitung der Kultusverwaltung beauftragt, zu der damals außer den kulturellen Einrichtungen auch das Schulamt, Jugendamt und Sportamt gehörten, und wurde damit die erste Senatorin in Lübeck. Diese ehrenamtliche Tätigkeit übte sie bis zu ihrem Tode aus. Von April 1950 bis 1955 war sie außerdem zweite stellvertretende Bürgermeisterin.

Bei der ersten Landtagswahl nach dem Krieg rückte L. K. 1947 in den schleswig-holsteinischen Landtag ein, wo sie sich vor allem bildungspolitischen Aufgaben widmete. Dem schulpolitischen Konzept der schleswig-holsteinischen Sozialdemokraten entsprechend trat sie für eine dreijährige gemeinsame pädagogische und wissenschaftliche Grundausbildung aller Lehrer bis zum ersten Examen ein, um einerseits das Niveau der Volksschullehrer zu heben, andererseits das pädagogische Element bei den Studienräten an Gymnasien zu stärken und auf diese Weise die Kluft zwischen der Volksschule und der höheren Schule zu überbrücken. Dieses „Lehrerausbildungsgesetz" gehörte zu der 1948 eingeleiteten, in Öffentlichkeit und Parlament heftig umstrittenen und von L. K. auch auf Lübecker Elternversammlungen vehement verteidigten Schulreform, mit der eine sechsjährige Grundschulzeit eingeführt wurde. Als die CDU 1950 die Regierungsmehrheit erhielt, wurde die Reform wieder rückgängig gemacht. L. K. forderte zudem Schulgeld- und Lernmittelfreiheit und soziale Beihilfen für begabte Kinder mittelloser Eltern als Rechtsanspruch, um für alle Kinder gleiche Aufstiegschancen zu schaffen. Außer im Ausschuß für Volksbildung und Erziehung arbeitete sie im Ausschuß für Entnazifizierung, für Verfassung und Geschäftsordnung sowie im Innenausschuß mit. 1950 kandidierte sie noch einmal auf der Landesliste der SPD, wegen der Wahlniederlage ihrer Partei allerdings ohne Erfolg.

Als Lübecker Senatorin machte sich L. K. um den Wiederaufbau der kulturellen Einrichtungen der Stadt und besonders um den Ausbau der Museen, der Büchereien, des Archivs und der Volkshochschule verdient. 1949 setzte sie sich anläßlich der Erörterung organisatorischer Fragen bei der Ausgrabung Alt-Lübecks im Kultusministerium für das Weiterbestehen des Lübecker Denkmalschutzgesetzes ein. Das Ergebnis dieser Sitzung wurde Grundlage der späteren gesetzlichen Regelung, die der Stadt eine relative Selbständigkeit auf dem Gebiet der Denkmalpflege sicherte. Im März 1950 erläuterte sie in einer Debatte der Bürgerschaft über die Städtischen Bühnen, deren Finanzierung nicht gesichert war, die Politik der Kultusverwaltung hinsichtlich des Theaters. L. K. verfolgte das Ziel, auch Bevölkerungskreise wie Flüchtlinge und Schüler an das Theater heranzuführen und eine enge Verbindung zu den anderen Kulturinstituten der Stadt zu schaffen. Sie setzte sich erfolgreich für den Erhalt der Bühnen ein, indem sie deren überregionale Bedeutung betonte und mehr Landesmittel einforderte.

Die kulturellen Kontakte Lübecks zu den skandinavischen Ländern wurden während L. K.s Amtszeit stark gefördert. 1953, 1954 und 1956 konnten die kulturell und politisch wichtigen „Nordischen Tage" ausgerichtet werden. Auf L. K.s Initiative kamen Gastspiele des Lübecker Theaters in Odense und Aarhus, ein Symphoniekonzert des Kopenhagener Orchesters „Kgl. Kapel" in Lübeck sowie der Schüleraustausch der Aarhuser Handelshochschule und der Lübecker Friedrich-List-Schule zustande.

1955 setzte sich L. K. gegen viele Widerstände dafür ein, daß Thomas Mann, dem man in Lübeck noch immer den „Buddenbrooks"-Roman und seine politischen Äußerungen während des Krieges und in der Nachkriegszeit verübelte, die Ehrenbürgerschaft seiner Vaterstadt verliehen wurde. Anlaß zu heftigen kulturpolitischen Auseinandersetzungen in der Lübecker Bürgerschaft gab auch die geplante Inszenierung von Bertolt Brechts Komödie „Pauken und Trompeten" im Herbst 1961 durch einen Ostberliner Regisseur. Die CDU setzte die Absetzung des Stücks im Senat mit der Begründung durch, daß Brecht nach dem Bau der Berliner Mauer im Westen nicht mehr aufführbar sei. L. K., der vorgeworfen wurde, den Senatsbeschluß verschleppt zu haben, beantragte ein Dienststrafverfahren gegen sich selbst, das im Juli 1962 eingestellt wurde; der Abwahlantrag der CDU gegen die Senatorin wurde schon Ende Oktober 1961 zurückgezogen, nachdem sie die Aufsicht über die Städtischen Bühnen an den Bürgermeister abgetreten hatte.

L. K. galt als eine engagierte Frau, die Konflikte nicht scheute und mit Fleiß, Zähigkeit und leidenschaftlicher Einsatzbereitschaft für ihre Ziele eintrat. Ihre

Verdienste um die Lübecker Kulturpolitik wurden übcr die Grenzen der Stadt hinaus allgemein anerkannt. – Ritterkreuz 1. Klasse des Danebrog-Ordens, 1963. – Freiherr-vom-Stein-Medaille, Landesregierung Schl.-Holst.

Quellen: Lübecker Freie Presse v. 12. 10. 1946, 7. 3. 1950, 16. 5. 1950. – Kieler Nachr. v. 30. 9. 1961, 5. 10. 1961, 23. 8. 1963, 10. 6. 1964, 17. 6. 1964. – Lübecker Nachr. v. 7. 3. 1950, 29. 4. 1950, 30. 4. 1950, 27. 10. 1961, 10. 6. 1964. – Wortprotokolle d. schl.-holst. Landtags, 8. Sitzung (2.– 4. 2. 1948), S. 186– 188; 9. Sitzung (4./5. 3.1948), S. 29 f.; 28. Sitzung (12./13. 12. 1949), S. 53 f. – AHL: Kultusverwaltung II.7 u. 41. 02. 70; Personalakte; Kleine Behördenarchive, Stadtbibl. II.7.
Werke: Die Industrialisierung Lübecks, Lübeck 1984 (Veröff. z. Gesch. d. Hansestadt Lübeck R. B Bd. 10).
Literatur: Nachrufe v. W. Neugebauer in: ZLGA 44 (1964), S. 157 f. u. v. K. K. Rohbra in: LBl 1964, Nr. 12. – [A.] Graßmann, Vorbemerkung, in: L. K., Die Industrialisierung Lübecks (s. Werke). – Lübecker Nachr. v. 25. 7. 1984. – S. Jebens-Ibs, Frauen in d. schl.-holst. Politik, in: „Alle Mann an Deck!" – „Und die Frauen in die Kombüse?" Frauen in d. schl.-holst. Politik 1945– 1958, hrsg. v. d. Landeszentrale f. Politische Bildung Schl.-Holst., Kiel 1993 (Gegenwartsfragen 70), bes. S. 105, 106, 135.
Porträts: Fotos u.a. in Lübecker Freie Presse v. 12. 10. 46 u. 7. 3. 1950; Lübecker Nachr. v. 29. 4. 50 u. 10. 6. 64. – Foto, Pressestelle d. schl.-holst. Landtags, Abb. s. S. 206.

Sabine Jebens-Ibs

KRETZSCHMAR, Theodor *Johannes,* geb. 7. 11. 1864 Dresden, gest. 18. 2. 1947 Lübeck; ev. – Historiker, Archivar.
Eltern: Eduard *Theodor* Kretzschmar, geb. 4. 9. 1817 Dresden, gest. 16. 10. 1900 ebd., Kaufmann u. Fabrikant ebd.; Anna *Helene* geb. Richter, geb. 13. 6. 1837 Dresden, gest. 13. 1. 1927 ebd.; Tochter d. Malers u. Zeichners Ludwig Richter.
Ehefrau: Margarethe Heyn, geb. 26. 12. 1865 Dresden, gest. 29. 3. 1935 Lübeck; verh. 4. 9. 1891 Dresden.
Kinder: 1 Tochter, 1 Sohn; ein weiterer Sohn starb früh.
Aufgewachsen in einem wohlhabenden, unternehmerisch wie künstlerisch geprägten Elternhaus, erhielt K. von Ostern 1876 bis Ostern 1884 eine humanistische Schulbildung auf dem traditionsreichen Dresdner Gymnasium zum Heiligen Kreuz. Anschließend leistete er Militärdienst als Einjährig-Freiwilliger. Sein im SS 1885 begonnenes Studium der Geschichtswissenschaft, das ihn zunächst nach Leipzig und Freiburg führte, schloß er im Oktober 1888 in Berlin mit einer von Harry Bresslau angenommenen Dissertation über ein quellenkundliches Thema des Mittelalters ab. Ein Jahr später bestand er in Leipzig das Oberlehrerexamen. Nach anderthalbjährigen, im Auftrag der Provinz Brandenburg unternommenen Quellenstudien am Vatikanischen Archiv in Rom trat er im März 1891 in die preußische Archivverwaltung ein. Zunächst am Staatsarchiv Marburg tätig, wechselte er 1895 zum Staatsarchiv Osnabrück und drei Jahre später zum Staatsarchiv Hannover über, wo er mit der Beförderung zum „königlichen Archivar" erstmals eine feste Anstellung erhielt. Nachdem man ihn im Herbst 1906 noch an das Preußische Geheime Staatsarchiv nach Berlin gerufen hatte,

übernahm er zum Oktober 1907 das durch den Tod Paul Hasses freigewordene Amt des Lübeckischen Staatsarchivars, in dem er bis zu seiner Pensionierung am 31. 10. 1932 blieb.

Als Historiker hat K. ein thematisch und zeitlich relativ weitgespanntes, wenn auch nicht allzu umfangreiches Œuvre überwiegend landesgeschichtlich orientierter Darstellungen und Quelleneditionen hinterlassen, das in der Mehrzahl aus seiner jeweiligen dienstlichen Tätigkeit erwachsen ist. Schwerpunkte bildeten die Verfassungs- und Verwaltungsgeschichte sowie numismatische und biographische Arbeiten. Hervorzuheben ist eine 1904 dem Historischen Verein für Niedersachsen vorgelegte Denkschrift über den Plan eines historischen Atlasses der Provinz Hannover, die zu einer wichtigen Grundlage für ein entsprechendes kartographisches Projekt der späteren Historischen Kommission für Niedersachsen wurde. Seine etwa zur selben Zeit aufgenommenen Forschungen zum Dreißigjährigen Krieg wiesen bald über den Rahmen landesgeschichtlichen Interesses hinaus, indem sie eine generelle Debatte über die Hintergründe von Gustav Adolfs Eingreifen in den Glaubenskrieg neu belebten. K.s mit umfangreichem neuem Aktenmaterial zunächst am Beispiel Braunschweig–Lüneburgs und Kurbrandenburgs untermauerte These, daß der Schwedenkönig von Anfang an beabsichtigt habe, ein „corpus evangelicorum" unter seiner Führung zu errichten, bildet den Ausgangspunkt seines 1918 abgeschlossenen dreibändigen Standardwerks „Der Heilbronner Bund 1632–1635", in dem er die Ursachen des raschen Verfalls der schwedischen Machtstellung nach Gustav Adolfs Tod analysiert und diesen minutiös nachzeichnet.

Die im Verlauf dieser Studien gewonnenen Kontakte zu wissenschaftlichen Kreisen in Schweden verstand K. für seine Tätigkeit in Lübeck zu nutzen und zu einer dauernden, für beide Seiten fruchtbaren Beziehung auszuweiten. Dadurch, daß er von Anfang an das Lübecker Quellenmaterial verstärkt auch der schwedischen Forschung zugänglich machte, gab er zugleich der lübeckischen und der Hansegeschichte neue Impulse. In Anerkennung seiner Verdienste wurde K., der bereits 1909 die Mitgliedschaft in „Samfundet för utgivande av handskrifter rörande Skandinaviens historia" erworben hatte, 1929 zum korrespondierenden Mitglied von „Kungl. Vitterhets Historie och Antikvitets Akademien" berufen und 1932 mit der Ehrendoktorwürde der Univ. Uppsala ausgezeichnet. Daß der Herausgeber der Schriften und Briefe des Reichskanzlers Axel Oxenstierna für die entsprechenden Jahre auf die von K. für den „Heilbronner Bund" erschlossenen Quellen wie auch auf seinen persönlichen Rat zurückgreifen konnte, bedeutete eine weitere Förderung grenzüberschreitender wissenschaftlicher Zusammenarbeit. In seinen eigenen Arbeiten, darunter auch mehrere grundlegende Untersuchungen zur lübeckischen Geschichte, verbindet K. strenge Objektivität im Sinne der Rankeschen Schule mit der Fähigkeit, große Materialfülle zu anschaulicher Darstellung zu komprimieren, generelle Entwicklungslinien und übergreifende Zusammenhänge herauszuarbeiten und den handelnden Personen Lebendigkeit zu verleihen.

Mehr noch als durch eigene Veröffentlichungen bereicherte K. die Geschichtswissenschaft durch die Intensivierung archivischer Grundlagen- und

Öffentlichkeitsarbeit. Durch langjährige Erfahrungen mit Aufgaben und Funktionsweise eines modernen Archivs sowie mit aktuellen Forschungsfragen vertraut, zudem mit sicherem Blick für den Quellenwert der Lübecker Überlieferung, baute er als erster Lübecker Facharchivar innerhalb weniger Jahre das bei seinem Dienstantritt in desolatem Zustand vorgefundene Staatsarchiv Lübeck zielstrebig zu einer leistungsfähigen Institution aus. Einer spürbaren Verstärkung des personellen Unterbaus, die erstmals kontinuierliche Ordnungsarbeiten an Aktenbeständen und Sammlungen ermöglichte, folgten Verbesserungen der Arbeits- und Benutzungsbedingungen. Eine Restaurierungs- und eine Fotowerkstatt wurden eingerichtet, die Karten- und Druckschriftensammlung erweitert und die Handbibliothek katalogisiert; durch Einbeziehung des Schriftentauschs des Hansischen Geschichtsvereins und Übernahme von Teilen der aufgelösten Bücherei des Vereins für Lübeckische Geschichte wandelte sich diese bald zu einer wissenschaftlichen Spezialbibliothek für Landes-, Hanse- und nordische Geschichte. 1911 wurde die dann mit Fritz Rörig besetzte Stelle eines zweiten wissenschaftlichen Archivars geschaffen, dem insbesondere die überfällige Erschließung stadtgeschichtlich wertvoller Quellen (Stadtbücher, Testamente) aufgetragen war. Insgesamt entwickelte sich das Archiv zu einer eigenständigen, zunehmend der engen Bindung an die Senatskanzlei entwachsenden Forschungseinrichtung, wenngleich K. selbst die mit dem Amt des Staatsarchivars traditionellerweise verbundene, seinem eigenen Naturell entgegenkommende Stellung als vierter Senatssekretär (1919 mit dem Titel eines Senatssyndikus, seit 1921 mit dem eines Staatsrats) weiterhin pflegte. K. war der erste, der durch eine systematische Akquisition von Quellenmaterial das Überlieferungsprofil des Archivs bewußt steuerte. Er setzte eine allgemeine Ablieferungsordnung für die lübeckischen Behörden durch und bemühte sich darüber hinaus um den Erwerb von Unterlagen privaten Ursprungs. So gelangten nicht nur wirtschaftsgeschichtliche Quellen, z. B. von ehemaligen Handwerksämtern und kaufmännischen Korporationen ins Archiv, sondern auch die für die frühe Stadtgeschichte unverzichtbaren Oberstadtbücher, deren Auswertung dann F. Rörigs wegweisende Forschungen einleiteten. Mit der Entscheidung, die von seinem Vor-Vorgänger C. F. Wehrmann (s. d.) unternommene, Zentral- und Fachbehördenakten vermischende Ordnung der Senatsregistratur wieder rückgängig zu machen, verhalf K. dem Provenienzprinzip endgültig zum Durchbruch, lange bevor sein Stellverteter Georg Fink, dem dieses Verdienst verschiedentlich zugeschrieben wird, an die selbstgewählte, mühevolle Ausführung dieser Aufgabe heranging. Der logische Abschluß der Neuorganisation, die angesichts katastrophaler Raumverhältnisse immer dringender werdende Errichtung eines zeitgemäßen Archivzweckbaus, die auch die anachronistische Aufbewahrung der Urkunden in der Marienkirche (Trese) beendet hätte, scheiterte allerdings noch vor Beginn des Ersten Weltkriegs am ablehnenden Votum der Lübecker Bürgerschaft.

In enger Beziehung zu den verwaltungsinternen Veränderungen standen K.s Bemühungen um die wissenschaftliche Nutzung des Materials. Schon in seiner Hannoveraner Zeit hatte er erste Verbindungen zu universitären Einrichtungen

Johannes Kretzschmar, um 1907

geknüpft und im Historischen Verein für Niedersachsen, dessen Vorstand er von 1903 bis 1906 angehörte, Anstöße für neue Initiativen gegeben. In Lübeck regte er – vor allem in Verbindung mit der Rörig-Schule – Forschungsvorhaben an, brachte neue wissenschaftliche Fragestellungen, insbesondere aus dem Bereich der Wirtschafts- und Sozialgeschichte, in die Lübeckische Geschichtsforschung ein und weckte überregionales Interesse, gerade auch im skandinavischen Raum. Die ohnehin enge Zusammenarbeit des Archivs mit dem Verein für Lübeckische Geschichte und dem Hansischen Geschichtsverein konnte er in dieser Hinsicht noch vertiefen. Während er als Vorsitzender, aufbauend auf den Initiativen seines Vorgängers Chr. Reuter (s. SHBL, 3, S. 222), dem Vereinsleben zwischen 1911 und 1933 neue Impulse gab, gewann unter seiner Redaktion die Zeitschrift des Vereins für Lübeckische Geschichte inhaltlich und formal ein eigenständiges, den größeren Geschichtszeitschriften vergleichbares Profil. Daneben schuf er in der 1912 eröffneten Schriftenreihe des Archivs ein zusätzliches, vornehmlich die Aktenauswertung förderndes Forum. Im Hansischen Geschichtsverein wirkte er zunächst als Schatzmeister (1910–1934), dann als in-

offizieller, den senatorischen Vorsitzenden entlastender Geschäftsführer und als
Mitglied der Redaktionskommission der Hansischen Geschichtsblätter
(1919–1934). Das ihm nach dem Tode von Bürgermeister Johann Martin Andreas
Neumann angetragene Amt des Vorsitzenden (1928–1934) nahm er nach anfäng-
licher Ablehnung nur aus Pflichtgefühl an. Die Kontinuität dieser Aktivitäten
vermochte K., der über ein beachtliches Organisationstalent verfügte und auch
in finanziellen Angelegenheiten eine glückliche Hand bewies, auch durch die
schwierigen Jahre der Weimarer Zeit hindurch sicherzustellen, in archivischer
Hinsicht aber begann seine Erfolgskurve seit Beginn der 20er Jahre zu sinken, als
Personaleinsparungen und die sich weiter verschlechternden Raumverhältnisse
zu Leistungseinschränkungen zwangen und die Büroreform die gerade erst aufgenommenen Bemühungen zu archivischem Einwirken auf die Behördenregi-
straturen zunichte machte. Zunehmend hatte K. sich gegen sachfremde Eingriffe
zur Wehr zu setzen, die das Erreichte in Frage zu stellen drohten, zunächst gegen die von der Oberschulbehörde angeregte Angliederung des Archivs an die
Stadtbibliothek und schließlich gegen die beabsichtigte Streichung seiner eigenen Planstelle, was ihn dazu bewog, über die Pensionsgrenze hinaus noch zwei
Jahre im Dienst zu bleiben. Die vom Verein für Lübeckische Geschichte auf das
Staatsarchiv übergegangene Fortsetzung des Lübeckischen Urkundenbuchs, mit
der K. eine vergangene Epoche editorischer Arbeit auf höherem Niveau und unter Einbeziehung wirtschafts- und kulturhistorischer Quellen – in erster Linie
Testamente und Stadtbucheinträge – abzuschließen hoffte, mußte dann doch der
bisherigen Konzeption folgen und blieb, abgesehen von dem 1932 veröffentlich-
ten Wort- und Sachregister, unvollendet. Immerhin vermochte K. aber durch
Gewinnung freiwilliger Mitarbeiter aus dem Kreis historisch gebildeter höherer
Beamter noch eine Reihe von wichtigen Erschließungsarbeiten in Angriff zu
nehmen, denen das Archiv mehrere unentbehrliche, vor allem genealogische
und topographische Hilfsmittel verdankt. Mit eigenen Ordnungsarbeiten konnte
er dagegen, bedingt durch seine vielfältigen Verpflichtungen, insbesondere
durch mehrjährige hauptamtliche Tätigkeit als Senatssekretär, nur wenig zur Erschließung des Archivs beitragen.

Nach dem Tode seiner Frau im Jahre 1935 und möglicherweise auch bedingt
durch die Zeitumstände zog sich K. fast völlig ins Privatleben zurück. Souverän,
aber zurückhaltend im Auftreten, von aristokratischem Habitus und getragen
von äußerstem Pflichtbewußtsein hat er als Beamter wie als Wissenschaftler sich
immer sachbezogenen Auseinandersetzungen gestellt. Die z. T. darin begründete Affinität zur hanseatisch-republikanischen Staatsform, in der er u. a. Rückhalt an historisch interessierten Senatsmitgliedern fand, eröffnete ihm daher die
besten Wirkungsbedingungen in der Zeit vor 1919. Sein bleibendes Verdienst
besteht darin, daß er als spiritus rector das Archiv zu einem modernen Dienstlei-
stungsbetrieb ausgestaltet, für die Erforschung der lübeckischen Geschichte den
Anschluß an die allgemeine Entwicklung der Geschichtswissenschaft vollzogen
und die Einheit von archivarischer und historisch-wissenschaftlicher Arbeit in
Lübeck zu einem Höhepunkt geführt hat.

Quellen: AHL: Altregistratur I, 51 d (Kretzschmar) u. Altregistratur II, 54 (Kretzschmar); Personalamt, Bestand II, 737; Neues Senatsarch., III 7/2 h; Amtsgericht, Testamente, 1946/554; Nachlaß Rörig, 49; Bürgerannahmen, 1907/494. *Zu seiner dienstlichen Tätigkeit in Lübeck:* AHL: Altregistratur I, 2 b und 19; Neues Senatsarch., III 7/1–20; Arch. d. Hansischen Gesch.ver., I 1/1–2; Arch. d. VLGA, 2/5, 16/1, 16/6; Jahresberr. d. Hansischen Gesch.ver., in: HG Jg. 1907–1934; *sonstige Tätigkeiten:* Jahresberr. d. Hist. Ver. f. Niedersachsen, in: Z. d. Hist. Ver. f. Niedersachsen Jg. 1898–1908; Rikskansleren Axel Oxenstiernas Skrifter och Brevväxling, Bd. I, 8, Stockholm 1942, S. VI; Bd. I, 9, ebd. 1946, S. VI. – Staatsarchivar Dr. J. K., in: VBl 1907, S. 161 f. – Staatsarchivar Dr. K., in: LBl 1907, S. 435 f. – J. Hartwig, 100 Jahre Lübeckischer Gesch.ver., in: Lübische Forsch., Lübeck 1921, S. 1–26. – Fink, Staatsrat Dr. K. u. seine schwedische Ehrenpromotion, in: LBl 1932, S. 625 f. – Staatsrat Dr. J. K., in: VBl 1932/33, S. 10 f.

Nachlaß: AHL (wenige Faszikel fragmentarischen Inhalts); Riksarkivet, Stockholm: J. K. Samlingen (Exzerpte z. Heilbronner Bund).

Werke: Schriftenverz. b. Bickelmann (s. Lit.). – *Hervorzuheben:* Die Formularbücher aus d. Canzlei Rudolfs v. Habsburg, Innsbruck 1889 (= phil. Diss. Bln. 1888). – Die Invasionsprojekte d. kath. Mächte gegen England z. Zeit Elisabeths, Lpz. 1892. – Die Jugendzeit Johann Caspars v. Dörnberg, in: Z. d. Ver. f. hessische Gesch. u. Altertumskunde, N. F. 19 (1894), S. 217–316. – Die kgl. Münze zu Hannover, in: Z. d. hist. Ver. f. Niedersachsen 1902, S. 4–63. – Der Plan eines hist. Atlasses d. Provinz Hannover, in: ebd. 1904, S. 391–410. – Gustav Adolfs Pläne u. Ziele in Deutschland u. d. Herzöge z. Braunschweig u. Lüneburg, Hannover u. Lpz. 1904. – Die Allianzverh. Gustav Adolfs m. Kurbrandenburg im Mai u. Juni 1631, in: Forsch. z. brandenburgischen u. preußischen Gesch. 17 (1904), S. 341–382. – Gesch. d. Lübecker Staatsarch., in: Protokolle d. 8. dt. Arch.tags in Lübeck 1908, S. 64–80. – Schwedische Handelskompanien u. Kolonisationsversuche im 16. u. 17. Jh., in: HG 17 (1911), S. 215–246. – Das Feuerversicherungswesen in Lübeck, in: ZLGA 16 (1914), S. 45–94. – Senator Johann Friedrich Krüger († 1848) in Lübeck, in: HG 45 (1919), S. 291–341. – Wappen u. Farben v. Lübeck, in: Lübische Forsch., Lübeck 1921, S. 27–90. – Der Heilbronner Bund 1632–1635, 3 Bde., ebd. 1922. – Lübeck als Reichsstadt, in: ZLGA 23 (1926), S. 9–41. – Johann Friedrich Hach, Senator u. Oberappellationsrat in Lübeck, Lübeck 1926. – Gesch. Lübecks in d. Neuzeit, in: Fritz Endres (Hrsg.)., Gesch. d. Freien u. Hansestadt Lübeck, ebd. 1926, S. 57–113.

Literatur: G. Fink, J. K. gest., in: ZLGA 31 (1949), S. 257 f. – Ders., J. K. (1864–1947), in: HG 69 (1950), S. 90–92. – [H. Brulin], J. K. †, in: Historisk Tidskrift [Stockholm] 67 (1947), S. 182–184. – A. v. Brandt, Das Lübecker Arch. in d. letzten 100 Jahren. Wandlungen, Bestände, Aufgaben, in: ZLGA 33 (1952), S. 33–80. – Ders., 100 Jahre ZLGA, in: ZLGA 35 (1955), S. 5–13. – Ders., 100 Jahre Hansischer Gesch.ver. Ein Stück Sozial- u. Wirtschaftsgesch., in: HG 88 (1970), S. 3–67. – G. Wrede, Der hist. Atlas v. Niedersachsen. Zur kartographischen Darstellung landesgesch. Probleme, in: Bll. f. dt. Landesgesch. 79 (1961), S. 42–60. – O. Ahlers, Georg Fink †, in: Der Archivar 19 (1966), S. 463–466. – H. Weczerka, Die Vorstandsmitglieder d. Hansischen Gesch.ver., in: HG 88 (1970), S. 72–80. – E. Henning/C. Wegeleben, Archivare beim Geheimen Staatsarch. in d. Berliner Kloster- u. Neuen Friedrichstraße, 1874–1924, in: Jb. f. brandenburgische Landesgesch. 29 (1978), S. 25–61. – H.-B. Spies, Die hauptamtlichen wiss. Beamten d. Lübecker Arch., in: Das Arch. d. Hansestadt Lübeck, hrsg. v. A. Graßmann, Lübeck 1981, S. 10–17 (Senat d. Hansestadt Lübeck, Amt f. Kultur, Veröff. 17). – Ders., Der Nachlaß d. Lübecker Archivars K. im Reichsarch. Stockholm, in: Der Archivar 42 (1989), Sp. 337–352. – F. v. Schroeder, Aus d. Familienkreis Ludwig Richters. Kretzschmar-Hantzsch, in: Mitteldt. Familienkunde 8 (1985–1987) (1985, H. 4), S. 145–161. – M. Hamann, Gesch. d. Niedersächsischen Hauptstaatsarch. in Hannover, in: Hannoversche Geschichtsbll., N. F. 41 (1987), S. 39–87, N. F. 42 (1988), S. 35–119. – H. Bickelmann, Verz. d. Schriften J. K.s, in: ZLGA 69 (1989), S. 325–333. – H.-B. Spies, Das Staatsarch. Lübeck u. d. Vernichtung v. Akten d. dortigen Landesversorgungsamtes im Jahre 1923. Zur Erinnerung an Lübecks bedeutendsten Archivar: J. K. (1864–1947), in: ZLGA 70 (1990), S. 229–235.

Porträts: Ölgemälde v. G. Behrens-Ramberg, 1938 (AHL), Abb.: Spies 1981 (s. Lit.), S. 13. – Bronzemedaille v. F. Weber, 1934 (AHL). – Foto, um 1907 (MusKK), Abb.: s. S. 211. – Foto v. R. Mohrmann, 1928 (MusKK), Abb.: Lübecker Generalanzeiger v. 30. 10. 1932. – Foto in VBl 1932/33, S. 10.

Hartmut Bickelmann

KRÜGER, Daniel Christian *Friedrich,* geb. 22. 9. 1819 Lübeck, gest. 17. 1. 1896 Berlin; ev. – Hanseatischer Ministerresident u. Gesandter.

Eltern: Johann Friedrich Krüger, geb. 15. 3. 1788 Matersen (Mecklenburg), gest. 6. 10. 1848 Lübeck, kaufmännischer Senator; Charlotte Elisabeth geb. Schmidt, geb. 1793 Wismar, gest. 30. 12. 1869 Lübeck.

Ehefrau: Elisabeth Donnenberg, geb. 10. 9. 1831 Hamburg, gest. 23. 12. 1889 Berlin; verh. 23. 3. 1850; Tochter d. Georg Heinrich Donnenberg aus Hamburg u. d. Emilie geb. Berckemeyer.

Kinder: 6 Töchter, 3 Söhne, darunter: Friedrich, geb. 11. 1. 1857 Kopenhagen, gest. 30. 6. 1937 Reinfeld, 1890 Vizekonsul in Konstantinopel, 1895 Konsul in Rustschuk (Bulgarien), Manila, Hongkong, bis 1914 Generalkonsul in Seoul (Korea).

K. besuchte das Katharineum in Lübeck, studierte von 1839 bis 1843 Jura in Bonn, Berlin und Göttingen, wurde dort zum Dr. jur. promoviert und machte ein glänzendes Examen am Oberappellationsgericht in Lübeck. Anschließend verbrachte er 1843 sieben Monate in Paris, um seine Kenntnisse der französischen Sprache und des französischen Rechtswesens zu vervollkommnen. 1844 ließ er sich als Advokat und Notar in Lübeck nieder und wurde zum Prokurator am Niedergericht und Oberappellationsgericht bestellt. Er wirkte mit an der Revision der Verfassung (1848) und trat publizistisch für die Handels- und Verkehrsinteressen der Stadt ein.

1850 wurde K. als Vertreter Lübecks in das Erfurter Parlament, das einen kleindeutschen Bundesstaat unter preußischer Führung erstrebte, gesandt und 1851 mit den Verhandlungen der Elbschiffahrtskommission in Magdeburg betraut. Nach Einführung der neuen Verfassung in Lübeck wurde er zum Wortführer des Bürgerausschusses gewählt. Er diente in der Bürgergarde und brachte es bis zum Obristlieutenant, Chef des 1. (aktiven) Bataillons. Als 1855 die USA Dänemark den Sundzoll kündigten und die dänische Regierung alle an der Seeschiffahrt interessierten Mächte zu einer Zollkonferenz nach Kopenhagen einlud, ernannten die Senate der Freien und Hansestädte 1856 K. zu ihrem ständigen Vertreter. Lübecks Bestreben war es, mit der Abschaffung des Sundzolls auch die Beseitigung des dänisch-holsteinischen Durchgangszolls, der den Güterverkehr zwischen der Nord- und Ostsee übermäßig belastete, zu verbinden. Es gelang K., den englischen und den französischen Gesandten von der „Connexität" der beiden Zölle zu überzeugen, so daß Dänemark nachgeben mußte. Der Vertrag von 1857 machte dem Sundzoll ein Ende und ermäßigte den Transitzoll auf ein Fünftel. Es war Lübecks letzte selbständige Beteiligung an der Welthandelspolitik. Dänemark benutzte den Vertrag, um einen Zoll auf der Stecknitz zu erheben; gegen Verzicht auf einen Widerspruch erreichte K. 1858

Friedrich Krüger
Gemälde von A. von Werner, 1889

die Einwilligung Dänemarks zum Bau der Lübeck-Hamburger Eisenbahn. In den folgenden Jahren brachte er die Verhandlungen über die Elbfähre bei Lauenburg und die Verlängerung der Lübeck-Büchener Eisenbahn bis Lüneburg zum guten Abschluß.

Nach Ausbruch des Krieges gegen Dänemark war K. zunächst Bundestagsgesandter in Frankfurt. 1866 wurde er hanseatischer Ministerresident (seit 1888 Gesandter) in Berlin und kam damit in die Umgebung Bismarcks. 1868 erfolgte K.s offizielle Ernennung zum Bundesratsbevollmächtigten für Lübeck und zum Vertreter der Bevollmächtigten für Hamburg und Bremen. Seine Aufgabe war hier die Einordnung der Hansestädte in den neuen Bundesstaat und die Vertretung ihrer Sonderbelange. Für Lübeck galt es zunächst, seine Post- und Telegraphenverhältnisse zu regeln, für Hamburg und Bremen gab es langwierige Zollverhandlungen, bis sie 1888 unter Vorbehalt eines beschränkten Freihafengebietes dem deutschen Zollverein beitraten, während Lübeck schon 1868 beigetreten war.

K.s Hauptarbeit lag in den Ausschüssen des Bundesrates: 1869 wurde er in den Ausschuß für das Justizwesen gewählt, nach der Einführung der Reichsverfassung von 1871 gehörte er den Ausschüssen für das Seewesen, für Handel und Verkehr, für Eisenbahn-, Post- und Telegraphenangelegenheiten, für Elsaß-Lothringen und für den Bau des Reichstagsgebäudes an. Viele seiner Gutachten haben die endgültige Entscheidung des Bundesrates wesentlich beeinflußt. Während des Kulturkampfes gegen die katholische Kirche nahm das Jesuitengesetz sein besonderes Interesse in Anspruch. Die letzten Jahre in Berlin waren ausgefüllt mit Verhandlungen über den Ausbau des Stecknitzkanals. Eine verbesserte Kanalverbindung zwischen der Elbe und der Trave lag umso mehr im Interesse Lübecks, als der neue Nord-Ostsee-Kanal den nordischen Handel auf Hamburg zu ziehen drohte. K. erreichte es, daß die preußische Regierung 1890 ihre Zustimmung zu den Vorarbeiten erteilte und sich drei Jahre später zur Übernahme eines Drittels der Kosten verpflichtete. Die Eröffnung des Kanals 1900 hat er nicht mehr erlebt.

K. war nicht nur eine geistig bedeutende Persönlichkeit, er war auch musikalisch und zeichnerisch begabt. Seine Kohlezeichnungen, zumeist Landschaften aus dem Engadin und Italien, wurden 1890 in der Hamburger Kunsthalle ausgestellt. Für sein soziales Empfinden sprechen sein früher Einsatz für eine zeitgemäßte Reform des Armenwesens in Lübeck, sein Eintritt in das Central-Comité für die Pflege der Verwundeten im Kriege 1870, seine grundlegende Arbeit an dem Gesetz über die Entschädigung für Körperverletzte beim Eisenbahn- und Fabrikbetrieb, das der Reichstag 1871 verabschiedete, seine Anteilnahme an dem Verein für Kinderheilstätten an den deutschen Küsten. K. stand jahrelang an der Spitze des Vereins und widmete ihm bis an sein Lebensende das wärmste Interesse. – Guelphenorden, Hannover. – Dannebrog-Orden, Dänemark. – Großcomthur-Kreuz, Oldenburg. – Roter Adlerorden 2. Kl., Preußen. – Großkreuz des Ordens der italienischen Krone. – Kronenorden 1. Kl., Preußen. – Goldene Medaille „Bene Merenti", Lübecker Senat. – Ehrenmitglied d. VLGA u. d. Kaiserlich Deutschen Archäologischen Instituts Berlin – Rom – Athen.

Quellen: AHL: Senatsakten, Neues Senatsarch. Abt. XIV u. Hanseatische Gesandtschaft zu Berlin.
Nachlaß: AHL.
Werke: Die Lübeck-Schweriner Eisenbahn in ihrem Verhältnis zu Mecklenburg u. seinen Seestädten, Lübeck 1945. – Lübecks Nordischer Handel unter Berücksichtigung seiner Bedeutsamkeit für d. dt. Fabrikation, Lübeck 1848. – Die Umgestaltung d. Gerichtswesens, in: LBl 1850, S. 241–245, 257–260, 284–286, 291–293, 303–306. – Die Handelskammer u. d. Handels- u. Postdepartement, in: ebd. 1851, S. 367–369, 373–376, 381–383, 391–394, 399–401. – Die Verkehrsprotektion in Holstein u. d. direkte Lübeck-Hamburger Eisenbahn, Hbg. 1858.
Literatur: ADB, 51, S. 404–408. – C. F. Wehrmann, Die Entstehung u. Entwicklung d. Eisenbahnverbindungen Lübecks, in ZLGA 5 (1888), S. 26–116. – Ders., Die Betheiligung Lübecks bei d. Ablösung d. Sundzolls, in: ebd. 6 (1892), S. 405–430. – Nekrolog in: LBl 1896, S. 29–31. – E. F. Fehling, Vor fünfzig Jahren. Zur Erinnerung an F.K. u. Lübecks Politik am Sunde, in HG 1906, S. 219–243. – E. Krüger, F. K., ein Lebensbild. Als Familiengesch. zus.gestellt, Weimar 1909. – Zum 100. Geburtstag, in: LBl 1919, S. 479 f. – G. Fink, Diplomatische Vertretungen d. Hanse seit d. 17. Jh. bis zur Auflösung d. Hanseatischen Gesandtschaft in Bln. 1920, in: HG 56 (1931), S. 112–155. – Ders., Dr. F.K., ein Staatsmann in hanseatischen Diensten, in: Wagen 1937, S. 163–168. – Pabst, Generalkonsul a. D. Dr. F. K., in: LBl 1937, S. 612 f. – G. Behrens, Ein Diplomat aus Lübeck. Zum 150. Geburtstag v. F. K., in: LBl 1969, S. 230–233.
Porträts: Ölgemälde v. A. v. Werner, 1889 (MusKK), Abb. s. S. 215. – Gemälde v. J. Scheurenberg (Familienbesitz), Abb.: Wagen 1937, S. 162 u. b. E. Krüger (s. Lit.). – Marmorbüste v. R. Felderhoff (MusKK).

Hedwig Seebacher

KUEHL, *Gotthardt* Johann, geb. 28. 11. 1850 Lübeck, gest. 9. 1. 1915 Dresden;
ev. – Maler.

Eltern: Simon Heinrich Kühl, geb. 22. 11. 1814 Lübeck, gest. 9. 12. 1888 ebd.,
Lehrer, Organist u. Küster; Henriette Caroline Margaretha geb. Borgwaldt, geb.
2. 11. 1815 Lübeck (nicht Lübz), gest. 3. 1. 1884 ebd.

Ehefrau: Henriette Caroline Emma Simonson, geb. 12. 12. 1860 Dresden, gest. 22.
11. 1921 ebd.; verh. 14. 7. 1888; Tochter d. Dresdener Malers David Simonson
(1831–1896; s. Th.-B., 31, S. 79).

Kinder: 1 Tochter.

Schwager: Ernst Oskar Simonson-Castelli (1864–1929), Maler in Dresden (s. Th.-
B., 31, S. 79).

Nach dem Besuch der Elementarschule seines Vaters und der Handelsschule
in Lübeck verließ K. mit siebzehn Jahren seine Vaterstadt, um als Stipendiat an
der Dresdener Akademie seine künstlerische Ausbildung zu beginnen. Seine
dreijährigen Studien zunächst bei Eduard Robert Bary und Karl Gottlob Schön-
herr, dann bei Johann Karl Baehr, Karl Wilhelm Schurig und Friedrich Gonne
förderten ihn nach eigener Aussage jedoch nicht sonderlich. Den jungen Kunst-
studenten zog es im Herbst 1870 nach München, an die damals in Deutschland
fortschrittlichste Kunstakademie, wo seit Maximilian Johann Georg Dillis
(1759–1841) und Eduard Schleich (1812–1874) eine Maltradition gepflegt wurde,
die von sorgfältiger Naturbeobachtung ausging. Auch wurden dort die letzten
Entwicklungen auf dem Gebiet der unmittelbar nach der Natur arbeitenden und
die Wirkungen des natürlichen Lichts wiedergebenden Freilichtmalerei in
Frankreich aufmerksam verfolgt.

In München galt Wilhelm von Diez als einer der aufgeschlossensten Lehrer an
der Akademie. Er führte seine Schüler an den Realismus der holländischen Meister des 17. Jh. heran und hielt sie vor allem zum Naturstudium an. Von ihm erhielt der junge K. entscheidende Anregungen für seine spätere künstlerische
Entwicklung. Auf der Wiener Weltausstellung von 1873, wo er mit seinem Gemälde „Leihanstalt" einen ersten Ausstellungserfolg verbuchen konnte, weckten
die von der akademischen Kunstkritik abschätzig als „Spinatmalerei" apostro-
phierten Bilder der französischen Freilichtmaler in K. den Wunsch, diese Malweise an Ort und Stelle zu studieren. Anläßlich der Pariser Weltausstellung 1878
reiste er in die französische Hauptstadt, die ihn für das nächste Jahrzehnt nicht
mehr aus ihrem Bann entlassen sollte.

K.s Aufenthalt in Paris fiel in die Zeit der Hochblüte des französischen Impressionismus. Die mit lockerem Pinsel gemalten und von großer Leuchtkraft erfüllten Bilder der Impressionisten machten einen tiefen Eindruck auf ihn, doch
hinderte ihn sein Drang nach Wirklichkeitsnähe, vorbehaltlos einer Kunstrich-
tung zu folgen, die die Bedeutung des dargestellten Objektes zugunsten seiner
malerischen Erscheinung zurücktreten ließ. Viel eher entsprachen seinem künstlerischen Temperament die Bilder Édouard Manets, der, in der akademischen
Tradition verwurzelt, das Interesse am Gegenstand nicht verlor und deshalb nur
bedingt den Impressionisten zugerechnet werden kann. Angezogen fühlte sich
K. auch von der Malweise des 1874 gestorbenen Spaniers Mariano Fortuny y

Gotthardt Kuehl
Radierung (Selbstbildnis), 1892

Carbó, dessen Bilder er in Frankreich kennenlernte, und von der des in Paris lebenden Ungarn Mihály Munkácsy, beides Maler, die sich mit den Problemen der Lichtmalerei auseinandersetzten. Auf Reisen nach Holland, die zunächst dem Studium der Realisten des 17. Jh. dienten, knüpfte K. Kontakte zu dem Niederländer Jozef Israels (1824–1911) und den übrigen Mitgliedern der 1866 gegründeten „Société libre des Beaux Arts", die in der Manier altniederländischer Hell-Dunkel-Malerei Szenen aus dem Alltagsleben der arbeitenden Menschen schilderten. In Holland traf K. auch mit Max Liebermann zusammen, dem Künstler, der ihn während seiner Pariser Zeit am stärksten beeindruckte. Wie Liebermann und Fritz von Uhde stellte K. regelmäßig im Pariser Salon aus, er fand dort mit dem Genrebild „Waisenkinder in Lübeck" 1884 außergewöhnliche Beachtung und galt Ende der 1880er Jahre als hervorragender Vertreter der modernen deutschen Malerei.

Im Herbst 1889 kehrte K. nach Deutschland zurück und ließ sich wieder in München nieder, das aber seine führende Stellung unter den deutschen Kunststädten in zunehmendem Maße an Berlin verlor. Während Künstler wie Liebermann, Max Slevogt und Lovis Corinth in die deutsche Hauptstadt gingen, knüpfte K. Kontakte nach Dresden, seiner späteren Wirkungsstätte, wo zu Beginn der 90er Jahre eine kleine Sonderausstellung des Sächsischen Kunstvereins die Dresdener mit seinen Werken bekanntmachte. Er lebte und arbeitete zunächst aber weiterhin in München. Auf den Münchner Jahresausstellungen 1890 und 1891 setzte er sich für eine breite Berücksichtigung der französischen Kunst ein. 1892 war er Mitbegründer der Münchner Sezession, in der sich fortschrittlich gesinnte, nach Frankreich orientierte Künstler zusammenschlossen, die fortan neben den Akademieausstellungen ihre eigenen Sezessionsausstellungen veranstalteten. Als Vorstandsmitglied der Sezession prägte K. das Kunstleben Münchens in diesen Jahren wesentlich mit.

1895 wurde K. zum Leiter der Klasse für Genremalerei an der Dresdener Akademie berufen. Er war dort zu diesem Zeitpunkt der einzige „moderne" Lehrer und wurde mit Mißtrauen empfangen, erwarb sich jedoch in der Öffentlichkeit wie bei seinen Studenten bald Sympathien. Der Schwerpunkt seiner Arbeit lag zunächst im kunstpolitisch-organisatorischen Bereich und auf seinem Lehramt. Die akademische Ausbildung in Dresden gewann durch ihn an Toleranz und stilistischer Vielfalt, und die seit 1897 regelmäßig stattfindenden internationalen Kunstausstellungen, die K. statt der traditionellen Akademieausstellungen einführte, weckten Aufgeschlossenheit für neue Kunstrichtungen und trugen entscheidend dazu bei, den Impressionismus in Dresden bekannt zu machen. Durch K.s Reformen auf dem Gebiet des Ausstellungswesens, der Kunstförderung, der Kunstakademie und der lokalen Kulturpolitik war Dresden um die Jahrhundertwende neben München, Wien und Berlin wieder eine Kunstmetropole ersten Ranges. 1901 gründete K. zusammen mit Freunden und Schülern die Künstlergruppe der „Elbier". Von Studienreisen nach Italien, Süddeutschland, Salzburg und von häufigen Sommerreisen in seine norddeutsche Heimat abgesehen, blieb er bis zu seinem Tode in Dresden.

Ausgehend von einem an den holländischen Meistern des 17. Jh. orientierten malerischen Realismus, beeinflußt von Gustave Courbet, Manet und Max Liebermann, vertraut mit den Werken Israels und der französischen Impressionisten nahm K. viele Anregungen auf und verarbeitete sie in seinen Bildern zu einer lichterfüllten Malerei. Seine sachliche und emotionslose Schilderung der Menschen in ihrer Arbeitswelt und ihrem sozialen Umfeld wurde von Traditionalisten, denen nur historische und mythologische Themen bildwürdig erschienen, als „Armeleute-Malerei" abqualifiziert. Den bereits 1872 mit der „Leihanstalt" angesprochenen Themenkreis setzte K. fort mit Bildern wie „Segelmacherwerkstatt" (1. Hälfte 1880er Jahre), „Blick in die Essigfabrik bei den Mühren in Hamburg" (um 1891) oder „Vor der Schicht" (2. Hälfte 1890er Jahre). Ohne sentimentale Verbrämung malte er aus dem Alltagsleben gegriffene Genreszenen („Sonntagnachmittag in Holland"; „Traurige Nachrichten", Ende 1880er Jahre), wie Liebermann mit Vorliebe auch Szenen aus Waisenhäusern und Altmännerheimen („Im Danziger Waisenhaus", um 1900). In seiner Vaterstadt malte K. u. a. „Waisenkinder in Lübeck" (1884) und „Altmännerhaus in Lübeck" (um 1895). Am bekanntesten ist sein Triptychon „Im Lübecker Waisenhaus" (um 1895) geworden, bei dem er die Form mittelalterlicher Flügelaltäre für das profane Thema übernimmt und zudem noch den Blick in die Waisenküche ins Zentrum rückt, während die sonst eher als darstellungswürdig betrachteten Themen „Das Schulzimmer" und „Der Kirchgang" auf den Seitentafeln abgehandelt werden. Fortgesetzt wird das Thema mit den um 1912 entstandenen Bildern „Waisenkinder in Lübeck, Strümpfe stopfend" und „Schneiderstube im Waisenhaus zu Lübeck". In seiner letzten großen Schaffensphase malte K. eine Fülle von hellen, lichtdurchfluteten Interieurs und Städtebildern vor allem von Dresden. 1910 erhielt er dort den Auftrag, für den Stadtverordnetensaal des neuen Rathauses elf Stadtansichten zu malen. Auch von anderen Orten, an denen er gelebt hatte oder die er auf seinen Reisen besuchte, hinterließ er Ansichten, z.B. von München, Salzburg, Überlingen und Hamburg. In Lübeck malte er vorwiegend Interieurs, u.a. das Innere des Doms (1911/12).

K.s Werk stellt einen bedeutenden Beitrag zur Kunst des deutschen Impressionismus dar. Von der zeitgenössischen Kunstkritik wurde lobend hervorgehoben, daß er in stärkerem Maße als Liebermann der malerischen Auflösung der Wirklichkeit in eine Lichtvision widerstanden habe. Seine spontane Malweise, die hellen Töne seiner Palette mit den im Licht sich verändernden Farben, der scheinbar zufällig gewählte Bildausschnitt und nicht zuletzt seine Vorliebe, Motive – wie z. B. die Augustusbrücke in Dresden – immer wieder unter verschiedenen Lichtverhältnissen zu malen, sind zweifellos vom französischen Impressionismus beeinflußt. Dennoch hat K. den Impressionismus in seiner letzten Konsequenz nicht übernommen, da er weder den Gegenstand noch die Bildstruktur den malerischen Mitteln untergeordnet hat. Bei aller Modernität blieb er der Genremaler und Spezialist für Interieurs und Städtebilder. Von der zeitgenössischen Kritik hochgerühmt, wurde er schon 10 bis 15 Jahre nach seinem Tod in Gesamtdarstellungen der Epoche nur noch beiläufig erwähnt. Nach einer Gedächtnisausstellung in Dresden 1917 machte erst 1993 eine Personalausstellung in Dresden und Lübeck wieder auf sein Gesamtwerk aufmerksam. – Ehrenmitglied der International Society of Painters, Sculptors and Gravers. — Mitglied der Société Nationale des Beaux Arts de Paris, 1890. – Ordentliches Mitglied der Pariser Marsfeldgesellschaft, 1891. – Ritter der Ehrenlegion.

Quellen: Verz. in: G.K. 1850–1915, hrsg. v. G. Gerkens u. H. Zimmermann, Austellungskat. Lpz. 1993, S. 218 f. Zu ergänzen durch: Th. B., 22, S. 55 u. F. v. Boetticher, Malerwerke d. 19. Jh., 1, Lpz. 1891, S. 819 f.
Werke: Verz. in: G. K. 1850–1915 (s. Qu.), S. 191–217.
Literatur: Verz. in: G. K. 1850–1915 (s. Qu.), S. 217 f. – Ältere Lit. verz. b. Th.-B., 22, S. 55. – Zu ergänzen: NDB, 13, S. 187 f. – Ausstellungskat. Dt. Kunst d. 19. u. 20. Jh., Altes Mus., Nationalgalerie Bln. 1966. – E. Bénézit, Dictionnaire critique et documentaire des Peintres, Sculpteurs, Dessinateurs et Graveurs, 5, Paris 1966, S. 323 f. – Ausstellungskat. Die Münchner Schule 1850–1914, Bayerische Staatsgemäldeslg.en u. Haus d. Kunst, München 1979, S. 262 f. – B. S. Lange-Pütz, Naturalismusrezeption im ausgehenden 19. Jh. in Deutschland, Bonn 1987. – M. Zimmermann, G. K., in: Gedenktage d. mitteldt. Raumes, hrsg. v. d. Stiftung Mitteldt. Kulturrat, Bonn 1990, S. 49–53 (m. weiteren Lit.angaben).
Porträts: Selbstbildnis (Radierung), 1892 (MusKK), Abb. s. S. 218. – Selbstbildnis (Gemälde), 1902, ehemals Slg. P. Leopold, Dresden, Abb.: G.K. 1850–1915 (s. Qu.), S. 165. – Gemälde v. F. Dorsch, 1905 (Dresden, Stadtmus.), Abb. ebd., vor d. Titelseite. – Büste v. P. Pöppelmann, um 1908 (Dresden, Hochschule f. bildende Künste), Abb. ebd. S. 185. – Karrikatur v. G. O. Erler, 1910, Abb. ebd. S. 186.

Maria Zimmermann

LEBER, *Julius* Hieronymus, geb. 16. 11. 1891 Biesheim b. Neubreisach (Elsaß), gest. (hingerichtet) 5. 1. 1945 Berlin-Plötzensee; kath. – Politiker, Journalist, Widerstandskämpfer.
Eltern: Katharina Schubetzer (seit 29. 11. 1895 verh. Leber), geb. 22. 1. 1868 Biesheim, gest. 2. 5. 1948 Neubreisach. Vater vermutlich Xaver Stentz, geb. 19. 1. 1867 Biesheim, gest. 5. 8. 1938 ebd., Kleinbauer.
Ehefrau: Annedore Auguste Rosenthal, geb. 18. 3. 1904 Berlin-Wilmersdorf, gest. 28. 10. 1968 Berlin-Zehlendorf; verh. 21. 11. 1927 Lübeck; Tochter d. Lübecker Oberstudiendirektors Georg Rosenthal (1874–1934) u. d. Auguste geb. Bauch.
Kinder: 1 Tochter, 1 Sohn.
L. stammte aus kleinbäuerlich-proletarischen Verhältnissen; nur unter Schwierigkeiten konnte er weiterführende Schulen besuchen. Nach dem Einjährig- Freiwilligen-Examen (Obersekundareife) an der Großherzoglichen Höheren Bürgerschule in Breisach absolvierte er 1908–1910 eine Kaufmannslehre und trat dann in die Unterprima der Rotteck-Oberrealschule in Freiburg ein, wo er 1912 das Abitur machte. Danach studierte L. Volkswirtschaft in Straßburg und Freiburg. Im August 1914 unterbrach er sein Studium, um sich als Kriegsfreiwilliger zu melden. Er wurde 1915 Leutnant, wurde mehrfach verwundet und ausgezeichnet. Nach Kriegsende blieb L. Soldat und wurde im Grenzschutz im Osten eingesetzt. Bei Belgard in Hinterpommern erlebte er den Kapp-Putsch, den er mit den ihm unterstellten Soldaten und in Zusammenarbeit mit der Belgarder Arbeiterschaft bekämpfte. Nach Niederschlagung des Putsches wurde er wegen

Gehorsamsverweigerung belangt, während die am Putsch Beteiligten nur milde
bestraft wurden. Enttäuscht über die Mißachtung republikanischer Gesinnung
in der Armee nahm L. wieder sein Studium in Freiburg auf und schloß es am 3.
12. 1920 mit der Promotion ab. In seiner Dissertation über „Die ökonomische
Funktion des Geldes im Kapitalismus" setzte er sich mit seinen Universitätsleh-
rern Georg Friedrich Knapp und Karl Diehl auseinander.

Vermutlich noch als Schüler war L. in die SPD eingetreten. Nachdem er 1920
erste Verbindungen zur Lübecker Sozialdemokratie geknüpft hatte, wählte ihn
deren Presse-Kommission 1921 zum Redakteur des „Lübecker Volksboten".
Noch im gleichen Jahr wurde er Abgeordneter der Lübecker Bürgerschaft, der er
bis 1933 ununterbrochen angehörte. Seit 1924 war er auch Mitglied des Reichstags, ebenfalls bis 1933. Als Redakteur der Parteizeitung und Abgeordneter profilierte sich L. von Anfang an als kämpferischer Republikaner. Er scheute die direkte Auseinandersetzung mit dem politischen Gegner nicht und beantwortete
Angriffe gegen die Republik von der politischen Rechten eindeutig und in der
Sprache gelegentlich polemisch. Nicht weniger deutlich ging er mit Parteifreun-
den in Lübeck wie im Reich ins Gericht, die zum Kompromiß neigten, was L. für
einen Grundfehler sozialdemokratischer Politik hielt. In seiner ideologischen
Einstellung verstand er sich zunächst als radikal im Parteisinne, ging also von
einer marxistischen Grundorientierung sozialdemokratischer Programmatik
aus. Von dieser Position bekämpfte er den Versuch einer ideologischen Neuorientierung der SPD im Görlitzer Programm von 1921. Von der Wiedervereini-
gung mit der USPD 1922 versprach er sich eine deutlich links orientierte aktivi-
stischere Politik seiner Partei. Erst allmählich wuchs in ihm die Erkenntnis, daß
es gerade die Bindung an die Marxsche Lehre war, die die politische Aktivität
der Sozialdemokraten hemmte. Seit 1924 entwickelte er in Ansätzen Überlegungen zu einer ideologischen Neuorientierung der SPD. Aus der Rückbesinnung
auf freiheitliche Traditionen in der neueren Geschichte Deutschlands und Europas, insbesondere auf die bürgerlichen Freiheitsbewegungen des 19. Jh., sollte
die Sozialdemokratie gewissermaßen als Erbe des Bürgertums eine freiheitliche
Komponente entwickeln und durch das Soziale ergänzen. L. prägte dafür die
Begriffe „sozialer Arbeitsstaat des 20. Jh.", „soziale Republik" und auch bereits
den Begriff der „sozialen Demokratie". Die Forderung nach einer neuen sozialen
Ordnung, in der an die Stelle des Besitzes als bestimmendes Element die Arbeit
treten sollte, bildete den Kern seines politischen Denkens. Hinzu kam bei ihm
eine deutlich nationale Komponente; für L. war, anders als für viele seiner Partei-
freunde, die Bindung der Sozialdemokratie an die Nation unabdingbar. Daß
auch die „soziale Republik" notwendig der Organisationsform des Staates bedurfte, war für L. unstreitig, ebenso, daß zwischen Staat und Macht, also auch
staatlicher Machtausübung, ein untrennbarer Zusammenhang bestand. Daß es
in seiner Partei Kräfte gab, die diesen Zusammenhang negierten und ihre Ablehnung alles Staatlichen schlechthin versteckt über die in der Sozialdemokratie
wenig geschätzte Wehrpolitik austrugen, hat ihn, der sich als Reichstagsabgeordneter überwiegend mit Wehrproblemen beschäftigte, dazu bewogen, mit Be-
harrlichkeit immer wieder darauf zu verweisen, daß ein Staat ohne Machtmittel,

also auch ohne Armee, nicht lebensfähig sei. Daß sich seine Partei so schwer tat, ihm darin zu folgen, daß zwischen Arbeiterschaft, Republik und Reichswehr ein gemeinsames Fundament bestehen müsse, erlebte er auch als persönliche Niederlage. Neben anderen, z. B. Theodor Haubach, Carlo Mierendorff und Kurt Schumacher, gehörte L. zu den Kritikern verhärteter Organisations- und Führungsstrukturen in der SPD, er beklagte Stagnation und Mangel an Initiative in der Partei. Als Pragmatiker mit ausgeprägtem Gespür für politische Machtfragen betonte L. auch die Notwendigkeit aktiven demokratischen Führertums und kritisierte das Verhältniswahlrecht der Weimarer Republik, weil es verhindere, daß kämpferische Persönlichkeiten mit starker Ausstrahlungskraft die Politik bestimmten. Demokratie war für L. auch Mittel zur Führungsauslese.

In der Nacht vom 31. 1. zum 1. 2. 1933 wurde L. in Lübeck in eine Schlägerei mit Nationalsozialisten verwickelt, verletzt und für einige Tage verhaftet. Erneut verhaftete man ihn am 23. 3. 1933 vor der Reichstagssitzung in der Krolloper in Berlin, um zu verhindern, daß er an der Abstimmung über das Ermächtigungsgesetz teilnahm. Die über ihn verhängte ‚Schutzhaft‘ konnte in Untersuchungshaft umgewandelt werden, weil wegen der Januar-Schlägerei Anklage gegen ihn erhoben wurde. In der Untersuchungshaft entstand die sich kritisch mit der Sozialdemokratie, ihrer Geschichte und Politik auseinandersetzende Schrift „Die Todesursachen der deutschen Sozialdemokratie“. L. wurde zu zwanzig Monaten Haft verurteilt, die er in Lübeck-Lauerhof und Wolfenbüttel absaß. Anschließend wurde er in den Konzentrationslagern Esterwegen und Sachsenhausen festgehalten. Dem unablässigen Bemühen seiner Frau war es zu verdanken, daß er im Mai 1937 entlassen wurde.

In Berlin, wo seine Frau inzwischen eine Existenz gefunden hatte, traf L. bald mit anderen dorthin verschlagenen Sozialdemokraten, insbesondere Gustav Dahrendorf, Ernst v. Harnack und Ludwig Schwamb, zusammen. Man hielt zunächst Kontakt auf freundschaftlicher Basis, seit 1938 wurden weitere Verbindungen geknüpft, und 1938/39 versuchte man angesichts des drohenden Krieges erstmals, Kräfte für einen Umsturz zu sammeln, was sich aber zerschlug. Seit dem 1. 6. 1939 war L. Teilhaber einer Kohlenhandlung. Diese Tätigkeit verschaffte ihm den Freiraum für Kontakte mit Gleichgesinnten, was für die weitere Widerstandsarbeit unabdingbar war. 1943 begann eine intensivierte Phase des Widerstands. Der Kreisauer Kreis, die Gruppe um Carl Goerdeler und der militärische Widerstand, insbesondere Claus Graf Schenk v. Stauffenberg, traten mit L. in Verbindung, um mit ihm einen führenden Repräsentanten der sozialistischen Arbeiterschaft für den Umsturz zu gewinnen. Die Neuordnungsvorstellungen der Kreisauer und die der Goerdeler-Gruppe blieben L. zwar weitgehend fremd, doch verschloß er sich der Mitarbeit nicht, weil es ihm primär um den Umsturz ging. Er nahm den verschiedenen Gruppen gegenüber eine unabhängige Stellung ein, rückte jedoch bald in eine Schlüsselposition vor. Mit Stauffenberg teilte L. die Abneigung gegen die akribische Planungstätigkeit besonders der Goerdeler-Gruppe. Beide vertraten die Auffassung, daß der Umsturz durch tatkräftige und verantwortungsbewußte Führerpersönlichkeiten mit Rückhalt im Volk durchgeführt werden müsse. Basis des Umsturzes sollte nach L.s von

Carlo Mierendorff übernommener Vorstellung eine umfassende Volksbewegung sein, in die alle sozialen und demokratischen Kräfte einbezogen waren. Gegen die Bedenken der Mitverschwörer setzte L. durch, daß durch Kontakte mit den Kommunisten der Versuch der Einbeziehung auch der äußersten Linken in diese Volksbewegung unternommen wurde. An den Überlegungen für Presse- und Rundfunkarbeit für die Zeit nach geglücktem Umsturz war L. maßgeblich beteiligt. In der geplanten Regierung war er als Innenminister vorgesehen.

Vermutlich als Folge der Kontaktaufnahme mit den Kommunisten wurde L. am 5. 7. 1944 in Berlin verhaftet. Über Zwischenstationen kam er, bereits mit Spuren von Mißhandlungen, in das Zuchthaus Brandenburg. Mit anderen im Zusammenhang mit dem mißglückten Attentat vom 20. Juli 1944 Verhafteten wurde L. in der Sicherheitspolizeischule Drögen vernommen. Erst unter dem Druck von Mißhandlungen und nach der Mitteilung, man habe auch seine Frau und Kinder verhaftet, begann er auszusagen, jedoch ohne Mitverschwörer zu belasten. Zusammen mit Gustav Dahrendorf, Adolf Reichwein und Hermann Maaß wurde er des Hoch- und Landesverrats angeklagt, am 20. 10. 1944 vor den Volksgerichtshof gestellt und zum Tode verurteilt. Das Urteil wurde am 5. 1. 1945 vollstreckt.

L.s politische Haltung war von sozialer und republikanischer Gesinnung, starkem Rechtsgefühl und deutlicher nationaler Grundeinstellung geprägt. Seine in der Weimarer Zeit entwickelten Überlegungen zur ideologischen Neuorientierung der Sozialdemokratie, die in ähnlicher Weise auch von den anderen sogenannten „militanten Sozialisten" dieser Zeit, Theodor Haubach, Carlo Mierendorff und Kurt Schumacher, vertreten wurden, haben die deutsche Sozialdemokratie nach 1945 deutlich mitgeprägt.

Nachlaß: Aufzeichnungen, Tagebuchnotizen, Korrespondenzen in Familienbesitz, Kopien im Bundesarch. Koblenz.
Werke: Ein Mann geht seinen Weg. Schrr., Reden, Briefe, Bln. u. Ffm. 1952. – Schrr., Reden, Briefe 1920–1945, hrsg. v. D. Beck u. W. F. Schoeller, München 1976.
Literatur: NDB, 14, S. 18 f. – A. Leber, Sozialdemokraten um d. 20. Juli, Bln. 1946. – Dies., Das Gewissen steht auf. 64 Lebensbilder aus d. dt. Widerstand, Bln. u. Ffm. 1954, S. 224–227. – G. van Roon, Neuordnung im Widerstand. Der Kreisauer Kreis innerhalb d. dt. Widerstandsbewegung, München 1967, S. 204–209. – H. u. I. Bohrmann, J. L. (1891–1945), in: P. Glotz/W. R. Langenbucher (Hrsg.), Vorbilder f. Deutsche. Korrektur einer Heldengalerie, München 1974, S. 236–254. – D. Beck, J. L. Sozialdemokrat zwischen Reform u. Widerstand, Bln. 1983. – Dies., J. L. in: R. Lill/H. Oberreuter (Hrsg.), 20. Juli. Portraits d. Widerstands, Düsseldorf u. Wien 1984, S. 147–158. – Dies., Th. Haubach, J. L., C. Mierendorff, K. Schumacher. Zum Selbstverständnis d. „militanten Sozialisten" in d. Weimarer Republik, in: Arch. f. Sozialgesch. 26 (1986), S. 87–123. – Der Kreisauer Kreis. Das biogr. u. genealogische Bild einer Widerstandsgruppe, Bln. 1984 (Der Herold 11, Sonderh. Juli 1984), S. 60–65. – H. Lund, Der Prozeß gegen Dr. J. L., in: LBl 1983, S. 69–72. – H. Mommsen, J. L. u. d. dt. Widerstand gegen Hitler, in: Gedenkfeier aus Anlaß d. 40. Todestages d. . . . Dr. J. L., [Lübeck 1985] (Dokumentationen zum Zeitgeschehen in d. Hansestadt Lübeck, hrsg. v. Presse- u. Informationsamt d. Hansestadt Lübeck).
Porträts: Fotos u. a. b. Beck 1983 (s. Lit.), darunter: Foto (Privatbesitz Katharina Christiansen geb. Leber, Ottobrunn), Abb.: SHBL, 8, Taf. 7.

Dorothea Beck

LEITHOFF, Matthias Ludwig, geb. 22. 5. 1778 Lübeck, gest. 20. 11. 1846 ebd.; ev. – Arzt.

Eltern: Franz Ludwig Leithoff, get. 1. 2. 1748 Lübeck, gest. 22. 10. 1821 Eutin, Kaufmann in Lübeck; Magaretha Sara geb. Eberwein, verw. Jentzen, get. 16. 5. 1743 Hamburg, gest. 5. 4. 1812 Lübeck; Tochter d. Hamburger Lehrers Joachim Gotthard Eberwein.

Ehefrau: Charlotte Dorothea Overbeck, geb. 23. 12. 1790 Lübeck, gest. 9. 2. 1872 ebd.; verh. 16. 5. 1809 ebd.; Tochter d. Lübecker Dichters u. Bürgermeisters Christian Adolph Overbeck (s. d.) u. d. Elisabeth geb. Lang.

Kinder: 3 Töchter; eine weitere Tochter starb früh.

L. war infolge eines Sturzes im Alter von drei Jahren, durch den die Sehnen seines linken Beines verkürzt wurden, bis zu seinem sechsten Lebensjahr gehunfähig. Zunächst erhielt er Privatunterricht durch den Kandidaten und späteren Pastor an der Lübecker Jakobikirche Bernhard Eschenburg. Nach dem Besuch des damals sehr angesehenen Gymnasiums in Stade begann er 1797 das Studium der Medizin in Jena; 1799 wechselte er an die Univ. Göttingen. Um sein Bein – besonders durch eigene Muskelübungen – vollständig zu kurieren, hielt er sich um 1800 für ein Jahr in Erfurt auf. Von 1801 bis 1803 setzte er sein Medizinstudium in Jena fort, wo er enge Kontakte zu seinen Lehrern, vor allem dem Anatomen, Chirurgen und Gynäkologen Justus Christian Loder und dem Gynäkologen Ludwig Friedrich Froriep pflegte. Während seiner praktischen Ausbildung bei Loder erwarb sich L. so viel Vertrauen, daß er während einer Auslandsreise Frorieps als dessen Vertreter zum „Subdirektor" der Jenaer Entbindungsanstalt ernannt wurde. Eine von Loder vermittelte Berufung nach Rußland lehnte L. ab. Am 3. 2. 1803 wurde er mit einer Arbeit „Meletemata quaedam obstetricia" zum Doktor der Medizin promoviert. Um seine praktischen medizinischen Kenntnisse zu erweitern, arbeitete er anschließend in Wien an der Augenklinik Georg Joseph Beers, den er bereits in Jena kennengelernt hatte.

Im Frühjahr 1804 kehrte L. über Berlin nach Lübeck zurück und eröffnete hier eine Stadtpraxis, die regen Zulauf hatte. Gleichzeitig arbeitete er als Arzt im St.-Annen-Armen- und Werkhaus, wo er Verbesserungen in der Ernährung, Unterbringung und Behandlung der Kranken durchsetzte. Mit anderen Lübecker Ärzten erklärte L. sich 1804 bereit, die medizinische Versorgung der Armen vor den Toren zu übernehmen. In den Wochen nach der Erstürmung Lübecks durch französische Truppen im November 1806 bemühte er sich intensiv um die verwundeten Soldaten und die zahlreichen Kranken in der Stadt. Er infizierte sich dabei mit dem Fleck- und Faulfieber, von dem er nur langsam genas. 1809 war L. Mitbegründer des Ärztlichen Vereins zu Lübeck und 1820 dessen Vorsitzender. Als im Winter 1813/14 mehrere tausend von den Franzosen vertriebene Hamburger nach Lübeck flohen, übertrug der Senat L. im Januar 1814 die Einrichtung von Hospitälern. Nach der Behandlung zahlreicher Fieberkranker erkrankte L. selbst wieder schwer am Fieber.

Bereits während seiner Tätigkeit als praktischer Arzt hatte L. sich der Heilung von Erkrankungen des Knochenbaus gewidmet. Sein Interesse an der Orthopädie geht vermutlich auf die Selbstheilung seines Beines im Jahre 1800 und die

*Matthias Ludwig Leithoff
Gemälde von R. Suhrland, 1827*

1811 begonnene, sechs Jahre dauernde und ebenfalls erfolgreiche Heilung seiner Tochter, die mit Klumpfüßen geboren wurde, zurück. Im Oktober 1818 richtete er in der heutigen Schildstraße ein orthopädisches Institut ein. Aufgrund der steigenden Zahl von Patienten konnte es bis 1828 durch den Ankauf von acht Grundstücken in der angrenzenden St.-Annen-Straße beträchtlich erweitert werden. 1826 gab L. seine Stadtpraxis auf, um nur noch für sein orthopädisches Institut zu arbeiten. Er wurde von 14 Angestellten und von seinen Schwestern unterstützt, die den Haushalt leiteten bzw. Patienten betreuten. Durch die Heilerfolge sowie Berichte von Besuchern wurde L.s Institut weit über Norddeutschland hinaus bekannt, seine Patienten kamen auch aus den skandinavischen Ländern und Rußland. Es waren vor allem Kinder, denn nur bei ihnen waren Verwachsungen des Knochenbaus noch regulierbar. Sie lebten in dem Institut und erhielten hier auch Schulunterricht. In den 26 Jahren des Bestehens des Instituts wurden rund 300 Patienten behandelt; in den 1830er Jahren betreute L. ständig etwa 100 Patienten, 60 davon stationär. Infolge eines zunehmenden Gichtleidens mußte er zu Beginn der 1840er Jahre seine Tätigkeit einschränken und war 1844 gezwungen, sein Institut zu schließen. Pläne, es in ein städtisches Krankenhaus umzuwandeln, wurden nicht verwirklicht.

L. war der Gründer eines der ersten orthopädischen Institute in Deutschland und der erste Facharzt in Lübeck. Da die staatliche Anerkennung der Orthopädie an den Universitäten und in der klinischen Praxis erst in der zweiten Hälfte des 19. Jh. einsetzte, war die Existenz des Lübecker Instituts – wie die der meisten anderen damals bestehenden – ganz von dem persönlichen Engagement seines Gründers abhängig. L.s Wirken fand deshalb keine unmittelbare Fortsetzung in Lübeck. Bei seinen Behandlungsmethoden, über die er nichts veröffentlicht hat und die nur in ihren Grundzügen aus den Beschreibungen der Besucher bekannt sind, mußte er sich gegen die Kritik der medizinischen Kollegen und auch gegen Widerstand von seiten der Verwandten der Patienten durchsetzen. Anstoß wurde auch an den hohen Kosten der Behandlung genommen, die sich nur wohlhabende Familien leisten konnten. Für die damalige Zeit erscheinen L.s Behandlungsmethoden – der Einsatz unterschiedlicher orthopädischer Apparate, intensive gymnastische Übungen und eine begleitende psychologische Betreuung der Patienten – jedoch durchaus als fortschrittlich. Seine Tätigkeit als Arzt und seine Erfolge als Orthopäde brachten ihm deshalb auch vielfältige Anerkennung. Für seine Verdienste bei der Versorgung der Verwundeten im Winter 1806/07 wurde L. 1809 von König Friedrich Wilhelm III. der Titel eines preußischen Hofrats verliehen. Die Patriotische Gesellschaft in Hamburg ernannte ihn 1816 zum assoziierten Mitglied, die Gesellschaft der Naturforscher zu Moskau zum Ehrenmitglied. In den Jahren 1839 bis 1841 erhielt er den schwedischen Wasaorden, das oldenburgische Ehren-Kleinkreuz des Haus- und Verdienstordens, das dänische Ritterkreuz vom Dannebrog sowie das portugiesische Ritterkreuz des militärischen Christus-Ordens.

Quellen: AHL: Personenkartei; Slg. Hach; Familienarch. L. 1 u. 2; Familienarch. Meier 55–58. – StA Hamb.: Taufbuch St. Nicolai, 1743, S. 98; Traubuch St. Petri, 1769, S. 84, Nr. 16. – L. F. Froriep, Orthopädische Institute in Deutschland, in: Notizen aus d. Gebiete d. Natur- u. Heilkunde 1 (1821), S. 265–268. – Journal d. menschenliebenden Ges. in Petersburg (1821), S. 48–57. – G. Downes, Letters from Mecklenburg and Holstein, London 1822, S. 58–60 (SHLB). – Die Leithoffsche Kranken-Anstalt in Lübeck, in: Morgenbl. f. gebildete Stände 16 (1822), S. 849 f., 855. – H. Chr. Zietz, Ansichten d. Freien Hansestadt Lübeck u. ihrer Umgebungen, Ffm. 1822, S. 294 f. – [Balk-Poleff,] Souvenir de 1833, o. O., o. J. (Sonderdruck im AHL, Familienarch. Meier Nr. 55). – LBl 1845, S. 398–400, 408–412.
Literatur: ADB, 18, S. 228–231. – Nachruf: C. A. H. Meier, M.L.L., in: LBl 1847, S. 42–45, 52–54 (auch als Sonderdruck, Lübeck 1847); etwas erweitert in NNdD 24 (1846), Weimar 1848, S. 755–764. – VBl 1897, S. 86 f. – Th. Eschenburg, Der ärztliche Ver. zu Lübeck 1809–1909, Wiesbaden 1909, S. 12 f. – M. Fehling, Dem Andenken M.L.L.s, in: LBl 1916, S. 305–308. – BLÄ, 3, S. 733. – F. v. Rohden, Der ärztliche Ver. zu Lübeck, Lübeck 1959, S. 13, 16, 24, 37, 152, 239, 265. – B. Valentin, Gesch. d. Orthopädie, Stgt. 1961, S. 43, 157, 233 f. – Ders., M.L.L. (1778–1846) u. sein orthopädisches Inst. in Lübeck, in: LBl 1965, S. 232–236, 244. – H.-B. Spies, Ernennung eines Lübecker Arztes z. preußischen Hofrat, in: Wagen 1986, S. 121–124.
Porträts: Gemälde v. R. Suhrland, 1827 (MusKK), Abb.: s. S. 226. – Kreidezeichnung v. W. Pero, danach Litho v. J. N. Strixner (MusKK), Abb.: LBl 1965, S. 232.

Ortwin Pelc

LINK, *Hermann* Heinrich Johannes, geb. 19. 3. 1879 Wittingen (Hannover), gest. 8. 1. 1964 Lübeck; ev. – Jurist.

Eltern: Christian Friedrich Link, geb. 8. 3. 1845 Wustrow (Hannover), gest. 12. 7. 1899 Lübeck, Apotheker; Elisabeth Juliane Johanne geb. Nicolai, geb. 15. 11. 1852 Gronau, gest. 2. 2. 1927 Lübeck.

Ehefrau: Elise *(Lies)* Schumacher, geb. 10. 11. 1880 Leer (Ostfriesland), gest. 12. 10. 1958 Lübeck; Tochter d. Baumeisters Ernst Christian Schumacher (1830–1908) u. dessen 2. Ehefrau Ulrike Emilie Louise Neumann (1845–1918).

Kinder: 3 Töchter, 2 Söhne.

Im Alter von zehn Jahren kam L. nach Lübeck, wo sein Vater eine Apotheke übernahm. Der Schulbesuch im Katharineum hinterließ bei ihm keine nachhaltigen Eindrücke. Mit seinem Klassenkameraden G. Radbruch (s.d.) verband ihn jedoch eine Freundschaft, die über die gemeinsamen Jugend- und Schuljahre hinaus andauerte.

L. studierte nach dem Abitur 1898 sechs Semester Rechtswissenschaften an den Univertitäten Leipzig, Marburg, Berlin und Göttingen. Außerdem hörte er Vorlesungen an anderen Fakultäten, vor allem in den Fächern Philosophie und Geschichte. In Berlin besuchte er neben dem Studium die Journalistenschule und schuf damit die Grundlage für seine spätere publizistische Tätigkeit. Der Leipziger Historiker Rudolph Sohm machte ihn auf Friedrich Naumann (1860–1919) aufmerksam, und auf Anregung Sohms und Naumanns begann L. sich für die soziale Arbeit zu begeistern. 1903/04 war er Mitglied in Naumanns „Nationalsozialem Verein", im übrigen hat er nie einer politischen Partei angehört. 1902 wurde L. in Göttingen mit einer Dissertation über „Die Stellung der Einzelhaft im heutigen deutschen Strafvollzuge" zum Dr. jur. promoviert, anschließend kehrte er als Referendar nach Lübeck zurück. Die zweite juristische Staatsprüfung bestand er im April 1905 vor dem Obergericht der drei Hansestädte, dem Hanseatischen Oberlandesgericht in Hamburg.

Nach der Rückkehr nach Lübeck widmete L. sich vor allem der Volksbildung und Sozialfürsorge. An seine Dissertation anknüpfend, wies er 1902/03 in Zeitschriftenartikeln auf die Reformbedürftigkeit des überalterten Lübecker Strafvollzugs hin und gab den Anstoß zum Neubau des Zentralgefängnisses Lauerhof, der 1908 fertiggestellt wurde. Gleichzeitig setzte er sich für die Verbesserung der Öffentlichen Bücher- und Lesehalle ein, die damals noch von einem Verein getragen wurde, der ihn 1903 in seinen Vorstand aufnahm und 1906 zum Vorstandsvorsitzenden wählte (bis 1909). Bis zur Einstellung der Bibliothekarin B. Otten (s.d.) im Jahre 1905 verrichtete L. in der Bücherhalle auch praktische Tätigkeiten wie Buchanschaffung und ausleihe. 1902 wurde er Mitglied der Gesellschaft zur Beförderung gemeinnütziger Tätigkeit, von 1905 bis 1908 redigierte er deren Zeitschrift, die „Lübeckischen Blätter".

1904 regte L. in einem Aufsatz in den Lübeckischen Blättern die Einrichtung einer öffentlichen unentgeltlichen Rechtsauskunftsstelle für Minderbemittelte an, wie es sie schon in anderen Städten gab. Sie wurde 1905 gegründet, zunächst in der Trägerschaft eines privaten Vereins, und L. wurde als ihr Leiter angestellt. Seit 1910 wurde sie mit öffentlichen Mitteln gefördert, gleichzeitig wurde L. als

Hermann Link, um 1936

ihr Leiter Beamter des Lübecker Stadt- und Landamts. Die Rechtsauskunftsstelle sollte Minderbemittelte durch Rechtsauskünfte vor Nachteilen schützen, aber auch Streitfälle schlichten und soziale Nöte lindern, womit sie die Aufgaben des späteren Wohlfahrtsamts vorwegnahm. Die Arbeit in der Rechtsauskunftsstelle lieferte L. Material für regelmäßige Beiträge in der Zeitschrift „Soziale Praxis", im übrigen fanden auch die Jahresberichte der Rechtsauskunftsstelle überregional Beachtung. 1906 wurde unter L.s Mitwirkung der „Verband der deutschen gemeinnützigen und unparteiischen Rechtsauskunftsstellen" gegründet, dessen Geschäftsführer und später geschäftsführender Vorsitzender L. war und deren Zeitschrift „Gemeinnützige Rechtsauskunft" er herausgab. Die Lübecker Rechtsauskunftsstelle wurde zur Keimzelle einer Reihe weiterer sozialer Einrichtungen, darunter der Sammelvormundschaft für uneheliche Kinder, einer Fürsorgestelle für entlassene Strafgefangene, einer Stellenvermittlung für Hausangestellte und eines Einigungsamts für Mietstreitigkeiten, aus dem 1914 das Einigungsamt der Kriegshilfe entstand. Einer der wichtigsten Ableger der Rechtsauskunftsstelle war die „Zentralstelle zur Bekämpfung der Schwindelfirmen", die 1911 auf Anregung L.s in Lübeck gegründet wurde und später mit dem „Verein für Treu und Glauben im Geschäftsleben Pro Honore" in Hamburg eng zusammenarbeitete.

Während des Ersten Weltkriegs fielen L. neue Aufgaben zu, so die Kriegs-
wohlfahrtspflege, die Kriegsverletztenfürsorge und die Herausgabe einer Laza-
rettzeitung. Der Mangel an Arbeitskräften nach Kriegsausbruch bewirkte, daß
die Arbeitgeberorganisationen ihren Widerstand gegen die Einrichtung einer öffentlichen Arbeitsvermittlung aufgaben, so daß der Rechtsauskunftsstelle ein
Arbeitsnachweis angegliedert werden konnte, der städtisch war und nicht mehr
der Kontrolle der Arbeitgeberverbände, Innungen und Gewerkschaften unterlag. Aufgaben und Einrichtungen der Rechtsauskunftsstelle waren bis Kriegsende so vielfältig geworden, daß sie rechtlich und institutionell neu geordnet
werden mußten. L. erarbeitete die gesetzlichen Grundlagen für eine öffentliche
Arbeitsvermittlung und Erwerbslosenfürsorge, die er in enger Verbindung sehen wollte, und 1918 wurden zwei Ämter, ein Arbeits- und ein Wohlfahrtsamt,
gegründet, die beide von L. geleitet wurden. Aus ihnen entstand 1925 die Behörde für Arbeit und Wohlfahrt, deren Präsident L. wurde.

1922 hatte L. eine Aufforderung der Reichsarbeitsverwaltung, nach Berlin zu
wechseln, abgelehnt, da er in Lübeck größere Wirkungsmöglichkeiten sah. Anfang 1928 übernahm er jedoch die Leitung des Landesarbeitsamtes Niedersachsen in Hannover. An seinem schon in Lübeck verfolgten Konzept einer „produk-
tiven Erwerbslosenfürsorge" hielt er auch in Niedersachsen fest; es lief darauf
hinaus, Arbeitslose für die Unterstützung, die sie erhielten, arbeiten zu lassen.
Unter Mitwirkung von Erwerbslosen entstand so die Sösetalsperre im Harz,
wurden Moore kultiviert und an der Nordsee Landgewinnungsarbeiten durchgeführt. Unter L.s Leitung wurden in Niedersachsen örtliche Arbeitsämter aufgebaut und die Arbeitsverwaltung in das Reichsarbeitsministerium eingeglie-
dert, wobei ihm in höherem Maße als in dem überschaubaren Lübeck organisa-
torisches Talent, wirtschaftlicher Überblick und Vermittlungsfähigkeiten abver-
langt wurden. 1931 übernahm L. zusätzlich die Leitung des Landesarbeitsamtes
Nordmark in Hamburg, gab jedoch 1932, als die doppelte Belastung zu groß
wurde, die des Landesarbeitsamtes Niedersachsen ab. Im März 1933 wurde er
ohne Begründung beurlaubt, vermutlich, weil er demokratischer Gesinnung
verdächtigt wurde. Die geforderte Rehabilitation erfuhr er nicht, jedoch wurde
er 1934 nach Dresden als Leiter des dortigen Arbeitsamtes versetzt. In einer Zeit
mit hoher Arbeitslosigkeit wollte man die Erfahrung eines hervorragenden
Praktikers offenbar nicht entbehren. Das Dresdner Amt mit seinen 900 Mitarbeitern leitete L. bis 1945. Obwohl er nicht der NSDAP angehörte, wurde er von
dem Leiter des sächsischen Landesarbeitsamtes unterstützt, der Parteimitglied
und SS-Mann war und sein fachliches Können bei L. erworben hatte.

Bei der Bombardierung Dresdens am 13./14.2.1945 verloren L. und seine Frau
ihren gesamten Besitz. Nach der Kapitulation wurde L. beauftragt, den Neuauf-
bau der Arbeitsverwaltung in Dresden zu leiten. Im Oktober 1945 entschloß er
sich jedoch, Dresden ohne Genehmigung zu verlassen und nach Hamburg zurückzukehren, wo ihm wieder die Leitung des Landesarbeitsamtes Nordmark in
Aussicht gestellt worden war. Bereits im Frühjahr 1946 wurde er aber von der
britischen Kontrollkommission in Berlin der Beratungsstelle für Arbeit, Woh-
nungs- und Siedlungswesen in Westdeutschland zugeteilt. Aus dieser zunächst

in Bad Oeynhausen ansässigen Beratungsstelle entstand dann das Zentralamt für Arbeit in Lemgo, in dem L. als Ministerialdirektor das Arbeitsgebiet der früheren Reichsanstalt für Arbeitsvermittlung und Arbeitslosenversicherung betreute.

Im März 1949 trat L. nach 40jähriger Tätigkeit im Arbeits- und Sozialwesen in den Ruhestand und kehrte nach Hamburg zurück, 1953 konnte er wieder in das eigene Haus in Lübeck einziehen, wo er bis zu seinem Tode lebte. In Hamburg hatte er noch den Vorsitz in der Vereinigung „Pro Honore" und in der „Deutschen Zentralstelle zur Bekämpfung der Schwindelfirmen" innegehabt, den er im Herbst 1954 niederlegte. Beide Organisationen ernannten ihn, ebenso wie der Verband der Rechtsauskunftsstellen, zu ihrem Ehrenvorsitzenden.

L.s berufliche Entwicklung war von Anfang an vom Gedanken der volkstümlichen Rechtspflege und einer sozialen Rechtsauffassung geprägt. Er führte die Lübecker Rechtsauskunftsstelle aus kleinsten Anfängen zu einer umfassenden, auch für andere Städte vorbildlichen Wirksamkeit, die in der Errichtung der Behörde für Arbeit und Wohlfahrt 1925 ihr Ziel fand. L. besaß die Fähigkeit, Streitigkeiten von unparteiischem Standpunkt aus durch sachlichen Ausgleich zu regeln. Er war deshalb von 1923 bis 1927 nebenamtlich im Auftrag des Reichsarbeitsministeriums Schlichter bei Arbeitskämpfen der Tarifparteien im Bezirk Hamburg, Schleswig-Holstein, Lübeck und Mecklenburg und wurde in dieser Funktion auch außerhalb dieses Gebiets eingesetzt. Sein Jugendfreund G. Radbruch, der L. als Praktiker der sozialen Rechtspflege schätzte, rühmte anläßlich seines 70. Geburtstags seine unparteiische Sachlichkeit, wohlwollende Menschenbehandlung und seine zielsichere Lebensführung und widmete ihm sein postum erschienenes Werk „Der Mensch im Recht". – Friedrich-August-Kreuz 2. Klasse (Oldenburg, 1916). – Rote-Kreuz-Medaille 3. Klasse (1917). – Goldene Gedenkmünze d. Gesellschaft zur Beförderung gemeinnütziger Tätigkeit (1949). – Großes Verdienstkreuz d. Verdienstordens d. Bundesrepublik Deutschland (1954).

Quellen: H.L., Ein Leben für d. soziale Arbeit. Erinnerungen, aufgeschrieben für d. Familie (AHL). – Persönliche Mitt. d. Tochter Dr. Hetta Zagarus geb. Link, Lübeck. – Echo d. Tages, NWDR 19. 3. 1949 [Ms., Familienbesitz].

Nachlaß: Familienbesitz; Teilnachlaß im AHL.

Werke: Verz. v. 31 Titeln b. Boettcher (s.Lit.), 1988, S. 621-623. *Auswahl:* Die Stellung d. Einzelhaft im heutigen dt. Strafvollzuge, Diss. Göttingen, Kassel 1902. – Lübecker Landesausschuß f. Kriegsverletzte. Ber. über d. Tätigkeit d. Ausschusses f. d. Zeit v. 1. 3. 1915 – 31. 8. 1917 (Landesarbeitsamt Niedersachsen, Hannover). – Ber. d. öffentlichen unentgeltlichen Rechtsauskunftsstelle d. Freien u. Hansestadt Lübeck über d. Jahre 1907 u. 1908, Lübeck 1909. – H.L. (Hrsg.), Das Arbeitsamt in Lübeck, ebd. 1920. – H. L. (Hrsg.), Das Wohlfahrtsamt in Lübeck, ebd. 1920. – Soziale Rechtspflege in Lübeck, in: Ehrengabe. Dem Dt. Juristentage überreicht v. VLGA, ebd. 1931, S. 145–162.

Literatur: H. Zagarus, Dr. Hermann Link, in: Wagen 1975, S. 136–140. – H. Boettcher, Arbeitsbeschaffung u. Erwerbslosenfürsorge nach d. Ersten Weltkrieg in Lübeck, in: ZLGA 67 (1987), S. 197–229. – Ders., Fürsorge in Lübeck vor u. nach d. Ersten Weltkrieg, Lübeck 1988 (Veröff. z. Gesch. d. Hansestadt Lübeck, R. B, Bd. 16), s. Register. – Ders., Rechtsauskunft f. Minderbemittelte. Die Auseinandersetzung zwischen Bürgertum u. Arbeiterbewegung am Beispiel d. Lübecker Arbeitersekretariats, in: Demokratische Gesch. Jb. z. Arbeiterbewegung u. Demokratie in Schl.-Holst. 3 (Kiel 1988), S. 135–160.

Porträts: Foto (Altersbildnis), Abb.: Wagen 1975, S. 136. – Foto, um 1936 (Familienbesitz), Abb. s. S. 229.

Hartmut Freytag

LÜBBERS, Georg Nicolaus (seit 1786: von), geb. 6. 4. 1724 (nicht 1727) Hamburg, gest. 7. 1. 1788 Stockelsdorf b. Lübeck; ev. – Offizier, Gutsbesitzer, Manufakturbesitzer.

L.s Vorfahren waren seit dem frühen 17. Jh. in Hamburg ansässig, wo sie vom Handwerker- in den Kaufmannsstand aufstiegen.

Eltern: Hinrich Lübbers, get. 22. 12. 1682 Hamburg, Kaufmann; Susanna geb. Jürgensen, get. 19. 12. 1694 Hamburg, Tochter d. Hökers Johann Jürgensen.

Ehefrau: Maria Catharina Baur, geb. 22. 1. 1736 Altona, gest. 26. 9. 1812 Stockelsdorf; aufgeboten 8. 2. 1760 Hamburg; Tochter d. Kaufmanns u. Bürgermeisters Johann Daniel Baur (1700–1774) in Altona (s. SHBL, 5, S. 34), in 1. Ehe 1754 verh. m. d. Hamburger Advokaten Johann Diedrich Wi(e)beking (1716- 1758).

Kinder: 2 Töchter, 1 Sohn: Susanna Margaretha, geb. 12. 12. 1760 Stockelsdorf, gest. 23. 9. 1821, verh. 5. 10. 1780 Lübeck m. d. Konsul u. Kaufmann Johann Kuhlmann. – Maria Catharina, geb. 27. 4. 1770 Lübeck, gest. 28. 2. 1854 ebd., verh. 13. 11. 1788 Lübeck m. d. Senator u. Bürgermeister Friedrich Nölting. – Johann Daniel, geb. 24. 6. 1762, gest. 23. 12. 1843, preußischer Premierleutnant, Herr auf Ober- u. Niederkrakowane, später auf Michelwitz / Kr. Trebnitz.

L. hatte bereits 19 Jahre in russischen, holländischen und englischen Diensten gestanden und war zum Capitaine aufgestiegen, als er am 22. 12. 1759 als Major in das Regiment seiner Heimatstadt Hamburg eintrat. Da er als englischer Offizier in Ostindien ein ansehnliches Vermögen erworben hatte, ließ man ihn zunächst ohne Gage Dienst tun, vertröstete ihn aber auf eine baldige feste Besoldung. Doch nachdem sich seine Vermögensverhältnisse durch die Heirat mit einer Tochter des reichen Altonaer Bürgermeisters J. D. Baur weiter verbessert hatten und er sich bei der nächsten Beförderung übergangen fühlte, nahm L. 1761 seinen Abschied und ließ sich auf dem Gut Stockelsdorf, einem der sogenannten Lübschen Güter, nieder, das er im selben Jahr von dem Kanzleirat Lukas Klippe erworben hatte. Er gehörte damit zu der Gruppe bürgerlicher Gutsbesitzer, die in der zweiten Hälfte des 18. Jh. immer zahlreicher wurden. Meist handelte es sich dabei um Kaufleute, die ihr Vermögen in Grundbesitz anlegten und ihre Güter vornehmlich als Einnahmequellen betrachteten.

Bereits im Jahre des Erwerbs ließ L. auf Stockelsdorf ein neues Gutshaus errichten, das unmittelbar an eine französische Gartenanlage grenzte und durch zwei Torgebäude gegen die Straße und den seitlich gelegenen Wirtschaftshof abgeschirmt wurde. Die Umwandlung des Hoffeldes in bäuerliche Erbpachtstellen, die bereits 1753 unter seinen Vorbesitzern begonnen hatte, setzte L. fort; seit 1767 wurden die Bauern in zunehmendem Maße auch Eigentümer der von ihnen bewirtschafteten Grundstücke. Bei der Übernahme des Guts waren bereits eine Bierbrauerei und eine Branntweinbrennerei vorhanden. L. richtete zusätzlich noch eine Essigfabrik ein und vermietete die Gebäude, die er nicht selber nutzen wollte. Einer seiner Mieter war Balthasar Wagner, der 1775 eine Spielkarten- und Tapetenfabrik eröffnete, an der L. finanziell beteiligt war und die bis mindestens 1790 mit großem Erfolg produzierte.

L.' bedeutendste wirtschaftliche Unternehmung war die Stockelsdorfer Fayencemanufaktur. Schon 1763 dürfte Peter Graff auf dem Gut eine Werkstatt eingerichtet haben, deren Betrieb jedoch schnell wieder zum Erliegen kam, weil das Lübecker Töpferamt Graff die Aufnahme verweigerte und gegen die Aufstellung von Stockelsdorfer Öfen in der Stadt einschritt. L. selbst scheint an diesem Unternehmen finanziell nicht beteiligt gewesen zu sein. Als jedoch 1771 die Kieler Fayencemanufaktur ihren Betrieb einstellen mußte, verhandelte er sogleich mit deren Leiter Johann Buchwald (s. SHBL, 6, S. 39) über die Gründung einer neuen Manufaktur in Stockelsdorf; die Initiative dazu ging, jedenfalls nach einer späteren Darstellung L.', von Buchwald aus. 1772 konnte in Stockelsdorf, wo fast alle zuvor in Kiel beschäftigten Maler und anderen Manufakturarbeiter tätig wurden, die Produktion aufgenommen werden. L. war an dem Unternehmen von Anfang an finanziell beteiligt, wurde aber bald der alleinige Besitzer. Zunächst wirkten sich die bestehenden und nur schwer zu beseitigenden Zollschranken auf den Absatz der in Stockelsdorf produzierten Waren in den Herzogtümern und in Dänemark hinderlich aus, doch nachdem sie beseitigt waren, blühte das Unternehmen rasch auf. Infolge des Widerstands des Töpferamts in Lübeck, das beim Lübecker Rat ein Einfuhrverbot für Stockelsdorfer Öfen erwirkte, blieb ihm jedoch ein wichtiger Absatzmarkt versperrt. Außerdem hat die Einfuhr billigeren englischen Steinguts dazu beigetragen, daß nach 1780 der Absatz der Fayencen ins Stocken geriet, so daß L. sich 1786 zur Aufgabe des Betriebes entschloß und ihn an den dänischen König zu verkaufen suchte. Das gelang jedoch nicht, und so wurde die Produktion eingestellt.

L. war seit 1770 mit dem brandenburgischen Roten-Adler-Orden ausgezeichnet, er war dänischer Justizrat und bekleidete als wirklicher Etatsrat mit Brigadiersrang eine adelige Charge. Um seinen Aufstieg in den Kreis der holsteinischen Gutsbesitzer noch weiter zu befestigen und seinem Sohn eine militärische Karriere zu ermöglichen, suchte er am 31. 1. 1786 bei Kaiser Joseph II. um die Erhebung in den Reichsadelsstand nach, die ihm am 27. 3. 1786 gewährt wurde.

L.' besonderes Verdienst liegt in der Gründung der Stockelsdorfer Fayencemanufaktur, deren Bedeutung und Ruhm weit über Schleswig-Holstein hinausgeht und deren Produkte in ihrer Qualität europäischen Rang erreichten. Die Stockelsdorfer Manufaktur bildet den glanzvollen Ausklang der Fayencekunst im Ostseegebiet, die mit der Gründung der Manufaktur Stralsund begann und in den Kieler Unternehmungen unter dem Direktorat Johann Buchwalds ihren Höhepunkt erreicht hatte.

Georg Nicolaus Lübbers
Kreidezeichnung von unbekanntem
Künstler

Quellen: AHL: Personenkartei; Gutsarch. Stockelsdorf; Haushaltsbuch d. Maria Catharina von L. 1786–1803; Familienarch. Müller I, X. – StA Hamb.: Personenakte Lübbers. – Österreichisches Haus-, Hof- u. Staatsarch. Wien: Akte über d. Erhebung in d. Adelsstand.
Literatur: J. Warncke, Die Stockelsdorfer Fayence-Manufaktur, in: NE 3 (1924), S. 278–324. – Ders., Die ehemalige Tapetenfabrik in Stockelsdorf, in: VBl 1928, S. 75 f., 79 f. – H. W. Rudolph, Die Stockelsdorfer Fayencemanufaktur, Diss. (Masch.) Würzburg 1927. – K. Hüseler, Gesch. d. Schleswig-Holsteinischen Fayence-Manufakturen im 18. Jh., Breslau 1929 (VSHUG 23). – E. Gercken, Zwei Jahrhunderte Herrenhaus Stockelsdorf, in: Wagen 1965, S. 60–68. – J. Ehlers, Die Wehrverfassung d. Stadt Hamburg im 17. u. 18. Jh., Boppard 1966, S. 34 f.u. 233. – K. F. von Frank, Standeserhebungen u. Gnadenakte, 3, Schloß Senftenegg 1972, S. 166. – H. Röttger, Die Gesch. d. Gemeinde Stockelsdorf, in: 675 Jahre Stockelsdorf, Stockelsdorf 1978, S. 13–38 (SHLB). – U. Pietsch, Stockelsdorfer Fayencen, Lübeck 1979 (Hefte zur Kunst u. Kulturgesch. d. Hansestadt Lübeck 2).
Porträt: Zeichnung (früher auf Gut Tetschendorf / Prignitz, Reproduktionsfoto MusKK), Abb.: Pietsch (s. Lit.), S. 24 (m. Pendant: Bildnis d. Ehefrau). – Kreidezeichnung (MusKK), Abb. s. S. 234.

Ulrich Pietsch

Harry Maaß
Gemälde von G. Behrens-Ramberg,
um 1913

MAASS, *Harry* Wilhelm August Theodor, geb. 5. 1. 1880 Cloppenburg, gest. 24. 8. 1946 Lübeck; ev. – Gartenarchitekt.

Eltern: Carl *Heinrich* Georg Maaß, Postsekretär; Charlotte Helene Auguste Caroline geb. Hennigs, geb. um 1854 Hoya, gest. 13. 1. 1880 Cloppenburg.
Ehefrau: 1.) Eugenie *Margarethe* Adelheid Laubreiß, geb. 1. 12. 1882 Evians les Bains/Frankreich; verh. 1. 8. 1905; Tochter d. Marinemalers Friedrich Meister. – 2.) Luise Dorothea (*Liddy*) Koopmann, geb. 21. 5. 1900 Lübeck, verh. 30. 6. 1926 ebd.
Kinder: aus 1.) 2 Söhne.

Nach dem Besuch des Gymnasiums in Bremen bis zur Mittleren Reife und der praktischen Ausbildung zum Gärtner in Stadthagen studierte M. von 1901 bis 1903 Gartenkunst an der Königlich-preußischen Gärtnerlehranstalt am Wildpark bei Potsdam. Er war Schüler Fritz Enckes, der als Dozent der Anstalt die Reformbestrebungen in der Gartenkunst der Jahrhundertwende stark beeinflußte. In dem ersten, knapp zehn Jahre dauernden Abschnitt seines Schaffens sammelte M. als Leiter der Parkanlagen der Lungenheilstätten in Beelitz/Mark (1903), bei den Gartenämtern Magdeburg (1904/1905) und Kiel (1905/1906) sowie bei den Firmen Berz und Schwede in Stuttgart (1906–1909) und Schnackenburg und Siebold in Hamburg (1909–1912) umfassende praktische Erfahrungen.

In Magdeburg besuchte er neben seiner beruflichen Tätigkeit die Städtische Kunstschule, um sich im Zeichnen weiterzubilden, in Kiel leitete er die Umgestaltung und Erweiterung der Forstbaumschule in einen Park. 1909 legte er in Potsdam die „Obergärtnerprüfung" in der Gartenkunst ab. Von 1912 bis 1922 leitete M. als Nachfolger E. Barths (s. d.) das Gartenamt der Hansestadt Lübeck. Danach wirkte er bis zu seinem Tode als freischaffender Gartenarchitekt und Autor zahlreicher Schriften und Bücher in Lübeck.

Neben Barth, Leberecht Migge, Alfred Lichtwark und Fritz Schumacher gehört M. zu den Vertretern einer neuen Gartenbewegung am Beginn des 20. Jh. Sein Ziel war die Überwindung des in ästhetischen Formen erstarrten Landschaftsgartens unter volkspädagogischem Aspekt und die Lösung sozialer Probleme mit Hilfe der Grünplanung und Gartengestaltung. Sein soziales und reformerisches Anliegen äußert sich insbesondere in der Schrift „Der deutsche Volkspark der Zukunft" (1913). Der darin projektierte Volkspark sollte Grünflächen und Laubengärten in sich vereinigen und sportliche und volkspädagogische Einrichtungen aufnehmen. Die Konzeption ist in flächenumgreifenden Entwürfen (z.B. Idealentwurf für einen Park mit Laubenkolonien, Spiel-, Fest- und Sportplatz sowie Gesellschaftshaus) und in einer Fülle von Objektentwürfen, Zeichnungen und technischen Lösungsvorschlägen niedergelegt. Sie ist von sozialromantischen Vorstellungen einer neuen Volksgemeinschaft mitgeprägt und hat andere Anlagen der Zeit wie z.B. den Lohbergpark in Frankfurt am Main deutlich beeinflußt.

Als Gartendirektor in Lübeck konnte M., bedingt durch Krieg und Nachkriegszeit, keine großen Neuanlagen schaffen. Doch sind zu seiner Zeit der Ehrenfriedhof in Lübeck (1915) und die Ehrenstätte in Bad Schwartau (1918) entstanden, die zu seinen bedeutendsten Entwürfen zählen. Sie sind, ebenso wie die von M. entworfenen Gärten, vom architektonisch-räumlichen Prinzip des französischen Gartens geprägt, wobei die Einbeziehung der umliegenden Landschaft und, bei den Gärten, der Bebauung des Grundstücks wesentlich ist. Die Entwicklung des naturkundlichen Wissens dieser Zeit kommt in der Verwendung einer Vielzahl von Pflanzen zum Ausdruck. Die bildhaften Gartendarstellungen haben künstlerischen Rang.

Von Beginn seiner Lübecker Jahre an beteiligte sich M., der mit bedeutenden Künstlern seiner Zeit befreundet war, engagiert am kulturellen Leben der Stadt. Er war langjähriger Vorsitzender der Gesellschaft Lübecker Gartenfreunde, einer Tochtergesellschaft der Gesellschaft zur Beförderung gemeinnütziger Tätigkeit, zeitweilig auch Vorsitzender des Lübecker Schutzverbandes für das Kunst- und Geistesleben und Mitglied der 1932 gegründeten Werkgruppe Lübeck, zu der u.a. die Maler Alfred Mahlau und C. Stoermer (s. d.), die Weberin Alen Müller(-Helwig) und der Architekt Emil Steffann gehörten. Neue gartenkünstlerische Arbeiten von M. wurden mit Unterstützung des Museumsdirektors Carl Georg Heise wiederholt in der Overbeckgesellschaft ausgestellt, so 1925, 1931 und 1932 im Rahmen einer Ausstellung der Werkgruppe Lübeck. – 1972 machte noch einmal der Kreis Ostholstein mit einer Ausstellung auf M.' Werk aufmerksam.

Quellen: AHL: Personalakte H. M.; Ges. z. Beförderung gemeinnütziger Tätigkeit, Ablieferung 1964, P VII (Ver. Lübecker Gartenfreunde). – Eine Ehrengrabstätte f. unsere Krieger, in: LBl 1914, S. 815–817. – A. B. Enns, Landschaftsgefühl u. Gartengestaltung. Zum Schaffen d. Gartenarchitekten H. M., Lübeck, in: Ndt. Monatsh.e 1930, S. 281–284. – Ausstellungsbesprechungen:LBl 1914, S. 290 f.; 1925, S. 474; 1928, S. 34 f.; 1931, S. 531 f.; 1932, S. 594–596.

Werke: Buchveröff. verz. in: H. M. Kat. z. Ausstellung d. Kr. Ostholstein (s. Lit.). *Hervorzuheben:* Der deutsche Volkspark d. Zukunft. Laubenkolonie u. Grünfläche, Frankfurt/Oder 1913. – Heimstätten u. ihre Gärten, Dresden 1919. – Die Pflanze im Landschaftsbild, Lpz. 1919. – Kleine u. große Gärten, Frankfurt/Oder 1926. – Das Grün in Stadt u. Land, Dresden 1927. – Dein Garten – Dein Arzt, Frankfurt/Oder [1927]. – Gartentechnik u. Gartenkunst, Nordhausen 1932. – Große Sorgen um grüne Landschaft, Scharbeutz 1935.

Literatur: H. Popert, Avantgardist d. Landschaftsgestalter, in: LBl 1972, S. 237 f. – Harry Maaß. Kat. z. Ausstellung d. Kr. Ostholstein, o. O. 1972. – A. B. Enns, Kunst u. Bürgertum, Hbg. u. Lübeck 1978. – H. Wiegand, Entwicklung d. Stadtgrüns in Deutschland zwischen 1890 u. 1925 am Beispiel d. Arbeiten Fritz Enckes, Bln. u. Hannover o. J. (Gesch. d. Stadtgrüns, hrsg. v. D. Hennebo, Bd. 2), S. 30, 87 f., 139.

Porträts: Gemälde v. G. Behrens-Ramberg, um 1913 (Privatbesitz; Foto im MusKK), Abb.: s. S. 235. – Foto in: H. M. Kat. z. Ausstellung d. Kr. Ostholstein (s. Lit.).

Heinz Hahne

MANN-FAMILIE. Eine Abstammung von Nürnberger Handwerkern, von der die Familientradition spricht, ist nicht nachzuweisen, doch sind einige Träger des Namens in Nürnberg seit 1513 bezeugt. Ebensowenig ist eine Verwandtschaft mit älteren Namensträgern in Mecklenburg belegt, wo bereits im 13. Jh. zwei Adelsfamilien Man(n) lebten. In Grabow ist 1585 die Witwe eines Hans Mann in einer Steuerliste erwähnt, 1627/28 dann ein Bürger gleichen Namens in einer Bürgerliste. Genealogische Beziehungen zur Familie M. sind möglich, aber nicht nachzuweisen. Der erste sicher bezeugte Vorfahr der Familie ist ein Johann Mourer Mann, der vermutlich 1611 geboren wurde, Kaufmann in Parchim war und bereits 1656 starb. Seine zwei Söhne, beide Johann genannt, heirateten in die alte Grabower Kaufmanns- und Ratsherrenfamilie Marnitz ein und gelangten dadurch zu Vermögen und Ansehen. Der ältere (1635–1714) kam 1665 in den Rat von Grabow und wurde 1691 zweiter, 1694 erster Bürgermeister. Der jüngere Johann M., geboren 1644 in Parchim, ist der in Thomas M.s (s. d.) Familienroman „Buddenbrooks" erwähnte Ratsherr von Grabow. Er war Kaufmann, wurde vermutlich erst 1690 Ratsherr und starb 1731. Aus seiner zweiten Ehe mit der Pastorentochter Brigitte Catharina Schüren gingen vier Kinder hervor, von denen nur der Sohn Siegmund M. (1687–1772) überlebte. Er wurde Schneider und ging 1711, nach Differenzen mit dem Grabower Schneideramt, nach Rostock, wo er 1713 die Schneiderstochter Marie Christine Richter heiratete und Amtsältester wurde.

Der dritte Sohn aus der kinderreichen Ehe Siegmund M.s, Joachim Siegmund M. (1728–1799), wurde 1755, nach zehnjähriger Lehr- und Gesellenzeit in Bergen, Brauer und Kaufmann in Rostock. Aus seiner ersten Ehe mit der Schiffertochter

Maria Dorothea Stüdemann (gest. 1780) gingen drei Töchter und ein Sohn Johann Siegmund (1761–1848) hervor. Mit letzterem gelangte die Familie M. nach Lübeck: Johann Siegmund M. wurde mit vierzehn Jahren Lehrling bei dem Lübecker Kaufmann Hermann Hinrich Käselau, mit dessen Hilfe er 1790 ein eigenes Kommissions- und Speditionsgeschäft in Lübeck gründete. Er heiratete 1794 Anna Catharina Grotjahn (gest. 1842), die Tochter eines Hamburger Getreidehändlers, und brachte die Familie in der Folgezeit vor allem durch Getreidehandel erstmals zu größerem Wohlstand.

Der älteste Sohn des Lübecker Firmengründers, ebenfalls Johann Siegmund geheißen (1797–1863), wurde nach kaufmännischer Ausbildung in Hamburg und Amsterdam und ersten erfolgreichen Exportgeschäften nach den Niederlanden 1823 Teilhaber seines Vaters und führte die Firma nach dessen Tod allein weiter. Wie der Firmengründer war er Mitglied und Ältermann der Bergenfahrerkompanie, 1844 wurde er niederländischer Konsul, 1848 Mitglied der Bürgerschaft, später Mitglied der Handelskammer und 1856 Mitdirektor der Lübecker Privatbank. Er heiratete 1825 Emilie Wunderlich, Tochter des Lübecker Kaufmanns, Senators und späteren Bürgermeisters Thomas Günther Wunderlich. Von den fünf Kindern aus dieser Ehe, die bereit 1832 mit dem Tod der Ehefrau endete, starben drei früh. Nur die beiden Söhne Johann Siegmund M. (1827–1884) und Paul Günther M. (1830–1901) überlebten. Der ältere wurde Kaufmann, der jüngere Landwirt, doch zogen sich beide früh in den Ruhestand zurück.

Der Vater heiratete 1837 in zweiter Ehe Elisabeth Marty, die Tochter des wohlhabenden Lübecker Kaufmanns Johann Heinrich Marty. Die Familie M. trat damit in Verbindung mit dem Kreis der hochangesehenen evangelisch-reformierten Kaufleute in Lübeck (Platzmann, Ganslandt, Souchay u.a.). Aus dieser zweiten Ehe Johann Siegmund M.s gingen fünf Kinder hervor, von denen die älteste Tochter Marie Elisabeth Amalie Hyppolitha (1838–1917) und der jüngste Sohn Friedrich Wilhelm Leberecht (1847–1926) insofern Erwähnung verdienen, als sie als Tony und Christian Buddenbrook eine besondere Rolle in Thomas M.s Familienroman spielen. Der ältere Sohn Thomas Johann Heinrich M. (1840–1891) führte die Familie auf den Höhepunkt ihres Ansehens in Lübeck. Unter ihm konnte die Firma Johann Siegmund Mann, die er 1863 von seinem Vater übernahm, im Mai 1890 ihr 100jähriges Geschäftsjubiläum begehen. Neben seiner kaufmännischen Tätigkeit war Thomas Johann Heinrich M. in zahlreichen politischen und kirchlichen Institutionen Lübecks tätig. Seit 1864 niederländischer Konsul, wurde er 1869 in die Bürgerschaft gewählt und war von 1873 bis 1875 als Mitglied des Bürgerausschusses besonders im Finanzdepartement und Steuerdepartement tätig. 1877 wurde er Senator. Er wirkte an der Steuerreform und, als Mitglied der Senatskommission für Handel und Schiffahrt, an den bedeutenden Maßnahmen dieser Zeit zur Modernisierung der Verkehrs- und Wirtschaftsverhältnisse Lübecks mit. Außerdem war er Mitglied der Aufsichtsräte der Lübecker Bank und der Lübecker Privatbank und in verschiedenen kaufmännischen Institutionen wie der Handelskammer, dem Ausschuß der Lübeck-Büchener-Eisenbahn und der Volkswirtschaftlichen Gesellschaft tätig. 1877 bis 1883 gehörte er auch dem Vorstand der Gesellschaft zur Beförderung gemeinnütziger Tätigkeit an.

Thomas Johann Heinrich M. heiratete 1869 Julia da Silva-Bruhns (1851–1923), Tochter des Lübecker Kaufmanns Johann Ludwig Hermann Bruhns (1821–1893), der 1840 nach Brasilien gegangen, dort als Kaufmann und Plantagenbesitzer erfolgreich war und nach dem Tod seiner Frau seine beiden Töchter Maria und Julia 1856 in das Mädchen-Pensionat Therese Boussets in Lübeck gegeben hatte. Aus der Ehe Thomas Johann Heinrich M.s mit Julia da Silva-Bruhns gingen fünf Kinder hervor: die beiden Schriftsteller Heinrich (1871–1950, s. d.) und Thomas M. (1875–1955, s. d.), außerdem Julia (1877–1927), Carla (1881–1910) und Viktor (1890–1949). Mit dem frühen Tod Thomas Johann Heinrich M.s ging die lübeckische Zeit der Familie M. zu Ende. Die Firma Johann Siegmund Mann wurde aufgelöst, die Witwe zog 1893 mit den jüngeren Kindern nach München. Thomas M. folgte ihr 1894 nach Erreichen der Unterprimareife am Lübecker Katharineum, Heinrich M. hatte bereits 1889 eine Buchhändlerlehre in Dresden angetreten.

Quellen: AHL: Familienarch. M. – Hundertjähriges Geschäftsjubiläum, in: LBl 1890, S. 251 f. – Senator Thomas Johann Heinrich M. gest., in: ebd. 1891, S. 489 f. – Dok. z. Geschichte d. Familie M., in: Sinn u. Form 1965, Sonderh. Thomas M., S. 10–60.
Literatur: Viktor M., Wir waren fünf. Bildnis d. Familie M., Konstanz 1949. – H. Banniza v. Bazan, Ahnenliste Thomas M.s, 1954 (Ms.-Abschr. AHL). – W. Havemann, Die Grabower Vorfahren d. Schriftsteller Thomas u. Heinrich M., in: Land u. Leute 9 (1958), S. 244–251 (AHL). – H. Bürgin, Die Vorfahren Heinrich u. Thomas M.s, in: Thomas M. geboren in Lübeck, hrsg. v. J. Herchenröder u. U. Thoemmes, Lübeck 1975, S. 14–31.

Alken Bruns

MANN, Luiz *Heinrich*, geb. 27. 3. 1871 Lübeck, gest. 12. 3. 1950 Santa Monica (Kalifornien, USA), begr. Dorotheenstädtischer Friedhof Berlin/Ost (1961); ev. – Schriftsteller.

Eltern: Thomas Johann Heinrich Mann, geb. 22. 8. 1840 Lübeck, gest. 13. 10. 1891 ebd., Kaufmann, Senator; Julia geb. da Silva-Bruhns, geb. 14. 8. 1851 bei Angra dos Reis (Brasilien), gest. 11. 3. 1923 Weßling (Oberbayern).
Ehefrau: 1.) Maria (*Mimi*) Kanova, geb. 1886 Prag, gest. 1947 ebd.; verh. 12. 8. 1914, gesch. 1930; Schauspielerin. – 2.) Nelly Kröger, geb. 15. 2. 1898 Ahrensbök b. Lübeck, gest. 16. 12. 1944 Santa Monica; verh. 1939; Tochter d. Dienstmagd Bertha Westphal.
Kinder: aus 1.) 1 Tochter *Leonie* Carla Maria Henriette, geb. 1916 München; verh. mit Ludwig Aškenazy, Prag.
Bruder: Thomas, geb. 6. 6. 1875 (s. d.).

M. besuchte das private Progymnasium von Georg Otto Bussenius, danach das humanistische Gymnasium Katharineum in Lübeck. Nach einer Reise des früh gereiften Dreizehnjährigen zu Verwandten nach St. Petersburg (1884) begann er 1885 mit ersten erzählerischen, 1887 mit poetischen Versuchen. 1889 verließ er das Katharineum mit dem Zeugnis der Unterprima ohne Abitur und trat im gleichen Jahr im Oktober eine Buchhandelslehre in Dresden an, die nach einem knappen Jahr abgebrochen wurde. 1890/91 volontierte er im S. Fischer Verlag in Berlin und hörte Vorlesungen an der dortigen Universität. Für sein Schaffen prägender wurde jedoch die kritische, noch von konservativ-bürgerlichem Standpunkt geführte Auseinandersetzung mit den jüngsten literarischen Schulen des Naturalismus und Impressionismus. Nach dem Tod des Vaters, der seine literarischen Neigungen nicht gefördert hatte, und der Liquidierung der Firma Johann Siegmund Mann 1891 veröffentlichte M. erste Rezensionen in den Zeitschriften „Die Gesellschaft" und „Die Gegenwart", in denen er noch Theoreme der Neuromantik und des Dilettantismus vertrat. 1893 zog seine Mutter mit den jüngeren Kindern nach München; M. hat seine Vaterstadt seither nicht wieder besucht. Von 1893 bis 1895 und von 1896 bis 1898 lebte er, großenteils mit seinem Bruder Thomas, in Italien. Mit dem 1894 von der Mutter finanzierten Druck seines ersten, psychologisierenden Romans „In einer Familie" – einer Nachahmung der Figurenkonstellation in Goethes „Wahlverwandschaften" – begann er die ungemein fruchtbare, formenreiche Reihe seines erzählerischen Werks. 1895/96 war er als Nachfolger Friedrich Lienhards Herausgeber der Monatsschrift „Das Zwanzigste Jahrhundert, Blätter für deutsche Art und Wohlfahrt". Bei dieser Zeitschrift lernte er die Meinungen der deutschen Bourgeoisie der Wilhelminischen Zeit genauer kennen und durchschauen, doch halten sich seine eigenen Beiträge vorerst noch im Rahmen ihres konservativen Programms. Etwa zur gleichen Zeit aber erkannte er durch Hippolyte Taine, Paul Bourget und Georg Brandes den Zusammenhang künstlerischer Tätigkeit mit den gesellschaftlichen Grundlagen, und kurz nach Ende seiner Herausgebertätigkeit verfaßte er seine erste gesellschaftskritisch-satirische Erzählung „Das verlorene Dokument" (1896). Danach schrieb er in Italien, während sein Bruder Thomas an seinen „Buddenbrooks" zu arbeiten begann, seinen Roman „Im Schlaraffenland" (1900), der ihm später als der eigentliche Anfang seines an den großen Vorbildern Balzac und Zola orientierten gesellschaftskritischen Romanœuvres erschien.

Während der Jahre 1899 bis 1914 war M. bei wechselnden Aufenthalten in München, Berlin, Italien und an der Côte d'Azur ohne feste Wohnung. Er bildete in dieser Zeit in kritischer Auseinandersetzung mit dem deutschen Imperialismus der Wilhelminischen Ära und in Anlehnung an die parlamentarischen und literarischen Traditionen des neueren Frankreich seine auf Moralität, Humanität und Demokratie gerichtete Weltsicht mit besonderer Konsequenz aus. Spätestens seit dem Roman „Die Göttinnen" (1903) war Balzac sein eigentliches Vorbild, und durch die Fundierung seines Denkens in französischen Traditionen fand M. zu der eigenen politisch-moralischen Position, von der aus er die deutsche Gesellschaft kritisch und satirisch darstellen konnte. Seit dem Erscheinen der Romane „Professor Unrat" (1905), „Die kleine Stadt" (1909), „Der Untertan" (Vorabdruck 1914, Buchausgabe 1918) und politisch-kulturpolitischer Essays im Jahre 1910 („Voltaire-Goethe", „Geist und Tat") galt er der jungen expressionistischen Generation als Wortführer des Aktivismus. Gegen Chauvinismus und

Heinrich Mann
Zeichnung (Selbstbildnis), um 1905

Kriegsbegeisterung bei Ausbruch des Ersten Weltkriegs – insbesondere gegen diejenige seines Bruders Thomas – protestierte M. 1915 mit dem Essay „Zola", in dem er den Machtideologien der Gründerzeit sein gesellschaftspolitisches Credo entgegenstellte. Im Jahrzehnt 1910–1920 festigte sich sein Ansehen in Deutschland durch fast alljährliche Premieren seiner Schauspiele und nach Kriegsende durch den großen Verkaufserfolg des „Untertan".

Nach seiner Eheschließung mit der tschechischen Schauspielerin Maria Kanova war M.s fester Wohnsitz 1914 bis 1928 München. Nach seiner Trennung von ihr wurde es Berlin. In den letzten Kriegsjahren und den ersten Jahren der Weimarer Republik versuchte M., den Erfolg des „Untertan" fortzusetzen, indem er dem negativen Bildungsroman des Bourgeois der imperialistischen Zeit in den folgenden Romanen Darstellungen des Proletariats („Die Armen", 1917) und der Großindustrie und leitenden Bürokratie und Diplomatie („Der Kopf", 1925) folgen ließ. Er faßte die drei Werke als „Romane der deutschen Gesellschaft im Zeitalter Wilhelm II." zusammen. Der künstlerische Erfolg der beiden letzteren war jedoch gering, und das essayistische und publizistische Werk dieser Zeit („Macht und Mensch", 1919; „Sieben Jahre", 1929; „Geist und Tat", 1931; „Das öffentliche Leben", 1932) ist als bedeutsamer anzusehen als das belletristische. In den 20er Jahren setzte sich M. für die deutsch-französische Verständigung und eine paneuropäische Bewegung ein. Zur Weimarer Republik, als

deren literarischer Repräsentant er – besonders auch in Frankreich – galt, verhielt er sich loyal und, wegen ihres nationalistischen Erbes in Industrie, Bürokratie, Justiz und Militär, zugleich auch sehr kritisch. Den Charakter des aufkommenden Nationalsozialismus als Herrschaftsinstrument der Großindustrie
durchschaute er früh. In den letzten Jahren der Weimarer Republik stand er auf
dem Höhepunkt seines Ansehens in Deutschland, und die Verfilmung von „Professor Unrat" unter dem Titel „Der blaue Engel" 1930 (Drehbuch Carl Zuckmayer, Regie Josef von Sternberg, mit Marlene Dietrich, Emil Jannings u. a.)
machte ihn auch international bekannt. 1931 wurde M. als Präsident in das
Gründungskapitel der Sektion für Dichtkunst der Preußischen Akademie der
Künste zu Berlin berufen, doch schon zwei Jahre später unter politischem Druck
zum Austritt gezwungen, nachdem er im Februar 1933 mit Käthe Kollwitz und
Albert Einstein einen Aufruf zur Einigung von SPD und KPD unterzeichnet
hatte. Er floh, noch vor dem Reichstagsbrand, am 21. 3. 1933 nach Frankreich, wo
er bis 1940 zusammen mit Nelly Kröger, die er 1939 heiratete, in Nizza lebte. Er
war seit der Pariser Gründung der Deutschen Volksfront deren Präsident. 1936
wurde ihm, dem 1933 von Deutschland die Staatsbürgerschaft aberkannt worden war, die tschechische Staatsbürgerschaft verliehen. 1940 floh er zusammen
mit Nelly Kröger, Lion Feuchtwanger, Franz Werfel und seinem Neffen Golo
Mann über Spanien und Portugal in die USA. Dort lebte er an der Westküste in
Hollywood, Los Angeles und Santa Monica in äußerst eingeschränkten Verhältnissen.

In der französischen Emigration vollendete M. die beiden großangelegten
Romane „Die Jugend des Königs Henri Quatre" (1935) und „Die Vollendung des
Königs Henri Quatre" (1938). Den negativen Abbildern der deutschen Gesellschaft, die er während des Kriegs und in den 20er Jahren gegeben hatte, stellte er
in diesem „guten König", der 1598 das Toleranzedikt von Nantes erlassen hatte,
einen vorbildlichen humanistischen Politiker gegenüber, der die von M. seit 1910
angestrebte Synthese von Macht und Geist praktizierte. Dieser historische Roman war für M., seinem in der Aufklärung wurzelnden pragmatischen Ge-
schichtsdenken gemäß, ein „wahres Gleichnis" für die Gegenwart und wurde
als solches von hervorragenden Kollegen und Kritikern wie Thomas Mann, Arnold Zweig, Lion Feuchtwanger, Bertolt Brecht, Hermann Kesten und Georg
Lukács sogleich erkannt und gerühmt. Im amerikanischen Exil entstand, in Dia-
logformen und Struktur zum Teil angeregt durch M.s Mitarbeit als scriptwriter
bei der Filmgesellschaft Warner Brothers, das bisher weitgehend unbeachtet
bzw. in seiner literarischen Qualität umstritten gebliebene Alterswerk. In ihm
verweisen Memoiren sowie Essayistisches und das dichterische Werk wechsel-
seitig aufeinander: die aus aktuellem Anlaß geschriebene Antinazi-Satire „Li-
dice" (1943), „Der Atem" (1949), „Empfang bei der Welt" (posthum 1956) und
das Erinnerungsbuch „Ein Zeitalter wird besichtigt" (1945).

In seinen letzten Lebensjahren wurde M. die Würde eines Ehrendoktors der
Humboldt-Univ. Berlin (1947) und der Nationalpreis Erster Klasse für Kunst
und Literatur der DDR (1949) verliehen. Ebenfalls 1949 wurde ihm das Amt des
Präsidenten der neu zu gründenden „Deutschen Akademie der Künste" in Ber-

lin/Ost angetragen, Zeichen des hohen Ansehens, das M. als politischer Schriftsteller in der DDR genoß. Er nahm das Amt nach einigem Zögern an, starb jedoch kurz vor der geplanten Rückkehr nach Deutschland noch in Santa Monica. – Das im Kontext der deutschen Literaturtradition Ungewöhnliche und Fremdartige seines Werks, in dem sich Dichtung und Politik, Analytisches, Moralisches und Satirisches vereinigen, hat eine breitere Wirkung M.s nach dem Zweiten Weltkrieg behindert; der politische Gegensatz zwischen der DDR, die ihn als humanistischen Schriftsteller für sich reklamierte, und der Bundesrepublik hat sie zusätzlich stark beeinträchtigt. Gleichwohl hat M. wegen des künstlerischen und ideellen Reichtums seines Gesamtwerks und auch wegen der komplexen Sprach- und Formstrukturen und des Gehalts seines Alterswerks als einer der herausragendsten deutschen Schriftsteller dieses Jahrhunderts zu gelten.

Werke: Die Hauptwerke sind im Text genannt. – Verz. in: E. Zenker, H.-M.-Bibliogr.: Werke, Bln./Ost u. Weimar 1967; K. Schröter, H. M. (s. Lit.), 1986, S. 169–173; J. Haupt, H. M. (s. Lit.). – Wichtigste Werkausg.: Ges. Werke, hrsg. v. d. Dt. Akad. d. Künste zu Bln., Bln./Ost u. Weimar 1955 ff.; Werkausw. in 10 Bänden, Düsseldorf 1976.
Nachlaß: Dt. Akad. d. Künste zu Bln.
Literatur: Verz. in: K. Schröter, H. M. in Selbstzeugnissen u. Bilddok., Reinbek b. Hbg. 1976 (rowohlts monographien 125), 64–67. Tausend 1986, S. 173–183; K. Schröter/H. Riege, Bibliogr. zu H. M. in: H. M., hrsg. v. H. L. Arnold, München 1971 (Text + Kritik Sonderbd.), 3. Aufl. 1979, S. 153–161; H. Dittberner, H. M. Eine kritische Einf. in d. Forschung, Ffm. 1974 (Fischer Athenäum Taschenbuch 2053); J. Haupt, H. M. Stgt. 1980 (Slg. Metzler 189). – Laufende Berichterstattung z. Forschung in: Arbeitskreis H. M., Mitteilungsbl. Nr. 1–16, Lübeck 1972–1982. Forts. als H. M.-Jb., hrsg. v. H. Koopmann u. P.-P. Schneider, Nr. 1 ff., Lübeck 1983 ff.
Porträts: Die umfassendste Slg. v. Fotos enthalten in: H. M. 1871–1950. Werk u. Leben in Dok. u. Bildern, Bln./Ost u. Weimar [1971], S. 369–440; ebd. Abb.en d. Gemälde, Zeichnungen u. Lithos v. O. Gulbransson (1904), M. Oppenheimer (1910, 1912, 1913, 1916), E. Stumpp (1915), E. Scharff (1920), W. Geiger (1922), S. Schülein (um 1925), G. Seitz (1951) u. d. Bronzeplastiken v. E. Scharff (1921) u. G. Seitz (um 1951). – Zeichnung (Selbstbildnis), um 1905 (MusKK), Abb.: s. S. 241. – Zeichnung v. M. Liebermann (1928). – Zahlreiche Bilddok. auch in: K. Schröter, H. M. (s. Lit.).

Klaus Schröter

MANN, Paul *Thomas*, geb. 6. 6. 1875 Lübeck, gest. 12. 8. 1955 Zürich; ev. – Schriftsteller.
Eltern: Thomas Johann Heinrich Mann, geb. 22. 8. 1840 Lübeck, gest. 13. 10. 1891 ebd., Kaufmann, Senator; Julia geb. da Silva-Bruhns, geb. 14. 8. 1851 bei Angra dos Reis (Brasilien), gest. 11. 3. 1923 Weßling (Oberbayern).
Ehefrau: Katharina (*Katja*) Pringsheim, geb. 24. 7. 1883 Feldafing, gest. 25. 4. 1980 Kilchberg; verh. 11. 2. 1905 München; Tochter d. Professors d. Mathematik in München Alfred Pringsheim (1850–1941) u. d. Hedwig geb. Dohm (1855–1942).
Kinder: 2 Töchter, 3 Söhne: Erika (1905–1969), Schriftstellerin, Schauspielerin. – Klaus (1906–1949), Schriftsteller. – Golo (geb. 1909), Historiker. – Monika (geb.

1910), Schriftstellerin. – Elisabeth (geb. 1918), Schriftstellerin. – Michael
(1919–1977), Musiker, Germanist.
Bruder: Heinrich, geb. 27. 3. 1871 (s. d.).

M. wuchs mit seinen Geschwistern in der Beckergrube in Lübeck auf; er erin-
nert sich später an eine glückliche und gehegte Kindheit. Früh fand er zusammen mit dem Bruder Heinrich dort zu gemeinsamen Tagträumen über Märchen-
lektüre und Puppentheaterspielen. Hier war der Grund gelegt zum „brüderli-
chen Welterlebnis" der folgenden Jahrzehnte. Nach dem Besuch des privaten
Progymnasiums von Georg Otto Bussenius trat M. 1889 ins Katharineum (real-
gymnasiale Abteilung) ein, das er, nach Wiederholung zweier Klassen, mit der
Mittleren Reife im März 1894 verließ. Im letzten Schuljahr gab er zusammen mit
dem Freund Otto Grautoff die literarische Schülerzeitschrift „Der Frühlings-
sturm" heraus, in der sich von ihm erste Gedichte finden. Noch 1894 folgte er der
Mutter und den jüngeren Geschwistern nach München, wohin diese nach dem
Tode des Vaters und der Liquidation der Firma gezogen waren. Von der Prägung M.s durch die Lübecker Jugendjahre zeugen neben dem dichterischen
Werk („Der Kleiderschrank", „Buddenbrooks", „Tonio Kröger", „Dr. Faustus")
autobiographische Äußerungen wie der „Lebensabriß" (1930) und die Rede
„Lübeck als geistige Lebensform" (1926).

Nach einem bald abgebrochenen Volontariat bei der „Süddeutschen Feuer-
versicherungsbank" konnte sich M. in München, wie der Bruder Heinrich mit
regelmäßigen Geldzuwendungen von der Mutter versehen, ganz seinen literarischen Interessen widmen. Heinrich, der zu dieser Zeit bereits ein avancierter Autor war, führte ihn in die literarische Szene ein. M. brauchte erstaunlich wenig
Zeit, sein schriftstellerisches Talent auszubilden; mit der 1896 geschriebenen Erzählung „Der kleine Herr Friedemann" stand er als Einundzwanzigjähriger fertig da. Stilistisch enthält der Text in nuce bereits alle unverwechselbaren Merkmale. Die Erzählung wurde von Samuel Fischer verlegt, der den Autor zu einer
größeren Prosaarbeit ermunterte, womit sich eine lebenslange Zusammenarbeit
begründete. Im Oktober 1897 begann M. mit der Niederschrift der „Buddenbrooks", die er nach insgesamt zwei Jahren Schreibzeit im Mai 1900 beendete;
das Buch erschien 1901.

In Lübeck wurde „Buddenbrooks" nicht ganz zu Unrecht als Schlüsselroman
aufgefaßt, es kursierten bald Listen mit den Namen der ‚tatsächlichen' Personen.
Dagegen verteidigte M. mit der Schrift „Bilse und ich" (1906) den eigentlichen
Gehalt seiner Dichtung. „Buddenbrooks" erzielte mit der zweiten Auflage 1903
einen durchschlagenden Erfolg, der Autor wurde bald berühmt und wohlhabend; für dieses Werk vor allem erhielt er 1929 den Nobelpreis. Der 1903 erschienene Novellenband „Tristan" (darin auch „Tonio Kröger") festigte das
rasch entstandene Renommee. 1905 heiratete M. Katja, Tochter der hochangesehenen Familie Pringsheim, in deren Münchner Salon er die vertraute Großbür-
gerlichkeit „ins Prunkhaft Künstlerische und Literarische mondänisiert und ver-
geistigt" wiedergefunden hatte. In seinem eigenen Haus in München, das bis
1933 sein Hauptwohnort blieb, sollte sich bald eine ähnliche Form großzügiger
und weltläufiger Bürgerlichkeit herstellen, in der der literarisch thematisierte

Thomas Mann
Zeichnung von M. Liebermann,
um 1925

Bürger-Künstler-Konflikt lebenspraktisch nicht zur Geltung kam. Die Lebens-verbindung mit Katja Pringsheim bildet den biographischen Hintergrund für den Roman „Königliche Hoheit" (1909), in dem Fürstentum und Repräsentation zeichenhaft für Probleme der Kunst und des Künstlers stehen.

Die Zeit bis zum Ersten Weltkrieg steht im Werk unter dem Zeichen des Grundkonflikts Bürger-Künstler, in den M. alle Widersprüche seiner schwieri-gen Existenz einbrachte. Er verband diese Thematik mit drei Namen: Richard Wagner, Friedrich Nietzsche und Arthur Schopenhauer. Aus ihrem Werk holte er sich Klärungen, vor allem anschauliche und begriffliche Bestimmungen, mit denen er das biographisch Erfahrene und das Selbstgedachte in deutliche Posi-tionen überführen konnte. Wagner bedeutete für ihn zunächst seine Musik als seelische Erschütterung, dann aber auch die Widerspiegelung des gemeinsamen Schopenhauer-Erlebnisses. Bei Nietzsche war die psychologische Durchdrin-gung der menschlichen Verhältnisse zu lernen, aber auch, im Gegensatz zu Wagner/Schopenhauer, ein positiver Begriff von „Leben", der sich dann später unter dem Einfluß von Goethe konkretisierte. In Schopenhauers metaphysi-schem Weltsystem schließlich fand M. sein ganzes Leben hindurch Auskunft über die letzten und höchsten Dinge (die Existenz der Welt verstanden als nur eine Gehirntäuschung, „Vorstellung") wie über Fragen praktischer Lebensfüh-rung: „ein Wahrheitserlebnis . . ., wie ich es sonst in der Philosophie nicht ge-funden habe. Man kann damit leben und sterben." Der Einfluß Schopenhauers sollte in Leben und Werk M.s bis zum Ende wirksam bleiben.

Mit dem „Tod in Venedig" schloß 1912 die Zeit der Bürger-Künstler-Problematik ab. Der Dichter Gustav von Aschenbach scheitert darin an seinem vereinseitigten Ästhetizismus. Damit wurde das Bürger-Künstler-Thema in eine neue Perspektive gehoben, die sich mit der 1913 beginnenden Arbeit am „Zauberberg" eröffnete. Aus der Kunstproblematik wurde ein Kulturkonflikt, der „Zauberberg" wuchs sich aus zu einer Inventur der abendländischen Kulturtradition. Die Arbeit an diesem Roman bestimmte literarisch die Zeit bis 1924. Mit dem Ersten Weltkrieg aber war das Leben M.s erstmals auch politisch mitbestimmt. Mit Schriften wie „Gedanken im Kriege" (1915) feierte er den Krieg als Befreiung und als Gründer neuer Hoffnungen. Heinrich M. reagierte dagegen mit dem Essay „Zola" (1915), in dem er sich und die pazifistische, demokratische Position gegenüber dem Bruder darstellte. Es kam zu einem tiefgreifenden Zerwürfnis der beiden. Als Kampf- und Rechtfertigungsschrift M.s entstanden die „Betrachtungen eines Unpolitischen", die (deutsche) „Kultur" gegen (französische) „Zivilisation" abwägen und einen Hauptgegner haben, den „Zivilisationsliteraten", mit dem Heinrich gemeint ist. Die „Betrachtungen" erschienen 1918, als M. diese Position schon nicht mehr uneingeschränkt vertrat. Nach einer Phase innerer Umorientierung, zu der vor allem der 1921 im Lübecker Johanneum gehaltene Vortrag über „Goethe und Tolstoi" gehört, legte M. sein Bekenntnis zur Demokratie 1922 in der Rede „Von deutscher Republik" ab. Er galt bald als der prominenteste bürgerliche Vorkämpfer der Weimarer Republik.

Der 1924 erschienene „Zauberberg" wurde ein großer Erfolg. Obwohl im Grunde völlig unentschieden, wurde der Roman in der Richtung des Aufklärers und „Zivilisationsliteraten" Settembrini verstanden. Als M. 1929 der Nobelpreis verliehen wurde, sah sich in ihm auch das demokratische Deutschland bestätigt. Bereits die Arbeit an dem Zyklus der Joseph-Romane (seit 1926) aber stand unter dem Eindruck der national-konservativen und vor allem der aufkommenden faschistischen Gegenbewegungen. M. bekämpfte sie früh, mit literarischen Mitteln („Mario und der Zauberer", 1929) und in öffentlichen Reden wie „Die Stellung Freuds in der modernen Geistesgeschichte" (1929). Mit Sigmund Freud und der Psychoanalyse gewann er in diesen Jahren eine wichtige neue Orientierung. Hier empfing er nicht nur für sein Selbst- und Weltverständnis fruchtbare psychologische und kulturanalytische Einsichten, sondern er sah in Freud, dem Aufklärer des Unbewußten, auch einen politischen Verbündeten. Eine weitere Orientierungsfigur wurde Goethe. Seit dem „Tod in Venedig" ist er deutlich als das Vorbild zu erkennen, nach dessen Muster M. sein Leben und seine Dichtung zu verstehen und auch zu formen suchte. Im Goethejahr 1932 feierte er ihn demonstrativ als deutschen Weltbürger, und im Roman „Lotte in Weimar" (1939) spiegelte er in ihm die eigene Künstlerproblematik.

Mit dem Vortrag „Leiden und Größe Richard Wagners" reiste M. im Februar 1933 ins Ausland, nach Amsterdam, Brüssel und Paris. Nachdem im März das Ermächtigungsgesetz Hitler den Weg in die Diktatur frei gemacht und sich in München ein öffentlicher Protest gegen seine Wagner-Rede erhoben hatte – sie war zu psychologisch-„herabziehend" ausgefallen –, der einer Denunziation gleichkam, entschloß sich M. erst, in Sanary-sur-Mer, dann, seit September 1933, in Küsnacht in der Schweiz zu bleiben. Dies war der Beginn eines Exils bis zum Lebensende, seit 1945 allerdings frei gewählt und von Deutschlandbesuchen unterbrochen. Literarisch war M. auf die Ausweitung seines Lebens ins Internationale nicht unvorbereitet: Der Zyklus der zwischen 1933 und 1943 erschienenen Joseph-Romane war – eine letzte Perspektivenweitung nach dem europäischen „Zauberberg" – als „Menschheitsdichtung" angelegt, die über das Bürgerlich-Individuelle hinaus zum Mythisch-Typischen vordringen sollte. 1936 erkannten die Nationalsozialisten M. die deutsche Staatsbürgerschaft ab. Seit 1938 lebte er mit seiner Familie in den USA, erst in Princeton, wo er eine Gastprofessur innehatte, seit 1941 dann in Kalifornien (Pacific Palisades bei Los Angeles). M. wurde hier zum Mittelpunkt der „kalifornischen Emigration". Mit eindringlichen Radiosendungen in der Londoner BBC wandte er sich seit 1940 an „Deutsche Hörer". Zeitweise hatte er auch gewissen politischen Einfluß, er kam in die Nähe des amerikanischen Präsidenten Roosevelt und fand vor allem auf seinen Vortragsreisen erheblichen Widerhall. 1943 begann er die Arbeit an „Dr. Faustus", einem vielschichtigen Werk über einen modernen Künstler und seine Repräsentativität für die Seelen- und Kulturgeschichte der Deutschen. Hinter der Vita des Komponisten Adrian Leverkühn wird vor allem Nietzsches Lebensmuster erkennbar. Eine wichtige Quelle für die Zeit der amerikanischen Emigration stellt der autobiographische Werkbericht „Die Entstehung des Dr. Faustus" (1949) dar.

Nach Kriegsende gab es in Deutschland bald Angriffe gegen M., die vor allem das Recht der „inneren Emigration" gegenüber der „äußeren" zu vertreten suchten (Frank Thieß, Manfred Hausmann). So blieb M. in den USA. Dort driftete die politische Stimmung nach dem Tod Roosevelts 1945 zunehmend nach rechts, für M. besonders erkennbar an den Zensur- und Verfolgungsmaßnahmen der McCarthy-Zeit. 1952 kehrten Thomas und Katja M. nach Europa zurück und ließen sich in der Schweiz nieder (Erlenbach, dann Kilchberg bei Zürich). Sie machten nun jährlich Reisen nach Deutschland, im Juni 1953 sahen sie erstmals seit 1931 Lübeck wieder. 1951 hatte M. die 1910 angefangenen, doch Fragment gebliebenen „Bekenntnisse des Hochstaplers Felix Krull" fortzuführen begonnen, deren erster Teil 1954 erschien. Dieses lebensumgreifende parodistische Werk gibt mit seiner ironischen Spiegelung der Künstler-Problematik ein wesentliches Stück innerer Biographie M.s wieder. In den 50er Jahren begannen die Ehrungen und Auszeichnungen für M. sich zu mehren, die Schiller-Feiern des Jahres 1955, bei denen er sprach, wurden zugleich Huldigungen für den bald Achtzigjährigen. Der Geburtstag brachte internationale Würdigungen, Ehrenmitgliedschaften in Akademien, die Stadt Lübeck verlieh das Ehrenbürgerrecht. Kurz darauf erkrankte M., am 12. August starb er.

M.s Werk stellt wohl die bedeutendste Prosaleistung in der deutschen Literatur des 20. Jh. dar. Ganze Generationen von Schriftstellern haben hier schreiben gelernt (Max Frisch, Adolf Muschg) oder stehen in emphatischem Gegensatz dazu (Martin Walser). Über die immer wieder zeitgemäßen humanistischen Inhalte hinaus dürfte es die außerordentliche Sprachkunst M.s sein, die fasziniert. Die Texte sind von einer kompositionellen Dichte und von einer Variationsbreite, die sie zu völlig selbständigen Erzählwelten machen. Die Veröffentlichung der hinterlassenen Tagebücher seit 1977 veränderte das Bild von M. erheblich. Deutlicher als zuvor wird seine schwierige Persönlichkeit und damit allerdings auch die Lebensleistung, der das Werk zu verdanken ist.

Quellen: H. Wysling/M. Fischer (Hrsg.), Dichter über ihre Dichtungen: Th. M., 3 Bde., Zürich usw. 1975–1981. – Über d. einzelnen Briefwechsel s. H. Bürgin/H. O. Mayer, Die Briefe Th. M.s. Regesten u. Register, bisher 3 Bde. (geplant 4), Ffm. 1976 ff. – Tagebücher, hrsg. v. P. de Mendelssohn (seit 1986 v. I. Jens), bisher 6 Bde., Ffm. 1977 ff. – Frage u. Antwort. Interviews m. Th. M., hrsg. v. V. Hansen u. G. Heine, Hbg. 1983.
Nachlaß: Fast d. gesamte Nachlaß befindet sich im Th.-M.-Arch. d. Eidgenössischen TH Zürich. Zu weiteren Archiven vgl. Kurzke (s. Lit.), München 1985.
Werke: Verz. in: H. Bürgin, Das Werk Th. M.s, Ffm. 1959. Wichtige Gesamt- u. Einzelausg.: Stockholmer Gesamtausg., Stockholm 1938 ff., Ffm. 1950 ff. – Gesammelte Werke in 12 Bänden, Bln./Ost 1955. – Gesammelte Werke in 12 (1974 in 13) Bänden, Ffm. 1960, 1974. – Gesammelte Werke in Einzelbänden. Frankfurter Ausg. d. Werke Th. M.s, hrsg. v. P. de Mendelssohn, 20 Bde., Ffm. 1980 ff.– The Yale „Zauberberg"-Manuscript. Rejected Sheets, hrsg. v. J. F. White, Bern 1980. – Der Tod in Venedig, hrsg. v. T. J. Reed, München u. Wien 1983.
Literatur: Verz.se: H. Matter, Die Literatur über Th. M. Eine Bibliogr. 1896–1969, 2 Bde., Bln. u. Weimar 1972. – K. W. Jonas, Die Th.-M.-Literatur, Bd. 1: 1896–1955, Bd. 2: 1956–1975, Bln. 1972, 1979. – Spezialbibliogr. s. Kurzke (s. u.), München 1985. *Forschungsberr.:* H. Lehnert, Th.-M.-Forschung. Ein Ber., Stgt. 1969. – H. Kurzke, Th.-M.-Forschung. Ein kritischer Ber., Ffm. 1977. – Ders., Stationen d. Th.-M. Forschung, Würzburg 1985. *Zusammenstellung fast aller wichtigen Informationen in:* Kurzke, Th. M. Epoche – Werk – Wirkung, München 1985. *Biographisches:* H. Bürgin/H.-O. Mayer, Th. M. Eine Chronik seines Lebens, Ffm. 1965. – P. de Mendelssohn, Der Zauberer. Das Leben des dt. Schriftstellers Th. M., T. 1: 1875–1918, Ffm. 1975 (mehr nicht erschienen). – H. Wysling, Narzißmus u. illusionäre Existenzform. Zu d. Bekenntnissen d. Hochstaplers Felix Krull, Bern u. München 1982. – V. Hansen, Th. M., Stgt. 1984. *Wirkungsgesch.:* Th. M. im Urteil seiner Zeit. Dokumente 1881–1955, hrsg. v. K. Schröter, Hbg. 1969.
Porträts: Umfassende Slg im Th.-M.-Arch. d. Eidgenössischen TH Zürich. – Zeichnungen u. Radierungen v. P. Citroen, H. Heuser, A. G. Küder, M. Liebermann, M. Marini (SHLB), Eug. Spiro in d. Slg. H.-O. Mayer, Düsseldorf. – Büste v. H. Schwegerle, 1919; Radierung v. M. Liebermann, um 1925; Büste v. G. Seitz, 1961; Zeichnung v. M. Oppenheimer, undatiert, Abb.: SHBL, 8, Taf. 8; Fotos (alle MusKK). – Zeichnungen, Radierungen, Lithos v. M. Liebermann (um 1925), Eug. Spiro (1928), O. Gulbransson, G. Böhmer (1955) u. a. sowie Karikaturen u. Fotos abgeb. in: R. Carstensen, Th. M. sehr menschlich, Lübeck 1974. – Zahlreiche Fotos auch in: K. Schröter, Th. M. in Selbstzeugnissen u. Bilddokumenten, Reinbek 1964 (rowohlts monographien 93). – Zeichnung v. M. Liebermann, um 1925 (MusKK), Abb. s. S. 245.

Manfred Dierks

MANTELS, Friedrich *Wilhelm,* geb. 17. 6. 1816 Hamburg, gest. 8. 6. 1879 Lübeck; ev. – Historiker, Schulmann, Bibliothekar.
Eltern: Heinrich Christian Mantels, geb. 22. 1. 1792 Lübeck, gest. 30. 10. 1866 Hamburg, Kaufmann; Anna Frederica geb. Langkop, geb. 10. 10. 1790 Hamburg, gest. 22. 3. 1843 ebd., Tochter eines Glasers.

Ehefrau: Maria Louise Henriette Nölting, geb. 9. 9. 1826 Lübeck, gest. 6. 11. 1908 ebd.; verh. 29. 9. 1848 ebd.; Tochter d. Kaufmanns u. schwedischen Konsuls Christian Adolph Nölting.

Kinder: 6 Tochter, 2 Söhne.

Beide Elternteile entstammten Handwerkerfamilien aus dem Hannoverschen. Beim Vater, der später als Makler das Glasergeschäft seines Schwiegervaters in Hamburg übernahm, verband sich handwerkliches Können mit kaufmännischen Kenntnissen. Sein Streben nach einem höheren Bildungsstand, den zu erreichen ihm selbst nicht beschieden gewesen war, ließ ihn M., das älteste von acht Geschwistern, für einen akademischen Beruf bestimmen. Als die Familie 1826 von Hamburg nach Lübeck zog, trat M. in das dortige Katharineum ein, das nach längerer Stagnationsphase unter dem tüchtigen Direktor Friedrich Jacob und dem Lehrer Ferdinand Heinrich Grautoff einen Aufschwung erlebte. In den höheren Klassen ergab sich für M. anregender Verkehr mit E. Geibel (s. d.), Georg Curtius (s. d.), Marcus v. Niebuhr und F. Röse (s. d.). Nach der Rückkehr der Familie nach Hamburg 1834 besuchte M. dort noch für zwei Jahre das Akademische Gymnasium und nahm dann 1836 das Studium der Theologie und Philologie in Berlin auf, wobei er bald der letztgenannten Fachrichtung den Vorzug gab und sie durch das Studium der neueren Sprachen und der Geschichtswissenschaft ergänzte. Zu seinen akademischen Lehrern zählten August Böckh, Johann Gustav Droysen und F. A. Trendelenburg (s. SHBL, 6, S. 285). Vom WS 1836 bis Ostern 1839 setzte er sein Studium in Leipzig fort und wandte sich dann nach München in der vergeblichen Hoffnung, einen Griechenlandaufenthalt anschließen zu können. Nach Abschluß seines Studiums 1841 nahm er eine Hauslehrerstelle im lübeckischen Behlendorf bei Ratzeburg an, und nach einer teilweise auch in Flottbek bei Hamburg ausgeübten Lehrtätigkeit sowie nach bestandenem Examen trat er 1843 in das Erziehungsinstitut Ernst Deeckes in Lübeck ein. 1845 wurde er – zuerst noch als Vertreter eines erkrankten Lehrers – an das Katharineum berufen; 1847 erhielt er die Stelle eines Collaborators, 1853 die eines Professors.

In den Beginn seiner Lehrtätigkeit am Katharineum fiel auch M.' Eintritt in die Gesellschaft zur Beförderung gemeinnütziger Tätigkeit, in der er bald aktiv mitarbeitete: 1848–1855 war er Vorsteher der Turnanstalt, 1855–1859 Vorsteher der Bibliothek, 1859–1862 Direktor der Gesellschaft, 1862–1868 einer ihrer Vorsteher, 1863–1875 Vorsteher des Vereins für entlassene Sträflinge und sittlich Verwahrloste, 1872–1879 Vorsteher des Volksschullehrerseminars. Von 1847 bis 1855 hielt er zahlreiche historische Vorträge in der Gesellschaft.

Für sein starkes Interesse an der Geschichtsforschung sprach nicht nur die Unterstützung eines historischen Vereins der Schüler, sondern auch sein Eintritt in den Verein für Lübeckische Geschichte (und Altertumskunde) 1845, gemeinsam mit C. F. Wehrmann (s. d.). Mit diesem, dem späteren Staatsarchivar, widmete er sich der Wiederbelebung der daniederliegenden Vereinsarbeit, vor allem aber seit 1854 der Herausgabe des Lübeckischen Urkundenbuchs Bd. 2–5; auch war er seit 1855 Herausgeber der Zeitschrift des Vereins. Seine fachkundige Mitarbeit kam von 1856 bis 1862 gleichfalls dem Siegelwerk von C. J. Milde (s. d.) zugute.

Wilhelm Mantels

Von 1870 bis 1878 bekleidete er das Amt des Vorsitzenden im Verein für Lübek-
kische Geschichte und Altertumskunde.

Begleitet wurde M.' Vereinsarbeit durch die Veröffentlichung von Aufsätzen
zur mittelalterlichen Geschichte und einer Monographie über den Totentanz in
der Marienkirche, zu dessen Entstehungsgeschichte und damaligem Befund er
grundsätzlich neue Erkenntnisse darlegte. Hinzu kamen zahlreiche Gelegen-
heitsarbeiten für die Schule und für Kollegen, galt er doch als tüchtiger Pädagoge, der seine Schüler zu eigener und freiwilliger Arbeit anleitete, auf ihre Individualität einging und ihre guten Seiten zu wecken suchte.

1862 übernahm M. trotz der dienstlichen und privaten wissenschaftlichen Arbeitsbelastung auch das Amt des Bibliothekars der Stadtbibliothek. Hilfsperso-
nal stand ihm nur in sehr geringer Zahl zur Verfügung, so daß er Zeit und Kraft
auch für mechanische Arbeit, wie z. B. die Ausleihe, verwenden mußte. Gerade
diese nahm, ebenso wie die Anzahl der Bibliothekszugänge, von 1863 bis 1876
erheblich zu. Die Führung der verschiedenen Kataloge, der Akzessionsliste und
die Aufstellung der Statistik sowie die gesamte wissenschaftliche Korrespondenz mußten von M. bewältigt werden. Erst 1877 kam es zum Umbau der Bibliothek und zur Einstellung eines weiteren Beamten; auch die ordnungsgemäße
Aufstellung der Bände konnte er erreichen.

Im Januar 1863 bot Johann Martin Lappenberg im Auftrag der Historischen Kommission der bayerischen Akademie der Wissenschaften zu München M. den ehrenvollen Auftrag an, für die Edition der lübeckischen Chroniken des Mittelalters zu sorgen. M. nahm diesen Auftrag nach längerem Überlegen an und begann auch mit der Bearbeitung der Chroniken von H. Bonnus (s. d.), Hans Reckemann und Reimar Kock. Meinte er 1864, den ersten Band schon bald fertig vorlegen zu können, so stellten sich ihm bei der Bearbeitung der Detmarchronik quellenkritische Probleme entgegen, die er nicht zu bewältigen vermochte. Auch machte sich nachteilig bemerkbar, daß er sich der Chronik-Edition nur in seinen Mußestunden neben der Lehr- und Bibliothekstätigkeit widmen konnte, obwohl er einen größeren Stundennachlaß genoß.

So könnte es scheinen, daß die Gründung des Hansischen Geschichtsvereins in Stralsund 1870, dessen Statuten M. 1871 ausarbeitete und dessen Vorsitzender er bis 1879 war, einen gewissen Ausweg aus diesem Dilemma in seiner privaten Forschungsarbeit darstellte. Hier halfen ihm seine Fachkenntnis und sein verbindliches Wesen, die „vereinzelten Quellen hansischer Localforschung" mit Erfolg „in ein gemeinsames Bett" zu leiten. Er widmete sich dem Aufbau des Vereins mit großer Hingabe, so daß dieser 1879 schon 457 Mitglieder (fast so viele wie 100 Jahre später) aufwies; bis dahin erschienen sieben Jahrgänge der „Hansischen Geschichtsblätter", deren Mitherausgeber, Mitautor und Rezensent er war, sowie zwei Bände „Hansischer Geschichtsquellen", zwei Bände „Hanserezesse" und ein Band des „Hansischen Urkundenbuchs". Die von M. mit Schwung erfüllten Anfangsjahre des Vereins, dessen Sitzungen er 1873–1878 in Lübeck, Braunschweig, Hamburg, Köln, Stralsund und Göttingen leitete, haben den Grund für die Etablierung und Fortdauer des Hansischen Geschichtsvereins gelegt. Gleichermaßen stellte er seine Kenntnisse und seine Kraft dem 1875 in Hamburg gegründeten Verein für niederdeutsche Sprachforschung zur Verfügung, für dessen Jahrbuch er selbst verschiedene kleine Artikel beisteuerte. Nicht zu vergessen ist, daß er auch insgesamt 23 Artikel zur ADB beigetragen hat.

Trotz seiner vielfältigen Arbeit stellte er sich auch noch für weitere Ämter zur Verfügung. So sorgte er als Kirchenvorsteher für stilgemäße Umbauten und Dekorationen in der Marienkirche und erreichte die Erhaltung der kirchlichen Altertümer in einer besonderen Sammlung. Auch trat er für den Bestand des Holstentors ein, für den Butterbude und der Weinstube an der Trave mit ihren Schnitzereien von Heinrich Sextra (heute SHLM). In der Oberschulbehörde wirkte er von 1869 bis zu seinem Tode.

Seine Liebenswürdigkeit und sein gediegener Charakter, der sich auch in der Solidität seiner wissenschaftlichen Arbeiten zeigte, haben M. einerseits zum tüchtigen Pädagogen werden lassen, ihn aber zugleich auch befähigt, dem Zusammenschluß der historisch Interessierten und Forschenden in Lübeck und über Lübeck hinaus ein lebendiges Zentrum zu geben; so belebte er den Verein für Lübeckische Geschichte neu und war der eigentliche Träger des neu entstandenen Hansischen Geschichtsvereins. Seine Arbeitsbelastung, aber wohl auch sein freundlich-verbindliches Naturell haben es ihm versagt, sich in die Studierstube zurückzuziehen und sich konzentriert der großen Aufgabe der Chronik-Edition zu widmen. Mancher mag das als eine Zersplitterung seiner Kräfte und eine Fehlleitung seiner ausgezeichneten Anlagen angesehen haben, man sollte aber wohl eher in M. das Verwachsensein mit allen geistigen Interessen Lübecks und die durch ihn bewirkte Hinlenkung auswärtiger Forschungskapazität auf lübeckische und hansische Fragestellungen würdigen. – 1872 wurde ihm anläßlich seines 25. Lehrerjubiläums die Goldene Medaille der Gesellschaft zur Beförderung gemeinnütziger Tätigkeit verliehen.

Quellen: AHL: Schnobel; Osterprogr. d. Katharineums 1847, S. 43–47; Neues Senatsarch. IX, 2, 5 b, 3; Stadtbibl., Chronologisches Register 247, 249, 254.
Nachlaß: Splitter im AHL, noch nicht geordnet.
Werke: Verz in: W. M., Beitrr. z. lübisch-hansischen Gesch., Jena 1881, S. XXIII–XXX. – *Hervorzuheben:* Lübeck u. Marquard v. Westensee. Urkundliche Beitr. z. Gesch. d. im 14. Jh. erloschenen Geschlechts v. Westensee, Lübeck 1856. – Der im Jahre 1376 zu Köln beschlossene zweite hanseatische Pfundzoll, in: Einladung zu den öffentlichen Prüfungen u. Redeübungen d. Schüler d. Catharineums zu Lübeck, ebd. 1862. – Der Todtentanz in d. Marienkirche zu Lübeck, ebd. 1866 (Neudr. ebd. 1989). – Kaiser Karls IV. Hoflager in Lübeck, in: HG 1873, S. 109–141. – Lübeck als Hüterin d. Land- u. Seefriedens im 13. Jh., in: ZLGA 3 (1876), S. 120–163. – Über d. ältesten Lübeckischen Bürgermatrikeln, in: W. M., Beitrr. z. lübisch-hansischen Gesch. (s. o.), S. 55–100. – Die Hansischen Schiffshauptleute Johann Wittenborg, Brun Warendorp u. Tidemann Steen, in: ebd., S. 179–229.
Literatur: ADB, 20, S. 253–256. – K. Koppmann, W. M. Biogr. Skizze, in: W. M. Beitrr. z. lübisch-hansischen Gesch. (s. Werke), S. IX–XXXI. – R. Pauli, W. M., in: HG 1879, S. 3–10. – C. Curtius, F. W. M., in: Biogr. Jb. f. Alterthumskunde 2 (1879), S. 22–28.
Porträts: Zeichnung v. C. J. Milde, undatiert (MusKK), Abb.: SHBL, 9, Taf. 7. – Foto v. H. Linde, um 1880 (MusKK). – Fotos in: W. M., Beitrr. z. lübisch-hansischen Gesch. (s. Werke), in HG 1879, nach d. Titelbl., u. in HG 88 (1970), T. 1, nach S. 12. – Foto (Repro im MusKK), Abb. s. S. 250.

Antjekathrin Graßmann

MARQUARD (Marquart), Johann, geb. 24. 4. 1610 Lübeck, gest. 11. 8. 1668 ebd.; ev. – Jurist, Politiker, Bürgermeister.
Eltern: Gotthard Marquard, gest. 1653, Kaufmann in Lübeck; Elisabeth alias Anna geb. Lüdinghusen, Tochter d. Lübecker Bürgermeisters Johann Lüdinghusen.
Ehefrau: Anna Rosina Tanck; verh. 25. 9. 1637; Tochter d. Lübecker Syndikus u. Dompropsten Otto Tanck.
Kinder: 8 Töchter, 4 Söhne, darunter: Otto Christoph, geb. 19. 10. 1641 Lübeck, gest. 16. 12. 1678, Tribunaladvokat u. Prokurator in Wismar. – Gotthard Johann, geb. 5. 5. 1645 Lübeck, gest. 27. 6. 1710 Wetzlar, Kammergerichtsadvokat u. Prokurator zu Wetzlar, nobilitiert 1701.
Bruder: Gotthard, geb. 12. 6. 1611 Lübeck, gest. 1. 4. 1694 ebd., Lübecker Ratsherr (1674) u. Bürgermeister (1692).

M., dessen Familie wahrscheinlich einem westfälischen Geschlecht entstammte, wurde nach der Erziehung durch Hauslehrer zur weiteren Ausbildung auf das Lübecker Katharineum geschickt. Nicht nur der Unterricht durch dessen Rektor Johannes Kirchmann (s. d.), sondern auch erste juristische Unterweisungen durch Johann Meier, späteren Prokurator am Lübecker Obergericht, legten schon früh den Grund zur Entwicklung M.s zum Juristen. Mit 19 Jahren bezog er die Univ. Jena, 1631 wandte er sich nach Leipzig und Wittenberg. Die folgenden Jahre waren ausgefüllt mit einer Bildungsreise durch Belgien, Frankreich und Italien, wo er sich an der Univ. Padua einschrieb. Es gelang ihm durch diplomatisches und wortgewandtes Auftreten vor dem Dogen von Venedig, seine Landsleute von dem Zwang einer Eidesleistung bei der Promotion zu befreien, die ihnen als Protestanten unmöglich war. Auch für ihn selbst zeitigte diese Mission einen Erfolg: ihm wurde in Venedig am 24. 4. 1635 der für wissenschaftliche Leistungen gestiftete Markusorden verliehen. 1636 setzte er in Jena sein Studium fort, schloß es als bester von drei Kandidaten mit der Promotion am 21. 9. 1636 ab und kehrte dann nach Lübeck zurück.

Mit der Wahl in den Lübecker Rat am 19. 2. 1640 begann seine nächste Lebensphase, in der er seine schon bewiesenen diplomatischen Fähigkeiten zum Wohl seiner Vaterstadt einsetzte: 1640 in Hamburg, um hansische Verträge zu erneuern, 1642 um Streitigkeiten zwischen den niedersächsischen Fürsten und den Städten Hamburg und Lübeck zu schlichten; 1645 erwirkte er Zollvergünstigungen und Einschluß der Hansestädte in den Frieden von Brömsebro zwischen Dänemark und Schweden und war anschließend bei der Thronbesteigung Königin Christines von Schweden zugegen. 1646 leitete er Verhandlungen mit dem Fürstbischof Hans von Schleswig-Holstein-Gottorf (s. SHBL, 8, S. 171) in Eutin, 1648 wurde er zur Teilnahme an den Krönungsfeierlichkeiten des dänischen Königs Friedrich III. entsandt. 1650 führte er den Ausgleich von Streitigkeiten zwischen den Herzögen von Geldern und Kleve herbei. Im selben Jahr erreichte er den Abschluß eines Vertrages mit Mecklenburg über Ansprüche des an Mecklenburg gelangten Bistums Ratzeburg auf einen Teil der Vierlande. 1657 war er zu Verhandlungen mit dem Herzog von Celle über die Elbfischerei abgeordnet. Zugleich bekleidete er verschiedene Ratsämter, u.a. war er 1644 Gerichtsherr, 1652 Kämmereiherr. Auch gehörte er zu den Vorstehern von St. Petri, St. Katharinen, St. Jacobi, des Johannisklosters und des Heiligen-Geist-Hospitals. Am 24. 2. 1663 wurde er zum Bürgermeister gewählt, einem Amt, das in den folgenden, von der Auseinandersetzung zwischen Rat und Bürgerschaft gekennzeichneten Jahren nicht einfach auszufüllen war. Gegenüber dem fortschrittlichen Bürgermeister D. Gloxin (s. d.) bildete er mehr das konservative Element im Rat, wenn man auch kaum von Gegnerschaft sprechen kann.

M. wandte sich vor allem seiner juristischen Neigung zu und schuf den 1662 erschienen „Tractatus politico-juridicus de jure mercatorum et commerciorum singulari", der sich zwar einerseits an die handelsrechtliche italienische Literatur seiner Zeit anlehnt, andererseits aber doch umfangreiche Abschnitte enthält, die aus hansischem und lübischem Recht und dessen Praxis gewonnen waren. Das Werk, dem ein Anhang mit den noch geltenden hansischen Privilegien angefügt war, blieb bis ins 18. Jh. gültig und kann, da es alle landesrechtlichen Satzungen berücksichtigte, als das erste europäische Handelsgesetzbuch angesehen wer-

Johann Marquard
Miniatur von M. C. Hirt, 1638

den. Sogar im Preußischen Allgemeinen Landrecht von 1794 sind Grundgedanken von M.s Handelsrecht zu finden. Die Lage seiner Vaterstadt in den turbulenten sechziger Jahren des 17. Jh. beschrieb er in einer handschriftlich erhaltenen Darstellung „De statu regiminis Lubecensis". Für sein Traditionsbewußtsein sprechen eine kunstvoll gestaltete Ratswahlliste von seiner Hand und eine von ihm verfaßte lübeckische Chronik, deren Teile fast unverändert in der Chronik von Johann Peter Willebrandt erhalten sind.

M. verband vorbildlich juristisches Können in Theorie und Praxis mit diplomatischen Fähigkeiten und vertrat daher die lebenswichtigen Interessen der Hansestadt erfolgreich auf der politischen Bühne. Er konnte zudem der über das kleine Staatswesen hinauswirkenden und noch immer lebendigen rechtschöpferischen Kraft des lübischen Rechts mit seinem Handelsrechtstraktat ein Denkmal setzen.

Quellen: AHL: Schnobel; Altes Senatsarch., Rat u. Bürgerschaft Konv. 32 u. 35; Slg. Ed. Hach, Lübecker Ratsherren. – Urkunde über d. Verleihung d. Markusordens im Stadtarch. Lüneburg. – Memoriae Domini J. M. chartaceum monumentum posuit Joh. Luderus, Lubecae 1668.
Werke: Oratio J. M. Lubecensis habita in augustissimo senatu ad Serenissimum Franciscum Ericium Venetorum Ducem . . ., in: Bibliotheca Lubecensis, 3, Lubecae 1726, S. 377 ff. – Dissertatio de iure commerciorum singulari, 1636. – C. Wehrmann, Gesandtschaftsbericht [v. J. M. verfaßt] über d. Teilnahme d. Hansestädte an d. Friedensverhandlungen in Brömsebro im Jahre 1645, in: ZLGA 3 (1876), S. 417–488. – Tractatus politico-juridicus de iure

mercatorum et commerciorum singulari, Ffm. 1662. – De statu regiminis Lubecensis (AHL, Altes Senatsarch., Rat u. Bürgerschaft, Konv. 55,1). – Ratswahlliste (= Stadtbibl. Lübeck Ms. lub 4° Nr. 333), beschrieben b. F. Bruns, Die älteren lübischen Ratslinien, in: ZLGA 27 (1934), S. 95–97. – Chronicon Lubecense: das ist Beschreibung d. Stadt Lübeck, in sich begreiffend deren Anfang, Fortgang u. Wachsthum, geistliche u. weltliche Gesch., u. Verrichtungen zu Kriegs- und Friedenszeiten, wie auch Regierung, Privilegien, Ländereyen, Gebäude, Botmäßigkeit u. Herligkeiten, auß glaubhafften Schriften umbs Jahr 1658 zusammengetragen, 3 Bde. (Abschr. im AHL Hs. 863, übernommen z. T. in Johann Peter Willebrandt, Hansische Chron. aus beglaubigten Nachr. zusammengetragen, Lübeck 1748).

Literatur: ADB, 20, S. 416 f. – Cimb. lit., 1, S. 381 f. – v. Seelen, 1, S. 173–195. – Zedler, Großes vollständiges Universal-Lex., 19, 1739, Sp. 1664 c. – A. Hagedorn, Die Gesandtschaft d. Hansestädte zur Beglückwünschung König Friedrichs III. von Dänemark zu seiner Thronbesteigung, in: MLGA 1 (1884), S. 42–48. – E. Hach, Aus d. lübeckischen Rathsprotokollen v. 1661–1672, in MLGA 10 (1902), S. 130–162. – P. Rehme, Gesch. d. Handelsrechts, Lpz. 1913. – Fehling Nr. 763. – J. Asch, Rat u. Bürgerschaft in Lübeck 1598-1669, Lübeck 1961. – W. Ebel, Lübeck in d. deutschen Rechtsgesch., in: SHA 1962, Sonderh. z. Einweihung d. neuen Lübecker Gerichtshauses am 8. März 1962, S. 40–47. – H. Kellenbenz, Artikel Handelsrecht, in: Hdwb. z. deutschen Rechtsgesch. 1, Bln. 1971, Sp. 1946.

Porträts: Epitaph (früher Petrikirche, jetzt: MusKK). – Gemälde v. Zacharias Kniller, 1668 (Lübeck, Rathaus); Abb.: Asch (s. Lit.), S. 137. – Miniatur v. M. C. Hirt, 1638 (MusKK), Abb. s. S. 254.

Antjekathrin Graßmann

MELLE, Jacob von, geb. 17. 6. 1659 Lübeck, gest. 13. 6. 1743 ebd.; ev. – Theologe u. Polyhistor.

Eltern: Gerdt von Melle, geb. 2. 12. 1614 Quakenbrück, gest. 29. 12. 1680 Kappeln (Angeln), Eisenkrämer; Anna Maria geb. Stolterfoth, geb. 7. 3. 1631 Lübeck, gest. 20. 3. 1689 Kappeln.

Ehefrau: Dorothea Pomarius, geb. 19. 11. 1664 Magdeburg, gest. 13. 5. 1731 Lübeck; verh. 15. 6. 1685; Tochter d. Superintendenten Samuel Pomarius.

Kinder: 4 Söhne, 5 Töchter, darunter: Samuel Gerhard, geb. 29. 10. 1690 Lübeck, gest. 1. 6. 1733 ebd., seit 17. 11. 1718 Prediger an St. Aegidien ebd. – Franz Jacob, geb. 20. 3. 1696 Lübeck, gest. 8. 4. 1770 ebd., seit 27. 3. 1743 Stadtphysikus ebd.

Da seine Eltern bereits 1660 nach Kappeln verzogen, wuchs der in Lübeck zurückgelassene v. M. bei seinem Onkel Bernhard Krechting, dem damaligen Prediger und späteren Hauptpastor an St. Marien, auf; er erhielt Privatunterricht sowohl von Krechting als auch von Lehrern des Katharineums. Ostern 1674 begann v. M. sein Studium (Theologie, Philosophie, Philologie, Geschichte, Naturwissenschaften) an der Univ. Kiel, das er von 1676 bis 1680 in Jena fortsetzte. Dort erlangte er aufgrund seiner vier Studien über die Geschichte Lübecks bis zum Spätmittelalter den Magistergrad (1680). 1680–1681 besuchte v. M. die Univ. Rostock, wo er einerseits theologische Vorlesungen hörte und andererseits selbst philosophische hielt. Anschließend kehrte er nach Lübeck zurück und erhielt dort eine Predigerausbildung durch den Superintendenten Samuel Pomarius. Von Juni bis Dezember 1683 unternahm v. M. mit Christian Heinrich Postel eine Bildungsreise durch Westeuropa, die ihn u.a. nach Amsterdam, Leiden, Utrecht, Antwerpen, Brüssel, Brügge, London, Oxford, Paris und Straßburg führte. Wenige Monate nach seiner Rückkehr wurde er am 10. 4. 1684 zum Prediger an St. Marien gewählt und durch Hauptpastor Krechting in sein Amt eingeführt. Am 26. 8. 1706 wurde v. M. zum Hauptpastor an St. Marien gewählt; dieses Amt behielt er, seit 25. 5. 1719 auch Senior des lübeckischen Geistlichen Ministeriums, bis zu seinem Tod.

Seine Bedeutung liegt weniger im Bereich der Theologie, wo er zwar auch durch einige Schriften hervortrat, als auf historischem Gebiet. v. M. befaßte sich als erster kritisch mit der Geschichte Lübecks und kann als Vater der lübeckischen Geschichtsschreibung bezeichnet werden. Neben seinem oben erwähnten, von den Zeitgenossen gelobten Erstlingswerk – in einer Besprechung hieß es, „daß er allen, die sich vor ihm dergleichen unterfangen, den Preiss weggenommen habe" – ist sein Hauptwerk, die „Gründliche Nachricht von der Kayserlichen, Freyen und des H. Römis. Reichs Stadt, Lübeck" (Lübeck 1713, verbesserte und erweiterte Auflage ebd. 1742), zu nennen, in dem er eine materialreiche historische Darstellung Lübecks lieferte, die auch heute noch benutzt werden kann; das gilt gleichfalls für seine handschriftlichen Quellenauszüge und Zusammenstellungen, zumal die entsprechenden Vorlagen zum Teil verloren sind. Als echter Polyhistor widmete v. M. sich auch naturgeschichtlichen (Untersuchungen zu Sedimentärgeschieben) und sprachgeschichtlichen Studien (u.a. legte er ein 20 000 Wörter umfassendes Lexikon der niederdeutschen Sprache an), in denen er sich ebenfalls als hervorragender Forscher, der seiner Zeit voraus war, erwies. Daneben verfaßte er Gelegenheitsgedichte in verschiedenen Sprachen. Seine Sprachkenntnisse waren selbst für einen Gebildeten des 17./18. Jh. beachtlich: Latein, Griechisch, Hebräisch, Chaldäisch, Italienisch, Französisch, Englisch, Schwedisch und Dänisch. Als Sammler war v. M. besonders durch sein Münzkabinett bekannt.

Quellen: AHL: Schnobel; Io. Henr. a Seelen [Joh. Henr. v. Seelen], Memoria viri admodum reverendi, amplissimi et praeclarissimi domini M. Iacobi a Melle . . ., Lübeck [1743]; Carl Heinr. Langen, Letztes Ruhm u. Ehrenmaal, dem weiland hochehrwürdigen in Gott andächtigen u. hochgelahrten Herrn, Herrn M. Jacob von Melle . . ., Lübeck [1743].
Werke: Verz. b. v. Seelen (s. Qu.), S. 7–11, b. J.C.J. v. Melle u. in Cimb. lit. (s. Lit.); *hervorzuheben u. zu ergänzen:* Historia antiqua Lubecensis; Hist. media Lub. ab anno MCLXXXII ad annum MCCXXVII; Hist. med. Lub. ab a. MCCXXVII ad a. MCCC; Hist. Lub. recentior ab a. MCCC ad a. MCCCC; Jena 1677–1679. – Notitia Maiorum, plurimas Lubecensium, aliorumque clarorum virorum, de ecclesia, republica et literis egregie meritorum, vitas, ab aliquot Saeculis repetitas, & documentis authenticis illustratas, comprehendens, Lpz. 1707. – De Itineribus Lubecensium Sacris, seu de Religionis & votivis eorum Peregrinationibus vulgo Wallfarthen, quas olim devotionis ergo ad loca Sacra susceperunt, commentatio, Lübeck 1711. – Gründliche Nachricht Von der Kayserlichen Freyen u. des H. Römis. Reichs. Stadt, Lübeck Welche Denen Einheimischen u. Fremden, aus unverwerfflichen Documenten, mit aufrichtiger Feder ertheilet wird, Lübeck 1713 (2. verbesserte u. erweiterte Aufl. Lübeck 1742). – Die zu Lübeck wohl aufgenommenen Westfälinger, in: A. Fahne (Hrsg.), Die Westphalen in Lübeck, Köln u. Bonn 1855, S. 17–160. – Beschreibung einer Reise durch d. nordwestliche Deutschland nach d. Niederlanden u. England im Jahre 1683 v. J. v. M. u. Ch. H. Postel, hrsg. v. C. Curtius, Lübeck 1891. – Testamenta Lubecensia e Membranis authenticis accurate descripta (AHL, Hs. 771.) – Lübeckische Geschlechter (AHL, Hs. 817[1]).

Jacob von Melle
Gemälde von unbekanntem Künstler

Literatur: ADB, 21, S. 297 f. – Cimb. lit., 1, S. 406–409. – J. C. J. v. Melle, M. J. v. M., in: ZLGA 1 (1855–1860), S. 10–21. – C. Curtius, Einl. zu „Beschreibung einer Reise . . ." (s. Werke), S. 1–9. – C. Schumann, Das Lübische Wörterbuch d. J. v. M., in: Jb. d. Ver. f. ndt. Sprachforschung 35 (1909), S. 17–30. – P. Range, Zwei paläontologische Arbeiten aus d. Beginn d. 18. Jh., in: Z. d. dt. Geologischen Ges. 85 (1933), S. 684–687. – K. Unsicker, Weltliche Barockprosa in Schl.-Holst., Neumünster 1974 (Kieler Stud. z. deutschen Lit.-gesch. 10), S. 19, 74–82, 113, 117 f., 125, 138.
Porträt: Epitaph (Lübeck, Marienkirche, zerstört), Abb.: Range (s. Lit.). – Gemälde (Privatbesitz, Foto: MusKK), Abb. s. S. 257.

Hans-Bernd Spies

MEYER, Marx (Markus, Marquard), gest. (hingerichtet) 17. 6. 1536 Helsingör; ev. – Grobschmied, Kriegshauptmann.
Eltern: unbekannt, die Mutter M.s wohnte 1535 in Lübeck.
Ehefrau: 1.) Anna, Witwe d. Johann Martens. – 2.) nach Schnobel (s.Qu.) Elsabe von Wickede, verh. Juni 1533 Lübeck; Tochter d. Lübecker Bürgermeisters Hermann von Wickede (gest. 1501) u. Witwe d. Lübecker Bürgermeisters Gottschalk Lunte (gest. 16. 10. 1532).
Über M.s Herkunft ist nichts Sicheres bekannt. Die Quellen erwähnen ihn erstmals 1526, als er in Hamburg das Meisterrecht als Grobschmied erwarb; 1529 ist er als Besitzer einer Schmiede vor dem damaligen Millerntor bezeugt, die er

wohl durch Heirat erworben hatte. Zwei eiserne Röhren für eine neue Wasser-
kunst stammten von ihm, auch soll er eine eiserne Tür für die von Johannes Bugenhagen (s. SHBL, 1, S. 93) gegründete Bibliothek in St. Marien Magdalenen geliefert haben. 1531 begann seine militärische Karriere, in deren Verlauf er eine
Schlüsselrolle erst in der Fehde Lübecks mit den im Ostseehandel konkurrierenden Holländern (1533), dann in den Kriegen um die Thronfolge in Dänemark
nach dem Tod König Friedrichs I. (s. SHBL, 7, S. 69), der sogenannten Grafenfehde (1534–1536), spielen sollte. Der Hamburger Rat verwendete ihn 1531 als
Spion in Holland, wo der 1523 abgesetzte König Christian II. Truppen zwecks
Wiedererlangung des dänischen Throns sammelte. Im Winter desselben Jahres
stand M. bereits in Diensten Friedrichs I., vielleicht mit Söldnern, die er zuvor
zum Schutz Hamburgs geworben, dort aber nicht hatte einsetzen müssen.

Im Frühjahr 1532, als in Kopenhagen Friedrich I. mit Lübecker Gesandten,
darunter erstmals Jürgen Wullenwever, über die gemeinsame Abwehr Christians II. und die Beschränkung des holländischen Ostseehandels verhandelte
(Stapelvertrag von 1532), trat M. in lübeckische Dienste über. Er zeichnete sich
bei dem folgenden kurzen Feldzug gegen Christian II. in Norwegen durch besondere Kühnheit aus; der Chronist Reimar Kock, der als Augenzeuge dabei
war, schreibt die Erfolge über den Gegner im wesentlichen M. zu. Nach der Ein-
kerkerung Christians II. in Sonderburg (August 1532) wurde M. in Lübeck zum
Hauptmann eines 800 Mann starken Kontingents ernannt und zur Türkenhilfe
nach Österreich abgeordnet. Die Truppe kam wegen des Rückzugs der Türken
nicht zum Einsatz, doch nahm M., immer auf Wirkung bedacht, die Gelegenheit
wahr, seine Söldner dem Kaiser zu präsentieren. Nach seiner Rückkehr heiratete
der ehemalige Schmied, dem die Chronisten ein sehr stattliches Äußeres be-
scheinigen, mit viel Pomp die Witwe eines Lübecker Bürgermeisters (Juni 1533).

Gleich nach der Hochzeit stieß M. als Hauptmann der Kriegsknechte zu der
lübeckischen Flotte, die im Sund lag, während Wullenwever, inzwischen Lübek-
ker Bürgermeister, auf dem Herrentag in Kopenhagen (Juli 1533) die nach dem
Tod Friedrichs I. von Melchior Rantzau (s. SHBL, 7, S. 177) eingeleitete Wende in
der dänischen Außenpolitik zugunsten der Holländer vergeblich zu verhindern
versuchte. Ende Juli verfolgte M. holländische Schiffe in der Nordsee und im
Ärmelkanal. Er mußte in England zur Lebensmittelversorgung an Land gehen,
wurde jedoch wegen Seeraubs angehalten und gefangengesetzt. Die Kaufleute
des Stalhofs in London und der Lübecker Rat setzten sich für ihn ein und leiste-
ten Bürgschaft, und M. wurde wenig später nicht nur freigelassen, sondern von
Heinrich VIII., der wegen seiner Scheidung von Katharina von Aragonien protestantische Bündnispartner suchte, sogar zum Ritter geschlagen und mit Ge-
schenken und einer jährlichen Rente bedacht. Nach der Begegnung zwischen M.
und Heinrich VIII. kamen Verhandlungen zwischen Lübeck und England in
Gang, die 1534 in einem Vertragsentwurf resultierten, demzufolge Lübeck den
englischen König in seiner Politik gegen den Papst unterstützen und ihm, gegen
finanzielle Hilfe bei der Unterwerfung Dänemarks, ggf. die dänische Krone
überlassen sollte. Der Kriegsverlauf in Holstein und Dänemark hat den Vertrag
nicht zur Ausführung gelangen lassen, doch hat M., obwohl letztlich ohne gro-

ßen Nutzen, seine Beziehungen zu Heinrich VIII. auch später noch aufrechterhalten.

Auf der Hamburger Versammlung vom März 1534 wurde die Fehde zwischen Lübeck und den nunmehr vom dänischen und holsteinischen Adel unterstützten Holländern zum Vorteil der letzteren beendet. Es kam hier zu heftigen Zusammenstößen zwischen dem prahlerischen Emporkömmling M. und Melchior und Kay Rantzau; dieser soll dabei bemerkt haben, er werde, wenn er M. fassen könne, aus dem Ritter einen Knecht machen. Wullenwever nahm den ungünstigen Verlauf der Versammlung zum Anlaß, sich seiner letzten Gegner im Rat zu entledigen. Auf seine nun beginnende abenteuerliche Politik, die auf Unterwerfung Dänemarks mit Hilfe der dänischen Bürger und Bauern und Wiederherstellung der handelspolitischen Vormachtstellung Lübecks im Ostseeraum zielte, hat M., inzwischen auf dem Höhepunkt seines Ansehens in Lübeck, anscheinend maßgeblichen Einfluß gehabt; bei den Zeitgenossen galt er auch als derjenige, der den Krieg in Holstein vom Zaun brach, wobei er möglicherweise selber wieder unter dem Einfluß seiner Hamburger Freundin Agneta Willeken stand. Diese machte später durch einen Prozeß beim Reichskammergericht von sich reden, bei dem auch ihre Beziehungen zu M. und ihr Anteil an dessen Unternehmungen untersucht wurden. Im Mai 1534 überfiel M. völlig überraschend, auch ohne Vorwissen des Lübecker Rats, das im Besitz Kay Rantzaus befindliche Schloß Trittau, kurz darauf brach Graf Christoph von Oldenburg als Verbündeter Lübecks mit seinem Heer in Holstein ein. Nach ersten Anfangserfolgen verlief der Krieg in Holstein für Lübeck wenig glücklich. Nachdem Graf Christoph bereits im Juni auf lübeckischen Schiffen nach Dänemark übergesetzt war und noch im Sommer Seeland, Schonen und Fünen unterworfen hatte, wurde der Krieg mit dem Stockelsdorfer Frieden vom 18. 11. 1534 in Holstein beendet und ausschließlich in Dänemark fortgeführt. M., der militärische Erfolge der Holsteiner bei Trems und Schlutup nicht hatte verhindern können, sah die Stimmung der Lübecker Bürger um diese Zeit erstmals gegen sich gerichtet.

In den Kampf um die dänische Thronfolge gegen den vom Adel zum neuen König bestimmten Herzog Christian (III.) konnte M. nicht mehr entscheidend eingreifen. Nach Abschluß des Stockelsdorfer Friedens folgte er Graf Christoph mit drei Fähnlein Kriegsknechten nach Seeland und zog von dort sofort weiter nach Schonen, um sich den anrückenden Schweden entgegenzustellen. Da sich der schonische Adel jetzt auf die Seite der Schweden stellte, mußte er sich nach Helsingborg zurückziehen, wo er im Januar 1535 durch Verrat des Reichsmarschalls Tyge Krabbe vernichtend geschlagen, gefangengenommen und auf die Festung Varberg gebracht wurde. Krabbes Verrat löste in Seeland eine blutige Adelsverfolgung durch Bürger und Bauern aus. M. konnte sich Mitte März 1535 durch einen aufsehenerregenden Handstreich in den Besitz der Burg setzen, die er über ein Jahr lang bis Mai 1536 hielt. Er betrieb von hier aus seine eigene Diplomatie, empfing Gesandte Heinrichs VIII., dem er Varberg und die wichtigsten Orte am Sund anbot, und korrespondierte mit Herzog Albrecht von Mecklenburg. Da der vertriebene Burgherr Trut Gregersen Ulfstand die Stadt Varberg einnahm und die Burg belagerte, mußte M. sich durch nächtliche Ausfälle und über See mit Lebensmitteln versorgen. Prekär wurde seine Lage erst nach dem Abschluß des Hamburger Friedens vom Februar 1536 zwischen Christian III. und Lübeck, wo nach dem Sturz Wullenwevers im August 1535 inzwischen wieder der alte Rat an der Macht war. M. war in den Frieden nicht aufgenommen worden. Auch die Engländer, auf deren Hilfe er weiterhin hoffte, ließen es am Ende bei Durchhalteparolen und schönen Versprechungen bewenden. Mitte Mai 1536 wurden M.s Schiffe vor Varberg zerstört, am 27. Mai wurde die Festung von dem versammelten dänisch-schwedischen Heer beschossen und M. zur Aufgabe gezwungen. M. wurde nach Hvidøre, dann nach Melchior Rantzaus Lehen Skjoldenæs gebracht, dort gefoltert und verhört und kurz darauf wegen ehrloser Handlungsweise bei der Überrumpelung Varbergs in Helsingör hingerichtet. Sein Bruder Gert, der ihn auf Varberg unterstützt hatte, wurde wenig später auf Betreiben Lübecks wegen Seeraubs in Helsingborg enthauptet.

Zu Lebzeiten erlangte M. als Haudegen, Frauenheld und Kämpfer für das Evangelium, als der er sich gern darstellte, zeitweise große Volkstümlichkeit, die Geschichtsschreibung aber beurteilt ihn insgesamt eher kritisch. Die Chronisten seiner Zeit sind ihm aus moralischen Gründen nicht gewogen, nationalliberale Historiker haben ihn später als Freiheitshelden heroisiert, D. Schäfer (s. Lit.) bezeichnete ihn schließlich als „hohle, eitle Korporalsfigur", G. Waitz (ADB) als einen Mann mit „wenig rühmlichen Eigenschaften". M.s Versuche, Politik zu machen, wirken in der Tat gegenüber Melchior Rantzaus zielbewußter Diplomatie abenteuerlich und dilettantisch, und verglichen mit J. Rantzaus (s. SHBL, 5, S. 217) energischer Kriegsführung für Christian III. sind auch seine Kriegstaten die eines Draufgängers ohne Weitblick. Daß er, neben Wullenwever und J. Oldendorp (s. d.), die Geschichte Lübecks in dieser Zeit so entscheidend mitbestimmen konnte, lag an den labilen politischen Verhältnissen dieser Umbruchszeit, die dem Aufstieg eines Mannes von seinen Talenten günstig waren; ihre Konsolidierung und das Ende der Grafenfehde haben umgekehrt sehr schnell seinen Untergang herbeigeführt.

Quellen: R. Kock, Croniken van der Keiserliken Stadt Lubeck unde oeren vorwandten (KB: Ny kgl. samling 303 b), Bd. 3, S. 393–400. – H. Bonnus, Chronica d. vörnemelikesten Gesch. unde handel d. Keyserliken Stadt Lübeck . . ., Magdeburg [1539], S. 81–95 (AHL). – J. M. Lappenberg, Actenstücke über d. Verh. König Heinrichs VIII. m. Lübeck u. Hamburg 1533 flgd., in: ZHG 3 (1851), S. 188–216. – C. Paludan-Müller, Aktstykker til Nordens Historie i Grevefeidens Tid, 1, Odense 1852. – G. Waitz (s. Lit.), 1, S. 372 f.; 2, S. 251, 339–351, 405 f.; 3, S. 468 f. – Hamburgische Chroniken in niedersächsischer Sprache, hrsg. v. J. M. Lappenberg, Hbg. 1861, S. 64 f., 66, 296, 304 f. – Kämmereirechnungen d. Stadt Hamburg, hrsg. v. K. Koppmann, 5, Hbg. 1883, S. 291, 382, 435, 451. – Die Historie v. Marcus M., mitget. v. D. Schäfer, in: HG 7 (1890/91), S. 164–172. – R. Häpke (Bearb.), Niederländische Akten u. Urkunden z. Gesch. d. dt. Hanse u. z. dt. Seegeschichte, 1:1531–1557, München u. Lpz. 1913. – AHL: Schnobel.

Literatur: ADB, 21, S. 611 f. – A. Huitfeldt, En kaart historiske Beskriffuelse paa hues merckeligt som sig aarlige under Kong Christian den Tredie . . . haffuer tildragit, Kop. 1595 (Neudr.: Danmarks Riges Krønike, 2, Kop. 1976), S. 1453 f. – N. Krag u. S. Stephanius, Den Stormægtigste Konge, Kong Christian den Tredie, Konge til Danmark og Norge . . ., hans Historie, 1, Kop. 1776, S. 25, 31 f. – J. R. Becker, Umständliche Gesch. d. Kaiserl. u. d. Heil. Römischen Reichs freyen Stadt Lübeck, 2, Lübeck 1784, S. 53–102. –F. W. Barthold, Jürgen

Wullenwever v. Lübeck oder d. Bürgermeisterfehde, [Lpz.] 1835 ([Raumers] Hist. Taschenbuch 6). – L. v. Ranke, Deutsche Gesch. im Zeitalter d. Reformation, 3, Bln. 1840, S. 425–456. – J. M. Lappenberg, Der hamburger Grobschmidt M. M., in: ZHG 5 (N. F. 2) (1866), S. 13–31. –Chr. F. Wurm, Die politischen Beziehungen Heinrichs VIII. zu Marcus M. u. Jürgen Wullenwever, Hbg. 1852 (Osterprogramm d. Akademischen Gymnasiums). – C. Paludan-Müller, Grevens Feide, 2 Bde., Kop. 1853/54. – G. Waitz, Lübeck unter Jürgen Wullenwever u. d. europäische Politik, 3 Bde., Bln. 1855/56. – D. Schäfer, Gesch. v. Dänemark, 4, Gotha 1893 (Gesch. d. europäischen Staaten, hrsg. v. A. H. L. Heeren u.a., 13. Werk). – R. Häpke, Der Untergang d. hansischen Vormachtstellung in d. Ostsee (1531–1544), in: HG 18 (1912), S. 85–119, bes. 102 f., 107 f. – H. Reincke, Agneta Willeken, Lübeck 1928 (Pfingstbll. d. Hansischen Geschichtsver. 19). – G. Korell, Jürgen Wullenwever, Weimar 1980, S. 86 f., 90–96, 106. – K. Jespersen, Henry VIII of England, Lübeck and the Count's War, 1533–1535, in: Scandinavian Journal of History 6 (1981), S. 243–275.

Alken Bruns

MILDE, Carl Julius, geb. 16. 2. 1803 Hamburg, gest. 19. 11. 1875 Lübeck; ev. – Maler, Konservator.

Eltern: Hans Christian Milde, geb. 14. 10. 1766 Hamburg, gest. 3. 5. 1842 Wandsbek, Gewürzkrämer u. Bürger in Hamburg; Johanna Catharina geb. Schinkel, geb. 19. 7. 1782 Hamburg; Bäckertochter.

Unverheiratet.

Erste künstlerische Ausbildung erhielt M. in Hamburg bei Gerdt Hardorff d. Ä., Siegfried Bendixen und Christoffer Suhr. Er gehörte zum Kreis der Hamburger Nazarener um Erwin Speckter. Mit Erwin und Otto Speckter unternahm er 1823 auf Anregung des Kunsthistorikers Carl Friedrich von Rumohr (s. SHBL, 3, S. 230) eine Reise durch Schleswig-Holstein. Sie suchten den Bordesholmer Altar Meister Brüggemanns im Schleswiger Dom auf und zeichneten in Lübeck Kopien nach dem Passionsaltar Hans Memlings in der Greveradenkapelle im Dom, die sie 1825 und 1826 als Lithographien herausgaben. 1825 setzte M. sein Studium an der Dresdener Akademie fort, besuchte 1825 bis 1826 die Akademie in München, wo er Schüler von Peter Cornelius wurde, und trat dann seine erste Italienreise an. Noch im selben Jahr (1826) kehrte er nach Hamburg zurück, um dort als Porträtmaler zu arbeiten. Erst eine zweite Italienreise, die M. 1830 bis 1832 unternahm, bot ihm Gelegenheit, sich ausführlicher mit Gemälden und Dekorationsmalereien der Renaissance auseinanderzusetzen. Nach der Rückkehr gründete er 1832 zusammen mit anderen bildenden Künstlern den Hamburger Künstlerverein.

Es gelang M. nicht, sich auf Dauer als Porträtmaler in Hamburg durchzusetzen. Jedoch führte er eine Reihe ganz anderer, sehr unterschiedlicher Arbeiten aus und stellte damit eine Vielseitigkeit unter Beweis, die für seine künstlerische Persönlichkeit insgesamt bezeichnend ist. 1829 beauftragte ihn der Hamburger Syndikus Karl Sieveking, für sein Landhaus in Hamm (Hammerhof) einen Saal mit einer Kopie des Frieses vom Apollontempel in Bassae-Phigalia auszumalen. 1834 erhielt er von der Stadt Hamburg den Auftrag zur Ausschmückung ihres

Carl Julius Milde
Zeichnung (Selbstbildnis), 1833

Ehrenbürgerbriefes; im selben Jahr malte er den Giebel eines neuen Gebäudes der Stiftung Rauhes Haus mit einer Darstellung des Guten Hirten aus. Ferner übernahm er während der Krankheit Erwin Speckters die Ausmalung eines Eckzimmers im Hause des Hamburger Bürgermeisters Abendroth, die er 1835 nach Speckters Tod nach dessen Entwürfen vollendete. Neben Aquarellen biedermeierlicher Familienszenen entstanden in den dreißiger Jahren schließlich noch die Illustrationen zu zwei chirurgischen Werken des Mediziners Gustav Biedermann Günther.

Bedeutung hat M. nicht so sehr als Maler wie als erster Konservator und Restaurator mittelalterlicher Denkmäler in der Hansestadt Lübeck erlangt. 1835 bis 1837 hatte er in Lübeck Zimmer im Hause des Kaufmanns und schwedischen Konsuls Christoph Adolph Nölting in Anlehnung an pompejanische Wandmalereien auszuschmücken; im Jahr darauf zog er in das Haus des Auftraggebers um. Nölting war Vorsteher von St. Marien und konnte ihm Restaurierungsarbeiten in der Kirche vermitteln. Zusammen mit dem Glasermeister Johann Jacob Achelius restaurierte und ergänzte M. mittelalterliche Glasmalereien aus der Burgkirche und setzte sie in St. Marien ein, stellte Altäre, Epitaphien, die große Orgel, das Sakramentshaus wieder her und richtete eine Sakristei ein. 1841 begann er mit der Aufstellung von Kunstwerken auf dem oberen Chor der Katharinenkirche. Eine Tätigkeit als Zeichenlehrer am Katharineum, die M. von 1841 bis 1864 ausübte, sicherte ihm in der Folgezeit den Lebensunterhalt. 1864 wurde ihm dann eine feste Anstellung als Konservator der Naturaliensammlung übertragen.

Der Wiederbelebung der Glasmalerei galt M.s besonderes Interesse. Von 1845 bis 1846 arbeitete er an einem Glasgemälde zu Dekorationsmalereien in der Dorfkirche von Semlow (Bezirk Rostock). Die Ausstattung der Kirche mit Wand- und Deckenmalereien sowie Glasgemälden erstreckte sich bis ins Jahr 1864. 1858 bis 1860 restaurierte M. Glasmalereien in der Klosterkirche von Dargun und stellte nach Abschluß dieser Arbeit ein Glasgemälde für die Plöner Nikolaikirche fertig. 1867 erfolgte die Restaurierung und Ergänzung der mittelalterlichen Verglasung der Kirche in Breitenfelde bei Mölln. Die Ausstattung der Kirche in Semlow veranlaßte das preußische Kronprinzenpaar, M. die Ausführung des Glasgemäldes über dem Westportal des Kölner Domes zu übertragen. Die Arbeit wurde 1870 abgeliefert, jedoch erst 1877, zwei Jahre nach M.s Tod, eingesetzt. M.s letzte Entwürfe für Glasgemälde waren für die 1873 erbaute Kapelle in Sophienhof bei Preetz bestimmt.

M.s außerordentliche Vielseitigkeit spiegelt sich in seinen Veröffentlichungen wider. Vor allem bemühte er sich, die mittelalterlichen Denkmäler Lübecks der Öffentlichkeit in Abbildungswerken bekanntzumachen. 1843 erschien das erste Heft seiner „Denkmäler bildender Kunst in Lübeck" mit Texten von Ernst Deecke. Das zweite Heft folgte 1847. Nachdem M. 1843 für das Lübecker Urkundenbuch Siegel gezeichnet und auf Stein übertragen hatte, beschäftigte er sich auch weiterhin aus eigenem Interesse mit Sphragistik und begann zwei Jahre später mit den Vorarbeiten für das Werk „Siegel des Mittelalters aus den Archiven der Stadt Lübeck", dessen vier Hefte von 1856 bis 1865 und, in einem Band

vereinigt, noch einmal 1879 erschienen. Als seine letzte Publikation von Denk-
mälcrn Lübecks gab er 1866 seine lithographischen Abbildungen des Totentanzes in der Marienkirche heraus. Neben den historischen und kunsthistorischen
Werken erschien eine Anzahl von Arbeiten sehr unterschiedlichen Inhalts, so
1842 die „Bilderbibel für Schule und Haus nach bewährten Meistern" und von
1849 bis 1851 mehrere Alben mit Aquarellen von Insekten. Das erstmals 1857 erschienene „Lübecker ABC", mit Radierungen nach Zeichnungen M.s und eigenen erläuternden Texten versehen, wurde mehrfach neuaufgelegt und ist bis
heute ein beliebter Führer durch das alte Lübeck geblieben. – Goldene Ehrendenkmünze der Gesellschaft zur Beförderung gemeinnütziger Tätigkeit, 1875.

Nachlaß: Künstlerischer Nachlaß im MusKK. – Weitere Slg.en in d. Kunsthalle Hbg. u. im
Kupferstichkabinett Bln. – Schriftlicher Nachlaß im AHL. – Briefe in Besitz d. Familie Nöl-
ting, Hbg.
Veröffentlichungen: C. J. M., E. Speckter, O. Speckter, Altargemälde d. Greveradenkapelle
im Dom zu Lübeck, Hbg. 1825 u. 1826. – Bilderbibel für Schule u. Haus nach bewährten
Meistern, Lübeck 1842. – Denkmäler bildender Kunst in Lübeck, mit Texten v. E. Deecke,
Lübeck 1843 u. 1847. – Verz. d. Lübeckischen Kunstalterthümer, welche sich auf d. obern
Chor d. St. Catharinenkirche befinden, Lübeck 1855, 2. erw. Aufl. 1864. – Lübecker ABC,
Lübeck 1857 (u. weitere Aufl.). – Die Kirchen d. Herzogthümer Holstein u. Lauenburg, in:
Jbb. f. d. Landeskunde d. Herzogthümer Schleswig, Holstein u. Lauenburg 1 (1858),
S. 331–334; 2 (1859), S. 369–377. – Der Todtentanz in d. Marienkirche zu Lübeck, mit e. Text
v. W. Mantels, Lübeck 1866. – Glasmalereien in d. Kirche zu Breitenfelde, in: Jbb. f. d. Lan-
deskunde d. Herzogthümer Schleswig, Holstein u. Lauenburg 10 (1869), S. 283–285. – Sie-
gel d. Mittelalters aus d. Archiven d. Stadt Lübeck, hrsg. v. VLGA, Lübeck 1879.
Literatur: ADB, 21, S. 737–741. – Der Verein f. Lübeckische Gesch. u. Alterthumskunde
während d. Jahre 1867–1876, in: ZLGA 3 (1876), S. 613–634 (bes. S. 627–634). – Lübecker
Biographien, C. J. M., in: VBl 1899, Sp. 83 f.,92. – C. J. M., in: ebd. 1906, Sp. 74–76. – Th.
Hach, Mitt. über C. J. M. u. seine Thätigkeit zur Erhaltung d. Denkmäler, Lübeck 1900. – E.
Rump, Lex. d. bildenden Künstler Hamburgs, Hbg. 1912, S. 88. – W. L. v. Lütgendorff, C. J.
M., Lübeck o. J. – Ders., C. J. M., in: Wagen 1938, S. 97–133. – Th.-B. 24, S. 555. – H. K. Röt-
hel, C. J. M., in: LBl 1938, Nr. 9 (Beil.). – G. Lindtke, C. J. M.s Wiederherstellung d. Sakra-
mentshauses v. St. Marien, in: Festschr. 150 Jahre Lübecker Museen, Lübeck 1950, S. 45–51.
– H. Weimann, In Jesu Namen, in: Jb. d. St. Marien-Bauver. zu Lübeck, Lübeck 1953,
S. 33–40. – Ders., J. M., d. Restaurator St. Mariens, in: ebd. 1967, S. 98–108. – C. Schellen-
berg, Familie Duncker, in: NE 23 (1955), S. 140–145. – Chr. Pieske, Die „Denkmäler bildender Kunst" v. J. M., in: Philobiblon 16 (1972), S. 260–288. – B. R. Kommer, C. J. M., in: Lübecker Beitrr. zur Familien- u. Wappenkunde 7 (1976), S. 69 f. – H. Richert, Der Künstler u.
Kunsthistoriker C. J. M., in: NE 46 (1977), S. 49–61 (m. Lit.- Verz.). – J. E. Howoldt, C. J. M.
u. d. Entdeckung d. mittelalterlichen Lübeck, in: Kunst u. Kultur Lübecks im 19. Jh., Lübeck 1981 (Hefte z. Kunst u. Kulturgesch. Lübecks 4), S. 287–298. – M. Brix, Nürnberg u.
Lübeck im 19. Jh. Denkmalpflege, Stadtbildpflege, Stadtumbau, München 1981, S. 207–217.
– P. Märker, Vorbilderfragen: C. J. M.s „Selbstbildnis zwischen Oldach u. Speckter", in: NE
52 (1983), S. 137–146.
Porträts: Gemälde v. E. Speckter: E. Speckter, O. Speckter, M. u. F.Nerly, 1823 (1952 Privatbesitz Hbg.), H. Geller, Die Bildnisse d. deutschen Künstler in Rom 1800–1830, Bln.
1952, Nr. 1345. – Selbstbildnis m. d. Dresdner Freunden (Zeichnung), 1824 (MusKK), Geller
Nr. 831 m. Abb. – Selbstbildnis zwischen J. Oldach u. E. Speckter (Gemälde), 1826
(MusKK), Geller Nr. 830 m. Abb. – Gemälde v. J. Oldach, 1826 (MusKK), Abb.: Wagen
1938, S. 99. – Bleistiftzeichnung v. E. Speckter (Bibliotheca Hertziana, Rom), Geller Nr. 833
m. Abb. – Bleistiftzeichnung v. dems. (1952 Privatbesitz München), Geller Nr. 835 m. Abb.
– Federzeichnung v. dems. (Kunsthalle Hbg.), Geller Nr. 834. – Zeichnung v. Th. Rehbenitz

(MusKK), Geller Nr. 836. – Selbstbildnis (Zeichnung), 1833 (MusKK), Geller Nr. 2, Abb. s. S. 262. – Dargestellt auf d. Gemälde v. J. G. Gensler: Die Mitglieder d. Hamburger Künstlervereins, 1840 (Kunsthalle Hbg.), Abb.: A. Lichtwark, Das Bildnis in Hbg., 2, Hbg. 1898, S. 179. – Foto (Kunsthalle Hbg.).

Suzanne Grosskopf

MÖLLER, Arnold, geb. 4. 5. 1581 Lübeck, gest. 14. 10. 1655 ebd.; ev. – Schreib- u. Rechenmeister.

Eltern: unbekannt.

Ehefrau: 1.) Magdalena Berge, begr. 1. 9. 1624 Lübeck, verh. 15. 6. 1606 ebd. – 2.) Anna Huck (Hack), begr. 4. 4. 1635 Lübeck, verh. 7. 3. 1625 ebd.; Stieftochter d. Jacob Marfeld. – 3.) Elsabe Pasche, begr. 8. 6. 1643 Lübeck; verh. 16. 4. 1636 ebd.

Kinder: aus allen drei Ehen, darunter: aus 2.) Arnold, gest. 1693, Rechenmeister in Hamburg u. Lübeck; dessen Sohn war Arnold Hinrich von Möller (1655 bis 1713), Dr. beider Rechte u. Practicus in Hamburg 1686, kaiserlicher Hofpfalzgraf 1694, nobilitiert 1697, kaiserlicher Rat 1700.

Über M.s Herkunft ist nichts bekannt, er spricht aber von Lübeck als seiner Heimatstadt, wo er auch 1606 zum Bürger angenommen worden ist. Seine Tätigkeit seit 1605 als vom Rat zugelassener extraordinärer Rechenmeister scheint genügend eingebracht zu haben, daß er ein Jahr später ein Haus erwerben und eine Familie gründen konnte. Seine Kenntnisse und Erfahrungen im Lehrbetrieb erwarb er, wie er selbst erwähnt, in Nürnberg und in den Niederlanden. Als seine Vorbilder nennt er Johann Neudörffer, Albrecht Dürer, Veit Stoß und die Niederländer Felix von Sambix und Johann vom Felde. Auch mit Johann Rist (s. SHBL, 6, S. 150), möglicherweise auch mit Georg Philipp Harsdörffer, ist er in Berührung gekommen. Sie nannten ihn Künstler und Freund. Von Nürnberg und Lüneburg ergingen Aufforderungen an ihn, Schulgründungen vorzunehmen. Er blieb jedoch in Lübeck, wo er nicht nur dem niederen Schulwesen dauernde Impulse gab, sondern auch der erst fünfzig Jahre zuvor gegründeten Zunft der Schreib- und Rechenmeister durch Prüfungen der Lehrer und Schulvisitationen zu geachteter Stellung verhalf. Diese Schulen besuchten ältere Knaben und Mädchen oder auch die ausländischen Gesellen aus Lübecker Handelshäusern, um im Lesen, Schreiben und Buchhalten unterwiesen zu werden. Abends dienten sie als Fortbildungsschulen für Meister und Seefahrer. Um für seine verschieden weit fortgeschrittenen Schüler Lehrmittel an der Hand zu haben – man muß sich den Unterricht als Einzelunterricht vorstellen –, verfaßte M. seit 1623 Rechenbücher. Er selbst spricht von über 1000 in der Zeit von 1623 bis 1635. Späterhin fertigte er auch Vorlagebücher für seinen Schreibunterricht an. Hierfür entwarf er nicht nur die Schrift, sondern ätzte auch die Kupferplatten für den Druck mit eigener Hand. Es sind auch von ihm hergestellte Grabplatten und Erinnerungstafeln überliefert.

In seinen Rechenbüchern, die freilich noch auf dem üblichen Regelrechnen beruhen, bemühte er sich um Lebensnähe, indem er Rechenbeispiele aus dem

Arnold Möller
Kupferstich von L. Kilian, 1629

kaufmännischen Bereich wählte und dabei auch Warenkundliches einfließen ließ, z.B. die Merkmale guten Korns, Flachses und Biers beschrieb. Überdies fügte er auch einige geographische, naturwissenschaftliche und geschichtliche Hinweise ein, äußerte sich über Münzen, Maße und Gewichte der Stadt und des Landes, erklärte Wechsel, Schiffsparten und Renten und druckte Umrechnungstabellen sowie ein Vokabular kaufmännischer Begriffe ab.

Seinen Lehrbüchern zur Schrift war weniger starke Verbreitung beschieden als seinen Rechenbüchern, obwohl er auch hier versuchte, nicht nur kunstvolle Schriftbilder zu bieten, sondern wirkliche Praxisanleitung zu geben. Seine Bücher enthielten Schriften aus elf Sprachen. In Kurrent-, Kanzlei- und Frakturschrift stellte er die deutsche Sprache vor. Ihre Erlernung, das Briefstellen, Anfertigen von Schriftstücken und Formularen für das öffentliche Leben betrachtete er als Lernziel. Was den Inhalt betrifft, so können diese Unterrichtswerke als Ersatz für die damals fehlenden Lesebücher angesehen werden.

Dank seiner Fähigkeiten – er übernahm nebenberuflich auch Buchhalterarbeiten bei Kaufleuten und war als Notarius publicus tätig – gewann M. eine angesehene Stellung, die ihm sogar von den eigentlich konkurrierenden Lese- und Betschulmeistern zugestanden wurde. Sein privates Leben war dagegen durch Unfrieden unter seinen Kindern und pekuniäre Schwierigkeiten bestimmt, denn er hatte seine Unterrichtswerke auf eigene Kosten verlegt und sich besonders bei den kostspieligen Büchern zur Schrift finanziell übernommen. Seine Veröffentlichungen, von denen die Rechenbücher weitere Auflagen bis ins 18. Jh. erlebten, verbreiteten seinen Ruf auch über Lübeck hinaus. Wenn er sich auch von der mechanischen Lehrweise des Rechnens noch nicht lossagen konnte, so hebt er sich von den Berufsgenossen seiner Zeit durch die Erkenntnis ab, daß ein besserer Lehrerfolg durch Rücksichtnahme auf die Individualität des einzelnen Schülers zu erreichen ist. Deshalb bevorzugte er auch – anders als jene – die mündliche Unterweisung der Kinder vor dem weitschweifigen schriftlichen Rechenunterricht und tat damit einen Schritt in Richtung des modernen Rechenunterrichts.

Quellen: AHL: Eigenhändige Aufzeichnungen in: Altes Senatsarch. Suppl. Schulsachen A Fasc. 1 (z. T. abgedr. in: Praetorius, s. Lit.); Slg. Hach, Schreib- und Rechenmeister.
Werke: Teutsche Schullust u. Zuchtbüchlein, Lübeck 1619. – New Kaufmannsrechenbuch, ebd. 1623. – Calendarium perpetuum, ebd. 1630. – Kunst- u. nützlich Vorschrifftenbüchlein, ebd. 1630. – Ernewerte Anweisung in die nutzbare Rechenkunst, ebd. 1636. – Güldener Lehrschatz, ebd. 1647, 1663, 1675, 1687, 1716. – Schreib- u. Kunstspiegel, [Lübeck] 1648 (AHL). – Schreibstübelein, [Lübeck] 1649 (AHL). – Jugend-leiter, das ist A. M. s Schreibstübelein Zugabe, [Lübeck] 1649. – Tugend-Reitzer, Das ist: A. M.s Schreibkunst Spiegels Anhang, [Lübeck] 1649 (alle Stadtbibl. Lübeck oder AHL).
Literatur: Cimb. lit., 1, S. 423. – F. Praetorius, Das niedere Schulwesen Lübecks im 17. u. 18. Jh., in: ZLGA 11 (1909), S. 1–213. – J. Warncke, Metallarbeiten d. Lübecker Schreib- u. Rechenmeister A. M. u. Joachim Sager, in: ebd. 19 (1916), S. 100–106. – G. Thiele, Das zünftige Schulwesen im alten Lübeck. Ein Beitr. z. Gesch. d. dt. Volksschule 1531–1813, in: MLGA 15 (1929–1940), S. 201–229. – BuKHL, 4, S. 129, 139. – G. Sack, A. M.s u. verwandte Zahlenquadrate, in: Heimatbll. (Monatsschr. d. Lübecker General-Anzeigers) 1938, Nr. 154, S. 636. – P.-G. Schmidt, Entstehung u. Durchbildung d. Rechenunterrichts an dt. Volksschulen, Diss. (masch.) Bonn 1966.
Porträts: Kupf. (Halbfigur) v. L. Kilian nach F. Hals, nach 1591. – Kupf. (Brustbild) v. L. Kilian nach F. Hals, 1629 (SHLB), Abb. s. S. 266; danach Kupf. v. D. Diricksen, 1647, in: Güldener Lehrschatz (s. Werke), Frontispiz (Einzelbl. im SHLM). – Kupf. (Halbfigur) v. D. Diricksen, 1649, in: Schreibstübelein (s. Werke), Frontispiz.

Antjekathrin Graßmann

NEBBIEN, Christian Heinrich, geb. 22. 9. 1778 Lübeck, gest. 2. 12. 1841 Glogau (Schlesien); ev.–Landschaftsarchitekt, Agrarreformer.
Eltern: Christian David Nebbien, get. 26. 5. 1733 Lübeck, gest. März 1790 ebd., Schneider; 5. Ehefrau Anna Catharina geb. Gläff, get. 12. 11. 1756 Lübeck, gest. 20. 1. 1793 ebd.; verh. 23. 1. 1777 ebd.

N. entstammte nachweislich einer alten Lübecker Schneiderfamilie, nicht, wie er 1829 in der autobiographischen Schrift „Ueber mich selbst" (s. Qu.) angibt, einer wohlhabenden holsteinischen Pächter- und Bauernfamilie. Nach seiner Selbstdarstellung erlernte er seit dem 16. Lebensjahr nach dem Schul- und Hausunterricht die Praxis der Gartenkunst und der Landwirtschaft aus der Literatur und aus eigener Anschauung besonders auf Gütern in Mecklenburg und

Holstein und war vorübergehend selbst Besitzer (Pächter?) eines holsteinischen Gutes. Auf Reisen in Deutschland und nach Rußland, England, den Niederlanden, Ungarn und Oberitalien setzte er seine autodidaktischen Studien fort. Seit 1806 hielt N. sich für längere Zeit in Ungarn auf, um den Wirren der Napoleonischen Kriege zu entgehen. Von 1812 bis 1818 legte er das Gut und den Park in Alsó Korompa (Kumitat Preßburg, heute Dolná Krupá, Slowakei) für Joseph Graf Brunswick an, mit dem ihn eine enge Zusammenarbeit verband, die in einer 500seitigen Briefsammlung dokumentiert ist. 1817 begann er mit der Anlage des Stadtparks in Pest (Városliget) nachdem er den 1813 dafür ausgeschriebenen Wettbewerb gewonnen hatte. Bis 1821 beteiligte er sich an den Arbeiten für den heute noch gut erhaltenen Guts- und Schloßpark der Familie Brunswick in Martonvásár südlich von Budapest. N. arbeitete auch als Architekt für den Schloßumbau und die Gebäude im Park von Alsó Korompa und entwarf Gebäude für den Városliget in Pest. Er war nachweislich auch für andere ungarische Adelsfamilien tätig. In die Zeit der Anlage des Guts und des Parks in Alsó Korompa und der Planungsvorbereitungen für den Városliget in Pest fällt wahrscheinlich auch die Planung für den Park von Soborsin (Komitat Arad, heute Săvîrşin, Rumänien). Die Entstehungszeit der Parkanlage von Elemér (Komitat Torontál, heute Elemir, Jugoslawien) läßt sich vor 1818 datieren. Vor 1921 war auch der Park von Szent György (Komitat Torontál, heute Žitište, Jugoslawien) für Anton Kis de Itebe angelegt sowie für August Lázár de Etska der Park für das Gut Ecska (Komintat Torontál, heute Ečka, Jugoslawien), die N. neben den Anlagen für den Freiherrn Alexander Prónay in Tóalmás, für den Városliget und für den Park von Martonvásár selbst erwähnt hat. 1820 beteiligte er sich am Wettbewerb für das Burgtor in Wien und für die Gestaltung des Wallgeländes als Grünanlage.

Weitere Werke und der spätere Lebenslauf N.s lassen sich aus den Quellen, ausschließlich eigenen Angaben N.s, nur lückenhaft ermitteln. Ob und wann die Parkanlagen in St. Anton (Szent Antal, Komitat Hont, heute Antol, Slowakei) für die Familie Koháry und in Betlér (Komitat Gömör, heute Betliar, Slowakei) für die Familie Andrássy von N. angelegt wurden, konnte bisher nicht festgestellt werden. In späterer Zeit hielt N. sich in Polen auf und fertigte nach eigenen Angaben vor 1834 Entwürfe für Garten- und Parkanlagen für das Gut Koźmin und das Gut Krzyżanowicz bei Breslau an. Außer in Polen war er vor allem in Posen, in Ostpreußen und in Bayern mit Planung und Einrichtung von Gütern und Vorwerken beschäftigt, wie ein von ihm selbst für die Zeit von 1808 bis 1834 aufgestelltes Verzeichnis zeigt. In den letzten zehn Jahren seines Lebens widmete er sich vor allem literarischer Tätigkeit mit über zwanzig Veröfentlichungen. Auch plante er die Herausgabe einer Schriftenreihe, die Gründung einer Akademie für Landesverschönerung sowie Vorlesungen zur Landschaftskunst. N. starb als Wirtschaftsrat in Glogau.

N. gehört zu den Gartenkünstlern der ersten Häle des 19. Jh., die unter dem Einfluß der englischen Landschaftskunst die Gartenkunst in den Zusammenhang mit der Landschaftsverschönerung stellten und in beiden Bereichen praktisch und theoretisch arbeiteten. Er war ein Wegbereiter der Stadtparkidee im frühen 19. Jahrhundert; er erkannte die soziale Notwendigkeit und erzieherische Funktion neu einzurichtender Volksparks in den dicht besiedelten Städten und stimmte diese am Beispiel des Pester Stadtparks sozialreformerisch auf das Bedürfnis des Großstädters ab, ohne die ästhetische Weiterentwicklung des Landschaftsgartens aus dem Auge zu verlieren. Die ästhetischen, botanischen und funktionalen Ziele und Mittel beschrieb er in einem ausführlichen Traktat „Ungarns Folks-Garten der Koeniglichen Frey-Stadt Pesth" (1816), zu dem er auch Entwürfe lieferte, eine wichtige Quelle zur Geschichte der Gartenkunst in dieser Zeit. Bei der Wahl der ästhetischen Mittel stand N. in der Tradition des klassischen Landschaftsgartens, wenn auch eine gewisse Diskrepanz zwischen seinen theoretischen Äußerungen im Traktat und den Entwürfen besteht.

Als Wirtschaftsrat und Agrarreformer entwickelte N. neben seinen Zeitgenossen Peter Joseph Lenné in Preußen und Gustav Vorherr in Bayern neue Methoden zur Verbesserung der Boden- und Pflanzkultur, aber auch für eine rationale Betriebswirtschaft, wobei er sich, zum Beispiel in „Der schuldenfreie Staat" (1834), besonders mit der Lehre Albrecht Thaers auseinandersetzte.

N. betrachtete die von der Aufklärung beeinflußte und seit dem 18. Jh. entwickelte Landesverschönerung als eine Vereinigung von Agrikultur, Architektur und Gartenkunst und leitete daraus den durch die moralisch-erzieherische Komponente der Naturauffassung seiner Zeit bedingten Glauben an eine Menschheitsverbesserung ab, wie er den philanthropisch-agrarischen Bildungskreisen – etwa um den Philosophen und Gartentheoretiker Chr. C. L. Hirschfeld (s. SHBL, 5, S. 126) – des 18. und frühen 19. Jh. entsprach. Diesen Gedanken entwickelte N. in „Freia oder Geist der Landschaftsbildnerei" (1821) zu einer Art Weltentwurf, in dem er Europa als Vereinigungsort aller Stile auf der Grundlage eines Gesamtsystems okzidentalischer und orientalischer Kulturentwicklung darstellte.

Quellen: Verz. b. D. Nehring 1983 (s. Lit.). – Chr. H. N., Ueber mich selbst u. mein Bestreben, solche Einrichtungen in Bewirthschaftung der Landgüter zu treffen, daß sich ihre Renten . . . mehren müssen, in: Oekonomische Neuigkeiten u. Verh. 1829, Nr. 49, S. 387–389, Nr. 50, S. 398–400, Nr. 51, S. 403–407, Nr. 52, S. 413–415. – Bratislava, Štátny Slovenský Ústredný Arch.: Briefe an Joseph Graf Brunswick. – AHL: Schnobel.

Werke: Verz. b. D. Nehring 1983 (s. Lit.) u. in: Heinrich N., Ungarns Folks-Garten (s. Veröff.), S. VI f. – *Wichtigste Anlagen:* Stadtpark Pest (heute Budapest), 1816, ausgeführt ab 1817. – Gut u. Park Alsó Korompa (heute Dolná Krupá, Slowakei), 1812–1818.

Veröffentlichungen: Heinrich N., Ungarns Folks-Garten d. Koeniglichen Frey-Stadt Pesth (1816), hrsg. u. bearb. v. D. Nehring, München 1981 (Veröff. d. Finnisch-Ugrischen Seminars an d. Univ. München Serie C, Bd. 11); Verz. weiterer Veröff., S. XXVI f.

Literatur: Th.-B., 25, S. 370. – A. Zádor, The English Garden in Hungary, in: N. Pevsner (Hrsg.), The Picturesque Garden and its Influence outside the British Isles, Washington 1974, S. 79–98. – D. Nehring, Stadtparkanlagen in d. ersten Hälfte d. 19. Jh. Ein Beitr. z. Kulturgesch. d. Landschaftsgartens, Hannover u. Bln. 1979 (Gesch. d. Stadtgrüns Bd. 4). – Dies., Einl. zu: Heinrich N., Ungarns Folks-Garten (s. Veröff.), S. III–XXVII. – Dies., Chr. H. N. u. d. Városliget in Pest, in: Agrártörténeti Szemle Suppl. 1983, S. 27–44. Englische Fassung m. Abb.en in: Journal of Garden History 5 (1985), S. 261–279.

Dorothee Nehring

NOTKE, Bernt, geb. um 1435 Lassan/Pommern, gest. Winter 1508/09 Lübeck. – Maler u. Bildschnitzer.

Eltern: unbekannt.

Ehefrau: Tochter von Hans Jegers; verh. vor 1475.

Die entscheidenden künstlerischen Eindrücke scheint N. in Tournai erhalten zu haben, wo er nach Hasse (1970, s. Lit.) in Teppichwirkereien mit der Übertragung von Entwurfszeichnungen in originalgroße Kartons beschäftigt gewesen sein dürfte. Neben Einzelmotiven verweist die ausgeprägt realistische Grundtendenz seiner Werke auf eine Lehrzeit im franko-flämischen Kunstkreis.

Das erste uns greifbare Werk N.s nach seiner Niederlassung in Lübeck war der rund 26 m lange Totentanz-Fries in der damaligen Beichtkapelle der Marienkirche. Er wurde 1701 durch eine Kopie ersetzt, die 1942 verbrannte. Der 1463 (oder 1466?) datierte Fries, dessen Zuschreibung an N. als gesichert gelten darf, zeigte fast 50 nahezu lebensgroße Figuren, Vertreter der verschiedenen Stände und Totengestalten; jede Figur wurde durch eine Versunterschrift erläutert. Die Übertragung dieser bedeutendsten künstlerischen Aufgabe jener Zeit in Lübeck an N. bezeichnet die Wertschätzung, die dem jungen Maler schon zu Beginn seiner Tätigkeit in Lübeck entgegengebracht worden ist. Unmittelbar nach dem Lübecker Fries entstand auf Bestellung eines Verwandten N.s, des Priesters Diederik N., eine zweite Fassung des Totentanzes für eine Kirche in Tallinn (Reval). Von ihr hat sich ein 7,50 Meter langes Teilstück mit 13 Figuren im Museum von Tallinn erhalten.

Stilistisch dem Totentanz-Fries eng verwandt sind die Flügelgemälde vom Altarschrein der Schonenfahrer im Lübecker Museum, die um 1470 entstanden sein mögen. Ihm schließt sich die monumentale Triumphkreuzanlage im Lübecker Dom, eine Stiftung des Lübecker Bischofs Albert Krummedik, an, die nach dem Fund zweier Inschriften in den Figuren der Maria und des Johannes als Werk N.s gesichert ist. An dieser Anlage, die spätestens 1471 begonnen sein muß und die 1477 geweiht wurde, wird N. erstmals als Bildschnitzer greifbar und zugleich als Leiter einer größeren Werkstatt, in der mehrere Gesellen und Gehilfen beschäftigt sind.

Nur mit Hilfe einer gut organisierten Werkstatt konnte N. die umfangreichen Aufträge der Jahre um 1480 bewältigen. Von ihnen haben sich neben der Triumphkreuzanlage in Lübeck mit ihren fünf überlebensgroßen und über 50 kleineren Figuren zwei monumentale Doppelflügelaltäre erhalten: der 1479 vollendete Hochaltarschrein im Dom zu Århus, eine Stiftung des Århuser Bischofs Jens Iversen, und der 1483 vollendete Hochaltarschrein für die Tallinner Heiligen-Geist-Kirche. Beide Werke sind dokumentarisch für N. gesichert. Ihnen können aus stilkritischen Erwägungen die Heiligenfiguren am Lettner des Lübecker Doms und die Prophetenfiguren im Hochaltarschrein der Lüneburger Johanneskirche als Werke N.s um 1480 zugeordnet werden. Die günstige Auftragslage dieser Zeit spiegelt sich in den persönlichen Verhältnissen N.s wieder: 1478/79 siedelte er aus der Johannisstraße (Dr.-Julius-Leber-Straße) in ein geräumiges Haus in der Breiten Straße über, das er im Herbst 1479 käuflich erwarb.

Von 1483 an ist N. wiederholt in Stockholm nachweisbar, das für etwa 15 Jahre sein Hauptwohnsitz gewesen zu sein scheint; in den Jahren 1491 und 1493 ist er als schwedischer Reichsmünzmeister erwähnt. In Stockholm entstand die letzte der monumentalen Arbeiten N.s, die St.-Jürgen-Gruppe in der Stockholmer Storkyrka, eine Stiftung des schwedischen Reichsverwesers Sten Sture, die am Silvestertag 1489 durch einen päpstlichen Legaten geweiht wurde. Die denkmalartige Gruppe mit den freiplastischen Figuren des Ritters und der Prinzessin sowie den Reliefdarstellungen am Sockel stellt den größten und umfangreichsten St.-Jürgen-Zyklus in der gesamten christlichen Skulptur dar. Von den übrigen erhaltenen Werken dieser Zeit ist noch die Ganzfigur des schwedischen Königs Karl Knutsson im Schloß von Gripsholm hervorzuheben. Alle anderen Zuschreibungen aus der Zeit des Aufenthaltes in Stockholm sind strittig.

Nach dem Sturz seines Gönners Sten Sture 1497 scheint N. wieder ausschließlich in Lübeck gelebt zu haben. Dort wird er 1505 Werkmeister an der St.-Petri-Kirche, bezieht eine Dienstwohnung und vermietet sein Haus in der Breiten Straße an einen Meister Heinrich, möglicherweise an jenen Heinrich Wilsinck, dessen Mitarbeit an der Stockholmer St.-Jürgen-Gruppe überliefert ist. Für die letzten Jahre sind keinerlei Arbeiten mehr archivalisch für N. zu sichern. Auch eine schlüssige Zuordnung lübischer Gemälde und Skulpturen der Zeit um 1500 aufgrund stilkritischer Kriterien ist schwierig. Die N. zugeschriebenen Werke aus diesem Zeitraum: das 1942 in der Marienkirche verbrannte Gemälde der Gregorsmesse, die kleine Statue des Gnadenstuhls aus dem Heiligen-Geist-Hospital und die gravierte Grabplatte des Herman Hutterock in der Marienkirche sind durch eine in der mittelalterlichen Kunst ungewöhnliche Leidenschaft und Sensibilität ausgezeichnet. Es mag sein, daß gerade in diesen letzten, ohne Mithilfe einer umfangreichen Werkstatt entstandenen Arbeiten sich die künstlerische Persönlichkeit N.s am deutlichsten darstellt.

In N. personifiziert sich, wenige Jahre bevor die Reformation der kirchlichen Kunst ein jedenfalls vorläufiges Ende setzte, noch einmal die Bedeutung Lübecks für die mittelalterliche Kirchenkunst im Ostseeraum. Die Mehrzahl seiner Werke war nicht für die Kirchen der Stadt und ihres Umlandes bestimmt, sondern für Kirchen in Skandinavien und im Baltikum; dabei waren es die herausragenden künstlerischen Aufgaben der Zeit, die N. übertragen worden waren.

Werke (Chronologisches Verz. aller f. N. gesicherten u. d. wichtigsten ihm zugeschriebenen Werke): Totentanz-Fries f. d. Lübecker Marienkirche, 1463 oder 1466 (in einer Kopie bis 1942 erhalten). – Totentanz-Fries für eine Tallinner Kirche, nach 1464 (Teilstück in Tallinn, Mus.). – Bemalungs- u. Vergoldungsarbeiten f. d. Lübecker Marienkirche 1467/69 (ein Kopf v. einer Schlußscheibe u. Resten v. Malerei in Lübeck, MusKK). – Flügel v. Altarschrein d. Schonenfahrer, um 1470 (Lübeck, MusKK, aus d. Marienkirche). – Schrein f. d. Agnesaltar d. Heiligen-Geist-Hospitals in Frankfurt/M., 1471 (verschollen, nur durch eine Beschreibung bekannt). – Triumphkreuzanlage im Lübecker Dom, 1471/72–1477. – Bemalung v. Wagen, Zelten u. Bannern f. d. Lübecker Reichsaufgebot, 1475 (nur archivalisch faßbar). – Lettnerfiguren im Lübecker Dom, Ende d. 1470er Jahre. – Altarschrein im Dom v. Århus, 1479 vollendet. – Bemalung d. Banners d. Lüneburger Ratsposaune, 1479 (nur archivalisch faßbar). – Prophetenfiguren im Hochaltarschrein d. Lüneburger Johanneskirche, um 1482. – Altarschrein f. d. Tallinner Heiligen-Geist-Kirche, 1483 vollendet. – Hochaltarschrein f. d. Dom v. Uppsala, wahrscheinlich nach 1483 (zerstört, durch Kupferstiche überliefert). – Statue d. schwedischen Königs Karl Knutsson, um 1485 (Gripsholm, Schloß). – Statue d. hl. Erik, wahrscheinlich aus d. 1487 vollendeten Hochaltar (Strängnäs, Dom). – St.-Jürgen-Gruppe in d. Stockholmer Storkyrka, 1489 vollendet. – Reliefdarstellung aus d. Georgslegende, wahrscheinlich v. d. 1489 vollendeten St.-Jürgen-Gruppe (Danderyd b. Stockholm, Kirche). – Altarschrein in Skellefteå, Ende d. 1480er Jahre. – Statue d. hl. Laurentius in d. Kirche v. Vodder/Dänemark, um 1490. – Entwurf f. d. St.-Jürgen-Reliquiar d. Elbinger St.-Georgs-Brüderschaft, um 1490 (das Reliquiar in Hamburg, Mus. für Kunst u. Gewerbe). – Gregorsmesse f. d. Lübecker Marienkirche, um 1500 (1942 verbrannt). – Gnadenstuhl, um 1500 (Lübeck, MusKK als Leihgabe aus d. Heiligen-Geist- Hospital). – Entwurf f. d. Hutterock-Grabplatte in d. Lübecker Marienkirche, 1508.

Literatur: Verz. bis 1939 b. W. Paatz, B. N. u. sein Kreis, 2 Bde., Bln. 1939; Verz. 1939–1970 b. M. Hasse, B. N., in: Z. d. deutschen Ver. f. Kunstwiss. 24 (1970), S. 19–60. – J. Svanberg, Riddar S. Jöran. Kring Sten Stures monument i Stockholms Storkyrka till minne av slaget på Brunkebergsåen år 1471, in: Med Hammare ock Fackla 26 (1971), S. 24–51. – M. Hasse, War N. ein Maler u. Bildschnitzer oder war er nur ein Unternehmer?, in: ZLGA 52 (1972), S. 137–142. – Ders., Das Pergament zu B. N.s Triumphkreuz im Lübecker Dom, in: Kunstchronik 26 (1973), S. 389–392. – Ders., Internationales Kolloquium z. Werk d. B. N., in: ebd. 30 (1977), S. 6–16. – E. Oellermann, Das Triumphkreuz v. B. N. im Dom zu Lübeck. Ein Fundber., in: ebd. 26 (1973), S. 93–96. – Ders., Das Triumphkreuz v. B. N. im Dom zu Lübeck. Zweiter Fundber., in: ebd. 27 (1974), S. 419–421. – D. Feldmann, Zur Bedeutung v. N.s St. Georgs-Monument in Stockholm, in: Konsthistorisk tidskrift 45 (1976), S. 19–38. – M. Lumiste, Tallinna Surmatants, Tallinn 1976. – G. Taubert (Hrsg.), Internationales Kolloquium z. Werk d. B. N. anläßlich d. Restaurierung d. Triumphkreuzgruppe im Dom, Lübeck 1976 (Mss. d. Vorträge). – E. Moltke, Lübeck domkirkes triumfkrucifixgruppe er tilskrevet B. N., men hvad siger den selv?, in: Aarbøger for Nordisk Oldkyndighed og Historie 1976, S. 124–139. – K. Stoll, E. M. Vetter, E. Oellermann, Triumphkreuz im Dom zu Lübeck. Ein Meisterwerk B. N.s, Wiesbaden 1977. – E. M. Vetter, Das Triumphkreuz Bischof Krummedicks im Lübecker Dom, in: Z. f. Kunstgesch. 40 (1977), S. 115–134. – A. Andersson, Medieval Wooden Sculpture in Sweden, Bd. 3: Late Medieval Sculpture, Stockholm 1980, S. 122–149. – E. Skov/V. Thomsen, B. N.s altartavle i Århus-domkirke. Nye undersøgelser, in: Nationalmuseets Arbejdsmark 1981, S. 107–131. – G. Eimer, hoc magnum opus. Zur Entstehung v. B. N.s Monumentalwerken, in: Imagines Medievales. Acta Univ. Upsaliensis, Ars suetica 7, Uppsala 1983, S. 77–97. – M. J. Liebmann, Die deutsche Plastik 1350–1550, Lpz. 1982, Gütersloh 1984, bes. S. 246–284. – S. Karling, Några Notkekommentarer, in: Den ljusa Medeltiden. Studier tillägnade Aron Andersson, Stockholm 1984, S. 77–94.

Jürgen Wittstock

OLDENDORP, Johann, geb. nach 1480 Hamburg, gest. 3. 6. 1567 Marburg; ev. – Rechtswissenschaftler, Syndikus, Fürstlicher Rat.

Eltern: Hans Oldendorp; Beke geb. Krantz.

Ehefrau: 1.) Sophia, Witwe d. Hans Lotze, verh. August 1518 Greifswald. – 2.) Anna, gest. 26. 7. 1566.

Kinder: 1 Tochter, gest. 1564 Marburg; aus 2.) 2 Söhne: Johannes, Pastor in Leeheim (Hessen), gest. 1599; Theobald, gest. 1575.

Onkel: Albert Krantz (1448–1517), Geschichtsschreiber (s. NDB, 12, S. 673).

Das Geburtsdatum O.s ist unbekannt – die Angaben H. Reinckes (s. Lit.) beruhen möglicherweise auf Verwechslung zweier zeitgleicher Oldendorp-Familien –, die Lebens- und Sterbedaten der Eltern ebenfalls; gesichert ist nur, daß

Johann Oldendorp
Kupferstich von Th. de Bry, 1567

O.s Mutter Beke eine Schwester des Hamburger Domherrn und Geschichts-schreibers Albert Krantz war. Die Annahme, O. sei früh verwaist im Hause die-ses Onkels aufgezogen worden, bedarf kritischer Überprüfung; Quellenbelege fehlen. Daß aber der Onkel Einfluß auf die Erziehung O.s nahm, ist durch die Einleitung der ihm gewidmeten Erstlingsschrift O.s vom Jahre 1516 belegt; auch sind bei O. eine Hinneigung zu humanistischen Studien und eine Welt- und Wissenschaftsauffassung im Sinne des Humanismus zu konstatieren, die wohl durch den Onkel angeregt sind.

O. studierte seit 1504 in Rostock, Köln und Bologna Jurisprudenz. Aus einer Geldeinzahlung in Bologna wird geschlossen, daß er dort 1515 den Titel eines Lizentiaten der Rechte erworben hat, den er im Vorwort seiner 1516 in Rostock erschienenen Schrift „Rationes sive argumenta quibus in iure utimur" führt. Im selben Jahr wurde er als Lizentiat der Rechte in Greifswald inskribiert. Ein Jahr später war er bereits Rektor der Univ., ein zweites Mal 1522. 1518 promovierte er in Greifswald zum Doktor des Zivilrechts. 1520 folgte er einem Ruf als Zivil-rechtler nach Frankfurt/Oder, wo er im selben Jahr die Schrift „De executoribus ultimarum voluntatum" erscheinen ließ. 1521 kehrte O. nach Greifswald zurück, um die Nachfolge des verstorbenen Ordinarius Heinrich Mulert anzutreten.

Für die gesamte Zeit der Wirksamkeit O.s in Greifswald ist trotz anderslau-tender Behauptungen in der Literatur keine Quelle beizubringen, die seine frühe Hinwendung zum Luthertum beweist. In Frankfurt hatte er noch 1520 seine we-nig lutherische Einstellung u. a. durch eine hochtönende Buchempfehlung für den ausgesprochenen Luthergegner Konrad Wimpina bewiesen. Daß O. in

Greifswald gemeinsam mit dem nachmaligen Lübecker Superintendenten H. Bonnus (s. d.) aktiv für die Reformation gewirkt habe, ist den Quellen nicht zu entnehmen, und von einer Verfolgung O.s, der sich von Greifswald in die damals der Reformation angeblich weit offene Stadt Rostock gerettet hätte, kann nicht die Rede sein. Der Rostocker Rat, der O. seit Michaelis 1526 als Syndikus beschäftigte, war um diese Zeit noch entschieden katholisch. Zwar trugen in der Folgezeit u. a. die Hansebeschlüsse zur Aufweichung der katholischen Position der Räte bei, doch ist aus der Zeit vor 1528, als der Rat auf Drängen führender Bürger und Gemeinde den ersten lutherischen Prediger, V. Curtius (s. d.), anstellen mußte, bisher keine Quelle bekannt, die von reformatorischem Wirken O.s in Rostock berichtet. Auch daß O. vor 1531 an der katholischen Univ. Rostock, die wie Greifswald um diese Zeit fast völlig verödet war, Professor geworden sei, ist nicht belegt. Erst in einer 1531 in Rostock gedruckten Schrift bezeichnet er sich selbst als Syndikus und Professor.

O.s Wirksamkeit für die Reformation begann nachweislich 1529 mit seiner in Rostock erschienenen, niederdeutsch abgefaßten Schrift „Wat byllick unn recht ys", nachmals gerühmt als kurzgefaßte Erstlingsschrift der protestantischen Naturrechtslehre (O. als Vorläufer des Hugo Grotius). Zusammen mit dieser Schrift erschien eine niederdeutsche Übersetzung der Abhandlung des Straßburger Theologen Symphorian Pollio (Altbießer) über den rechten Gebrauch des kanonischen Rechts, möglicherweise von O. mit dem Ziel übersetzt, den Rostocker Rat von der Rechtmäßigkeit reformatorischen Handelns zu überzeugen. Zur gleichen Zeit, als die Reichspolizeiordnung im Entstehen begriffen war, leistete O., stets wohlorientiert, seinerseits einen Beitrag zur Thematik mit seinem 1530 in Rostock gedruckten, niederdeutsch geschriebenen Ratmannenspiegel: „Van radtslagende, wo men gude Politie und ordenunge ynn Steden und landen erholden möghe", einer mehr erasmisch als lutherisch begründeten Anleitung zu einer christlichen Stadtpolitik. Sie war O.s Vaterstadt Hamburg gewidmet, zielte aber ebenso auf Rostocker Verhältnisse ab.

Die von O. entworfene Rostocker Ratsordnung in Religionssachen von der Jahreswende 1530/31 bezeichnet den Beginn der offiziellen Reformation in Rostock. Zwischen Januar 1531 und Ende 1533 gab es in Rostock die Religionsfrage betreffend kaum eine Aktion oder ein Dokument, woran Syndikus O. nicht beteiligt war. Im September 1531 zum Vorsitzenden der Ratskommission für Religionssachen eingesetzt, war er bis zu deren Auflösung am 13. 9. 1533 fraglos einer der mächtigsten Männer der Stadt. Gleichwohl gelang es ihm – trotz einer Reihe von reformatorischen Maßnahmen im gottesdienstlichen Bereich zwischen März und September 1531 – in dieser Zeit nicht, die Reformation in Rostock endgültig durchzusetzen. Vermutlich aus diesen Gründen wurde Hermann Bonnus im Sommer 1533 für vierzehn Tage nach Rostock gebeten, wo er für die Stadt eine Art Behelfskirchenordnung entwarf. Auch diese scheint nicht wirksam geworden zu sein, denn im Herbst 1533 kam es anläßlich eines Schmähbriefes gegen O. und andere zu schwerwiegenden Auseinandersetzungen wegen mangelnder Durchführung der Reformation durch den Rat, in deren Verlauf dieser die Kommission für Religionsfragen aufhob und sich selbst für zuständig erklärte; O., der gekündigt hatte, wurde am 26. 9. 1533 nach einigem Hin und Her als Syndikus wieder eingestellt. Die Durchführung der Reformation aber blieb weiterhin aufgeschoben, und O. hatte sich aus beiden Lagern, dem katholischen wie dem evangelischen, mannigfacher Angriffe zu erwehren, bei denen sich besonders der katholisch gesinnte Herzog Albrecht von Mecklenburg hervortat. Dies alles veranlaßte O., sich Ende 1533 in seiner „Warhafftigen entschuldinge" zu verteidigen.

In dieser Lage mag es Lübecks mächtigem Ratsherrn Jürgen Wullenwever leicht geworden sein, O. zu sich nach Lübeck zu ziehen. Die 1533 begonnene Fehde der Stadt mit den im Ostseehandel konkurrierenden Holländern war nach dem Tod König Friedrichs I. (s. SHBL, 7, S. 69) und anschließender Annäherung zwischen Dänemark und den Niederlanden aussichtslos geworden, und die Herrschaft der demokratisch und lutherisch gesinnten Bürger in der Stadt war nicht gesichert. Da wird Wullenwever ein Mann willkommen gewesen sein, den, wie Waitz (s. Lit.) formulierte, „nicht sein Charakter, aber seine Fähigkeiten" empfahlen. Wann O. Rostock definitiv verlassen hat, ist schwer zu sagen; er selbst spricht von seinem Abschied nach der Ratswahl, die am 22. 2. 1534 stattfand. Am wendischen Städtetag im März 1534 in Hamburg, der zum Waffenstillstand zwischen Lübeck und den Niederländern führte, konnte er, obgleich von den Lübeckern dringend darum gebeten, wegen des durch Herzog Albrecht von Mecklenburg verweigerten Geleits nicht teilnehmen. Den Tag der spektakulären Lübecker Ratsumwandlung (11. 4. 1534), bei der die Gegner Wullenwevers zum großen Teil aus dem Rat ausschieden, wird er bereits in Lübeck erlebt haben, denn tags darauf wandte er sich von Lübeck aus mit einem Gesuch um Entlassung an den Rostocker Rat. Die Antwort ist unbekannt; sie wird vermutlich abschlägig gewesen sein. Obwohl die gedruckten Hanserezesse vom September/Oktober 1534 O. als lübeckischen Syndikus bezeichnen, beteuert er selbst, von den Rostockern nach dem juristischen Status seiner scheinbaren Doppelstellung befragt, noch Ende November 1534 aus dem Ratsstuhl (!) in Rostock, er stehe in Lübeck nicht unter Eid, lasse sich dort aber ‚allen wendischen Städten zum Besten gebrauchen'. Den ersten Beweis für eine Anstellung O.s als Syndikus Lübecks finden wir erst in dem vom Lübecker Rat ausgestellten Creditiv vom 28. 3. 1535.

O.s erster diplomatischer Auftrag in Lübeck scheinen im Mai 1534 Abfassung und Abschluß des Vertrages der Stadt mit Graf Christoph von Oldenburg gewesen zu sein, der Dänemark im Auftrag Lübecks für den gefangenen Christian II. zurückerobern sollte. Damit dürfte O. von Beginn an in Wullenwevers abenteuerliche Pläne eingeweiht gewesen sein, die Thronfolge in Dänemark mit Gewalt im Interesse Lübecks zu regeln und die Vormachtstellung in der Ostsee zurückzugewinnen. Er hat ihn darin, wie u. a. seine Reise in die wendischen Städte Wismar, Rostock und Stralsund im Juli 1534 beweist, unverantwortlicherweise auch noch bestärkt. Derselbe Mann, der 1530 in seiner zweiten niederdeutschen Schrift so eindrucksvolle Worte über den Gehorsam gegen die christliche Obrigkeit und gute städtische Ratspolitik gefunden hatte, wiegelte jetzt die Bevölkerung von Rostock gegen den Rat auf und bescheinigte schließlich den Rostok-

kern, die in ihrer Zurückhaltung mehr politische Klugheit zeigten als der ge-
samte neue Rat in Lübeck, nichts weniger als Unverstand. Aus dem gedruckten
Briefwechsel ergibt sich ein ungetrübtes Vertrauensverhältnis zwischen O. und
Wullenwever, und man kann nicht sagen, daß er im Sinne der Mäßigung auf
diesen gewirkt habe. Zwar soll er Wullenwever zur Annahme des Stockelsdorfer
Friedens vom November 1534 geraten haben, der den Krieg Lübecks gegen
Christian (III.), Herzog von Holstein und möglichen dänischen Thronfolger, von
Holstein nach Dänemark verlagerte, doch an diesem Frieden selbst hat O. sich
nach Auskunft der Quellen keine besonderen Verdienste erworben. Auch ist
seine tatsächliche Beteiligung an der gleichzeitig vollzogenen restaurativen
Ratsumwandlung in Lübeck, derer Wullenwever ihn später beschuldigte, zweifelhaft; außer Wullenwevers möglicherweise sehr subjektiv gefärbter Äußerung
gibt es dafür keinen Beleg.

Erst als sich immer deutlicher ein Scheitern der Politik Wullenwevers abzu-
zeichnen begann, kamen auch zwischen diesem und O. – seit Mai 1535 – starke
Mißtöne auf. Ende August 1535 war der Prinzipat Wullenwevers zu Ende, und
sein Gegenspieler Nikolaus Brömse saß wieder im Rat. Niemand wurde zur
Verantwortung gezogen, denn zunächst schützte alle die im Oktober 1534 aus-
gehandelte und im August 1535 erneut bekräftigte Generalamnestie. O. verkaufte zwar seine beiden Lübecker Häuser (September 1535), blieb jedoch im
Amt. So vertraten nun der lutherische Syndikus O. und der katholische Bürgermeister Nikolaus Brömse gemeinsam die Interessen Lübecks, z. B. bei den Verhandlungen der wendischen Städte mit den kaiserlichen Gesandten in Lüneburg
im Oktober 1535. Das Rätsel, wie es O. möglich war, die schweren Anschuldi-
gungen, die man Wullenwever auf der Folter abgepreßt hatte, unbeschadet zu
überstehen, ist ungelöst; die Quellen schweigen. Es fragt sich, warum die Bürgermeister Joachim Gercken und Brömse die Gelegenheit nicht nutzten, O., den
vormals intimen Berater Wullenwevers, zu entfernen. Die Generalamnestie sowie die Meinung, Wullenwever sei „ein Faß voll Lügen", schützte schließlich
auch die anderen Lübecker nicht, die dieser hatte belasten müssen. Es kam zu
der makabren Situation, daß der von Wullenwever am schwersten beschuldigte
O. im März 1536 freien Fußes als Sprecher des Rats den weit weniger beschuldig-
ten, jedoch in Haft genommenen Lübeckern gegenüber die Zwangsmaßnahmen
des Rats vertrat und erläuterte. Dennoch war O.s Stern um diese Zeit bereits erheblich gesunken. Bei den Verhandlungen zur Beendigung der Grafenfehde Anfang 1536 in Hamburg wurde deutlich, wieviel Lübeck in den zwei Jahren, in
denen O. der Stadt als Rechtsbeistand gedient hatte, politisch und kommerziell
an Einfluß verloren hatte. O. sah sich jetzt dem Spott der anderen Verhandlungs-
teilnehmer ausgesetzt, und so scheinen die Verhandlungen, die am 14. 2. 1536
zum Hamburger Frieden führten, den Abschluß seiner diplomatischen Tätigkeit
für Lübeck gebildet zu haben; er legte sein Amt nieder und wandte sich wieder
der Wissenschaft zu. Im März 1536 wird Syndikus O. zum letzten Mal in den gedruckten Lübecker Quellen erwähnt, am 29. 9. 1536 wurde der Stettiner Syndikus Stephan Klynghebyll vertraglich als sein Nachfolger verpflichtet.

Die Angabe, O. habe zwischen 1536 und 1538 wieder als Professor in Frankfurt/Oder gewirkt, läßt sich quellenmäßig nicht belegen. Mit Datum vom 22. 7. 1538 erscheint er als Professor der Rechte an der Univ. Köln, die, in diesem Fach schwach besetzt, eines tüchtigen Juristen zur Hebung ihres Ansehens bedurfte. Bei O.s Weg nach Köln spielte möglicherweise die Aussicht mit, den reformfreundlich gesinnten Erzbischof Hermann v. Wied bei der Einführung der Reformation im Kölner Erzbistum unterstützen zu können. In Köln sind O.s wichtigste juristische Schriften erschienen, voran die „Eisagoge juris naturalis" (1539). 1540 erhielt er einen Ruf an die Univ. Marburg. Die Zustände dort scheinen ihn aber so wenig befriedigt zu haben, daß er Anfang 1541 wieder in Köln war, wo man ihn gern halten wollte. Philipp der Großmütige aber rief ihn nach Marburg zurück, und im zweiten Halbjahr 1541 war O. Rektor der Universität, ohne sich jedoch zum Bleiben zu verpflichten. 1543 war er wieder in Köln, bis er vom dortigen Rat seiner reformatorischen Umtriebe wegen im Mai 1543 der Stadt verwiesen wurde. Er wandte sich, literarisch noch mit den Kölner Ereignissen beschäftigt, wieder nach Marburg, wo er unter weit günstigeren Bedingungen erneut an der Universität Aufnahme fand. Sein Ansehen als Rechtslehrer, Verfasser juristischer Schriften und fürstlicher Berater stieg ständig. Philipp der Großmütige ernannte ihn 1544 zum Rat von Haus aus und beauftragte ihn 1553 mit der Reorganisation der Universität und des juristischen Studiums. Diese Tätigkeit brachte O. heftige Feindschaft ein, doch Philipp schützte und förderte seinen berühmten Juristen auch weiterhin. Nach fast 25jähriger erfolgreicher Wirksamkeit als Professor und fürstlicher Berater in Marburg starb O. ebendort im Juni 1567, ein reiches schriftstellerisches Werk hinterlassend.

O. wurde durch die „Entwicklung eines lutherischen Naturrechts" (Maurer, s. Lit.), gewonnen aus Nachwirkungen des mittelalterlichen Aristotelismus und Einflüssen des Humanismus wie Melanchthons bei gleichzeitig bewahrender Vermittlung des kanonischen Rechts, zu einem der bedeutendsten lutherischen Juristen des 16. Jahrhunderts.

Quellen: StA Hamb.: Stammtaf. Oldendorp u. Oldendorff, Bl. 2. – Stadtarch. Rostock: Rat/Kirchenwesen I (neue Verzeichnung). – Staatsarch. Schwerin: Ecclesiastica specialia Rostock. – Staatsarch. Marburg: Altes Senatsarch. Bestand 22b. – Matrikeln u. Akten d. Univ. Rostock, Köln, Bologna, Greifswald, Frankfurt/Oder (Restbestände im Staatsarch. Potsdam), Marburg. – C. Paludan- Müller, Aktstykker til Nordens Historie i Grevefeidens Tid, 2 Bde., Odense 1852/53. – H. Keussen, Regesten u. Auszüge z. Gesch. d. Univ. Köln 1388–1559, Köln 1918 (Mitt. aus d. Stadtarch. v. Köln 15). – F. Gundlach, Catalogus Professorum Academiae Marburgensis, Marburg 1927. – HR, Abt. 3, Bd. 9.; Abt. 4.

Werke: Verz. in: Cimb. lit., 3, S. 521–525. – Unvollständiges Verz. b. Dietze (s. Lit.), S. 18–21. Der Kat. d. UB Rostock verzeichnet darüber hinaus u. a.: De executoribus ultimarum voluntatum, Frankfurt/Oder 1520. – Classis quinta, sexta et septima actionum iuris, Köln 1543.

Literatur: Vorwiegend z. Biographie: ADB, 24, S. 265–267. – Cimb. lit., 3, S. 518–525. – K. W. Harder, Dr. J. O. Biogr. Versuch, in: ZHG 4 (1858), S. 436–464 (stark fehlerhaft). – K. M. Wiechmann, Mecklenburgs altniedersächsische Lit., 1, Schwerin 1864, S. 160–165. – K. Koppmann, Zur Gesch. Dr. J. O.s, in: Beitr. z. Gesch. d. Stadt Rostock, 3, H. 1, [Rostock] 1900, S. XXXI–XLIV u. 78–80. – A. Vorberg, Dr. J. O., ein Jurist d. Reformationszeitalters, in: Ev. Kirchenztg. 83 (Helmstedt 1909), Nr. 20/21 (stark fehlerhaft). – H. H. Dietze, J. O. als Rechtsphilosoph u. Protestant, Königsberg 1933 (stark fehlerhaft). – H. Reincke, Große Hamburger Juristen aus fünf Jh.en, Hbg. 1954, S. 14–19, 22f. – S. Pettke, Zur Rolle J. O.s bei

d. offiziellen Durchführung d. Reformation in Rostock, in: Z. d. Savigny-Stiftung f. Rechtsgesch., Kanonistische Abt. 101 (1984), S. 339–348. – Dies., Die Reformation in Rostock, in: Beitrr. z. Kirchengesch. Mecklenburgs, hrsg. v. Kulturkreis Mecklenburg [Mainz 1985], S. 58–85. – *Vorwiegend z. Lübecker Zeit:* G. Waitz, Lübeck unter Jürgen Wullenwever u. d. europäische Politik, 3 Bde., Bln. 1855/56. – G. Wentz, Der Prinzipat Jürgen Wullenwevers u. d. wendischen Städte, in: HG 56 (1931), S. 83–111. – F. Bruns, Die Lübecker Syndiker u. Ratssekretäre, in: ZLGA 29 (1938), S. 91–168, bes. 97 f. – H. Thieme, Der Prozeß Jürgen Wullenwevers, in: A. v. Brandt/W. Koppe (Hrsg.), Städtewesen u. Bürgertum als geschichtliche Kräfte. Gedächtnisschr. f. F. Rörig, Lübeck 1953, S. 349–375. – *Vorwiegend z. Rechtsgesch.:* R. Stintzing, Gesch. d. dt. Rechtswiss., 1, München u. Lpz. 1880, S. 311–338. – F. Merzbacher, J. O. u. d. kanonische Recht, in: S. Grundmann (Hrsg.), Festschr. f. J. Heckel, Köln u. Graz 1959, S. 222–249. – RGG, 4, 1960, Sp. 1624 (W. Maurer). – G. Kisch, Erasmus u. d. Jurisprudenz seiner Zeit, Basel 1960, S. 227–259. – E. Wolf, Große Rechtsdenker d. dt. Geistesgesch., 4. Aufl. Tübingen 1963, S. 138–176. – P. Macke, Das Rechts- u. Staatsdenken d. J. O., Diss. Köln 1966. – H. Maier, Die ältere dt. Staats- u. Verwaltungslehre, 2. Aufl. München 1980, bes. S. 106–113. – Weitere Lit. b. Wolf (s. o.), S. 174–176, u. b. G. Kleinheyer/J. Schröder, Dt. Juristen aus fünf Jh.en, 2. Aufl. Heidelberg 1983 (UTB 578), S. 199–201.

Porträts: Verz. in: C. Graepler, Imagines professorum Academiae Marburgensis, Marburg 1977, S. 13 f. – Kupf. v. Th. de Bry, 1567 (SHLM), Abb.: s. S. 273. – Holzschnitt v. T. Stimmer, 1587, Abb.: Kisch (s. Lit.), nach S. 240.

Sabine Pettke

OTTEN, Bennata, geb. 21. 12. 1882 Lübeck, gest. 17. 4. 1955 ebd.; ev. – Bibliothekarin.
Eltern: Friedrich Reinhard Otten, geb. 6. 2. 1830 Norden (Ostfriesland), gest. 24. 12. 1886 Lübeck, Kaufmann; Emma geb. Pflüg, geb. 10. 10. 1854 Lübeck, gest. 9. 3. 1941 ebd., Weinhändlerstochter.
Unverheiratet.

B. O. besuchte die Freesesche Schule in Lübeck, dann einen der ersten Lehrgänge für Bibliothekarinnen bei Prof. Hottinger in Berlin. Kurze Zeit arbeitete sie am Verlag der Deutschen-Dichter-Gedächtnis-Stiftung in Hamburg. Seit 1905 war sie an der Lübecker Bücherhalle tätig, zunächst ehrenamtlich, von 1906 bis 1923 als Leiterin. Die Bücherhalle, 1879 als Volksbibliothek von der Gesellschaft zur Beförderung gemeinnütziger Tätigkeit gegründet, hatte sich 1899 in eine selbständige Institution umgewandelt. Unter B. O.s Leitung entwickelte sie sich zu einer modernen Bücherei im Sinne der sog. „Älteren Bücherhallenbewegung", die ihr Vorbild in der angelsächsischen Public Library sah. B. O. ordnete die bis dahin fast ausschließlich belletristischen Bestände neu und erweiterte sie um z. T. anspruchsvolle Sachliteratur. Der Buchbestand vermehrte sich von 6 000 Bänden im Jahre 1906 auf 25 000 im Jahre 1923, die Zahl der Entleihungen von 73 000 im Jahre 1905 auf 189 000 im Jahre 1920. Es wurden drei Zweigbüchereien und eine Kinderlesehalle (Kinder- und Jugendbücherei) gegründet, die Öffnungszeiten wurden erheblich verlängert, die Lesehalle (Lesesaal) mit zahlreichen aktuellen Zeitungen und Zeitschriften ausgestattet. Angesichts des vergrößerten Betriebes und der besonders nach dem Ersten Weltkrieg stark anwachsenden Personalkosten wurde seit 1920 die Verstaatlichung der Bücherhalle angestrebt. Da sie bei der endgültigen Übernahme durch die Freie und Hansestadt Lübeck im Jahre 1923 ihre Selbständigkeit verlor und der Leitung der Stadtbibliothek unterstellt wurde, zog B. O. sich aus der Bücherhalle zurück und wurde kaufmännische Direktorin, später Inhaberin einer Firma für Büromaterial.

B. O. hat die Lübecker Bücherhalle von bescheidenen Anfängen zu einer beachtlichen, viel benutzten Institution entwickelt und damit die Voraussetzung für die spätere Öffentliche Bücherei geschaffen. Infolge der Begleitumstände der Verstaatlichung 1923 ist ihre bibliothekarische Leistung jedoch nie angemessen gewürdigt worden, obwohl ihre Wirkung, vor allem mit ihrem in Büchereien damals viel benutzten Handbuch „Die deutschen Volksbibliotheken und Lesehallen in Städten über 10 000 Einwohnern" und ihrem „Bibliothekstechnischen Ratgeber für Volksbibliotheken", weit über Lübeck hinausreichte. Wegen ihrer außergewöhnlichen Kenntnisse wurde B. O. als einzige Frau zu den Konferenzen der Spitzengremien des deutschen Büchereiwesens mit herangezogen. Auch in der Fachzeitschrift „Blätter für Volksbibliotheken und Lesehallen" waren regelmäßig Beiträge von ihr zu lesen. Sie setzte sich besonders für das anstelle der gewohnten Thekenausleihe mit magazinierten Beständen in angelsächsischen Ländern eingeführte Freihandsystem ein, womit sie sich in Widerspruch zu den im deutschen Büchereiwesen vorherrschenden pädagogischen Bestrebungen setzte und heftige Kontroversen in einem sog. „Kleinen Richtungsstreit" auslöste. In Lübeck konnte sich ihre Konzeption, da der dafür notwendige Neubau infolge des Ersten Weltkrieges nicht errichtet werden konnte, erst 1937 durchsetzen.

Quellen: AHL: Oberschulbehörde, Personalakte B. O.; Kultusverwaltung 33 10 00: Öffentliche Bücher- und Lesehalle 1920–1959; Arch. d. Ges. z. Beförderung gemeinnütziger Tätigkeit 66: Volksbibliothek, Öffentliche Lesehalle 1871–1922.
Werke: Verz. in: Meyer (s. Lit.), S. 11 f.
Literatur: G. Meyer, 100 Jahre Öffentliche Bücherei in Lübeck, Lübeck 1979 (Veröff. d. Amtes f. Kultur 11), S. 12–15.
Porträt: Aquarell in Privatbesitz; Abb.: G. Meyer (s. Lit.), S. 13.

Gerhard Meyer

OVERBECK-FAMILIE. Die Lübecker Familie O. stammt aus dem Westfälischen. Der erste bekannte Vorfahr ist Caspar O., der 1615 als Religionsflüchtling nach Lüneburg kam und dort als Freikrämer, also als Kaufmann ohne Innungszugehörigkeit, eingebürgert wurde. Mit den Söhnen Christoph (1618–1683) und Hinrich (1628–1687), die Geistliche wurden, stieg die Familie zu den akademisch Gebildeten auf, denen die Mehrzahl der Nachkommen im 18. und 19. Jh. angehörte. Die meisten waren Theologen, einige von ihnen wurden Rektoren.

Die fünf Söhne des Christoph O., Caspar Nikolaus (1670–1752), Adolph Theobald (1672–1719), Conrad Michael (1675–1735), Georg Hermann (1677–1754) und Johann Friedrich (1678/81–1742) waren ebenfalls Geistliche und Rektoren. Conrad Michael und Georg Hermann gingen nach Nordschleswig (Hadersleben, Tondern) und heirateten Töchter aus dort heimischen Familien. Die anderen lebten in Lüneburg und im Umkreis der Stadt (Bardowick). Caspar Nikolaus O. wurde Pastor und später Superintendent in Pattensen und ist durch eine Reihe theologischer Veröffentlichungen der bekannteste von ihnen geworden.

Bei seinen sechs Söhnen differenziert sich das Berufsspektrum. Die beiden ältesten, Johann Adolph (1706–1779) und Levin Conrad (1712–1782), wurden wieder Pastoren, der dritte, Georg Christian (1713–1786), wurde Jurist. Der vierte Sohn Johann Daniel (1715–1802, s. d.) studierte Theologie und wurde Schulmann, der fünfte Sohn Gottfried Ferdinand (1717–1792) wurde Apotheker, und der jüngste, August Friedrich (1719–1746), ist als Lehrer ausgewiesen. In dieser Generation gelangte die Familie auch nach Lübeck, denn 1744 übersiedelten der Jurist Georg Christian und der Theologe Johann Daniel O. in die Hansestadt. Georg Christian praktizierte dort als Advokat, und Johann Daniel wurde Subrektor und später Rektor des Katharineums.

Johann Daniel O.s einziger Sohn Johann Christian Daniel (1762–1792) starb jung und hatte keine Nachkommen. Von den drei Söhnen des Advokaten Georg Christian O., ist einer, Konrad Karl (1758–1819), als Kaufmann in Königsberg und Riga nachgewiesen, ein anderer, Johann Georg (1759–1819), wurde Pfarrer in Goisern (Österreich). Nur der älteste Sohn Christian Adolph (1755–1821, s.d.) kehrte nach dem Studium der Rechtswissenschaften in Göttingen nach Lübeck zurück. Er wurde 1800 Senator und 1814 Bürgermeister und entfaltete eine herausragende Tätigkeit im Dienste der Stadt. Auch als Lyriker war er weit bekannt.

Aus der Ehe Christian Adolph O.s mit der Lübecker Kaufmannstochter Elisabeth Lang gingen fünf Kinder hervor. Der älteste Sohn Christian Gerhard O. (1784–1846) wurde Jurist und Oberappellationsgerichtsrat in Lübeck. Die älteste Tochter Elisabeth (1786–1871) heiratete Johann Heinrich Meier, Leiter einer Höheren Töchterschule in Lübeck. Der zweite Sohn Johannes O. (1788–1832) war Kaufmann in London, Hamburg und Antwerpen, und der dritte, Friedrich O. (1789–1869, s. d.) ging 1806 nach Wien, um sich als Maler ausbilden zu lassen. Er ist als führender Künstler der Gruppe der „Nazarener" berühmt geworden. Die jüngste Tochter Christian Adolph O.s, Charlotte Dorothea (1790–1872), heiratete den Lübecker Orthopäden M. L. Leithoff (s. d.).

Nach dem Tode Christian Adolph O.s war die Familie in männlicher Linie in Lübeck nur noch durch den Oberappellationsgerichtsrat Christian Gerhard O. vertreten. Dessen Sohn Christian Theodor O. (1818–1880) wurde ebenfalls Jurist. Er stieg wie sein Großvater zum Senator in Lübeck auf. 1880 starb er nach kinderloser Ehe, so daß mit ihm der Lübecker Zweig der Familie erlosch.

Literatur: I. Sellheim, Die Familie d. Malers Friedrich Overbeck (1789–1869) in genealogischen Übersichten, Neustadt a. d. Aisch 1989 (Dt. Familienarch. 104) (m. weiteren Qu.- u. Lit.hinweisen).

Fritz Luchmann

OVERBECK, Christian Adolph, geb. 21. 8. 1755 Lübeck, gest. 9. 3. 1821 ebd.;
ev. – Jurist, Senator, später Bürgermeister; Lyriker.

Eltern: Georg Christian Overbeck, geb. 13. 5. 1713 Rethem/Aller, gest. 9. 9.
1786 Lübeck, Advokat; Eleonore Maria geb. Jauch, geb. 12. 11. 1732 Bardowick,
gest. 18. 4. 1797 Lübeck.

Ehefrau: Elisabeth Lang verw. Kretzschmer, geb. 22. 11. 1753 Lübeck, gest. 20. 9.
1820 ebd.; verh. 22. 11. 1781 ebd.; Tochter d. Lübecker Gewürzhändlers Paul
Gerhard Lang (1719–1789).

Kinder: 2 Töchter, 3 Söhne (1 weiterer Sohn starb früh), darunter: Friedrich, geb. 3.
7. 1789 (s. d.).

Onkel: Johann Daniel O., geb. 23. 6. 1715 (s. d.).

Für O.s Bildung war die Schulzeit im Lübecker Katharineum wichtig, das von
seinem Onkel, dem Theologen Johann Daniel Overbeck geleitet wurde. Die intensive Vermittlung der klassischen Antike veranlaßte O. schon als Schüler zu lateinischen Versen und einmal auch zu einer lateinischen Gelegenheitsschrift
über ein theologisches Thema. Dazu kam früh das Bedürfnis, deutsche Gedichte
zu verfassen. Neben dem Onkel übte nach O.s eigener Aussage auch der literarisch interessierte Konrektor Johann Georg Gesner Einfluß auf ihn aus.

Von 1773 bis 1776 studierte O. in Göttingen, neben Jena einer der von Lübek-
ker Studenten bevorzugten Universitäten, deren aufgeklärter und freiheitlicher
Geist auch in die Hansestadt ausstrahlte. Entgegen seinem ursprünglichen
Wunsch studierte O. nicht Theologie, sondern auf Rat des Vaters Jura, er hörte
aber auch philosophische, historische, naturgeschichtliche und mathematische
Vorlesungen, u.a. bei Johann Stephan Pütter, Johann Christoph Gatterer und
August Ludwig von Schlözer. Intensiv beschäftigte er sich mit antiker Literatur.
In Göttingen nahm O. das Gedankengut der Aufklärung auf, gleichzeitig aber
waren die Studienjahre eine Zeit empfindsamen Schwärmens und jugendlichen
Aufbegehrens gegen die überkommenen Ordnungen der bürgerlichen Gesellschaft. Er traf auf Mitglieder des sich auflösenden „Göttinger Hains", woraus die
lebenslange Freundschaft mit Johann Heinrich Voß und Beziehungen zum Eutiner Kreis entsprangen. Die Sehnsucht nach dem natürlichen, einfachen Leben,
die sich in der damals verbreiteten Tahiti-Schwärmerei ausdrückte, trieb O. zu
ganz konkreten Auswanderungsplänen zusammen mit ausgewählten Gefährten, darunter H.Chr. Boie (s. SHBL, 2, S. 70) und M. Claudius (s. ebd. S. 102).
Seine Briefe an Anton Matthias Sprickmann sind symptomatische Zeugnisse
dieser jugendlichen Schwärmerei. Als dieser Ausstiegsversuch mißlang, machte
O. nach Abschluß des Studiums 1776 und kurzem Zwischenaufenthalt in Lübeck den Versuch, nach Art der pädagogischen Einrichtung Joachim Heinrich
Campes in Hamburg eine „Erziehungsanstalt für Knaben" in Bremen zu gründen, der jedoch ebenfalls fehlschlug.

1776 kehrte O. nach Lübeck zurück. Zunächst errichtete er eine Advokatur
und trat in die Loge „Zum Füllhorn" ein. 1779 wurde er Prokurator am Obergericht, zwei Jahre darauf heiratete er, wodurch er, der in bescheidenen Verhältnissen aufgewachsen war, in den Besitz von einigem Vermögen gelangte. 1788
wurde O. von der Univ. Jena mit einer Dissertation über eine Frage des Lübi-

*Christian Adolph Overbeck
Gemälde von R. Suhrland, 1818*

schen Rechts zum Dr. jur. promoviert. Im Jahr darauf gehörte er zu den Begründern der aus dem Geiste der Aufklärung entstehenden Gesellschaft zur Beförderung gemeinnütziger Tätigkeit, deren Vorsitz er zwischen 1791 und 1797 fünfmal innehatte. An der neuen Ausrichtung des anfangs literarisch-wissenschaftlichen Vereins auf das Gemeinnützige hatte O. wesentlichen Anteil. Mehr als 30 Vorträge, die er in der Gesellschaft hielt, zeugen von der Spannweite seines sozialen Engagements. 1792 wurde er Zweiter Syndikus des stadtunabhängigen Domkapitels, dessen Rechnungswesen er zu betreuen hatte, eine Tätigkeit, die ihm auf die Dauer nicht zusagte, zumal sie ihn seinen städtischen Verpflichtungen entfremdete. 1799 wurde er zum Konsulenten der Schonenfahrer berufen. Mit der Wahl in den Senat im Jahre 1800 trat O. dann endgültig in die städtische Verpflichtung ein, die ihn bis zu seinem Tode erfüllte.

Wie damals üblich, leitete O. als Senator nacheinander verschiedene Ressorts, zeigte aber besonderes Interesse für das Kirchen-, Schul- und Armenwesen. So ist die Umgestaltung der Armenanstalt (1801) ihm als alleiniges Verdienst zugeschrieben worden. Über die Tagesgeschäfte hinaus setzte er sich für zeitgemäßere Formen des politischen Lebens in Lübeck ein, indem er auf mehr Öffentlichkeit in den Staatsgeschäften drang und zur Diskussion und zu Toleranz gegenüber oppositionellen Standpunkten ermunterte (Vorträge „Über den Gemeingeist", 1793, „Über Publizität", 1796).

Die territorialen Folgen des Reichsdeputationshauptschlusses und die napoleonischen Umgestaltungen im norddeutschen Raum brachten für O. als Senatsmitglied die verschiedensten Aufträge mit sich. 1804 war er in St.Petersburg,
um eine Dankadresse der Stadt an Zar Alexander I. zu überbringen, dessen Regierung bei den Verhandlungen Lübecks mit dem Herzog von Oldenburg über
die Säkularisation des Domkapitels mitgewirkt hatte. Die Besetzung Lübecks
durch französische Truppen am 6. 11. 1806 war für O.s künftige politische Tätigkeit bestimmend. Es ging dabei im wesentlichen um die Verminderung der Belastungen, denen Lübeck ausgesetzt war. O.s erste Begegnung mit Napoleon fand
bereits am 18. 11. 1806 in Berlin statt, wo dieser sich nach der Schlacht bei Jena
und Auerstädt aufhielt. Die Lübecker Gesandten beschwerten sich über die
Plünderung und baten um die Erhaltung der Neutralität Lübecks und eine Verminderung der Einquartierungslasten. 1807/08, 1808/09, 1809/10 und 1811
folgten weitere, lang andauernde, politisch aber durchaus unbefriedigende Missionen nach Paris; die letzte von 1811 mußte O. als Vertreter der inzwischen dem
französischen Kaiserreich einverleibten Provinzstadt Lübeck antreten. In der
Zwischenzeit führten ihn kurze Aufträge nach Kassel und 1809 nach Hamburg,
wo O. und Syndikus C. G. Curtius (s.d.) über eine neue Verfassung für Lübeck
zu verhandeln hatten.

Während der Zugehörigkeit Lübecks zum französischen Kaiserreich bekleidete O. die Stellung eines „receveur de la caisse communale". In den stürmischen Monaten der zerbrechenden napoleonischen Herrschaft wurde er, nun
wieder Senator, zusammen mit seinem Amtskollegen Johann Christoph Coht in
das Hauptquartier der Verbündeten nach Dresden entsandt, um über den Status
der Stadt nach der Befreiung zu verhandeln. O. konnte nur auf Umwegen in die
Nähe Lübecks zurückgelangen, das die Franzosen inzwischen wieder besetzt
hatten. In der dann endgültig befreiten, jedoch in desolatem Zustand befindlichen Stadt betraute man ihn am 2. 3. 1814 mit dem Amt des Bürgermeisters; im
selben Jahr wurde er Präsident des aus den Mitgliedern des Senats bestehenden
Obergerichts. In dieser Zeit, als die Chance für eine Erneuerung der veralteten
lübeckischen Verfassung bestand, gehörte O. u. a. mit Senator Johann Friedrich
Hach und Syndikus C. G. Curtius zu denen, die gegen den hinhaltenden Widerstand der Bürgerschaft für Reformen eintraten. In seinen letzten Amtsjahren
entwarf O. eine neue Vormundschafts-Ordnung und gründete eine Witwen-
kasse des Senates. Vor allem aber setzte er sich für kirchliche Angelegenheiten
ein. Er übernahm die Neuredaktion des Lübecker Gesangbuchs und förderte die
von dem Pastor der reformierten Gemeinde J. Geibel (s.d.) ausgehende Erneuerung des religiösen Lebens in der Stadt. Der Bibelgesellschaft, die 1814 gegründet wurde, stellte er sich als Präses zur Verfügung, die Gründung des Missions-
vereins (1821) ging auch auf seine Anregung zurück.

O. war als „liebenswürdiger Dichter" erstaunlich weit bekannt. Seit 1776 erschienen Gedichte von ihm im Göttinger Musenalmanach und gleichartigen Publikationen. Von dort gelangten sie in andere Sammlungen, wurden auch häufig
vertont. M. Friedländer (s. Lit.) hat 118 Vertonungen durch eine Reihe von
Kleinmeistern feststellen können, doch ist „Komm lieber Mai" in der Vertonung

Mozarts am bekanntesten geworden. Eine Sammlung erschien ohne O.s Autorisation erstmals 1786 unter dem Titel „Herrn Overbecks Lehrgedichte und Lieder für junge empfindsame Herzen" (s. Werke), 1794 gab er dann selbst eine „Sammlung vermischter Gedichte" heraus. Die Kinderlieder waren 1781 unter dem Titel „Frizchens Lieder" erschienen. Seine poetischen Bemühungen gingen über die Lieddichtung, die ihn bekannt gemacht hat, hinaus und umfassen das ganze zeitübliche Spektrum von anakreontischen Liedern in französischer Sprache bis zu Oden in antiken Versmaßen. Außerdem übersetzte O. Anakreon, Theokrit, Sappho und Vergil und Dramen der französischen Klassiker Racine und Corneille. Der Verbundenheit mit der europäischen literarischen Tradition entsprach ein gewisses Interesse an Neuerscheinungen der Zeit, obwohl sich O.s empfindsamer Charakter mehr bei Schriftstellern wie Friedrich v. Hagedorn, Ludwig Hölty, Ludwig Gleim und besonders Friedrich Gottlieb Klopstock heimisch fühlte. Die Lyrik ist aber nur Teil seiner auf alle Gebiete der Kunst ausgerichteten Bemühungen, rezeptiv wie produktiv, wobei er sich des dilettierenden Charakters seiner Versuche, die sich auch auf Liedkompositionen erstreckten („Lieder und Gesänge mit Klaviermelodien als Versuche eines Liebhabers", 1781) durchaus bewußt war. Von Pergolesis „Stabat mater" und „Salve regina" fertigte er Klavierauszüge mit deutschem Text an.

O. war den bedeutendsten Vertretern des norddeutschen Geisteslebens jener Zeit freundschaftlich verbunden. Hölty, Boie und Johann Heinrich Voß kannte er seit der Göttinger Studienzeit, mit Voß blieb er bis ins hohe Alter befreundet. Die Fürstin Gallitzin aus Münster und die Göttinger Professorentöchter Philippine Gatterer, Dorothea Rodde-Schlözer (s. d.) und Caroline Michaelis gehörten ebenso zu seinem Freundeskreis wie der Schriftsteller H. W. v. Gerstenberg (s. SHBL, 8, S. 156), der von 1775 bis 1783 als dänischer Resident in Lübeck lebte. Der Syndikus des Domkapitels Georg Friedrich Buchholtz verkehrte in seinem Haus, und der junge G. Ph. Schmidt von Lübeck (s. d.) lernte dort die Kultur des gebildeten Bürgertums kennen. Lektüre, Geselligkeit und gemeinsames Musizieren in Familie und Freundeskreis bestimmten O.s privates Leben. Während der Zeiten langer Abwesenheit in der Franzosenzeit hielt er den Kontakt mit der Familie in über 300 Briefen an Frau und Kinder aufrecht, heute einer bedeutenden Quelle für das Familienleben eines hanseatischen Bildungsbürgers jener Zeit.

O. ist als bedeutendste Erscheinung des Lübecker Geisteslebens seiner Zeit anzusehen, deren verschiedene, divergierende Tendenzen er stark ausgeprägt in sich trägt. Hansestädtisches Verantwortungsbewußtsein prägten ihn ebenso wie der sozialpolitische Impuls der Aufklärung, und im gleichen Maße kennzeichneten ihn empfindsames dichterisches Welterleben, schlichte Frömmigkeit und das Bewußtsein des Eingebundenseins allen Geschehens in einen göttlichen Heilsplan.

Quellen: AHL: Familienarch. O.; einzelne Briefe O.s in d. Familienarchiven Plessing, Hach, Meier. – G. Merkel, Briefe über einige d. merkwürdigsten Städte im nördlichen Deutschland, Lpz. 1801 (Neudr. in: Lübeck vor u. nach d. Napoleonischen Kriegen. Intime Berr. aus d. Leben einer bescheidenen Stadt, Lübeck 1984), bes. S. 416 f. – P. Hagen, Ein

Brief v. Johann Heinrich Voß an Dr. Chr.A. O., in: MLGA 9 (1899/1900), S. 34–41. – Ders., Aus d. Briefwechsel zwischen Johann Heinrich Voß u. Bürgermeister O., in: Wagen 1936, S. 143–148. – P. Hasse, Die Sendung d. Lübecker Rats in d. Hauptquartier d. verbündeten Monarchen im Frühjahr 1813, in: MLGA 11 (1903/04), S.79-92, 100–108. – J. Sternberger (Hrsg.), Aus d. Nachlaß Charlottens v. Einem. Ungedr. Briefe v. Hölty, Voß, Boie, O. u. anderen. Jugenderinnerungen, Lpz. 1923, s. Register. – E. v. d. Recke, Mein Journal. Elisas neu aufgefundene Tagebücher aus d. Jahren 1791 u. 1793/95, hrsg. u. erl. v. J. Werner, Lpz. [1927], s. Register. – H. Jansen, Aus d. Göttinger Hainbund. O. u. Sprickmann. Ungedr. Briefe O.s, Münster 1933. – F. Luchmann, Eine Reise v. Lübeck z. Rhein im Herbst 1798, in: Wagen 1990, S. 107–124. – Ders. (Hrsg.), „Beieinanderseyn ist d. tägliche Brod d. Liebe". Briefe Chr. A. O.s an seine Familie aus St.Petersburg 1804 u. aus Paris 1807–1811, Lübeck 1992 (Veröff. z. Gesch. d. Hansestadt Lübeck R. B., 21). – Ders., Ein Vater schreibt an seine Kinder. Zwei Briefe d. Chr. A. O., in: Wagen 1992, S. 149–169.

Werke: Virgils Aeneis. Erster Gesang, in: Deutsches Mus. 1779, 2, S. 489–517. – Frizchens Lieder, hrsg. v. Chr. A. O., Hbg. 1781. – Lieder u. Gesänge m. Klaviermelodien als Versuche eines Liebhabers, ebd. 1781. – J. B. Pergolesi's Salve regina im Klavierauszuge m. dt. Parodie, Lübeck 1785. – Herrn O.s Lehrgedichte u. Lieder f. junge empfindsame Herzen ges. v. einigen Verehrern d. Herrn Verfaßers in d. Schweiz, Lindau 1786. – De potestate mariti testatoris in lucrum conjugis statutarium secundum ius Lubecense, Diss. Jena 1788. – Slg. vermischter Gedichte, Lübeck u. Lpz. 1794. – Zur neuesten Culturgesch. Lübecks, in: Hanseatisches Magazin 1, Bremen 1799, S. 181–227. – Darf b. milden Stiftungen v. d. Bestimmung d. Testators abgegangen werden?, in: Hanseatisches Magazin 2 (Bremen 1799), S. 166–176. – Anakreon u. Sappho, Lübeck u. Lpz. 1800. – Leben Herrn Johann Daniel Overbecks (...) v. einem nahen Verwandten u. vormaligen Schüler d. Verewigten [d. i. Chr. A. O.], Lübeck 1803. – Gelegenheitsschrr., ungedr. Übersetzungen u. Vorträge im AHL.

Literatur: ADB, 25, S. 5 f. – Goedeke, 2, S. 707. – Gesch. d. Ges. z. Beförderung gemeinnütziger Thätigkeit in Luebeck, seit ihrer Stiftung im Jahre 1789, bis zum Jahre 1824, Lübeck 1825, S. 7 f., 25, 47. – [Chr. G. Overbeck,] Zur Erinnerung an Chr. A. O., Lübeck 1830. – K. Klug, Gesch. Lübecks während d. Vereinigung m. d. französischen Kaiserreiche 1811–1813, Lübeck 1856/57, 1, S. 14, 22, 25, 30 f., 53 f., 57 f., 97; 2, S. 26, 38, 54, 129. – W. v. Bippen, Eutiner Skizzen. Zur Cultur- u. Literaturgesch. d. 18. Jh., Weimar 1859, bes. S. 241–243. – [Anon.,] Chr. A. O., in: LBl 1877, S. 357 f. – A. Hach, Die Ges. z. Beförderung gemeinnütziger Thätigkeit während d. ersten hundert Jahre ihres Bestehens 1789 bis 1888. Festschr. z. Säkularfeier, Lübeck 1889, S. 7, 17, 70, 134, 172. – M. Friedländer, Das dt. Lied im 18. Jh. Qu. u. Stud., 2 Bde., Stgt. u. Bln. 1902, s. Register. – K.Th. Gaedertz, Die beiden Overbeck, in: Ders., Was ich am Wege fand. N. F. Lpz. 1905, S. 57–88. – M. Funk, Lübeckische politische Dichtungen aus d. Zeit vor hundert Jahren, in: ZLGA 15 (1913), S. 111–153, bes. 151–153. – E. F. Fehling, Die Revision d. lübeckischen Staatsverfassung in d. Jahren 1814–1817, in: ZLGA 16 (1914), S. 231–260, bes. 241, 259 f. – Fehling Nr. 949. – E. Baasch, Die Lübecker Schonenfahrer, Lübeck 1922 (Hansische Geschichtsqu. N.F. 4), s. Register. – J. Havemann, Gesch. d. schönen Lit. in Lübeck, Lübeck 1926, s. Register. – R. Benz, Die dt. Romantik, Lpz. 1937, S. 415 f. – H. Stodte, Geistiges Leben d. norddt. Bürgertums in d. zweiten Hälfte d. 18. Jh., in: Wagen 1940, S. 67–79. – J.Hennings/W.Stahl, Musikgesch. Lübecks, 2 Bde., Kassel u. Basel 1951/52, s. Register. – A. v. Brandt, Geist u. Politik in d. Lübeckischen Gesch., Lübeck 1954, s. Register. – Ders., Das Lübecker Bürgertum zur Zeit d. Gründung d. „Gemeinnützigen". Menschen, Ideen u. soziale Verhältnisse, in: Wagen 1966, S. 18–33, bes. 23. – G. Karstädt, Chr. A. O. u. d. Musik, in: Wagen 1963, S. 101–106. – L. L. Albertsen, Komm, lieber May! Der Einbruch d. Antipädagogik in d. Kinderlied d. Vorromantik, in: Vjschr. f. Lit.wiss. 43 (1969), S. 214–221. – F. Kopitzsch, Lesegesellschaften im Rahmen einer Bürgerrepublik. Zur Aufklärung in Lübeck, in: O. Dann (Hrsg.), Lesegesellschaften u. bürgerliche Emanzipation. Ein europäischer Vergleich, München 1981, S. 87–102, bes. 94 f. – W.-D. Hauschild, Kirchengesch. Lübecks, Lübeck 1981, s. Register. – B. Kommer, Die Latzenburg – wo einst die Overbecks unbeschwerte Tage verlebten, in: LBl 1982, S. 169 f. – I. Sellheim, Die Familie d. Malers Friedrich Overbeck (1789–1869) in genealogischen Übersichten, Neustadt an d. Aisch 1989 (Dt. Familienarch. 104), S. 10–12. – J. Chr.

Jensen, F. Overbeck. Die Werke im Behnhaus, Lübeck o. J. (Lübecker Museumshefte 4), bes.
S. 1–4.
Porträts: Miniatur v. F. C. Gröger, um 1795 (MusKK), Abb.: P. Vignau-Wilberg, Der Maler F. C. Gröger, Neumünster 1971, S. 52. – Zeichnung (Brustbild) v. F. Overbeck, 1805/06
(MusKK), Abb.: LBl 1982, S. 170 (vgl. Johann Friedrich Overbeck 1789-1869. Ausstellungskat. hrsg. v. A. Blühm/G. Gerkens, Lübeck 1989, S. 175). – Dargest. auf F. Overbeck, Kar-
tonzeichnung zu „Der Einzug Christi in Jerusalem", 1809 (MusKK, vgl. Blühm/Gerkens, S.
182 f.). – Gemälde v. R. Suhrland, 1818 (MusKK), Abb. s. S. 282; danach Litho v. F. C. Gröger, 1821, Abb.: Vignau-Wilberg, S. 230. – Silhouetten abgeb. in: A. Langguth, Christian
Hieronymus Esmarch u. d. Göttinger Dichterbund, Bln. 1903, Tafel 16; L. Grünstein, Silhouetten aus der Goethezeit, Wien 1909, Tafel 41; J. Sternberger (s. Qu.), S. 72; H. Bräuning-
Oktavio, Silhouetten aus d. Werherzeit, Darmstadt 1926, Tafel 16; Jansen (s. Qu.), Frontispiz u. S. 200 f.

Fritz Luchmann

OVERBECK, Johann *Friedrich,* geb. 3. 7. 1789 Lübeck, gest. 12. 11. 1869 Rom;
ev., seit 1813 kath. – Maler.
Eltern: Christian Adolph Overbeck, geb. 21. 8. 1755 (s. d.); Elisabeth geb. Lang.
Ehefrau: Anna *(„Nina")* Schiffhuber-Hartl, gest. 22. 6. 1853; verh. 18. 10. 1818 Rom.
Kinder: 1 Sohn Alfons (1819–1840); 1855 Adoption der Caroline Hoffmann, Ehefrau des Bildhauers Karl Hoffmann.
Der in gebildeten Familien als Bestandteil der Kindererziehung übliche Zeichenunterricht förderte beim jungen O. eine hohe Begabung zutage. Der ersten
Unterweisung folgte seit 1804 eine akademischen Gepflogenheiten nachemp-
fundene Ausbildung bei dem in Lübeck tätigen Maler Nicolaus Peroux. Begeg-
nungen mit dem hannoverschen Diplomaten und Kunstfreund August Kestner,
mit den Malern Wilhelm Tischbein (s. SHBL, 4, S. 225) und Philipp Otto Runge
bestärkten den Senatorensohn in seinem Wunsch, die Malerei zum Beruf zu machen. Die Wahl der Hochschule fiel auf die renommierte und als konservativ geltende Wiener Akademie.
Im Mai 1806 verließ der noch nicht Siebzehnjährige Lübeck. Seine Heimatstadt
hat er zeit seines Lebens nicht wiedergesehen. Bei Heinrich Friedrich Füger
wurde O., der mit Empfehlungsschreiben und vielversprechenden eigenen Arbeiten nach Wien gereist war, zunächst auf die Grundelemente des Malstudiums
zurückverwiesen. In Opposition zu den strengen Regeln der Akademie und ermutigt durch die Freundschaft mit dem ein Jahr älteren Franz Pforr wagte er sich
bereits 1807 an erste Kompositionsversuche in Ölmalerei. Eine 1808 wie die meisten Studien der Akademiezeit an die Eltern gesandte „Auferweckung des Lazarus" erregte in Lübeck Überraschung und fand die Anerkennung Tischbeins.
Die Auflehnung gegen den akademischen Klassizismus bewog O. und den
Freundeskreis, der sich inzwischen um ihn geschart hatte (Pforr, Johann Konrad
Hottinger, Joseph Sutter, Ludwig Vogel, Joseph Wintergerst), 1809 den nach
dem Patron der Maler genannten „Lukasbund" zu gründen. Dessen program-
matische Ausrichtung auf eine Erneuerung der Kunst im Geiste des Christen-

Friedrich Overbeck
Radierung (Selbstbildnis), 1809

tums, der O. ein Leben lang treu bleiben sollte, bezog der junge Maler schon in einem frühen „Selbstbildnis mit der Bibel" von 1808/09 auf sich persönlich. Mit dem Elan der Jugend machte er sich noch in Wien an den Entwurf zu einer großen Komposition, dem erst fünfzehn Jahre später vollendeten „Einzug Christi in Jerusalem".

Die Unzufriedenheit mit der Akademie veranlaßte die angehenden Maler um O. zum Abbruch ihres Studiums, ein für damalige Begriffe unerhörter Vorgang. Im Mai 1810 brachen sie ohne finanzielle Absicherung nach Rom auf. Dort zog O. gemeinsam mit Pforr und Vogel in das weitgehend verlassene Kloster S. Isidoro, dessen Atmosphäre der erstrebten mönchischen Askese sehr angemessen war. Mit gegenseitigem Unterricht und der Schaffung zunächst kleinerer Bilder, die den Einfluß der unmittelbaren Anschauung italienischer Malerei vor Raffael verraten, wurden schwierige Jahre überstanden. Überschattet wurden sie von der Sorge um den todkranken Freund Pforr, der 1812 starb.

Einen entscheidenden Einschnitt im Leben O.s bedeutete die lange vorbereitete Konversion zur katholischen Kirche am 13. 4. 1813. Sie war nicht nur ein Symptom für das Erstarken der neukatholischen Bewegung, sondern auch ein in klarem Bewußtsein vollzogener individueller Schritt. Ein bis 1816 andauernder Briefwechsel mit dem tief getroffenen Vater in Lübeck bezeugt neben der Reife der Entscheidung die wachsende missionarische Beredsamkeit des Sohnes.

Mit dem Jahr 1816 endete das Schattendasein, in dem die bald aufgrund ihres Äußeren so bespöttelten „Nazarener" gewirkt hatten. Der preußische Konsul Jakob Salomo Bartholdy beauftragte seine Landsleute Peter Cornelius, Wilhelm Schadow, Philipp Veit und Franz Catel, für den O. als Vertreter einsprang, mit der Ausmalung von Räumen der von ihm bewohnten Casa Zuccari. Thema war die Geschichte Josephs als gemeinsames Gut von Juden und Christen. Große Beachtung erregte die wieder zum Leben erweckte Freskotechnik der Renaissance. Kurze Zeit darauf gewann der römische Marchese Massimo O., Veit und Joseph Anton Koch für die Gestaltung seines Hauses mit Darstellungen nach den Hauptwerken der italienischen Nationaldichter Tasso, Ariost und Dante.

Die wachsende Berühmtheit und die ersten Berufungen an deutsche Akademien beendeten die Gemeinschaft der Nazarener. O.s Eheschließung im Jahre 1818 markiert vielleicht die Lösung des Bundes. Ein bald nach der Geburt des Sohnes Alfons (1819) begonnenes „Familienbild" war für die Eltern in Lübeck bestimmt, deren Tod die kontinuierliche Arbeit daran jedoch unterbrach. O. spielt hier in Farbwahl, Komposition und Beiwerk auf die „Imitatio Christi" an, das Lebensprinzip seiner Familie.

Die Konzentration aller Kräfte auf den von O. allein im Dienste der Kirche gesehenen Sinn der Kunst wird durch seine Entscheidung manifestiert, die Tätigkeit an den Fresken weltlichen Inhalts im Casino Massimo aufzugeben. Inzwischen materiell unabhängig geworden, konnte der Maler sich seinen lang gehegten Wunsch erfüllen, ein unmittelbar für die Kirche bestimmtes Werk zu schaffen. In der „Vision des Hl. Franziskus" (1824), dem Giebelfresko der Portiuncula-Kapelle in S. Maria degli Angeli bei Assisi, verwirklichte der Maler seine Vorstellungen einer Malerei als Glaubensverkündigung und Heiligenverehrung. In dem heute nicht zu seinen bekannten Schöpfungen zählenden Wandbild versucht O., den Geist der italienischen Frührenaissance zu beschwören. Nicht ohne Widersprüche verbindet er die Wiedergabe der angeblich naiven Frömmigkeit jener Epoche mit dem Nachweis akribischer Treue zu den Schriftquellen.

Zu diesem aus eigenem Antrieb und ohne Entlohnung geschaffenen Werk gesellten sich repräsentative Aufträge, die O. zumeist aus Deutschland erreichten. Zurückgekehrte ehemalige „Klosterbrüder" nutzten dabei die einflußreichen Stellungen, die sie inzwischen eingenommen hatten. O. selbst hatte Berufungen an die Akademien Düsseldorf (1821) und München (1826) abgelehnt. Zu den wichtigsten Aufträgen zählten in den dreißiger Jahren der „Triumph der Religion in den Künsten" für das Städelsche Kunstinstitut in Frankfurt am Main (1840), das Marienbild für den Kölner Dom („Himmelfahrt Mariä", 1857 aufgestellt), das „Sposalizio" („Die Vermählung Mariä", 1834–36) für Graf Athanasius Raczynski und die „Beweinung Christi" für die Lübecker Marienkirche (1846 aufgestellt). War im letzten Fall zwar das Engagement C.F. v. Rumohrs (s. SHBL, 3, S. 230) für die Vollendung entscheidend gewesen, so dokumentiert dieser Auftrag doch den Stolz der Heimatstadt auf ihren in der Fremde zu Ruhm gelangten Sohn. Die große Sorgfalt, mit der sich der Maler der Vorbereitung und Ausführung seiner Gemälde widmete, ließ zwischen Auftragsvergabe und Fertigstellung oft Jahre vergehen.

1840 hätten der Tod des Sohnes Alfons und die Ausstellung des heftig debattierten „Triumphs der Religion in den Künsten" im Palazzo Cenzi in Rom minder starke Charaktere möglicherweise zu erschüttern vermocht. O.s Standhaftigkeit, die manchen Zeitgenossen als Starrsinn erschien, ließ ihn jedoch familiäre Schicksalsschläge wie die Wechselfälle des öffentlichen Urteils mit gläubiger Gefaßtheit ertragen.

In der Folgezeit kehrte um O. Ruhe ein. Seine Schaffenskraft konnte durch die geringer werdende Aufmerksamkeit der Kritik jedoch nicht eingeschränkt werden. In den vierziger Jahren beschäftigte sich der Maler in erster Linie mit zyklischen Bildprogrammen, den „40 Darstellungen aus den Evangelien" (1843–1853) und den „Sieben Sakramenten" (seit 1847). Ihnen maß O. hohe Bedeutung zu, sollten sie doch die von ihm zur Anschauung gebrachte Lehre mittels druckgraphischer Reproduktion in breitere Bevölkerungskreise tragen.

Trotz seiner in Wort und Bild kompromißlos zum Ausdruck gebrachten Verbundenheit mit dem katholischen Glauben war O. der rechte Erfolg in der Hauptstadt seiner Kirche nicht vergönnt. Erst die Restauration der politischen Macht des Papsttums seit 1846 brachte mit dem auf aktuelle revolutionäre Ereignisse anspielenden und im Auftrag Pius' IX. entstandenen Gemälde „Christus entzieht sich den Verfolgern" (vollendet 1857) die Malerei des Deutschrömers an den Heiligen Stuhl.

Das 1860 festlich begangene 50jährige Romjubiläum O.s, die begeisterte Aufnahme während seiner im fortgeschrittenen Alter unternommenen Deutschlandreisen (1855, 1865) und noch in den letzten Lebensjahren erhaltene Aufträge wie 1865 derjenige für die Entwürfe zur Ausmalung der kroatischen Kathedrale in Djakovo täuschten darüber hinweg, daß O. nur noch in einem eng begrenzten Kreis als Autorität galt. Für die Reisenden aus vielen Nationen, die ihn bis zuletzt in großer Zahl in seiner sich in sakraler Atmosphäre bietenden Werkstatt aufsuchten, war es vor allem der Abglanz einer vergangenen Epoche, der sie faszinierte.

Als O. 1869 starb und in S. Bernardo alle Terme in Rom beigesetzt wurde, hat dies in Deutschland keine große Aufmerksamkeit mehr erregen können. Bezeichnenderweise war es kein Kunsthistoriker, sondern die englische Schriftstellerin Margaret Howitt, die bald darauf mit der Arbeit an der bis heute gültigen Monographie begann.

Ein bedeutender Rang innerhalb der Kunstgeschichte gebührt O. zumindest durch die Tatsache, daß er wie kein anderer deutscher Maler des 19. Jh. zeitlebens polarisierend auf die Öffentlichkeit wirkte, so daß sich die Rezeption seines Werks von Anfang an in zwei feindliche Lager teilte. Nach dem ersten Auftreten der Nazarener um O. hatte sich Goethe in dem Aufsatz „Neudeutsche religiospatriotische Kunst" 1817 als Gegner ihrer Sache erwiesen und eine beispiellose Debatte ausgelöst. Das Streben nach der vermeintlichen Naivität früherer, vom Christentum wesentlich geprägter Jahrhunderte blieb den Aufklärern unverständlich. Friedrich Theodor Vischer nannte in seiner berühmten Rezension von O.s „Triumph der Religion in den Künsten" jede Mühe vergeblich, die Zeitgenossen in vergangene Epochen zurückversetzen zu wollen: „Dahin kommt man nicht mit Dampfkraft, es ist aus und vorbei." Im Ablauf der Rezeptionsgeschichte des Malers wird deutlich, daß O.s gleichermaßen dogmatisch und doktrinär vorgetragenes Bekenntnis in der von ihm ohne stilistisches Schwanken geschaffenen Malerei bis heute irritierend auf die Betrachter wirkt.

Nach für sein Alter beachtlichen Proben der Zeichenkunst, die er noch in Lübeck schuf, vollbrachte O. mit den ersten klassizistischen Wiener Ölstudien keine überdurchschnittlichen Leistungen. Doch mit der Orientierung an den Werken Albrecht Dürers und Raffaels und mit der damit einhergehenden Zurückdrängung akademischer Gelehrsamkeit in seinen Bildern fand O. zu einem eigenen Stil. Wesentliche Elemente sind die bewußte Reduzierung der künstlerischen Mittel im zumeist zur Mitte ausgerichteten Bildaufbau und in der Differenzierung der Farben bei äußerst sorgsamer Ausführung im Detail. Seit dem 1808 in Wien geschaffenen Gemälde „Christus und die Jünger in Emmaus" hat O. den einmal eingeschlagenen Weg nicht mehr verlassen. Auch die oberflächliche Glätte, die man im Spätwerk zu spüren scheint, ist das Resultat einer gewollten vergeistigten Formelhaftigkeit. Im Unterschied zu vielen seiner Mitstreiter gelangen O. bis zuletzt kraftvoll verdichtete Kompositionen. Als Zeichner stand er mit Julius Schnorr von Carolsfeld und Ferdinand Olivier auf der Höhe seiner Zeit. Den größten Einfluß übte er aber durch die graphische Vervielfältigung seiner Werke aus. Ihr verdankte er zu Lebzeiten internationalen Ruhm, der ihm Aufträge aus aller Welt sowie Ehrenmitgliedschaften der Akademien Florenz (1844), Berlin (1845) und Antwerpen (1863) eintrug und ihn – namentlich in Frankreich – zum Hauptvertreter der deutschen Kunst werden ließ.

Nachlaß: Schriftlicher Nachlaß in der Stadtbibl. Lübeck. – Künstlerischer Nachlaß, insbesondere früher Schaffensphasen, im MusKK.
Werke: Verz. b. Howitt 1886 (s. Lit.); s. auch Ausstellungskat. Lübeck 1989 (s. Lit.). – *Hauptwerke:* Selbstbildnis mit d. Bibel, 1808/09 (MusKK). – Bildnis d. Malers Franz Pforr, um 1810/1865 (Bln., Neue Nationalgalerie SMPK). – Die sieben mageren Jahre, Der Verkauf Josephs, Fresken für die Casa Bartholdy, 1816 (Bln., Nationalgalerie). – Fresken zu Tasso, Das befreite Jerusalem, 1817–29 (Rom, Casino Massimo). – Familienbildnis, 1820–22/1830 (MusKK). – Vittoria Caldoni, 1821 (München, Neue Pinakothek). – Der Einzug Christi in Jerusalem, 1824 (ehem. Lübeck, St. Marien). – Vision des Hl. Franziskus, Fresko, 1829 (S. Maria degli Angeli bei Assisi). – Italia und Germania (Sulamith und Maria), 1828 (München, Neue Pinakothek). – Der Triumph d. Religion in d. Künsten, 1840 (Ffm., Städelsches Kunstinstitut).
Literatur: M. Howitt, F. O., Sein Leben u. sein Schaffen, 2 Bde., Freiburg/Br. 1886. – Ausstellungskat. J. F. O. 1789–1869. Zur zweihundertsten Wiederkehr seines Geburtstages, hrsg. v. A. Blühm u. G. Gerkens, Lübeck 1989 (m. Verz. d. Lit.); vgl. außerdem Rezension v. F. Gross in: Kunstchronik 43 (1990), S. 386–396.
Porträts: Zahlreiche Bildnisse u. Selbstbildnisse verz. u. abgeb. in: H. Geller, Die Bildnisse d. dt. Künstler in Rom, 1800–1830, Bln. 1952, Nr. 915–952, u. in Ausstellungskat. Lübeck 1989 (s. Lit.). – Selbstbildnis m. d. Bibel, 1808/09 (MusKK), Abb. s. S. 287.

Andreas Blühm

OVERBECK, Johann Daniel, geb. 23. 6. 1715 Rethem/Aller, gest. 3. 8. 1802 Lübeck; ev. – Theologe, Rektor.
Eltern: Caspar Nikolas Overbeck, geb. 17. 3. 1670 Horneburg, Kr. Stade, gest. 17. 9. 1752 Pattensen, Kr. Springe, Konrektor in Celle, Pastor in Rethem, zuletzt

Superintendent in Pattensen; Helene Magdalene geb. Metzendorf, geb. 20. 8. 1688 Lüneburg, gest. 7. 2. 1729 Pattensen, Tochter d. Matthias Metzendorf (um 1640–1698), zuletzt Pastor an der Nikolaikirche in Lüneburg.

Ehefrau: Anna Charlotte Chüden, geb. 1726 Salzwedel, gest. 7. 1. 1802 Lübeck; verh. 1. 10. 1754 Lüneburg; Tochter d. Hofarztes Christian Friedrich Chüden in Lüneburg.

Kinder: 1 Tochter, 1 Sohn; 1 weitere Tochter starb früh.

Neffe: Christian Adolph Overbeck, geb. 21. 8. 1755 (s. d.).

Ursprünglich zum Kaufmann bestimmt, erhielt O. zusammen mit zwei älteren Brüdern seinen ersten Unterricht durch Eltern und Hauslehrer. 1726 besuchten die drei Brüder für kurze Zeit die Michaelisschule in Lüneburg. Da der Vater die Söhne nicht gleichzeitig studieren lassen konnte, kam O. nach dem Studienbeginn seiner beiden Brüder (1731) vorläufig als Hauslehrer bei einem Bekannten der Familie in Lübeck unter, wo er gleichzeitig das Katharineum besuchte, um sich weiter auf das Studium vorzubereiten. 1734 übernahm er in Vertretung seines Bruders Georg Christian für ein Jahr eine Hauslehrerstelle in Lauenburg. Danach ging er nach Helmstedt, um bei Johann Lorenz Mosheim Theologie zu studieren. Da Mosheim ihn bereits 1736 als Hauslehrer seiner Kinder anstellte und ihm Übersetzungs- und Korrekturarbeiten übertrug, konnte er das Studium ohne Geldsorgen auf sieben Jahre ausdehnen. Neben theologischen hörte er philosophische, mathematische und naturwissenschaftliche Vorlesungen, außerdem bildete er sich in Gesang und Instrumentalmusik aus. Mosheim, der als Kanzelredner berühmt war und als Begründer der neueren Kirchengeschichtsschreibung gilt, wurde zu seinem Vorbild, und unter seinem Einfluß arbeitete O. auf eine akademische Laufbahn hin. 1743 nahm er dann aber eine Stelle als Konrektor in Quedlinburg an, und bereits im Jahr darauf ging er als Subrektor an das Katharineum in Lübeck. 1753 wurde er hier zum Konrektor befördert, und 1763 übernahm er die Nachfolge J. H. v. Seelens (s. d.) als Rektor. Nach mehr als fünfzig Jahren Schuldienst trat O. im September 1795 in den Ruhestand.

O.s Interesse als Schulleiter war vor allem auf die gründliche Vermittlung der Literatur der Antike gerichtet. Dagegen blieben ihm die pädagogischen Bestrebungen der Aufklärung offenbar fremd, obwohl sein Name 1793 unter denen der Mitglieder der „Gesellschaft zur Beförderung gemeinnütziger Tätigkeit" zu finden ist. Reformen, die die praktischen Bedürfnisse der Schüler, meist künftiger Kaufleute, berücksichtigten, wurden während seiner Amtszeit jedenfalls nicht eingeleitet. So konnte sich das Katharineum nicht auf der früheren Höhe halten und verlor den Anschluß an die neuere Entwicklung. Die Schüler wanderten nach auswärts oder zu Privatlehrern ab, und kurz nach O.s Ausscheiden war ihre Zahl auf den niedrigsten Stand im ganzen 18. Jh. gesunken. Die fälligen Verbesserungen – Verjüngung des Kollegiums, Einrichtung von Realklassen und Einführung zeitgemäßerer Lehrmethoden – nahm nicht lange nach O.s Ausscheiden sein Nachfolger Friedrich Daniel Behn in Angriff.

Schriftstellerisch führte O. den Gelehrtenbetrieb in Lübeck ganz im Geiste seines Vorgängers v. Seelen weiter. Er war Mitherausgeber der „Nova Bibliotheca Lubecensis" (1753–1757) und der „Miscellanea Lubecensia" (1758–1761), für die

er selbst Beiträge schrieb. Auch verfaßte er eine große Menge von Gelegenheitsschriften, wie sie für den Gelehrtenbetrieb der Zeit bezeichnend sind, außerdem
die Texte zu einigen Abendmusiken. O.s besonderes Interesse galt Fragen des
Verhältnisses zwischen deutschem und lateinischem Stil, die ihn schon während
seiner Studienzeit beschäftigt hatten; es resultierte u. a. in einer Reihe von deutschen Übersetzungen lateinischer Klassiker. – Ehrendoktor d. Theologischen Fakultät d. Univ. Kiel anläßlich d. 50jährigen Dienstjubiläums (1793); Ehrenmitglied der Deutschen Gesellschaften in Göttingen (1749) und Jena (1754) und der
Lateinischen in Baden.

Quellen: AHL: Familienarch. Overbeck Nr. 2; Programme u. Einladungsschrr. d. Katharineums 1763–1791. – Schulfeierlichkeiten im Catharineum vor hundert Jahren (Aus d. Pro-
tokollbuche d. St. Katharinenkirche), in: MLGA 9 (1899/1900), S. 56–64.
Werke: Hs. Verz. bis 1770 im AHL, Familienarch. Overbeck. – Auswahlverz. in: Leben
Herrn J. D. O., S. 43–47 u. b. Hirsching (beide s. Lit.). – *Texte zu Abendmusiken:* Die vereitel-
ten Anschläge d. wütenden Sauls, den gottseligen David zu verderben, 1754 (Bibliothèque
Royale, Brüssel). – Das unglückliche Ende d. aufrührerischen Adonja, 1756 (ebd.). – Joseph
u. seine Brüder, 1757 (Stadtbibl. Lübeck, ausgelagert). – Moses in seinem Eifer gegen d.
Abgötterey d. Kinder Israel in d. Wüsten, 1758 (Ratsbücherei Lüneburg, Kopie in d. Stadt-
bibl. Lübeck). – Gelegenheitsschriften im AHL.
Literatur: [Chr. A. Overbeck,] Leben Herrn J. D. O. . . . v. einem nahen Verwandten u.
vormaligen Schüler d. Verewigten, Lübeck 1803 (AHL). – F. C. G. Hirsching, Hist.-litterari-
sches Hdb. berühmter u. denkwürdiger Personen, welche in dem 18. Jh.e gelebt haben, 6,
Lpz. 1804 (Neudr. Graz 1973), S. 328 f. – [Chr.G. Overbeck,] Zur Erinnerung an Christian
Adolph Overbeck, Lübeck 1830, S. 8 f. – K. Heussi, Johann Lorenz Mosheim. Ein Beitr. z.
Kirchengesch. d. 18. Jh., Tübingen 1906, S. 146 f. – W. Stahl, Die Lübecker Abendmusiken
im 17. u. 18. Jh., in: ZLGA 29 (1938), S. 1–64, bes. 34 f., 47 f. – I. Sellheim, Die Familie d. Ma-
lers Friedrich Overbeck (1789–1869) in genealogischen Übersichten, Neustadt/Aisch 1989
(Dt. Familienarch. 104), S. 158 f.
Porträt: Medaille anläßlich d. 50jährigen Dienstjubiläums, 1793 (AHL), Abb.: H. Röhl,
Lübeck. Medaillen, Marken, Zeichen, Lübeck 1987, Nr. 310.25.

Alken Bruns

PATERNOSTERMAKER, Hinrich, geb. zwischen 1330 u. 1337 Lübeck,
gest. 1384 ebd. – Kaufmann.
Eltern: Johan Paternostermaker (auch: von Coesfeld), gest. 1367 Lübeck, Bern-
steindreher, später Kaufmann; Mechthild, geb. Creyenstrate (?), gest. vor 1382
Lübeck.
Ehefrau: Margareta.
Kinder: mindestens zwei.

P. gilt als Anführer des sogenannten Knochenhaueraufstandes (Knochenhauer = Fleischhauer, Metzger) in Lübeck im Jahre 1384. Sein Vater Johan P. siedelte vermutlich 1332 von Coesfeld nach Lübeck über. Für die Herkunft aus
Coesfeld sprechen verwandtschaftliche Beziehungen dorthin sowie, daß er des
öfteren im Niederstadtbuch, wie auch noch sein Sohn, „de Coesfelde" genannt
wird. Er muß ein geschäftstüchtiger Mann gewesen sein, da er sich vom Pater-

nostermaker (Bernsteindreher), also Handwerker, über den Gelegenheitshandel zum (Fernhandels-)Kaufmann emporarbeitete, ein Aufstieg, der im Lübeck des 14. Jh. noch durchaus möglich war. Am Ende seines Lebens hinterließ er seinem Sohn Hinrich ein beträchtliches Vermögen an Immobilien. Das Ausmaß des mobilen Vermögens ist nicht überliefert, doch wird es in Anbetracht seiner im Niederstadtbuch verzeichneten Kreditgeschäfte recht ansehnlich gewesen sein. Auch das soziale Ansehen Johans war vermutlich recht groß. 1362 wird er unter drei Vertretern der Gemeinde an erster Stelle genannt (UBStL III Nr. 439), was für das politische Selbstverständnis seines Sohnes sicher von Bedeutung war.

Hinrich P. selbst tritt zum erstenmal 1355 in Erscheinung, als er im Namen seines Vaters, der mit seinem Schwiegersohn Johann Crukow zur Frankfurter Herbstmesse geritten war, eine Schuldverpflichtung ins Niederstadtbuch eintragen ließ. Bei diesem Geschäft mußten auf Vorstellung des Stadtschreibers hin zwei Bürgen hinzugezogen werden. Dies spricht entweder dafür, daß P. zu diesem Zeitpunkt nach lübeckischem Recht noch nicht geschäftsfähig (= volljährig), also noch keine 18 Jahre alt war, oder aber, daß die römisch-rechtliche Bestimmung angewandt wurde, nach der die unbeschränkte Geschäftsfähigkeit erst mit 25 Jahren begann. Sein erstes selbständiges Auftreten 1365, als er sein Wohnhaus Mengstraße 7 kaufte, spricht für die zweite Möglichkeit, was dann eine Geburt gegen 1337 wahrscheinlich macht. In demselben Jahr, 1365, tritt er auch mehrfach als Handlungspartner seines Vaters auf. Er hatte zu dieser Zeit vermutlich bereits geheiratet.

Nach dem Tode seines Vaters scheint es mit den wirtschaftlichen Verhältnissen P.s abwärts gegangen zu sein. Die Gründe hierfür sind nicht zu erkennen, vermutlich liegt ein Zusammentreffen von persönlichem Unvermögen und unglücklichen äußeren Bedingungen vor. 1367, als er die Geschäftsführung allein übernehmen mußte, begann der Krieg der Kölner Konföderation gegen Waldemar IV. von Dänemark, der zu schweren Beeinträchtigungen im Fernhandel führte. Die Anzahl seiner Niederstadtbuchinskriptionen geht gegenüber denen seines Vaters erheblich zurück, etliche sind nicht gestrichen, vermutlich also nicht eingelöst worden; ab 1376 bekommt er Kredit nur noch gegen Verpfändung von Grundbesitz. Dieser ist, nachdem er die erbgebundenen Teile in Fahrhabe hatte umschreiben lassen, am Ende seines Lebens in hohem Maße verschuldet. Ob dieser wirtschaftliche Abstieg ausreicht, seine führende Stellung innerhalb des sogenannten Knochenhaueraufstandes von 1384 zu erklären, muß zumindest fraglich bleiben. Der Weg vom eigenen wirtschaftlichen Unvermögen über die Unzufriedenheit mit den sozialen Zuständen zur Verbindung mit sozial benachteiligten Schichten bis hin zum Aufruhr ist etwas zu einfach gezeichnet und sieht die herrschenden Verhältnisse zu positiv; die andere Gleichung – Angehöriger einer aufstrebenden Schicht, dem die Teilhabe an der politischen Macht von der herrschenden Klasse verweigert wird = Aufruhr –, übersieht dagegen vorhandene wirtschaftliche Schwierigkeiten, die nicht nur bei P., sondern auch bei vielen der Mitverschwörer zu erkennen sind.

Der Aufstand, geplant für den 17. September, hatte unter Beseitigung des Rats den Verfassungsumsturz zugunsten der Handwerker zum Ziel. Er ist einerseits im Zusammenhang mit den sozialen Unruhen in den Städten des 14. Jh., vor allem auch den hansischen zu sehen (Magdeburg 1301, 1330, Bremen 1330, Köln 1370/71, 1396, Braunschweig 1374, Hamburg 1375/76, Danzig 1378), andererseits ist er ein Glied in der Kette innerlübeckischer Auseinandersetzungen, die, wohl erstmals faßbar in dem der Hinrichtung Johann Wittenborgs (s. d.) vermutlich zugrunde liegenden Zwist zweier Ratsparteien der 1360er Jahre, von der Ermordung des Ratsherrn Berend Oldenborch 1367 in St. Marien über die direkten Vorläufer von 1376 und 1380 bis zur Vertreibung des Alten Rats und der Einsetzung des Neuen Rats von 1408 reichte.

P. wurde auf bloßen Verdacht hin verhaftet, als dem Rat, vermutlich von außen aus dem Kreis der adligen Verbündeten, das Unternehmen verraten worden war (16. September?). Durch deren Einbeziehung – die Brüder Gottschalk und Detlef Oldendorp sollten nach Beginn des Aufstandes in die Stadt einbrechen – war das Unternehmen von bloßer „upsate" (wie 1380) zum (Hoch-)Verrat geraten. Entsprechend war die Strafzumessung: Von 47 außer P. bekannten Verschwörern wurden 18 hingerichtet, die übrigen entgingen demselben Schicksal nur durch die Flucht. P. setzte seinem Leben selbst ein Ende, nachdem er in der Fronerei gefangengesetzt worden war. Als Toten brachte man ihn später vor Gericht, machte ihm förmlich den Prozeß und ließ ihn anschließend rädern. Sein Vermögen wurde, ebenso wie das seiner Mitverschwörer, vom Rat eingezogen, „propter traditiones".

Das Amt der Knochenhauer mußte den Verrat schwer büßen. Es wurde auf die Hälfte der Meisterstellen, 50 statt 100, verkleinert und in vollkommene Abhängigkeit vom Rat gebracht. Wie folgenreich die Macht dieses Amtes gebrochen war, zeigte die Tatsache, daß dem neuen Rat von 1408 bis 1416 nur ein einziger Knochenhauer angehörte.

Ungedr. Quellen: AHL: Niederstadtbuch I 688, 7; Niederstadtbuch II 66, 1; 75, 5; 76, 5; 85, 4; 91, 4; 95, 2; 109, 5; 121, 2; 130, 7; 142, 1; 173, 6; 187, 7; 211, 7; 214, 3; 240, 5; 283, 4; 284, 1; 292, 2; 330, 1; 361, 4; 388, 1; 420, 2; 485, 5; 517, 5; 521, 8; 559, 1. – Schröder, Topographische Reg. – Stadtbibl. Lübeck: Liber de traditoribus et eorundem bonis, Ms. Lub. 2°100, verloren. – KB: R. Kock, Cronik van der Keiserliken Stadt Lubeck unde oeren vorwanten, Gl. Kgl. Samling 2294 fol.

Gedr. Quellen: C.W. Pauli, Abh. aus d. Lübischen Rechte Theil IV, Lübeck 1841, S. 71 u. Anhang A Nr. 329. – Ders., Lübeckische Zustände im Mittelalter, 2, Lübeck 1872, S. 63–65 (Druck einiger Niederstadtbuchinskriptionen). – Detmar, „Weltchronik", in: Die Chron. d. dt. Städte 19, 2. Aufl. Göttingen 1967 (Die Chroniken d. niedersächsischen Städte, Lübeck 1. Bd.), S. 115 ff. – Ders., „Ratschronik", ebd., S. 187 ff. – Detmars älteste Fassung, enthalten in d. sog. Rufus-Chronik, ebd. 26 (Lübeck 2. Bd.), S. 177 ff. – „Bericht über d. Knochenhaueraufstand", ebd., S. 339 ff. – A. v. Brandt, Reg. d. Lübecker Bürgertestamente d. Mittelalters, 2, Lübeck 1973, Nr. 770 S. 207, Nr. 883 S. 269.

Literatur: A. Hach, Die Verschwörung v. 1384, in: LBl 1851, Nr. 34, 35. – E. Deecke, Die Hochverräter zu Lübeck im Jahre 1384, Lübeck 1858. – C.W. Pauli, Lübeckische Zustände im Mittelalter, 2, Lübeck 1872, S. 52 f. – M. Hoffmann, Gesch. d. Freien u. Hansestadt Lübeck, Lübeck 1889–1892, S. 141 f. – Th. Schwartz, H. P. Ein dunkles Kapitel aus d. lübeckischen Gesch. des 14. Jh., Lübeck 1913. – E. Peters, Das große Sterben 1350 in Lübeck u. seine Auswirkungen auf d. soziale Struktur d. Stadt, in: ZLGA 30 (1940), S. 138 f. – M. Erbstößer,

Der Knochenhaueraufstand in Lübeck 1384, in: Vom Mittelalter zur Neuzeit, H. Sproemberg z. 65. Geburtstag, hrsg. v. H. Kretzschmar, Bln. 1956, S. 126–132. – A. v. Brandt, Die Lübecker Knochenhaueraufstände v. 1380/84 u. ihre Voraussetzungen, in: ZLGA 39 (1959), S. 123–202.

Rolf Hammel

PECHLIN, Marten, geb. um 1480, gest. (erschossen) 3. 11. 1526 bei Hiltungen (Südnorwegen). – Schiffer, Freibeuter.

Eltern: Marten Pechlin, geb. um 1450, gest. nach d. 15. 11. 1525, Bürgermeister in Burg auf Fehmarn; Mutter unbekannt.

Ehefrau: unbekannt.

Kinder: 1 Sohn Steffen, geb. um 1505, 1532–1577 in Burg auf Fehmarn, 1555/60 als Bürgermeister ebd. bezeugt.

Über die frühe Zeit P.s ist nicht viel bekannt. Er war Schiffer, befuhr den östlichen Teil der Ostsee und betrieb seine Geschäfte von Lübeck aus. 1506 erscheint er erstmals in einer Urkunde, in der der Rat von Wisby auf Gotland dem Rat der Stadt Burg auf Fehmarn mitteilt, der Schiffer Marten Pechgelyn sei zum Testamentsvollstrecker in der Erbschaftssache des Hans Balte in Wisby eingesetzt und solle den Resterlös aus der Erbmasse von Fehmarn nach Wisby bringen. 1521 wird er in einem Fehmarner Testament zusammen mit seinem Vater als Merten Pechelyn der Jüngere erwähnt.

Nachdem 1521 in Lübeck bereits ein Ratsurteil gegen P. wegen eines nicht ausgeführten Frachtvertrages von Lübeck nach Memel ergangen war, trat im selben Jahr ein Ereignis ein, das für P. entscheidend gewesen sein dürfte: Er mußte am 19. August in Lübeck wegen „gedichteter Tydinge", also übler Nachrede und Ungehorsams Urfehde leisten. Mit der Urfehde wurde P. zugleich zeitlebens aus Lübeck verbannt. Damit war er in seiner wirtschaftlichen Existenz vernichtet, denn er verlor nicht nur seine Geschäftsbasis in Lübeck und den Lübecker Markt, sondern durfte auch in anderen Hansestädten nicht aufgenommen werden.

Für die nächsten drei Jahre sind keine Nachrichten über P. überliefert. Für 1524 bis 1526 berichtet dann ein Hans von Göttingen in einem „Lied vom Seeräuber Martin Pechlin", daß er als Freibeuter in die Dienste des 1523 abgesetzten und in die Niederlande geflohenen Christian II. getreten war, der von dort aus Dänemark zurückerobern wollte und Kaperbriefe gegen Friedrich I. (s. SHBL, 7, S. 69) und die Hansestädte ausstellte. Die Empfänger waren berechtigt, feindliche Schiffe anzugreifen und neutrale Schiffe auf Konterbande, also auf Ware des Feindes oder für den Feind, zu untersuchen. P.s erster bekannter Kaperbrief datiert erst vom 21. 7. 1526. Falls ein früherer bestanden hat, wäre dies für die rechtliche Beurteilung seiner Taten in der Zeit vor 1526 von entscheidender Bedeutung; denn nach Hans von Göttingen betrieb P. die Seeräuberei in Nord- und Ostsee bereits seit 1524. Seine Untaten sind in dem Lied detailliert dargestellt, doch wird offenbleiben müssen, wie zuverlässig die Angaben sind. Sie beruhen vermutlich auf dem Verhör dreier Besatzungsmitglieder P.s, die bei dem Versuch, an Land zu gehen, in Rostock gefangengenommen wurden. In anderen Quellen finden sie keine Bestätigung.

Das Ende P.s ist in dem Bericht des Gert Korffmaker geschildert, eines Lübekker Handlungsgehilfen aus dem Hansekontor in Bergen, der Augenzeuge war. Danach mußten drei Hanseschiffe, die am 29. 9. 1526 von Bergen abgesegelt waren, wegen Sturms eine Bucht bei Hiltungen in Südnorwegen anlaufen, wo auch P. mit seinem Schiff lag. Es kam am 3. 11. 1526 zum Kampf, und P. wurde besiegt und von Gert Korffmaker erschossen. Die Fahne des Seeräubers wurde als Siegeszeichen in der Lübecker Marienkirche über dem Bergenfahrerstuhl aufgehängt.

Quellen: Urkundenslg. d. Ges. f. Schl.-Holst.-Lauenburgische Gesch., 3, T. 2, Kiel 1880, S. 18, Nr. 35, u. S. 64 f., Nr. 31. – D. Schäfer (Hrsg.), Die Lübeckische Chronik d. Hans Rekkemann, in: HG 1876, Lpz. 1878, S. 59–93, bes. 74–93. – HR, 3. Abt., Bd. 9. – W. Ebel (Hrsg.), Lübecker Ratsurteile, 2: 1501–1525, Göttingen usw. 1956. – Urfehdereg. d. Stadt Lübeck, Nr. 331 (AHL).
Literatur: ADB, 25, S. 308 f. – D. Schäfer (s. Qu.), S. 77–79. – K. Lemke, Der Seeräuber M. P. u. seine Sippe, in: LBl 1985, S. 189–192.

Kurt Lemke

PETERSEN, *Carl* Albrecht, geb. 23. 9. 1835 Lübeck, gest. 25. 7. 1909 Eutin; ev. – Landwirt, Verbandsfunktionär, landwirtschaftlicher Schriftsteller.
Eltern: Johann *Friedrich* Petersen, geb. 28. 6. 1799 Lübeck, gest. 28. 8. 1853 ebd., seit 1827 Prediger, 1845–1852 Hauptpastor am Dom zu Lübeck; *Wilhelmine* Dorothea geb. Brauer, geb. 30. 6. 1808 Northeim, gest. 27. 3. 1864 Lübeck.
Ehefrau: Johanna Laura Lisette Raven, geb. 6. 11. 1843 Malchow (Mecklenburg), begr. 27. 6. 1933 Eutin; verh. 19. 9. 1862 (nicht 1861) Malchow; Tochter eines Rechtsanwalts, Erzieherin auf Gut Kützerhof (Mecklenburg), nach d. Heirat Sekretärin u. Mitarbeiterin P.s.
Kinder: 2 Töchter, 5 Söhne.

P. entstammte einer Pastorenfamilie, sein Vater und Großvater und später der Bruder Eginhard waren zunächst Domprediger, dann Hauptpastoren am Lübecker Dom. Vermutlich auf Anregung eines Onkels, der als Gutsverwalter in Mecklenburg tätig war, faßte P. früh den Entschluß, Landwirt zu werden. Er besuchte bis 1851 das Katharineum in Lübeck. Anschließend absolvierte er zwei landwirtschaftliche Lehrjahre in Hinrichshagen (Mecklenburg). In den folgenden Jahren war er Verwalter auf Gut Grabowhöfe bei Waren an der Müritz und später auf den großherzoglich mecklenburg-schwerinschen Domänen Wagun und Kützerhof.

1862 kaufte P. mit Hilfe einer kleinen Erbschaft und finanzieller Unterstützung von Verwandten das Gut Klein-Schwiesow bei Güstrow. Es zeigte sich jedoch bald, daß er das Gut viel zu teuer erworben hatte; hinzu kamen wirtschaftliche

Rückschläge durch Viehseuchen und sinkende Agrarpreise, so daß P. den Betrieb 1870 aufgeben mußte. Anschließend übernahm er die Verwaltung der Güter Windhausen und Sensenstein bei Kassel, die dem Grafen Schlieffen auf Schlieffenberg in Mecklenburg gehörten. Bei dieser Tätigkeit wurde P.s besonderes Interesse für die Milchwirtschaft geweckt. Er verbesserte die Fütterung der Milchkühe und konnte die Milch zu günstigen Preisen nach Kassel verkaufen. Nachdem P. bereits in Kützerhof schriftstellerische Versuche unternommen hatte, veröffentlichte er 1874 sein erstes Buch „Die Rindviehzucht im landwirtschaftlichen Betriebe und die Mittel zur Hebung derselben". Darin beschrieb er die erfolgreiche Milchwirtschaft in Windhausen und entwickelte die Grundgedanken, die mehr als zwanzig Jahre später zur Gründung der Milchkontrollvereine führten. Daneben machte er sich mit zahlreichen Artikeln in der Fachpresse einen Namen.

Nachdem P. bereits in der Klein-Schwiesower Zeit Erfahrungen in der landwirtschaftlichen Vereinstätigkeit gesammelt hatte, wurde er 1873 zum Generalsekretär der „Oldenburgischen Landwirtschafts-Gesellschaft" gewählt und zog 1874 nach Oldenburg i. O. Dort begann er mit seiner Aufklärungsarbeit zur Verbesserung der Rinderhaltung und Milchwirtschaft. Insbesondere propagierte er die Bildung von Molkereigenossenschaften. Diese fortschrittliche Idee konnte sich allerdings erst in den 1880er Jahren durchsetzen, als das Molkereiwesen durch die Einführung der Zentrifuge verbessert wurde.

1874 wirkte P. an der Gründung des „Deutschen Milchwirtschaftlichen Vereins" mit. Im selben Jahr bereiste er Dänemark und schilderte die dortige Milchwirtschaft in einem Beitrag für das Buch „Studien über das Molkereiwesen". Im Winter 1874/75 begann P., in Oldenburg und anderen Orten des Großherzogtums landwirtschaftliche Vorträge zu halten. 1875 leitete er die Neuordnung und Verbesserung des Tierschauwesens in die Wege. Besonders bemerkenswert war P.s Zusammenarbeit mit der Landwirtin Helene Beckhusen, deren Rasteder Milchviehbetrieb er in mehreren Veröffentlichungen bekannt machte und die 1875 auf Anregung P.s eine Molkereischule eröffnete. Sie diente der milchwirtschaftlichen Ausbildung von Bauerntöchtern, wurde von Mädchen aus ganz Deutschland und dem Ausland besucht und war die erste dieser Art in Deutschland. Hier hielt P. ein- bis zweimal wöchentlich milchwirtschaftliche Vorträge, die er 1877 unter dem Titel „Anleitung zum Betriebe der Milchwirtschaft in fünfzehn Vorträgen" veröffentlichte.

1875 wurde unter P.s Anleitung die städtische Sammelmolkerei in Oldenburg gegründet und eine Zentralstelle für den An- und Verkauf von Butter eingerichtet, in der die Butter von einer unabhängigen Kommission klassifiziert und dann nach Qualität bezahlt wurde. Dabei stellte sich heraus, daß die Butter häufig Mängel aufwies, und es erstaunt nicht, daß viele Produzenten die neue Einrichtung ablehnten. In den folgenden Jahren organisierte P. mehrere Molkereiausstellungen in Oldenburg und beschickte auch auswärtige Schauen mit heimischer Butter; die Prämiierungen bestätigten die Fortschritte in der oldenburgischen Butterherstellung. Zur weiteren Verbesserung der Butterqualität regte P. die Gründung der „Oldenburgischen Tafelbutter-Absatzgenossenschaft" an, in

Carl Petersen

der seit 1879 feine Tafelbutter vermarktet wurde. Dieser Zusammenschluß wurde schon nach einem Jahr wieder aufgelöst, nahm aber später, nachdem mehr Genossenschaftsmolkereien errichtet worden waren, die Arbeit wieder auf.

1876 wurde mit Hilfe von P.s Bruder, dem Chemiker Hugo P., ein chemisches Labor zur Untersuchung von Kunstdünger, Futter und Sämereien eingerichtet. Es erhielt später den Namen „Landwirtschaftliche chemische Kontroll-Station der Oldenburgischen Landwirtschafts-Gesellschaft" und entwickelte sich zur Versuchs- und Kontrollstation der oldenburgischen Landwirtschaftskammer. 1877 wurde auf P.s Antrag die Direktion für Milchwirtschaft der „Oldenburgischen Landwirtschafts-Gesellschaft" ins Leben gerufen. Aufgabenschwerpunkte waren die Belehrung der Landwirte sowie die Vergabe von Ausbildungszuschüssen für die Rasteder Molkereischule. P. bemühte sich auch um die Rinderzucht, indem er die Gründung von Züchtervereinigungen propagierte und Herdbuchvereine förderte. Er betonte die Bedeutung eines einheitlichen Zuchtziels und – anstelle der üblichen Zuchtwahl nach „Schönheit" – die Beachtung von tatsächlicher Milchleistung und äußerlich erkennbaren Milchzeichen bei der Selektion.

Als P.s wichtigste Leistung ist die Gründung der „Deutschen Viehzucht- und Herdbuch-Gesellschaft" 1879 anzusehen. Er verfolgte damit das Ziel, alle deutschen Landwirte in einem Zentralverein zusammenzuschließen. Er war zunächst Geschäftsführer sowie Redakteur der „Mitteilungen der deutschen Viehzucht- und Herdbuch-Gesellschaft", außerdem fungierte er 1880/81 als Vorsitzender. 1884 mußte die Gesellschaft wegen Uneinigkeit der Mitglieder und Geldmangels aufgelöst werden. P. hatte aber mit seiner Vorarbeit Max Eyth, mit dem er in Briefkontakt stand, den Weg zur Gründung der „Deutschen Landwirtschaftsgesellschaft" (DLG) geebnet. Die DLG führte die Aufgaben und das Mitteilungsblatt der Gesellschaft weiter und übernahm die meisten Mitglieder. P. selbst war Mitglied im Gesamtausschuß der DLG und von 1898 bis 1905 Vorsitzender der Sonderausschüsse für Absatz sowie Milchwirtschaft, außerdem war er jahrelang als Preisrichter tätig und verfaßte Beiträge für das Jahrbuch der DLG.

P. gab sein Amt als Generalsekretär der „Oldenburgischen Landwirtschafts-Gesellschaft" auf, als er 1880 vom Großherzog von Oldenburg zum Mitglied der großherzoglichen Güteradministration im oldenburgischen Fürstentum Lübeck berufen wurde und nach Eutin umzog. Er legte eine umfassende Statistik über die Fideikommißgüter an und ergriff zahlreiche Fördermaßnahmen, darunter die Gründung von Bullenhaltungsgenossenschaften und Viehzuchtvereinen. Auf seine Anregung konstituierte sich 1886 der „Ostholsteinische Meierei-Verband", der die Qualitätsproduktion und günstige Vermarktung von Molkereierzeugnissen bezweckte. Der Verband arbeitete erfolgreich und weitete seine Tätigkeit bald auch auf die preußische Provinz Schleswig-Holstein aus. Seit 1889 fanden auf Veranlassung P.s in Hamburg wöchentliche Butterauktionen statt, die eine öffentliche Preisnotierung und die Qualitätsberatung der Produzenten ermöglichten. Sie fanden in ganz Deutschland Nachahmung. Durch den Erfolg dieser Aktion ermutigt, baute P. 1895 eine eigene Viehverkaufsstelle des Meiereiverbandes in Hamburg auf. Auch diese Initiative – die erste bäuerliche Viehverwertung im Deutschen Reich – wirkte richtungweisend und vorbildlich. P. organisierte außerdem zahlreiche milchwirtschaftliche Schauen, darunter die dritte deutsche Molkereiausstellung 1895 in Lübeck.

Als seit 1897 die ersten Milchkontrollvereine gegründet wurden, richtete P. bei der Landwirtschaftskammer eine Kommission für Kontrollvereinswesen ein. Als ihr Vorsitzender förderte er den Aufbau neuer Vereine und die Ausbildung von Kontrollbeamten. Auf P.s Vorschlag bildete die DLG den Sonderausschuß für Rinderleistungsprüfungen als übergeordnetes Organ für alle deutschen Kontrollvereine. Darüber hinaus regte P. die Gründung von Molkerei-Beamtenvereinen an, richtete Viehwärter- und Melkerkurse ein und war an der Regelung der Lehrlingsausbildung im Molkereifach beteiligt.

1905 schied P. hochgeehrt aus dem oldenburgischen Dienst aus. Als Vertreter des Großherzogs war er bis zu seinem Tod ordentliches Mitglied der Landwirtschaftskammer für die Provinz Schleswig-Holstein. Hier fungierte er auch als Vorsitzender mehrerer Ausschüsse und Kommissionen sowie des Kuratoriums der Molkereilehranstalt in Kiel. Ferner war P. landwirtschaftlicher Berater der Regierung des Fürstentums Lübeck; hier machte er sich besonders um die Rinder- und Pferdezucht verdient.

Neben P.s Wirken als Ideengeber für die Landwirtschaft und als Organisator ist seine umfangreiche redaktionelle und publizistische Tätigkeit hervorzuheben. Er verfaßte zahlreiche Bücher und Zeitungsartikel, vorzugsweise zu milchwirtschaftlichen Themen, und redigierte von 1875 bis 1896 die „Milchzeitung". Charakteristisch waren sein nüchterner und klarer Schreibstil und sein Bemühen, wissenschaftliche Erkenntnisse für die Praxis nutzbar zu machen. – Titel „Geheimer Ökonomierat", 1899. – Ritterkreuz 1. Klasse des oldenburgischen Hausordens, 1903.

Quellen: AHL: Personenkartei; Genealogisches Register. – Alberti 1885, 2, S. 130 f.

Werke (Auswahl): Die Rindviehzucht im landwirthschaftlichen Betriebe u. d. Mittel z. Hebung derselben, Danzig 1874. – C. P. u. a., Studien über d. Molkereiwesen, ebd. 1875. – Ber. über eine Reise nach Schweden u. Dänemark in Bezug auf Molkereiwesen, Oldenburg 1875. – Anleitung z. Betriebe d. Milchwirthschaft in fünfzehn Vorträgen, Danzig 1877 u. Bremen 1878. – (zus. m. C. Boysen) Zur Einrichtung v. Molkereischulen, Hildesheim 1877. – Das Milchbuttern u. d. sog. Regenwalder Butterfass, Bremen 1878. – Ber. über d. milchwirthschaftliche Ausstellung in London, ebd. 1879. – Skizzen aus d. Entwicklung d. landwirthschaftlichen Unterrichtswesens in Deutschland, ebd. 1879. – Die landwirthschaftlichen Thierausstellungen, ihre Organisation sowie ihre Bedeutung u. Aufgabe f. d. Hebung d. landwirthschaftlichen Thierzucht, ebd. 1883. – Ber. über d. internationale Landes-Thierausstellung in Hamburg 1883, ebd. 1883. – (zus. m. H. Schrott-Fiechtl) Der ostholsteinische Meiereiverband, Lübeck 1895. – Die Margarinefrage, Bremen 1895. – Zahlreiche Beitrr. u. a. in: Milchztg., Landwirthschaftliche Annalen d. mecklenburgischen patriotischen Vereins, Land- u. forstwirthschaftliches Vereinsbl. f. d. Fürstenthum Hildesheim, Landwirthschaftsbl. f. d. Herzogthum Oldenburg.

Literatur: Nachruf in: Mitt. d. Dt. Landwirtschaftsges. v. 31. 7. 1909. – R. Georgs, Geheimer Oekonomie-Rat C. Petersen. Eine Lebensbeschreibung, Kiel 1911. – Th. Thyssen, Bauer u. Standesvertretung. Werden u. Wirken d. Bauerntums in Schl.-Holst. seit d. Agrarreform, Neumünster 1958 (QuFGSH 37), s. Register. – A. Lüthje, Vier Ökonomieräte (Carl Boysen, Emil Hölck, C. P., Wilhelm Biernatzki). Pioniere d. landwirtschaftlichen Genossenschaftswesens in Schl.-Holst. u. Hbg., 2. Aufl. Kiel 1982 (Schriftenreihe d. Raiffeisenverbandes Schl.-Holst. u. Hbg. H. 28). – F. Müller, Die Versorgung d. Hansestadt Lübeck mit Milch, Kiel 1984 (Schriftenreihe d. Raiffeisenverbandes Schl.-Holst. u. Hbg. H. 34), S. 11. – R. Wiehr, Geschichtliches z. dt. Milchwirtschaft, in: Dt. Milchwirtschaft. Hrsg. v. Ver. XVII. Internationaler Milchwirtschaftskongreß 1966 e.V., München 1966, S. 25–38. – [R.Soßna,] C. P. – berufsständischer Pionier, in: Dt. Milchwirtschaft 42 (1991) (Sonderh. Einhundert Jahre Zentralverband Dt. Milchwirtschaftler e.V.), S. 1166.

Porträts: Fotos b. Georgs (s. Lit.), nach d. Titelseite, nach S. 14, nach S. 32, nach S. 116, b. Wiehr (s. Lit.), S. 31, u. Soßna (s. Lit.). – Repro nach Georgs, Abb. s. S. 298.

Therese Frentz

PIEPER, *Hans* Wilhelm, geb. 9. 4. 1882 Landsberg / Warthe, gest. 23. 3. 1946 Lübeck; ev. – Architekt, zuletzt Stadtbaudirektor in Lübeck.

Eltern: Andreas Pieper, geb. 28. 2. 1852 Blankenese, gest. 11. 10. 1919 ebd., Maschinenbauingenieur, Fabrikdirektor; Caroline Wilhelmine geb. Vincent, geb. 5. 9. 1861 Mont de Marsant, Frankreich, gest. 24. 12. 1920 Berlin.

Ehefrau: Berta Wilhelmine Schmitt, geb. 5. 3. 1885 Wimpfen/Neckar, gest. 19. 7. 1976 Neustadt/Holstein; verh. 30. 9. 1911 Wimpfen/Neckar.

Kinder: 2, darunter: Klaus Pieper, geb. 27. 5. 1913 Köln, Prof. f. Hochbaustatik an d. Technischen Univ. Braunschweig.

Nach dem Besuch des Gymnasiums in Darmstadt leistete P. 1901/02 seinen Wehrdienst als Einjährig-Freiwilliger ab, studierte seit 1902 Architektur in Darmstadt bei Georg Wickop und machte 1905 sein Examen zum Dipl.-Ing. Von 1905 an war er Regierungsbauführer und seit 1909 Regierungsbaumeister. Seit 1909 arbeitete P. in Architekturbüros in Mainz, Wiesbaden und Köln und von 1912 bis 1927 im Hochbauamt der Stadt Köln. 1915 wurde er Stadtbauinspektor, 1921 Baurat. Er leitete 1921 bis 1924 das Messebauamt und entwarf zusammen mit Oberbaurat Hans Verbeck die Ausstellungs- und Messegebäude der Stadt Köln. Von 1914 bis 1918 leistete er als Leutnant beim Festungsbau in Flandern Kriegsdienst. 1927 wurde P. Oberbaurat für Hochbau bei der Lübecker Baubehörde, 1929 als Baudirektor für Hoch- und Tiefbau oberster Baubeamter der Stadt Lübeck und gleichzeitig zum Denkmalpfleger bestellt.

Neben Planung, Entwurf und Durchführung kleinerer und größerer Bauwerke nahmen die Stadterweiterung, das Siedlungswesen und der Kleinwohnungsbau Schwerpunkte seiner Arbeit in Lübeck ein. In seinen Verantwortungsbereich innerhalb der Lübecker Bauverwaltung fielen neben dem Hochbau der Straßenbau, das Friedhofs- und Gartenwesen, die Stadtentwässerung, der Hafen- und Wasserbau, die Stadterweiterung und schließlich die Denkmalpflege. P.s bedeutendste Neubauten in Lübeck sind die Klosterhof-Volksschule am Mönkhofer Weg (1931), die Stadtschule Travemünde (1935–1937) und der Seegrenzschlachthof (1929).

Als Denkmalpfleger oblagen ihm die Erhaltung und Restaurierung der zahlreichen städtischen und kirchlichen Baudenkmäler Lübecks (Marienkirche 1932, Holstentor 1931–1934); dabei war sein Augenmerk auch über Lübeck hinaus besonders auf statisch-konstruktive Sicherungsmaßnahmen gotischer Monumentalbauten gerichtet. Nach den Zerstörungen der Lübecker Altstadt 1942 erhielt P. den Auftrag, die Pläne für den Wiederaufbau Lübecks vorzubereiten, eine schwierige Aufgabe, bei der es darum ging, die historisch bedeutende Bausubstanz der Zukunft zu erhalten und mit moderner Stadtplanung in Einklang zu bringen. Seine Pläne konnte er nicht mehr zum Abschluß bringen, doch bildeten sie den Ansatz für die spätere Wiederaufbauplanung der Lübecker Innenstadt.

Quellen: AHL: Personalakte H. P.; Akten d. Hochbauamts. – Mitt. v. Klaus Pieper, Braunschweig.

Werke: Kölner Messebauten (zus. m. Hans Verbeck) 1922–1924. – Bau d. Jahrtausendausstellung d. Rheinlande in Köln 1925. – In Lübeck entwarf bzw. leitete P. u. a. folgende Bauten: *Schulbauten in Lübeck 1928–1939:* Um- u. Erweiterungsbau d. Oberrealschule zum Dom 1928. – Erweiterungsbau d. Volksschule Kücknitz 1929. – Klosterhof-Volksschule Mönkhofer Weg 1931. – Stadtschule Travemünde 1935 u. 1937. – Rangenberg-Volksschule. – *Industriebauten in Lübeck:* Seegrenzschlachthof 1929. – Viehgroßmarkt Schwartauer Allee. – Gebäude d. Berlin- Lübecker Maschinenfabriken, Glashüttenweg, 1934–1936. – Getreidesilo Vorwerker Hafen 1939/40. – Hafenlagerhalle 1938. – Omnibushalle Heiligen-Geist-Kamp

1939/40. – Kühlhaus Schwartauer Allee 1940. – *Denkmalpflegerische Arbeiten in Lübeck:* Umgestaltung d. Burgtores 1928. – Dom 1932. – Marienkirche 1932. – Holstentor 1931–1934. – Neugestaltung d. Holstentorplatzes 1934. – Ratskeller 1935. – Heiligen-Geist-Hospital 1939–1941.

Veröffentlichungen: Der Umbau d. Oberrealschule zum Dom, in: VBl 1927/28, S. 101–104. – Die Kaisertorbrücke, ebd. S. 105 f. – Der Seegrenzschlachthof zu Lübeck, ebd. 1928/29, S. 5–7. – Die Veränderungen am Burgtor in Lübeck, in: Deutsche Bauztg. 1928, S. 749–752. – Neue Leichenhalle auf d. Friedhof in Genin, in: VBl 1928/29, S. 10. – Das neue Seegrenzschlachthaus zu Lübeck, ebd. S. 101–108. – Die Erweiterungsbauten d. Heilanstalt Strecknitz b. Lübeck, ebd. 1929/30, S. 103–112. – Das Holstentor zu Lübeck u. d. Gestaltung seiner Umgebung, in: Stadt u. Siedlung, Beil. z. Deutschen Bauztg. 1930, S. 97–104. – Untersuchung d. Fundamente d. Holstentores, in: VBl 1930/31, S. 37–40. – Die neue Volksschule „Am Klosterhof", Mönkhofer Weg, ebd. S. 53–60. – Der Kirchturm zu Travemünde, ebd. S. 86 f. – Die Instandsetzung d. St. Jürgengruppe am Siechenhaus in Travemünde, ebd. S. 90 u. 92. – Der See-Grenz-Schlachthof in Lübeck, in: Deutsche Bauztg. 1931, S. 385–390. – Lübeck-Travemünde, Die städtebauliche Entwicklung seit Kriegsende, 3. Aufl., Bln.-Halensee 1931. – Neue Hausmarke am Heil. Geist-Hospital, in: VBl 1931/32, S. 25 f. – Die neue Wartehalle auf d. Geibelplatz, ebd. S. 60–62. – Vorbereitung d. Erwerbslosensiedlung in Lübeck, in: LBl 1932, S. 41–43. – Handwerkliche Ausbildung (Gewerbeschule: Direktorstelle), ebd. S. 44. – Die Stadtrandsiedlung zu Lübeck, ebd. S. 390–392. – Die Schäden an d. Domtürmen, ebd. S. 413–416. – Nachlese z. Vortrage v. Prof. Dr. Ing. e. h. Rüth über d. Sicherungsarbeiten an mittelalterlichen Bauwerken, ebd. S. 632 f. – Baugesch. in Zeitstreifen, in: VBl 1932/33, S. 78–80. – Das Holstentor, ein mittelalterlicher Panzerturm, ebd. S. 123 f. – Landesplanung u. Städtebau. Dem Verf. d. Generalsiedlungsplanes Oberbaudirektor i. R. Joh. Baltzer z. 70. Geburtstag, in: Wagen 1933, S. 109–117. – Lübeck u. seine Nachbarländer, in: LBl 1933, S. 118 f. – Baugesch. in Zeitstreifen, ebd. S. 373–375. – Travemünder Windmühle, ebd. 1934, S. 38 f. – Das Denkmal Kaiser Wilhelms I. zu Lübeck. Nach d. amtlichen Unterlagen, ebd. S. 398–403. – Eröffnung d. Handwebewerkstatt Alen Müller im Burgtorhaus Nr. 4, ebd. S. 426 f. – Erntenachlese zur Stadtrandsiedlung, ebd. S. 599 f. – Die bauliche Sicherung d. Holstentors zu Lübeck u. d. Neugestaltung seiner Umgebung (Auszüge aus einem Aufsatz), ebd. S. 615–618. – Das Gesicht d. Marktplatzes zu Lübeck, ebd. S. 770 f. – Der alte Koberg u. d. neue Geibelplatz, in: LBl 1936, S. 344 f. – Die Errichtung v. Wohnungen u. Siedlungen in Lübeck nach d. Weltkriege bis 1936, ebd. S. 927–929. – Travemündes neue Schule, in: LBl 1937, Beil. zu Nr. 8. – Marienkirche u. Schüsselbuden. Eine Baustudie, in: Wagen 1938, S. 155. – Baudirektor Gustav Schaumann gest. (1895–1903 in Lübeck), in: LBl 1938, S. 95 f. – Oberbaurat f. städtischen Tiefbau Heinrich Studemund, ebd. S. 510 f. – Das Museumsdorf zu Cloppenburg, ebd., Beil. zu Nr. 48. – Die Schule in d. Siedlung Rangenberg, in: LBl 1939, Beil. zu Nr. 5. – Baumeister Friedrich Strobelberger gest., ebd. S. 579. – Stadtpläne u. Ansichten, Stadtbefestigung, Wasserkünste u. Mühlen (Rez. d. BuKHL Bd. 1, T. 1), ebd. S. 615 f. – Die Wiederherstellungsarbeiten im Heiligen-Geist-Hospital 1939, ebd., Beil. zu Nr. 46. – Einquartierung, ebd. S. 733 f. – Mittelalterliche Statik, dargest. an Lübecker Baudenkmalen, in: Wagen 1940, S. 93–108. – Ehrenfriedhof 1939/40; Neue Unterkunftshalle auf d. Vorwerker Friedhof; Das Ehrenmal d. Schwesternschaft v. Deutschen Roten Kreuz, in: LBl 1940, Beil. zu Nr. 12. – Christus in d. Kelter, ebd. S. 115. – Ein Erinnerungsmal f. d. lübeckischen Testamente, Stiftungen u. Legate, aufgest. 1940 in d. Vorhalle d. Heiligengeisthospitals; Ein Fund mittelalterlicher Ofenkeramik in Lübeck, ebd., Beil. zu Nr. 20. – Oberbaudirektor i. R. Johannes Baltzer gest., ebd. S. 261 f. – Frühe Wandgemälde im Heil.-Geist- Hospital zu Lübeck, in: Wagen 1941, S. 81–84. – Der Bühnenhausumbau d. Stadttheaters, in: LBl 1941, S. 168 f. – Lübeck in 10 Jahren. Ein Versuch, ebd. S. 203–207. – Erbmietrecht. Ein Versuch neuartigen Wohnungsbesitzes, ebd. S. 276 f. – Von Lübeck-Türmen, in: Wagen 1942/44, S. 76–87. – Lübeck. Städtebauliche Studien zum Wiederaufbau einer hist. deutschen Stadt, bearb. u. hrsg. v. Klaus Pieper, Hbg. 1947.

Literatur: Nachruf in: ZLGA 31 (1949), S. 256. – M. Brix, Einbrüche in d. Struktur d. Lübecker Altstadt als denkmalpflegerisches Problem: Gründerzeit u. Wiederaufbau nach 1945, in: M. Brix (Hrsg.), Lübeck. Die Altstadt als Denkmal, München [1975], S. 25–46.
Porträts: Büste v. Ottilie Schäfer, Lübeck 1940. – Ölgemälde v. W. Schodde, Lübeck 1932. – Fotos aus d. Jahren 1934–1940 (alle im Besitz v. Klaus Pieper, Braunschweig).

Manfred Neugebauer – Otto Wiehmann

PIETH, Wilhelm (*Willy*) Friedrich Konrad, geb. 22. 12. 1883 Stettin, gest. 15. 12. 1934 Lübeck; ev. – Bibliothekar.
Eltern: August Friedrich Pieth, geb. 17. 8. 1854 Altstadt-Pyritz, gest. 12. 9. 1918 Greifswald, Lehrer u. Schriftsteller; Ottilie geb. Lüpke, geb. 13. 12. 1858 Pyritz, gest. 27. 3. 1936 Lubmin b. Greifswald, Tochter d. Lehrers Rudolf Heinrich Lüpke.
Ehefrau: Margarete Schwarz, geb. 9. 7. 1896 Insterburg, gest. 5. 8. 1981 Lübeck; verh. 24. 12. 1919 Insterburg; Lyzeumslehrerin.
Kinder: 2 Söhne.
P. besuchte in Stettin bis 1894 die Barnim-Mittelschule und anschließend das humanistische König-Wilhelm-Gymnasium, wo er 1904 das Abitur ablegte. Danach studierte er Philosophie, Deutsche, Romanische und Klassische Philologie sowie Geschichte. Er begann sein Studium 1904 in Lausanne, setzte es von 1904 bis 1906 in Berlin fort und beendete es in Greifswald im Oktober 1908 mit der Promotion zum Doktor der Philosophie. Schon in seiner Dissertation über „Essen und Trinken im mhd. Epos des 12. und 13. Jh." zeigte sich sein Interesse für literarische Fragen, das schließlich zu dem Entschluß führte, Bibliothekar zu werden.
Anfang Januar 1909 trat P. als wissenschaftlicher Hilfsarbeiter in die Kaiser-Wilhelm-Bibliothek in Posen ein und blieb dort bis zum Jahresende 1910. 1911 legte er die Staatsprüfung für das Lehramt an höheren Schulen ab. Danach arbeitete er bis zum Juli 1912 zunächst als Volontär, dann als Assistent an der Königlichen Universitätsbibliothek in Münster i. W. Anschließend war er Volontär an der Königlichen Bibliothek in Berlin. Im Mai 1913 trat er eine Stelle als wissenschaftlicher Hilfsarbeiter in der bedeutenden Städtischen Volksbücherei in Charlottenburg an, wo er am 1. 4. 1914 zum städtischen Bibliothekar ernannt wurde.
P. setzte sich um diese Zeit in Zeitschriftenbeiträgen mit den Aufgaben von Stadtbibliothekaren und den Problemen kommunaler Einheitsbibliotheken auseinander. Er schloß sich im Richtungsstreit der Bücherhallenbewegung (1912–1930) den Auffassungen des Stettiner Stadtbibliothekars Erwin Ackerknecht an, der die Bücherhallen als volkspädagogische Einrichtungen verstand, die jedermann zugänglich sein müßten. 1914 erschienen auch die von P. zusammen mit Felix Lüdike verfaßten „Grundlagen einer Instruktion für die Kataloge von Volks- und Stadtbüchereien". Nach dem Ersten Weltkrieg, an dem P. als Feldartillerist teilnahm, bewarb er sich um die neu eingerichtete Stelle eines Bibliothekars an der Lübecker Stadtbibliothek, die bis dahin traditionell von einem

Lehrer des Katharineums nebenamtlich betreut worden war. Mit der Einrichtung der Stelle war die Aufgabe der Neugestaltung und Modernisierung des Lübecker Bibliothekswesens verbunden, für die P., der sowohl an wissenschaftlichen Bibliotheken als auch an einer Volksbücherei gearbeitet hatte, besonders geeignet erschien. Im September 1919 wurde P. als Stadtbibliothekar in Lübeck eingestellt.

P. strebte in Lübeck keine kommunale Einheitsbibliothek an, sondern ein effektives System der öffentlichen Bildungspflege, in dem die verschiedenen vorhandenen Institutionen unter der zentralen Leitung des Stadtbibliothekars zusammenarbeiten sollten. Dazu mußte die alte Stadtbibliothek in eine öffentliche Kulturbibliothek umgewandelt und die Kooperation mit der bis dahin selbständigen Öffentlichen Bücher- und Lesehalle erreicht werden. Zunächst richtete P. jedoch eine Landeswanderbücherei ein, um auch das lübeckische Landgebiet bibliothekarisch zu versorgen. Sie bestand aus ehrenamtlich geleiteten ländlichen Kleinbibliotheken ohne eigene Bestände, die mit Büchern und Materialien von der Stadtbibliothek beliefert wurden, deren Leitung sie unterstanden. Unterstützt wurde sie durch die Büchereiberatungsstelle, die sie bei der Literaturauswahl und Materialbeschaffung beriet. Landeswanderbücherei und Büchereiberatungsstelle nahmen ihre Arbeit bereits 1921 auf, während die Verstaatlichung und administrative Neuorganisation der Öffentlichen Bücher- und Lesehalle erst nach längeren Auseinandersetzungen vollzogen werden konnte. Ursprünglich eine Gründung der Gesellschaft zur Beförderung gemeinnütziger Tätigkeit, wurde die Bücherhalle seit 1899 von einem Verein getragen und seit 1906 sehr erfolgreich von B. Otten (s. d.) geleitet. Gegen den Widerstand Ottens erreichte P., der selbst seit Kriegsende Mitglied der Sozialdemokratischen Partei und seit 1920 Abgeordneter der Lübecker Bürgerschaft war, daß die Mehrheit der Sozialdemokraten in der Lübecker Bürgerschaft 1923 die Verstaatlichung beschloß und die Bücherhalle der Aufsicht des Stadtbibliothekars unterstellt wurde. Damit hatte P. seit dem April 1923 bis zu seiner Entlassung 1933 die Oberleitung des gesamten öffentlichen Bibliothekswesens in Lübeck inne.

P.s Hauptverdienst ist die Umwandlung der alten Lübecker Stadtbibliothek aus einer exklusiven Gelehrtenbibliothek mit großen Altbeständen in eine moderne, öffentliche Kulturbibliothek. Der Bestand wurde durch gezielte Bücherkäufe vermehrt und aktualisiert, die Aufstellung der Literatur in der Bibliothek wurde größtenteils neu organisiert, die Kataloge wurden erweitert, revidiert und zum Teil neu angelegt. 1924 verfaßte P. eine neue Benutzungsordnung, die für die Bürger eine erhebliche Erweiterung der Benutzungsmöglichkeiten brachte. Im gleichen Jahr trat die Bibliothek dem Reichsleihverkehr bei, um den Lesern den Zugang zu der in der Lübecker Bibliothek nicht vorhandenen Literatur zu ermöglichen. Das Bibliothekspersonal wurde von 1919 bis 1929 von fünf auf vierundzwanzig Beschäftigte erhöht. Um die Allgemeinheit auf die Stadtbibliothek aufmerksam zu machen, betrieb P. eine rege Öffentlichkeitsarbeit. Er schrieb zahlreiche Artikel für Zeitungen und Zeitschriften und veranstaltete Ausstellungen in den Räumen der Bibliothek. 1925 rief P. die „Gesellschaft von Freunden der Lübecker Stadtbibliothek" ins Leben, die die Bibliothek den Bürgern besser bekannt machen und für ihre Unterstützung werben sollte. Große Beachtung fanden die 300-Jahr-Feier der Stadtbibliothek (1922) und der 1930 in Lübeck ausgerichtete Bibliothekartag. P.s größter Erfolg war schließlich die Bewilligung des Bibliotheksneubaus, der als erster deutscher Nachkriegsneubau dieser Art 1926 eröffnet werden konnte.

Da P. das Bibliothekswesen unter volkspädagogischem Gesichtspunkt als einen Teil der öffentlichen Bildungspflege insgesamt betrachtete, arbeitete er mit benachbarten Institutionen eng zusammen. 1922 rief er mit anderen Bürgern Lübecks die Volksbühne ins Leben, zu deren Gründungsvorstand er gehörte. Die 1919 gegründete Lübecker Volkshochschule, zu deren nebenamtlichem Leiter P. 1926 gewählt wurde, war in der Frühzeit ihrer Entwicklung bis 1933 sehr stark von P. mitgeprägt. Stadtbibliothek, Volkshochschule und Volksbühne bildeten zusammen eine Arbeitsgemeinschaft, die von 1929 bis 1933 die Zeitschrift „Die Salzspeicher" herausgab, mit der die Bürger über das Lübecker Bildungsangebot informiert wurden. Dank P.s Organisationsgeschick und seiner Fähigkeit, in die Öffentlichkeit zu wirken, verfügten Lübeck und sein Umland über ein organisch aufeinander abgestimmtes Bildungsangebot mit dem Schwerpunkt eines Bibliothekssystems, das den Bürgern die für Bildungspflege und wissenschaftliches Arbeiten erforderliche Literatur bereitstellte.

1930 wurde P. das Amt des Direktors der Hamburger Öffentlichen Bücherhallen angeboten, das er jedoch, vermutlich aus gesundheitlichen Gründen, ausschlug. Nach der Machtübernahme durch die Nationalsozialisten wurde er am 13. 3. 1933 wegen seiner Mitgliedschaft in der SPD vom Dienst beurlaubt. Obwohl er kurz darauf aus der SPD austrat, wurde er Anfang Juli 1933 aufgrund des sog. Gesetzes zur Wiederherstellung des Berufsbeamtentums vom 7. 4. 1933 auf Weisung des Reichsstatthalters entlassen. Nur eineinhalb Jahre nach diesem schweren Schicksalsschlag verstarb er noch vor Vollendung seines 51. Lebensjahres.

Quellen: Verz. b. Paulus (s. Lit.), S. 71 f.
Werke: Verz. ebd. S. 72–78.
Literatur: G. Meyer, 100 Jahre Öffentliche Bücherei in Lübeck, Lübeck 1979, S. 15–19 (Senat d. Hansestadt Lübeck, Amt f. Kultur, Veröff. 11). – S. Paulus, Dr. W. P. Der erste hauptamtliche Bibliothekar d. Stadtbibl. d. Freien u. Hansestadt Lübeck, Hbg. 1985 (Hausarbeit z. Diplomprüfung an d. Fachhochschule Hbg., Kopie im AHL).
Porträts: Gemälde v. F. R. Schäfer, 1924, Scharbausaal d. Stadtbibl. Lübeck. – Foto (m. Mitarbeitern), 1929, b. Meyer (s. Lit.), S. 18. – Foto (Privatbesitz), Abb.: SHBL, 9, Taf. 4.

Sibylle Paulus

POUCHENIUS (latinisiert aus Puchgen), Andreas, geb. 30. 11. 1526 Gardelegen / Altmark, gest. 13. 10. 1600 Lübeck; ev. – Theologe, Superintendent.
Eltern: Johann Puchgen (früh gest.; Handwerker?) in Gardelegen; Elisabeth geb. Tribbecleben (aus der in der Mark bekannten Familie der Tornow), nach dem Tode von Johann P. verh. m Jakob Kröger (gest. 1552).

Ehefrau: Judith Krage(n), geb. 28. 10. 1531 Braunschweig, gest. 2. 12. 1601 Lübeck;
verh. 11. 10. 1552 Gardelegen; Tochter d. Bürgermeisters Lüder Krage(n) in
Braunschweig.

Kinder: 3 Töchter, 3 Söhne, darunter: Andreas, geb. 11. 9. 1553 Braunschweig,
gest. 14. 10. 1613, Professor d. Theologie in Königsberg.

P. studierte von 1546 bis 1548 Theologie in Wittenberg, wo Melanchthon ihn
prägte, wurde 1548 Konrektor in Helmstedt, 1550 Rektor ebd., 1550 Magister
(Wittenberg), 1551 Konrektor in Braunschweig, 1552 Ratssekretär in Gardelegen,
1553 Rektor der Martinsschule in Braunschweig, 1564 Pastor an St. Martini ebd.,
1571 Koadjutor des Superintendenten Martin Chemnitz ebd. Vom 10.3.1575 bis
zu seinem Tode war P. Superintendent in Lübeck als Nachfolger von V. Curtius
(s.d.).

P., ein bedeutender Theologe und Kirchenpolitiker, der als Gnesiolutheraner
der jüngeren Generation die Position Luthers in den Formen melanchthonischer
Schultheologie vertrat, hatte an der Ausarbeitung der lutherischen Konkordienformel von 1577 und des Konkordienbuches von 1580 sowie an deren Durchsetzung in Norddeutschland einen nicht unerheblichen Anteil, auch wenn er hinter
den großen Theologen jener Zeit, insbesondere seinem Lehrer und Freund
Chemnitz, zurücksteht. Er hat dem Lübecker Geistlichen Ministerium wieder
eine Führungsrolle bei den theologischen Auseinandersetzungen verschafft,
nachdem er in Lübeck schon 1571 an der Beilegung des Saliger 'schen Abend-
mahlsstreites mitgewirkt und für das Konkordienwerk geworben hatte. Auf
dem Konvent der drei Städte Lübeck, Hamburg, Lüneburg (sog. Ministerium
Tripolitanum) in Mölln vom 12. 7. 1575 sorgte er für die Einigung dieser Kirchen
im gnesiolutherischen Sinn, womit die Basis für die sog. Schwäbisch-Sächsische
Konkordie geschaffen wurde, deren Text er mitgestaltete. In Lübeck setzte er, in
Anknüpfung an die dort vorhandene Tradition, ein dezidiert konfessionelles Luthertum durch (29. 7. 1577 Verpflichtung aller Prediger und Lehrer auf die Konkordienformel, 1575 bis 1585 kontinuierliche Vorlesungen über die Confessio
Augustana) und wirkte so entscheidend daran mit, daß Lübeck zu einer Hochburg der Orthodoxie wurde. Gegen Philippisten, Calvinisten und Katholiken polemisierte er unduldsam, vor allem bei der Verteidigung der Konkordienformel.
Seine persönliche Schroffheit schuf ihm auch in Lübeck Gegner, nicht nur in dem
langwierigen Streit mit dem Rektor des Katharineums Pancratius Crüger 1581
bis 1588, in welchem er die kirchliche Herrschaft über die Schule zur Geltung
brachte.

Gegenüber staatskirchlichen Zugriffen des Lübecker Rates verteidigte P. die
Eigenständigkeit der Kirche, so besonders 1582 und 1588 in heftigen Kontroversen um ius liturgicum und Kirchenzucht (Strafamt). Sein Geschick in der Lösung
praktischer Fragen bewährte P. bei der Visitation des Herzogtums Lauenburg,
die er 1581/82 im Auftrag Franz' II. zur Behebung von organisatorischen Mißständen und zur Einführung der Konkordienformel leitete, sowie in seiner Ausarbeitung der – hochdeutsch abgefaßten – lauenburgischen Kirchenordnung
vom 25. 3. 1585, die zum Vorbild vieler Regelungen in Norddeutschland wurde.
Insbesondere wirkte seine beigefügte Agende, die im 17. Jh. auch in Lübeck viel

Andreas Pouchenius
Kupferstich von C. Fritzsch

benutzt wurde, was den Übergang von der niederdeutschen zur hochdeutschen Sprache im kirchlichen Leben beförderte. Faktisch wurde in vielem die Bugenhagensche Kirchenordnung durch diejenige des P. ersetzt, obwohl diese in Lübeck nie offizielle Gültigkeit bekam. 1590 visitierte P. im Auftrag von Franz II. das Land Hadeln, wo er dieselbe Ordnung durchsetzte. Auch in innerlutherischen Lehrstreitigkeiten (Streit um die Ubiquitätslehre mit der Braunschweiger Geistlichkeit und der Univ. Helmstedt 1589–1591, Streit mit Samuel Huber um die Prädestination 1594–1599) profilierte P. sich.

Werke: Verz. in: Cimb. lit. (s. Lit.). – Scholae Brunsvicensis Administratio, Wolfenbüttel 1562. – Eine Predigt am Neuen-Jahrs-Tag, Lübeck 1576. – Ad Johannis Palmeri sacramentarii protestationes oppositas Formulae Concordiae responsio, Lübeck 1579 (auch dt. ebd. 1579). – Kirchenordnung Unser von Gottes Gnaden Frantzen Hertzogen zu Sachsen, Engern u. Westphalen, Lübeck 1585 (abgedr. bei: E. Sehling, Ev. Kirchenordnungen des XVI. Jh., 5, 1913, S. 397–460). – Etliche Christlike Gebede ... wedder den grimmigen Blodtdörstigen Vyendt den Törcken, Lübeck 1596. – Zu weiteren Kontroversschrr., ungedr. Bedenken, Briefen etc. s. das (unvollst.) Verz. b. Starck (s. Lit.), S. 410–415. Die ebd. S. 413 genannten Vorlesungen zur Confessio Augustana sind teilweise abgedr. b. v. Seelen, 4, Lübeck 1722. – Abdr. v. Briefen u. ä. b. Starck, S. 463–543 u. Rethmeyer (s. Lit.), Beylagen T. III, S. 188 ff.
Literatur: Cimb. lit., 2, S. 667–670. – Ph.J. Rethmeyer, Antiquitates Historiae Ecclesiasticae Inclytae Urbis Brunswigae, T. 3, Braunschweig 1710 (passim). – C. H. Starck, Lübeckische Kirchen-Historie 1, Hbg. 1724, S. 299–416. – C. Klug, Der Conflict zwischen d. Lübecker Superintendenten M. A. P. u. d. Rector d. Catharinenschule M. Pancratius Crüger, Lübeck

1850. – W. Jannasch, Gesch. d. luth. Gottesdienstes in Lübeck, Gotha 1928, S. 81–87. – L. Beckemeier, Mag. A.P., Lübecks Superintendent 1575–1600, in: Lübeckischer Kirchenkal. 1940, S. 48–61. – W.-D. Hauschild, Kirchengesch. Lübecks, Lübeck 1981, s. Register. *Porträt:* Kupf. v. C. Fritzsch (MusKK), Abb. s. S. 307.

Wolf-Dieter Hauschild

RADBRUCH, *Gustav* Lambert, geb. 21. 11. 1878 Lübeck, gest. 23. 11. 1949 Heidelberg; ev. – Professor für Strafrecht, Strafprozeßrecht und Rechtsphilosophie, Reichsjustizminister.

Eltern: Heinrich Georg Bernhard Radbruch, geb. 8. 8. 1841 Kiel, gest. 26. 3. 1922 Lübeck, Kaufmann ebd.; Emma geb. Prahl, geb. 13. 7. 1842 Lübeck, gest. 19. 10. 1916 ebd.; Tochter d. Konditors Wilhelm Prahl u. d. Friederike geb. Derlien.
Ehefrau: 1.) Lina Götz, geb. 2. 1. 1886 Maxau b. Karlsruhe, verh. 28. 9. 1907 Heidelberg, gesch. 2. 7. 1913 (nicht 1908), wiederverh. Metner. – 2.) Lydia Schenk, gesch. Aderjahn, geb. 15. 1. 1888 Krakeln, Kr. Heydekrug (Memelland), gest. 24. 7. 1974 Müllheim, Baden, verh. 9. 11. 1915 Berlin-Charlottenburg; Tochter d. memelländischen Gutsbesitzers Franz Schenk.
Kinder: aus 2.) *Renate* Maria, geb. 8. 9. 1915, gest. 22. 3. 1939. – Anselm, geb. 9. 12. 1918, gest. 5. 12. 1942.

Nach dem privat geführten Progymnasium des Georg Otto Bussenius besuchte R. seit 1892 das Katharineum in Lübeck. In den Lübecker Jugendjahren wurden nicht zuletzt durch das Elternhaus und hier namentlich durch den hochgebildeten Vater die Grundlagen zu R.s breiter humanistischer Bildung gelegt. Nach dem Abitur (Ostern 1898) entschloß R. sich zum Studium der Rechtswissenschaften. Mit dieser Wahl folgte er weniger seinen Neigungen, die der Dichtung und dem Theater gehörten, als vielmehr dem Wunsch des Vaters, der sich von dem hohen Ansehen, das die Juristen in Lübeck genossen, leiten ließ. R. nahm das Studium zum SS 1898 an der Univ. München auf, wo er u. a. Lujo Brentanos vielbeachtete Vorlesung „Nationalökonomie als Wissenschaft" hörte, wechselte aber schon zum folgenden WS nach Leipzig und zum SS 1900 nach Berlin über. Zu seinen akademischen Lehrern zählten so anregende Persönlichkeiten wie der Romanist und Kirchenrechtler Rudolph Sohm, die Strafrechtler Karl Binding und Franz v. Liszt, der Rechtsphilosoph Rudolf Stammler sowie der Universaljurist Josef Kohler. Eine tiefere Zuneigung zur Rechtswissenschaft konnte R. während seines Studiums gleichwohl nicht fassen; nach eigenem Bekunden gewannen immer wieder „Zweifel und Abneigung" die Oberhand („Der innere Weg", s. Qu.). Über die engeren Grenzen der Rechtswissenschaft hinaus trieb R. daher philosophische, historische und volkswirtschaftliche Studien (u. a. in Leipzig bei Wilhelm Wundt, Karl Lamprecht und Karl Bücher) und befaßte sich mit zeitgenössischer Literatur. Im Mai 1901 schloß R. sein Studium mit der ersten juristischen Staatsprüfung beim Berliner Kammergericht ab und kehrte in seine Vaterstadt zurück. Anfang September wurde er als Referendar vereidigt. Die juristische Praxis blieb ihm aber fremd. Alsbald ließ er sich vom

Gustav Radbruch
Gemälde von W. Eimer, 1938

Dienst beurlauben und kehrte nach Berlin in den Schülerkreis um Franz v. Liszt
zurück. In dessen kriminalistischem Seminar entstand die strafrechtswissen-
schaftlich-philosophische Dissertation „Die Lehre von der adäquaten Verursa-
chung", mit der R. im Mai 1902 zum Dr. jur. promoviert wurde. Er nahm darauf
zwar den Referendardienst in Lübeck wieder auf, das zweite juristische Staatsexamen legte er aber nicht ab. Auf Betreiben v. Liszts entschloß er sich nach kurzer Zeit für die akademische Laufbahn. Ende 1903 habilitierte er sich in Heidelberg für die Lehrfächer Strafrecht, Strafprozeßrecht und Rechtsphilosophie. Die
von dem Liszt-Schüler Carl v. Lilienthal betreute Habilitationsschrift „Der
Handlungsbegriff in seiner Bedeutung für das Strafrechtssystem" (1904) ist R.s
bedeutsamste strafrechtsdogmatische Arbeit. In ihr entwickelte er die These, die
beiden denkbaren Formen menschlichen Verhaltens – Begehen und Unterlassen
– seien kontradiktorische Begriffe. Als solche könnten sie nicht in einem Oberbe-
griff der Handlung aufgehen, woraus sich ergebe, daß eine einheitliche Straf-
rechtssystematik für Begehungs- und Unterlassungsdelikte nicht möglich sei.
Diese Auffassung R.s hat sich zwar nicht durchsetzen können – jedenfalls aus
dem Begriff des menschlichen Verhaltens lassen sich sowohl das Begehen als
auch das Unterlassen zwanglos deduzieren –, doch begünstigte sie jene Spaltung
des Strafrechtssystems, die ein halbes Jahrhundert später die „finale Handlungs-
lehre" endgültig zu vollziehen versucht hat und die bis heute Gegenstand straf-
rechtswissenschaftlicher Auseinandersetzungen ist.

Die Jahre bis 1914 verbrachte R. in Heidelberg. Als Privatdozent und Verwalter der Bibliothek des Seminars (seit 1905) war er nun finanziell genügend abgesichert, um 1907 heiraten zu können. 1910 wurde er zum ao. Professor, 1911 nebenamtlich zum Dozenten an der Handelshochschule in Mannheim ernannt. In der Heidelberger Zeit schloß R. Freundschaft mit Hermann Kantorowicz, der später in Kiel sein Lehrstuhlnachfolger wurde, und gehörte zu einem geselligen Kreis um Max Weber. Durch Heinrich Levy, Emil Lask und andere fand er zum kulturphilosophisch orientierten Heidelberger Neukantianismus, der fortan sein rechtsphilosophisches Denken entscheidend mitbestimmte. In die Heidelberger Dozentenzeit fiel auch R.s erstes politisches Engagement: er trat in die linksliberale Deutsche Fortschrittspartei ein und ließ sich in die Heidelberger Stadtverordnetenversammlung wählen. Das Bekenntnis zur SPD, das seiner wahrscheinlich schon im ersten Münchener Studiensemester begründeten „sozialistischen Gesinnung" entsprochen hätte, wagte er erst später. Die Teilnahme am Begräbnis August Bebels (1913), zu dem R. eigens nach Zürich reiste, wurde für ihn zu einem Erlebnis, das seine politische Stellungnahme entscheidend beeinflußte. Zur ersten politischen Betätigung trat eine soziale: R. wurde studienhalber im Männerzuchthaus Bruchsal tätig und arbeitete als Armenpfleger in Heidelberg. Auch an in der Tagespresse geführten Kontroversen beteiligte er sich erstmals. Viele seiner Schüler in Heidelberg waren Juden und Russen, die später als Revolutionäre in Erscheinung traten. Als R. 1913 seine russischen Studenten gegen Angriffe der Presse öffentlich in Schutz nahm und seinerseits kritische Anmerkungen über die deutsche Studentenschaft machte, wurde er heftiger Polemik wegen der angeblichen Herabsetzung der deutschen Studenten ausgesetzt. Im Sommer 1910 erschien R.s „Einführung in die Rechtswissenschaft" (12. Aufl. 1969), ein Werk, das – insbesondere an den jungen Juristen gerichtet – zu einem Klassiker der Ausbildungsliteratur geworden ist.

Die erste Heidelberger Schaffensperiode endete im März 1914 mit der Berufung als ao. Professor an die Univ. Königsberg, die R. während schwebender Berufungsverhandlungen mit der Univ. München annahm. Im Sommer desselben Jahres erschienen die „Grundzüge der Rechtsphilosophie" (8. Aufl. 1973), R.s vielfach übersetztes wissenschaftliches Hauptwerk. Danach ist Recht nicht bloßer Ausdruck von Staatlichkeit, sondern in sich wertbezogener Bestandteil der Gesamtkultur; Rechtsphilosophie ist die mit den Rechtswerten befaßte Disziplin. Aufbauend auf den Heidelberger Neukantianismus scheidet R. diese Wert-Philosophie von den Seins- oder Wirklichkeitswissenschaften, die ihrerseits über Werte – das Sollen – keine Aussagen treffen können: aus dem Umstand, daß etwas war, ist, oder sein wird, folgt noch nicht dessen Richtigkeit. Diesen „Methodendualismus" ergänzt der Rechtsphilosoph R., indem er das positive Recht weder der Welt des Seins noch der des Sollens, sondern vielmehr einem Zwischenfeld der auf Werte bezogenen Kulturerscheinungen zuordnet. Im Alterswerk versuchte R. später, diese strenge Scheidung von Sein und Sollen durch die von der Antike auf uns gekommene Kategorie der „Natur der Sache" zu überbrücken („Die Natur der Sache als juristische Denkform", Separatausgabe 1960), doch hielt er im Grundsatz an der Trias von Rechtsphilosophie, Rechtswissen-

schaft und Seinswissenschaft fest („Methodentrialismus"). Die der Rechtsphilosophie danach aufgegebene Wertbetrachtung mündet in einen „Wertrelativismus", der neben dem „Methodentrialismus" den zweiten Hauptzug von R.s
Rechtsphilosophie ausmacht. Der Wertrelativismus beruht auf der Vorstellung,
die Rechtswerte der Gerechtigkeit, Zweckmäßigkeit und Rechtssicherheit seien
keinem wissenschaftlichen Erkennen, sondern nur einem Bekenntnis zu ihnen
zugänglich. Eine weltanschaulich orientierte Topik denkbarer Rechtsauffassun-
gen hält R. zwar für möglich, doch liefert sie lediglich eine Systematik der denkbaren rechtsphilosophischen Systeme, nicht aber eine solche der Rechtsphilosophie schlechthin. Diese wertrelativistische Grundhaltung bedingt eine Begünsti-
gung des juristischen Positivismus, in dem R. nach eigenem Bekunden lange be-
fangen blieb.

Als der Erste Weltkrieg ausbrach, meldete R. sich zum Roten Kreuz, um einer
Einziehung zum Landsturm zu entgehen. Im Februar 1915 betrieb er mit Erfolg
seine Unabkömmlichkeitserklärung durch die Fakultät. Zu geringe Hörerzahlen
und vermutlich auch die von der Fakultät als skandalös empfundenen Umstände seiner zweiten Heirat führten im November desselben Jahres zur Aufhebung der Unabkömmlichkeitserklärung und zur Einziehung zum Militärdienst
beim Heer. Nach relativ ereignisloser Kriegsteilnahme wurde R. im Dezember
1918 als Leutnant entlassen. An einer Rückkehr nach Königsberg war ihm, wohl
wegen der gesellschaftlichen Anfeindungen, nicht gelegen. Stattdessen ließ er
sich durch Vermittlung des Personalreferenten im preußischen Kultusministerium, Carl Heinrich Becker, beurlauben und betrieb die Berufung an eine andere
Universität. Im April 1919 wurde er zum ao. Professor für öffentliches Recht an
der Univ. Kiel als Nachfolger von Walter Jellinek ernannt. Im Oktober desselben
Jahrs wechselte er, nachdem ihm auch in Köln ein Lehrstuhl angeboten worden
war, auf das Ordinariat für Strafrecht, das durch Moritz Liepmanns Fortgang
freigeworden war. In die ersten Monate seiner Kieler Jahre fiel die Auseinandersetzung mit dem der Deutschen Volkspartei nahestehenden Romanisten Gerhard v. Beseler (s. SHLB, 8, S. 40), die sich an R.s in Berlin entstandener Schrift
„Ihr jungen Juristen!" (1919) entzündete. Vordergründig ging es um die Frage,
welchen Stellenwert das Studium des Römischen Rechts in der Juristenausbil-
dung einnehmen sollte. Gegenstand des Streits waren aber letztlich R.s „sozia-
listische Überzeugungen" („Der innere Weg"), die er im Dezember 1918 durch
seinen Beitritt zur SPD dokumentiert hatte. Am Parteileben der SPD nahm R.
nunmehr regen Anteil; er beteiligte sich u. a. an der Vorbereitung des 1925 publizierten Heidelberger Programms. Im Frühjahr 1920 geriet er in Kiel in die Wirren des Kapp-Putsches, dessen Verlauf er als Unterhändler mitbestimmte. Vom
13. bis zum 18. März befand er sich, vom Marinestationskommandanten M. v.
Levetzow (s. SHBL, 7, S. 122) festgenommen, in „Schutzhaft". Unter dem Eindruck dieser Ereignisse entschloß R. sich im April 1920 zur Kandidatur für die
Wahlen zum Reichstag, in den er im Juli als einziger Jurist der SPD-Fraktion einzog. In der Partei zu Ansehen gelangt, wurde er zweimal zum Reichsminister
der Justiz berufen. Unter Reichskanzler Wirth stand er dem Ministerium vom 26.
10. 1921 bis zum 22. 11. 1922 vor. Im März 1922 stellte er den „Entwurf eines all-

gemeinen deutschen Strafgesetzbuchs" vor, seine größte rechtspolitische Leistung. Dieser Entwurf, der unter anderem die Abschaffung der Todes- und
Zuchthausstrafe, die Einführung des bedingten Straferlasses und die gesonderte
Beurteilung des Überzeugungstäters vorsieht, weist R. als den Vertreter eines
Täter- und Erziehungsstrafrechts im Sinne v. Liszts aus und kennzeichnet seine
ethische Haltung. Als im Juni 1922 der Reichsaußenminister Walther Rathenau
von Rechtsradikalen ermordet wurde, sah R. sich gezwungen, in der Frage der
von ihm abgelehnten Todesstrafe Zugeständnisse zu machen. Insbesondere das
aus Anlaß des Attentats erlassene „Gesetz zum Schutze der Republik" vom Juli
1922 sieht die Todesstrafe in einem aus rechtsstaatlicher Sicht bedenklichen Umfang vor. Vom 13. 8. bis zum 3. 11. 1923 war R. erneut Reichsjustizminister im ersten und im zweiten Kabinett Stresemann. Der mit dem Rücktritt besiegelte Abschied vom Amt war endgültig. R. entschied sich für die wissenschaftliche Betätigung, trat aber weiterhin als politischer Publizist in Erscheinung. Eine erneute
Berufung in das Ministeramt lehnte er 1928 ab.

In den Jahren von 1923 bis 1933 war R. einer der gesuchtesten Rechtswissenschaftler Deutschlands. Im Mai 1926 wurde er als Nachfolger seines Studienkollegen Alexander Graf zu Dohna auf den Lehrstuhl für Strafrecht von Kiel nach
Heidelberg berufen. Fast gleichzeitig erhielt er einen Ruf an die Handelshochschule in Berlin, den er nach weitgehendem Entgegenkommen des badischen
Kultusministeriums in den Bleibeverhandlungen ablehnte. Kurz nach der Übernahme des Heidelberger Lehrstuhls erging an R. ein weiterer Ruf, diesmal aus
Hamburg, den er in bis in den Januar 1929 sich hinziehenden Verhandlungen für
eine weitere Verbesserung seiner Heidelberger Position zu nutzen verstand,
ebenso wie eine inoffizielle Anfrage der Frankfurter Juristischen Fakultät, die
ihm das Ordinariat für Strafrecht und Rechtsphilosophie anbot (1929). Eine Berufung nach Berlin, die gegen den Widerstand der dortigen Fakultät vom preußischen Kultusminister Adolf Grimme betrieben wurde, lehnte R. 1931 wegen
des Verhaltens der Fakultät ab, obwohl der Minister zu einem Oktroi bereit war.

In seiner Heidelberger Antrittsvorlesung „Der Mensch im Recht" formulierte
R. den Gedanken einer Wandlung vom liberalen hin zum sozialen Rechtszeit-
alter, dem nunmehr das Bild des „Kollektivmenschen" zugrundeliege. Kurz
nach der Machtergreifung durch die Nationalsozialisten wurde R. im Juni 1933
als einer der ersten Hochschullehrer aus dem badischen Staatsdienst entlassen,
weil er „nicht die Gewähr dafür bietet, daß er jetzt rückhaltlos für den nationalen
Staat eintritt". Die Entlassung überwand R., indem er sich verstärkt der Veröf-
fentlichungstätigkeit widmete. „Paul Johann Anselm Feuerbach – Ein Juristenle-
ben" (1934) hatte R. schon seit seiner Heidelberger Dozentenzeit verfassen wollen. Mit diesem Werk erschließt er der Rechtsgeschichte die literarische Gattung
der Biographie. Darin erschöpfen sich seine Verdienste um die Rechtsgeschichte
allerdings nicht. Eine Gesamtdarstellung der Strafrechtsgeschichte hat R. zwar
nicht hinterlassen, doch entstammt seiner Feder eine große Anzahl von Einzel-
studien, in denen sich historische Substanz mit einem bestechenden literarischen
Stil vereinigt. Die Mehrzahl dieser Arbeiten ist in den Sammelbänden „Elegan-
tiae Juris Criminalis" (1938, 2. erweiterte Aufl. 1950) und „Geschichte des Ver-

brechens" (mit Heinrich Gwinner, 1951) zusammengestellt. Der Rechtshistoriker R. faßt die Strafrechtsgeschichte nicht lediglich als eigendynamische und daher isoliert zu verstehende Folge einander ablösender Normen und Dogmen auf, sondern stellt die strafrechtsgeschichtliche Entwicklung in ihrem sozial- und kulturgeschichtlichem Zusammenhang dar. Damit hat er das Fach zu einer methodischen Neuorientierung angeregt.

Mit der Ächtung, die R. in den Jahren nach 1933 in Deutschland erfuhr, kontrastiert die Anerkennung, die ihm das Ausland zollte. Während ihm der Zugang zur deutschen Fachpresse nahezu vollständig verwehrt war, fand er, namentlich in der Schweiz, in Österreich und Frankreich, Gelegenheit, seine Arbeiten zu publizieren. Es fehlte auch nicht an Berufungsangeboten und Lehraufträgen aus dem Ausland, doch lehnte er sie sämtlich auf behördlichen Druck hin ab. Er unternahm allerdings eine Reihe von Studienreisen ins Ausland. In den Jahren 1935/36 wurde er als Gast des University College, Oxford, mit der englischen Rechtslehre und -pflege vertraut; seine Eindrücke aus dieser Zeit schlugen sich später in der Schrift „Der Geist des englischen Rechts" (1946) nieder. Zu Ostern 1937 nahm R. an einer Tagung von Rechtsphilosophen in Rom teil. Als er 1938 seinen 60. Geburtstag beging, widmete ihm die Tokioter Handelsuniversität eine Festschrift. Zu der wissenschaftlichen und politischen Isolation, der R. demgegenüber in Deutschland ausgesetzt war, traten die persönlichen Schicksalsschläge dieser Jahre. Ein schweres Leiden hinderte ihn zunehmend in seiner Bewegungsfreiheit; im Frühjahr 1939 fiel die Tochter einem Lawinenunglück zum Opfer, im Winter 1942 starb der Sohn an einer Kriegsverletzung.

Nach dem Ende des Zweiten Weltkriegs kehrte R. im September 1945 in das akademische Lehramt zurück. Er wurde Dekan der Heidelberger Juristischen Fakultät, deren Wiederaufbau er sich in den folgenden Jahren widmete. Im Frühjahr 1946 nahm er seine Vorlesungstätigkeit wieder auf. In dieser Zeit überdachte er unter dem Eindruck des nationalsozialistischen Staates seine Rechtsphilosophie, insbesondere den Wertrelativismus. Hatte er noch 1932 „gesetzliches Unrecht" für nur entfernt möglich gehalten, so hatte sich diese bloße Möglichkeit nunmehr zur Gewißheit verdichtet: R. erkannte jetzt in den Natur- und Menschenrechten Grundsätze, die als überpositives Recht eine ungerechte positiv-rechtliche Satzung zu verdrängen vermögen („Gesetzliches Unrecht und übergesetzliches Recht", 1946). Im Juli 1948 hielt R. seine sehr persönlich gehaltene Abschiedsvorlesung, in der er sich zum Christentum bekannte; der zeittypischen politischen Abstinenz trat er durch die demonstrative Ankündigung seines Wiedereintritts in die SPD entgegen. Im September 1948 wurde er entpflichtet. Zum 70. Geburtstag verliehen ihm die Universitäten Heidelberg und Göttingen die philosophische Ehrendoktorwürde. Zu den Ehrungen dieses Tages gehören ferner die Aufnahme in die Heidelberger Akademie der Wissenschaften sowie die Überreichung einer Festschrift. Ein Jahr später, am 21. 11. 1949, erlitt R. einen Herzinfarkt, dem er zwei Tage später erlag.

Nachlaß: UB Heidelberg, Heid. Hs. 3716; einige Redemss. daraus abgedr. b. Otte (s. Lit.), S. 235–265; ebd., S. 266, Inventarverz. d. Nachlasses. – 16 Briefe im Tönnies-Nachlaß in d. SHLB. – Politischer Teil d. Nachlasses im Bundesarch. Koblenz.

Quellen: Detaillierte Nachweise b. Otte (s. Lit.), bes. S. 215–217; vgl. auch Gottschalk (s. Lit.), bes. S. 221–223. *Besonders hervorzuheben:* G. R., Der innere Weg. Aufriß meines Lebens, hrsg. v. L. Radbruch, Stuttgart 1951, 2. Aufl. Göttingen u. Zürich 1961. – Briefe, hrsg. v. E. Wolf, ebd. 1968. – G. R., Der Kapp-Putsch in Kiel, in: Der Kapp-Putsch in Kiel, hrsg. v. D. Dähnhardt u. G. Granier, Kiel 1980 (MKStG 66), S. 104–117.

Werke: Die wichtigsten Werke sind im Text genannt. Eine Gesamtausg., hrsg. v. A. Kaufmann, wird in Heidelberg vorbereitet. Vollständigstes Werkverz. b. Otte (s. Lit.), S. 267–333; vgl. auch das Verz. v. G. Löffler in: Gedächtnisschr. f. G. R. (s. Lit.), S. 377–402. *Besonders hervorzuheben:* Vorschule d. Rechtsphilosophie. Vorlesungsmitschr., hrsg. v. H. Schubert u. J. Stoltzenburg, Heidelberg 1948; 3. Aufl., hrsg. v. A. Kaufmann, Göttingen 1967.

Literatur: Einander ergänzende Verzeichnisse b. Gottschalk (s. u.), S. 224–241, u. Otte (s. u.), S. 217–232. Auswahlverz. b. G. Kleinheyer / J. Schröder, Deutsche Juristen aus fünf Jh., 2. Aufl. Heidelberg 1983, S. 218–222. *Besonders hervorzuheben:* A. H. Chroust, The Philosophy of Law of G. R., in: The Philosophical Review 53 (1944), S. 23–45. – E. v. Hippel, G. R. als rechtsphilosophischer Denker, in: Süddeutsche Juristenztg. 5 (1950), S. 466–477. – K. S. Bader, Aufgaben, Methoden u. Grenzen einer historischen Kriminologie, in: Schweizer Z. f. Strafrecht 71 (1956), S. 17–31. – E. Wolf, Umbruch oder Entwicklung in G. R.s Rechtsphilosophie?, in: Arch. f. Rechts- u. Sozialphilosophie 45 (1959), S. 481–503. – Ders., Große Rechtsdenker d. deutschen Geistesgesch., 4. Aufl. Tübingen 1963, S. 713–765. – Ders., Zeittafel, in: G. R., Briefe (s. Qu.), S. 316–321. – Gedächtnisschr. f. G. R., hrsg. v. A. Kaufmann, Göttingen 1968. – M. Gottschalk, G. R.s Heidelberger Jahre 1926–1949, Diss. Kiel 1981. – H. Otte, G. R.s Kieler Jahre 1919–1926, Frankfurt 1982.

Porträts: Gemälde v. M. Stein-Ranke, 1914 (Dauerleihgabe d. Kurpfälzischen Mus. Heidelberg im Rektorat d. Univ. Heidelberg); Abb.: G. R., „Der innere Weg'' (s. Qu.), nach S. 80. – Gemälde v. W. Eimer, 1938 (SHLM); Abb. s. S. 309. – Gemälde v. dems., 1948 (Univ. Heidelberg, Juristisches Dekanat). – 3 Fotos aus verschiedenen Lebensaltern in: „Der innere Weg'' (s. Qu.), nach S. 64, 176, 192.

Stefan Christoph Saar

RANKE, Gotthilf Paul Emil Leopold *Friedrich*, geb. 30. 9. 1842 Bayreuth, gest. 27. 3. 1918 Lübeck; ev. – Pastor, Senior des geistlichen Ministeriums in Lübeck.

R. gehört zur Gelehrtenfamilie Ranke, die durch seine Wahl zum Hauptpastor an St. Marien für eine Generation mit Lübeck verbunden ist. Sein Onkel ist der Historiker Leopold Ranke (1795–1886), sein Bruder der Physiologe und Anthropologe Johannes Ranke (1836–1916); mütterlicherseits ist R. ein Enkel des spätromantischen Naturphilosophen Gotthilf Heinrich Schubert (1780–1860).

Eltern: Friedrich *Heinrich* Ranke, geb. 30. 11. 1798 Wiehe, gest. 2. 9. 1876 München, Oberkonsistorialrat in Ansbach; *Selma* Wilhelmine Schubert, geb. 25. 1. 1806 Freiberg (Sachsen), gest. 7. 9. 1878 Laufzorn b. München.

Ehefrau: 1.) Marie von Bever, geb. 20. 7. 1847 München, gest. 15. 8. 1874; verh. 17. 9. 1871; Tochter d. Münchner Ministerialdirektors Karl von Bever u. d. Marie geb. Michaelis. – 2.) *Julie* Wilhelmine Auguste von Bever, geb. 6. 12. 1850 München, gest. 5. 12. 1924 Lübeck; verh. 28. 3. 1876 München; Schwester d. 1. Ehefrau.

Kinder: aus 2.) 2 Töchter, 3 Söhne: Hermann, geb. 5. 8. 1878 (s. d.) – Otto (1880–1917), Prof. f. Psychiatrie an d. Univ. Heidelberg. – Friedrich, geb. 21. 9. 1882 (s. d.).

R. besuchte das Gymnasium in Ansbach bis zum August 1860. Seit 1861 studierte er Theologie an den Universitäten in Göttingen (1861/62), Erlangen (1862–1864) und Berlin (1864/65). In Göttingen beeindruckte ihn der Orientalist Heinrich Ewald, in Erlangen hörte er u. a. Franz Delitzsch, Johannes v. Hofmann und Gottfried Thomasius, die Vertreter der Erlanger Theologie, der R. selbst weitgehend verpflichtet blieb. Im September 1865 bestand er die Prüfung zum Predigtamtskandidaten, anschließend war er in Ansbach als Privatvikar tätig. Am 1. 2. 1866 wurde er ordiniert und im Mai 1866 zum Repetenten an der Theologischen Fakultät der Univ. Erlangen berufen. Die Tätigkeit der Repetenten war mit der Auflage verbunden, sich innerhalb von zwei Jahren zu habilitieren, was aber wegen der starken Belastung in der Lehre nicht zu schaffen war. R. übernahm daher zum 1. 3. 1868 ein Vikariat in Lindau, nachdem er im September 1867 die theologische Anstellungsprüfung bestanden hatte. Im Oktober 1868 wechselte er als Pfarrvikar der Diaspora-Gemeinde und Inspekteur des dortigen Rettungshauses nach Feldkirchen. Anfang Januar 1871 erhielt er in dem Dorf Balgheim bei Nördlingen seine erste Pfarrstelle.

Während seiner Zeit in Balgheim setzte sich R., der ursprünglich Missionar hatte werden wollen, besonders für die Innere Mission ein. 1875 wurde er Sekretär der 1866 gegründeten „Konferenz für Innere Mission in Bayern" und Herausgeber ihres Presseorgans, der „Puckenhofer Blätter" (bis 1879). Als Reiseagent der Inneren Mission lernte er die Zentren der missionarischen Arbeit in Deutschland und die wichtigsten Vertreter der Mission kennen. Da er politisch konservativ eingestellt war, betrachtete er die Innere Mission nicht nur als Mittel, soziale Not durch christlichsoziale Reformen zu bekämpfen, sondern auch als Gegenkraft gegen die Sozialdemokratie. 1877 trat R. anläßlich der Reichstagswahl vehement für den konservativen Kandidaten im Ries ein und zog sich dadurch einen Tadel des Konsistoriums in Ansbach wegen politischen Mißbrauchs seines Amtes zu.

Durch Vermittlung des aus Genin bei Lübeck stammenden Erlanger Kirchenhistorikers Gustav Leopold Plitt, mit dem R. als Sekretär der Inneren Mission zusammengearbeitet hatte, wurde er 1878 aufgefordert, an der Marienkirche in Lübeck eine Probepredigt zu halten und sich um das dort freigewordene Pastorat zu bewerben. Gegen erheblichen Widerstand eines Teils der Gemeinde, der für einen einheimischen Kandidaten eintrat, wurde R., der sich selbst als „süddeutschen Bauernpfarrer" bezeichnete, am 6. 11. 1878 zum Pastor an der Marienkirche gewählt und im Januar 1879 in das Amt eingeführt, das er bis zu seiner Pensionierung im Oktober 1909 innehatte. 1892 wurde ihm nach dem Tod Johann Carl Lindenbergs vom Lübecker Senat auch das Amt des Seniors des Geistlichen Ministerium übertragen.

In Lübeck war R. bald als Prediger geschätzt und als Seelsorger allgemein beliebt. Besondere Bedeutung hat er auch hier für die Arbeit der Inneren Mission gehabt. Zahlreiche karitative Initiativen wurden von ihm unterstützt oder eingeleitet, darunter die Gründung eines evangelischen Vereinshauses (1885), des „Vereins zur Fürsorge für Schwachsinnige" (1903) und die Einrichtung einer „Idiotenanstalt" (1906) und eines Vereins für Seemannsmission (1904), der ein

Friedrich Leopold Ranke
Foto von Schwegerle, um 1900

Jahr später ein Seemannsheim eröffnen konnte. R.s Seniorat fiel in die Zeit des Übergangs der in alten Formen erstarrten Staatskirche zur zeitgemäßeren Volkskirche. In Lübeck hatten sich die notwendigen Reformen über Jahrzehnte hingeschleppt, da R.s Vorgänger J. C. Lindenberg gegenüber Neuerungen skeptisch gewesen war und der Senat starr am uneingeschränkten Kirchenregiment des Staates festgehalten hatte. 1890 war die Reformarbeit mit der Notwendigkeit der Neuordnung der Kirchenfinanzen und der Einführung einer Kirchensteuer wieder in Gang gekommen, und nachdem R. Senior geworden war, wurde sie rasch zum Abschluß gebracht. Die neugebildeten Gremien Kirchenrat und Synode übernahmen zum Teil die ehemaligen Befugnisse des Senats, der aber weiterhin das Kirchenregiment innehatte; eine allgemeine Kirchenkasse wurde als zentrale kirchliche Finanzverwaltung errichtet, und die durch das Anwachsen der Vorstädte notwendig gewordene Aufteilung der Gemeinden in Seelsorgebezirke wurde durchgeführt. Die Kirchenreform von 1895 bildet eine wichtige Zäsur in der neueren Lübecker Kirchengeschichte.

Für den Kirchenrat führte R. zusammen mit dem Senator Heinrich Alphons Plessing von 1900 bis 1902 Verhandlungen mit dem Kieler Konsistorialpräsidenten Heinrich Franz Chalybaeus und dem Schleswiger Generalsuperintendenten Th. Kaftan (s. SHBL, 7, S. 108) über die theologische Prüfung Lübecker Kandidaten vor dem Konsistorium in Kiel. Er sicherte den Lübecker Kandidaten weiterhin die Möglichkeit, in Schleswig-Holstein angestellt zu werden, nachdem dort 1898 ein Lehrvikariat und das zweite theologische Examen eingeführt worden waren. 1902 wurde R. anläßlich seines 60. Geburtstages die Ehrendoktorwürde der Theologischen Fakultät der Univ. Kiel verliehen.

In R. verbanden sich im Sinne der Erlanger Theologie auf charakteristische Weise konfessionelles Christentum und konservatives Nationalbewußtsein. In verschiedenen Festpredigten trat er für Deutschtum und christliche Religiosität, Religion und Vaterland, Ehe und Familie ein. Als „Nationalprotestant" der wilhelminischen Zeit verhaftet, ragt er durch seine Leistungen für die Innere Mission und die Reform der Lübeckischen Landeskirche aus der Reihe der Lübecker Theologen dieser Zeit heraus. Die Kirchengeschichtsschreibung hat von einer „Ära Ranke" gesprochen und ihn den letzten, auch überregional herausragenden Lübecker Kirchenführer genannt.

Quellen: AHL: Senatsakten IX, 1 Gruppe 4 Nr. 3 (Senioratswahl) u. 8a, Nr. 2 (Ehrenpromotion). – H. Weimann, Lübecker Briefe an einen bayrischen Pfarrer, in: Die Gemeinde. Ev.-luth. Sonntagsbl. 16 (1964), Nr. 7, S. 5 f. (Briefe anläßlich d. Berufung nach Lübeck).
Nachlaß: Ranke-Slg. im Arch. d. Kirchenkreises Lübeck.
Werke: Verz. b. Weimann (s. Lit.).
Literatur: Von Lübecks Türmen 19 (1909), Nr. 42, S. 334 f. – Dr. L. F. R., Senior u. Hauptpastor a. D., in: LBl 1910, S. 7. – Nachrufe in LBl 1918 S. 154 u. VBl 1917/18, S. 65 f. – [H. Weimann,] G. P. E. L. F. R., in: Die Gemeinde. Ev.-luth. Sonntagsblatt 16 (1964) Nr. 20, S. 10 (m. Nachlaßverz. und Werkverz.). – W.-D. Hauschild, Kirchengesch. Lübecks, Lübeck 1981.
Porträts: Foto (Arch. d. Kirchenkr. Lübeck, Ranke- Slg.). – Foto (ebd.), Abb.: Hauschild (s. Lit.), S. 444. – Foto auf d. Titelbl. d. Abschiedspredigt v. 19. 12. 1902, Lübeck 1909. – Fotos in: Von Lübecks Türmen (s. Lit.), S. 332 u. VBl (s. Lit.), S. 65. – Foto v. Schwegerle, um 1900 (MusKK), Abb. s. S. 316.

Alken Bruns

RANKE, Friedrich, geb. 21. 9. 1882 Lübeck, gest. 10. 10. 1950 Basel; ev. – Germanist, Volkskundler.
Eltern: Friedrich Ranke, geb. 30. 9. 1842 (s. d.); 2. Ehefrau Julie geb. von Bever.
Ehefrau: Frieda Stein, geb. 13. 4. 1881 Oldenburg, gest. 25. 11. 1954 St. Gallen (Schweiz); verh. 30. 9. 1912 Oldenburg; Tochter d. Gymnasialdirektors Heinrich Stein u. d. Rosine geb. Bulcke aus Danzig.
Kinder: 1 Tochter, 1 Sohn.
Bruder: Hermann, geb. 5. 8. 1878 (s. d.).

Nach Besuch des privaten Progymnasiums von Georg Otto Bussenius und des Katharineums in Lübeck studierte R. im Anschluß an sein Abitur 1901 Deutsche, Englische und Altnordische Philologie in Göttingen, München und Berlin. In

Berlin wurde er 1907 mit einer Arbeit über den „Wälschen Gast" des Thomasin von Circlaria zum Dr. phil. promoviert. 1910 habilitierte er sich in Straßburg mit einer sagenmotivgeschichtlichen Studie und erhielt als Privatdozent die venia legendi für deutsche Philologie; 1912 ließ er sich nach Göttingen umhabilitieren, wo er 1917 ao. Professor wurde. Von 1915 bis 1918 nahm R. am Weltkrieg teil. 1921 folgte er dem Ruf auf den Lehrstuhl für Altgermanistik in Königsberg und 1930 nach Breslau, wo ihm die Nationalsozialisten 1937 die Professur nahmen. 1938 wurde R. als Ordinarius für germanische Sprachen und ältere deutsche Literatur auf einen der beiden Lehrstühle für Deutsche Philologie in Basel berufen, den er bis zu einem Tod innehatte.

R. vertrat in Lehre und Forschung das gesamte Fach der deutschen Philologie. In den Anfängen seiner wissenschaftlichen Tätigkeit war er besonders für zwei Forschungsgebiete aufgeschlossen, die er noch als zum Gesamtgebiet der Germanischen Philologie gehörend betrachtete, die aber im Zeichen des herrschenden Positivismus an den Universitäten einen schweren Stand hatten: die Volkskunde, für die ihn Friedrich von der Leyen in München, und die Nordistik, für die ihn Andreas Heusler in Berlin gewonnen hatte. Seine Lehrer, besonders der Sprachwissenschaftler Herrmann Paul in München und der Literaturhistoriker Gustav Roethe, sein Doktorvater in Berlin, waren bekannte Germanisten der Zeit. Nach der Habilitation rückten Arbeiten zur älteren deutschen Literatur, zumal ihrer Blütezeit um 1200 bis in das späte Mittelalter, in das Zentrum seiner philologischen Forschungen. Den Anstoß gab der Auftrag des Brockhaus-Verlags, Gottfrieds von Straßburg Roman „Tristan und Isold" für eine kommentierte Ausgabe klassischer Werke des Mittelalters zu bearbeiten. R. fühlte sich jedoch verpflichtet, zunächst die philologischen Voraussetzungen zu klären, und legte noch während des Ersten Weltkrieges die Ergebnisse seiner Beschäftigung mit den Handschriften des Werks und ihrem komplizierten Abhängigkeitsverhältnis untereinander sowie 1925 eine Darstellung von dessen Stoffgeschichte vor. Ebenfalls 1925 veröffentlichte er einen Aufsatz über die „Allegorie der Minnegrotte", der bahnbrechend für das Verständnis der Minne im „Tristan", für die Eigenart von Gottfrieds künstlerischer Persönlichkeit und für die Bedeutung der Denkform der Allegorie für das Verständnis der Dichtung des hohen Mittelalters wurde. 1930 erschien der kritisch hergestellte Text; den zugehörigen Lesartenapparat hat R. nicht mehr abgeschlossen. Die Gründe dafür sind vermutlich vor allem darin zu suchen, daß die politischen Verhältnisse nach 1933 zunächst andere Probleme in den Vordergrund rücken ließen und der Krieg es dann ganz unmöglich machte, die Aufbewahrungsorte der Handschriften für die nötigen Kontrollen aufzusuchen. Gleichwohl bezeichnen R.s Edition und seine mit ihr zusammenhängenden Veröffentlichungen den Beginn der modernen literaturwissenschaftlichen Beschäftigung mit Gottfrieds von Straßburg „Tristan". Als R. die philologische Arbeit an diesem Werk zurückstellen mußte, wandte er sein Interesse zunächst besonders dem mittelalterlichen Drama und Wolfram von Eschenbach zu.

R.s zahlreiche Studien zur Überlieferung einzelner Denkmäler, seine stil-, quellen-, stoff-, motivgeschichtlichen und komparatistischen Untersuchungen

Friedrich Ranke

lassen seine Belesenheit, methodische Vielfalt und Kompetenz erkennen. Die Editionen verraten seine intime Vertrautheit vor allem mit der mittelhochdeutschen Literatursprache und sein auf detaillierten Untersuchungen schwieriger Überlieferungsverhältnisse beruhendes sicheres Urteil in der Textkritik; die Interpretationen zeigen ein hohes Maß an Sensibilität im Erkennen individueller dichterischer Formen und Gehalte und ein fundiertes Wissen um Bildung, Geistesgeschichte und Ästhetik des Mittelalters.

R. verstand es vor den meisten Fachkollegen seiner Zeit, christliche Elemente, die die Literatur des Mittelalters prägen, herauszuarbeiten, fein differenzierend auch in den Nuancierungen, wie Wolfram von Eschenbach und vor allem Gottfried von Straßburg sie ihnen gegeben haben. Aus seinem Gespür für poetische Subjektivität, seiner Beherrschung philologisch-historischer Methode und seiner wissenschaftlichen Unbestechlichkeit heraus hat R. nicht wenige gängige Fehldeutungen ebenso energisch zurückgewiesen wie grobe Anbiederungen germanistischer Arbeiten an den Zeitgeist. So scheute er sich nicht, 1934 in publizistischen Beiträgen, die über die Fachwelt hinaus einer breiten Öffentlichkeit galten, die ‚Ura-Linda-Chronik', eine niederländische Geschichtsklitterung wohl des 19. Jh., die der Religionswissenschaftler und Volkskundler Herman Wirth unter dem Titel „Die heilige Urschrift der Menschheit" herausgegeben, in ihren Ursprüngen auf 2193 vor Christus datiert und im Geist nationalsozialistischer

Kulturpropaganda ausgewertet hatte, als Fälschung zu entlarven. Für R. als den Mann einer „nicht-arischen" Frau führte diese Haltung letztendlich zur Entlassung von der Univ. Breslau. – In seinen letzten Lebensjahren befaßte sich R. zunehmend mit Mystik und mystischer Dichtung des Mittelalters. Den Plan, nach seiner Emeritierung die Ausgabe des „Tristan" abzuschließen, konnte er nicht mehr verwirklichen.

R.s wissenschaftliches Œuvre ist zu einem guten Teil nicht überholt. Seine Ausgabe von Gottfrieds „Tristan" (1971 in 15. Auflage) ist immer noch maßgeblich, zahlreiche seiner Arbeiten sind nachgedruckt worden, das „Altnordische Elementarbuch" ist in überarbeiteter Form weiter grundlegend (1988 in 5. Auflage), und Aufsätze wie die zur Allegorie der Minnegrotte in Gottfrieds „Tristan" und zur spätmittelalterlichen Minneallegorie, die in ihrem Verständnis für diese spezifisch mittelalterliche Denkform ihrer Zeit vorausgeeilt waren, sind auch zwei Generationen nach ihrem ersten Erscheinen in wesentlichen Teilen unangefochten.

Quellen: Arch. d. Kirchenkreises Lübeck: Pastorenkartei; Ranke-Slg. – AHL: Schulprogr. d. Katharineums 1901. – Stammtafeln d. Familie Ranke, bearb. v. H. Graf v. d. Schulenburg u. J. Seiler, Bd. 1, 4. Aufl. [Privatdruck] Köln 1976. – Persönliche Mitt. d. Sohnes Karl Heinrich Ranke, Hamburg.
Werke: Verz. v. W. Weidmann in: Schweizerisches Arch. f. Volkskunde 46 (1949/50), S. 199–202.
Auswahl: Sprache u. Stil im Wälschen Gast d. Thomasin v. Circlaria, Bln. 1908 (Palaestra 68). – Die dt. Volkssagen, München 1910. – Die Überlieferung v. Gottfrieds Tristan I–VI, in: Z. f. dt. Altertum u. dt. Lit. 55 (1917), S. 158–278, 381–438 (Neudr. Darmstadt 1974). – Der Erlöser in d. Wiege. Ein Beitr. z. dt. Volkssagenforschung, München 1911. – Tristan u. Isold, München 1925 (Bücher d. Mittelalters 3). – (Hrsg.) Gottfried von Straßburg, Tristan u. Isold, Bln. 1930 (15. Aufl. Zürich 1971). – Die Sprachwiss. u. d. Ura-Linda-Chron., in: Unterhaltungsbeil. d. Schlesischen Ztg. v. 16. 1. 1934. – Warum wir gegen d. Ura–Linda-Chron. schrieben, in: Schlesische Hochschulztg. Nr. 1, 1934. – Volkssagenforschung. Vorträge u. Aufsätze, Breslau 1935 (Deutschkundliche Arbeiten A.4). – Märchenforschung. Ein Literaturber. (1920–1934), in: Dt. Vierteljahrsschr. f. Lit.wiss. u. Geistesgesch. 14 (1936), S. 246–304. – Altnordisches Elementarbuch, Bln. 1937 (5. Aufl. 1988). – Volkssagenforschung. Ein Literaturber. (etwa 1925–1939), in: Dt. Vierteljahrsschr. f. Lit.wiss. u. Geistesgesch. Referatenh. 19 (1941), S. 1–36. – Zum Osterspiel von Muri, in: Z. f. dt. Altertum u. dt. Lit. 80 (1943/44), S. 71–82. – (Hrsg.) Das Osterspiel v. Muri nach d. alten u. neuen Fragmenten, Aarau 1944. – Texte z. Gesch. d. dt. Tageliedes. Ausgew. v. E. Scheunemann, ergänzt u. hrsg. v. F. R., Bern 1947 (Altdt. Übungstexte 6). – Gott, Welt u. Humanität in d. dt. Dichtung d. Mittelalters, Basel [1952]. – Die wichtigsten Aufsätze R.s sind nachgedruckt in: F. R., Kleinere Schrr., hrsg. v. H. Rupp u. E. Studer, Bern u. München 1971 (Bibliotheca Germanica 12).
Literatur: Kürschner Gel. 1925, Sp. 803 f., 1926, Sp. 1516; 1928, Sp. 1868; 1931, Sp. 2311; 1935, Sp. 1076; 1950, Sp. 1616 f.; – Kosch Lit., 3, S. 2157 f. – W. A[ltwegg], Zum Hinschied v. F. R., in: National-Ztg. (Basel) 1950, Nr. 472. – Ders., Zum Hinschied v. F. R., in: Schweizerisches Arch. f. Volkskunde 46 (1949/50), S. 195–199. – H. Neumann/W. E. Peuckert, F. R., in: Z. f. dt. Philologie 71 (1951/52), S. 245–256. – G. Weber, Gottfried v. Strassburg, 5. Aufl., Stgt. 1981 (Slg. Metzler 15), s. Register. – H. Rupp/E. Studer, Vorwort zu F. R., Kleinere Schrr. (s. Werke), S. 7–12.
Porträt: Foto in: F. R., Kleinere Schrr. (s. Werke), vor d. Titelbl. – Foto (Familienbesitz), Abb. s. S. 319.

                                                                    Hartmut Freytag

RANKE, Hermann, geb. 5. 8. 1878 Balgheim b. Nördlingen, gest. 22. 4. 1953 Freiburg im Breisgau; ev. – Assyriologe und Ägyptologe.

Eltern: Leopold *Friedrich* Ranke, geb. 30. 9. 1842 (s. d.); 2. Ehefrau Julie von Bever.

Ehefrau: Marie Elisabeth Stein, geb. 13. 6. 1873 Oldenburg, gest. 9. 7. 1964 b. Heidelberg, Malerin; verh. 24. 9. 1906 Berlin; Tochter d. Gymnasialdirektors Heinrich Stein u. d. Rosine geb. Bulcke aus Danzig.

Kinder: 2 Söhne, 1 Tochter.

Bruder: Friedrich, geb. 21. 9. 1882 (s. d.).

R.s Kindheit und Gymnasialzeit, die er in der Hansestadt Lübeck verlebte, prägten nicht nur die Anfänge seiner beruflichen Laufbahn, sondern beeinflußten maßgeblich seine persönliche Entwicklung im Rahmen einer humanistischen und zugleich tief religiösen Erziehung. Sein Vater war Hauptpastor an der Lübecker Marienkirche. Das geistige Erbe seines Elternhauses bestimmte R. daher zunächst auch nach bestandenem Abitur am Lübecker Katharineum im Frühjahr 1897 zum Studium der Theologie an den Universitäten Göttingen und Greifswald in den Jahren 1897–1899. Im Herbst 1899 führte ihn jedoch seine Neigung zum Studium semitischer Sprachen an die Univ. München, wo er bei Fritz Hommel studierte. Besonders zugeneigt fühlte R. sich der Assyriologie und ihrer Nachbarwissenschaft, der Ägyptologie. In München wurde er 1902 mit einer assyriologischen Dissertation „Die Personennamen in den Urkunden der Hammurabi-Dynastie" promoviert. Noch im gleichen Jahr erhielt er durch Hermann Volrath Hilprecht eine Berufung an die University of Pennsylvania nach Philadelphia, wo er bis 1905 als „Harrison Research Fellow in Assyriology" tätig war. Zugleich wirkte er dort als Lektor für Ägyptologie.

Während seiner Tätigkeit in Philadelphia arbeitete R. seine Dissertation zu einem grundlegenden Werk über „Early Babylonian Personal Names" aus, das 1905 veröffentlicht wurde. Gleichzeitig kopierte und bearbeitete er im Museum der University of Pennsylvania erstmalig eine große Anzahl altbabylonischer Rechts- und Verwaltungsurkunden, die 1906 unter dem Titel „Babylon Legal and Business Documents from the Time of the First Dynasty of Babylon Chiefly from Sippar" herausgegeben wurden.

Gleich nach seiner Rückkehr nach Europa nahm R. seine Tätigkeit als Assistent an der Vorderasiatischen Abteilung der Königlich Preußischen Museen in Berlin auf. Unter dem Einfluß des bedeutenden Ägyptologen Adolf Erman beschäftigte er sich fortan intensiv mit der ägyptologischen Forschung und arbeitete sich gründlich in die Archäologie, Kunst- und Kulturgeschichte des alten Ägypten ein. R.s Arbeitsweise und sein Wissen beeindruckten Erman, so daß er ihn bereits 1908 mit der Neubearbeitung seines eigenen Hauptwerkes „Ägypten und ägyptisches Leben im Altertum" beauftragte, das Erman 1886 abgeschlossen hatte und das wegen der Fülle neuen Materials dringend überarbeitet werden mußte.

Seine gründliche assyriologische und nunmehr auch ägyptologische Ausbildung machte es R. möglich, die Verbindungen zwischen beiden Kulturbereichen auch auf philologischem Gebiet genauer zu untersuchen. Als erstes Ergebnis dieser Forschungsrichtung veröffentlichte er 1910 in den Abhandlungen der Preußischen Akademie der Wissenschaften eine Arbeit über „Keilschriftliches Material zur altägyptischen Vokalisation", die er später nach Bearbeitung neuen Materials durch zahlreiche Aufsätze ergänzte. Im gleichen Jahr erhielt er einen Lehrauftrag für Ägyptologie an der Univ. Heidelberg, die bis an sein Lebensende seine wissenschaftliche Wirkungsstätte bleiben sollte. Im Oktober 1910 in Heidelberg habilitiert, wurde er dort noch im Dezember dieses Jahres zum ao. Professor, im April 1911 dann zum planmäßigen ao. Professor ernannt.

1912/13 nahm R. an einer Ausgrabung der Deutschen Orient-Gesellschaft in Amarna teil. Er war bei der Teilung der kostbaren Grabungsfunde zwischen den Museen von Kairo und Berlin zugegen, bei der die ägyptische Abteilung der Preußischen Museen in Berlin die Büste der Nofretete zugesprochen erhielt. Im Anschluß an die Ausgrabungen in Amarna leitete R. im Auftrage der Heidelberger Akademie der Wissenschaften, der er als Mitglied angehörte, Ausgrabungen auf koptischen Friedhöfen bei Karara, in einem Tempel Scheschonks I. bei El-Hibe und auf einem vorgeschichtlichen Gräberfeld bei Aulad esch-Schech.

Wenig später brach der Erste Weltkrieg aus und unterbrach R.s wissenschaftliche Tätigkeit für mehr als vier Jahre. Er diente bis Kriegsende 1918 als Leutnant der Landwehr in einem Landsturmbataillon im Elsaß und in Lothringen. 1922 wurde er zum Ordinarius an der Univ. Heidelberg ernannt. Die Ergebnisse seiner Ausgrabungen in Ägypten konnte er 1926 unter dem Titel „Koptische Friedhöfe bei Karara und der Amontempel Scheschonks I. bei El-Hibe" veröffentlichen. Seine bedeutendste Leistung, ein noch heute viel benutztes, verläßliches Standardwerk in der ägyptologischen Forschung, ist seine Sammlung und Bearbeitung „Die ägyptischen Personennamen", deren erster Band 1935 erschien.

Als R.1937 durch das nationalsozialistische Regime aufgrund des „Gesetzes zur Wiederherstellung des Berufsbeamtentums" vom 7. 4. 1933 in den Ruhestand versetzt wurde, vermittelten ihm amerikanische Freunde und Kollegen eine Einladung als Gastprofessor in die USA. Er lehrte ein Semester lang an der University of Wisconsin in Madison, wo er schon im WS 1932/33 kulturgeschichtliche Vorlesungen gehalten hatte, und wechselte im Herbst 1938 als Gastprofessor für Ägyptologie nach Philadelphia an die University of Pennsylvania. Dort war er Mitglied der Oriental Studies Group und bearbeitete als Kurator die ägyptische Sammlung des Museums der Universität. 1940 kehrte seine Frau nach Deutschland zurück, um ihren Sohn noch einmal zu sehen, der sich als Kriegsfreiwilliger gemeldet hatte; R. selbst, der bei Eintritt der Vereinigten Staaten in den Zweiten Weltkrieg vorübergehend interniert wurde, folgte ihr 1942. Im Schwarzwald fand das Ehepaar während der letzten Kriegsjahre im Hause von Freunden eine Zufluchtstätte.

Im Mai 1945 erfolgte R.s Wiedereinsetzung als Ordinarius in Heidelberg. Für mehrere Semester führte er in den schwierigen Nachkriegsjahren das Philosophische Dekanat. Im Juli 1948 wurde er emeritiert, 1949 ging er nochmals nach Philadelphia, um als Gastkurator in der ägyptischen Sammlung zu arbeiten. 1951 folgte er einer Einladung zu Gastvorlesungen an der Universität von Alexandria in Ägypten. Wieder in Deutschland, siedelte er wegen zunehmender

Hermann Ranke

Verschlechterung seines Gesundheitszustandes in das stillere Freiburg i. Br. über, wo er nach schwerer Krankheit starb.

Seine Kollegen und Schüler schätzten an R. nicht nur sein großes Fachwissen und außergewöhnliches Engagement für die Wissenschaft, sondern auch seine gütige und verständnisvolle Art im Umgang mit seinen Mitmenschen. Trotz schwerster Schicksalsschläge – der älteste Sohn fiel im Zweiten Weltkrieg, ein zweiter Sohn und die einzige Tochter waren schon vorher gestorben – behielt er bis zuletzt sein uneigennütziges und offenes Wesen und eine ihm eigene Kraft, die er aus seiner aufgeschlossenen Religiosität schöpfte.

Quellen: Masch. Autobiogr. R.s v. 24. 9. 1945 (Kopie im AHL). – Persönliche Mitt. d. Neffen Karl Heinrich Ranke in Hamburg.

Werke: Verz. b. Schott (s. Lit.), S. 21–26. – Die Hauptwerke sind im Text genannt.

Literatur: Kürschner Gel. 1950, Sp. 1617. – S. Schott, H. R. (1878–1953), in: Z. d. Deutschen Morgenländischen Ges. 105, N. F. 30 (1953), S. 16–26. – W. Wolf, H. R. (5. August 1878 bis 22. April 1953), in: Arch. f. Orientforsch. 16 (1953), S. 393 f. – (anon.) H. R., in Chronique d'Égypte – Bulletin périodique de la Fondation Égyptologique Reine Élisabeth 28 (1953), S. 320 f. – R. O. Faulkner, in: The Journal of Egyptian Archaeology 39 (1953), S. 2. – A. Pohl, Prof. Dr. H. R., in: Orientalia 22 (1953), S. 431. – R. Anthes, in: The University Museum Bulletin [Philadelphia] 17 (1953), S. 57–59. – H. W. Müller, H. R. 1878–1953, in: Z. f.

ägyptische Sprache u. Altertumskunde 79 (1954), S. VII–IX. – W. R. Dawson/E. P. Uphill, Who was who in Egyptology, London 1972, S. 242. – D. Drüll, Heidelberger Gelehrtenlex. 1803–1932, Bln. usw. 1986, S. 213 (m. weiteren Quellennachweisen).
  Porträts: Foto (Privatbesitz), Abb.: s. S. 323. – Fotos b. Wolf (s. Lit.), S. 393, Anthes (s. Lit.), S. 57, Schott (s. Lit.), S. 17, u. Müller (s. Lit.), nach S. VIII.

Bernd Scheel

REHDER, Peter, geb. 28. 4. 1843 Oster-Jork, Kr. Stade, gest. 25. 4. 1920 Lübeck; ev. – Wasserbauingenieur, Oberbaudirektor.
  R. stammte aus einem Altländer Bauerngeschlecht, das sich in direkter Linie bis Anfang des 16. Jh. zurückverfolgen läßt.
  Eltern: Johann Rehder (1813–1873), Hausmann in Jork, 1841–1843 Hauptmann, ständischer Deputierter in Hannover; Catharine geb. Schliecker.
  Ehefrau: Anna Eleonore Sander, geb. 14. 11. 1844 Stade, gest. 27. 4. 1933 Lübeck; verh. 6. 7. 1869 Stade; Tochter d. Sattlermeisters Adolph Sander u. d. Charlotte Catharine geb. Höltzing.
  Kinder: 2 Töchter, 2 Söhne.
  Nach Unterricht in Privatschulen und Besuch des Gymnasiums in Stade studierte R. seit 1. 10. 1861 an der Polytechnischen Schule in Hannover (später Technische Hochschule, heute Universität), wo er am 16. 1. 1867 das Diplomexamen bestand. Von 1867 bis 1869 war er im preußischen Staatsdienst tätig, zunächst im Bereich der Wasserbauinspektion Emden für Küstenschutzbauten auf Borkum, danach in Stade für Wasserbauarbeiten an Oste und Este sowie für wasserwirtschaftliche Aufgaben. 1869 kam R. zur Marine-Hafenbaudirektion Kiel, wo er bis 1875 an größeren Bauvorhaben mitwirkte. Am 13. 12. 1873 bestand er die 2. Staatsprüfung in Berlin teilweise mit Auszeichnung und wurde zum Regierungsbaumeister ernannt. Am 15. 3. 1875 trat er in lübeckischen Staatsdienst, wurde am 1. 1. 1879 Wasserbauinspektor und am 30. 4. 1888 Wasserbaudirektor. Durch Senatsdekret vom 13. 6. 1900 wurde ihm der Titel Oberbaudirektor verliehen. Am 1. 7. 1910 trat er in den Ruhestand, arbeitete aber bis kurz vor seinem Tode an verkehrswasserbaulichen Planungen.
  R.s wichtigste Schaffensperiode war seine 35jährige Dienstzeit in Lübeck. Unter Leitung des Lübecker Wasserbaudirektors Louis Martiny bearbeitete er zunächst den Entwurf für den Ausbau der Untertrave, der seewärtigen Zufahrt des Hafens Lübeck, auf 5 m Mindestfahrwassertiefe, der von 1879 bis 1883 als „2. Travekorrektion" ausgeführt wurde. Für den danach notwendigen Ausbau der Lübecker Hafenanlagen legte R. 1884 einen Entwurf vor, der von 1887 an Grundlage der Hafenerweiterung war. Als Nachfolger Martinys im Amte des Wasserbaudirektors war R. seit 1888 für alle Wasserbaumaßnahmen der Hansestadt und zugleich für die mit den Häfen und Wasserstraßen in Zusammenhang stehenden Landverkehrsanlagen, die Eisenbahnen, Straßen und Brücken verantwortlich. Auf seine Anregung erwarb Lübeck große Landflächen an den Ufern der Untertrave und ließ sie für die Ansiedlung von Industrieunternehmen auf-

schließen. Sein bedeutendstes Werk ist der Elbe-Trave-Kanal (heute Elbe-Lübeck-Kanal), der nach seinen Plänen und unter seiner Leitung von 1896 bis 1900 gebaut wurde. Lübeck befürchtete eine Beeinträchtigung seines Hafenumschlags durch den vom Reich gebauten Nord-Ostsee-Kanal und versprach sich einen gewissen Ausgleich durch den Bau eines leistungsfähigen Binnenschiffahrtskanals zur Elbe, der den Lübecker Hafen an das Netz der deutschen Binnenwasserstraßen anschließen und den in seinen Anfängen aus dem 14. Jh. stammenden Stecknitzkanal ersetzen sollte, der den Anforderungen des modernen Verkehrs nicht mehr genügte. In zahlreichen Vorträgen und Veröffentlichungen ist R. immer wieder für den Bau des Elbe-Trave-Kanals eingetreten, der nach seiner Meinung für die wirtschaftliche Entwicklung Lübecks unbedingt notwendig war. Maßgeblich war er auch an den Verhandlungen mit Preußen beteiligt, durch dessen Gebiet der Kanal verlief und das zum Bau einen finanziellen Beitrag leistete.

Nach R.s Plänen und unter seiner Leitung wurde von 1889 bis 1907 die „3. Travekorrektion" mit einer durchgehenden Fahrwassertiefe von 7,5 m von See bis zu den Lübecker Häfen ausgeführt. Die Hafenanlagen in Lübeck und Travemünde wurden weiter ausgebaut und Sicherungsarbeiten am Brodtener Ufer ausgeführt. Daneben war R. als Gutachter für Hafenbauten in Norrköping, Bergen, Göteborg und Stockholm tätig. Nach seiner Pensionierung befaßte er sich mit Plänen für den Bau einer Kanalverbindung von der Elbe nach dem seit 1906 in Bau befindlichen Mittellandkanal, für dessen Weiterbau über Hannover hinaus nach Osten bis zur Elbe R. sehr nachdrücklich eintrat. Erst in den Jahren 1968 bis 1976 ist der Kanal von der Elbe zum Mittellandkanal als Elbe-Seiten-Kanal gebaut worden; er verläuft weitgehend in der von R. vorgeschlagenen Linienführung. In den letzten Lebensjahren setzte sich R. für den Ausbau eines leistungsfähigen Netzes von Binnenwasserstraßen in Deutschland ein und entwikkelte die dafür notwendigen Grundsätze. Die großen Durchgangsverbindungen sollten Reichswasserstraßen werden.

R. war ein sehr begabter Wasserbauingenieur mit umfangreichen technischen und naturwissenschaftlichen Kenntnissen, der auch den Mut hatte, neue technische Entwicklungen anzuwenden. Ihm verdankt Lübeck sehr wesentlich die Entwicklung seines Hafens und dessen Wasserstraßenverbindungen zur See und ins Binnenland zu modernen, leistungsfähigen Verkehrsanlagen. R.s Bedeutung als Wasserbauer und Wasserstraßenpolitiker geht weit über Lübeck und Norddeutschland hinaus, und sein Wirken hat Impulse gegeben, die bis in die jüngste Gegenwart reichen. – Roter Adlerorden 4. Kl. (1891) u. 3. Kl. (1900). – Ehrenmitglied d. Zentralver. f. Binnenschiffahrt (1900). – Goldene Medaille auf d. Weltausstellung in Paris (1900). – Offizierskreuz Franz-Josephorden (Österreich, 1902). – Offizierskreuz Haus- u. Verdienstorden Herzog Peter Friedrich Ludwig (Oldenburg, 1903). – Mitglied d. Preußischen Akad. d. Bauwesens (1903). – Ehrendoktor d. Technischen Hochschule Hannover (1907). – Kommandeurkreuz II. Kl. Wasaorden (Schweden) u. I. Kl. St. Olafsorden (Norwegen, 1908). – Medaille Bene merenti in Gold (Lübeck, 1910). – Vorstandsrat d. Deutschen Museums in München (1912).

Quellen: Personalakte u. Nachlaß, zahlreiche Senatsdrucksachen, gedruckte Vorlagen u. Berichte im AHL. – N. N., Der Elbe-Trave-Canal, in: Zbl. d. Bauverwaltung 1894, S. 500–502, 521–523. – J. Arnold, Die Hotoppschen Betriebseinrichtungen d. Schleusen d. Elbe-Trave-Kanals, in: Z. Ver. dt. Ing. 1899, S. 614–617. – N. N., Der Elbe-Trave-Kanal, in: ebd. 1900, S. 753–785. – W. D., Oberbaudirektor Dr.-Ing. P. R. in d. Ruhestand getreten, in: VBl 1910, S. 117 f. – N. N., Oberbaudirektor Dr.-Ing. P. R. Ein Gedenkbl. zu seinem Scheiden aus d. lübeckischen Staatsdienst am 1. Juli 1910, in: LBl 1910, S. 369–371.

Veröffentlichungen: Die Gewässer im ganzen Umfange d. Niederschlagsgebietes d. Trave unter besonderer Berücksichtigung d. schiffahrtlichen Verhältnisse (Die Freie Hansestadt Lübeck. Ein Beitr. zur deutschen Landeskunde, Bd. 2, Lübeck 1890. Unveröffentlichtes Druckms. im AHL). – Der Elbe-Trave-Kanal, Bln. 1894 (Sonderdruck eines Vortrags v. 22. 2. 1894 beim Zentralver. f. d. Hebung d. deutschen Fluß- u. Kanalschiffahrt). – Der Elbe-Trave-Kanal, Lübeck 1894 (Sonderdruck eines Vortrags v. 23. 5. 1894 beim Kanalver.). – Der Bau d. Elbe-Trave-Kanals, ebd. 1899 (Sonderdruck eines Vortrags beim Vaterstädtischen Ver. v. 8. 2. 1899). – Der Bau d. Elbe-Trave-Kanals, in: Z. f. Binnenschiffahrt 1899, H. 11 u. 12 (Vortrag v. 8. 5. 1899 beim Zentralver. d. deutschen Binnenschiffahrt). – Der Elbe-Trave-Kanal, zur Eröffnungsfeier am 16. 6. 1900, Lübeck 1900. – Sonderführer f. Lübeck u. d. Elbe-Trave-Kanal für d. Ausflug anläßlich d. IX. Internat. Schiffahrtskongresses, Düsseldorf 1902. – Die bauliche u. wirtschaftliche Ausgestaltung u. Nutzbarmachung d. lübeckischen Hauptschiffahrtswege, Lübeck 1906. – Gutachten über d. Entwürfe betr. d. Regelung d. Schleusenfrage d. Stadt Stockholm u. d. Anordnung einer neuen Seeschiffahrtsstraße südlich d. Stadt durch d. Hammarbysee u. Arstaviken nach d. Mälarsee, ebd. 1907. – Bauliche u. wirtschaftliche Entwicklung d. lübeckischen Schiffahrtsstraßen u. Hafenanlagen, in: LBl 1909, S. 370–374, 382–388, 399–404 u. in: ZLGA 11 (1909), S. 339–373 (Vortrag am 12. 6. 1909 beim Zentralver. d. deutschen Binnenschiffahrt). – Ein Nord-Süd-Kanal, Lübeck 1911. – Die Wasserversorgung d. Mittellandkanals auf d. Kanalstrecke v. Hannover nach d. Elbe in Süd- u. Nordlinie, ebd. 1916. – Der Nord-Süd-Kanal u. d. zukünftige mitteldeutsche Kanalnetz zwischen Weser u. Elbe mit Anschlüssen an d. Donau u. Oder u. an d. Main u. Rhein, ebd. 1918. – Kritische Beleuchtung d. v. d. Professoren Franzius u. Grüning verfaßten Schrift: „Wirtschaftliche Untersuchungen zu dem Rehderschen Entwurf eines Nord-Süd-Kanals", ebd. 1919.

Literatur: Nachrufe in: Deutsche Bauztg. 1920, S. 216; ebd., S. 249 f.; Zbl. d. Bauverwaltung 1920, S. 257; VBl 1919/1920, S. 61 f.; Z. f. Binnenschiffahrt 1920, S. 224; LBl 1920, S. 266. – C. Busemann, Wasserstraßenplanungen zwischen Hamburg u. Lübeck, in: Bauingenieur 1939, S. 265 f. – F. Walther, Die Trave als Seewasserstraße, in: ebd. 1939, S. 267 ff. – W. Kluth, P. R., Dr.-Ing. e. h. Oberbaudirektor, der Erbauer d. Elbe-Lübeckkanals, in: LBl 1950, S. 140–142. – F. Zimmermann, Gutachten über d. technische Durchführbarkeit d. Nord-Süd-Kanals u. Hauptgesichtspunkte u. Daten f. Ausgestaltung u. Bau d. Kanals, Braunschweig 1960. – W. Becker, Zum Gedächtnis an d. Oberbaudirektor Dr.-Ing. h. c. P. R., in: LBl 1963, S. 127 f. – W. Stier, Wasserbaudirektor Dr.-Ing. h. c. P.R. als Wissenschaftler, in: ebd., S. 171 f. – WSD Hamburg, Elbe-Seitenkanal. Eine Dokumentation zum Baubeginn am 6. Mai 1968, Hbg. 1968. – H. Büttner u. a., Elbe-Seitenkanal, Natur u. Technik, Hbg. 1976. – H. Rohde, Leben u. Werk v. P. R., in: Z. f. Binnenschiffahrt u. Wasserstraßen 1980, S. 141-146.

Porträts: Gemälde v. H. E. Linde-Walther (Wasser- u. Hafenbauamt d. Hansestadt Lübeck). – Fotos in Deutsche Bauztg. 1920, VBl 1919/1920, Z. f. Binnenschiffahrt 1920 (s. Lit.) u. b. H. Rohde (s. Lit.), S. 141.

Hans Rohde

RODDE-SCHLÖZER, Dorothea (seit 1803 Freifrau von), geb. 10. 8. 1770 Göttingen, gest. 12. 7. 1825 Avignon; ev. – Erster weiblicher Doktor der Philosophie in Deutschland.

Eltern: August Ludwig von Schlözer, geb. 5. 7. 1735 Gaggstadt (Hohenlohe), gest. 9. 9. 1809 Göttingen, Historiker u. Publizist (s. ADB, 31, S. 567); *Caroline* Friederike geb. Roederer, geb. 15. 5. 1753 Göttingen, gest. 28. 4. 1808 ebd.; Tochter d. Professors d. Medizin Johann Georg Roederer (1726–1763, s. ADB, 29, S. 20).
Ehemann: Matthäus (seit 1803 Freiherr von) Rodde, geb. 2. 8. 1754 Lübeck, gest. 14. 12. 1825 ebd., Kaufmann, Senator u. Bürgermeister ebd.; verh. 29. 5. 1792 Göttingen.
Kinder: 2 Töchter, 1 Sohn.
Geschwister: 2 Schwestern, 5 Brüder, darunter: Christian (1774–1831), Professor d. Staatsrechts in Moskau u. Bonn (s. ADB, 31, S. 600). – Karl, geb. 28. 12. 1780 (s. d.).

D. R.-Sch. war schon als Kind ein Gegenstand öffentlichen Interesses. Ihr Vater hatte den Ehrgeiz, nicht nur in seinem Fach, sondern auch in der Pädagogik als Autorität zu gelten. Der Erfolg der Erziehung seines ältesten Kindes sollte u. a. die Theorie J. B. Basedows (s. SHBL, 4, S. 14) widerlegen, daß Mädchen weniger lernfähig als Knaben seien. D. R.-Sch. hatte Plattdeutsch und nach dieser Vorschule mehrere Fremdsprachen zu lernen und sich unter Anleitung kompetenter Professoren wie Abraham Gotthelf Kästner systematisch mit Mathematik und Naturwissenschaften zu beschäftigen, ohne die Ausbildung in den Fertigkeiten einer künftigen Hausfrau zu vernachlässigen. Literatur und Kunst hatten in dem Lehrplan keinen Platz. Besonderes Aufsehen erregte, daß der Vater seine elfjährige Tochter 1781/82 auf eine viermonatige Studienreise nach Rom mitnahm, dazu noch ohne weibliche Begleitung.

Im weiteren Verlauf ihrer Ausbildung schickte Schlözer seine Tochter 1786 für sechs Wochen ins Harzer Bergbaugebiet, wo sie in die Gruben einfuhr und ihren Studienschwerpunkt Mineralogie festigte. Dieses Fach und Mathematik bildeten im folgenden Jahr neben einer Horaz-Auslegung den Inhalt der Magisterprüfung der Siebzehnjährigen, die sich der Vater als Voraussetzung für deren Promotion gewünscht hatte. Mit dieser wollte die Philosophische Fakultät das 50jährige Universitätsjubiläum am 17. 9. 1787 schmücken und den Vater ehren. Bei der festlichen Verlesung der Namen der neuen Doktoren wurde der D. R.-Sch.s als erster genannt, aber sie war nicht anwesend, denn als unverheiratete Frau hatte sie keinen Zutritt zu einer akademischen Feier. Dafür war sie zu einer Berühmtheit geworden; die Zeitungen berichteten über sie, und man konnte ihr Porträt auf dem Jahrmarkt kaufen. Väterliche und eigene Äußerungen machten indessen deutlich, daß beide nicht die Laufbahn einer Gelehrten vor Augen hatten, sondern die Vorteile, die aus der Bildung einer Frau für die Ehe entstehen. D. R.-Sch. blieb noch fünf Jahre beim Vater, setzte ihre Studien fort und wuchs in die Rolle einer Mitarbeiterin hinein. Zu Schlözers „Münz-Geld- und Bergwerksgeschichte des russischen Reichs" (1791) lieferte sie in entsagungsvoller Arbeit die Berechnungen.

Als D. R.-Sch. 1791 ihren Vater auf einer Reise nach Norddeutschland beglei-

Dorothea Rodde-Schlözer
Stich von Schwenterley, 1790

tete, wurde sie in Lübeck dem Kaufmann und Senator Matthäus Rodde vorgestellt, der kurz darauf um ihre Hand anhielt. Nach Auseinandersetzungen wegen der finanziellen Sicherung der Tochter, deren Ergebnis der Abschluß einer
Lebensversicherung auf Rodde war, gab Schlözer sein Einverständnis. Am
glanzvollen Hochzeitsfest nahm die Öffentlichkeit nicht nur in Göttingen regen
Anteil. Um eine Liebesheirat dürfte es sich nicht gehandelt haben; Rodde hatte
eine kluge und repräsentative Frau und D. Rodde-Schlözer, wie sie fortan unterschrieb, einen Mann gewonnen, der als der reichste Lübecks galt.

Das Haus Rodde (Breite Straße 776, heute Nr. 13) gehörte gesellschaftlich zu
den führenden der Stadt. D. R.-Sch. hatte viele Gäste, oft solche auf der Durch-
reise, aber darüber hinaus hatte sie auch Gelegenheit, die nahegelegenen Zentren des nordelbischen kulturellen Lebens zu besuchen. Sie verkehrte in der Residenzstadt Eutin, auf holsteinischen Gütern und in Neumühlen an der Unter-
elbe in den Kreisen um die Familien Voß, Stolberg (s. SHBL, 1, S. 259) und Rei-
marus-Sieveking. Sie traf hier Dichter wie Friedrich Gottlieb Klopstock und M.
Claudius (s. SHBL, 2, S. 102), Philosophen wie F.H. Jacobi (s. SHBL, 9, S. 157) und
K.L. Reinhold (s. SHBL, 5, S. 227), auch französische Revolutionsflüchtlinge wie
Charles Maurice Talleyrand und Marie Joseph de Lafayette. Von den französischen Flüchtlingen blieb einer seit 1797 als Dauergast bei Roddes: Charles de Villers (s. d.), den D. R.-Sch. schon aus ihrem Elternhaus kannte. Sie fanden sich in
Freundschaft und Liebe.

Rodde war gesellschaftlich und finanziell den höchsten Ansprüchen gewachsen, und so verwendete ihn Lübeck gern für diplomatische Missionen. 1801 und 1803 bis 1805 war er in Paris, und D. R.-Sch., die Kinder und Villers gehörten zu seiner Begleitung. D. R.-Sch. hatte die Ehre, als erste Frau an einer Sitzung des Pariser Nationalinstituts, das die Akademie der Wissenschaften abgelöst hatte, teilzunehmen. Sie wurde von Gabriel Lemonnier und Jean-Antoine Houdon porträtiert. Als es auf dem Wege zum zweiten Parisaufenthalt in Metz zu einer zwölftägigen Begegnung mit Madame de Staël kam, bemühte sich diese vergeblich, Villers in ihr Gefolge herüberzuziehen. D. R.-Sch.s gesellschaftliche Stellung hatte ihren Gipfel erreicht, zumal ihr Gatte 1803 zum Reichsfreiherrn aufgestiegen war und 1806 zum fünften, also außerplanmäßigen Bürgermeister von Lübeck gewählt wurde; sein damaliges Jahreseinkommen wurde auf 70.000 Gulden geschätzt.

Die Wende begann mit Lübecks Besetzung durch die Franzosen im November 1806. Villers bewahrte durch mutigen persönlichen Einsatz das Haus Rodde vor Plünderung. Einige Tage diente es als Quartier des Eroberers Marschall Bernadotte. Rodde setzte während der Okkupation seinen Kredit ein, um die Stadt vor dem finanziellen Ruin zu retten, versäumte es aber, eigene und öffentliche Geschäfte streng genug zu trennen. Im September 1810 stellte sich heraus, daß er bei der Stadt, anstatt ihr Gläubiger zu sein, tief verschuldet war. D. R.-Sch. hielt sich um diese Zeit wegen der Erbschaft ihres inzwischen verstorbenen Vaters in ihrer Heimatstadt auf. Sie gab in Göttingens größtem Hotel einen Ball für 150 Personen. Wenige Tage später eilte sie auf die Nachricht vom Konkurs ihres Mannes nach Lübeck zurück.

D. R.-Sch., die ihrem Mann alle Schuld an der Katastrophe zuwies, haftete nach Lübischem Güterrecht mit ihrem persönlichen Vermögen mit für die Schulden Roddes, der auch seelisch zusammengebrochen war. Villers bemühte sich in zwei Veröffentlichungen vergeblich um eine Gesetzesauslegung zugunsten D. R.-Sch.s. Der Rechtsstreit endete mit einem Vergleich; die Gläubiger verzichteten auf die Lebensversicherung Roddes, die zugunsten seiner Frau abgeschlossen worden war. Doch die hohe Prämie, die D. R.-Sch. nun selbst aufbringen mußte, und die Tatsache, daß Rodde sie überlebte, machte die Versicherung für sie für den Rest ihres Lebens zu einer Belastung. Für Bankrotteure war in Lübeck kein Bleiben, und so siedelte D. R.-Sch. mit Mann, Kindern und Villers nach Göttingen über, wo sie eine gemeinsame Wohnung bezogen. Villers hatte sich bei der Regierung des Königreichs Westfalen in Kassel für den Erhalt der Univ. Göttingen eingesetzt und war mit einer Professur belohnt worden.

1813 zog Bernadotte, nun Napoleons Gegner und schwedischer Kronprinz, in Göttingen ein. D. R.-Sch., seine alte Bekannte, hatte ihn mit einer Schar Ehrenjungfrauen zu begrüßen, aber ihre Rede mißglückte, und die Göttinger hatten einen Grund mehr zur Schadenfreude. Die Universität unterließ es, sich für ihren Beschützer Villers einzusetzen, als die Regierung in Hannover ihn, den Franzosen, aus dem Amt jagte. Zwei Jahre später starb er, und D. R.-Sch. war mit ihrem hilflosen Mann und den Kindern allein. Aber sie verstand es, den Haushalt so zu führen und das Restvermögen so zu verwalten, daß sie 1819 ein Haus kaufen konnte. 1820 unternahm sie eine Reise nach Thüringen, auf der sie einen Besuch bei Goethe machte, welchem sie dessen ehrende Worte in den „Tag- und Jahresheften" verdankt.

Noch im selben Jahr starb D. R.-Sch.s älteste Tochter an Tuberkulose. 1823 starb in Schwerin auch ihr Sohn, und auch bei dem letzten Kind, der Tochter Dorothea, drohten die Anzeichen der Schwindsucht. Auf ärztlichen Rat machte sich D. R.-Sch. mit kranker Tochter und senilem Ehemann im Herbst 1824 nach Südfrankreich auf, wo das südliche Klima die erhoffte Wirkung tat. Auf der Rückreise machte die Familie Station in Avignon. Dort erlag die gesundheitlich seit langem geschwächte D. R.-Sch. einer Infektion.

D. R.-Sch. war eine bedeutende Frau, ohne so etwas wie ein Lebenswerk zu hinterlassen. Ihr außergewöhnliches Schicksal sichert ihr einen Platz in der Personengeschichte Göttingens und Lübecks. Wer sie zu einer Symbolfigur weiblicher Emanzipation stilisiert, verkennt die Tragik ihres Lebenslaufs, die schon mit dem begann, was sie berühmt gemacht hat. Schlözer wollte gewiß das Glück seiner Tochter, aber wichtiger war ihm, der Welt zu beweisen, daß er dafür die richtige Methode hatte. Schon die Zeitgenossen bedauerten D. R.-Sch. als Werkzeug der Eitelkeit eines despotischen Vaters, und auch die eigenen Brüder sahen in ihrer Erziehung eine Dressur. Es kann nicht verwundern, daß eine Frau, die so früh instrumentalisiert wurde, unter rein pragmatischen Gesichtspunkten heiratet und sich vor dem dadurch heraufbeschworenen Unglück auch nicht durch ein Dreiecksverhältnis retten kann. Um so eindrucksvoller ist das Bild der alternden D. R.-Sch., die am gesellschaftlichen Absturz, dem Persönlichkeitszerfall des Ehemanns, dem Tod des Freundes und zweier ihrer Kinder nicht zerbrach, sondern ihre letzte Kraft im Kampf um das Leben ihres dritten Kindes verzehrte.

Quellen: Selbstzeugnisse u. Stimmen d. Zeitgenossen bei Ebstein, Kern/Kern (m. Bibliogr. u. Briefverz.), Küssner (m. Nachweisen) u. L. v. Schlözer (alle s. Lit.). – Zu ergänzen: Göttingen. Nach seiner eigentlichen Beschaffenheit ... dargest. v. einem Unpartheyischen [d. i. C. F. Hochheimer], Lausanne [fingierter Druckort] 1791, S. 53–56. – Auszüge aus d. Tagebüchern v. L. Meister (1810), hrsg. v. W. Meister, in: Protokolle über d. Sitzungen d. Ver. f.d. Gesch. Göttingens 2 (1901), S. 174–177.

Nachlaß: Univ.arch. Göttingen. – Schlözer-Stiftung in d. UB Göttingen.

Literatur: ADB, 29, S. 1 f. – W. Falckenheiner, Einiges über d. Büsten u. Bildnisse d. D.Sch., in: Göttinger Bll. f. Gesch. u. Heimatkunde 6 (1919), 1.–4. Stück, S. 17–23. – L. v. Schlözer, D. v. Sch. Ein dt. Frauenleben ..., Bln. u. Lpz. 1923. – E. Ebstein, Vergessene zeitgenössische Urteile über D.Sch., in: Niedersächsisches Jb. 1 (1924), S. 146–155. – C. Lück, Die Schlözer-Stiftung, in: Mitt. d. Univ.Bundes Göttingen 23 (1943), S. 1–32, bes. 13 f. – F. Ernst, Ein Grab in Avignon, in: Ders., Essais, 2, Zürich 1946, S. 237–254. – Th. Heuß, August Ludwig v. Schlözer u. seine Tochter, in: Ders., Schattenbeschwörung. Randfiguren d. Gesch., Ffm. 1954 (Fischer Bücherei 63), S. 49–58. – L. Ilschner, Schloezeriana, in: Wagen 1957, S. 64–71. – Dies., Bildnisse u. Büsten v. D. R.-Sch., in: Göttinger Jb. 6 (1957), S. 47–56. – P. Metz, Das Marmorbildnis d. D. v. R.-Sch. von J.-A. Houdon, in: Berliner Museen, N.F. 8, H. 1 (1958), S. 1–14. – W. Ebel, Der literarische Streit um d. Konkurs Rodde im Jahre 1810, in: ZLGA 51 (1971), S. 29–49. – R. Feyl, D. Sch., in: Dies., Der lautlose Aufbruch, Darmstadt 1973, S. 64–73. – M. Küssner, D. Sch. Ein Göttinger Gedenken, Göttingen 1976. – L. Eberhard, D. Sch. Eine bedeutende Frau ihrer Zeit, in: LBl 1987, S. 273–277. – Dies., „Unbekannte Dame" u. „Unbekannter Herr": D. Sch. u. Matthäus Rodde?, in: LBl 1991, S. 88 f. – B. Kern/H. Kern, Madame Doctorin Sch. Ein Frauenleben in d. Widersprüchen d. Aufklärung, München 1988.

Porträts: Verz., Beschreibungen u. Abb.en v. Porträts b. Falckenheiner, Ilschner, Metz
(alle s. Lit.) u. zusammenfassend b. Küssner (s. Lit.), S. 75–97. Vgl. auch Eberhard 1991 (s.
Lit.). – *Auswahl:* Gipsbüste (Kinderbildnis) v. A. Trippel, Rom 1782 (Univ. Göttingen). – Ölgemälde (Sitzbild) v. G. Lemonnier, Paris 1801 (verschollen). – Gipsbüste (D. Sch. m. Kopf-
tuch) v. J.-A. Houdon, Paris 1801 (Univ. Göttingen). – Gipsbüste (D. Sch. m. Stirnband) v.
dems., Paris 1805 (ebd.), danach Marmorbüste v. dems., Paris 1806 (Staatliche Museen Bln.,
Skulpturenslg.). – Ölgemälde (Halbfigur, stehend) v. F. C. Gröger, um 1805 (Univ. Göttingen). – Stich v. Schwenterley, 1790, nach Zeichnung v. Fiorillo (MusKK), Abb. s. S. 328.

Friedrich Hassenstein

RÖSE, Johann Anton *Ferdinand,* geb. 27. 9. 1815 Lübeck, gest. 27. 11. 1859
Kruft b. Andernach; ev. – Philosoph, Schriftsteller.
Eltern: Georg Friedrich Röse, geb. 24. 8. 1780 Barth (Pommern), gest. 7. 4. 1855
Lübeck, Kornmakler; Christine Elisabeth geb. Brockhagen, geb. 11. 7. 1783 Lü-
beck, gest. 18. 2. 1839 ebd.; verh. 21. 1. 1806 ebd.
Unverheiratet.
R.s Schulbesuch in Lübeck wurde durch eine zweijährige Buchhändlerlehre
unterbrochen. Im Jahre 1834 kam er auf das Katharineum, wo sich eine Freun-
desgruppe, der „Poetische Verein" bildete, zu der, außer dem schon länger mit
R. befreundeten E. Geibel (s. d.), auch Th. Storm (s. SHBL, 1, S. 265) gehörte, dem
der Kreis die Kenntnis Heines und Goethes vermittelte. In dieser Zeit erhielt R.
durch den Vater E. Geibels, Pastor J. Geibel (s. d.), die bleibende Grundausrich-
tung seiner philosophischen Interessen auf die Religion. Zusammen mit E. Geibel nahm R. im Herbst 1836 das Studium in Berlin auf, wo er sich ohne feste Planung der Kunstgeschichte, der Archäologie und besonders der Philosophie zu-
wandte und zunächst zum engsten Freundeskreis um Geibel gehörte. Nach kürzeren Aufenthalten in Dresden, wo R. seine Kunststudien fortsetzte, und in Lübeck, wo er mit dem Kunsthistoriker C. F. v. Rumohr (s. SHBL, 3, S. 230) in einen
anregenden Gedankenaustausch über Kunstfragen trat, war R. im SS 1838 wieder in Berlin und veröffentlichte eine kleine Schrift „Ueber die scenische Darstellung des Faust und Seidelmann's Auffassung des Mephistopheles" (1838). In
den Ferien war R. in Paris und ging dann von dort nach Basel, wo er sich mit
dem etwas jüngeren Jacob Burckhardt anfreundete. Bei dem Theologen Wilhelm
Martin Leberecht de Wette hörte er eine Vorlesung über die Korintherbriefe,
trieb aber überwiegend Privatstudien. Sie dienten der Aufarbeitung von Quel-
lenbeständen für eine historische Darstellung der philosophischen Prinzipien.
Um seine schwierige finanzielle Lage zu verbessern, schrieb er einen „Führer
durch Basel" und veröffentlichte in einer Zeitschrift „Lübecker Sagen".
Im Frühjahr 1839 war R.s Werk „Versuch einer durch historische Entwicklung erworbenen Philosophie", das die Prinzipienentwicklung der Philosophie
darstellte und R.s eigene Philosophie als notwendige Folge aus ihr nachwies, abgeschlossen. Die Drucklegung unterblieb aber, weil sich kein Verleger fand. Im

Herbst 1839 ging R. nach München und sandte von dort aus die erste Hälfte seiner inzwischen für den Druck weitgehend fertiggestellten Schrift „Ueber die Erkenntnißweise des Absoluten" an die Tübinger Univ. und erwarb damit den philosophischen Doktorgrad. Dauernder Geldmangel, Krankheit und Mahnungen
seines Vaters, der ihn bis dahin finanziell unterstützt hatte, veranlaßten ihn, im
April 1840 nach Lübeck zurückzukehren. Schwerkrank überarbeitete R. im Ostseebad Scharbeutz noch einmal seine in Basel begonnene Geschichte der philosophischen Prinzipien und erweiterte sie um eine Einleitung, die das alltägliche
Weltauffassen in das philosophische hinüberführen wollte. Eine Abhandlung
über die „Parallele zwischen Plato und Schelling" blieb ungedruckt. Daneben
verfaßte er kleinere Arbeiten für verschiedene Blätter, u. a. auch ein Märchen,
von dem Th. Storm in „Zerstreute Kapitel" berichtet. In Lübeck wurde 1842 R.s
„Lübeckische Chronik" anonym gedruckt.

R. ging bald wieder nach Berlin, um dort akademisch Fuß zu fassen. Dies war
von vornherein zum Scheitern verurteilt, denn die im Jahre 1841 in Basel erschienene Schrift „Ueber die Erkenntnißweise des Absoluten", der Anlage nach
eine philosophische Enzyklopädie in nuce, begriff die philosophische Aufgabe
ganz verschieden von der Berliner Hegel-Schule, die damals die philosophische
Szene beherrschte, und rückte zudem in einem Abschnitt, der die Entwicklung
von Kant bis Hegel skizzierte, auch deutlich von Hegel selbst ab. So ging R. nach
Stuttgart. Aber auch hier zerschlug sich sein Plan, eine Erziehungsanstalt einzurichten, ebenso wie seine Hoffnung auf ihm versprochene Tätigkeiten als Redakteur politischer und gelehrter Blätter und als Dozent in Tübingen und Heidelberg. Seine „Lübeckischen Sagen und Geschichten" erschienen in „Bilder aus
Süd und Nord" (1844). Alle Kraft aber setzte R. an die Ausarbeitung eines „Systems der realen Idealphilosophie". Im Herbst 1844 ging er nach Augsburg,
flüchtete aber bereits im Februar 1845 vor seinen Stuttgarter und Augsburger
Gläubigern nach Nürnberg und Leipzig. Im August 1845 kam er zu seinem Bruder Fritz nach Berlin, der einen Verlag und eine Buchhandlung besaß. Hier
schrieb R. auf Anregung eines Verlegers an einem „Entwurf einer christlich-phi-
losophischen Dogmatik", die er später in Basel überarbeitete, im Anspruch her-
unterstufte und 1847 in Berlin unter dem Titel „Die Ideen von den göttlichen
Dingen und unsere Zeit" veröffentlichte. Inzwischen war der Verlag seines Bruders, in dem das „System" erscheinen sollte, in Konkurs gegangen. Nach kurzem
Aufenthalt in Köln im Jahre 1846 als zweiter Redakteur des „Rheinischen Beob-
achters" ging R. nach Basel. Hier übernahm er die Stelle eines zweiten Redak-
teurs der „Basler Zeitung". Am 18. 5. 1847 hielt er in Basel seine Habilitations-
rede. Seine Stellung bei der Zeitung mußte er aufgeben, weil er von der Be-
schlagnahmung politischer Propagandaschriften durch die Behörden berichtet
hatte. Noch im Herbst desselben Jahres ging er nach Tübingen und erlebte hier
1848 die März-Revolution. Er deutete sie als Bestätigung seiner philosophischen
Lehre. Unter ihrem Eindruck verfaßte er das Buch „Die deutsche Volksbewegung von Gottes Gnaden. Geschichte des Jahres 1848" (1849); darin vertrat er einen reformerischen Standpunkt. Sein Staatsideal war eine „republikanische
Monarchie". Ende März 1849 übernahm er die Redaktion des satirischen Maga-

zins „Die Laterne". Seine Tübinger Dozentur konnte er nicht wahrnehmen, weil er keine Mittel zur Bestreitung seines Lebensunterhalts besaß; sie verfiel. Inzwischen in Stuttgart, entwickelte R. eine rastlose Tätigkeit als Redakteur, zuletzt bei dem Magazin „Deutsche Volkswehr", das alle bisherigen Volksblätter und oppositionellen Standpunkte vereinigen sollte.

Im April 1850 wurde R. aus Württemberg verbannt. Ein Angebot von W. Mantels (s. d.), in Lübeck Lehrer zu werden, schlug er aus, wie später auch eine von E. Geibel vermittelte gut dotierte Hauslehrerstelle in einem fürstlichen Hause. R. lebte inzwischen in Koblenz von Nachhilfeunterricht in Englisch und Französisch und vom Daguerreotypieren. Um eine schwere Krankheit auszuheilen, zog er 1853 nach Kruft. Kaum genesen, wurde er im April 1854 in das Koblenzer Schuldgefängnis gesteckt, wo er sechs Monate in Haft blieb, bis sein Vater ihn loskaufte. Als im Jahre 1856 sein Werk „Die Psychologie als Einleitung in die Individualitäts-Philosophie" erschien und ihm von Zürich aus Hoffnungen auf eine Tätigkeit an der Universität gemacht wurden, machte er sich auf den Weg in die Schweiz, erkrankte aber in Mainz. Einer weiteren Schuldhaft entging R. durch einen öffentlichen Kollekten-Aufruf E. Geibels und anderer Freunde. Dann ging er nach Ochtendung bei Koblenz. Im Januar 1859 brachte das „Deutsche Museum" eine ausführliche Besprechung seiner Philosophie, die von Emanuel Schärer, einem Schüler R.s, stammte. Schwerkrank übersiedelte R. wieder nach Kruft, der letzten Station seines Lebens.

R. definierte die Philosophie als „spekulative Erfahrungswissenschaft" und bestimmte ihre Aufgabe dahin, das „organische System der menschlichen Lebenszwecke" zu erforschen (Psychologie, S. 2 f.). Den Endzweck bestimmte er als den Fortschritt der einzelmenschlichen Natur über die organische Hineinbildung in Familie, Volk und Staat bis zur Miterzeugung der Menschheit. Diese galt ihm als ein freies, gottähnliches, ewig lebendes Individuum. Als „Urbild höchster, reinster Menschlichkeit oder menschlicher Gottesebenbildlichkeit" galten ihm Person und Leben Christi. Im Gefühl fand R. den Antrieb, den Endzweck zu realisieren und vom bloßen „Erhaltungsleben" zum „Erhöhungsleben" vorzudringen und, im christologischen Sinne, „immer mehr Ich zu werden" (Promotionsthese 14). Diesen Zusammenhang gestaltete R. in seinem Hauptwerk „Die Psychologie als Einleitung in die Individualitäts-Philosophie", die er als „Weltanschauung" (ebd., Vorwort) konzipierte. Mit seinem philosophischen Werk gehört R. in den Spätidealismus; dem späteren Schelling und F. H. Jacobi (s. SHBL, 9, S. 157) fühlte er sich verbunden.

Quellen: AHL: Schnobel. – Theodor Storm, Sämtliche Werke, hrsg. v. K. E. Laage u. D. Lohmeier, 4 Bde., Ffm. 1987-1988, Bd. 1, S. 233, 881–883, 916; Bd. 4, S. 441–469. – E. Schärer, F. R.'s Individualitätsphilosophie, in: Deutsches Museum 9 (1859), 1, S. 161–223.

Nachlaß: Staatsbibl. Bln. (Mss.,über 400 Briefe, darunter 314 an E. Schärer u. W. Mantels; 2 Bde. vermißt). – SHLB: Briefe an Th. Storm. – AHL: Familienarch. Gaedertz Nr. 176 (einzelne Papiere).

Werke: Verz. in: F. Böhme (s. Lit.),S. 168–172. – Die Hauptwerke sind im Text genannt.

Literatur: ADB, 29, S. 186 f. - E. Schärer, Ein vergessener politischer Philosoph, in: Allg. Ztg. v. 8. u. 9. 9. 1873. – Ders., J. A. F. R. aus Lübeck. Eine Lebensskizze, in: Z. f. Philosophie u. philosophische Kritik 78 (1880), S. 34-70. – F. Böhme, F. R., ein Freund Geibels. Eine Studie zur 100. Wiederkehr ihrer Geburtstage, in: ZLGA 17 (1915), S. 137-172. – W. Ziegenfuß / G. Jung, Philosophen-Lex., 2, Bln. 1950, S. 371. – P. Brockhaus, F. R. Lübecks vergessener Philosoph, in: Wagen 1957, S. 73–77. – Ders., F. R., der Freund Geibels u. Storms, ein vergessener Philosoph u. Volksschriftsteller. Zu seinem 100. Todestag, in: Wagen 1960, S. 79–82.

Jendris Alwast

S A H N, Johann Hinrich, geb. 12. 4. 1767 Lübeck, gest. 18. 11. 1835 ebd.; ev. – Navigationslehrer.

Eltern: Johann Simon Sahn, get. 1. 9. 1728 Lübeck, Schiffer; Anna Christina geb. Gave, get. 3. 3. 1734 Lübeck, gest. 26. 8. 1776 ebd.; Tochter d. Schiffers Andreas Gave.

Ehefrau: Elsabe (Elisabeth) Dorothea Möller, geb. 1755 / 56, gest. 26. 7. 1819 Lübeck; verh. 25. 4. 1794 ebd.

Kinder: 1 Tochter; 2 Söhne starben früh.

Da die Mutter früh starb und der Vater zur See fuhr, vielleicht auch schon während S. s Kindheit mit seinem Schiff unterging, wurde S. im Lübecker Waisenhaus erzogen. Anschließend ergriff er in der Tradition seiner Familie den Beruf des Seemanns. Er fuhr zwanzig Jahre zur See und stieg bis zum Steuermann auf. Seit etwa 1793 nutzte S. die Wintermonate, um Seeleute privat in der Seefahrtskunde zu unterrichten. Als der Jurist L. Suhl (s. d.) und der Kaufmann Hinrich Rolff der Lübecker Gesellschaft zur Beförderung gemeinnütziger Tätigkeit 1808 nach dem Vorbild Bremens die Gründung einer Navigationsschule vorschlugen, empfahlen sie den bereits durch eine Kommission für geeignet befundenen S. als deren Leiter. Mit der Unterstützung von sechs Kollegien der Bürgerschaft und der Gemeinnützigen Gesellschaft konnte Unterrichtsmaterial beschafft und S.s Gehalt finanziert werden; Bürgermeister Matthäus Rodde mietete einen Raum an. Im Juni 1808 wurde die Navigationsschule zunächst als Versuch auf fünf Jahre eröffnet. Der wirtschaftliche Niedergang Lübecks während der Franzosenzeit hatte auch ein allmähliches Versiegen der Gelder für die Schule zur Folge. Trotz der Eingaben von Suhl und S. an die Lübecker, Hamburger und Pariser Behörden mußte die Schule 1812 geschlossen werden. S. ernährte sich und seine Familie notdürftig durch Privatunterricht in seiner Wohnung. 1815 stellten die Gemeinnützige Gesellschaft und einige Kollegien der Bürgerschaft – auch durch S.s Absicht veranlaßt, wieder zur See zu fahren – erneut für fünf Jahre Geld zur Verfügung, allerdings noch nicht einmal die Hälfte der Beiträge von 1808. S. konnte die Kurse fortsetzen, mußte das Unterrichtsmaterial aber selbst beschaffen. Die Schülerzahlen zeigten, daß das Bedürfnis nach einer Navigationsschule vorhanden war, ihr Bestand war jedoch nicht gesichert. Erst als S. 1819 ein großzügiges Angebot aus Hamburg bekam, dort als Navigationslehrer zu wirken, bewilligte ihm der Lübecker Senat ein Gehalt aus der Stadtkasse. Nach umfangreichen Verhandlungen erklärte sich der Senat 1825 endlich bereit, die Navigationsschule in ein staatliches Institut umzuwandeln, und S. wurde eine lebenslängliche Anstellung zugesichert. Die Schule erhielt im folgenden Jahr ein eigenes Gebäude mit einer Wohnung für S. im ehemaligen Kaiserturm beim Mühlentor, wo sie sich auch heute noch als Seefahrtsschule befindet. Unter Mitwirkung von S. wurde 1827 eine verbindliche Prüfung für Steuerleute auf Lübecker Schiffen eingeführt. Als Direktor der Navigationsschule nahm er die Prüfungen ab. Er erklärte sich auch bereit, geeignete Steuerleute als Navigationslehrer auszubilden. Dies erwies sich auch für seine eigene Arbeit als wichtig, da er wegen Krankheit in seinen letzten Lebensmonaten den Unterricht nur mit Hilfe eines Assistenten – seines späteren Nachfolgers Johann Georg Friedrich Franck – durchführen konnte.

S.s umfangreiche Kenntnisse der Seefahrtskunde erwuchsen aus seiner langjährigen Praxis als Seemann, dem Navigationsunterricht, den er wahrscheinlich von einem Lübecker Kapitän erhalten hatte, und dem theoretischen Wissen, das er sich selbst angeeignet hatte. Als Grundlage für seinen Unterricht dienten H. Brarens' (s. SHBL, 6, S. 36) „System der praktischen Steuermannskunde" und das „Handbuch der Schiffahrtskunde", in dessen zweite Auflage von 1823 Verbesserungen von S. aufgenommen wurden. Form und Inhalt des Unterrichts entwickelte er jedoch selbst, möglichst eng an den Erfordernissen der damaligen Seeschiffahrt orientiert. Er unterrichtete Mathematik, Astronomie, Nautik und Geographie, die Steuermannsregeln und Unfallmaßnahmen auf Schiffen. Zusätzlich veranstaltete er mit den Schülern praktische Übungen in Himmelsbeobachtung und Instrumentenhandhabung. Er legte keinen Wert auf das traditionelle Auswendiglernen des Unterrichtsstoffes, sondern förderte die selbständige Erarbeitung und Anwendung von Kenntnissen. Zeitweise wurde er von Hilfslehrern unterstützt, die Zeichnen, deutsche und englische Sprache, Lesen, Schreiben und Rechnen unterrichteten. Die Sommerkurse waren für Knaben vorgesehen, die später zur See fahren wollten, an den Winterkursen nahmen bereits erfahrene Seeleute teil. Der von S. entwickelte Unterricht fand bei den öffentlichen Prüfungen wiederholt Anerkennung und diente 1817 als Vorbild für die Reform der Hamburger und die Gründung der Danziger Navigationsschule. Die Durchführung des Unterrichts wurde nicht nur durch die langjährigen Existenzsorgen S.s behindert, sondern auch durch die ständige Fluktuation in den Kursen, den großen Altersunterschied der Schüler und deren unterschiedliche Vorkenntnisse.

Neben seiner Arbeit als Navigationslehrer war S. als Gutachter in Schiffahrtsfragen tätig. Aus Kopenhagen wurde sein Rat bei der Neuherausgabe der Seekarten Poul Løvenørns eingeholt. Ihm blieb auch Zeit für eigene Forschungen, die er als kurze Notizen in Lübecker Zeitungen sowie den „Astronomischen Nachrichten" veröffentlichte; mit dem Herausgeber dieser Fachzeitschrift, dem angesehenen Altonaer Astronomen H. Chr. Schumacher (s. SHBL, 3, S. 249), hatte S. regen freundschaftlichen Kontakt. S. bestimmte erstmals in Lübeck den richtigen Wert der geographischen Breite der Stadt. Für seine Berechnung der Sonnenfinsternis vom 7. 9.1820 erhielt er eine Anerkennung durch den Senat. Spätestens seit 1826 gab er einen Lübecker Taschenkalender heraus. Es ist ein Zeichen für die Bescheidenheit und Zurückhaltung S.s, daß er seine „Beobachtungen über Seeströme", das „Ab- und Zunehmen der Tageslängen" sowie die „Wiederlegung der Furcht, als habe unsere Erde von einem Kometen ihren Untergang zu erwarten" von seinem Förderer Suhl vor der Gemeinnützigen Gesellschaft vortragen ließ. Zu seinem fünfundzwanzigjährigen Dienstjubiläum 1833 erfuhr S. vielfältige Würdigungen und Auszeichnungen durch Lübecker Institutionen. In der „Hamburger Gesellschaft zur Verbreitung mathematischer Kenntnisse" war er seit 1817 Mitglied.

Durch sein langjähriges Wirken als Navigationslehrer war S. maßgeblich daran beteiligt, daß die Seefahrerausbildung in Lübeck institutionalisiert und eine einheitliche Qualifikation der Schiffsführer vorgeschrieben wurde.

Quellen: AHL: Personenkartei; Arch. d. Ges. zur Beförderung gemeinnütziger Tätigkeit 37 I,II; Oberschulkollegium 17, Navigationsschule; Bürgerschaft II, 89, Schiffahrt V, 1–5; Arch. d. Schifferges. 105,6. – Hdb. d. Schiffahrtskunde, 3. Aufl. Hbg. 1832, S. IX. – LBl 1835, S. 22 f.
Werke: Kleine astronomische u. meteorologische Veröff. in: Lübeckische Anz. v. 30. 11. 1816, 7. 6. 1817, 30. 8. 1820; Astronomische Nachr. 1 (1823), S. 469; 2 (1824), S. 271, 423; 3 (1825), S. 317; Lübeckischer Taschenkal. 1826, 1830, 1835; LBl 1835, S. 78, 102, 171, 220.
Literatur: Nachruf in: LBl 1835, S. 361–363. – L. Heller, Gesch. d. Lübeckischen Ges. zur Beförderung gemeinnütziger Tätigkeit während d. ersten fünfzig Jahre ihres Bestehens, Lübeck 1839, S. 141–145, 208. – Verz. d. Vorträge u. Vorlesungen, gehalten i. d. Versammlungen d. Ges. zur Beförderung gemeinnütziger Tätigkeit vom Jahre 1789 bis Ostern 1889, ebd. 1889, S. 24, 26, 29.– F. L. Schulze, Die Navigationsschule in Lübeck, ebd. 1908, S. –47. – J. Krauß, Die Entwicklung d. drei hanseatischen Navigationsschulen, in: Annalen d. Hydrographie u. maritimen Meteorologie 36 (1908), S. 300–307. – F. Rörig, Nochmals Mecklenburgische Küstengewasser u. Travemünder Reede, T. 3, in: ZLGA 24 (1928), S. 47–151, bes. 145 f. – G. Sack, Gesch. d. Bestimmung v. Lübecks geographischer Breite u. Länge, in: MGGL, R. 2, H. 37 (1934), S. 52–57, bes. 54; H. 40, S. 30. – G. Behrens, 175 Jahre gemeinnütziges Wirken. Ges. zur Beförderung gemeinnütziger Tätigkeit. Gegr. 1789, Lübeck 1964, S. 60–64. – N. Weppelmann, Unters. zur Entwicklung d. berufsbildenden Schulwesens, dargest. am Wirken d. Ges. zur Beförderung gemeinnütziger Tätigkeit in Lübeck im 18. u. 19. Jh., Diss. Hbg. 1971, S. 134–151, 301–304. – O. Pelc, Herkunft u. Ausbildung d. Schüler d. Lübecker Navigationsschule 1808–1827, in: ZLGA 62 (1982), S. 195–213.

Ortwin Pelc

SCHEIN, Calixtus, geb. 1529, wahrscheinlich Dresden, gest. 4. 11. 1600 Lübeck; ev. – Jurist, Ratssyndikus.
Vater: Valentin Schein, gest. 1554, Stadtschreiber in Meißen.
Ehefrau: 1.) Ottilie Heiden; verh. Meißen. 2.) Salome Muter.
Kinder: aus 1.) 5 Söhne, 2 Töchter. Aus 2.) vermutlich 2 Söhne, 1 Tochter.
Neffe: Johann Hermann Schein (1586–1630), Komponist, seit 1616 Thomaskantor in Leipzig (s. ADB, 30, S. 715–718).

Sch. wuchs in Meißen auf. Er besuchte dort seit ihrer Gründung 1543 die Kurfürstliche Landesschule. Seit 1545 studierte er Rechtswissenschaften in Leipzig und seit 1549 in Wittenberg, eingeschrieben als Calixtus Schein Dresdensis. Ungeklärt ist, wo er zum Doktor beider Rechte promoviert wurde. Seinem Vater folgte er im Amt des Stadtschreibers in Meißen nach, als dieser 1554 starb. Unsicher ist, wann er nach Kiel kam, wo er als Prozeßvertreter und eine Zeitlang als Syndikus der Stadt gewirkt hat. Im Juli 1565 wurde er zum Syndikus der Stadt Lübeck bestellt, zunächst auf 10 Jahre, durch Vertrag vom 18. 2. 1575 dann auf Lebenszeit. Nebenher war er für den Kurfürsten von Sachsen und für Herzog Johann Albrecht von Mecklenburg tätig, seit 1574 leistete er auch den Herzögen von Sachsen-Lauenburg regelmäßige Dienste. Herzog Franz II. von Sachsen-Lauenburg bediente sich seiner als Rat von Haus aus u. a. in Reichskammergerichtssachen und Reichsangelegenheiten, die zum Teil in Verbindung mit dienstlichen Reisen für Lübeck erledigt wurden.

In den Beginn seiner Lübecker Amtszeit fiel der Siebenjährige Nordische Krieg (1563–1570), der sogleich Sch.s diplomatisches Können herausforderte. 1567 war er mit zwei Ratsherren bei Lübecks Bündnispartner Friedrich II. von Dänemark, um dessen Meinung zu schwedischen Friedensangeboten einzuholen. Weitere Legationen folgten 1568 und 1569. Bei den Friedensverhandlungen in Stettin 1570 war Lübeck u.a. durch Sch. vertreten, der sein Verhandlungsgeschick hier besonders zur Geltung gebracht haben soll. Im folgenden Jahr 1571 war er wieder auf Reisen, zunächst nach Kopenhagen, wo er sich um die Bestätigung der Bergischen und Schonischen Privilegien für Lübeck bemühte, dann nach Schweden, um die Bestätigung des Stettiner Friedens durch König Johann III., Herzog Karl von Södermanland und den Reichsrat zu erwirken. Im August des gleichen Jahres war er erneut in Kopenhagen, um Erschwernisse im Handel zu beheben. 1575 verhandelte er dort gemeinsam mit den Bürgermeistern Christoph Tode und Johann Brokes und dem Ratsherrn Hermann von Dorne wegen der Wiedereinlösung der von Dänemark für 50 Jahre an Lübeck verpfändeten Insel Bornholm. 1576, 1578 und 1583 verhandelte er an gleicher Stelle wegen des Sundzolls. Inzwischen war er 1574 wieder in Stockholm gewesen, wo er die Freigabe der 1562 im Konflikt um Narva von Schweden aufgebrachten Schiffe der Narvafahrer erreichte.

Sch. hatte Lübeck auch auf Reichstagen und bei Verhandlungen mit anderen Reichsständen zu vertreten; zu diesem Zweck unternahm er Reisen in den Jahren 1571, 1580, 1581. Am Hof in Prag war er in Gegenwart Kaiser Rudolfs II. 1575 und 1579 für die Hanse tätig, und der Kaiser soll sich lobend über sein Auftreten ausgesprochen haben (Dreyer, s. Lit.). 1573 bemühte er sich in Uelzen gemeinsam mit dem Bürgermeister Hinrich Plönnies, Streitigkeiten zwischen der Stadt Lüneburg und ihrem Landesherrn beizulegen. In Köln brachte er die „bursa coronarum", eine Stiftung zugunsten Studierender, finanziell in Ordnung.

In Sch.s Hand lagen auch die Ratsmandate in Religionssachen, und bei religiösen Streitigkeiten mit dem Geistlichen Ministerium oder einzelnen Pastoren wurde Sch. vom Rat als Wortführer vorgeschickt. 1575 war er an den Verhandlungen in Mölln mit den Nachbarstädten Hamburg und Lüneburg (sog. Ministerium Tripolitanum) über die Konkordienformel beteiligt. Anläßlich einer heftigen Kontroverse zwischen Geistlichkeit und Rat um die Kirchenzucht hatte Sch. 1582 die Position des Rats, der die unbeschränkte Kirchenhoheit für sich beanspruchte, zu vertreten und den Geistlichen ein ausführliches Dekret mit Verhaltensmaßregeln vorzutragen. Sch. wirkte als Syndikus auch an der Schulordnung von 1567 mit, inspizierte Schulen und prüfte Lehrkräfte.

Als Syndikus war Sch. vor allem mit den Rechtsangelegenheiten des Rats befaßt, wobei dessen Rechtsprechung als Oberhof des Lübischen Rechtskreises einen breiten Raum einnahm. Für Vorbereitung, Findung und Abfassung der Entscheidungen mußten die Ratsmitglieder, die Syndici und Sekretäre einen großen Teil ihrer Zeit aufwenden. Die Relationen Sch.s, die noch vorhanden sind, betreffen mehr als fünfzig Privatrechts- und Kriminalsachen aus den Jahren 1584 bis 1599. Freilich hatte das Lübische Recht zu Sch.s Zeit mit dem schwindenden Einfluß Lübecks und der Hanse den Zenit seiner Bedeutung schon überschritten, die Zahl der nach Lübeck appellierenden Städte hatte mehr und mehr abgenommen. Die Territorialfürsten suchten im Interesse ihrer Souveränität den Rechtszug ihrer Städte nach Lübeck durch die Zuständigkeit ihrer Hof- und Kammergerichte zu ersetzen. Da außerdem das Lübische Recht durch die Überlieferung in einer Vielzahl unterschiedlicher Handschriften unübersichtlich und unpraktikabel geworden war, verlangten die Hansestädte Rostock, Stralsund und Wismar wiederholt eine Revision, die unter maßgeblicher Beteiligung Sch.s 1586 zustandekam.

Eine erste Konferenz der auswärtigen Gesandten mit Lübecker Ratsmitgliedern fand im Juli 1579 auf der Kanzlei in Lübeck statt. Sch. hielt das Ziel in einem eigenhändigen Protokoll fest, das einen klaren Blick für die Aufgabe und zugleich organisatorische Fähigkeiten erkennen läßt. Die Revision, die binnen Jahresfrist zustande gebracht werden sollte, zog sich länger hin, weil Lübecks Juristen durch andere Geschäfte in Anspruch genommen waren und sie selbst die Revision nicht für so dringlich hielten, wie die spätere Vorrede zum Druck zeigt. Als sich die anderen Städte über die Verzögerung beklagten, beauftragte der Rat im Dezember 1583 den Bürgermeister Johann Lüdinghusen, den Ratsherrn Gottschalk von Stiten und Sch. mit der unverzüglichen Ausarbeitung des Revisionstextes. Die drei legten dann auch ein Konzept für den Druck vor. Die im Archiv der Hansestadt Lübeck noch vorhandene Vorlage des Ratsherrn von Stiten ist an mehreren Stellen abgeändert oder gekürzt worden, der Handschrift nach zu urteilen offenbar vornehmlich von Sch. selbst, so daß er als letztverantwortlicher Redaktor und maßgeblicher Mitschöpfer des Revidierten Stadtrechts, das 1586 mit 418 Artikeln in 6 Büchern publiziert wurde, anzusehen ist. Der Text weist allerdings manche, im Vorwort mit der Eile entschuldigte Unzulänglichkeiten auf; da sich die Bearbeiter nicht auf dem Titelblatt nannten, wurden die Fehler dem Drucker Johann Balhorn d. J. zugeschrieben, woraus die Redensart „verballhornen" entstanden sein soll. Gleichwohl hat das Revidierte Stadtrecht von 1586 in Lübeck, Wismar und Rostock bis 1900 Geltung gehabt, in anderen Städten galt das „alte" Lübische Recht fort.

Obwohl Sch. seit 1575 über Hausbesitz in der Königstraße in Lübeck verfügte und einen Hof in Sarau besaß, beklagte er sich gegen Ende seines Lebens beim Rat, der ihm eine wahrscheinlich einträgliche Mission für Herzog Hans d. J. von Schleswig-Holstein-Sonderburg (s. SHBL, 6, S. 111) an den Kaiser untersagt hatte, über beengte finanzielle Verhältnisse. Seine Persönlichkeit wurde 200

Jahre später von Dreyer (s. Lit.) beschrieben, der ihn einen Mann von angenehmer Gemütsbeschaffenheit, voller Gütigkeit, Höflichkeit, anständiger Fröhlichkeit und liebreichen Wesens nennt und ihm außerordentliche Fähigkeiten in Politik und Verwaltung zuschreibt.

Quellen: AHL: Altes Senatsarch., Interna, Syndikat (Anstellungsurkunde u. weitere Personalakten); Relationen 1; Niederstadtbücher 1571–1603; Schröder, Topographische Reg. – H.-K. Stein-Stegemann, Findbuch d. Reichskammergerichtsakten im AHL, Schleswig 1987 (VLAS 18), s. Register.
Literatur: Cimb. lit., 2, S. 770. – C. H. Starck, Lübeckische Kirchen-Historie, 1, Hbg. 1724, s. Register. – K. v. Cronhelm, Corpus Statutorum Provincialium Holsatiae, Altona 1750, S. 111. – J. C. H. Dreyer, Einleitung z. Kenntniß d. . . . von E. Hochw. Rath der Reichsstadt Lübeck . . . ergangenen allgemeinen Verordnungen, Lübeck 1769, bes. Anm. 7, S. 257–259. – W. Heinsohn, Das Eindringen d. neuhochdt. Schriftsprache in Lübeck, Lübeck 1933 (Veröff. z. Gesch. d. Freien und Hansestadt Lübeck 12), S. 71 f. – F. Bruns, Die Lübecker Syndiker und Ratssekretäre, in: ZLGA 29 (1937), S. 91–168, bes. 101. – A. v. Reden, Landständische Verfassung u. fürstliches Regiment in Sachsen-Lauenburg (1543–1689), Göttingen 1974 (Veröff. d. Max-Planck-Instituts f. Gesch. 41), s. Register. – W.-D. Hauschild, Kirchengesch. Lübecks, Lübeck 1981, s. Register. – Lübeckische Gesch., hrsg. v. A. Graßmann, Lübeck 1988, S. 430–432.

Jürgen Harder

SCHETELIG, Karl Martin Ludwig, geb. 6. 3. 1808 Lübeck, gest. 31. 1. 1881 ebd.; ev. – Maschinenbauer, Industrieller.
Eltern: Christian Hermann Schetelig, geb. 21. 9. 1774 Schönberg / Holstein, gest. 2. 8. 1859 Lübeck, Uhr- u. Instrumentenmacher, Sohn d. Pastors Aug. Friedr. Schetelig in Schönberg / Holstein; Anna Dorothea Christina geb. Lücke, geb. 20. 5. 1784, gest. 9. 7. 1850; Tochter d. Pastors Johann Adolph Lücke in Schönberg / Mecklenburg.
Ehefrau: Cecilia Catharina Henriette Harding, geb. 5. 12. 1820 Lübeck, gest. 21. 4. 1884 ebd.; verh. 18. 8. 1842; Tochter d. Lübecker Gewürzkrämers Diedrich (Dirck) Heinrich Harding.
Kinder: 6 Söhne, 3 Töchter, darunter: Heinrich Georg Christian (1843–1907), Fabrikant in Lübeck, Inhaber d. Firma Schetelig & Nölck. – Sophia Maria Emilie (1850–1928), verh. 1879 m. d. Ingenieur, später technischen Direktor d. Lübecker Maschinenbau-Gesellschaft, Carl Bernhardt (1845–1906).
Wo Sch. seine beruflich-fachliche Ausbildung erhalten hat, ist nicht bekannt. Ein offensichtlich gut unterrichteter Ungenannter bezeichnete ihn 1837 als tüchtigen Mechanikus, der alle Teile seines Faches gründlich selbst erlernt habe. Sch. wurde zum Wegbereiter moderner Industrie in Lübeck, als er Anfang 1837 vom Rat Konzession als Mechanikus und insbesondere auch als Maschinenbauer erbat. Zwar hatten einsichtige Männer sich seit langem für die Förderung industrieller Unternehmen eingesetzt, doch stand dem vielfach das Verbietungsrecht der zünftigen Handwerke entgegen. Der Rat erteilte denn auch nach eingehender Prüfung erst am 4. 10. 1837 die erbetene Erlaubnis zur Anlage einer Maschi-

nenfabrik in einer Form, die Einsprüche der Handwerksämter nach Möglichkeit ausschließen sollte, was von den Befürwortern öffentlich als Sieg über die Zunftbeschränkungen gefeiert wurde. Dennoch hat Sch. in den 1840er Jahren wegen Lieferung von Jacquard-Webstühlen einen Prozeß mit dem Tischlerhandwerk bis an das Oberappellationsgericht führen müssen, der mit einem Vergleich endete.

Sch. wurde am 17. 10. 1837 Lübecker Bürger. Bereits 1838 beschäftigte er 10 Arbeiter, der Auftragseingang ließ weitere schnelle Ausweitung des Geschäfts erhoffen. 1840 wurde eine Reparatur der Kessel des Dampfschiffes „Naslednik" (Thronfolger) der Lübeck-St.-Petersburger Dampfschiffahrtsgesellschaft ausgeführt, ebenso die Reparatur eines Rostocker Dampfschiffs. 1841 erhielt das Travedampfschiff „Mercur" neue Kessel. 1843 wurde eine für eine Revaler Druckerei gebaute sog. Zweibrückener Kniehebel-Druckpresse im Hause des Ratsbuchdruckers Schmidt zur Besichtigung ausgestellt.

Da die notwendige Betriebserweiterung und Angliederung einer Eisengießerei sich am bisherigen Standort in der Stadt nicht durchführen ließ, erwarb Sch. mit dem Lübecker Architekten und Kaufmann Georg Heinrich Kollmann, der inzwischen sein Partner geworden war, das Gelände einer ehemaligen Stärkemehlfabrik vor dem Holstentor, auf dem sie nach der am 18. 8. 1845 erteilten Genehmigung bereits 1846 den Betrieb aufnahmen. Hier war eine der ersten ortsfesten Dampfmaschinen auf Lübecker Staatsgebiet installiert (Leistung 8 PS).

Bereits in den Jahren 1848/49 übernahm das nunmehr als Kollmann & Schetelig firmierende Unternehmen Reparaturen bzw. Lieferung von maschineller Ausrüstung für Schwimmbagger des Lübecker Staates. Belegschaft und Umsatz entwickelten sich stetig. 1854 schwankte die Arbeiterzahl zwischen 52 und 75, betrug 1868/69 90, darunter zeitweise bis 50 % Nichtlübecker, um 1870 auf 50 Mann zurückzufallen. Immer neue Erzeugnisse wurden aufgenommen, namentlich in der Gießerei.

1841 wurde Sch. Mitglied der Gesellschaft zur Beförderung gemeinnütziger Tätigkeit, der sein Vater seit 1822 angehörte. 1861 überließ er der Gewerbeschule das Modell eines Dampfkessels und Zeichnungen als Lehrmaterial. 1862 wird er als Mitglied des Vereins zur Förderung der Gewerbefreiheit in Lübeck, 1868 als Mitglied der Kaufmannschaft genannt.

Sch.s erfolgreiche Unternehmertätigkeit fand 1873 ihren Abschluß mit dem Verkauf des Unternehmens an ein Bankenkonsortium, das es in eine Aktiengesellschaft umwandelte, die heute als größter Lübecker Maschinenbaubetrieb im Werk Lübeck der Orenstein & Koppel Aktiengesellschaft fortbesteht.

Quellen: AHL, versch. Bestände, bes.: Genealog. Register; Personenkartei; Landgericht 12 l; Wasserbauakten; Ratsdekrete 1837 u. 1845/46; Polizeiamt; Fabrikwesen; Schröder, Topographische Reg. – Industrie- u. Handelskammer Lübeck: Lübeckische Circulaire, Jahresbericht 1868. – LBl 1838 ff. – Lübeckische Anzeigen 1838–1873. – Lübecker Adreßbücher 1838 ff.

Nachlaß: Geheimbuch Schetelig (1846–1872), im Besitz d. Verf. – 50 Stammbuchbll. 1824–1829, SHLB.

Literatur: H. Schult, K. M. L. Sch., in: LBl 1965, Nr. 15, S. 237 f. – L. Rasper, Das Werk Lü-beck der Orenstein-Koppel u. Lübecker Maschinenbau-Aktiengesellschaft, Lübeck 1965. *Porträts:* Foto d. Ehepaares Sch. b. L. Rasper (s. Lit.), S. 11. – 2 Familienfotos im Besitz d. Verf.

Herbert Schult

SCHLÖZER-FAMILIE. Die Familie geht zurück auf den Göttinger Histo-riker und Publizisten August Ludwig Schlözer (1735–1809, s. ADB, 31, S. 567), der einer schwäbischen Pastorenfamilie entstammte. Für seine Verdienste um die Erforschung der russischen Geschichte wurde ihm 1804 der russische Erb-adel verliehen, und seitdem nannten er und seine Nachkommen sich „von Sch.". Engere Beziehungen der Familie zu Lübeck begannen 1792, als Dorothea (1770–1825, s.d.), die älteste Tochter August Ludwig Sch.s, den Lübecker Kauf-mann und Senator Matthäus Rodde (1754–1825) heiratete. Nach dem Konkurs ihres Mannes im September 1810 kehrte Dorothea Rodde-Sch. in ihre Heimat-stadt Göttingen zurück, während ihr jüngerer Bruder Karl (1780–1859, s. d.), der ihr 1797 nach Lübeck gefolgt war, um eine kaufmännische Laufbahn anzutreten, in der Hansestadt blieb und dort russischer Generalkonsul wurde. Karl v. Sch. heiratete Friederike Platzmann aus einer der reichsten Lübecker Kaufmannsfa-milien der Zeit. Er hatte mit ihr zwei Söhne und zwei Töchter.

Die Töchter Karl v. Sch.s, Friederike und Cäcilie, heirateten in Lübeck, Friede-rike den Landwirt Maximilian Winckler, Cäcilie den Juristen und späteren Bür-germeister Theodor Curtius (s. d.). Karl v. Sch.s Sohn Conrad Nestor, der sich Kurd nannte (1822–1894, s. d.), trat 1857 in den preußischen diplomatischen Dienst ein, wurde nach St. Petersburg, dann nach Rom und als Gesandter nach Mexiko, nach Washington und schließlich an den Vatikan geschickt. Bekannt geworden ist er durch seine Briefsammlungen und dadurch, daß er als Gesand-ter beim Vatikan Otto von Bismarck half, den Kulturkampf zu beenden. Kurd v. Sch. war unverheiratet und starb 1894 kinderlos.

Karl v. Sch. war als russischer Generalkonsul Untertan des Zaren, und sein äl-tester Sohn Nestor (1808–1899, s. d.) wurde bereits als Siebenjähriger zum russi-schen Beamten ernannt. 1830 wurde er seinem Vater als Attaché beigegeben, und als 1844 die Dampfschiffahrt zwischen Stettin und St. Petersburg eröffnet wurde, erhielt er den Posten des russischen Konsuls in Stettin. Nach seiner Pen-sionierung kaufte Nestor v. Sch. 1862 das Gut Rothensande am Kellersee. Hier wuchsen die beiden Söhne aus seiner zweiten Ehe mit Luise Freiin von Meyern-Hohenberg auf. Der ältere von ihnen, Karl (1854–1916) ging wie sein Onkel Kurd v. Sch. in den preußischen diplomatischen Dienst. Seine Laufbahn führte ihn über Rio de Janeiro, Belgrad und Athen auf die Posten des deutschen Gesandten im Haag und des preußischen in München. Er ließ, z.T. unter dem Pseudonym Eber Hart, Erzählungen und Bühnenstücke drucken und gab Briefe seines On-kels Kurd heraus. Seine Memoiren wurden 1926 unter dem Titel „Menschen und

Landschaften" von seinem Bruder Leopold (1863–1946) ediert. Dieser war preußischer Offizier und ein noch vielseitigerer Schriftsteller. Als Lyriker, Essayist, Biograph, Übersetzer und Herausgeber hat er etwa 20 selbständige Veröffentlichungen hinterlassen, darunter Nachdichtungen der frühen Stücke Maeterlincks, Erinnerungen an Rilke, die Biographie seiner Großtante Dorothea Rodde-Sch., drei Briefbände seines Onkels Kurd und unter dem Titel „Aus der Jugendzeit" (1939) Wichtiges zur Familiengeschichte und über das Leben auf Rothensande. Karl und Leopold v. Sch. sind kinderlos gestorben.

Literatur: Chr. v. Schlözer, August Ludwig Sch.s öffentliches u. Privatleben, 2 Bde., Lpz. 1828. – N. v. Schlözer, Karl v. Sch. Eine Lebensskizze, Faks.druck Stettin 1859 (Schlözer-Stiftung UB Göttingen, Kopie AHL). – P. Curtius, Kurd v. Sch. Ein Lebensbild, Bln. 1912. – L. v. Schlözer, Dorothea v. Sch. Ein dt. Frauenleben . . ., Bln. u. Lpz. 1923. – Ders., Aus d. Jugendzeit, Dresden 1939. – C. Lück, Die Schlözer-Stiftung, in: Mitt. d. Univ.-Bundes Göttingen 23 (1943), S. 1–32. – L. Ilschner, Schloezeriana, in: Wagen 1957, S. 64–71.

Friedrich Hassenstein

SCHLÖZER, Karl von, geb. 28. 12. 1780 Göttingen, gest. 13. 2. 1859 Lübeck; ev. – Kaufmann, Russischer Generalkonsul in Lübeck.

Eltern: August Ludwig von Schlözer, geb. 5. 7. 1735 Gaggstadt (Hohenlohe), gest. 9. 9. 1809 Göttingen, Historiker u. Publizist (s. ADB, 31, S. 567); *Caroline* Friederike geb. Roederer, geb. 15. 5. 1753 Göttingen, gest. 28. 4. 1808 ebd.; Tochter d. Professors d. Medizin Johann Georg Roederer (1726–1763, s. ADB, 29, S. 20).

Ehefrau: Friederike Wilhelmine Platzmann, geb. 1. 7. 1787 Lübeck, gest. 28. 3. 1873 ebd.; verh. 1. 7. 1807 ebd.; Tochter d. Kaufmanns, Kgl. Preußischen Kommerzienrats u. Konsuls Conrad Platzmann (1749–1812).

Kinder: 2 Söhne, 2 Töchter, darunter: Cäcilie (1820–1904), verh. m. Theodor Curtius (s. d.). – Nestor, geb. 18. 7. 1808 (s. d.). – Kurd, geb. 5. 1. 1822 (s. d).

Geschwister: 3 Schwestern, 4 Brüder, darunter: Dorothea verh. Rodde, geb. 10. 8. 1770 (s. d.). – Christian (1774–1831), Professor d. Staatsrechts in Moskau u. Bonn (s. ADB, 31, S. 600).

Sch. war wie seine Schwester Dorothea Gegenstand gezielter pädagogischer Planung seines Vaters, der früh beschlossen hatte, aus ihm einen „gelehrten Kaufmann" zu machen. Bis zum elften Lebensjahr wurde er im Elternhaus unterrichtet, wobei auch seine musikalischen Neigungen gefördert wurden. Nach kurzem Zwischenspiel auf dem Göttinger Gymnasium wurde er nach Eisleben geschickt, wo er bei einer Pastorenfamilie wohnte und das Gymnasium besuchte. Nach seiner Konfirmation 1795 kehrte er für ein Jahr in seine Familie und auf das Göttinger Gymnasium zurück und wurde dann wieder in Pension gegeben, dieses Mal nach Gotha. Über seine dortigen Fortschritte auf dem renommierten Gymnasium mußte er dem Vater regelmäßig brieflich Rechenschaft geben. 1797 wurde Sch. nach erfolgreicher Prüfung aus der „Selecta" des Gym-

Karl von Schlözer
Foto von H. Linde, 1857

nasiums entlassen. Nach kurzem Zwischenaufenthalt im Elternhaus reiste er nach Lübeck, um seine kaufmännische Laufbahn anzutreten.

Sch. ging nicht bei seinem Schwager Matthäus Rodde, sondern bei Jacob Behrens d. Ä. in Logis und Lehre. Aus diesem Grunde und wegen seiner Weigerung, zwei Jahre später zum Studium nach Göttingen zurückzukehren, brachte er seinen Vater gegen sich auf, so daß dieser seinen Erziehungsplan für gescheitert erklärte und dem Sohn jegliche Unterstützung entzog. 1801 beendete Sch. seine Lehrzeit und trat nun in das Geschäft seines Schwagers ein, ohne daß dieser ihn zu seinem Kompagnon machte. 1804 streckte ihm Rodde so viel Geld vor, daß er sich selbständig machen konnte. Vom selben Jahr an hieß er „von Sch.", da seinem Vater der russische Erbadel verliehen worden war. Der Ruhm des Vaters öffnete Sch. viele Türen, als er 1806 nach Riga, Reval, St. Petersburg und Moskau reiste, um dort Geschäfte abzuschließen. Mit Aufträgen reich versehen, kehrte Sch. ein halbes Jahr später nach Lübeck zurück, das kurz zuvor von den Franzosen besetzt worden war.

Sch.s kaufmännischer Erfolg bewirkte, daß er im nächsten Sommer die Tochter eines der reichsten Häuser Lübecks heiraten durfte. Als die Hochzeit gefeiert wurde, neigten sich die wirtschaftlichen Erfolge aber schon dem Ende zu. Die gegen England gerichtete französische Handelspolitik mit der Kontinentalsperre brachte Lübecks Seehandel 1807 zum Erliegen. 1810 starb in Lübeck der russische Generalkonsul Alexis v. Saposchnikoff, und Sch. übernahm als Vizekonsul dessen Aufgaben. Seine Doppelrolle als Bürger Lübecks und Untertan des Zaren

weckte allerdings beim Senat Bedenken und bei der französischen Besatzungsmacht Mißtrauen. Da er energisch für Rußlands Interessen eintrat, nannten ihn
die Franzosen „consul cosaque".

Nachdem Napoleon 1812 in Rußland geschlagen war, wurde Lübeck von russischen Truppen besetzt, im Sommer 1813 aber von den Franzosen zurücker-
obert. Sch., der die Ausrüstung der hanseatischen Legion unterstützt hatte,
mußte fliehen. Er brachte seine Familie in Eutin in Sicherheit und begab sich
selbst nach Mecklenburg. Dort verkehrte er im Kreis der emigrierten hanseatischen Politiker, die das Interims-Direktorium bildeten und mit Schweden sym-
pathisierten, hielt jedoch einen gewissen Abstand, da er sich dem russisch-preu-
ßischen Verwaltungsrat verpflichtet fühlte. Im November 1813 reiste er nach
Berlin, wo er mit Friedrich Schleiermacher, Carl Friedrich Zelter und Moses
Mendelssohn zusammentraf und die Nachricht von der endgültigen Befreiung
Lübecks erhielt.

Zum Jahresende kehrte Sch. in sein Haus und zu seinen Geschäften zurück.
Seine konsularische Tätigkeit weitete sich aus, zumal er auch zum Herzoglich-
Holsteinisch-Oldenburgischen Konsul ernannt worden war. Als Vertreter russischer Interessen wurde er besonders dadurch beansprucht, daß sich Lübecks
Seehandel nach dem kriegsbedingten Verlust älterer Absatzmärkte stark in Richtung des von Rußland erworbenen Finnland orientierte. Bei seinen Konsulatsan-
gelegenheiten handelte Sch. meist selbständig, da der neu ernannte russische
Generalkonsul Emanuel v. Aderkas meistens abwesend war. Als dieser Lübeck
1820 endgültig verließ, wurde Sch. zum beamteten Konsul „mit Gehalt" befördert.

In den folgenden ruhigen Jahren ließen die eigenen und konsularischen Geschäfte Sch. Zeit, als Komponist, Pianist und Konzertorganisator Lübecks Musik-
leben mitzugestalten. Er erwarb ein Sommerhaus vor dem Burgtor, Keimzelle
der nach ihm benannten Siedlung Karlshof, und ein Landhaus in Israelsdorf.
1824 machte er dem in Doberan weilenden Großfürsten Nikolai seine Aufwar-
tung, 1825 besuchte er in Berlin die Ateliers von Christian Daniel Rauch und Johann Gottlieb Schadow und in Weimar den alten Goethe. An einer Wahl in den
Lübecker Senat hatte er kein Interesse. Vielleicht fürchtete er Loyalitätskonflikte,
und diese ließen nicht auf sich warten, als ihm 1829 mit der Eröffnung der Post-
und Passagier-Dampfschiffahrt zwischen Lübeck und St. Petersburg neue Aufgaben zuwuchsen. Die neue „Dampfbootkompanie" mit ihren drei großen Schiffen war eine russische Gründung, hatte aber ihre Aktionäre je zur Hälfte in St.
Petersburg und Lübeck, wo Sch. als Bevollmächtigter des Petersburger Comités
die russischen Interessen zu wahren hatte.

Schon während des Russisch-Türkischen Kriegs 1828/29 hatten die Lübecker
zu Sch.s Zorn gegen Rußland Partei ergriffen. Als zwei Jahre später die Polnische
Revolution niedergeschlagen wurde, war die rußlandfeindliche Stimmung in
Lübeck so heftig, daß sich Sch. gesellschaftlich geächtet fühlte und den sonst täglichen Gang zur Börse vermied. 1832 verhängte der Senat über den in Travemünde liegenden russischen Dampfer „Nikolai I." wegen der in Rußland gras-
sierenden Cholera eine Quarantäne, durch die auch der Kurier der russischen

Regierung mit wichtiger Post für verschiedene europäische Hauptstädte festgehalten wurde. Sch. empfand die Maßnahme als feindseligen Akt und führte in einem Brief nach St. Petersburg Klage gegen den Senat. Die Krise wurde überwunden, zumal der Senat an guten Beziehungen zu St. Petersburg interessiert sein mußte, denn bei seinen Verhandlungen mit Dänemark wegen der Verbesserung der Kanal- und Straßenverbindung nach Hamburg war er auf russische Fürsprache angewiesen.

1831 war Sch. ein Attaché zur Seite gestellt worden: sein Sohn Nestor, der seine russische Ausbildung abgeschlossen hatte und wegen der Cholera aus Rußland zurückgekehrt war. 1834 erhielt Sch. den Titel eines Generalkonsuls. Ein Jahr später, zum 25. Konsulatsjubiläum, empfing er die Glückwünsche des Senats. Mehr wurde er allerdings in St. Petersburg geehrt, wohin er im gleichen Jahr reiste und wo er zu Hoffesten und auch in die Familie des Zaren eingeladen wurde.

Nach 1844 ging die Dampfschiffahrt zwischen Lübeck und St. Petersburg stark zurück. Der Bau der Eisenbahn zwischen Berlin und Stettin hatte zur Folge, daß die Postdampfschiffahrt zwischen Stettin und St. Petersburg eröffnet wurde. Lübeck geriet, was den Verkehr mit Rußland anbetraf, ins Abseits. Dem 64jährigen Sch. war es recht, daß seine Dienstgeschäfte abnahmen, zumal der wichtige Posten des russischen Konsuls in Stettin seinem Sohn Nestor anvertraut wurde. Er hatte wieder Zeit für seine musikalischen, aber auch wissenschaftlichen Interessen, beschäftigte sich mit der Geschichte des Handels zwischen Lübeck und Nowgorod, trat publizistisch für das Andenken seines Vaters ein und betrieb die Einrichtung des „Schlözer-Denkmals" in der Lübecker Stadtbibliothek. Als 1855 während des Krimkriegs die russischen Ostseehäfen blockiert wurden, wirkte die große Politik ein letztes Mal in seine Amtstätigkeit hinein.

Sch. hat gelegentlich kurze Zeitungsartikel drucken lassen, sonst nichts Literarisches, wohl aber seine Kompositionen (opera 1-18). Es handelt sich um Lieder für eine Singstimme, Terzette, Kantaten und Klavierstücke; letztere bezeichnete Sch. selbst als Salonmusik. Als seine beste Leistung betrachtete er die 1824 gedruckte Vertonung von acht Oden seines Lieblingsdichters Klopstock für Singstimme und Klavier. Wie sein Vorbild Gluck fühlte er sich an das strenge Versmaß gebunden, bemühte sich aber um Verinnerlichung, wobei die Verwendung entlegener Tonarten sein wichtigstes Stilmittel war. Am häufigsten gesungen wurde Sch.s 1815 entstandene, 1820 veröffentlichte „Erlkönig"-Vertonung, die zwar noch der Berliner Schule verpflichtet, aber durchkomponiert ist. In einem späten Manuskript „Eines hochbejahrten Musik Dilettanten Gedanken über Gluck, Mozart und den Dilettanten Optimismus in der Musik" (1850) bekundet Sch. nicht nur seine Selbsteinschätzung, sondern auch den Konservatismus, der ihn in musikalischer wie in politischer Hinsicht mit dem Älterwerden in wachsendem Maße kennzeichnete.

Ehrungen: Wladimirsmedaille 2. Kl. (Rußland), 1814. – St. Annen-Orden 2. Kl. (Rußland), 1817. – Auswärtiges Mitglied d. Kaiserlichen Menschenliebenden Ges. St. Petersburg, 1817, d. Sozietät für Mineralogie Jena, 1821, d. Mineralogischen Ges. St. Petersburg, 1839, u. v. Det nordiske Oldskrift-Selskab Kopenhagen, 1839. – St. Wladimirsorden 4. Kl., 1829. – Comthurkreuz d. Herzoglich Sächsischen Ernestinischen Hausordens, 1836. – Ehrendoktor der juristischen Fakultät d. Univ. Göttingen, 1857.

Quellen: Chr. v. Sch., August Ludwig Schlözers öffentliches u. Privatleben, 2, Lpz. 1828, S. 245 f. – K. Klug, Gesch. Lübecks während d. Vereinigung m. d. französischen Kaiserreiche. 1811–1813, Lübeck 1856/57, 1, S. 32, 48; 2, S. 1, 53, 75, 82 f. – Nestor v. Schlözer, K. v. Sch. Eine Lebensskizze, Faks.druck Stettin 1859 (Schlözer-Stiftung UB Göttingen, Kopie AHL).
Nachlaß: UB Göttingen; AHL.
Werke: Verz. d. musikalischen Werke in: Nestor v. Schlözer (s. Qu.), S. 281–291.
Literatur: K. Th. Gaedertz, K. v. Sch., in: Ders., Bei Goethe zu Gast, Lpz. 1900, S. 171–174. – L. v. Schlözer, Dorothea v. Schlözer. Ein dt. Frauenleben ..., Bln. u. Lpz. 1923, s. Register. – Ders., Aus d. Jugendzeit, Dresden 1939, S. 68–99. – [C. Demiani/H. v. d. Hude,] Die Familie Platzmann. Bilder aus 3 Jh.en, Lübeck 1932, S. 11 f. – C. Lück, Die Schlözer-Stiftung, in: Mitt. d. Univ.Bundes Göttingen 23 (1943), S. 1–32, bes. 17–22. – J. Hennings/W. Stahl, Musikgesch. Lübecks, 1, Kassel u. Basel 1951, S. 283 f. – L. Ilschner, Schloezeriana, in: Wagen 1957, S. 64-71. – Ch. F. Menke, Die wirtschaftlichen u. politischen Beziehungen d. Hansestädte zu Rußland im 18. u. frühen 19. Jh., Diss. Göttingen 1959. – W. J. Düring, Erlkönig-Vertonungen, Regensburg 1972, S. 16, 108, 134 f.
Porträts: Silberstiftzeichnung (Jugendbildnis, Brustbild im Profil) v. F. C. Gröger, um 1800 (Schlözer-Stiftung UB Göttingen), Abb.: P. Vignau-Wilberg, Der Maler F. C. Gröger, Neumünster 1971, S. 61. – Ölgemälde m. Gattin im Doppelrahmen (Brustbilder) v. unbek. Maler, 1825 (ebd., Dia im AHL). – Silhouettenbild d. Familie K. v. Sch. (5 Profilköpfe im Medaillon) v. F. Trümpelmann, um 1828 (vgl. M. Küssner, Das Silhouettenbild d. Lübecker Familie K. v. Sch. im Heimatmus. Göttingen-Geismar, in: Göttinger Monatsbll., Oktober 1976, S. 4 f.). – Foto v. H. Linde (m. Pendant: Foto d. Ehefrau), 1857 (MusKK), Abb. s. S. 343.

Friedrich Hassenstein

SCHLÖZER, Conrad *(Kurd)* Nestor von, geb. 5. 1. 1822 Lübeck, gest. 13. 5. 1894 Berlin; ev. – Historiker, Diplomat.
Eltern: Karl von Schlözer, geb. 28. 12. 1780 Göttingen (s. d.); Friederike geb. Platzmann.
Unverheiratet.
Geschwister: s. beim Vater.

Als Conrad Nestor getauft, ließ sich Sch. schon als Kind Kurt und später Kurd nennen; nur auf einigen Dokumenten wie seinem lübeckischen Militärschein (1841) sind die Taufnamen überliefert. Nach dem Besuch des Katharineums studierte Sch. 1841–1843 in Göttingen und 1843–1845 in Berlin Orientalistik und Geschichte. Seine Dissertation behandelt einen altarabischen Reisebericht, sein Doktorvater war der Geograph Karl Ritter. Sch.s Vater wünschte dem Sohn eine wissenschaftliche Laufbahn und war damit einverstanden, daß dieser das Angebot, wie sein Bruder Nestor in russische Dienste zu treten, ausschlug. Immerhin veröffentlichte Sch. in den nächsten Jahren im Geist der Familientradition zwei kleine Bücher zur frühen Geschichte Rußlands. Nach einem Studienaufenthalt in Paris, der nicht nur orientalischen Quellen, sondern auch dem aktuellen politischen Geschehen gewidmet war, kehrte Sch. 1846 nach Berlin zurück, wo er verschiedentlich sein Interesse an der Tätigkeit eines Diplomaten äußerte.

Seinem Lübecker Freund, dem Prinzenerzieher E. Curtius (s. d.), mit dem er verschwägert war, verdankte es Sch., daß er in den gelehrt-schöngeistigen Kreis um die Prinzessin Augusta von Preußen aufgenommen wurde und so eine Gönnerin fand, die ihm den Weg in den preußischen Staatsdienst ebnen konnte. Aber erst 1850 fand er in Berlin eine Anstellung, und zwar – ohne die hierfür nötigen Prüfungen abgelegt zu haben – als „Geheimer expedierender Sekretär" im Auswärtigen Ministerium. Als ihm ein Jahr später angeboten wurde, als hanseatischer Geschäftsträger nach Kopenhagen zu gehen, zog er es vor, in preußischen Diensten zu bleiben. Neben der Tätigkeit im Auswärtigen Ministerium schrieb er seine historischen Werke. Bis 1853 entstanden die drei Bände seiner Geschichte der Hanse und des deutschen Ordens, dann wandte er sich dem 18. Jh. zu. In François Vicomte de Chasot (s. d.) fand er den Helden für eine Biographie, die sowohl für die preußische als auch für die Lübecker Geschichte von Interesse war. Das letzte seiner Werke, „Friedrich der Große und Katharina die Zweite", beendete er in St. Petersburg. Die Bücher sind in schwungvoller Sprache, etwa im Stil der historischen Werke Friedrich Schillers, geschrieben und fanden beim zeitgenössischen Publikum bis in die Hofgesellschaft hinein lebhaften Anklang, in der Fachwelt jedoch so gut wie keinen, obwohl ihnen gewissenhafte Quellenstudien zugrundeliegen.

1857 war Sch.s Wunsch, zum diplomatischen Dienst zugelassen zu werden, in Erfüllung gegangen. Obwohl er wiederum den Laufbahnvoraussetzungen nicht entsprach, wurde er als 2. Legationssekretär an die preußische Gesandtschaft in St. Petersburg versetzt. Seine Briefe bekunden, wie sehr er dort das weltstädtische Treiben genoß. Als 1861 mit Otto von Bismarck ein neuer Gesandter eintraf, begannen für Sch. schwierigere Zeiten. Seine Weigerung, nach Diktat seines Chefs zu schreiben, verursachte einen Konflikt, der nur dank der dienstlichen Tüchtigkeit und Unentbehrlichkeit des ortskundigen, mit besten Beziehungen versehenen Sekretärs zu keiner Katastrophe führte. Mit der Zeit lernten sich beide Männer schätzen. Auf Bismarcks Vorschlag wurde Sch. zum 1. Sekretär und 1862 zum Legationsrat ernannt. Nachdem noch im selben Jahr Bismarck und kurz darauf Sch. nach Berlin zurückgerufen worden waren, versuchte jener diesen als Adjutanten zu gewinnen, aber Sch. lehnte ab. Er wurde als „Legationsrat und Hilfsarbeiter der politischen Abteilung des Auswärtigen Ministeriums" beschäftigt und vertrat 1863 einige Monate lang den preußischen Gesandten in Kopenhagen als „interimistischer Geschäftsträger".

1864 wurde Sch. an die preußische Gesandtschaft beim Heiligen Stuhl versetzt. Er empfand das nicht ganz zu Unrecht als eine Art Verbannung, denn er hatte gar zu offen an Bismarcks Politik, vor allem in der holsteinischen Frage gegenüber Österreich, Kritik geübt. Aber das Leben in Rom kam Sch.s historischen und künstlerischen Interessen entgegen. Er freundete sich mit Franz Liszt, Ferdinand Gregorovius und anderen Deutsch-Römern, aber auch mit einigen Prälaten an. Bald galt er als ausgezeichneter Kenner der Stadt. Im Jahre 1867, als der Konflikt zwischen dem Kirchenstaat und dem jungen Königreich Italien dem

Kurd von Schlözer
Gemälde von F. von Lenbach, 1892

Höhepunkt zustrebte, trug der Legationsrat Sch. vorübergehend als preußischer Chargé d'affaires die volle politische Verantwortung. Anfang 1869 wurde Sch. als Generalkonsul und Geschäftsträger des Norddeutschen Bundes nach Mexiko versetzt, um dort einen Handels- und Schiffahrtsvertrag abzuschließen. Nach erfolgreicher Erledigung dieses Auftrags wurde er 1871 der erste Kaiserliche deutsche Gesandte in Washington. Auf diesem Posten blieb er elf Jahre. Bei seinen alljährlichen Europa-Besuchen wurde er seit 1874 immer öfter zu vertraulichen Gesprächen mit Bismarck eingeladen. Dieser hatte ihn, den Rom-Kundigen, dazu ausersehen, ihm dabei zu helfen, nach dem Tode Papst Pius IX. (1878) eine Wende in der Politik zwischen Preußen und der Kurie herbeizuführen, d. h. den Kulturkampf zu beenden.

Nachdem Sch. schon 1878 und 1881 in außerordentlicher Mission zu Leo XIII. geschickt worden war, wurde er nach der Wiederaufnahme diplomatischer Verbindungen 1882 zum preußischen Gesandten am Heiligen Stuhl ernannt. In Rom galt er bald unter den auswärtigen Diplomaten als der, dem der Papst das größte Vertrauen schenkte. Unter den hohen Würdenträgern der Kurie gewann er nahe Freunde und erfreute sich bei den Römern des Spitznamens „Il cardinale Schloezer". Seine Aufgabe erwies sich als kompliziert und delikat. Leo XIII. und Bismarck trafen bei ihrem Bestreben, in den strittigen Fragen Kompromisse zu finden, jeweils im eigenen Lager auf den Widerstand der Unversöhnlichen, Bismarck sogar von zwei einander entgegengesetzten Seiten: dem Zentrum und den Nationalliberalen. Das machte es für dessen Gesandten schwierig, bei den Verhandlungen das richtige Maß an Konzessionsbereitschaft zu finden. Als er dem Papst 1886 in der Frage der Anzeigepflicht für die Besetzung kirchlicher Ämter in eigenmächtiger Weise zu weit entgegengekommen war, kam es zu einer schweren Vertrauenskrise zwischen Bismarck und Sch., der es nur dem Eingreifen des Kaisers verdankte, auf seinem Posten bleiben zu dürfen. Kaum war der Kulturkampf durch die Friedensgesetze (1886/87) beigelegt – Bismarcks Vermittler Sch. war dadurch zu einem der populärsten deutschen Politiker geworden –, verschlechterten sich die Beziehungen zwischen der Berliner und der päpstlichen Regierung. Diese lehnte sich außenpolitisch stärker an Frankreich an. Sch.s Gegner in Deutschland machten ihm den Vorwurf, diese Entwicklung nicht rechtzeitig erkannt, geschweige denn verhindert zu haben. Beim ersten Besuch des jungen Kaisers im Vatikan kam es zu protokollarischen Mißhelligkeiten, die dem Gesandten angelastet wurden. Aber erst nach Bismarcks Entlassung 1890 wurde es für Sch.s Gegner, allen voran Baron Friedrich von Holstein, einfach, Sch.s Stellung zu untergraben. Trotzdem war die Öffentlichkeit überrascht, als 1892 ein Erlaß des Reichskanzlers den Gesandten aufforderte, aus Altersgründen seine Pensionierung zu beantragen. Daß der Entlassene in Rom wohnen blieb, sich aber bei Besuchen in Deutschland mit Bismarck traf, war Anlaß zu weiteren Kampagnen gegen den angeblichen römischen Agenten des Altkanzlers. Kurz nach seiner endgültigen Heimkehr starb Sch. 1894 in Berlin an den Folgen einer Grippe.

Über die Gründe für Sch.s Entlassung ist viel gestritten worden. Große Teile der Presse, z. B. der ihm besonders gewogene „Kladderadatsch", sein Freund Bismarck und er selbst suchten sie in persönlichen Feindschaften. Das war zweifellos ein Faktor, doch neigt die neuere Forschung auf Grund der Kenntnis unveröffentlichter Akten dazu, tiefere Gründe heranzuziehen. Der alternde Sch. neigte zu Nachlässigkeiten sowohl in der Aktenführung als auch im äußeren Auftreten, und bei aller Personal- und Lokalkenntnis in Rom war ihm, dem hanseatischen Republikaner und norddeutschen Liberalen, ähnlich wie seinem Chef Bismarck das Wesen der römischen Kirche eigentlich fremd geblieben.

Sch. wäre wie andere Diplomaten seiner Epoche vergessen, hätten nicht zwanzig Jahre nach seinem Tod seine Neffen damit begonnen, seine Briefe zu veröffentlichen. Ihr Quellenwert, aber mehr ihre geistvolle, weltoffene Eleganz haben Sch. den Ruf eines Klassikers der deutschen Briefliteratur eingebracht. Gegen Ende seiner Laufbahn wurden seine Briefe spärlicher und unpersönlicher. Daß Sch.s Gesandtschaftsberichte ähnliche literarische Qualitäten aufweisen wie seine Briefe, ist zu vermuten, doch sind sie bis auf wenige Proben bisher unveröffentlicht geblieben.

Ehrungen (Auswahl): Titel „Wirklicher Geheimer Rat und Exzellenz", 1880. – Ehrenmitglied d. VLGA, 1884. – Großkreuz d. Pius-Ordens (päpstlich), 1885. – Ehrenmitglied d. Ges. f. Gesch. u. Altertumskunde d. Ostseeprovinzen Rußlands in Riga, 1889. – Großkreuz d. Roten Adlerordens, 1890. – Porträt Papst Leos XIII. mit eigenhändiger Widmung: „Vir prudens et fidelis multum laudabitur", 1891.

Quellen: Jugendbriefe v. K. v. Sch. 1841–1856, hrsg. v. L. v. Schlözer, Stgt. 1920. – Petersburger Briefe v. K. v. Sch. 1857–1862 nebst einem Anhang Briefe aus Bln. u. Kop. 1862–1864, hrsg. v. L. v. Schlözer, ebd. 1921 u. öfter. – Römische Briefe v. K. v. Sch. 1864–1869, hrsg. v. Karl v. Schlözer, ebd. 1912 u. öfter. – Mexikanische Briefe v. K. v. Sch., hrsg. v. Karl v. Schlözer, ebd. 1913. – K. v. Sch., Amerikanische Briefe: Mexikanische Briefe 1869–1871 u. Briefe aus Washington 1871–1881, ebd. 1925 u. öfter. – K. v. Sch., Letzte römische Briefe 1882–1894, hrsg. v. L. v. Schlözer, ebd. 1924. Auswahl aus d. gen. Bdn. ebd. 1935 u. 1957. – Weitere Briefe v. K. v. Sch. in: F. Curtius (Hrsg.), Ernst Curtius. Ein Lebensbild in Briefen, Bln. 1903, neue Ausg. in 2 Bdn. ebd. 1913, u. in: Lenz (s. Lit.). – Verz. d. Briefpartner in: F. Schlawe, Die Briefslg.en d. 19. Jh., Stgt. 1969, S. 469, 1043. – K. v. Sch., Politische Berr. aus Petersburg 1861, in: Preußische Jbb. 219 (1930), S. 1–27. – Berr. über K. v. Sch. in zahlreichen gedr. Briefen, Tagebüchern u. Memoiren d. Zeitgenossen (u.a. Bismarck, B. v. Bülow, Ph. zu Eulenburg, F. Gregorovius, Chl. v. Hohenlohe, F. v. Holstein, B. v. Hutten-Czapski, F. X. Kraus, M. Lazarus, H. v. Lerchenfeld-Koefering, F. Lewald, M. Lucius v. Ballhausen, A. Graf Monts, G. Pauli, L. Raschdau, H. v. Spitzemberg, A. Graf Waldersee, P. Yorck v. Wartenburg).

Nachlaß: Bundesarch. Abt. Potsdam (dort d. Originale d. in obengen. Slg.en meist unvollständig u. ungenau gedr. Briefe). – Politisches Arch. d. Auswärtigen Amtes Bonn. – Schlözer-Stiftung UB Göttingen. – AHL.

Werke: Abu Dolef Misaris Mohalhal de itinere asiatico commentarius, Bln. 1845. – Les premiers habitants de la Russie. Finnois, Slaves, Scythes et Grecs. Essai historique et géographique, Paris 1846. – Rußlands älteste Beziehungen zu Skandinavien u. Constantinopel, Bln. 1847. – Choiseul u. seine Zeit, Bln. 1848, 2. Aufl. Bln. 1857. – Livland u. d. Anfänge d. Lebens im baltischen Norden, Bln. 1850. – Die Hansa u. d. dt. Ritterorden in d. Ostseeländern, Bln. 1851. – Verfall u. Untergang d. Hansa u. d. dt. Ordens in d. Ostseeländern, Bln. 1853. – Die Familie v. Meyern in Hannover u. am markgräflichen Hof zu Baireuth, Bln. 1855. – General Graf Chasot. Zur Gesch. Friedrichs d. Großen u. seiner Zeit, Bln. 1856, 2. umgearbeitete u. vermehrte Aufl. Bln. 1878. – Friedrich d. Große u. Katharina d. Zweite, Bln. 1859. – Napoleon u. Graf v. Kervegan, in: Velhagen u. Klasings Mh., Oktober 1936, S. 186–191.

Literatur: ADB, 54, S. 47–54. – S. Münz, K. v. Sch., in: Ders., Römische Reminiszenzen u. Profile, Bln. 1900, S. 18–32. – P. Curtius, K. v. Sch. Ein Lebensbild, Bln. 1912. – J. Mumbauer, K. v. Sch., in: Hochland 10,2 (1913), S. 103–106. – K. Vigener, Sch.s Römische Briefe, in: HZ 121 (1920), S. 93–112. – M. Lenz, Bismarck u. Sch. Nach einer unvollständigen Hs. aus d. Nachlaß hrsg. v. A. Hasenclever, in: ZLGA 28 (1936), S. 1–58. – C. Lück, Die Schlözer-Stiftung, in: Mitt. d. Univ.Bundes Göttingen 23 (1943), S. 1–32, bes. 21–25. – F. Hanus, K. v. Sch., in: Ders., Die preußische Vatikangesandtschaft 1747–1920, München 1954, S. 319–381. – H. Flügel, [Vor- u. Nachwort, in:] K. v. Sch., Briefe eines Diplomaten, hrsg. v. H.F., Stgt. 1957. S. 5–8, 473–475. – Chr. Weber, Kirchliche Politik zwischen Rom, Bln. u. Trier 1876–1888, Mainz 1970 (Veröff. d. Kommission f. Zeitgesch. b. d. Kath. Akademie in Bayern, R. B, 7). – Ders., Qu. u. Stud. zur Kurie u. zur Vatikanischen Politik unter Leo XIII., Tübingen 1973 (Bibl. d. Dt. Hist. Instituts in Rom 45), bes. S. 449–468. – Ders., Dans les couloirs du Vatican. Der Kampf d. Kardinäle Czacki u. Galimberti um d. politische Richtung im Vatikan 1879–1896 im Spiegel d. Literatur, Presse u. Diplomatie, in: Hist. Jb. 101 (1981), S. 38–129. – H. Kühner, Grandseigneur d. Geistes: K. v. Sch., in: K. Schleucher (Hrsg.), Diplomaten d. Friedens v. Herberstein bis Hausenstein, Darmstadt 1971, S. 200–242. – H. B. Jessen, K. v. Sch. aus Lübeck. Ein Gedenkbl., in: NE 41 (1972), S. 176–181. – H. Rößler, Biogr. Wörterbuch z. dt. Gesch., 2. Aufl. Bd. 3, München 1975, Sp. 2510 f.

Porträts: Silhouettenbilder aus d. Kindheit u. Jugendzeit (Schlözer-Stiftung UB Göttingen). – Bleistiftzeichnung (Sitzbild, Halbfigur) v. Luise v. Schlözer, 1862 (ebd.), Abb.: Römische Briefe v. K. v. Sch. (s. Qu.), vor d. Titelseite. – Ölgemälde (Halbfigur, stehend) v. F. v. Lenbach, 1892 (MusKK, Duplikat Univ. Göttingen), Abb. s. S. 348. – Foto b. P. Curtius (s. Lit.), vor d. Titelseite.

Friedrich Hassenstein

Nestor von Schlözer
Foto von H. Linde

SCHLÖZER, August Ludwig *Nestor* von, geb. 18. 7. 1808 Lübeck, gest. 18. 2. 1899 Dresden; ev. – Russischer Konsul in Stettin, Gutsbesitzer.

Eltern: Karl von Schlözer, geb. 28. 12. 1780 (s. d.); Friederike geb. Platzmann.
Ehefrau: 1.) Dorothea Marc, geb. 1816, gest. 1846; verh. 1837. – 2.) Charlotte Georgine *Luise* Freiin von Meyern-Hohenberg, geb. 20. 2. 1822 Calvörde (Kr. Helmstedt), gest. 1. 10. 1907 Dresden; verh. 28. 6. 1852 Blankenburg; Tochter d. Majors u. Amtspächters in Calvörde Leopold Freiherr von Meyern-Hohenberg (1766–1846).
Kinder: aus 1.) 2 Töchter, 3 Söhne, darunter: Karl Nestor (1839–1906), Kaiserlich russischer Staatsrat, Obertribunalrat in Witebsk. Aus 2.) 2 Söhne: Karl (1854–1916), Diplomat, Schriftsteller. – August Ludwig *Leopold* (1859–1946), Major, Schriftsteller.
Geschwister: s. beim Vater.

Schon Sch.s Lübecker Kinderjahre waren dadurch geprägt, daß er einer vom russischen Zaren geadelten Familie angehörte. Auf dessen Befehl wurde er 1815 als Siebenjähriger zum Aktuar im St. Petersburger „Collége des Affaires Etrangères", also Beamten der 14. Rangklasse, ernannt und als solcher auch schriftlich vereidigt. Auf dem Gymnasium Katharineum, das er seit 1820 besuchte, war er zugunsten des russischen Privatunterrichts vom Griechischen dispensiert. Er durfte früh seinen Vater, den Konsul, auf dienstlichen Reisen begleiten und wurde 1827 zur Vorbereitung auf den Staatsdienst nach Rußland geschickt. In St. Petersburg fand er Familien vor, die sich seinem Elternhaus verbunden fühlten, mußte aber bei einem Popen im nahen Alexandrowsk wohnen, um sich in dessen Haus im Russischen zu vervollkommnen. Nach einem Vierteljahr siedelte er nach Dorpat über, um dort Staats- und Kameralwissenschaften, besonders See- und Handelsrecht, zu studieren. Weil er bereits Beamter war, wurde er nicht immatrikuliert, durfte also auch keine Examina ablegen. Er freundete sich mit Mitgliedern der Burschenschaft Livonia an, ohne in diese eintreten zu dürfen. 1830 wurde die Univ. wegen der Cholera geschlossen, und Sch. trat nach kurzem Aufenthalt in St. Petersburg die Heimreise an.

Kurz bevor Sch. nach Lübeck zurückkehrte, war die Dampfschiffahrt zwischen Lübeck und St. Petersburg eröffnet worden, und der Aufgabenkreis des russischen Konsuls hatte sich entsprechend ausgeweitet, so daß Sch. seinem Vater als Attaché beigegeben wurde. So konnte er seinem Vater in der Zeit zur Seite stehen, als die rußlandfeindliche Stimmung in den Hansestädten und die Lübecker Choleraquarantäne die Beziehungen des Konsuls sowohl zum Senat als auch zur Regierung in St. Petersburg belasteten. Sch.s prorussische Position dokumentiert eine Abhandlung „Der Aufstand der Polen im Jahr 1830", die ungedruckt blieb, während eine andere über „Das Pskowische Höhlen-Kloster" 1832 als Privatdruck erschien.

In den folgenden Jahren war Sch. im Konsulat vornehmlich mit statistischen Arbeiten beschäftigt. Zwischendurch reiste er mehrfach nach St. Petersburg, wo er im „Département des Relations Intérieures" arbeitete. Zweimal wurde er für einige Zeit der russischen Gesandtschaft in Hamburg zugeteilt. Kurierreisen führten ihn nach Berlin, Wien, Kopenhagen und London. Der russische Vizekanzler Graf Nesselrode ermunterte ihn, in den diplomatischen Dienst einzutreten, aber Sch. zog es vor, im konsularischen zu bleiben. Als die Postdampfschiffahrt zwischen St. Petersburg und Stettin 1844 eröffnet wurde, erhielt Sch. den Posten des dortigen Konsuls.

Die Zeit dieser Schiffsverbindung dauerte bis 1859. Wie wichtig in diesen Jahren für Rußland seine Präsenz in Stettin war, zeigt sich daran, daß mit Sch. nicht mehr ein kaufmännischer, sondern ein beamteter Konsul dort residierte. Neben den Routinearbeiten wie der Expedition der Schiffe hatte er so heikle Aufgaben zu erledigen wie die, unter den Personen, die einen Paß zur Einreise nach Rußland beantragten, die politisch verdächtigen ausfindig zu machen und ihnen den Paß oder das Visum zu verweigern. Besondere Krisenjahre waren 1848/49, als Dänemark die Häfen des Deutschen Bundes, und 1854/55, als die Westmächte die Häfen Rußlands blockierten.

Die Eröffnung der Eisenbahnverbindung zwischen Berlin und St. Petersburg im Jahre 1859 bereitete der Stettiner Postdampfschiffahrt ein jähes Ende. Sch. wünschte sich keine Sinekure und beantragte seine Pensionierung, zumal sein namhaftester Stettiner Freund, der Komponist Carl Loewe, ein Jahr zuvor die Stadt verlassen hatte. Die Regierung erfüllte seine Bitte und zahlte ihm bis zu seinem Tode die Pension. Ein Jahr nach der Pensionierung, 1862, erwarb Sch. das

Gut Rothensande am Kellersee und machte es zu einem Sitz kultivierter Geselligkeit. Für seine beiden hier aufwachsenden Söhne aus zweiter Ehe bestellte er
als Hauslehrer den späteren Märchenforscher W. Wisser (s. SHBL, 1, S. 279). 1873
wurden die Söhne auf Sch.s Antrag aus dem russischen Untertanenverhältnis
entlassen. 1875 zog Sch. mit seiner als Zeichnerin und Malerin tätigen Frau nach
Dresden; fünf Jahre später verkaufte er Rothensande. – St.-Annen-Orden 2. Kl.
(Rußland), vor 1857. – Roter Adlerorden 2. Kl. (Preußen), 1857. – Titel „Kaiserlich
Russischer Wirklicher Staatsrat", 1859.

> *Quellen:* N. v. Sch., Erinnerungen aus meiner Zeit u. meinem Leben, Ms. um 1880 (Schlö-
> zer-Stiftung UB Göttingen).
> *Nachlaß:* AHL. – Schlözer-Stiftung UB Göttingen.
> *Werke:* Das Pskowische Höhlen-Kloster. Geschichtl. dargest., Lübeck 1832. – Karl v.
> Schlözer. Eine Lebensskizze, Faks.druck Stettin 1859 (Schlözer-Stiftung UB Göttingen, Ko-
> pie AHL).
> *Literatur:* L. v. Schlözer, Aus d. Jugendzeit, Dresden 1939, S. 99–114. – C. Lück, Die Schlö-
> zer-Stiftung, in: Mitt. d. Univ.Bundes Göttingen 23 (1943), S. 1–32, bes. 25–28.
> *Porträts:* Bleistiftzeichnung (Kinderbildnis) v. unbek. Hand, um 1813 (Schlözer-Stiftung
> UB Göttingen). – Ölgemälde (Jugendbildnis, Brustbild), Abb.: M. Küssner, Das Silhouet-
> tenbild d. Lübecker Familie K. v. Sch. im Heimatmus. Göttingen-Geismar, in: Göttinger
> Monatsbll., Oktober 1976, S. 5. – Bleistiftzeichnung (Sitzbild) v. Luise v. Schlözer, 1857
> (Schlözer-Stiftung UB Göttingen). – Fotos (ebd.). – Foto v. H. Linde (Privatbesitz), Abb. s. S.
> 351.

Friedrich Hassenstein

SCHLOTT, Nathanael, geb. 13. 2. 1666 Danzig, gest. 23. 3. 1703 Lübeck; ev. –
Lehrer, Dichter.
   Eltern: unbekannt.
Ehefrau: 1.) Margareta Leopold; verh. 15. 5. 1699 Lübeck. – 2.) Maria Elisabeth
Arends; verh. 4. 7. 1701 ebd.
Keine Kinder.
   Sch. erhielt seine Schulbildung in Danzig, wo er am 16. 6. 1689 eine als Schul-
schrift publizierte philosophische Abhandlung „Circa alapam caede vindican-
dam" im städtischen Gymnasium vortrug. Am 27. 5. 1691 wurde Sch. an der
Universität Jena immatrikuliert; dort lebte er auch 1695, worauf Daten von Gele-
genheitsgedichten schließen lassen. Am 4. 5. 1699 wurde Sch. Bürger Lübecks,
wo er bis zu seinem frühen Tod als Präzeptor am St. Annen-Waisenhaus wirkte.
Über diese Tätigkeit ist nichts überliefert; grundsätzlich bestanden die Aufgaben
des Präzeptors jedoch in der Erteilung von Unterricht und der Abhaltung des
Gottesdienstes an Sonn- und Festtagen.
   Sch.s Name ist vor allem verknüpft mit dem Totentanz in der Marienkirche in
Lübeck, deren 1463 (1466?) entstandener, B. Notke (s. d.) zugeschriebener Ge-
mäldefries beim Luftangriff auf Lübeck im März 1942 verbrannte. Als der Totentanz 1701 gründlich renoviert wurde, wurde Sch. beauftragt, die nicht mehr ver-
ständlichen und zum Teil unleserlich gewordenen mittelniederdeutschen Verse

durch neuhochdeutsche zu ersetzen. Da der Totentanz der Marienkirche über
Jahrhunderte an Faszination kaum etwas einbüßte, haben mit ihm die Alexan-
driner Sch.s, die eine Auseinandersetzung mit dem spätmittelalterlichen Text
nicht erkennen lassen, weite Verbreitung erfahren; sie sind in einer großen Zahl
von Drucken, in denen der Name des Autors oft ungenannt bleibt, meist ohne
Abbildung des zugehörigen Gemäldes erschienen und in der Reisebeschreibung
Thomas Nugents (s. Werke) ins Englische übertragen worden. Während von
Melle (s. Lit.) die Totentanzdichtung seines Zeitgenossen Sch. positiv beurteilt,
hat man in literarhistorischen Arbeiten des 19. und 20. Jh. bedauert, daß an die
Stelle des Originals die als maniriert empfundenen barocken Verse getreten waren. Um so auffallender ist deshalb der nachhaltige Eindruck, den sie bei dem
jungen H. H. Jahnn (s. SHBL, 2, S. 184) hinterließen, der die Marienkirche im Januar 1915 besuchte und die Verse in einer Tagebuchaufzeichnung besonders
wegen ihrer Rhythmik rühmt.

Im Unterschied zum Totentanz haben die weiteren Dichtungen Sch.s, zumeist
Gelegenheitsgedichte für Hochzeits- und vor allem Trauerfeierlichkeiten in Pa-
trizierhäusern, durch die er sich in Lübeck für den gut dotierten Auftrag in der
Marienkirche empfohlen haben wird, über ihren Anlaß hinaus nicht weiterge-
wirkt. Wohl nur in sehr wenigen Exemplaren erhalten ist seine sechs Lübecker
Patriziern, darunter Hermann Focke (Ratmann seit 1692) und Hermann Rodde
(Ratmann seit 1708), gewidmete Gedichtsammlung „Eine Hand-voll poetischer
Blätter"; sie enthält zumeist Gelegenheitsgedichte sowie eine zweite Edition des
Totentanzes, ergänzt um zwei Gedichte über die These „Der Tod ist kein Tantz"
sowie die Antithese „Der Tod ist ein Tantz". Unter dem Namen Sch.s sind ferner
fünf einzeln gedruckte Begräbnisgedichte nachgewiesen, die seit der kriegsbedingten Auslagerung von Beständen der Stadtbibliothek Lübeck jedoch als verschollen gelten müssen; zwei dieser Gedichte sind später in die „Poetischen Blätter" aufgenommen worden.

Wie Tausende von Gelegenheitsgedichten seiner Zeit haben auch die Sch.s
über den Anlaß hinaus, für den sie gedichtet und bei dem sie wohl auch vorge-
tragen wurden, nicht Bestand gehabt. In den knapp vier Jahren seines Lebens in
Lübeck scheint Sch., dessen Poesie den talentierten poeta doctus verrät, in Patri-
zier- und Predigerkreisen der Stadt als Autorität für Begräbnisgedichte gegolten
zu haben, wie er sie schon in Jena verfaßt hatte. Der Name Sch.s ist nicht in die
Geschichte der deutschen Literatur eingegangen; auch die großen bibliographi-
schen Handbücher der Literatur des Barockzeitalters haben ihn nicht aufgenommen.

Quellen: AHL: Personenkartei; Bürgerannahmebuch; Marien Copulationsbuch; Taufbuch Marien. – Nova Literaria maris Balthici & Septentrionis [hrsg. v. J. v. Melle], 3 Bde.,
Lübeck 1697–1703; Bd. 1, S. 170; Bd. 2, S. 314; Bd. 3, S. 96. – H. Jimmerthal, Zur Gesch. d. St.
Marienkirche in Lübeck u. deren innern u. äußern Verhältnisse ges. Materialien aus d.
sämmtlichen Schrr. d. Kirchen Arch., älteren Lübeckischen Chroniken etc., Hs. Lübeck
1857, S. 311 f. (Kirchenarch. Lübeck; Arch. d. St. Marien Kirchengemeinde).
Werke: Probabilismus moralis, circa alapam caede vindicandam, succincte examinatus,
Gedani [Danzig] 1689 [Schulschrift; nach Marti (s. Lit.) philosophische Diss.]. – Lübeck-
scher Todten-Tanz. Oder Sterbens-Spiegel, Lübeck 1702. – Eine Hand-voll Poetischer Blät-

ter, ebd. 1702. – *Ausgaben d. Totentanzes* verz. b. Pieske (s. Lit.), S. 84; hervorzuheben u. zu ergänzen: Nugent, Travels through Germany, 1, London 1768, S. 103–109. – J. v. Melle, Gründliche Nachricht (s. Lit.), Lübeck 1713, S. 84–94, 2. Aufl. ebd. 1742, S. 115–127. – (anon.) Veritable Communication d. Todten-Tantzes, Wie derselbe in d. weitber. Heil. Röm. Reichs- u. Hansee [!]-Stadt Lübeck . . . exprimiret ist [Basel 1725?]. – Der Todtentanz nach einem 320 Jahre alten Gemaehlde in d. St. Marienkirche zu Lübeck auf einer Reihe v. acht Kupfertafeln . . ., wobey zugleich einige Erl. v. L. Suhl, Lübeck 1783. – Der Todtentanz in d. Marienkirche zu Lübeck. Nach einer Zeichnung v. C. J. Milde m. erläuterndem Text v. W. Mantels, ebd. 1866. Neudr. hrsg. v. H. Freytag, ebd. 1989. – Die ndt. Verse v. 1463 u. d. hochdt. Verse v. 1701 zum Totentanz in d. St. Marienkirche zu Lübeck, hrsg. v. W. Dahms, ebd. 1923, 2. Aufl. ebd. 1929.

Literatur: Cimb. lit., 2, S. 780. – J. v. Melle, Gründliche Nachricht Von d. Kayserlichen, Freyen, u. d. H. Römis. Reichs Stadt, Lübeck, Lübeck 1713, 2. Aufl. ebd. 1742, 3. Aufl. ebd. 1787, S. 289. – Jöcher, 4, Sp. 282. – A. Benda, Wie die Lübecker d. Tod gebildet, in: ZLGA 6 (1892), S. 563–590. – A. Freybe, Das Memento mori in dt. Sitte, bildlicher Darstellung u. Volksglauben, dt. Sprache, Dichtung u. Seelsorge, Gotha 1909, S. 124–131. – Chr. Pieske, Die graphischen Wiedergaben d. Totentanzes v. Bernt Notke, in: Philobiblon 12 (1968), S. 82–104. – H. Rosenfeld, Der mittelalterliche Totentanz. Entstehung, Entwicklung, Bedeutung, 3. Aufl. Köln u. Wien 1974, S. 187 f. (Beih.e z. Arch. f. Kulturgesch. 3). – H. Marti, Philosophische Dissertationen dt. Universitäten 1660–1750, München usw. 1982, Nr. 6801. – M. Hasse, Die Marienkirche zu Lübeck, Bln. 1983, S. 98.

Hartmut Freytag

SCHMIDT, Georg Philipp (gen. von Lübeck), geb. 1. 1. 1766 Lübeck, gest. 28. 10. 1849 Altona; ev. – Arzt, Finanzbeamter, Dichter, Historiker.

Eltern: Johann Jacob Schmidt, geb. 7. 1. 1729 Lübeck, gest. 6. 9. 1793 ebd., Kaufmann, später Buchhalter d. Brandkasse u. seit 1785 Werkmeister an d. Burg in Lübeck; Maria Elisabeth geb. Koop, get. 7. 9. 1735 Lübeck, gest. 14. 3. 1795 ebd.; verh. 1. 4. 1762 ebd.

Unverheiratet.

Sch. wuchs in ärmlichen Verhältnissen auf, lernte aber in der Familie seines Taufpaten, des Senators Johann Philipp Plessing, schon früh Kultur und Geselligkeit des gebildeten Bürgertums kennen. Plessing, mit dem er brieflich auch späterhin in Verbindung blieb, machte ihn mit dem Liederdichter und späteren Bürgermeister Christian Adolph Overbeck (s. d.) und bei einem Besuch in Eutin auch mit Johann Heinrich Voß und Christian Stolberg (s. SHBL, 1, S. 257) bekannt. Auch verkehrte Sch. viel im Hause Heinrich Wilhelm von Gerstenbergs (s. SHBL, 8, S. 156), dessen Biograph er später wurde. Gerstenberg lebte von 1775 bis 1783 als dänischer Resident in Lübeck, und Sch. besuchte zusammen mit seinem Sohn die Schule. Durch Overbeck und Gerstenberg und später durch den poetisch talentierten Ludwig Suhl (s. d.), einen seiner Lehrer am Katharineum, kam Sch. früh mit der zeitgenössischen Dichtung und besonders der Lieddichtung des Göttinger Hains in Berührung.

Sch. besuchte das Katharineum von 1779 bis 1786, ging Ostern 1786 nach Jena und studierte zunächst Theologie, da für ein anderes Studium kein Stipendium zu bekommen war. Doch wechselte er in Jena im Hinblick auf eine Karriere im

Georg Philipp Schmidt
Litho von S. Bendixen, 1826

Staatsdienst insgeheim zur Rechtswissenschaft über. Auf Verlangen der Stipen-
diengeber schloß er das Theologiestudium 1790 in Göttingen ab, wo er nebenher
Geschichte bei Ludwig Spittler und August Ludwig Schlözer hörte. Anschließend war er ohne innere Befriedigung als theologischer Kandidat und Hauslehrer in Lübeck tätig. Nach dem Tod des Vaters ging Sch. Ostern 1794 erneut nach
Jena, dieses Mal, um Medizin zu studieren. Er trat in ein nahes Verhältnis zu Sophie Mereau, durch die er u. a. mit Wieland, Goethe, Schiller und Iffland bekannt wurde. Die Beziehung zu Sophie Mereau gab Anlaß zu einer hastigen Ab-
reise Ostern 1796. Sch. ging nach Kopenhagen, wo er am Entbindungshaus seine
Ausbildung zum Arzt vollendete. Im Dezember 1797 wurde er in Kiel zum Dr.
med. promoviert.

Sch. hatte Medizin studiert, um sich eine geachtete und unabhängige bürgerliche Existenz zu schaffen, doch blieb seine berufliche Laufbahn vorerst unsicher
und wechselhaft. Weder in Kopenhagen, wo er vergeblich auf eine feste Anstellung am Entbindungshaus gehofft hatte, noch in Lübeck, wo er 1798/99 unent-
geltlich am Irrenhaus arbeitete, fand er die erwünschte Position. So folgte er einem Ruf Napoleons, als Arzt nach Ägypten zu gehen, mußte die Reise jedoch
wegen der Rückkehr Napoleons nach Frankreich sehr bald abbrechen. Sch. ging
nun als Privatarzt adliger Familien nach Polen; in Lenschiza bei Warschau stieg
er in kurzer Zeit zum Distriktsarzt auf. Beruflich in gesicherter Position, vermißte er hier den Verkehr mit der gebildeten Gesellschaft und nahm deshalb
Anfang 1801 ein Angebot des Grafen Johann Ludwig Reventlow an, in dessen

Erziehungsinstitut in Brahetrolleborg auf Fünen als Arzt und Lehrer zu arbeiten. Reventlow starb kurz nach Sch.s Dienstantritt, und die Zukunft des Instituts schien ungewiß. Sch. orientierte sich daher nach Kopenhagen. Im Frühjahr 1802 erhielt er das Indigenat, ein Jahr später trat er als Sekretär des Finanzministers Ernst Schimmelmann (s. SHBL, 7, S. 266) in dänische Staatsdienste. Für die dänische Finanzverwaltung blieb er bis zu seiner Pensionierung am 1. 3. 1829 tätig: seit 1806 als Direktor des königlichen Bankkontors und Zweiter Direktor des Fischerei- und Handelsinstituts in Altona, 1813 dann als Administrator der Reichsbank in Kiel, schließlich, seit 1818, mit dem Titel eines königlich dänischen Justizrats als Erster Bankdirektor in Altona. Dazu verwaltete er bis zu einer schweren Erkrankung im Jahre 1812 zahlreiche Neben- und Ehrenämter. Für seine Leistungen als Finanzbeamter erhielt er bei seiner Pensionierung das Ritterkreuz des Dannebrogs.

Bedeutung hat Sch. jedoch nicht als Arzt und Beamter, sondern als Historiker und besonders als Liederdichter erlangt. Er betrieb Geschichtsschreibung als eine Form geistvoll-eleganter Unterhaltung. Jovial erzählend und mit viel Sinn für kulturgeschichtliche Details behandelte er in zahlreichen kleineren historischen Untersuchungen mit Vorliebe Fürsten- und Kabinettsgeschichte. Es wäre jedoch verfehlt, seine historischen Arbeiten als bloße Unterhaltungsschriftstellerei abzutun. Darstellungen wie die zur schleswig-holsteinischen Geschichte des 18. Jh.s oder über den Satiriker Christian Ludwig Liscow brachten der Forschung seiner Zeit in Einzelheiten durchaus neue Erkenntnisse. Mit scharfsinnigen Studien über den Fall Kaspar Hauser erwarb sich Sch. auch die Anerkennung der kriminalistischen Fachwelt.

Seine Gedichte wollte Sch. selbst, gelassen und ohne jedes Pathos, als „harmlose Kinder freundlicher Augenblicke" verstanden wissen. Sie erschienen verstreut in Almanachen; die Sammlung und Herausgabe überließ Sch. einem Freund, dem Astronomen H. Ch. Schumacher (s. SHBL, 3, S. 249), und erst die dritte Ausgabe redigierte er selbst. Es ist eine bewußt prunklose, liedhafte Lyrik, meist elegisch um Themen der Entsagung, des Trostes, der Ergebenheit in das Schicksal kreisend, oft aber auch launig und humorvoll formuliert. Ohne um Originalität bemüht zu sein, spielt Sch. geschickt mit den Formen klassischer Lieddichtung; zahlreich sind Zitate und Variationen Goethescher Lieder. Die Gedichte fanden, da sich das Bürgertum hier in seiner eigenen Gefühlswelt gespiegelt sah, weite Verbreitung. Viele wurden vertont; „Des Fremdlings Abendlied" ist in Schuberts Vertonung unter dem Titel „Der Wanderer" am bekanntesten geworden.

Quellen: AHL: Personenkartei; Schnobel; Familienarch. Hach u. Plessing; Altes Senatsarch., Interna, Familien (Briefe u. Hss.).

Werke: Verz. bei L.-S., Alberti (s. Lit.); Gedichte verz. bei Hackenberg (s. Lit.). *Zu ergänzen:* Nachr. v. d. Gräflich-Schimmelmannschen Familie, ca. 1830 (Schloß Ahrensburg). – Necrolog d. Stadt Altona, Altona 1833 (Ms. StA Hamb.). – *Hauptwerke:* Lieder v. Sch. v. Lübeck, hrsg. v. H. Ch. Schumacher, Altona 1821; 2., vermehrte Aufl. ebd. 1826; 3., vermehrte u. verbesserte Aufl. ebd. 1847. – Historische Studien, 1827.

Literatur: ADB, 32, S. 18 f. – L.-S., 2, S. 512–514. – Alberti 1867, 2, S. 343. – Alberti 1885, 2, S. 227. – Bricka, 15, S. 220 f. – J. F. Hach, Geist u. Leben d. Dichters Sch. v. Lübeck, in: LBl 1850, S. 320–322, 332–334, 340–342, 348 f., 356–358, 371 f. – NNdD 1849, 1 (Weimar 1851), S. 51-54. – H. Zeise, Sch. v. Lübeck, Biographische Skizze, in: L. Meyns schl.-holst. Haus-Kalender für 1882, hrsg. v. H. Keck, Garding, S. 81–95. – J. Hackenberg, G. Ph. Sch. v. Lübeck. Ein volkstümlicher Lyriker aus d. klassischen Zeit, Hildesheim 1911 (Diss. Münster, mit weiteren Lit.angaben). – H. B., Sch. v. Lübeck, in: VBl 1909, S. 29 f.; 34 f. – J. Havemann, Gesch. d. schönen Literatur in Lübeck, Lübeck 1926, S. 71–76. – P. Th. Hoffmann, Politik u. Geistesleben in Altona vom 17. bis 19. Jh., in: ZHG 39 (1940), S. 41-85, bes. S. 81 f. – H. Ewers, Der Dichter G. Ph. Schmidt v. Lübeck. Versuch einer Wiederbelebung, in: Wagen 1961, S. 75–88.

Porträts: Litho v. S. Bendixen, 1826 (MusKK, Westergaard Nr. 10585), Abb.: s. S. 356. – Kreidezeichnung v. C. Krogmann (MusKK). – Gemälde v. J. Ch. H. Hanson, 1849 (Altonaer Mus.).

Alken Bruns

SCHUMANN, Franz *Colmar*, geb. 28. 4. 1844 Magdeburg, gest. 16. 11. 1912 Lübeck; ev. – Lehrer, Germanist.

Eltern: Emil Theodor Schumann, Steuersekretär in Magdeburg; Wilhelmina Charlotte geb. Ney.

Ehefrau: Minna Auguste Karig, geb. 10. 3. 1849 Schiepzig b. Halle, gest. 31. 7. 1914 Lübeck; verh. 1874.

Kinder: 1 Tochter, 2 Söhne.

Nach dem Besuch der Seminar-Vorbereitungsschule und des Königlichen Domgymnasiums in seiner Geburtsstadt Magdeburg studierte Sch. 1863 bis 1867 an der Univ. Berlin Klassische Philologie und Germanistik. Während seiner Studienzeit arbeitete er zugleich als Hilfskraft beim stenographischen Bureau des preußischen Landtages. 1868 leistete er seinen Militärdienst als Einjährig-Freiwilliger. 1869 legte er in Berlin die Prüfung zum Gymnasiallehrer für Deutsch, Griechisch und Latein ab und erhielt im gleichen Jahr eine Anstellung als Lehrer am Gymnasium zu Schleusingen/Thüringen, von wo er drei Jahre später in eine gleiche Tätigkeit am Gymnasium in Burg bei Magdeburg über-wechselte. Ostern 1879 erfolgte die Ernennung Sch.s zum Oberlehrer und Pro-fessor am Katharineum in Lübeck, wo er vor allem in den Oberklassen Unter-richt erteilte, der außer seinen Studienfächern auch Französisch, Englisch, Ge-schichte, Erdkunde und Religion umfaßte. Neben seiner Lehrtätigkeit widmete er sich in Lübeck sprachwissenschaftlichen und volkskundlichen Forschungen, die vor allem der Pflege der deutschen Sprache und speziell der Untersuchung der heimischen Mundart sowie lokaler Eigenarten galten. In diesem Zusam-menhang standen auch die 1887 durch ihn vorgenommene Gründung des Lü-becker Zweiges des Allgemeinen deutschen Sprachvereins, der das Ziel ver-folgte, statt gebräuchlicher Fremdwörter deutsche Wörter einzuführen, und 1890 die Übernahme der Leitung der Lübecker Ortsgruppe des Allgemeinen deut-schen Schulvereins zur Erhaltung des Deutschtums im Auslande. Aus Krank-heitsgründen schied Sch. zu Ostern 1906 vorzeitig aus dem Schuldienst aus.

Sch.s wissenschaftliche Tätigkeit, die in zahlreichen Publikationen ihren Niederschlag fand, ist geprägt durch die Anregung der Berliner Germanistik um Karl Müllenhoff, die in der Nachfolge der philologischen Altertumsforschung der Brüder Grimm zunächst das Sammeln alter Überlieferungen betrieb, um das noch lebendige Material festzuhalten, bevor es ganz aus der Erinnerung verschwand. Die Interpretation und Integration zu einer umfassenden geschichtlichen Darstellung hatte in seiner Studienzeit noch als spätere Aufgabe gegolten, die die Arbeit der reinen Sammler und Editoren voraussetzte. Sch.s Veröffentlichungen sind somit Zeugnisse seines unermüdlichen Sammlerfleißes, die in ihrer philologischen Exaktheit den Lübecker Sprachschatz seiner Zeit dokumentieren.

Quellen: AHL: Schnobel; Melderegister; Bürgerannahmeakten; Schulprogr. d. Katharineums 1906. – Professor C. Sch., in: VBl 1906, S. 53 f.
Werke: Ueber d. Ursprung d. Sprache (Jb. d. Gymnasiums in Burg 1872). – Die Deutsche Brücke in Bergen, in: HG 1889, S. 53–125. – Die Flur- oder Koppelnamen d. Lübecker Staatsgebietes (Schulprogr. d. Katharineums, Ostern 1892 mit Nachtrag Ostern 1893). – Beitrr. zur Lübeckischen Volkskunde Nr. 1–14, in: MLGA 5–8 (1891–1898), Nr. 15/16 als Einzeldruck, Lübeck 1899. – Volks- u. Kinderreime aus Lübeck u. Umgegend, ebd. 1899 (Neuausg. bearb. v. W. Stahl, ebd. 1921). – Lübeckisches Spiel- und Rätselbuch, ebd. 1904 (Neuausg. bearb. v. W. Stahl, ebd. 1924). – Der Wortschatz v. Lübeck. Probe planmäßiger Durchforschung eines mundartlichen Sprachgebietes, Straßburg 1907 (Z. f. dt. Wortforschung, Beih. zu Bd. 9). – Das Lübeckische Wörterbuch d. Jacob v. Melle, in: Jb. d. Ver. f. ndt. Sprachforschung 35 (1909), S. 17–30. – Volkstümliche Redensarten aus Lübeck, in: ebd., S. 31–43 (alle AHL, dort auch weitere kleine Schrr. u. Vorträge).
Literatur: Nachrufe in: LBl 1912, S. 694–696, u. in: VBl 1912/1913, S. 29.
Porträts: Fotos in: VBl 1906, S. 53, u. 1912/1913, S. 29.

Gisela Jaacks

SCHWARTZ, Johann Carl *Theodor,* geb. 14. 4. 1841 Lübeck, gest. 9. 4. 1922 ebd.; ev. – Gewerkschafter, Reichstagsabgeordneter.
Eltern: Arbeitsmann Johann Joachim Hinrich Schwartz, geb. 14. 8. 1812 Lübeck-Kl. Grönau, gest. 6. 8. 1847 Lübeck; Christina Catharina Margaretha geb. Grube, geb. 15. 6. 1814 Schenkenberg, Kr. Hzgt. Lauenburg, gest. 8. 11. 1902 Lübeck.
Ehefrau: Johanna Dorothea Catharina Möller, geb. 2. 3. 1833 Lübeck, gest. 8. 10. 1912 ebd.; verh. 10. 12. 1865.
Keine Kinder.
Sch. besuchte von 1848 bis 1855 die Lübecker Armenschule in der Hüxstraße. Von seinem achten Lebensjahr an mußte er mitverdienen. Nach beendeter Schulzeit lernte er in der Eisengießerei von Nöltingk (später Fa. Schetelig und Nölck) das Formerhandwerk. Nach der Lehre mußte Sch. seinen Beruf wegen schlechter Arbeitsmarktlage aufgrund der großen europäischen Wirtschaftskrise allerdings aufgeben. Sch. wandte sich der Seeschiffahrt zu und fuhr von Juli 1859

(nicht 1858) an als Schiffsjunge und von 1862 bis 1887 mit Unterbrechungen als Schiffskoch auf lübeckischen und ausländischen Segelschiffen. Im Winter 1860/61 wanderte er als Former durch Deutschland und die Schweiz. Nachdem er wieder in Lübeck als Former Arbeit gefunden hatte, schloß er sich im Januar 1868 der 1866 gegründeten örtlichen „Mitgliedschaft des Allgemeinen deutschen Arbeiter-Vereins" an, wo er als Redner auftrat und bald eine führende Stellung gewann. Die Lübecker Mitglieder schickten ihn 1874 als Delegierten auf die Generalversammlung des Allgemeinen deutschen Arbeiter-Vereins nach Hannover. Im Jahre 1876 wurde Sch. zum erstenmal als Reichstagskandidat der SPD aufgestellt, aber erst 1890 sollte er den Wahlkreis Lübeck erobern, den er mit einer Unterbrechung von 1893 bis 1898 im Reichstag bis 1918 repräsentierte. Hier befaßte er sich mit Fragen der Schiffahrt, der Seemannsordnung und der Sozialpolitik. Lange Jahre war er Mitglied der Petitionskommission. Er gehörte zu jenen Abgeordneten der SPD, die im Reichstag gegen die Kriegskredite (21. 12. 1915) und gegen den Notetat (24. 3. 1916) stimmten. Er schloß sich der Sozialdemokratischen Arbeitsgemeinschaft und ein Jahr später (1917) der Unabhängigen Sozialdemokratischen Partei an. Der Lübecker Bürgerschaft gehörte er von 1905 bis 1921 an, 1919 wurde er ihr Alterspräsident.

Sch. war der führende Mann in der Lübecker Arbeiterbewegung bis zum Anfang der Weimarer Republik und Lübecks erster bekannter Gewerkschafter. Seine Berufskollegen wählten ihn 1889 (nicht 1891) bis 1901 zum Vorsitzenden des Zentralvereins deutscher Former und bestimmten ihn für die Jahre von 1891 bis 1895 zum Redakteur von dessen Fachblatt „Glück auf". Ferner war er an der Gründung der Generalkommission der Gewerkschaften Deutschlands beteiligt und gehörte dieser von 1890 bis 1892 an. Auf der Generalversammlung des Allgemeinen deutschen Arbeiter-Vereins 1874 setzte sich Sch. für eine lokale Presse ein. Mehrere Jahre lang berichtete er für die in Bant (jetzt Wilhelmshaven) erscheinende und auch in Lübeck verbreitete „Nord-Wacht" über Lübecker Ereignisse und Verhältnisse. Er war Mitgründer des „Lübecker Volksboten" und Mitglied der Presskommission, von 1895 bis 1919 Geschäftsführer und Firmenträger der Buchdruckerei Friedr. Meyer & Co.

Sch. ist auch als Heimatschriftsteller hervorgetreten und hat sich als Autodidakt in umfangreichen Werken mit der Geschichte Lübecks, u. a. auch mit Jürgen Wullenwever und Hinrich Paternostermaker (s. d.), beschäftigt.

Quellen: AHL: Wasserschout, Verz. d. von Lübeck aus zur See fahrenden Schiffsleute II, 1856–72; Genealogisches Register; Personenregisterkarte. – Qu.-slg. z. Gesch. d. dt. Sozialpolitik, Beih. II. 2. 12, Wiesbaden 1978. – Th. Sch. Zum siebzigsten Geburtstage am 14. April 1911, in: Lübecker Volksbote v. 13.4.1911. – Ein Fünfundsiebzigjähriger, in: ebd. 14. 4. 1916. – Dem Achtzigjährigen, in: ebd. 14. 4. 1921. – Th. Sch., in: Von Lübecks Türmen, Unterhaltungsbl. d. Lübecker General-Anzeigers, 1921, S. 36. – Th. Sch. tot!, in: Lübecker Volksbote v. 10. 4. 1922. – Mitt. v. Franz Osterroth, Lübeck.

Werke: Das alte Lübeck. Bilder aus d. Kultur u. Gesch. Lübecks bis zum Anfange des 17. Jh., zus.gest. v. Th. Sch., Hbg. 1887. – Jürgen Wullenwever, Bürgermeister v. Lübeck. Geboren zu Hbg. 1493, enthauptet bei Wolfenbüttel 1537, Hbg. 1887. – Lübeck u. seine Sehenswürdigkeiten. Ill. Führer nebst Stadtplan, bearb. v. Th. Sch., Lübeck 1901. – Bilder aus Lübecks Vergangenheit, zus.gest. v. Th. Sch., Lübeck 1905. – Hinrich Paternostermaker. Ein dunkles Bl. aus d. Lübeckischen Gesch. d. 14. Jh., Lübeck 1913.

Literatur: Nachrufe in: VBl 1921/22, S. 58; Lübecker General-Anzeiger v. 11.4.1922. – K. Stein, The Labour Movement in Luebeck 1866–1914: The Development of a Reformist Social Democratic Party, 2 Bde., Columbia University 1976. – Chron. d. Lübecker Sozialdemokratie 1866–1972. Eine Zusammenstellung v. F. Osterroth, Lübeck 1973.
Porträts: Fotos in: Lübecker Volksbote v. 10. 4. 1922; VBl 1921/22, S. 58; Von Lübecks Türmen 1921, S. 33.

Otto Wiehmann

SCHWARZ, Georg *Sebald* Christoph, geb. 12. 8. 1866 Rotterdam, gest. 15. 2. 1934 Aschersleben; ev. – Pädagoge, zuletzt Landesschulrat in Lübeck.

Eltern: Friedrich *Wilhelm* Sebald Schwarz, geb. 30. 11. 1824 Köln, gest. 30. 7. 1902 Berlin, Pfarrer in Rotterdam u. 1868–1902 an d. Simeonskirche in Berlin; Emma geb. Krätschell.
Ehefrau: 1.) Johanna Cordes, geb. 23. 3. 1873, gest. 18. 5. 1901 Blankenese; verh. 30. 6. 1894. – 2.) Friederike Luise *Agnes* Petersen, geb. 21. 10. 1872 Blankenese, gest. 21. 10. 1955 Rantzau, Kr. Pinneberg; verh. 17. 9. 1910 Lübeck; Tochter d. Malers Klaus Friedrich Anton Petersen (1834–1885) u. d. Maria Catharina Augusta geb. Wriedt.
Kinder: 3 Söhne, 2 Töchter, darunter: aus 1.) Mia, geb. 14. 6. 1895 Blankenese, Dr. phil., Oberschulrätin im niedersächsischen Kultusministerium; aus 2.) Rüdiger, geb. 2. 1. 1914, gest. 3. 6. 1978, Landesforstmeister (s. SHBL, 7, S. 289).

Sch. wuchs in Berlin auf, wo er nach dem Abitur am Luisenstädtischen Gymnasium zunächst für drei Semester Theologie studierte. 1886 nahm er das Studium der Germanistik, Geschichte und Geographie auf, das er nach kurzen Aufenthalten in Berlin und Tübingen 1890 in Bonn mit dem Examen für das höhere Lehramt abschloß. 1891 folgte die Promotion zum Dr. phil. mit einer historisch-geographischen Arbeit über die Stadtgründungen Kaiser Heinrichs IV. Den praktischen Teil der Ausbildung absolvierte Sch. an der Kieler Gelehrtenschule und an der bekannten Altonaer Reform-Realanstalt unter der Leitung von Ernst Schlee. Durch zusätzliche Studien erwarb Sch. damals weitere (Teil-)Lehrbefähigungen in Französisch, Latein und als Turnlehrer. Nach kurzer Beschäftigung als Hilfslehrer wurde er 1894 Oberlehrer an der Realschule in Blankenese, von der er 1903 an eine entsprechende Anstalt in Dortmund wechselte. Schon wenig später wurde er zum Leiter der Ostern 1905 eröffneten zweiten lateinlosen Realschule in Lübeck, der späteren Oberrealschule zum Dom (OzD), berufen, die er in den folgenden zwei Jahrzehnten zu einer großen und weithin renommierten Einrichtung machte. 1925 bestellte man Sch. als Nachfolger Jacob Wychgrams (s. SHBL, 8, S. 389), den er bereits seit 1924 neben seiner bisherigen Tätigkeit vertreten hatte, zum Landesschulrat in Lübeck. Er blieb über die gewöhnliche Altersgrenze hinaus im Amt, bis ihm die Nationalsozialisten die Amtsausübung untersagten und ihn kurzfristig zum 31. 3. 1933 in den Ruhestand versetzten. Verbittert zog sich Sch. noch im Frühjahr 1933 aus Lübeck zurück.

Sch.s Tätigkeit ist durchweg von dem schwierigen Versuch gekennzeichnet, entschiedenen Neuerungswillen mit dem nüchternen Kalkül des sachlich Möglichen und Durchsetzbaren zu verbinden. Er teilte die allgemeinen Ziele einer pädagogischen Reform der „alten" Schule – Öffnung für das Leben, Berücksichtigung der persönlichen Bedürfnisse der Schüler, freierer Umgang zwischen den Beteiligten – und förderte sie tatkräftig, jedoch nicht ohne Reflexion der sozialen und ökonomischen Bedingungen ihrer Verwirklichung. Im Unterschied zu anderen zeitgenössischen Pädagogen, die wie er stark von der Kulturkritik Paul de Lagardes, Julius Langbehns (s. SHBL, 8, S. 200) und Nietzsches beeinflußt waren, faßte Sch. die gesellschaftlichen Veränderungen am Ende des 19. Jh. nicht pauschal als Verhängnis auf, sondern sah in Urbanisierung und Industrialisierung auch Chancen. Effizienz des Schulsystems, ökonomische Nutzbarkeit des Vermittelten, Aufstiegsstreben durch Bildungserwerb, Verteilung von Status- und Lebenschancen durch schulische Leistungsnachweise galten ihm als Gesichtspunkte, denen bei der Schulentwicklung und -organisation legitimerweise Rechnung zu tragen sei. Auf ausgedehnten Reisen, die ihn früh durch weite Teile Deutschlands, ins europäische Ausland und schließlich 1928 (im Rahmen einer pädagogischen Studienfahrt des Zentralinstituts für Erziehung und Unterricht) für vier Monate in die USA führten, fand der Pragmatiker Sch. vielfache Hinweise und Anregungen. Wenn er in seinen Reformplänen vielfach soziologischen Weitblick verriet, so blieb er doch darin praktischer Pädagoge, daß er in organisatorischen Veränderungen allein noch keine Garantie für den Erfolg pädagogischer Reformen sah. Zwar lag bei allen seinen Reformvorhaben ein Schwerpunkt im Organisatorischen, doch blieb er sich immer bewußt, daß über den Erfolg letzten Endes die Kompetenz und Mitwirkung des einzelnen Lehrers im Unterricht entscheide.

Dem jungen Blankeneser Oberlehrer diente zunächst der eigene Unterricht in Geschichte, Deutsch und vor allem Erdkunde als Ausgangspunkt. Davon zeugen die bereits früh einsetzenden fachdidaktischen Abhandlungen, die Sch. auch weiterhin bis zum Ende seines Lebens publizierte. Eng verbunden mit den Belangen des Unterrichts, zugleich aber auf das Ziel ausgerichtet, der gesamten Schularbeit einen freieren Geist zu geben, waren die damals noch weithin ungewohnten dreitägigen Schülerreisen in die nähere Umgebung des Schulorts. Daneben bewies Sch. frühzeitig in zahlreichen Veröffentlichungen starke schulpolitische Interessen. Von hier führte ein gerader Weg zur Teilnahme an den Reformdebatten und -versuchen, die seit dem Ersten Weltkrieg in Deutschland breiteren Raum einnahmen.

Die Berufung zum Realschuldirektor in Lübeck gab Sch. Gelegenheit, die bisherigen Erfahrungen in größerem Kreis zu verwerten und erheblich zu erweitern. Da die Schule schrittweise – die Oberstufenklassen ab Ostern 1914 – ausgebaut wurde, konnte Sch. sich ein junges Kollegium eigener Wahl aus allen Teilen Deutschlands zusammenstellen. Verbindliche pädagogische Richtlinien, gemeinsames Engagement und Identifikation der Lehrer mit ihrer Schule gaben der Einrichtung von vornherein eine tragfähige Basis. Auf das Bildungsideal des „mathematisch-naturwissenschaftlichen Lebensgebiets", das nach zeitgenössi-

Sebald Schwarz

schen Vorstellungen die Realschule durchdringen und auszeichnen sollte, hat Sch. jedoch nicht bauen wollen. Für die OzD wurden der freie Ton zwischen Lehrern und Schülern, der in gemeinsamen Exkursionen, Landheimaufenthalten und Schulveranstaltungen gepflegt wurde, die Lebensnähe als durchgängiges Unterrichtsprinzip und die Methode des Arbeitsunterrichts – sichtbar etwa im Gewicht der Schülerversuche für den naturwissenschaftlichen Unterricht – kennzeichnende Merkmale. Körpererziehung, Kunstunterricht sowie Handfertigkeit erhielten eine bis dahin ungewohnte inhaltliche Ausgestaltung und formale Stellung im Lehrplan. Daneben wurde das Angebot an modernem Fremdsprachenunterricht erweitert, der methodisch auf eine neue Grundlage gestellt war; neben Englisch und Französisch wurden Latein, vor allem aber Schwedisch, Spanisch und Russisch gelehrt. Arbeitsgemeinschaften und Studientage gaben den Schülern zusätzliche Gelegenheit, ihren besonderen Interessen nachzugehen. Die Auflockerung und Verbreiterung des Lehrkanons an der Schule wurde schließlich 1922 von Sch. in ein „Kern- und Kurssystem" gebracht, das den Oberstufenschülern bis zu einem Drittel ihrer Unterrichtszeit, in geringerem Maße auch schon der Unter- und Mittelstufe, Wahlfreiheit einräumte. Aus einer kleinen, ehemals eher zweitrangigen städtischen Schule war eine große Anstalt

geworden, die neben der Hamburger Lichtwarkschule und Karsens Einheitsschule in Berlin weit über Deutschland hinaus als Pioniereinrichtung der deutschen Schulreformbewegung galt.

Der Aufbau der OzD bildete für Sch. jedoch nur einen Schritt auf dem Weg zur
„elastischen Einheitsschule", die er als Landesschulrat durch eine Reform im
Mittelbaubereich aller allgemeinbildenden Schulen Lübecks, durch den flächen-
deckenden Versuch einer Integration von Volks- und Mittelschulen (mit Ober-
schulkursen) voranzubringen hoffte. Seine bisherigen Bemühungen waren vor
allem von der Überzeugung getragen worden, daß die Typendifferenzierung im
höheren Schulwesen und die starre Organisation der Einzelschule den Bedürf-
nissen der Schüler und den Erfordernissen einer effizienten Schulversorgung
(gerade auf dem Lande) nicht genügten. In den folgenden Jahren trat das Bestreben stärker in den Vordergrund, für die Probleme des wachsenden Zustroms zu
den höheren Schulen realistische Lösungen zu finden: eine einheitliche, aber in
sich mannigfaltige Schulorganisation konnte nach seiner Einschätzung einerseits
die Chancen zum Aufstieg in weiterführende Bildungsgänge länger offenhalten
als die übliche frühe Zuweisung in die drei verschiedenen Schularten des allgemeinbildenden Schulwesens; andererseits würde sie Schüler ohne die erforderliche akademische Leistungsfähigkeit positiv auf die ihnen entsprechenden Ab-
schlüsse und Berufswege hinleiten können. Sch. wurde in den letzten Jahren
nicht müde, die Überlegenheit eines solchen Systems auch gegenüber den nach
1930 in Deutschland zunehmend favorisierten Plänen und Maßnahmen zu einer
Ausleseverschärfung an den höheren Schulen hervorzuheben und mit Zahlen zu
untermauern.

Sein Programm einer „Führung zum Beruf statt Auslese" hat Sch. freilich, was
die Jahrgangsbreite (5–7) und die Einbeziehung der höheren Lehranstalten an-
langt, zwischen 1929 und 1933 nicht im erhofften Ausmaß realisieren können.
Überhaupt scheint er die Konsequenzen der Anpassung an die Schulrealitäten in
Preußen, die Anforderungen an die Bereitschaft des Durchschnittslehrers zur
Mitwirkung und schließlich den Widerstand von Standesvertretungen (Mittelschule) und privilegierten Elterngruppen unterschätzt zu haben. Den Abbruch
des Versuchs und die 1933 in Lübeck gegen ihn gerichteten Angriffe schrieb er
eher Intrigen zu, zumal er sich – Mitglied der DDP von 1919 bis 1924 und eher
Gegner der Sozialdemokratie – ganz zu Unrecht als „roten Schulrat" etikettiert
sah. Wie viele seiner bürgerlichen Zeitgenossen hat er die nationalsozialistische
Machtergreifung distanziert, aber durchaus auch mit der Hoffnung auf die Verwirklichung überfälliger Reformen, nicht zuletzt schulpolitischer Art, betrachtet.
Umso härter mußte es ihn treffen, daß er vom Regime durchgängig diskreditiert
wurde und praktisch einem vollständigen Veröffentlichungsverbot unterlag.

Quellen: AHL: Personalakten u. Nachlaß.
Werke: Ca. 300 Aufsätze u. Artikel hs. verz. v. Mia Schwarz (AHL, Nachlaß Sch.). – *Auswahl:* Anfänge d. Städtewesens in d. Elb- u. Saalegegenden, Kiel 1892 (Bonn Diss. phil.
1891). – Der Schulballast. Eine Stud. über d. Erfolg d. Schulreform v. 1890, in: Preußische
Jbb. 96 (1899), S. 499–507. – Die Neustädter Sprachschule. Ein Beitr. zur Schulreform, in:
ebd. 103 (1901), S. 305–313. – Zum deutschen Unterricht an d. Realschulen, in: Z. f. latein-

lose höhere Schulen 13 (1902), S. 1–6. – Die Schülerreisen an unseren höheren Schulen, in: Monatsschr.f. höhere Schulen 2 (1903), S. 1–9. – Unsere Schülerreisen (Programmschr. d. Realschule zu Blankenese), Blankenese 1903. – Vergangenheit u. Gegenwart. Aus d. Praxis d. Geschichtsunterrichts an d. mittleren Klassen d. Realschule, in: Z. f. lateinlose höhere Schulen 15 (1903), S. 44–51. – Ideen u. Ideale d. deutschen Realschule, in: ebd. 20 (1909), S. 209–217. – Landeskunde d. Großherzogtümer Mecklenburg u. d. Freien u. Hansestadt Lübeck, Lpz. 1910. – Über d. mathematisch-astronomischen Unterricht in d. höheren u. mittleren Klassen unserer höheren Schulen, in: Verh. d. 17. Deutschen Geographentages zu Lübeck 1909, Bln. 1910, S. 231–236. – Die Stellung d. Zeichenunterrichts an höheren Lehr-anstalten, in: Deutsche Bll. f. Zeichen- u. Kunstunterricht 17 (1912), S. 215–224. – Vom Wert d. Methoden im Sprachunterricht, in: Z. f. lateinlose höhere Schulen 26 (1915), S. 135–140. – Die Berechtigung, in: J. Wychgram (Hrsg.), Die deutsche Schule u. d. deutsche Zukunft. Beitrr. zur Entwicklung d. Unterrichtswesens, Lpz. 1916, S. 361–367. – Verpflichtender Un-terricht in d. Handfertigkeit an d. Oberrealschule zum Dom in Lübeck, in: Die Arbeits-schule 30 (1916), S. 197–199. – Vom höheren Schulwesen in England, in: Preußische Jbb. 166 (1916), S. 55–61. – Der Ausbau d. Reformsystems, in: Z. f. d. Reform d. höheren Schulen 29 (1917), S. 35–39. – Der Übergang von d. Mittelschule zur Oberrealschule, in: Z. f. lateinlose höhere Schulen 28 (1917), S. 39–44. – Volkswirtschaftliche Probleme d. Schulreform, in: Jbb. f. Nationalökonomie u. Statistik 109 (1917), S. 338–353. – Vorfragen einer jeden Schulre-form, in: Preußische Jbb. 170 (1917), S. 353–373. – Die Zukunft d. Mittelschule, in: Preußi-sches Verwaltungsbl. 28 (1917), S. 487–489. – Kern u. Kurse. Ein Versuch zu freierer Gestal-tung unserer Lehrpläne, Lpz. 1922 (zus. m. W. Bader). – Die Probleme d. Selbstverwaltung unserer Schulen, in: LBl 1922, S. 197–200. – Die Bewegungsfreiheit in d. höheren Schule, ihre Möglichkeiten u. ihre Grenzen, Lpz. 1924 (Entschiedene Schulreform, H. 43). – Die Lü-becker Reifeprüfungsordnung, in: Deutsches Philologenbl. 32 (1924), S. 380. – Erdkundli-ches Arbeitsbuch, Bd. 1 u. 2, Frankfurt/M. 1925, Bd. 3, ebd. 1930 (zus. m. W. Weber). – Die Stellung u. Aufgabe d. Erdkunde in unseren Schulen, in: Geographischer Anzeiger 26 (1925), S. 173–176. – Über kollegiale Schulverwaltung u. Elternräte, in: Die Neue Erziehung 7 (1925), S. 829–838. – Die gegenwärtige Bewegung im höheren Schulwesen Lübecks, in: LBl 1927, S. 129–134. – Der Einfluß d. Landerziehungsheims auf d. Staatsschule, in: Päd-agogisches Zentralbl. 8 (1928), S. 166–170. – Was ist für uns in Amerika zu lernen? In: Deut-sches Philologenbl. 36 (1928), S. 630–633. – Amerikanisches, in: Die Neue Erziehung 11 (1929), S. 125–131. – Probleme d. Schulorganisation, in: Deutsche Mädchenbildung 5 (1929), S. 479–491. – Die bewegliche Einheitsschule Lübecks, in: Die Volksschule 25 (1929/30), S. 991–1001. – 25 Jahre Oberrealschule zum Dom, in: LBl 1930, S. 358–360. – In necessariis unitas, in: Deutsches Philologenbl. 38 (1930), S. 97–98. – Der neue Aufbau d. Volksschule in Lübeck, in: Aufbau 3 (1930), S. 208–211. – Amerika u. wir, in: Die Erziehung 6 (1931), S. 469–481. – Die allgemeine Bildung auf unserer höheren Schule, in: Die Erzie-hung 7 (1932), S. 564–569. – Die Fremdsprachen im Aufbau unserer höheren Schule, in: Monatsschr. f. Höhere Schulen 31 (1932), S. 259–278. – Der innere Bau unserer höheren Schule, in: Pädagogisches Zentralbl. 12 (1932), S. 191–199. – Staat, Stadt u. Schule, in: Preu-ßische Jbb. 228 (1932), S. 250–259. – Die Entwicklung d. beweglichen Einheitsschule in Lü-beck, in: Die Volksschule 28 (1932/33), S. 54–71. – Auslese, in: Pädagogisches Zentralbl. 13 (1933), S. 57–68. – Die elastische Einheitsschule. Gesamtber. über d. Lübecker Versuch ihrer Durchführung, in: Die Erziehung 8 (1933), S. 285–299. – Die höhere Schule u. ihre Bezie-hung zur Mittelschule, in: Das deutsche Schulwesen, Jb. 1930/32, hrsg. v. Zentralinstitut f. Erziehung u. Unterricht, Bln. 1933, S. 207–232.

Literatur: T. Alexander/B. Parker, The New German Republic, New York 1929. – D. Uhlmann, Dem Andenken an S. Sch., in: LBl 1934, S. 133 f. – W. Kusche, Ein großer Lübek-ker Schulmann, in: LBl 1951, S. 3–5.– W. Weber, Dr. S. Sch.' elastische Einheitsschule. Ein Kapitel lübischer Schulgesch., in: LBl 1957, S. 110–113. – P. Brockhaus, Vita Sancti Sebaldi, in: Wagen 1976, S. 147 f. – U. Szperalski, Die Oberrealschule zum Dom, in: Wagen 1976, S. 132–146. – W. Keim, Sekundarstufen-I-Konzeptionen d. 19. u. 20. Jh. u. ihre Realisie-rungsansätze, in: W. Keim (Hrsg.), Sekundarstufe I. Modelle, Probleme, Perspektiven, Kö-nigstein/Taunus 1978, S. 49–78. – A. Leschinsky, Sekundarstufe I oder Volksschulober-

stufe? Zur Diskussion um d. Mittelbau d. Schulwesens am Ende d. Weimarer Zeit, in: Neue Slg. 18 (1978), S. 404–430.
   Porträts: Foto in VBl 1924/1925, S. 30. – Litho v. H. Peters, 1928 (MusKK). – Gemälde v. H. Peters (OzD Lübeck). – Zeichnung v. H. Peters, Abb.: Wagen 1976, S. 133. – Foto (MusKK), Abb. s. S. 363.

Achim Leschinsky

SEELEN, Johann Henrich von, geb. 8. 8. 1687 (nicht 1688) Assel b. Stade, gest. 22. 10. 1762 Lübeck; ev. – Rektor am Katharineum in Lübeck, Theologe.
   Eltern: Erich Zacharias von Seelen, geb. 1637 Ammelsen b. Kreiensen, gest. 28. 10. 1698 Assel, Pastor ebd.; Margareta Elisabeth geb. Hoffmann, gest. 1713 Assel; Tochter d. Pastors Anton Hoffmann ebd.
   Ehefrau: 1.) Ursula Koch, gest. 28. 6. 1742 Lübeck; verh. 21. 9. 1716 Flensburg. – 2.) Margareta Dorothea zum Felde, gest. 11. 5. 1771 Lübeck; verh. 25. 4. 1746 ebd.
   Kinder: aus 1.) 5 Söhne, 1 Tochter, unter ihnen: Erich Simon Henrich, geb. 4. 10. 1717 Stade, gest. 11. 2. 1755 Leipzig, 27. 11. 1754 zum Subrektor d. Katharineums Lübeck gewählt, doch vor Amtsantritt verstorben.
   v. S. entstammte einer Familie, die im 16. Jh. aus religiösen Gründen die Niederlande verlassen hatte und nach Norddeutschland gezogen war. Nach dem frühen Tod seines Vaters zunächst für den kaufmännischen Beruf bestimmt, besuchte v. S. auf Drängen seines Hauslehrers, des Predigers Tobias Schepler in Assel, schließlich sieben Jahre lang das Gynasium in Stade, wo er sich u. a. der Philosophie und der Geschichte, der alt- und mittelhochdeutschen Literatur sowie der hebräischen Sprache und der rabbinischen Literatur widmete. Am 28. 1. 1709 hielt er seine erste öffentliche Rede unter dem Titel „De vanitate divinationum". Als er 1711 das Gymnasium verließ, erschien sein Erstlingswerk „Stada literata", ein Stader Gelehrtenlexikon. Über Wolfenbüttel, wo er in der herzoglichen Bibliothek arbeitete, und Helmstedt, wo er mit den Gelehrten der Universität diskutierte, reiste v. S. nach Wittenberg und wurde dort am 28. 11. 1711 an der Universität immatrikuliert. Hier studierte er Philosophie, Theologie und orientalische Sprachen; daneben besuchte er auch anatomische und naturwissenschaftliche Vorlesungen. Er beabsichtigte, die Universitätslaufbahn einzuschlagen, doch der Tod seiner Mutter veranlaßte ihn zur vorzeitigen Rückkehr in die Heimat und zum Eintritt in den Schuldienst. Sein Wittenberger Lehrer Joh. Christoph Wolf, der früher in Flensburg tätig gewesen war, verschaffte ihm die Stelle des Konrektors am dortigen Gymnasium (Antrittsrede am 17. 11. 1713), wo v. S. zwei Jahre blieb. Am 10. 10. 1715 wurde er in das gleiche Amt am Gymnasium in Stade gewählt und am 3. 1. 1716 eingeführt. Am 21. 12. 1717 wurde v. S. zum Rektor des Katharineums in Lübeck gewählt und am 24. 2. 1718 von Superintendent Georg Heinrich Götze in dieses Amt eingeführt; seine Antrittsrede widmete v. S. der Bedeutung seiner neuen Wirkungsstätte: „De praeclaris Gymnasii

Lubecensis meritis in Rempublicam sacram, civilem et litterariam". Mit einer bi-
belexegetischen Dissertation (s. Werke) wurde v. S. am 6. 9. 1725 von der Theologischen Fakultät der Univ. Rostock zum Lizentiaten der Theologie promoviert.
Nach fast 45jähriger Tätigkeit am Katharineum starb v. S. im Herbst 1762.

v. S.s Bedeutung liegt im schulischen wie im wissenschaftlichen Bereich, die
beide für ihn selbst untrennbar miteinander verbunden waren. Auf wissenschaftlichem Gebiet veröffentlichte er mehrere hundert Schriften philosophischen, theologischen, philologischen, historischen und biographischen Inhalts.
Als Theologe war v. S. Anhänger der Orthodoxie Wittenberger Prägung, als Historiker erstrebte er eine gründliche philologische Quellenkritik und Unparteilichkeit, so daß er einmal wegen der Darstellung eines theologischen Streits, den
er „unpassioniert als ein Historiker" (v. S. am 5. 12. 1722 an den Dresdner Superintendenten Löscher) geschildert hatte, von orthodoxen Theologen kritisiert
wurde. v. S. edierte u. a. Theologenbriefe und Auszüge aus alten Chroniken, befaßte sich mit Alchemie und Numismatik, untersuchte die Geschichte des lübekkischen Druckereiwesens, schrieb eine lübeckische Gelehrtengeschichte und war
gemeinsam mit Samuel Gerhard von Melle und Henrich Scharbau Herausgeber
der 1725–1732 in zwölf Bänden in Lübeck erschienenen wissenschaftlichen Zeitschrift „Bibliotheca Lubecensis"; auch an ihrer Nachfolgerin, der „Nova Bibliotheca Lubecensis" (Bd. 1–8, Lübeck 1753–1757), sowie an verschiedenen weiteren
angesehenen Zeitschriften und Sammelwerken arbeitete er mit. Trotz des großen
Umfangs seines Werks zeichnen sich seine Schriften durch Klarheit und Genau-
igkeit aus.

v. S. reformierte das Katharineum, führte die mehr als 100 Jahre unterlassenen
Disputationen wieder ein und brachte das Gymnasium dank seiner wissenschaftlichen und pädagogischen Fähigkeiten zu neuem Glanz und Ansehen. So
nimmt es nicht wunder, daß er bei Gründung der Univ. Göttingen (1737) einen
Ruf auf eine dortige Professur erhielt, den er allerdings ebenso ablehnte wie zwei
andere nach Danzig und St. Petersburg.

Quellen: AHL: Schnobel. – J. J. Weidener, Einladungsprogr. zu v. S.s Inauguraldiss., Rostock 1725. – Joachim Henrich Ostermeier, Denckmaal d. Ehrfurcht, Liebe u. Hochachtung,
welches dem ... Herrn J. H. v. S. ... zu seiner Ruhestätte gebracht wurde ..., Lübeck [1762]. –
Io. Dan. Overbeck, Memoria vitae ... Ioannis Henrici a Seelen ..., Lübeck [1762]. – v. Seelen,
4, S. 544–588.

Werke: Verz. in: Ostermeier (s. Qu.), S. 4; v. Seelen, 4, S. 571-588; Cimb. lit., 2, Zedler 36 u.
Döring (s. Lit.). – *Hauptwerke:* Stada literata ..., Stade 1711. - Athenae Lubecenses Bd. 1–4,
Lübeck 1719–1722. – Selecta Litteraria, T. 1–20, ebd. 1719–1725, Sammelausg. ebd. 1726. –
Dissertatio theologica inauguralis ex Ephes. II. 11. 12 Ideam Ethniscismi sistens, Rostock
1725. – Selecta Nummaria, ebd. 1726. – Philocalia Epistolica sive Centum Epistolae varia
notatu digna, in primis ad Sanctiorem Doctrinam atque Historiam Ecclesiasticam spectantia, continentes, Lübeck 1728. – Meditationes Exegeticae, Bd. 1–3, ebd. 1730–1737. – Miscellanea, quibus commentationes varii argumenti, sacri, philologici, historici, philosophici,
antiquarii, literarii, continentur, Bd. 1–3, ebd. 1734–1739. – Nachricht von d. Usprung u.
Fortgang d. Buchdruckerey in ... Lübeck ..., ebd. 1740. – Varia Poetica, ebd. 1740. – Stromata
Lutherana, ebd. 1741.

Johann Henrich von Seelen
Kupferstich von C. Fritzsch, 1726

Literatur: ADB, 33, S. 578 f. – Cimb. lit., 2, S. 828–831. – Zedler, Großes vollständiges Universal-Lex., 36, 1743, Sp. 1151–1162. – J. M. H. Döring, Die gelehrten Theologen Deutschlands im 18. u. 19. Jh., 4, Neustadt a. d. Orla 1835, S. 147–167. – Th. Wotschke, Fünf Briefe v. S.s an Löscher, in: MLGA 15 (1929), S. 1–18. – MGG, 12, 1965, Sp. 457.

Porträt: Kupf. v. C. Fritzsch nach Gemälde v. J. M. von der Hude, 1726, als Frontispiz in Meditationes Exegeticae 2 (s. Werke), Abb. s. S. 368.

Hans-Bernd Spies

SIVERS, Henrich Jacob, geb. 8. 4. 1709 (nicht 1708) Lübeck, gest. 8. 8. (nicht 17. 3.) 1758 Tryserum / Schweden; ev. – Theologe, Gelehrter.

Eltern: Hinrich Sivers, geb. 23. 6. 1674 Lübeck, gest. 6. 11. 1736 ebd., Kantor am Katharineum; Regina Catharina geb. Pagendarm, geb. 1688, begr. 20. 4. 1762 Lübeck; verh. 8. 11. 1706.

Ehefrau: 1.) Anna Maria Aschanius, geb. 28. 7. 1714 Skrafwestad / Schweden, gest. 29. 8. 1738 Norrköping; verh. 22. 9. 1737. – 2.) Maria Magdalena Rising, geb. 9. 3. 1713 Vimmerby, gest. vermutl. 1758 Långemåla; verh. 5. 7. 1739, gesch. 1739. – 3.) Helena Retzius, geb. 3. 3. 1714, gest. 24. 3. 1799; verh. 8. 10. 1740.

Kinder: aus 1.) 1 Sohn Nicolaus Hinrich (Nils Henrik), geb. 22. 7. 1738, gest. 5. 1. 1814, geadelt unter d. Namen Liljensparre, Polizeimeister in Stockholm; aus 3.) 5 Söhne, 3 Töchter.

S. ist als Gegner des Satirenschreibers Christian Ludwig Liscow bekannt, doch herrscht über Einzelheiten seines Lebenslaufs in der deutschen Forschung teilweise Unklarheit, da er seit 1735 in Schweden lebte. Die schwedische Literatur berichtet über seine Biographie dagegen sehr genau, während ihr andererseits seine Streitigkeiten mit Liscow unbekannt geblieben sind.

S. besuchte bis 1725 das Katharineum in Lübeck, das seit 1718 von Johann Henrich von Seelen (s. d.) geleitet wurde. Der orthodoxe, schriftstellerisch außerordentlich produktive von Seelen gab im gelehrten Lübeck der Zeit den Ton an; S. gehörte zu seinen Bewunderern, und von Seelen scheint den Sohn des Kantors an seiner Schule schon früh nach Kräften gefördert zu haben. Von Lübeck ging S. 1725 nach Hamburg an das Akademische Gymnasium, von dort bereits 1726 nach Kiel an die Universität. Er studierte Jura, wechselte aber bald zur Theologie über. Einer Erkrankung des Vaters wegen kehrte er 1727 für kurze Zeit nach Lübeck zurück und ging dann nach Rostock. Dort begann er sogleich, sich als Poet und Gelehrter schriftstellerisch zu produzieren. Seit 1728 erschienen erst in Rostock, dann auch in Lübeck verschiedene Schriften theologischer und literarischer Art, darunter eine Wochenschrift mit dem Titel „Satyrischer Patriot" (Rostock 1730). Sie enthielt moralisch-belehrende Gedichte in der von Martin Opitz vorgeschriebenen Art und verwickelte den Autor erstmals in literarische Streitigkeiten. Am 21. 9. 1728 wurde S. zum Magister promoviert, anschließend durfte er an der Univ. Rostock Vorlesungen halten – was, wie er später selbst vermerkt, „mit nicht geringem applausu" vonstatten ging. Während seiner Rostocker Zeit polemisierte S. schließlich von entschieden orthodoxem Standpunkt aus gegen Erik Pontoppidans „Hellen Glaubens-Spiegel" (1727), der als pietistisch infiziert galt.

Gegen Ende 1730 kehrte S. als kaiserlich gekrönter Poet und theologischer Kandidat nach Lübeck zurück. Er war dort bereits ein bekannter Schriftsteller, nachdem u. a. Rektor von Seelen das Vorwort zu seinen „Opuscula academica Varno-Balthica" geschrieben und die Bibliotheca Lubecensis, das periodische Organ des gelehrten Lübeck, mehrfach in ihrem Rezensionsteil auf ihn aufmerksam gemacht hatte. S. kündigte gleich im Dezember 1730 ein „itzt lebendes gelehrtes Lübeck" an, das er zum Lübecker Reformationsjubiläum 1731 herauszugeben gedachte. Die Publikation kam nicht zustande, um so mehr Erfolg hatte er aber mit einigen Beschreibungen seltener Versteinerungen, die er mit beigegebenem Kupferstich an die gelehrte Welt verschickte; das erste Stück dieser „Curiosa Niendorpensia" widmete er der Preußischen Akademie der Wissenschaften, die ihn 1731 zu ihrem Mitglied erwählt hatte. Das brachte S. neben der Ehre auch einigen Spott ein, doch ist er in neuerer Zeit als ein „Petrefaktensammler des frühen 18. Jh.s" wiederentdeckt worden.

Zu seinem Unglück zog S. in Lübeck den Spott des 1729 bis 1734 dort lebenden Satirendichters Christian Ludwig Liscow auf sich, der ihn in drei Satiren als Musterbeispiel eines „elenden Scribenten" bloßstellte. Ob eine Parodie von S.' Ankündigung eines „itzt lebenden gelehrten Lübecks" vom Januar 1731 von Liscow stammt, wird fraglich bleiben müssen, desgleichen, wie sehr er sich bei seinen Angriffen auf S. von persönlichen Motiven lenken ließ. Als S. 1732 eine völlig nichtssagend kommentierte Passionsgeschichte herausgab und diese im „Hamburgischen Correspondenten" ironisch verrissen wurde, zog er in der gelehrten Welt Lübecks gegen Liscow als den vermeintlichen Urheber der Rezension zu Felde und ließ eine heftige Gegenerklärung im „Hamburgischen Correspondenten" abdrucken. Liscow antwortete anonym mit der „Kläglichen Geschichte von der jämmerlichen Zerstöhrung der Stadt Jerusalem", „nach dem Geschmacke des M. Heinrich Jacob Sievers erläutert" (1732). Er gibt sich darin als Verehrer S.' aus, imitiert dessen Passionsgeschichte ironisch übertreibend und gibt S. dem Gelächter preis, indem er dem Text nach dessen Art die lächerlichsten Kommentare beifügt. Liscows zweite Satire bezieht sich auf S.' „Descriptio lapidis musicalis Niendorpensis", jene der Preußischen Akademie der Wissenschaften gewidmete Beschreibung eines Steins, auf dem S. Notenzeichen entdeckt zu haben glaubte. In „Vitrea fracta oder Schreiben des Ritters Robert Clifton an einen gelehrten Samojeden, betreffend die seltsamen und nachdenklichen Figuren, welche derselbe auf einer gefrorenen Fensterscheibe wahrgenommen" (1732) wird S., der in dieser Satire als ein „Mr. Makewind" auftritt, wegen seines „Raritätenkabinetts" und seiner Aufnahme in die Akademie verspottet. Liscows dritte Satire gibt, kaum verschlüsselt, einen Lucas Hermann Backmeister als Verfasser der ersten anonymen Spottschrift aus. Damit wurde Lübecks orthodoxe Geistlichkeit in den Streit einbezogen, denn Backmeister war Theologe und in Lübeck als brav und treuherzig bekannt. Das Geistliche Ministerium stand auf S.' Seite, während Liscow sein Publikum im aufgeklärten literarischen Milieu um Friedrich v. Hagedorn in Hamburg hatte, wo er Spottgedichte auf S. kursieren ließ. Dieser verfluchte den Satiriker öffentlich von der Kanzel herab vor einer allem Anschein nach zahlreich versammelten Gemeinde; in der schwedischen Literatur heißt es gelegentlich, die Lübecker seien in so großen Scharen in S.' Predigten gestürmt, daß er den Neid eifersüchtiger Kollegen aus dem Geistlichen Ministerium auf sich gezogen habe.

S. suchte sich, auch darin der Sitte der Zeit folgend, auf ausgedehnten Reisen der Freundschaft namhafter Gelehrter zu versichern. Auf einer Skandinavienreise wegen Krankheit festgehalten, wurde er 1735 zum Kompastor der deutschen Gemeinde in Norrköping berufen. Hier machte er die Karriere, die ihm in Lübeck versagt geblieben war; er erwarb sich das Ansehen eines Mannes von universaler Gelehrsamkeit und großem schriftstellerischem Fleiß. Zunächst setzte er sich, als Theologe von extrem orthodoxer Position, in Norrköping gegen den um sich greifenden Pietismus ein. Seit 1746 durfte er sich Königlicher Hofprediger nennen, 1747 wurde er Pastor von Tryserum, Hannäs und Fogelvik, 1748 wurde er Propst und 1750 schließlich zum Propst von Vestervik und Norra Tjust befördert. 1756 promovierte ihn die Univ. Greifswald zum Doktor der Theologie. S. publizierte in seiner schwedischen Zeit zahlreiche Gelegenheitsdichtungen, Predigten und Festreden in deutscher, schwedischer und lateinischer Sprache, er widmete sich weiterhin der Geologie – ein Teil seiner Mineraliensammlung gelangte in den Besitz der Univ. Lund –, ferner auch der Medizin und Pharmazie. Den interessanteren Teil seiner Produktion dürften noch seine historischen Arbeiten ausmachen, darunter eine Abhandlung über Gustav Wa-

Henrich Jacob Sivers
Kupferstich von C. Fritzsch, 1756

sas Flucht nach Lübeck und eine posthum erschienene umfangreiche Geschichte der Stadt Vestervik. S. starb als hochangesehener Gelehrter, und die schwedische Literatur vermittelt ein recht positives Bild seiner Persönlichkeit, während er in die deutsche Literaturgeschichtsschreibung als die lächerliche Figur eingegangen ist, die er in Liscows Satiren abgibt.

Quellen: C. C. Gjörwell, Biographie H. J. S., in: Den Swenska Mercurius 2 (1756/57), S. 629–632. – A. O. Rhyzelius, ... Når ... H. J. S. ... blef ... begrafwen, Linköping 1758 (beides in Norrköpings stadsbibliotek). – Ch. L. Liscov's Schriften, hrsg. v. C. Müchler, 3 Bde., Bln. 1806.

Nachlaß: Briefe u. Hss. in Stifts- och landsbiblioteket Linköping. Dort auch ein handschriftliches Werkverz..

Werke: Verz. u. a. in: Biographiskt Lexicon öfver namnkunnige svenska män (s. Lit.), S. 285 f. *Hauptwerke:* Vermischte und Satyrische Gedichte, Altona 1730. – De fide salvifica, Rostock 1728. – Opuscula academica Varno-Balthica ..., Altona 1730. – Descriptio lapidis musicalis ..., Lübeck 1731. – Die Gesch. d. Leidens u. Sterbens, d. Aufferstehung u. Himmelfahrt Jesu Christi, Lübeck 1732. – Curiosorum Niendorpensium specimina 1–6, Lübeck 1732–1734. – Merkwürdiges Stück aus d. Gesch. König Gustav d. Ersten ..., Lübeck 1775 (schwedische Ausg. Stockholm 1754). – Westerwiks stads historia och beskrifning ..., 3 T.e, Linköping 1758.

Literatur: ADB, 34, S. 432–436. – ... H. J. S. Lefwerne, in: Den Swenska Mercurius 5 (1760), S. 59–68. – G. Gezelius, Försök til et Biographiskt Lexikon öfver namnkunnige och lärde svenske män, T. 3, Stockholm/Uppsala/Åbo 1780, S. 45–49. – Svenska Kongl. Hof-Clericiets Historia, T. 1, Örebro 1814, S. 239–247. – G. Ph. Schmidt v. Lübeck, Historische

Studien, Altona 1827, S. 121–194. – J. Classen, Über Christian Ludwig Liscow's Leben u. Schriften, Lübeck 1846, S. 14 f. – Literarische Anzeige (zu Classen), in: LBl 1846, S. 144–147,155 f., 164–167. – J. I. Hahl, Linköping Stifts Herdaminne, T. 2, Norrköping 1846, S. 290–292. – Biographiskt Lexicon öfver namnkunnige svenska män, 14, Uppsala 1847, S. 283–286. – F. W. Ebeling, Gesch. d. komischen Literatur in Deutschland während d. 2. Hälfte d. 18. Jh., 1, Lpz. 1869, S. 33–45. – B. Litzmann, Christian Ludwig Liscow in seiner litterarischen Laufbahn, Hbg. u.Lpz. 1883, S. 36–47. – J. Benda, Der musikalische Stein d. Herrn Mag. Sivers u. d. gefrorene Fensterscheibe Christian Ludwig Liscows, in: LBl 1884, S. 391–394, 415–418, 421 f., 426–430. – C. M. Carlander, Svenska Bibliotek och Ex-Libris, T. 2, Stockholm 1904, S. 428–430. – A. Rydström, Boken om Tjust, T. 2, Västervik 1921, S. 148–157. – G. Elgenstierna, Den . . . svenska Adelns Ättartavlor, 4, Stockholm 1928, S. 649 f. – J. A. Westerlund / J. A. Setterdahl / E. Meurling, Linköping Stifts Herdaminne, T. 4, Linköping 1933, S. 57–63. – S. Sievers,Die Familie Sievers in Lübeck, Hbg. u. Lübeck 1938 (Masch., AHL). – P. Range, Ein Petrefaktensammler aus d. Beginn d. 18. Jh., in: Geologische Rundschau 39 (1951), S. 315–318. – I. Kalm, Hedvigs församling under 300 år. Bidrag till församlingens historia, Lund 1980, S. 105–107. – A. Bruns, Christian Ludwig Liscows Lübecker Satiren, in: ZLGA 61 (1981), S. 95–127.

Porträts: Verz. in: S. Strömbom, Index över Svenska Porträtt 1500–1850, 2, Stockholm 1939, S. 757. – Kupf. v. C. Fritzsch nach Gemälde v. v. d. Hude, 1730 (als Frontispiz in Opuscula academica, s. Werke; MusKK), Abb.: Bruns (s. Lit.), S. 103. – Kupf. v. C. Fritzsch nach Gemälde v. J. Stålbom, 1756 (als Frontispiz in Westerwiks stads historia, s. Werke; MusKK), Abb.: s. S. 371.

                                                                Alken Bruns

SLAVONA, Maria (eigentlich Marie Dorette Caroline Schorer), geb. 14.3. 1865 Lübeck, gest. 10. 5. 1931 Berlin; ev. – Malerin.

Eltern: Theodor Schorer, geb. 5. 6. 1836 Trittau, gest. 17. 12. 1918 Lübeck, Apotheker; Ottilie Emma Emilie geb. Steger, geb. 27. 11. 1838 Kiel, gest. 29. 12. 1899 Lübeck.

Ehemann: Otto Ackermann, geb. 20. 9. 1867 Grellingen, Kanton Bern, gest. 25. 7. 1963 Küssnacht, Kunstschriftsteller, Kunstsammler u. -händler; verh. 1900 Paris.

Kinder: 1 Tochter Maria geb. Gretor, nach Adoption (6. 11. 1916 Berlin) Ackermann, später Lilly Ackermann, geb. 27. 9. 1891 Paris, gest. 5. 2. 1976 Ebenhausen, Schauspielerin. Vater: Wilhelm Petersen (Ps.: Willy Gretor), geb. 16. 7. 1868 Schloß Wundlacken b. Königsberg, gest. 31. 7. 1923 Kopenhagen, Maler u. Kunsthändler.

Enkel: Georg Kahn-Ackermann, geb. 4. 1. 1918 Berlin, Journalist, MdB (1953–1974), Generalsekretär im Europarat (1974–1979).

M. S. stammte aus der angesehenen Lübecker Familie Schorer. Ihr Vater war Besitzer der traditionsreichen Lübecker Löwen-Apotheke und bekleidete Ämter in der Gewerbekammer und in der Bürgerschaft Lübecks. Es zeugt für den aufgeklärten und liberalen Geist des Elternhauses, daß von den sechs Kindern auch die vier Töchter eine der wenigen seinerzeit für Frauen zulässigen Berufsausbildungen erhielten. M. S. kam 1882 als Siebzehnjährige zur Ausbildung im Malen und Zeichnen nach Berlin. Nach kurzer Vorbereitung in der Privatmalschule Eichler lernte sie bis 1886 an der Unterrichtsanstalt des Kgl. Kunstgewerbemuseums. Die Akademie der Künste war ihr als Frau verschlossen. Im Jahre 1887 wechselte sie zur weiteren Ausbildung an die Zeichen- und Malschule des Berliner Vereins der Künstlerinnen, da hier auch für Mädchen Zeichnen nach lebenden Modellen und Anatomiestudien erlaubt waren. Ihrem Lehrer, Carl Stauffer-Bern (1857–1891), der besonders als Porträtist und Radierer anerkannt war, schrieb M. S. im Rückblick einen für ihre künstlerische Weiterentwicklung prägenden Einfluß zu. Seit 1888 setzte sie ihr Studium in München fort. Nach kurzem Unterricht bei Alois Erdelt schrieb sie sich an der Mal- und Zeichenschule des Münchner Künstlerinnenvereins ein. Der Unterricht wurde von dem Mitbegründer der Münchner Secession Ludwig Herterich (1856–1932) geleitet, der im Gegensatz zu Stauffer-Bern eine ausgesprochen koloristische Malweise vertrat und mehr das Malen als das Zeichnen in den Vordergrund rückte. Für M. S. war Herterich der zweite wichtige Lehrer, der ihr Talent erkannte und förderte und dem sie erste Bekanntschaft mit dem französischen Impressionismus verdankte.

Zusammen mit dem dänischen Maler Wilhelm Petersen, der sich später Willy Gretor nannte und internationale Bekanntheit als Kunsthändler und „Gentlemanschwindler" (Tilla Durieux) erlangte, ging M. S. 1890 nach Paris; hier nahm sie den Künstlernamen Slavona an. Für fünfzehn Jahre wurde Paris Ort ihres Lebens und Lernens; unterbrochen von Reisen in die Schweiz und nach Deutschland und von Landaufenthalten innerhalb Frankreichs lebte sie dort bis 1906. In ihren Arbeiten dieser Jahre schlägt sich ihre Vertrautheit mit der modernen französischen Malerei nieder. In engem Kontakt mit dem französischen Impressionismus, in Zugehörigkeit zur Pariser Künstlerwelt und Freundschaft mit Camille Pissarro errang sie als Malerin jetzt Anerkennung und Bestätigung. 1893 stellte sie zum ersten Mal im Salon du Champ de Mars aus (Die alte Blumenverkäuferin). In Paris lernte M. S. den Schweizer Otto Ackermann kennen; sie heirateten 1900 und führten ein anregendes Künstlerhaus, in dem Maler wie Edvard Munch, Karl Edvard Diriks, Walter Leistikow, Max Liebermann, die Friedenskämpfer Berta von Suttner und Leon Bazalgette, Rainer Maria Rilke, der junge Theodor Heuß und Käthe Kollwitz verkehrten. M. S. wurde in ihren Pariser Jahren zu einer selbständigen Malerin; viele ihrer besten Bilder entstanden in dieser Schaffensperiode. Sammler begannen ihre Bilder zu schätzen, man verglich sie mit Berthe Morisot, 1907 kaufte der französische Staat eines ihrer Landschaftsbilder an. Seit 1901 stellte sie als korrespondierendes Mitglied in der Berliner Secession aus. 1906 übersiedelte M. S. mit ihrer Familie in ihre Geburtsstadt Lübeck, wo zahlreiche Familienporträts und Bilder mit Lübecker Motiven entstanden. Von 1909 bis zu ihrem Tode lebte sie in Berlin. Ihre Beziehungen zur Berliner Secession wurden enger, sie gehörte zu der Gruppe von Malern, die als die eigentlichen Vertreter impressionistischer Prinzipien galten. 1913 wurde sie ordentliches Mitglied der Berliner Secession, nach deren Spaltung sie in die von Max Liebermann geführte Freie Secession übertrat. Die Galerie Paul Cassirer, Hochburg des Impressionismus in Berlin, widmete ihr 1912 eine umfangreiche Ausstellung. Als nachträgliche Ehrung zu ihrem sechzigsten Geburtstag wurde 1927 in der Großen Berliner Kunstausstellung eine Einzelausstellung ihrer Werke gezeigt; die Nationalgalerie erwarb das Bild „Häuser am Montmartre".

Maria Slavona

Nach dem Ersten Weltkrieg baute sie unter großen wirtschaftlichen Schwierigkeiten ein Haus am Starnberger See. Erste gesundheitliche Störungen machten
sich bemerkbar, und M. S. suchte Erneuerung durch Hinwendung zur Anthroposophie und Naturheilkunde. In ihrer letzten Schaffensphase entstanden besonders Blumenstilleben und Landschaften aus der Umgebung des Ammerlän-
der Hauses. Zu ihrer Würdigung veranstaltete 1931 die Nationalgalerie im
Kronprinzenpalais eine Ausstellung ihrer Werke, die anschließend in neun
deutschen Städten gezeigt wurde. M. S. galt der zeitgenössischen Kunstkritik als
eine Mitkämpferin der modernen Kunstsprache; der französische Impressionismus in Verbindung mit norddeutscher Nüchternheit hat in ihrem Werk eine
individuelle lyrische Form gefunden, die besonders durch hohe Sensibilität für
die Farbe ausgezeichnet ist. Nach ihrem Tode war M. S. als Künstlerin lange Zeit
vergessen, erst in jüngster Zeit im Zuge des neueren Interesses für die künstlerischen und kulturellen Leistungen der Frau fand sie wieder mehr Beachtung.
1981 zeigte eine Ausstellung in Berlin und Lübeck den überwiegenden Teil ihres
vom Zweiten Weltkrieg stark dezimierten Œuvres.

Werke: Verz. b. M. Bröhan (s. Lit.). *Werke in öffentlichen Slg.en:* Selbstbildnis, 1885
(MusKK). – Sitzender Mann mit Pelzmütze, 1891 (MusKK). – Alte Blumenverkäuferin,
1893 (Slg. Bröhan, Bln.). – Häuser am Montmartre, 1898 (Nationalgalerie Bln.). – Häuser am
Wasser in Baden, um 1898 (Kunsthalle Kiel). – Landschaft an der Oise, um 1901/06
(MusKK). – St. Jürgen-Gang in Lübeck mit spielenden Kindern, 1902 (Kunsthalle Kiel). –
Landschaft an der Oise, 1902 (Städt. Galerie im Städelschen Kunstinst., Frankfurt/M.). –
Lilly mit blauem Kleid mit „Aurore", um 1902/03 (Slg. Bröhan, Bln.). – Kind mit Spiel-
zeugpferd, 1903 (MusKK). – Angorakatze, um 1906 (Kunsthalle Bremen). – Angorakatze,
um 1906 (Mus. am Ostwall, Dortmund). – Kahlhorst bei Lübeck im Rauhreif, um 1906/09
(MusKK). – Sommertag an der Oise, 1911 (Von der Heydt-Mus. Wuppertal). – Herbstblu-
menstrauß in weißer Vase, um 1920 (MusKK). – Rote Blumen in weißem Papier (Neue Pinakothek, München). – Weitere Zeichnungen im MusKK.
Literatur: Th.-B., 31, S. 130. – G. Lindtke, M. S., in: Wagen 1957, S. 87–98. – E. Mentze,
Willy Gretor født Petersen, Kunst Fantasi og Virkelighed [Kbh. 1965]. – M. Bröhan, M. S.
1865–1931, eine deutsche Impressionistin, Kat. Bln. u. Lübeck 1981 (m. vollständigem
Lit.verz. S. 30).
Porträts: Selbstporträts: Kohle 1885, Pastell 1887, Öl um 1910, Kohle 1929; Abb. aller so-
wie Fotos b. M. Bröhan (s. Lit.). – Repro eines Fotos in Privatbesitz (MusKK), Abb. s. S. 374.

Margrit Bröhan

SOHERR, Johann Adam, geb. 12. 10. 1706 Mannheim, gest. 22./23. 9. 1778
Lübeck; kath. – Ingenieur, Architekt.
Eltern: Joseph Soherr, geb. vermutl. 1668, begr. 22. 2. 1730 Mannheim, Stadt-
maurermeister ebd.; Maria Magdalena geb. Mercklin.
Ehefrau: Elisabeth Wilhelmina Henniger, begr. 7. 1. 1752 Lübeck.
Kinder: 4 Töchter, 1 Sohn Franz, gest. 4. 3. 1799 Lübeck, Stadtbaumeister ebd.

Seine erste Ausbildung dürfte S. in der kurpfälzischen Residenzstadt Mannheim bei seinem Vater erhalten haben, von dem er noch vor 1730 nach Italien und Rom geschickt wurde. Im Zusammenhang mit dieser Reise wird ein Aufenthalt in Wien stehen, von dem S. in einem Schreiben nach Kopenhagen spricht; er will dort u. a. am Bau der Hofburg teilgenommen haben. In die Zeit vor 1730 müßte auch die an gleicher Stelle erwähnte Tätigkeit für den Grafen Batthyanyi an dessen Schloß zu Kirmint in Ungarn fallen. 1730 kehrte S. nach Mannheim zurück und trat die Nachfolge seines verstorbenen Vaters als Stadtmaurermeister an. 1732 ging er nach Kopenhagen und erhielt mit Anstellung vom 24. 3. 1733 den Posten eines Bauinspektors am königlichen Residenzschloß Christiansborg unter David Häusser. Er avancierte 1742 zum Hofbauinspektor und wurde Mitarbeiter der beiden Architekten Laurids de Thurah und Nicolai Eigtved. Er war jedoch nicht nur im Residenzbau tätig, sondern begann 1741 im Auftrag des Königs, der die Kosten übernahm, mit der Errichtung des Württembergischen Palais in der Slotsholmgade für den General von Württemberg-Oels. Danach führte er die Aufsicht beim Bau des „Laurierhus" bei Rosenborg (1742) und wirkte anschließend bei Arbeiten am Prinzenpalais und an den Schlössern Frederiksborg, Fredensborg und Jægersborg mit. Das sog. „Chinesische Haus" (Gartenpalais) bei Frederiksborg wurde 1743/44 wahrscheinlich nach seinem Entwurf gebaut. Ende 1748 oder Anfang 1749 bewarb sich S. um die freie Stelle des Lübecker Stadtbaumeisters. Seine Wahl wurde mit Senatsdekret vom 16. 7. 1749 bestätigt und S. am 10. 12. des Jahres vereidigt. Er führte dieses Amt fast dreißig Jahre; am 19. 9. 1778 bat er um „Adjunction" seines Sohnes Franz, wenige Tage darauf starb er.

Die Lübecker Quellen weisen S. vor allem als tüchtigen Baumeister und technischen Ingenieur aus. Zu seinen Aufgaben gehörten neben der allgemeinen Bauaufsicht und der Aufsicht über die der Stadt gehörigen Gebäude auch Neubau, Reparatur und Verbesserung von technischen Anlagen wie Mühlen und Waagen und von Straßen und Wasserwegen. Besonders auf diesen Gebieten wurden während seiner Amtszeit zahlreiche Verbesserungen vorgenommen. Außerdem war S. für die Einhaltung der Brandordnung verantwortlich, hatte Brandschäden zu begutachten und die Beseitigung zu veranlassen (z. B. Brand eines der vier Ecktürmchen der Petrikirche, 1764). Schließlich wurde er, neben dem Stadtkommandanten und dem Kommandanten der Travemünder Zitadelle, bei der Instandhaltung der Festungswerke und ihrer militärischen Einrichtungen hinzugezogen (z. B. Reparaturen an der Travemünder Schanze seit 1775).

Große öffentliche Bauaufgaben gab es während S.s Amtszeit kaum. 1754 wurde die Ratsstube nach seinen Vorschlägen von dem Maurermeister J. Chr. Klicks und dem Stukkateur Chr. Lentz umgebaut; die erste Sitzung im neuen „Audienz"-Saal fand am 28. 11. 1755 statt. Anschließend wurde im Auftrag der Kaufmannschaft unter finanzieller Beteiligung des Rates die Börse, ebenfalls im Rathaus, umgebaut. S. lieferte wieder die Zeichnungen, die der Arbeit des Maurermeisters G. Rössler und Chr. Lentz' zugrundelagen. 1767 wurde er mit dem Bau eines repräsentativen Wachthauses mit Gefängnis am Burgtor beauftragt, im Jahr darauf entwarf er die Hauptwache am Holstentor, die 1782 noch einmal erweitert wurde, und im selben Jahr (1768) legte er Anschläge und Risse zu einer steinernen Brücke über den Stadtgraben vor dem Holstentor vor (Puppenbrücke). Der Grundstein wurde jedoch erst 1772 nach längeren Vorarbeiten und heftigen Kontroversen mit dem Subrektor am Katharineum J. D. Behn gelegt (Fertigstellung 1773; der Figurenschmuck von D. J. Boy auf Sockeln von T. Häseus wurde 1776 aufgesetzt). Auf lübeckischem Landgebiet wurde unter S.s Leitung nach 1751 das heutige Pächterhaus auf Ritzerau gebaut, 1772 bis 1775 wurde der stadteigene Hof Behlendorf in Lauenburg verlegt und wiederaufgebaut und 1775 das neue Wohnhaus des Stadtguts Steinrade errichtet. 1777 reiste S. im Auftrag der Städte Bremen, Hamburg und Lübeck nach London, um die verfallenen Packhäuser des Stalhofes in Augenschein zu nehmen. Nach der Rückkehr über Rotterdam lieferte er Berichte und Risse. Seine letzte Arbeit waren wohl Rechnungen und Risse für ein neues Spinnhaus, die im folgenden Jahr entstanden.

Gegenüber den größeren öffentlichen Aufträgen im profanen Bereich traten kirchliche Aufträge zurück. 1750 lieferte S. Risse und Anschläge für den Kirchturm des Lübeck gehörigen Dorfes Nusse (1769–1771 ausgeführt, 1775 Einbau der Westempore) und für das Pfarrhaus in Behlendorf. 1756 übertrug ihm die Schonenfahrer-Kompanie den Entwurf ihres Ältermann-Stuhles in der Marienkirche (ausgeführt von Tischler J. H. Lübbers und Bildschnitzer H. A. Elleroth). Entwürfe zu einem neuen Ratsstuhl wurden 1762 vom Rat approbiert, jedoch erst 1782 in veränderten Formen ausgeführt. Im Auftrag des Domkapitels plante S. 1759 ein Oratorium („Prieche") für die Kirche von Genin (1761 beendet). 1767 wurde der Dachreiter der Petrikirche nach seinen Vorschlägen umgebaut, 1769 lieferte S. den Entwurf für das Schrankenwerk der Greveradenkapelle im Dom (Zimmermeister H. H. Schröder, Tischler P. F. Schuster, Bildhauer D. J. Boy), und 1777 erarbeitete er Vorschläge zum südlichen Chorportal der Marienkirche. Schließlich erhielt er auch Aufträge außerhalb Lübecks, u. a. den zum Neubau der Kirche in Oldesloe (1757–1764).

S. führte außerdem weitere kleinere Arbeiten für den öffentlichen Bereich, aber auch Aufträge Privater aus. So lieferte er 1750 Pläne und Kostenanschläge für ein öffentliches Kaffeehaus an der Lachswehr, das 1751 (nicht 1777) errichtet wurde. Zwei Jahre später erhielt er von der Kaufleute-Kompanie den Auftrag zum Bau ihres Schützenhauses (1753 ausgeführt). 1763 war er mit Umbauten am Herrenhaus Nütschau für Christian von Brömbsen beschäftigt. Im selben Jahr konnte er auch das Stadtbaumeisterhaus im Bauhof umbauen.

Mit großer Wahrscheinlichkeit war S. auch im Bürgerhausbau tätig. So wird er die Zeichnung zum Festsaal des Hauses Königstr. 9 geliefert haben (um 1756). Weitere Häuser wie das ehemalige Haus Königstr. 42 (1752) und das Haus Einsiedelstraße 10 (1754–1756) scheinen seiner Art nahezustehen. Eine Einschätzung seines Einflusses auf den Bürgerhausbau im 18. Jh. muß allerdings hypothetisch bleiben, da archivalische Belege fehlen. Ebenso entzieht sich seine architektonische Leistung einer eingehenderen Beurteilung, denn künstlerisch Bedeutungsvolles ist kaum mehr erhalten. Das wenige Bewahrte läßt nicht auf einen Künstler größeren Formats schließen; S. war wohl vor allem Baumeister und

Ingenieur. Sein Verdienst mag darüber hinaus darin gelegen haben, daß er Gestaltungsweisen des dänischen Rokoko nach Lübeck übertrug, ohne jedoch dessen Eleganz zu erreichen.

Quellen: AHL: Personenkartei; Slg. Hach 94; Altes Senatsarch.; Planslg.; Arch. d. Kaufmannschaft (Teilabschr. die Börse betr. v. H. Rahtgens, MusKK); Senatsdekrete 1749-1778; Hochbau A II 1/16 (Stadt-Baubureau); Familienarch. Hach V H 2, 10 d; Hs. F. Bruns, Ratsbaumeister. – Mannheim: Pfarrkirche St. Sebastian, Taufbuch 1685–1736.
Literatur: Ältere deutsche Lit. verz. in: Th.-B., 31, S. 214 f. Ältere dänische Lit. verz. in: Weilbach, 3, S. 248. – A. Hach, Der Brand d. Petrithurmes 1764, in: MLGA 3 (1887/88), S. 176–186. – W. Brehmer, Beitrr. zu einer Baugesch. Lübecks 5: Die Befestigungswerke Lübecks, in: ZLGA 7 (1898), S. 341–498, bes. 469 f. – E. F. Fehling, Lübeckische Stadtgüter, 1, Lübeck 1904, S. 26 ff., 68. – BuKHL, 1,2,4 (s. Register). – A. Schröder, Der Lübecker Bildhauer Dietrich Jürgen Boy (1724–1803), in: MLGA 15 (1929–1940), S. 87–98. – Ders., Die Lübecker Bildhauer Andreas und Hermann Andreas Elleroth, in: ebd. S. 171–182. – C. Bock v. Wülfingen u. W. Frahm (Hrsg.), Stormarn. Der Lebensraum zwischen Hamburg u. Lübeck, Hbg. 1938. – K. Voss, Bygningsadministrationen i Danmark under Enevælden, Kop. 1966, S. 62 f., 69. – Ders., Arkitekten Nicolai Eigtved, Kop. 1971, S. 176, 241–244, 402, 405. – Kunst-Topographie Schleswig-Holstein, Neumünster 1969. – Danske slotte og herregårde i billeder, 1, Kop. u. Frederiksberg 1970 (Lerches Gård, S. 52–54). – B. R. Kommer, Historische Räume, in: Kunst u. Kultur Lübecks im 19. Jh., Lübeck 1981 (Hefte zu Kunst u. Kulturgesch. d. Hansestadt Lübeck 4), S. 57–65, bes. 60. – Ders., Lübecks Stadtbaumeister J. A. S. Zahlreiche Bauwerke zeugen von seinem Wirken, in: LBl 1983, S. 85–88, 101–103, 123 f.

Björn R. Kommer

STOERMER, Curt (eigentlich *Kurt* Karl August Störmer), geb. 26. 4. 1891 Hagen (Westfalen), gest. 29. 1. 1976 Lübeck; ev. – Maler.
Eltern: Conrad Friedrich Wilhelm Störmer, geb. 6. 12. 1861 Armsfeld b. Bad Wildungen, gest. 26. 1. 1939 Hagen, Rektor; Ernestine Auguste Laura geb. Pattri, geb. 6. 3. 1866 Iserlohn, gest. 20. 12. 1947 Lübeck.
Ehefrau: 1.) Elfriede Anna *Ilse* Hahn, geb. 14. 9. 1885 Braunschweig, gest. 26. 3. 1971 Worpswede, Malerin; verh. 24. 2. 1913 Berlin, gesch. 6. 7.1922 Lübeck. – 2.) Margarita Eunice Müller, geb. 31. 8. 1899 Juarez (Mexiko), gest. 5. 12. 1978 Braunschweig; verh. 4. 5. 1928 Lübeck.
Kinder: aus 1.) 2 Söhne; aus 2.) 2 Töchter.
St. wuchs in Hagen heran und erlebte dort als Gymnasiast die Entstehung des Folkwangmuseums. 1907 lernte er dessen Gründer Karl Ernst Osthaus und den Maler Christian Rohlfs kennen, die ihn zu ersten künstlerischen Versuchen veranlaßten. 1908 verließ er die Schule, um die Kunstakademie Düsseldorf zu besuchen, deren Betrieb ihn jedoch enttäuschte. 1909 siedelte er nach Paris über, wo er zunächst an der Akademie Cola Rossi studierte und seit 1910 an der Akademie Julian. In Paris machte er die Bekanntschaft von Alexander Archipenko, Constantin Brancusi, Amedeo Modigliani und Heinrich Vogeler, dem er 1912 nach Worpswede folgte, wo er den Nachlaß von Paula Modersohn-Becker sichtete und katalogisierte. Er arbeitete an der Kunstzeitschrift „Der Cicerone" mit

sowie an der Zeitschrift „Der Sturm", die 1913/14 einige seiner Holzschnitte veröffentlichte, und beteiligte sich 1913 am Ersten deutschen Herbstsalon von Herwarth Walden in Berlin, nachdem ihm das Folkwangmuseum bereits ein Jahr zuvor eine erste Einzelausstellung ausgerichtet hatte. 1914 meldete er sich gemeinsam mit Vogeler als Kriegsfreiwilliger. Nach seiner vorzeitigen Entlassung aus dem Heeresdienst im September 1918 kehrte er nach Worpswede zurück. Mit Vogeler beteiligte er sich an der Bremer Räterepublik, ging aber schon Anfang 1919 nach Hohwacht an die Ostsee, wo er Karl Schmidt-Rottluff begegnete, dem er fortan freundschaftlich verbunden blieb. 1920 wurde er Mitglied der Künstlervereinigung „Novembergruppe"; 1921 machte er sich in Lübeck ansässig. 1923 unternahm er als Messesteward zwei Reisen nach Ostasien, und von 1924 bis 1927 war er als Retuscheur in einer Lübecker Lichtdruckanstalt beschäftigt. Er nutzte diese Jahre für die Aneignung unterschiedlicher handwerklicher Fertigkeiten, auf dem Gebiet der Glasmalerei angeregt durch Ervin Bossanyi und gefördert durch den Glasermeister Carl Berkentien. 1925 gründete er eine Werkstatt für Glasmalerei, in der zwischen 1927 und 1930 u. a. die Fenster für die Gedächtniskapelle der Ägidienkirche und für den Ratskeller in Lübeck entstanden. Von entscheidender Bedeutung für seine künstlerische Weiterentwicklung wurde im Jahre 1931 eine Reise über Dalmatien und Süditalien nach Rom, wo er als Stipendiat der Preußischen Akademie der Künste als schöpferischer Künstler zu sich selbst fand, beeindruckt von den Etruskern, den Gewölbemosaiken der frühchristlichen Kirchen und den Freskenmalern der Renaissance, aber auch von dem Werk Carlo Carras und der Arbeit des Mitstipendiaten Werner Gilles, mit dem er sich befreundete und mit dem er 1935 einige künstlerisch fruchtbare Wochen auf dem Darß verbrachte. 1932 stellte er die Ergebnisse des Dalmatien- und Italienaufenthalts in der Lübecker Overbeckgesellschaft und in der Herbstausstellung der Akademie der Künste in Berlin vor. Auch während der nationalsozialistischen Zeit wurde St. – auf Fürsprache des Malers und Graphikers Asmus Jessen – mit öffentlichen Aufträgen bedacht, obwohl seine Beteiligung an der Bremer Räterepublik wohlbekannt war und man 1937 im Folkwangmuseum vier seiner Holzschnitte als entartet beschlagnahmte. 1940 erwarb St. ein Grundstück in Utecht am Ratzeburger See, wohin er sich mehr und mehr zurückzog, nachdem sein Lübecker Atelier beim Bombenangriff im März 1942 zerstört worden war. In der Nachkriegszeit engagierte er sich gesellschaftlich und politisch, war maßgeblich an der Neugründung der „Gemeinschaft Lübecker Maler und Bildhauer" und an der Bildung der „Gruppe 56" beteiligt und beratend beim Wiederaufbau Lübecks und in der Overbeckgesellschaft tätig. In der Zeit von 1956 bis 1969 schrieb er für die „Lübecker Freie Presse" Ausstellungskritiken, gleichzeitig viel beschäftigt mit der künstlerischen Ausschmückung öffentlicher und privater Bauten, während andererseits auch sein freies Schaffen sich immer mehr zu entfalten begann. 1952 befuhr er mit einem Frachter das Mittelmeer. Im Jahr darauf sah er Südfrankreich und Spanien wieder; weitere Reisen nach Spanien, Frankreich und Italien, vor allem nach Ischia, schlossen sich bis in die siebziger Jahre hinein an. Die künstlerische Auseinandersetzung mit der Mittelmeerwelt, 1931 begonnen, rückte erneut ins Zentrum seiner Arbeit und schlug

sich nieder in Ölbildern, Aquarellen und einer Fülle von Zeichnungen. In den
Nachkriegsjahren beteiligte St. sich häufig an Ausstellungen regionalen und
überregionalen Charakters. 1951 und 1961 würdigte ihn die Overbeckgesellschaft wie schon 1941 mit Einzelausstellungen, und 1971 zeigte der Senat der
Hansestadt Lübeck einen wesentlichen Teil seines Werks im Museum am Dom.
Trotz nachlassender Sehkraft war St. bis in seine letzten Lebenstage künstlerisch
tätig, zuletzt befaßt mit der Arbeit an einem Zyklus zum Thema der Argonauten,
von dem er noch elf Blätter vollenden konnte.

St.s künstlerisches Werk umfaßt Ölbilder, Aquarelle, Zeichnungen, Holzschnitte, Radierungen und zahlreiche Arbeiten aus dem Bereich der angewandten Kunst: Glasfenster, Sgraffitti und Fresken, Mosaiken, schmiedeeiserne Arbeiten, keramische Malerei auf Fliesen, Schalen, Vasen, Entwürfe für Wandteppiche
und Gebrauchsgegenstände. Es ist weit verstreut, manches verlorengegangen.
Aus der Zeit vor dem Ersten Weltkrieg haben sich neben einigen Zeichnungen
ausschließlich Holzschnitte und Radierungen erhalten, die St. unter dem Einfluß
des Expressionismus und in der Auseinandersetzung mit dem Frühkubismus
zeigen. Es sind Landschaften sowie Bildnisse und Arbeiten zu Themen, die auch
für das spätere Werk bezeichnend blieben: Christus vor Pontius Pilatus, Hiob,
Orpheus und Ganymed. Nach dem Kriege setzte St. diese Linie seines Werks
zunächst fort; weitere Holzschnitte entstanden in Übereinstimmung mit den
Tendenzen des Revolutionsexpressionismus (Christus als Landsturmmann, Ek-
stase), ferner Ölbilder und Aquarelle, die aber – mit Ausnahme der „Brandung"
– als verschollen gelten müssen. Dann geriet sein Schaffen ins Stocken. Aus den
zwanziger Jahren sind freie Arbeiten kaum überliefert. Als Maler und Zeichner
gewann St. erst seit seinem ersten Italienaufenthalt 1931 wieder Profil, mit Bildern, die in ihrer beherrschten Formensprache das Erlebnis der Mittelmeerwelt
widerspiegeln und diese zugleich ins Sinnbildhafte steigern. Der schöpferische
Impuls der Italienreise reichte weit über das Jahr 1931 hinaus. St. begann in der
Folgezeit neben der Beschäftigung mit den Aufgaben der angewandten Kunst
zeitentrückt Archetypischem auch in der Heimat nachzuspüren, in den Dörfern
an der Wakenitz, in der Palinger Heide, bei der Arbeit der Fischer und Bauern.
Während der nationalsozialistischen Zeit entstanden weitere Landschaftsaqua-
relle, vor allem 1935 auf dem Darß und während des Krieges in Utecht, zwischen
1932 und 1935 auch einige wesentliche Porträts, ferner Stilleben, die eine Auseinandersetzung mit Cézanne dokumentieren. 1942 schuf St. eine Reihe von Arbeiten, die das zerstörte Lübeck zum Gegenstand haben, 1943 einige Kohlezeichnungen unverkennbar zeitkritischer Aussage, Odysseus in der Unterwelt
darstellend.

Nach dem Zweiten Weltkrieg gewann seine Kunst im erneuten Rückgriff auf
Gestaltungselemente des Kubismus zunehmend an Bekenntnischarakter. Das
gilt zunächst für die Bilder religiösen Inhalts, die wie Akte der Befreiung im
Glauben wirken und das Werk seit Kriegsende kontinuierlich begleiten, von der
„Auferstehung" des Jahres 1948 und dem „Heiligen Georg" von 1950 – beide die
damalige Situation ins Symbol fassend – über das „Abendmahl" von 1958 bis
zur „Kreuzabnahme" (1963) und dem unverhüllt bekenntnishaften „Mane no-

biscum"-Bild, das St. 1975 kurz vor seinem Tode malte. Der existentielle Gehalt seiner Arbeiten wird ferner deutlich in den Bildern, die in der Auseinandersetzung mit Gestalten der antiken Mythologie entstanden sind. Sie zeigen den Menschen in seiner Ausgesetztheit, dem Schicksal ausgeliefert („Drei Parzen", 1957), bedroht von äußeren Mächten und aus dem Innern heraus („Die Argonauten", 1968–75), blind oder einsam („Der blinde Ödipus", 1963; „Polyphem", um 1965). Auch die sonstigen figürlichen Darstellungen und die Landschaftsbilder des Spätwerks machen im individuell Wahrgenommenen oder visionär Erfahrenen immer zugleich ein Allgemeines transparent, indem sie apollinisch in sich ruhendes, wenn auch nicht ungefährdetes Dasein beschwörend zum Ideal erheben.

St. rechnete die Fenster der Ägidienkirche – Zeugnisse eines disziplinierten Expressionismus – zu seinen bedeutendsten künstlerischen Leistungen. Was an baugebundenen Arbeiten während der nationalsozialistischen Ära entstanden ist, hat zumeist die Zeit nicht überdauert. Das in der Nachkriegszeit Geschaffene verrät nicht nur, in welchem Maße es St. gelang, die Wünsche der Auftraggeber mit dem eigenen künstlerischen Wollen in Übereinstimmung zu bringen und seiner Themenwelt treu zu bleiben. Es zeigt auch, daß die Arbeit am Bau ihm immer eine geistige Aufgabe war, die seiner Neigung zu monumentaler Vereinfachung und symbolischer Verdichtung entgegenkam und sich niemals im bloß Dekorativen erschöpfte. Dies läßt sich an den figürlichen Darstellungen ebenso ablesen wie an den wenigen gegenstandslosen Arbeiten dieser Jahre: an der Heimkehrergruppe am Kaufhof in Lübeck, an den Sgraffitti im Treppenhaus der Landesversicherungsanstalt, den Wandgemälden für das Kasino des NDR in Hamburg wie auch an dem Rundfenster für die Liebfrauenkirche in Lübeck-Eichholz, Arbeiten, die mancherlei Zeittendenzen widerspiegeln, ohne doch ihr Eigenes zu verleugnen. – Ehrenplakette des Lübecker Senats, 1966; Ehrenmitgliedschaft der Gemeinschaft Lübecker Maler und Bildhauer, 1971.

Quellen: Verz. b. A. Enns, Kunst u. Bürgertum, Hbg. u. Lübeck 1978, S. 308–310 (unvollständig). – Kat. d. Jahresschauen Lübecker Künstler, Lübeck 1964–1976. – Kat. d. Landesschauen schl.-holst. Künstler, Kiel 1954–1961 u. 1963–1975. – Dok., Entwürfe, Fotos im Besitz v. Brigitta Kordina geb. Stoermer, Braunschweig. – Ausstellungsbesprechungen u. Artikel in Zeitungen u. Zeitschriften (Verz. im AHL).

Werke: Verz. in: C. St., Ausstellungskat., hrsg. v. Senat d. Hansestadt Lübeck, Lübeck 1971 (unvollständig). – Chr. Rathke, Gesammelt f. d. Landesmus., Schleswig 1983, S. 90 (Druckgraphik im SHLM). – *Gemälde in öffentlichen Sammlungen:* Brandung, 1919 (SHLM). – Frauen am Brunnen, 1931 (MusKK). – Großer Heuhaufen, 1935 (Altona, Mus.). – Stilleben mit Iris, 1945 (Land Schl.-Holst.). – Herbstblumen, 1946 (Lübeck, Possehlstiftung). – Arabische Stadt, 1953 (Land Schl.-Holst.). – Fischerfrauen in Spanien, 1953 (ebd.). – Karstgebirge, um 1954 (MusKK). – Der Apfelesser, 1954 (Hansestadt Lübeck). – Stadt in Spanien, 1955 (MusKK). – Pierrot, 1956 (Hansestadt Lübeck). – Toter Hafen, 1957 (Land Schl.- Holst.). – Abendmahl, 1958 (Lübeck, Ev. Kirche). – Dorf in d. Provence, um 1960 (Rostock, Kunsthalle). – Häuser auf Ischia, 1962 (Lübeck, Possehlstiftung).– Der blinde Ödipus, 1962 (Land Schl.-Holst.). – Die Bucht v. Forio (Lüttenort, Gedenkatelier Niemeyer-Holstein). – Domplatz Ibiza, 1968 (Lübeck, Possehlstiftung). – Der blinde Fischer, 1970 (MusKK). – Haus in d. Bretagne, 1970 (Lübeck, Possehlstiftung). *Gemälde in Privatbesitz:* Junger Hirte, 1931 (Braunschweig). – Blick auf Lesina, 1931 (Lübeck). – Bildnis Heino Jaede, 1932 (ebd.). – Bildnis eines jungen Geigers, 1935 (Haffkrug). – Flaschen u. Pinsel, 1943 (Braunschweig). –

Auferstehung, 1948 (Schleswig). – St. Georg, 1950 (Lübeck). – Brücke in Spanien, 1954 (Braunschweig). – Ausschauende Kinder, 1955 (Lübeck). – Die Familie, 1956 (ebd.). – Felsenlandschaft, 1957 (ebd.). – Die Parzen, 1957 (Braunschweig). – Daphne u. Apoll, 1960 (Lübeck). – Obsternte, 1961 (ebd.). – Häuser im Lava, 1962 (Bremen). – Kreuzabnahme, 1963 (Braunschweig). – Friedhofsmauer in d. Provence, 1964 (Lübeck). – Anlandende Fischer, 1966 (ebd.). – Mane nobiscum . . ., 1975 (Braunschweig). *Aquarelle in öffentlichen Sammlungen:* Amrum, 1928 (MusKK). – Bergsee in Dalmatien, 1931 (ebd.). – Fischer am Darß, 1935 (ebd.). – Renaissancegiebel, 1942 (Lübeck, Possehlstiftung). – Haus in Utecht, 1943 (ebd.). – Landschaft am Ratzeburger See, 1952 (ebd.). – Landschaft auf Ischia, 1968 (Land Schl.-Holst.). – Bretonische Wattlandschaft, 1972 (ebd.). *Aquarelle in Privatbesitz:* Weinberge im Karst, 1931 (Lübeck). – Hafen v. Lesina, 1931 (Braunschweig). – Kinder auf d. Darß, 1935 (Cleverbrück). – Hafen v. Lippe, um 1938 (Bremerhaven). – Inneres v. St. Marien, 1942 (Schleswig). – Doppelstrauß, 1943 (Lübeck). – Wald, 1947 (ebd.). – Kiefern v. Empurias, 1953 (Kiel). – Weinberge auf Ischia, 1968 (Lübeck). – Segelschiffe, 1972 (Braunschweig). – Fischer in d. Booten, 1972 (ebd.). – San Angelo, 1972 (ebd.). *Zeichnungen in öffentlichen Sammlungen:* Boote am Strand, 1931 (SHLM). – Bildniskopf Heino Jaede, 1933 (MusKK). – Spanische Landschaft, 1953 (ebd.). – Netzflicker, 1960 (Land Niedersachsen). – Fischer am Darß, 1975 (MusKK). *Zeichnungen in Privatbesitz:* Straße m. Turm, 1911 (Braunschweig). – Odysseus in d. Unterwelt, 1943 (3 Bll., Braunschweig). – Die Argonauten, 1968–1975 (11 Bll., ebd.). *Holzschnitte:* Orpheus, 1911 (MusKK). – Christus vor Pontius Pilatus, 1911 (ebd.). – Ganymed, 1913. – Der Tod u. d. Paar, 1913; Verkündigung, 1913; Tänzerpaar, 1914 (alle aus „Der Sturm", MusKK). – Auferstehung, 1918. – Christus als Landsturmmann, 1918. – Hohwachter Fischer, 1951 (SHLM). – Harpyjen, 1951 (ebd.). Weitere Arbeiten im MusKK, SHLM, im Besitz d. Hansestadt Lübeck, d. Landes Schl.-Holst., d. Artothek Kiel u. in Privatbesitz. *Angewandte Arbeiten* (Auswahl): *Glasfenster:* Lübeck, Ägidienkirche, 1929 (1942 zerstört, Abb. in: Wagen 1931, S. 96 f.). –Lübeck, Ratskeller, 1930. – Lübeck-Schlutup, St.-Andreas-Kirche, 1936, 1954. – Lübeck- Eichholz, Liebfrauenkirche, 1955. – Lübeck, Th.-Mann-Schule, 1959. – AHL, 1960. – Lübeck, Handelsbank, 1962. *Sgraffitti:* Maurer u. Fischer, 1936 (Lübeck, Arbeitsamt). – Siedlung Lübeck-Eichholz, figürliche Darstellungen über d. Türen, 1950. – Aus d. Arbeitsleben, 1952 (Lübeck, Landesversicherungsanstalt). – Figurenfries, 1953/54 (Lübeck, Vorwerker Friedhof, Kapelle 1). – Hafenszene, 1966 (Lübeck, Edelsteinstr. 74). *Wandgemälde:* Schmiede, um 1938 (Lübeck, Handwerkskammer, zerstört; Abb.: Lübecker Volksbote v. 24. 4. 1941). – Orpheus, um 1949 (Lübeck, Oberschule zum Dom). – Hirten u. Fischer, 1954 (Hbg., Kasino d. NDR). – Segelschiffe im Bootshafen, 1959 (Malente, Mühlenbergklinik). *Metallarbeiten:* Der Heimkehrer, 1952 (Lübeck, Am Kaufhof). – Familie, 1952 (Lübeck, Landesversicherungsanstalt). – Wappenschild, 1958 (Lübeck, Mengstr. 18). – St. Georg, 1967 (Ratzeburg, Schule St. Georgsberg). *Arbeiten in Majolika:* Aquarium, 1954 (Bad Bramstedt, Kurmittelhaus). – Figürliches Wandbild, 1959 (Lübeck, Th.-Mann-Schule). – Vögel, 1960 (Lübeck, Johanneum).

Literatur: Th.-B., 32, S. 95. – Vollmer, 4, S. 367. – H. W. Petzet, Heinrich Vogeler. Von Worpswede nach Moskau, Köln 1972. – J. Chr. Jensen, 80 Jahre Kunst in Schl.-Holst., Lübeck 1983, S. 7. – B. Feddersen, Schl.-holst. Künstlerlex., Bredstedt 1984, S. 167. – H. Hannemann, C. St.s Aquarelle, in: Wagen 1986, S. 184–196.

Porträts: Selbstbildnisse (Auswahl): Radierung, 1914 (SHLM). – Ölgemälde, um 1916 (Privatbesitz Braunschweig), 1952 (Privatbesitz Lübeck), 1963 (Privatbesitz ebd.), 1965 (Privatbesitz Braunschweig). – Ölgemälde v. H. Vogeler, um 1912 (Privatbesitz Honolulu). – Ölgemälde v. O. Niemeyer-Holstein, 1946 (Privatbesitz Braunschweig). – Gipsmodell f. Bronze v. G. Weiland, 1975, Abb.: Lübeck – Künstler sehen ihre Stadt, Kat. Lübeck 1975, Nr. 85. – Fotos in: G. Bettermann/W. Rieger, Gruppe Schl.-Holst. 1956, Schleswig [1958] u. in: Gesamtkat. 1975 Bundesverband Bildender Künstler, Landesverband Schl.-Holst., zusammengest. u. hrsg. v. d. Arbeitsausschuß d. BBK, Landesverband Schl.-Holst. [1975]. – Foto (SHLB). – Foto v. K. u. C. Richter, 1958/59 (SHLB).

Horst Hannemann

STRICKER (Stricerius), Johannes, geb. um 1540 Grube (Ostholstein), begr. 24. oder 25. 1. 1599 (nicht 1598) Lübeck; ev. – Pastor, Dichter.

Eltern: Vorname d. Vaters unbekannt (Johannes?), gest. 1563/64, Pastor in Grube seit ca. 1520, vorher vermutlich Mönch im Kloster Cismar; Name d. Mutter unbekannt.

Ehefrau: Gesche, lebte noch 1619.

Kinder: 3 Söhne, 2 Töchter.

Bruder: Jeremias, gest. 1588, von 1564 bis 1572 Pastor in Grube, danach in Lütjenburg, seit 1585 in Heiligenhafen.

St. besuchte 8 Jahre lang das Katharineum in Lübeck und ließ sich im April 1560 als Theologiestudent in Wittenberg immatrikulieren. Im Oktober 1561 wurde er dort zum Geistlichen ordiniert, nachdem ihn der kurz vorher als Nachfolger des letzten Abts von Kloster Cismar eingesetzte Amtmann Benedict von Ahlefeldt zum Pastor berufen hatte. St. war kaum mehr als der Hauskaplan des Amtmanns, denn dem neuen Pastorat fehlte nach der Aufhebung des Klosters das Kirchspiel; es wurde daher 1572 nach dem „affschede des werdigen Herrn Jeremiae Stricker" (Kirchenrechnungsbuch Grube) mit dem benachbarten Grube zusammengelegt. St. bezeichnete sich fortan als Pastor von Cismar und Grube und siedelte spätestens 1575 in das 1569 erbaute Pfarrhaus von Grube (heute im Schleswig-Holsteinischen Freilichtmuseum) über. 1576 unterschrieb er das Bedenken der zum Gottorfer Anteil der Herzogtümer gehörenden Theologen über das Konkordienbuch, ein Zeichen seines Ansehens und zugleich seiner Zugehörigkeit zu der von Melanchthon geprägten „philippistischen" Richtung des Luthertums. Als 1584 wegen der von ihm in Predigten wie in dem Drama „De Düdesche Schlömer" geäußerten Kritik am Lebenswandel des Adels – anscheinend im Auftrag des Oldenburger Amtmanns Detlef Rantzau, dem Herzog Adolf von Gottorf (s. SHBL, 6, S. 20) 1576 das Amt Cismar verpfändet hatte – ein Attentat auf St. verübt wurde, floh er nach Lübeck. Dort wurde er, vermutlich mit Unterstützung des Bischofs Eberhard v. Holle (s. SHBL, 4, S. 112), dem er sein Drama gewidmet hatte, noch im selben Jahr Prediger an der Burgkirche. Trotz schlechter Besoldung blieb er bis zu seinem Tode in diesem Amt.

Außer einem (verlorengegangenen) Erbauungsbuch nach Luthers Katechismus schrieb St. zwei niederdeutsche Dramen, die für Schulaufführungen, vermutlich in Lübeck, gedacht waren. In dem 1570 aufgeführten, nur in einer späteren hochdeutschen Übersetzung erhaltenen Spiel „Von dem erbärmlichen Falle Adams und Even" führt er den Sündenfall auf Ehrgeiz und Hoffahrt der Menschen zurück und mahnt, ganz im Sinne Luthers, zu Arbeitsaskese und scharfer Kinderzucht. Der 1584 im Druck erschienene „Düdesche Schlömer" gehört in die Tradition der Jedermann-Spiele des späten Mittelalters und der Renaissance. Er setzt die Buß- und Rechtfertigungslehre Melanchthons, wie St. sie während seines Studiums in Wittenberg kennengelernt hatte, in dramatische Aktion um, bekämpft die besonders beim Adel erkennbare Tendenz zur Verweltlichung des Lebens und ist so sehr mit zeitgenössischem Kolorit und deutlicher Kritik am Verhalten des Adels (von der Völlerei bis hin zur Unterdrückung der Bauern) angereichert, daß sich holsteinische Adlige durchaus zu Recht angegriffen fühlen konnten. St.s Drama erregte so viel Aufsehen, daß bereits am 2. 3. 1584 der Flensburger Amtmann Peter Rantzau auf königlichen Befehl ein Exemplar des Dramas nach Kopenhagen schickte (RAK: Tyske Kanc. Indenrigske afd. A.IV.nr. 93). Das Drama, in seiner Darstellungsweise ein typisches Produkt des 16. Jh., ist sowohl seines Inhalts als auch seiner künstlerischen Qualität wegen eines der Hauptwerke der mittelniederdeutschen Literatur.

Werke: Ein Geistlich Spiel, von dem erbermlichen Falle Adams vnd Euen, o. O. 1602 (HAB). – De Düdesche Schlömer, Lübeck 1584 (KB), 2 Nachdrucke Frankfurt / Oder 1593 (beide KB), Übs.: Der deutsch Schlemmer, Magdeburg 1588 (UB Göttingen). Neuausg. nach d. Erstdruck, hrsg. v. J. Bolte, Norden u. Lpz. 1889 (Drucke d. Ver. f. ndt. Sprachforsch. 3).
Literatur: ADB, 36, S. 579 f. – Cimb. lit., 1, S. 667. – C. H. Starck, Lubeca Lutherano-Evangelica, das ist, der ... Stadt Lübeck Kirchen-Historie, Hbg. 1724, S. 398. – A. Hagedorn, J. St., Prediger an d. Burgkirche, in: MLGA 2 (1885), S. 50–55. – J. Bolte, Einl. zum Neudr. d. „Düdeschen Schlömer", 1889 (s. Werke). – H. Engling, Neues über d. Familie St., in: Jb. Oldenburg 1 (1957), S. 31–35. – Ders., Die Geistlichen d. Kirche in Grube, in: ebd. 4 (1960), bes. S. 20–34. – H. Dörr, Die dt. Jedermanndramen d. 16. Jh., Staatsexamensarbeit Kiel 1959 (Kopie im Inst. f. Lit.-wiss. d. Univ. Kiel), bes. S. 149–188. – L. Hein, J. St. – ein lutherischer Bußprediger in Grube im 16. Jh., in: Jb. Oldenburg 7 (1963), S. 160–173. – A. Kamphausen, Das alte Pfarrhaus von Grube, in: Berr. aus d. Schl.-Holst. Freilichtmus. 9 (1972), S. 5–22. – D. Glade, Der Deutsche Schlemmer, in: Stader Jb. 1975, S. 27–58.

Dieter Lohmeier

STRICKER, Martin, geb. um 1577 Lübeck, gest. 14. 2. 1649 Hamburg, begr. Oldenkloster (Buxtehude); kath. (wahrscheinlich Konvertit). – Priester.
Eltern: unbekannt.
Unverheiratet.
St. wurde am 15. 7. 1597 in das päpstliche Seminar zur Braunsberg als Student der Philosophie aufgenommen; vorher war er Mitglied der Marienkongregation, der er noch 1603–1604 als Konsultor diente. 1604 war er eine kurze Zeit im Noviziat der Jesuiten, wurde jedoch aus gesundheitlichen Gründen entlassen. Danach kam er nach Rom, um am Collegium Germanicum Theologie zu studieren. Nach seiner Rückkehr nach Deutschland wurde er vom päpstlichen Nuntius in Köln, Antonio Albergati, zu seinem Substituten für die nordische Mission ernannt. Er hielt sich als Spiritual im Benediktinerinnenkloster Oldenkloster bei Buxtehude auf. Seine Aufgabe bestand in der Erforschung der Verhältnisse des deutschen Nordens und der dort lebenden Katholiken, denen er geistliche Hilfe gewährte und für die er nach Möglichkeit Freiheit der Religionsausübung erwirkte. 1612 wurde er Kanoniker der Kirche vom Heiligen Kreuz in Hildesheim. Seitdem die Jesuiten im selben Jahr Altona verlassen mußten, betreute er die dortigen Katholiken seelsorgerisch durch Besuche, bis auf seine Bemühungen hin 1622 die öffentliche katholische Religionsausübung in Altona und Hamburg wieder erlaubt wurde. Auch nachdem die Jesuiten 1623 aus Hamburg vertrieben worden waren, setzte er dort seine Tätigkeit fort, konnte sie aber 1624 an einen

eigens für Hamburg bestimmten Missionar abgeben. Danach nahm er seinen Wohnsitz in Magdeburg. 1627 wurde er zum Apostolischen Missionar für die Bistümer Bremen und Lübeck ernannt und mit den notwendigen Vollmachten ausgestattet. Von der Residenzpflicht in Hildesheim wurde er mehrmals dispensiert. Mit großem Eifer arbeitete St. auch für die Erhaltung und Ausbreitung der katholischen Konfession in den Diözesen Magdeburg und Halberstadt. 1629 lehnte er das ihm von Wallenstein angebotene Bistum in Schwerin ab. 1635 war er in Wien und erhielt von Kaiser Ferdinand II. die Vollmacht, das den Hamburger Katholiken aufgrund des Prager Friedens zustehende Recht auf freie Religionsausübung vom Senat zu fordern. Er besuchte auch die Friedrichstädter Mission und war überhaupt unermüdlich im ganzen niedersächsischen Raum und in Dänemark tätig. Dort war er zum ersten Mal 1640; 1645 kam er in Begleitung eines kaiserlichen Bevollmächtigten nach Kopenhagen zurück und erhielt selbst die Erweiterung seiner Vollmachten auf Dänemark. Trotz der großen Schwierigkeiten und Gefahren hielt St. in den stürmischen und für die nordische Mission so ungünstigen Zeiten des Dreißigjährigen Krieges treu auf seinem Posten aus und versuchte, die spärlichen Reste des Katholizismus zu retten. Er erfuhr den Krieg am eigenen Leib, als er 1646 auf dem Weg von Bremen nach Hamburg von schwedischen Soldaten überfallen und völlig ausgeraubt wurde. Danach hielt er sich in Magdeburg auf, später in Lübeck, aber er kehrte immer wieder nach Hamburg zurück, wo auch der Jesuit Heinrich Schacht (s. SHBL, 7, S. 255) tätig war.

St. gehört zu den hervorragendsten katholischen Missionaren seiner Zeit, mit ausgedehnten Vollmachten, so daß er beinahe die Befugnisse eines apostolischen Vikars besaß. – Spätestens 1626 (laut Cimb. lit., s. Lit.) war St. Doktor der Theologie und Ritter des Heiligen Grabes.

Quellen: Briefe u. Ber. v. St. im Arch. d. Propagandakongregation, Rom: Scritture originali riferite nelle Congregazioni Generali, Vol. 78, fol. 280–282 (1636); Vol. 80, fol. 383–384 (1638); Vol. 81, fol. 277–278 (1639); Vol. 82, fol. 3, 231–242 (1639–1640); Vol. 83, fol. 253–254, 296–297 (1641); Vol. 87, fol. 214–219, 261, 266–267 (1642–1643); Vol. 89, fol. 157–158, 245 (1643–1644); Vol. 90, fol. 27, 67–68, 71–72, 251–252 (1644–1645); Vol. 93, fol. 34, 39–41, 43 (1646); Vol. 94, fol. 237 (1646); Vol. 97, fol. 237–238, 242 (1647–1648); Vol. 98, fol. 194–196, 204, 206–207, 209, 232–233, 271–272, 328 (1629– 1630); Vol. 108, fol. 239 (1645); Vol. 141, fol. 247 (1642). – Weitere Ber. im Kölner Nuntiaturarch. des Vatikanischen Arch., vor allem Arch. Nunz. Colonia vol. 112. – G. Lühr, Die Matrikel des päpstlichen Seminars zu Braunsberg 1578–1798, Königsberg 1925, Nr. 292. – L. Drewes, Annuae missionis Hamburgensis 1589–1781, Freiburg i. Br. 1867. – H. Tüchle (Hrsg.), Acta SC de Propaganda Fide Germaniam spectantia. Die Protokolle d. Propagandakongregation zu deutschen Angelegenheiten 1622–1649, Paderborn 1962. – Nuntiaturberichte aus Deutschland. Die Kölner Nuntiatur, hrsg. durch die Görres-Ges., Bd. 5: Nuntius Antonio Albergati (1610 Mai – 1614 Mai), München u. Wien 1972; Bd. 6: Nuntius Pietro Francesco Montoro (1621 Juli – 1624 Oktober), ebd. 1977; Bd. 7: Nuntius Pier Luigi Carafa (1624–1627), ebd. 1980.
Literatur: Cimb. lit., 1, S. 667. – Jöcher, 4, Sp. 881. – L. Drewes, Gesch. d. katholischen Gemeinden zu Hamburg u. Altona, 2. Aufl. Schaffhausen 1866, S. 57. – R. Ehrenberg, Altona unter Schauenburgischer Herrschaft, Altona 1893, S. 49. – E. Illigens, Gesch. d. Lübeckischen Kirche v. 1530 bis 1896, Paderborn 1896, S. 72 ff. – A. Pieper, Die Propaganda-Congregation u. d. nordischen Missionen im 17. Jh., Köln 1886, S. 4, 26–36. – J. Metzler, Die Apostolischen Vikariate d. Nordens, Paderborn 1919, S. 17 f. – L. v. Pastor, Gesch. d. Päp-

ste, Bd. 13,1, Freiburg i. B. 1928 (Neudruck 1959), S. 348. – B. Duhr, Gesch. d. Jesuiten in d. Ländern deutscher Zunge, Bd. 2,1, Freiburg i. B. 1913, S. 139 f., 629; Bd. 2,2, ebd. 1913, S. 77, 191. – I. H. Knudsen, De relationibus inter Sanctam Sedem et Norvegiam duobus primis post reformationem saeculis vigentibus, Rom 1946, S. 48, 106, 109. – G. Denzler, Die Propagandakongregation in Rom u. d. Kirche in Deutschland nach d. Westfälischen Frieden, Paderborn 1969. – F. Schrader, Die Visitation d. katholischen Klöster im Erzbistum Magdeburg durch d. ev. Landesherren 1561-1651, Münster 1969 (Reformationsgeschichtliche Stud. u. Texte 99), S. 12 ff., 115.

Vello Helk

SUHL, Lud(e)wig, geb. 11. 11. 1753 Lübeck, gest. 3. 1. 1819 ebd.; ev. – Lehrer, Pastor, Jurist.

Eltern: Ludwig Suhl, geb. 23. 5. 1721 Lübeck, gest. 12. 5. 1782 ebd., 1751 Prediger, 1779 Pastor an St. Aegidien; Anna Elisabeth geb. Fischer, geb. 1732 Lübeck, gest. 28. 11. 1777 ebd.; verh. Anfang 1752; Tochter d. Kaufmanns Johann Peter Fischer.

Ehefrau: 1.) Anna Catharina Boeckmann, geb. 1756 Lübeck, gest. 8. 11. 1795 ebd.; verh. 16. 9. 1779 ebd.; Tochter d. Kaufmanns u. späteren Schreibers an d. Marktbude in Lübeck, Jochim Christoph Boeckmann. – 2.) Johanna Margaretha Christine Stein, geb. 11. 1. 1776 Lübeck, gest. 25. 6. 1839 ebd.; verh. 15. 11. 1796 ebd.

Kinder: aus 1.) 3 Töchter, 1 Sohn; aus 2.) 3 Töchter, 2 Söhne. Der jüngste Sohn Wilhelm Ludwig, geb. 2. 7. 1810 Lübeck, gest. 3. 12. 1878 ebd., war von 1846 bis 1876 Prediger an St. Petri.

Nach dem Besuch des Katharineums studierte S. wie zuvor schon sein Vater Theologie in Jena (1772–1774) und Leipzig (1774–1775). Zu Michaelis 1775 kehrte er nach Lübeck zurück und wurde Kandidat des Ministeriums. 1779 erhielt er das Subrektorat am Katharineum, mit dem die Leitung der Stadtbibliothek verbunden war. 1783 wurde er Diakon an St. Petri, 1787 Archidiakon. Wegen einer Brust- und Lungenkrankheit legte er 1793 sein Amt nieder und trat als Assessor in den Dienst des Lübecker Domkapitels, für dessen Kirchen-, Schul- und Armenwesen er bis zur Auflösung des Kapitels 1803 verantwortlich war. Zunächst arbeitete er als Privatlehrer, 1808 ging er zum Jurastudium nach Kiel und wurde dort 1809 zum Doktor der Rechte promoviert. Als Anwalt wirkte er fortan erneut in Lübeck. In der Franzosenzeit war er Friedensrichter (August 1811 bis März 1813). Wegen dieser Tätigkeit verlor er das ihm 1803 vom Herzog von Oldenburg gewährte Wartegeld. Bis zu seinem Tod 1819 setzte er seine Anwaltspraxis fort.

Dieser ungewöhnliche Lebenslauf zeigt bereits S.s außerordentliche Vielseitigkeit. In allen Berufen, die er ausübte, war er erfolgreich. In seiner Lehrerzeit, an die er sich zeitlebens besonders gern erinnerte, vermittelte er den Gymnasiasten Gedanken der Aufklärung und Kenntnisse der neueren deutschen Literatur, vor allem des Göttinger Hainbundes. Zu seinen Schülern gehörten unter anderen der Syndikus Anton Diedrich Gütschow, der Senator und Oberappella-

Ludwig Suhl
Miniatur von H. J. Aldenrath, um 1800

tionsrat Johann Friedrich Hach, der Kieler Professor und Bibliothekar Berend Kordes und der Schriftsteller Georg Philipp Schmidt (von Lübeck) (s. d.). Als Bibliothekar führte S. die Bemühungen seines Vorgängers Johann Georg Gesner fort, die Inkunabeln und frühen Drucke der Stadtbibliothek zu erschließen. Als Pastor war er ein beliebter Kanzelredner. Wie stark er an dem „merklichen inneren Aufschwung" (Prange, s. Lit.) des Domkapitels in dessen letzten Jahren beteiligt war, ist bislang nicht untersucht worden. Auch in seiner Tätigkeit als Anwalt und Friedensrichter fand S. Anerkennung. Neben seinem beruflichen Wirken war er vor allem in seinen jungen Jahren schriftstellerisch und publizistisch tätig. Er selbst sprach sogar von der Schreibkrankheit, von der ihn sein Schulamt befreit habe. Fortan sei ihm praktische gemeinnützige Arbeit entscheidend gewesen.

S. war neben dem Arzt Johann Julius Walbaum (s. d.) und den Juristen Christian Adolph Overbeck (s. d.) und Anton Diedrich Gütschow der bedeutendste und wirksamste Lübecker Aufklärer seiner Zeit. Da ihm als Geistlichen der Zugang zu politischer Verantwortung für das Gemeinwesen nicht möglich war, wandte er sich dem für die Entfaltung der Aufklärung auch in Lübeck wichtigen Vereinswesen zu. 1780 trat er in die Loge „Zur Weltkugel" ein, die ein Jahr zuvor gegründet worden war. Er erreichte in ihr das Amt des Meisters vom Stuhl (1789), das er bis zu seinem Tode behielt. Bereits in Leipzig war er Mitglied der Loge „Minerva zu den drei Palmen" gewesen, die ihn später zum Ehrenmitglied ernannte. 1802 schloß sich die Loge „Zur Weltkugel" unter seiner Führung der Großen Provinzialloge von Hamburg und Niedersachsen an. Auch zur älteren Lübecker Loge „Zum Füllhorn" hatte er Kontakte. Sie wurde von Graf Friedrich Ludwig von Moltke, Dechant des Domkapitels, geführt. Diese Verbindungen dürften S. den Wechsel vom Pfarramt zum Assessor des Domkapitels erleichtert haben. 1794 bemühte sich Moltke mit der Schriftstellerin Elisa von der Recke, S. das Pastorat an der Kirche zu Hamm im hamburgischen Landgebiet zu verschaffen. Ende 1788 rief Suhl mit einigen Freunden zur Gründung einer Literarischen Gesellschaft auf, die dem Gedankenaustausch in gemeinnütziger Absicht dienen sollte. 1793 entstand aus dieser Vereinigung die Gesellschaft zur Beförderung gemeinnütziger Tätigkeit, die zum Mittelpunkt praktischer Reformarbeit der Lübecker Aufklärung wurde und Verbesserungen in vielen Lebensbereichen anstrebte, insbesondere in der Berufsbildung, in der Gewerbeförderung, im Gesundheits- und Armenwesen. S. stand ihr 1789, 1790, 1793, 1804 bis 1807 und 1816 bis 1818 vor, führte seit 1790 ihre Korrespondenz und war an vielen ihrer Unternehmungen maßgeblich beteiligt, so an der Sonntagsschule, die 1795 entstand, am Schullehrerseminar von 1807 und der Navigationsschule von 1808. Von 1794 bis 1796 redigierte er das von der Gesellschaft unterstützte „Lübeckische gemeinnützige Wochenblatt", das mit der Verbreitung aufklärerischer Wertvorstellungen und Verhaltensweisen wie praktischer Kenntnisse der Volksaufklärung dienen sollte.

Aus seinen Veröffentlichungen, vor allem seinen Predigten, wird deutlich, wie sehr S. der Aufklärung und ihrem Reformprogramm verpflichtet war. So trat er für Menschenrechte, Gewissensfreiheit und Toleranz ein und kämpfte gegen gewaltsame Veränderungen, Zwang und Aberglauben. 1792 schlug er vor, in den Predigten nicht nur festgelegte und wiederkehrende Texte zugrundezulegen, sondern mit den anderen Geistlichen abgesprochene Themen zu behandeln. Auch darin zeigt sich die erzieherische Komponente in S.s Wirken. In den Vorträgen und Vorlesungen, die er in der Gesellschaft zur Beförderung gemeinnütziger Tätigkeit hielt, behandelte er historische, besonders zeitgeschichtliche, philosophische und theologische Themen ebenso wie konkrete soziale und ökonomische Probleme in Lübeck. 1789 sprach er über die französischen Parlamente, 1811 über den Code Napoleon, 1817 über Claus Harms (s. SHBL, 2, S. 164). Sein letzter Vortrag galt dem Armenwesen in Lübeck. S. hatte großen Anteil an der Entfaltung der Aufklärung in seiner Heimatstadt, an der Bildung und Verbreitung ihrer Trägerschicht und an den Reformbemühungen, die von ihr eingeleitet wurden. Ihm ging es, wie er 1793 anläßlich seiner „Amtsveränderung" schrieb, stets darum, „*Menschenwohl* vermehren, *Menschennoth* mindern zu helfen". Dies hat er mit beachtlichen Erfolgen in seinen Ämtern und den von ihm geprägten Vereinigungen auch zu erreichen vermocht.

Quellen: AHL: Arch. d. Ges. zur Beförderung gemeinnütziger Tätigkeit, insbes. 19, Vorträge u. Vorlesungen, 1–4 (zwölf von 39 Vorträgen aus d. Jahren 1789 bis 1817), s. dazu Verz. d. Vorträge u. Vorlesungen, gehalten in d. Versammlungen d. Ges. zur Beförderung gemeinnütziger Thätigkeit vom Jahre 1789 bis Ostern 1889, Lübeck 1889, S. 3–31. – Stammbuchbll. im MusKK. – Chr. A. Overbeck, Zur neuesten Culturgesch. Lübecks, in: Hanseatisches Magazin 1 (1799), S. 181–227. – E. v. d. Recke, Mein Journal. Elisas neu aufgefundene Tagebücher aus d. Jahren 1791 u. 1793/95, hrsg. u. erl. v. J. Werner, Lpz. 1927, S. 146, 150 f., 173 f. – Dok. aus d. Anfängen d. Gemeinnützigen Ges., in: Wagen 1930, S. 19–26.
Werke: Verz. in G. Chr. Hamberger u. J. G. Meusel, Das gelehrte Teutschland oder Lex. d. jetzt lebenden teutschen Schriftsteller, 5. Aufl. Bd. 7, Lemgo 1798, S. 739–740, Bd. 15, Lemgo 1811, S. 578. – *Hauptwerke:* Hrsg. v. P. Bayle, Historisch-kritisches Wörterbuch, 2 Bde., Lübeck 1779. – Zwo Predigten, Lübeck 1783. – Die Historie van reynaert de vos. Nach d. Delfter Ausg. von 1485 zum genauen Abdrucke befördert, Lübeck u. Lpz. 1783. – Kurze Nachricht v. Lübeckischen Todtentanze, Lübeck 1783. – Predigten, Lübeck u. Lpz. 1792. – Aechte Darst. d. wahren u. einzigen Ursache meiner Amtsveränderung. Ein offener Brief zunächst an d. Gemeine zu St. Petri u. dann für alle Bewohner Lübecks, Lübeck 1793. – Ueber Dänische Vergleichs-Commissionen, Französische Friedens-Gerichte, commissarische u. compromissarische Versuche zum gütlichen Vergleiche, u. d. letzteren eigenthümliche Vorzüge, Lübeck 1809.
Literatur: Verz. (auch Ausw. v. Quellen u. Werken) bei H. A. Stolterfoht, Bibliogr. zur Gesch. d. Lübecker Stadtbibl., Lübeck 1929 (Veröff. d. Stadtbibl. d. freien u. Hansestadt Lübeck, 3. Stück, T. 1), S. 34 f. *Zu ergänzen:* H. Chr. Zietz, Ansichten d. Freien Hansestadt Lübeck u. ihrer Umgebungen, Frankfurt/M. 1822 (Neudr. Lübeck 1978), S. 282, 301, 321, 347, 352 f. – B. H. v. d. Hude, Gesch. d. Ges. zur Beförderung gemeinnütziger Thätigkeit in Lübeck seit ihrer Stiftung im Jahre 1789, bis zum Jahre 1824, Lübeck 1825, S. 1 f., 43, 72,78 f. – A. Kemper, Gesch. d. Loge zur Weltkugel in Lübeck 1779–1929, ebd. 1929, S. 19, S. 25–58. – H. Stodte, Festschr. zur 150-Jahr-Feier d. Ges. zur Beförderung gemeinnütziger Tätigkeit zu Lübeck. Begr. 1789, ebd. 1939, S. 6 f. – A. v. Brandt, Lübeck in d. deutschen Geistesgesch. Ein Versuch, in: Ders., Geist u. Politik in d. Lübeckischen Gesch.. Acht Kapitel von d. Grundlagen hist. Größe, ebd. 1954, S. 11–52, Anm. S. 192–200 (bes. S. 45, 198). – Ders., Das Lübecker Bürgertum zur Zeit d. Gründung d. „Gemeinnützigen". Menschen, Ideen u. soziale Verhältnisse, in: Wagen 1966, S. 18–33, bes. S. 24 ff., 27, 30. – G. Behrens, 175 Jahre gemeinnütziges Wirken. Ges. zur Beförderung gemeinnütziger Tätigkeit. Gegr. 1789, Lübeck

1964, S. 12, 35, 40 f., 45, 55 ff., 60 ff., 79. – N. Weppelmann, Unters. zur Entwicklung d. berufsbildenden Schulwesens dargestellt am Wirken d. Ges. zur Beförderung gemeinnütziger Tätigkeit in Lübeck im 18. u. 19. Jh., Diss. Hbg. 1971, S. 52–56, 63 f., 68, 76, 78, 135 ff., 143, 145 ff., 149, 314 f. – W. Prange, Das Lübecker Domkapitel, in: 800 Jahre Dom zu Lübeck, Lübeck 1973, S. 109–129. – F. Kopitzsch, Lesegesellschaften im Rahmen einer Bürgerrepublik. Zur Aufklärung in Lübeck, in: O. Dann (Hrsg.), Lesegesellschaften u. bürgerliche Emanzipation. Ein europäischer Vergleich, München 1981, S. 87–102. – W.-D. Hauschild, Kirchengesch. Lübecks, Lübeck 1981, S. 360, 362–364, 442.

Porträts: Miniatur v. F. C. Gröger, um 1798 (MusKK); Abb. u. Erl. b. P. Vignau-Wilberg, Der Maler Friedrich Carl Gröger, Neumünster 1971, S. 56; abgeb. auch in Wagen 1966, S. 25. – Miniatur v. H. J. Aldenrath, um 1800 (MusKK), Abb.: s. S. 387; Erl. b. P. Vignau-Wilberg, Miniaturen v. H. J. Aldenrath, in: Wagen 1969, S. 117–120, bes. 118. – Ölgemälde (im Besitz d. Ges. zur Beförderung gemeinnütziger Tätigkeit Lübeck), Abb.: Wagen 1930, S. 21 u. bei Behrens (s. Lit.), vor S. 1.

Franklin Kopitzsch

TESDORPF-FAMILIE. Als erster der später vornehmlich in Lübeck ansässigen Familie ist der Hamburger Kaufmann und Vogt auf der Elbinsel Neuwerk Peter T. (1566–1628) sicher nachweisbar. Er war vermutlich der Sohn des 1541 bis 1544 als Hamburger Kurier und Regent zu Otterndorf im Land Hadeln erwähnten Nicolaus T. Die Schreibweise des Familiennamens blieb bis in das 18. Jh. schwankend: Tesdorp, Testorp, Teßdorp, Testoerff, Teßdorff u.a. Die Herkunft der Familie aus einem der norddeutschen Orte gleichen Namens läßt sich nicht nachweisen. Der jüngste der drei Söhne Peter T.s, Johann (1598–1651), kam in den Dienst von Johann Friedrich aus dem Haus Gottorf, Erzbischof von Bremen und Bischof von Lübeck. Er folgte diesem 1626 auf seinen Stiftshof Kaltenhof bei Lübeck und wurde 1633 Amtschreiber des gleichnamigen Amtes mit Sitz in Schwartau. 1645 heiratete Johann in zweiter Ehe die Lübeckerin Christina Holtermann. Sie hatten zwei Kinder, Johanna Felicitas (1647–1681) und Peter Hinrich (1648–1723, s. d.). Peter Hinrich wurde Kaufmann, betrieb eine florierende Weinhandlung in Lübeck und wurde 1715 zum Bürgermeister gewählt.

Er heiratete zweimal. Aus seiner ersten Ehe mit Venna Dorothea Woltersdorff gingen eine Tochter und vier Söhne hervor, Johann Christoph (1680–1756), Peter Hinrich (1681–1721), Ludwig (1683–1744) und Hans Jürgen (1684–1719). Johann Christoph studierte nach dem Besuch des Katharineums seit 1699 an den Universitäten Rostock, Jena und Kiel und wurde 1707 Pastor in Neuengamme. Seine drei Brüder arbeiteten in der väterlichen Firma mit. Der Bruder Peter Hinrich heiratete 1711 die Lübecker Kaufmannstochter Catharina Hübens. Von den acht Kindern aus dieser Ehe wurde der Sohn Peter Hinrich (1712–1778, s. d.) durch seine Naturaliensammlung über Lübeck hinaus bekannt. Aus der Ehe dieses Peter Hinrich mit Elisabeth Dorothea Benser ging ein Sohn hervor, der in der Tradition der Vorväter ebenfalls Peter Hinrich genannt wurde (1751–1832, s.d.) und Kaufmann, Senator und Bürgermeister von Lübeck wurde. Seine Nachkommen waren in Hamburg als Kaufleute und in Dänemark als Landwirte tätig. Besonders hervorzuheben sind zwei seiner Enkel, der Hamburger Kaufmann und

Ratsherr Adolf T. (1811–1887) sowie der um die dänische Landwirtschaft verdiente Gutsbesitzer auf Falster, Lolland und Amager Edward T. (1817–1889).

Peter Hinrich (1648–1723), der erste Lübecker Bürgermeister aus der Familie, heiratete in zweiter Ehe 1689 die Kaufmannstochter Magdalena Stegmann. Sie hatten neun Kinder, von denen jedoch nur zwei das Kindesalter überlebten, Maria (1692–1734) und Johann Hinrich (1697–1754). Dieser übernahm 1723 zusammen mit seinem Halbbruder Ludwig und seinem Schwager Matthäus Rodde, dem späteren Bürgermeister, das väterliche Geschäft, das nach seinem Tode ganz in Roddeschen Besitz überging. Aus seiner Ehe mit Catharina Elisabeth Rodde (1712–1782) gingen dreizehn Kinder hervor, darunter Peter Hinrich und Johann Matthäus (1749–1824, s. d.), der spätere Bürgermeister. Peter Hinrich (1746–1811) lernte den Weinhandel in Hamburg und wanderte nach Bordeaux aus; dort heiratete er 1782 die Kaufmannstochter Susette Rahel Schyler (gest. 1832 Bordeaux). 1793 flohen sie vor den revolutionären Unruhen nach Lübeck, wo Peter Hinrich noch im selben Jahr eine eigene Weinhandlung gründete. Von ihren acht Kindern wurde Franz Bernhard (1784–1865) Travenvogt. Der Sohn Peter Hinrich (1793–1859) übernahm die Weinhandlung des Vaters, die sich bis heute im Besitz seiner Nachkommen befindet.

Quellen: AHL: Personenkartei; Schnobel; Familienarch. T. Bd. 1 u. 2 (Film 5278). – Kämmereirechnungen d. Stadt Hamburg, hrsg. v. K. Koppmann, 6, Hbg. 1892, S. 17 f. – H. J. Franck, Versuch einer Nachr. v. d. sämmtlichen Gottesdienstlichen Lehrern d. Ammts Bergedorff. . ., o. O. 1750, S. 30–32.
Literatur: Bricka, 17, S. 134–139. – DBL, 22, S. 422–429. – DBL 3. Ausg., 14, S. 408–412. – O. L. Tesdorpf, Mittheilungen über d. Tesdorpfsche Geschlecht, München 1887 (AHL). – Ders., Die Gesch. d. Tesdorpfischen Geschlechts bis 1920, ebd. 1921 (AHL). – Carl Tesdorpf, Weingroßhandlung, Lübeck (Hist.-biogr. Bll. Der Staat Lübeck. 1906–1910. Lief. 4) (AHL). – DGB, 171, 1975, S. 553–558. – Festschr. Fa. Tesdorpf, Lübeck 1978 (AHL). – F. v. Schroeder, Die Familie Schröder – v. Schroeder aus Königsberg i. Pr., Krailling 1983, S. 29, 194, 197 f., Ergänzung 1985, S. 6.

Ortwin Pelc

TESDORPF, Johann Matthäus, geb. 30. 11. 1749 Lübeck, gest. 25. 1. 1824 ebd.; ev. – Bürgermeister.

Eltern: Johann Hinrich Tesdorpf, geb. 30. 4. 1697 Lübeck, gest. 14. 5. 1754 ebd., Kaufmann in Lübeck; Catharina Elisabeth geb. Rodde, geb. 16. 4. 1712 Lübeck, gest. 9. 9. 1782 ebd., Tochter d. Lübecker Kaufmanns Franz Bernhard Rodde.
Ehefrau: Catharina Eleonore Hering, geb. 17. 2. 1764 Lübeck, gest. 4. 5. 1811 ebd.; verh. 14. 5. 1781; Tochter d. Lübecker Kaufmanns Arend Hering.
Kinder: 3 Söhne, 3 Töchter.

T. war erst vier Jahre alt, als sein Vater starb. Die wirtschaftlichen Verhältnisse erlaubten es jedoch seiner Mutter, ihm, der noch zwölf Geschwister hatte, eine gründliche Ausbildung zu ermöglichen. Er erhielt Privatunterricht durch die in Lübeck angesehenen Gelehrten Johann Daniel Overbeck (s. d.), Johann Georg

Gesner und Johann Rudolph Becker (s. d.). Im Herbst 1769 begann er an der
Univ. Göttingen das Studium der Rechte, Philosophie, Geschichte, Statistik und
Diplomatik. Er bekam Kontakt zu den jungen Dichtern des Hainbundes, be-
freundete sich mit H. Chr. Boie (s. SHBL 2, S. 70), C. F. Cramer (s. ebd., S. 116)
und besonders mit Gottfried August Bürger, gehörte aber nicht dem engeren
Kreis des Bundes an. Auf diese Bekanntschaft ist wohl auch sein Besuch bei
Klopstock in Hamburg im November 1773 zurückzuführen. Auf Empfehlung
seines Lehrers Gesner wurde T. in die Familie des Historikers und Publizisten
August Ludwig v. Schlözer eingeführt, unter dessen Anleitung er die Bearbeitung eines historischen Themas begann. In seinem vierten Studienjahr erhielt er
die unerwartete Empfehlung aus Lübeck, sich auf die erledigte Stelle eines Ratssekretärs zu bewerben. Er gab dem Drängen seiner Familie und seiner Freunde
nach und schloß sein Studium im September 1773 mit der Promotion zum Licen-
tiaten der Rechte ab. Gleichzeitig mit seiner Ernennung zum Ratssekretär und
Registrator (Archivar) am 2. 10. 1773 erhielt er den Auftrag, eine Lübecker Delegation nach Kiel zu begleiten, um dort mit Dänemark strittige Hoheitsrechte
über einige in Holstein gelegene Güter zu klären. Da T. seine Ausbildung noch
nicht als abgeschlossen betrachtete, erwirkte er anschließend vom Rat die Genehmigung für eine Reise, auf der er die Arbeitsweise der Reichsgerichte und
des Reichstags studieren wollte. Je drei Monate hielt er sich darauf in Wetzlar,
Regensburg und Wien auf. Von Wetzlar aus besuchte er auf Empfehlung Bürgers im Februar 1774 Goethe in Frankfurt. Auf seiner Rückreise erreichte ihn in
Dresden der Auftrag des Lübecker Rats, in Hannover über eine Postvereinba-
rung zu verhandeln. Im November 1774 kehrte T. nach Lübeck zurück, wurde
vereidigt und begann seinen Dienst in der Kanzlei des Rathauses. In seiner
zwanzigjährigen Tätigkeit als Ratssekretär zeichnete sich T. in inneren und äußeren Angelegenheiten als arbeitsamer, geschickter und sorgfältiger Organisator
aus. Gegenüber seinen Göttinger Freunden bedauerte er, daß sein Amt und das
kulturelle Leben Lübecks die Pflege seiner schöngeistigen Interessen verhinderten.

  1794 wurde T. zum Ratsherrn gewählt. Auch in diesem Amt entwickelte er
eine ungewöhnliche Aktivität: Er arbeitete in bis zu 30 Deputationen sowie anderen städtischen Gremien gleichzeitig mit. Daneben engagierte er sich als Vorsteher in sozialen Institutionen wie der Antonii-Brüderschaft, dem Ägidienkon-
vent und Brigittenhof, dem Unsinnigenhaus und dem Spinnhaus. Im Februar
1806 wurde T. zum Bürgermeister gewählt. Einige Monate später wurde Lübeck
in den Krieg zwischen Preußen und Frankreich hineingezogen. Französische
Truppen hielten die Stadt besetzt, hohe Kontributionszahlungen belasteten die
Stadtkasse, die Kontinentalsperre brachte den Handel zum Erliegen. In den ersten Jahren der Besetzung waren T. und seine Amtskollegen bemüht, Ruhe und
Ordnung in der Stadt aufrechtzuerhalten und die zunehmende Verelendung
soweit wie möglich zu beschränken. Nachdem T. als leitendem Bürgermeister
im Dezember 1810 die Eingliederung Lübecks in das französische Kaiserreich
mitgeteilt worden war, forderte er die Bürgerältesten auf, bei den anstehenden
Verwaltungsänderungen Posten zu übernehmen, um den Einfluß französischer

Johann Matthäus Tesdorpf
Zeichnung von R. Suhrland

Beamter auf die Verwaltung so gering wie möglich zu halten. Bei der Einrichtung der französischen Behörden in Lübeck im Februar 1811 wurde T. zum provisorischen Maire ernannt und vereidigt. Er wurde mit diesem Amt gleichzeitig Unterpräfekt des Arondissements Lübeck. In seiner neuen Stellung war er einerseits den Anfeindungen großer Teile der Bevölkerung, andererseits dem Druck der französischen Oberbehörden ausgesetzt. Als T. im Mai 1811 zum wirklichen Maire ernannt wurde, bat er deshalb um seine Entlassung. Nach wiederholtem Drängen wurde er am 17. 7. 1811 von seinem Amt abgelöst. T. zog sich weitgehend von öffentlichen Ämtern zurück, bemühte sich aber weiterhin um die Kirchen und milden Stiftungen. Er blieb Mitglied des General-Departementrats, der den Präfekten kontrollieren, in einigen Steuersachen mitentscheiden und dem Innenminister über den Zustand des Departements berichten sollte. In dieser Position konnte T. wiederholt in Streitfällen zwischen Lübeck und dem Präfekten des Departements der Elbmündung vermitteln.

Nach dem Abzug der Franzosen forderten der Maire Anton Diederich Gütschow und der Municipalrat die beiden ehemaligen Bürgermeister T. und Johann Caspar Lindenberg im März 1813 auf, erneut die Leitung der Stadtverwaltung zu übernehmen. Beide willigten zögernd ein. Bei der ersten Zusammenkunft des alten Rats verzichtete Lindenberg jedoch wegen seines hohen Alters auf sein Amt, so daß T. nun die Amtsgeschäfte als Bürgermeister führte. Durch die erneute französische Besetzung Lübecks von Juni bis Dezember 1813 wurde die Tätigkeit des Rats unterbrochen. T. wurde – wie auch andere Ratsmitglieder

– vorübergehend verhaftet und mußte sich an hohen Strafzahlungen beteiligen. Erst die erneute Befreiung machte grundlegende Maßnahmen zur Wiederbelebung der Stadt nach den Jahren der Besetzung möglich. Es galt, die unmittelbare Not der Stadtbewohner und der in Lübeck aufgenommenen vertriebenen Hamburger zu beheben, die Wirtschaft zu beleben und die Verwaltung neu zu organisieren. Als leitender Bürgermeister und Vorsitzender einer Administrativ-Kommission aus Ratsmitgliedern und Bürgern hatte T. maßgeblichen Anteil an diesen Aktivitäten. Aus der Zeit der französischen Besetzung wurden zwar einige Einrichtungen übernommen, eine zwischen 1814 und 1817 geplante grundlegende Verfassungsreform scheiterte jedoch an der Unentschlossenheit des Rats und dem Widerstand der bürgerlichen Kollegien. Die vor 1806 geltende Stadtverfassung wurde restauriert.

In seinen letzten Lebensjahren engagierte T. sich vornehmlich in den Kirchen und milden Stiftungen der Stadt. Zu seinem fünfzigjährigen Amtsjubiläum 1823 wurde er für seine besonnene Haltung unter der französischen Herrschaft und seine Mitwirkung bei der Konsolidierung der städtischen Verhältnisse seit 1814 vielfach geehrt. Die Univ. Göttingen verlieh ihm zu diesem Anlaß die juristische Ehrendoktorwürde.

Quellen: AHL: Personenkartei; Familienarch. T. Bd. 1, S. 415–583 (Film 5278); Lübeckischer Staats-Calender 1774–1811, 1819–1824; Bekanntmachungen aus d. Franzosenzeit 1806–1813, v. 26. 6. 1811 u. 20. 12. 1813; Lübeckische Anzeigen v. 18. 12. 1813; A. D. Gütschow, Seiner Magnificenz d. Herrn Bürgermeister J. M. T. in Veranlassung d. Feier Seiner fünfzigjährigen Amtsführung, Lübeck 1823; Die Feier d. fünfzigjährigen Amtsführung... d. Herrn J. M. T...., Lübeck 1823. – Briefe von und an G. Aug. Bürger, hrsg. v. A. Strodtmann, Bln. 1874, Bd. 1 u. 2. – Goethes Briefe, hrsg. v. K. R. Mandelkow/B. Morawe, 2. Aufl. Hbg. 1968, 1, S. 157.
Literatur: ADB, 37, S. 586 f. – NNdD 2, 1824, Bd. 1 (Ilmenau 1826), S. 232–241. – PB 1827, S. 562. – P. W. Curtius, Anton Diederich Gütschow, Lübeck 1838, S. 28, 40, 42. – M. J. K. Klug, Gesch. Lübecks während d. Vereinigung m. d. französischen Kaiserreiche 1811–1813, 2 Bde., Lübeck 1856/57, Bd. 1, S. 17, 19, 30–32, 42, 50 f., 82, 96, 132, 135; Bd. 2, S. 1, 34, 74 f., 129–132. – O. L. Tesdorpf, Mittheilungen über d. Tesdorpfsche Geschlecht, München 1887, S. 78–83, 122–127. – Ders., Die Gesch. d. Tesdorpfischen Geschlechts bis 1920, ebd. 1921, S. 204–228. – Th. Schwartz, Bilder aus Lübecks Vergangenheit, Lübeck 1905, S. 613–616. – L. Krähe, Carl Friedrich Cramer bis zu seiner Amtsenthebung, Bln. 1907, S. 34, 42, 44, 87. – E. F. Fehling, Die Revision d. lübeckischen Staatsverfassung in d. Jahren 1814–1817, in: ZLGA 16 (1914), S. 231–260. – Ders., Zur lübeckischen Ratslinie 1814–1914, Lübeck 1915, Nr. 2. – Fehling, Nr. 940. – F. Bruns, Die Lübecker Syndiker u. Ratssekretäre bis z. Verfassungsänderung v. 1851, in: ZLGA 29 (1938), S. 91–168, bes. 163 f. – LBl 1950, S. 71 f.
Porträts: Marmorbüste v. J. G. Schadow, 1823 (Marienkirche Lübeck), Abb.: BuKHL, 2, S. 316. – Konsularmedaille, 1823 (AHL). – Zeichnung v. R. Suhrland (MusKK), Abb.: s. S. 393. – Litho v. F. C. Gröger, 1823 (MusKK), Abb.: P. Vignau-Wilberg, Der Maler F. C. Gröger, Neumünster 1971, S. 236. – Abb. aller Porträts in: Tesdorpf 1921 (s. Lit.), zu S. 204, 218, 220, 222.

Ortwin Pelc

TESDORPF, Peter Hinrich, geb. 21. 11. 1648 Schwartau b. Lübeck, gest. 27. 12. 1723 Lübeck; ev. – Kaufmann, Bürgermeister.

Eltern: Johann Tesdorpf, geb. 9. 4. 1598 im Land Hadeln, gest. 5. 7. 1651 Schwartau, bischöflicher Amtschreiber d. Amtes Kaltenhof b. Lübeck; Christina geb. Holtermann (Hetemann), geb. in Holland, gest. 1668; Tochter d. Lübecker Buchhalters u. späteren Weinhändlers Hinrich Holtermann u. d. Christine geb. von Nilsen (Nylssen).

Ehefrau: 1.) Venna Dorothea Woltersdorff, geb. 15. 9. 1657 Lübeck, gest. 3. 6. 1685 ebd.; verh. 18. 11. 1678; Tochter d. Lübecker Kaufmanns Hans Woltersdorff u. d. Margareta geb. Green. – 2.) Magdalena Stegmann (Stechmann), geb. 3. 3. 1668 Lübeck, gest. 8. 11. 1728 ebd.; verh. Februar 1689; Tochter d. Lübecker Kaufmanns Hans Stegmann u. d. Magdalena geb. Striedbekke.

Kinder: aus 1.) 4 Söhne, 1 Tochter; aus 2.) 3 Söhne, 6 Töchter, darunter: Maria, geb. 22. 6. 1692 Lübeck, gest. 13. 2. 1734 ebd., verh. August 1723 mit d. Kaufmann u. späteren Lübecker Bürgermeister Matthäus Rodde.

T. war zwei Jahre alt, als sein Vater starb. Sein Stiefvater Christoph Schierlentz, der Nachfolger Johann T.s als Amtschreiber, sorgte für eine gründliche Ausbildung. Im Alter von 15 Jahren trat T. als Lehrling in das bedeutende Lübecker Handelshaus von Matthäus Rodde ein, in dem er 15 Jahre arbeitete. Der Tod Roddes veranlaßte T., ein eigenes Geschäft zu gründen. Er wurde 1678 Mitglied des Schonenfahrerkollegiums und eröffnete mit zwei weiteren Kaufleuten das Handelsgeschäft De la Fontaine, Voß und Tesdorpf. Unter der Leitung T.s – die Teilhaber zogen sich nach einigen Jahren zurück – entwickelte sich das Geschäft zu einer der führenden Weinhandlungen Lübecks. 1718 besaß es ein Betriebskapital von 600 000 Mark, das in drei Jahren umgesetzt wurde. Der Weinhandel konzentrierte sich neben dem Import aus Frankreich besonders auf Spanien und Portugal; in Lissabon eröffnete T. ein Zweiggeschäft. Seinen Handel, der auch andere Waren als Wein umfaßte, betrieb T. als Eigen- wie auch als Kommissionshandel. Sein Kapital legte er in Schiffsanteilen, Geschäftspfandwechseln, bei der Stadtkasse und in Grundbesitz an. In Rensefeld besaß er einen von seinem Vater geerbten Hof, in Schwartau vier Krughäuser. Sein geschäftliches Engagement weitete er in Lübeck auch auf das Fabrikwesen aus: er gründete eine Seifensiederei mit einer Ölmühle, eine Zucker- und eine Stärkefabrik. 1703 wurde T. in den Lübecker Rat gewählt, in dem er als Bau-, Artillerie-, Gerichts- und Wetteherr sowie in der Schulkommission nachzuweisen ist. 1715 erfolgte seine Wahl zum Bürgermeister. Verdienste erwarb sich T. in der Armenfürsorge der Stadt als Vorsteher im Burgkloster (seit 1693), in dem er auch eine Pfründe für einen Armen finanzierte, und im Heiligen-Geist-Hospital (seit 1716). 1712 gründete er eine Stiftung für notleidende Witwen und Waisen.

T. gehörte zu den erfolgreichsten Lübecker Kaufleuten des ausgehenden 17. und beginnenden 18. Jh. Er hatte beträchtlichen Anteil an dem in dieser Zeit sich stark ausweitenden Lübecker Handel mit Frankreich und der Iberischen Halbinsel, besonders am Import von Wein und dessen Export in das Lübecker Umland, die binnendeutschen Städte und in den Ostseeraum.

*Peter Hinrich Tesdorpf (1648–1723)
Gemälde von oder nach B. Denner,
1711*

Quellen: AHL: J. v. Melle, Letztes Ehren-Gedächtnis Des Weyland Magnifici . . . Herrn
P. H. T., Lübeck 1724; J. H. v. Seelen, Exequias Tristes funeri Viri Magnifici et Illustris Domini P. H. T., Lübeck 1724; Personenkartei; Schnobel; Familienarch. T., Bd. 1, S. 71–180
(Film 5278); Bürgerschaft II 120,1, Protokollauszug v. 30. 1. 1716; Reichskammergericht P
18.

Literatur: J. D. Winckler (Hrsg.), Nachr. v. Niedersächsischen berühmten Leuten u. Familien, 2, Hbg. 1769, S. 63–66. – P. C. N. Lembke, Leben u. milde Stiftungen weiland Herrn
Bürgermeister P. H. T. (Ms., Lübeck 1847, AHL). – LBl 1881, S. 360 f. – A. Hach, Zur Gesch.
d. Burgklosters in Lübeck, in: MLGA 1 (1883/1884), S. 178–181. – O. L. Tesdorpf, Mitthei-
lungen über d. Tesdorpfsche Geschlecht, München 1887, S. 21–44. – Ders., Die Gesch. d.
Tesdorpfischen Geschlechts bis 1920, ebd. 1921, S. 40–55. – Verz. d. Privat-Wohltätigkeits-
Anstalten im Lübeckischen Freistaate, Lübeck 1901, S. 140 f. – W. Plessing, Das Heilige-
Geist-Hospital in Lübeck im 17. u. 18. Jh., ebd. 1914, S. 34, 79, 81. – Fehling, Nr. 831. –
BuKHL, 4, T. 1, S. 255. – DGB 171, 1975, S. 537 f. – L. Klinsmann, Die Industrialisierung Lü-
becks, Lübeck 1984 (Veröff. z. Gesch. d. Hansestadt Lübeck R. B, Bd. 10), S. 18. – H.-K.
Stein, Die vermögende Oberschicht u. d. „Spitzenvermögen" in Lübeck während d. 16. bis
18. Jh., in: B. Diestelkamp (Hrsg.), Forsch. aus Akten d. Reichskammergerichts, Köln u.
Wien 1984, S. 159–184, bes. 171, 181. – M.-L. Pelus, Eine Hansestadt im Planetensystem d.
Sonnenkönigs: Der Handel m. Frankreich u. seine Bedeutung f. d. lübeckische Wirtschaft
in d. Epoche Ludwigs XIV., in: ZLGA 65 (1985), S. 119–142, bes. 139. – Dies., Lübecker
Weinhändler im Jahre 1693 u. ihr Handel m. Frankreich, in: E. Spies-Hankammer (Hrsg.),
Lübecker Weinhandel, Lübeck 1985 (Veröff. d. Amtes f. Kultur R. B, H. 6), S. 55–62, bes. 55,
57, 60.

Porträts: Gemälde v. oder nach B. Denner, 1711 (Familienbesitz); dass. im Epitaph in d.
Lübecker Marienkirche, Abb. s. S. 396. – Konsularmedaille, 1715 (AHL). – Abb. aller Porträts in: Tesdorpf 1921 (s. Lit.), zu S. 40, 48, 50.

Ortwin Pelc

TESDORPF, Peter Hinrich, geb. 6. 5. 1712 Lübeck, gest. 7. 7. 1778 ebd.; ev. – Kaufmann, Naturforscher.

Eltern: Peter Hinrich Tesdorpf, geb. 17. 11. 1681 Lübeck, gest. 9. 5. 1721 ebd., Kaufmann in Lübeck; Catharina geb. Hübens, geb. 11. 4. 1694 Lübeck, gest. 25. 1. 1771 ebd.; Tochter d. Lübecker Kaufmanns u. späteren Bürgermeisters Jacob Hübens; in 2. Ehe verh. m. d. Lübecker Bankier Christian David Evers.
Ehefrau: Elisabeth Dorothea Benser, geb. 12. 8. 1720 Lübeck, gest. 27. 6. 1751 ebd.; verh. 29. 6. 1739; Tochter d. Lübecker Kaufmanns Hinrich Benser.
Kinder: 1 Sohn Peter Hinrich, geb. 21. 6. 1751 (s. d.).

T. wurde als ältestes von acht Geschwistern geboren. Der Tradition einer Kaufmannsfamilie gemäß begann er 1726 eine vierjährige Kaufmannslehre in Hamburg. Anschließend reiste er nach Holland, Brabant und Frankreich, arbeitete zwei Jahre als Kaufmann in London und besuchte darauf Portugal, Spanien und Paris. 1737 kehrte er nach Lübeck zurück und trat in das Bankgeschäft seines Stiefvaters Christian David Evers ein. Nachdem er 1739 in das Schonenfahrerkollegium aufgenommen worden war, wurde er Teilhaber an dem Geschäft. Seine geschäftlichen Erfolge machten T. wirtschaftlich unabhängig und erlaubten ihm, seine bereits auf den Reisen entwickelten Neigungen, besonders die Naturwissenschaften, zu pflegen. Mit Hilfe seiner auswärtigen Geschäftsbeziehungen legte er sich ein vielbeachtetes Naturalienkabinett an, eine Sammlung von lebenden und ausgestopften exotischen Tieren, Versteinerungen u. a., die er zum Mittelpunkt seines gesellschaftlichen Verkehrs machte. Am öffentlichen Leben Lübecks nahm er außer als Vorsteher am Heiligen-Geist-Hospital (1742–1778) nicht teil. Bereits in Paris hatte T. die Bekanntschaft des Physikers René-Antoine Ferchault de Réaumur gemacht, mit dem er, wie auch mit anderen Gelehrten – z. B. August Johann Rösel, Jacob Theodor Klein und Wilhelm Adolph Paulli – korrespondierte. Um sein Wissen und seine Sammlung bekanntzumachen, verfaßte er das Lehrgedicht „Versuch einer Beschreibung vom ... Colibrit ..." (1753). Darüber hinaus veröffentlichte er mehrere Gedichte und kurzgefaßte Mitteilungen neuer naturwissenschaftlicher Erkenntnisse.

T.s Veröffentlichungen, sein Lebenswandel und seine zum Teil skurrilen Eigenschaften lassen ihn als einen Mann erscheinen, der als Autodidakt von der Wissenschaft wohlwollend bemerkt und in Lübeck als interessanter Sonderling betrachtet wurde. Er war jedoch auch ein typischer Vertreter einer Gruppe von nicht akademisch gebildeten Menschen, die der sich im 18. Jh. rasch entwickelnden naturwissenschaftlichen Forschung größte Aufmerksamkeit und Engagement entgegenbrachten. T.s erfolgreiche Tätigkeit als Kaufmann verblaßt hinter diesem Interesse für die Naturkunde. 1754 wurde er zum Mitglied der „Teutschen Gesellschaft" in Jena ernannt.

Quellen: AHL: Personenkartei; Schnobel; Familienarch. T., Bd. 1, S. 265–385 (Film 5278); Heiligen-Geist-Hospital F 1 Nr. 1, Protokollauszug v. 11. 6. 1742. – J. T. Klein, Versuche u. Abh. d. Naturforschenden Ges. zu Danzig, T. 2, Danzig u. Lpz. 1754, S. 292–294. – J. D. Denso, Physikalische Bibl., 1. St., Nr. 3 (Rostock u. Wismar 1754), S. 70–76. – Hamburgische Berr. v. Gelehrten Sachen, Hbg. 1754, S. 139–141, 537. – Lübeckische Anzeigen v. 27. 10. 1753, 5. 1. u. 24. 8. 1754, 25. 1. 1755.

Werke: Versuch einer Beschreibung v. allerschönsten u. beynahe allerkleinsten Vogel, d. unter d. Nahmen Colibrit bekannt ist, Lübeck 1753, 2. Aufl. Lpz. u. Lübeck 1754.
Literatur: O. L. Tesdorpf, Mittheilungen über d. Tesdorpfsche Geschlecht, München 1887, S. 54–75. – Ders., Die Gesch. d. Tesdorpfischen Geschlechts bis 1920, ebd. 1921, S. 66–80. – W. Plessing, Das Heilige-Geist-Hospital in Lübeck im 17. u. 18. Jh., Lübeck 1914, S. 86, 96, 99 f., 104 f., 113, 115.– DGB 171, 1975, S. 539 f.
Porträts: Gemälde, Abb.: Tesdorpf 1921 (s. Lit.), zu S. 66.

Ortwin Pelc

TESDORPF, Peter Hinrich, geb. 21. 6. 1751 Lübeck, gest. 6. 5. 1832 ebd.; ev. – Kaufmann, Bürgermeister.
Eltern: Peter Hinrich Tesdorpf, geb. 6. 5. 1712 (s. d.); Elisabeth Dorothea geb. Benser.
Ehefrau: Maria Margaretha Bolten, geb. 26. 12. 1755 Hamburg, gest. 2. 5. 1832 Lübeck; verh. 13. 1. 1779; Tochter d. Hamburger Arztes u. Naturforschers Joachim Friedrich Bolten.
Kinder: 2 Töchter, 2 Söhne.
Nach den Vorstellungen seines Vaters und dem Vorbild des Urgroßvaters sollte T. – von der Außenwelt möglichst ferngehalten – durch eine gründliche Ausbildung der Weg für ein späteres öffentliches Amt geebnet werden. Da seine Mutter an den Folgen der Geburt gestorben war, wurde er von einer Französin erzogen, die ihm die Liebe zu Frankreich vermittelte. 1765 brachte ihn der Vater in eine Erziehungsanstalt nach Vincennes bei Paris. Dort an die angenehmen Seiten des Großstadtlebens gewöhnt, geriet er nach seiner Rückkehr 1768 mit seinem Vater in Streit und ließ sich in eine Kaufmannslehre nach Hamburg schicken. Im Anschluß an die Lehre finanzierte ihm sein Vater 1772 eine ausgedehnte Europareise über Holland und Brabant nach Paris und England. Um seine kaufmännischen Kenntnisse zu vertiefen, hielt sich T. anschließend wieder in Hamburg auf. Hier verkehrte er viel im Kreise der Familie des Arztes und Naturforschers Joachim Friedrich Bolten, eines Freundes seines Vaters. Er gewann die Zuneigung von dessen Tochter Maria Margaretha, einer Heirat widersetzte sich jedoch sein eigenwilliger Vater. Die Vermählung konnte deshalb erst nach dessen Tod stattfinden. Dem Wunsch des Vaters folgend, ließ sich T. in Lübeck als Kaufmann nieder, nachdem er hier Mitglied der Kaufleutekompanie geworden war (1778). Er kaufte das Haus in der Königstraße Nr. 11, das heutige Behnhaus, ließ es großzügig umbauen und machte es zu einem Mittelpunkt der vornehmen Lübecker Gesellschaft. T.s beträchtliche Erbschaft und sein geschäftlicher Erfolg erlaubten ihm einen verschwenderischen Lebensstil, seine Frau dagegen pflegte ihre geistigen Interessen und Bekanntschaften. 1779 und 1782 machten beide ausgedehnte Reisen u. a. nach Holland, Frankreich, Italien und in die Schweiz. Als weiterhin begeisterter Verehrer Frankreichs und des Ancien

Régime beschloß T. im Herbst 1787, mit seiner Familie nach Paris zu ziehen. Die Revolution veranlaßte sie jedoch 1789, wieder nach Lübeck zurückzukehren. T. wurde zum Ältesten der Kaufleutekompanie und 1798 zum Ratsherrn gewählt. Seinem Streben nach gesellschaftlicher Anerkennung gemäß ist er bis 1811 als Ratsherr in zahlreichen Funktionen zu finden. Sein geschäftlicher Erfolg ging demgegenüber seit 1798 rasch zurück. Fehlinvestitionen, die sich allgemein verschlechternde wirtschaftliche Lage, nicht zuletzt aber auch sein aufwendiger Lebensstil führten zu wiederholten finanziellen Verlusten. 1805 verkaufte er sein Haus an den Ratsherrn Matthäus Rodde, 1810 mußte ihn sein Sohn in Hamburg finanziell unterstützen. Diese wirtschaftlichen Probleme werden T. veranlaßt haben, sich den französischen Behörden der seit 1806 besetzten Stadt zur Verfügung zu stellen. 1811 wurde er Mitglied der Administrativ-Kommission des Municipalrates, seit 1812 war er auf dem relativ lukrativen Posten des Percepteur central für die Einziehung des Municipal-Octroi – einer Konsumgütersteuer – zuständig. Als nach dem Abzug der Franzosen der ehemalige Rat im März 1813 wieder zusammentrat, mußte T. versichern, daß er auf seinen einträglichen Posten verzichten wolle, bevor er in den Rat aufgenommen wurde. Er bekleidete dort in den folgenden Jahren jedoch nur wenige Ämter und galt als Sonderling. Für seine Wahl zum Bürgermeister 1827 waren vermutlich soziale Motive ausschlaggebend; dem nur von seinen Ratsbezügen Lebenden sollte ein höheres Einkommen gewährt werden.

In der Rückschau war T.s politische Tätigkeit in Lübeck – nicht zuletzt wegen seines umstrittenen Verhaltens während der Franzosenzeit – von geringer nachhaltiger Wirkung. Um so bedeutender erscheint er als Erbauer eines der kulturgeschichtlich wertvollsten erhaltenen klassizistischen Kaufmannshäuser der Stadt, das ein Ausdruck für die Finanzkraft und das Selbstverständnis des Lübecker Großbürgertums am Ende des 18. Jh. ist.

Quellen: AHL: Lübeckischer Staats-Calender 1799–1811, 1819–1832; Personenkartei; Schnobel; Familienarch. T., Bd. 1, S. 588–708 (Film 5278). – StA Hamb.: Michaeliskirche, Proclamations-Register 1779, S. 87; Wedde I 29, Bd. 47, S. 2.
Literatur: M. J. K. Klug, Gesch. Lübecks während d. Vereinigung m. d. französischen Kaiserreiche 1811–1813, 2 Bde., Lübeck 1856/57, Bd. 1, S. 21, 36, 53, 88; Bd. 2, S. 38, 54. – O. L. Tesdorpf, Mittheilungen über d. Tesdorpfsche Geschlecht, München 1887, S. 84–114, 128–132. – Ders., Die Gesch. d. Tesdorpfischen Geschlechts bis 1920, ebd. 1921, S. 81–103. – E. F. Fehling, Zur lübeckischen Ratslinie 1814–1914, Lübeck 1915, Nr. 8. – J. v. Welck, Die Baugesch. d. Behnhauses in Lübeck, in: ZLGA 27 (1934), S. 129. – DGB 171,1975, S. 540 f. – B. R. Kommer, Das Haus u. seine Räume, in: Museum Behnhaus, Lübeck 1976 (Lübecker Museumskataloge 3), S. 11–40, bes. 11 f.
Porträts: Dargest. auf Hochzeitsfächer, 1779, Abb.: Tesdorpf 1921 (s. Lit.), zu S. 88. – Silhouette, Abb.: ebd., zu S. 82. – Miniatur v. H. Fragonard (Familienbesitz).

Ortwin Pelc

TESSMANN, *Günther* Theodor, geb. 2. 4. 1884 Lübeck, gest. 15. 11. 1969 Curitiba (Brasilien); ev. – Ethnologe, Naturforscher.

Eltern: Johann Heinrich Theodor Tessmann, geb. 14. 2. 1832 Lübeck, gest. 24. 12. 1924 ebd., Kaufmann; Laura Henriette geb. Wöbbe verw. Georg, geb. 27. 4. 1847 Wandsbek, gest. 1. 8. 1921 Lübeck.

Unverheiratet.

Nach dem Besuch des Katharineums in Lübeck bis zur Mittleren Reife nahm T. von Ostern 1902 bis Ostern 1904 an einem Lehrgang der Deutschen Kolonialschule in Witzenhausen teil. 1904 reiste er nach Kamerun, wo er zunächst auf einer Kakaoplantage als Aufseher arbeitete, die freie Zeit jedoch wie schon in Lübeck mit Schmetterlingsammeln und kleineren natur- und völkerkundlichen Studien ausfüllte. Nach einem Zerwürfnis mit der Geschäftsleitung verdiente er sich seinen Lebensunterhalt als Arbeiteranwerber und Elefantenjäger, um sich ein unabhängiges Forscherdasein zu ermöglichen.

Nach seiner Rückkehr nach Lübeck im Jahre 1907 wurde T. von R. Karutz (s. d.) wegen seiner im Hinterland von Rio Muni (heute Äquatorialguinea) erworbenen Sprach- und Landeskenntnisse zum Leiter der Lübecker Pangwe-Expedition ernannt, die ihn von 1907 bis 1909 nach Südkamerun bzw. Äquatorialguinea führte. In seiner 1913 erschienenen Monographie sind alle Aspekte der Pangwe-Kultur umfassend dokumentiert. Besonders die Klassifikation der natürlichen Umwelt nach wissenschaftlichen wie auch einheimischen Begriffen ist vorbildlich; aber auch schwerer zugängliche Bereiche wie die der Sprache, des Geschlechtslebens oder der Zauberei werden ausführlich beschrieben, die religiösen Kulte intuitiv gedeutet. Eine in diesem Zusammenhang von T. aufgestellte Theorie der moralischen Person ist allerdings umstritten geblieben. Die Pangwe-Monographie ist T.s bekanntestes Buch geworden und für seine weitere Arbeit richtungweisend geblieben, wie etwa für seine späteren Afrika-Monographien, die ausführliche Kulturdokumente von bleibendem Wert darstellen, in ihren interpretierenden Teilen jedoch oft auf Ablehnung gestoßen sind.

1913 wurde T. die Leitung der Reichsexpedition zur Erforschung Neukameruns übertragen, deren Arbeit durch den Verlust der Kamerunkolonie infolge des Ersten Weltkriegs jäh unterbrochen wurde. Er sammelte hier und während der folgenden Jahre der spanischen Internierung das Material für die späteren Monographien über die Bubi auf Fernando Póo (heute Bioko, Äquatorialguinea), die Bafia Mittelkameruns und die in der heutigen Zentralafrikanischen Republik lebenden Baja. Seine Forschungsarbeit entwickelte sich auch hier in dem für ihn charakteristischen Spannungsfeld zwischen verträumt genießender und wissenschaftlich-dogmatischer Natur- und Menschenbeobachtung. Enttäuscht über den Verlust der deutschen Kolonien in Afrika wandte T. sich Peru zu, dessen amazonischen Teil er von 1921 bis 1926 bereiste, zuletzt als Ethnologe im Dienst des amerikanischen Geologen Harvey Bassler. Es gelang T. aber nicht, sich so in das Leben der Indianer hineinzufühlen, wie er es z. B. bei den Pangwe vermocht hatte. Die folgenden zehn Jahre verbrachte er in Berlin mit der Aufarbeitung seiner umfangreichen Aufzeichnungen. 1930 verlieh ihm die Rostocker Univ. für seine Baja-Forschungen die Doktorwürde. Bemühungen um eine Anstellung im

Günther Tessmann

akademischen Bereich scheiterten jedoch, und T. wanderte 1936 schließlich nach Nord-Paraná, Brasilien, aus. Nach schweren Jahren als Kolonist wurde er Laborant in einem Provinzhospital, organisierte die Malariabekämpfung für einen großen Industriebetrieb, gründete ein eigenes Labor, wurde durch die Kriegsereignisse jedoch erneut vollständig zurückgeworfen. 1947 fand er wieder Anstellung, zunächst als Botaniker am Museo Paranaense, später am Instituto de Biologia in Curitiba. 1958 zog er sich dort in ein Altersheim zurück.

In Brasilien entstand 1940 ein volkstümlich gehaltenes, ungedruckt gebliebenes Erinnerungsbuch über seine Erlebnisse in Afrika. Seit 1930 schrieb er seine Lebenserinnerungen. Auf wissenschaftlichem Gebiet entstanden in den 40er Jahren Aufsätze über die Pflanzenwelt Paranás, vor allem aber arbeitete T. in dieser Zeit an einem großangelegten Werk über den Weltaufbau, das in seinen Ursprüngen auf die 30er Jahre zurückgeht. T. wollte beweisen, daß die Gesetzmäßigkeiten im Planetensystem ihre Entsprechungen in der Natur und im Aufbau der Kulturen haben. Das Werk erschien 1950, fand jedoch kaum Verbreitung und wenig Beachtung in naturwissenschaftlichen Kreisen. Auch auf einer Deutschlandreise 1955 konnte T. das Desinteresse nicht durchbrechen, für das er die am Zweckdenken orientierte neue Zeit verantwortlich machte.

Quellen: AHL, Neues Senatsarch. IX, 3 Gr. 6 Nr. 1 (Pangwe-Expedition). – Akten d. Mus. f. Völkerkunde Bln., Pars I B 97. – R. Karutz, Die Lübecker Mpangwe- Expedition. Vorläufige Mitteilung, in: MGGL R. 2, H. 22 (1908), S. 19–26. – Ders., Kurze Mitteilung über d.

Lübecker Mpangwe-Expedition, in: Verh. d. 17. Deutschen Geographentages zu Lübeck vom 1. bis 6. Juni 1909, Bln. 1910, S. 169–175. – W. Haberland, G. T. 85 Jahre alt, in: Z. f. Ethnologie 94 (1969), S. 169 f.

Nachlaß: Völkerkundeslg. Lübeck: 12 Bde. Lebenserinnerungen u. Tagebücher. – König im weißen Fleck. Erlebnisse eines dt. Forschers in den Urwäldern Westafrikas (unveröff. Ms., 1940).

Werke: Verz. bei Neuhoff (s. Lit.), S. 119 f. Dort fehlt: Weltanschauung u. Charakter d. Negers, in: Preußische Jbb. 1920, S. 297–308. – *Hauptwerke:* Die Pangwe. Völkerkundliche Monographie eines westafrikanischen Negerstammes. Ergebnisse d. Lübecker Pangwe-Expedition 1907–1909 u. früherer Forschungen 1904–1907, 2 Bde., Bln. 1913. – Die Urkulturen d. Menschheit u. ihre Entwicklung. Erläutert an d. Stämmen Kameruns, in: Z. f. Ethnologie 51 (1919), S. 132–162. – Die Bubi auf Fernando Poo, Hagen i. W. u. Darmstadt 1923. – Menschen ohne Gott. Ein Besuch bei d. Indianern des Ucayali, Stgt. 1928 (Veröff. d. Harvey-Bassler-Stiftung, Völkerkunde 1). – Die Indianer Nordost-Perus. Grundlegende Forsch. f. eine systematische Völkerkunde, Hbg. 1930 (ebd. 2). – Die drei Sprachen des Baja-Stammes: To, Labi, Baja, in: Mitt. d. Seminars f. orientalische Sprachen zu Berlin 34 (1932), Abt. 3, S. 70–115. – Die Völker u. Sprachen Kameruns, m. einer Karte, in: Petermanns Mitt. 1932, S. 113–120, 184–190. – Ergebnisse d. 1913 v. Reichskolonialamt ausgesandten völkerkundlichen Forschungsreise nach Kamerun, 1: Ergebnisse d. Expedition zu d. Bafia 1914, Stgt. 1934; 2: Ergebnisse d. Expedition zu d. Baja 1913/14, T. 1, Materielle u. seelische Kultur, Stgt. 1934, T. 2, Geistige Kultur, Stgt. 1937. – Der Schöpfungsplan u. seine Entwicklung im Aufbau unserer Welt, 2 Bde. u. Tafelbd., Curitiba 1950.

Literatur: H. O. Neuhoff, Lebensweg u. Veröff. Dr. G. T.s, in: Afrika heute 1969, S. 117–120. – König im weißen Fleck. G. T. u. d. Lübecker Pangwe- Expedition 1907–1909. Broschüre z. Ausst. d. Völkerkundeslg. Lübeck, Lübeck 1986. – Th. Klockmann, Erinnerungen u. Erlebnisse eines Forschers. G. T. u. d. Lübecker Pangwe-Expedition, in: LBl 1986, S. 17–20, 37–39, 53–55. – Ders., Vom Geheimnis menschlicher Gefühle. G. T.s Pangwe-Monographie im Lichte seiner Lebenserinnerungen sowie neuerer Forschungen, in: Wiener Ethnohistorische Bll. 1986, H. 29, S. 320.

Porträts: Fotos b. Haberland (s. Qu.), S. 169; Neuhoff (s. Lit.), S. 117; in: König im weißen Fleck (s. Lit.) u. b. Klockmann (s. Lit.), S. 17 f., 37, 53, 55. – Album m. Familienbildern (Völkerkundeslg. Lübeck). – Foto (ebd.), Abb. s. S. 401.

Thomas Klockmann

VECKINCHUSEN, Hildebrand, geb. um 1370 wahrscheinlich in Westfalen; gest. Juli 1426 Lübeck. – Kaufmann.

Eltern: . . . Veckinchusen; der Vorname der Mutter war Rixe.

Ehefrau: 1.) . . . Swarte, gest. vor 1398, Schwester d. Dortmunder Ratsherrn u. Bürgermeisters Claus Swarte (?). – 2.) Margarethe Witte, geb. um 1382, gest. nach 1433; verh. 15. 8. 1399; Tochter d. Kaufmanns u. Bürgers in Riga Engelbrecht Witte.

Kinder: aus 1.) Taleke, gest. 1420 Brügge; aus 2.) 4 Söhne, 3 Töchter.

Der Familienname Veckinchusen, der von dem Dorf Fockinghausen (Vöckhausen) bei Radevormwald (südlich Hanau) oder von einem gleichnamigen Dorf bei Meschede abgeleitet sein könnte, kommt im 14. und 15. Jh. im hansischen Wirtschaftsraum häufig vor, ohne daß sich für alle Träger dieses Namens verwandtschaftliche Beziehungen urkundlich nachweisen lassen. Angesichts der schmalen Überlieferung aus diesen Zeiten ist dies jedoch kein Grund, verwandtschaftliche Beziehungen generell auszuschließen.

V.s Geburtsjahr ist nicht überliefert, es ist zwischen 1365 und 1370 anzuset-
zen. Auch der Geburtsort, der in Westfalen gelegen haben wird, läßt sich nicht
genau ermitteln. Der Vater ist unbekannt, von der Mutter ist nur der Vorname
überliefert. Die Familie scheint der Führungsgruppe ihrer Heimatstadt angehört
zu haben. V.s Geschwister, insgesamt acht, ließen sich über den ganzen hansischen Raum verstreut nieder. Besonders erwähnenswert sind die Brüder Cäsar
und Sivert: Cäsar, wohl der älteste Bruder, war seit 1385 Ratsherr und von 1402
bis 1408 Bürgermeister in Riga; Sivert, wohl nur wenig älter als V. und ihm das
ganze Leben hindurch am nächsten, wurde Bürger in Lübeck, wechselte 1409
aus politischen Gründen nach Köln und kehrte erst 1419/20 wieder nach Lübeck zurück.

Als Jugendlicher war V. zusammen mit seinem Bruder Sivert in Livland. Dort
durchlief er die ersten Lehrjahre als Kaufmannsgehilfe. Den zweiten Teil seiner
Ausbildung erhielt er wahrscheinlich in Flandern, dem nordwesteuropäischen
Wirtschafts- und Handelszentrum des späten Mittelalters. Im Jahr 1390 sind seine ersten kaufmännischen Aktivitäten am Stapel in Dordrecht überliefert. V.
muß bereits in jungen Jahren erhebliches Ansehen bei seinen Kaufmannsgenos-
sen gehabt haben, da er 1393 und 1398 einer der beiden Älterleute des gotlän-
disch-livländischen Drittels im Hansekontor zu Brügge war; sein Bruder Sivert
folgte ihm in dieser Funktion im Jahr 1399. Da die Älterleute der Kontore Bürger
einer Hansestadt sein mußten, dürfen wir annehmen, daß V. das Bürgerrecht einer der livländischen Hansestädte, vermutlich das von Riga oder Reval, erworben hatte. Wie seine Wahl zum Ältermann spricht auch V.s erste Ehe mit einer
Swarte, vermutlich einer Schwester des Dortmunder Ratsherrn und Bürgermeisters Claus Swarte für ein großes Ansehen, das in der Regel in Familie und Herkunft begründet war. Da V.s Bruder Sivert einen Teil der drei Häuser im Kurzen
Genthof in Brügge besaß, die später zur Residenz des Hansekontors wurden,
wird man die beiden Brüder zu den angesehensten Hansekaufleuten in Flandern
zählen können.

Kurz nach seiner zweiten Heirat mit der Rigaer Kaufmannstochter Margarethe Witte (August 1399) ließ V. sich in Lübeck nieder, wo sein Bruder Sivert gerade das Bürgerrecht erworben hatte. Auch V. wurde Lübecker Bürger; 1401
verheiratete er Taleke, seine Tochter aus erster Ehe, mit Peter van dem Damme
aus einer Lübecker Ratsfamilie. Im Jahr 1402 zog V. wieder nach Brügge, wahrscheinlich begleitet von Margarethe. Im Handel der Brüder Veckinchusen war
damit eine ideale Konstellation erreicht. Ein Gesellschafter, V., saß in Brügge,
dem „Welthandelsmarkt des Mittelalters", wo die Verbindung mit den Märkten
und Produkten Südeuropas und des Orients bestand, ein anderer, Sivert, am
Hauptumschlagplatz des Ost-Westhandels in Lübeck. In Livland, dem östlichen
Endgebiet der Handelskette, saßen Verwandte (Schwiegervater und Bruder Cäsar in Riga) und Freunde (in Reval), so daß die wichtigen Einkaufs-, Umschlags-
und Verkaufsplätze entsprechend der üblichen partnerschaftlichen Struktur des
hansischen Handels mit vertrauenswürdigen Partnern besetzt waren.

Von kurzen Unterbrechungen abgesehen blieb V. bis 1426 in Brügge. Sein Lübecker Bürgerrecht gab er jedoch nie auf. Er unterhielt Handelsbeziehungen mit

Hamburg und Lübeck, Wismar und Stettin, Riga, Reval und Dorpat, Novgorod und Pleskau (Pskov) im Osten. Im Süden und Südosten reichten die Geschäfte über Aachen, Köln, Straßburg, Frankfurt am Main, Konstanz und Nürnberg nach Prag und bis nach Venedig. Auch mit anderen italienischen und mit französischen und englischen Städten hatte er Verbindung. Der Handel V.s stand in der Tradition des großen europäischen Handelszuges: er vertrieb die Rohstoffe und Genußmittel des Orients von Venedig und Brügge aus nach Norddeutschland und Ost- und Nordeuropa, versandte die westeuropäischen Tuche ost- und südwärts und zog vom Osten die Rohstoffe und Naturprodukte Rußlands, Polens und der Ostseeländer heran. Außer der vielseitigen Ware Tuch kamen Gewürze, Drogen, Seide, Baumwolle, Reis und besonders Feigen und Rosinen und ähnliche Produkte des Südens in seinem Warenkatalog vor; andererseits Pelze, Kupfer, Silber und – vor allem – Wachs.

Das Wissen über diese weiträumigen Handelsbeziehungen und die verhandelten Waren verdanken wir fast ausschließlich dem ehemals im Stadtarchiv Reval (vgl. Qu.) erhaltenen Briefwechsel V.s mit etwa vierhundertfünfzig Briefen und seinen zehn Handelsbüchern, die etwa siebenhundert meist zweiseitig eng beschriebene Blätter überwiegend im Schmalfolioformat umfassen. Wie bedeutend dieser Glücksfall der Überlieferung ist, läßt sich daran ermessen, daß die anderweitigen Nachrichten über Leben und Wirken V.s nur aus vierzehn Schreiben und Urkunden – gestreut über zweiunddreißig Jahre – bestehen. Wirtschaftsgeschichtlich besonders wertvoll ist, daß sowohl die Rechnungsbücher als auch ein großer Teil der Geschäftskorrespondenz erhalten sind.

Im ersten Jahrzehnt des 15. Jh. war der Handel V.s hauptsächlich in einer Familiengesellschaft mit seinem Bruder Sivert organisiert, der zeitweise auch ein Sohn ihrer Schwester Dedeke beigetreten war. Diese Gesellschaft handelte auf der Linie Brügge-Lübeck-Preußen-Livland. Ebenfalls mit Sivert zusammen gründete V. 1405 mit den Brüdern Hartwig und Gottschalk Steenhus eine Gesellschaft, die auf der Route Polozk-Riga-Lübeck/Sund-Flandern handelte. Auch hier spielten familiäre Beziehungen eine wichtige Rolle, da Hartwig Steenhus, Ratmann in Riga, 1408 Vormund der Söhne des verstorbenen Cäsar V. in Riga wurde. Außerdem tätigte V. zahlreiche weitere Einzelgeschäfte auf der Handelsroute Flandern-Ostsee und zurück.

Noch im ersten Jahrzehnt des 15. Jh. wurde die „venedyesche selscop" (die venedische Gesellschaft) als offene Handelsgesellschaft gegründet. Von wem der Anstoß zur Gründung kam, ist neuerdings umstritten, ebenso die Frage, ob V. eine führende Rolle in dieser Unternehmung gespielt hat und ob Brügge oder eher Lübeck die Zentrale gewesen sei (Lesnikov, s. Qu.). Insgesamt zehn Kaufleute, alle Lübecker Bürger, gründeten die Gesellschaft, der später noch weitere Kaufleute beitraten. Die Aufnahme des Direkthandels mit Venedig bedeutete ein Verlassen der „guden olden neringe", die ein zwar nicht hohes, aber sicheres Auskommen garantierte, zugunsten eines Handels, der höheren Gewinn bringen konnte, aber ungleich riskanter war. Die „venedyesche selscop" handelte hauptsächlich über Land quer durch den Kontinent, nur selten über See. Die Verteilung der Gesellschafter war günstig. Nach Venedig wurde Peter Karbow mit einem Gesellen geschickt, um den Verkauf der ihm zugeschickten Waren und den Einkauf der venezianischen Güter zu betreiben. Im „Weltmarkt" Brügge saßen V. und zeitweise auch Hinrich op dem Orde und leiteten die zum Teil per Schiff eingehenden venezianischen Waren weiter auf die Märkte in Flandern, England, im Reich und in Skandinavien. Hinrich Slyper und seit 1409 auch Sivert V. in Köln sorgten in erster Linie für den Landweg von Venedig nach Brügge. Die Handelsgüter, die in Venedig eingekauft wurden, waren hauptsächlich die vielgefragten Gewürze des Orients, dazu Hutzucker, Mehlzucker, Brasilholz, Alaun, Weihrauch u. a. Nach Venedig wurden Paternosterkränze aus Bernstein sowie Pelzwerk und Tuche verschiedenster Art geliefert.

Trotz interner Schwierigkeiten zwischen den einzelnen Gesellschaftern, politischer Gefahren und der allgemeinen Unsicherheit der Straßen gingen die Geschäfte zunächst sehr gut. Die Auseinandersetzungen zwischen dem neuen Rat in Lübeck und dem 1408 geflohenen alten Rat führten zwar zu einer Gefährdung des Handels, doch gelang es den Gesellschaftern, vor allem Sivert, königliche Geleitbriefe für sich und für manche ihrer Gesellschafter zu erhalten. 1410 fiel Hinrich Slyper in Oberdeutschland Raubrittern in die Hände. Obwohl solche Vorfälle nicht nur den einzelnen, sondern die ganze Gesellschaft betrafen, erreichte die „venedyesche selscop" hohe Umsätze. V. war in den ersten Jahren führend daran beteiligt. Zur Krise der Gesellschaft führte vermutlich eine Überbeanspruchung ihrer Finanzkraft. 1411 hatte Karbow in Venedig für 53 000 Dukaten Waren von seinen Mitgesellschaftern empfangen und für 70 000 Dukaten Handelsgüter gekauft und zurückgesandt. Derart große Umsätze konnten nur mit Krediten finanziert werden, und anscheinend waren die Gesellschafter den Tücken des Wechselgeschäfts nicht gewachsen. Die häufig reihum von einem auf den anderen Partner gezogenen Wechsel waren oft bereits fällig, bevor die damit finanzierte Ware verkauft war. Hinzu kam, daß das kaufmännische Geschick wie auch die Redlichkeit der beiden Karbows in Venedig anscheinend zu wünschen übrig ließen. Peter Karbow, inzwischen Bürger von Lüneburg, wurde 1412 dort gefangengesetzt und gab alles Gesellschaftsgut preis, um freizukommen. Von da an hören wir von der „venedyeschen selscop" nichts mehr. Spätestens 1417, als Kaiser Sigismund das erste Handelsverbot gegen Venedig erließ, muß ihr Ende gekommen sein. Aber sowohl V. als auch Sivert setzten später, nach Aufhebung des Verbots, den Venedighandel zusammen mit Siverts Sohn Kornelius fort.

Gut dokumentiert ist auch der Preußenhandel V.s aus dem zweiten Jahrzehnt des 15. Jh. Als Gesellschafter und Kommissionär in Danzig war Tiedemann Swarte – möglicherweise mit der ersten Frau V.s verwandt – für V. tätig, mit dessen Brüdern Reinhold und Kort im Westen V. ebenfalls handelsgesellschaftliche Beziehungen unterhielt. Der Handel in Nord- und Ostsee litt damals an einer Vielzahl von Störungen, so daß sich V.s Westwaren nur unter großen Schwierigkeiten, mit Zeitverzögerungen und unter Verlust verkaufen ließen. Aufgrund des Kursverfalls der Mark preußisch und der allgemeinen Geldknappheit durch Überteuerung wurden die Geschäfte zunehmend in Form des Beuthandels (Ware gegen Ware) getätigt, wodurch jedoch das schnelle Reagieren auf sich anbietende günstige Marktsituationen unmöglich wurde, da der Kaufmann an seine gebeutete Ware gebunden war. Aus dieser Zeit stammen die ersten Hinweise, daß V. sich zeitweise in äußerster Geldnot befand, vermutlich, weil große Summen Geldes in Waren in Preußen eingefroren waren. Zwar scheint es insgesamt gelungen zu sein, die Verluste der West-Ost-Geschäfte durch Gewinne in den Ost-West-Geschäften – meist mit Pelzwerk, Wachs und Butter – auszugleichen, doch scheint V. des öfteren zu Wechseloperationen gezwungen gewesen zu sein, deren Kosten die geringen Handelsgewinne ausglichen oder gar in Verluste umwandelten. Mahnungen seiner Geschäftspartner sind seit 1414 überliefert. Anscheinend wandelte V. den Wechsel als Mittel zum Ausgleich der Zahlungsbilanz in ein Heilmittel gegen drängende Geldverlegenheiten um. Die mageren Ergebnisse der Transaktionen seiner letzten Jahre scheinen dann auch dadurch verursacht worden zu sein, daß er zum Verkauf um jeden Preis gezwungen war, und signalisieren so bereits den bevorstehenden Zusammenbruch.

1418 kaufte V. in Lübeck das Haus Königstraße 15, in einer der besten Wohnlagen der Stadt gelegen, in das seine Frau mit seinen zahlreichen Kindern einzog. Er selbst wurde 1419 wieder zum Ältermann des Brügger Kontors gewählt, diesmal für das lübische Drittel. Er scheint in Brügge also noch vollen Kredit genossen zu haben, obwohl seine Geschäfte immer riskanter wurden und er zudem bisweilen auch großes Pech hatte. 1417 erlitt er einen gehörigen Verlust, als er für mehrere tausend Dukaten Sartuch nach Venedig schickte, dabei aber die Marktlage falsch eingeschätzt hatte; 1420 schlug der Versuch fehl, wegen ausbleibender Salzlieferung aus der Baye für ein Jahr ein Salzmonopol in Livland aufzubauen. Auch hatte er 1417 zu einer Delegation der Brügger Kaufleute gehört, die Kaiser Sigismund zum Regierungsantritt huldigte und ihm dabei ein Darlehen von 3000 französischen Kronen gewähren mußte. V. gelang es nicht, seinen Anteil zurückzuerhalten, und die finanzielle Lage wurde immer prekärer. Seine Gläubiger bedrängten ihn, und so suchte er Zuflucht bei den Lombarden, den berufsmäßigen Geldverleihern in Brügge. Doch die hohen Zinsen, die diese für ihre Kredite nahmen, trieben ihn in noch höhere Verbindlichkeiten. Sein Brügger Wirt überredete ihn, nicht zu fliehen, da er sonst für die Schulden seines Gastes hätte haften müssen. Zu Beginn des Jahres 1422 veranlaßte einer der genuesischen Bankiers, bei denen V. in Schulden stand, seine Inhaftierung im Brügger Schuldturm.

V. verbrachte insgesamt über drei Jahre in Schuldhaft, bevor er 1426 zu seiner Familie nach Lübeck zurückkehren konnte, wo er kurze Zeit später starb. Während der Haft hatten sich die meisten seiner Freunde und Bekannten von ihm abgewandt. Seine Frau konnte das Haus in Lübeck nicht halten und verlor es an die Schwiegermutter von V.s Bruder Sivert; dieser unterstützte sie gerade soweit, daß sie mit ihren Kindern nicht betteln gehen mußte, was seinem eigenen Ansehen in der Stadt zu sehr geschadet hätte.

V. war in eine Zeit ungünstiger wirtschaftlicher Konjunktur hineingeboren, mit deren Folgewirkungen er zeitlebens zu kämpfen hatte. Möglicherweise war er zu leichtfertig im Umgang mit Kredit und Wechsel, doch werden die zusätzlichen Schicksalsschläge, die ihn trafen – wie z. B. der erpreßte Kredit Kaiser Sigismunds – dazu beigetragen haben, daß seine Finanzen sich nicht konsolidieren ließen. Hinzu kamen politische Umstände, die ihn wohl in entscheidenden Jahren seines Geschäftslebens den nötigen Rückhalt kosteten, wie der Sturz der alten Ratsherrschaft in Lübeck (1408), die von den hansischen Großkaufleuten getragen war, und das Verbot des Venedighandels durch Sigismund im Jahre 1417. Auch der spanisch-hansische Konflikt seit 1419 dürfte Auswirkungen auf die Geschäftätigkeit der hansischen Kaufleute gehabt haben. Obwohl über diese Sachverhalte wenig in V.s Briefwechsel und seinen Rechnungsbüchern zu finden ist, versetzen diese uns doch in die Lage, die Auswirkungen der großen politischen und wirtschaftlichen Veränderungen auf das Geschäftsgebaren eines hansischen Kaufmanns des späten Mittelalters zu verfolgen. Der Briefwechsel mit seiner Frau läßt zudem wie kein anderes spätmittelalterliches Zeugnis auch die gefühlsmäßige Beziehung zwischen Eheleuten zu Beginn des 15. Jh. erkennen.

Nicht gedr. Quellen: Von d. zehn Handelsbüchern befinden sich neun im Stadtarch. Tallinn (Reval), eines (Af 10) ist seit d. Ende d. Zweiten Weltkriegs verschollen. Im Stadtarch. Tallinn liegt auch d. Briefwechsel. – Fotokopien d. Handelsbücher (mit Ausnahme von Af 9, Af 10, Af 12) in d. Plattenslg. d. AHL. – H. Schroeder, Topographische Reg., Jakobi-Quartier 645 (= Wohnhaus Königstr. 15) (AHL, Hs. 900). – Nicht näher bezeichnete Dok. zu V. im Stadtarch. Brügge (Archives communales).
Gedr. Quellen: W. Stieda, Ein Geldgeschäft Kaiser Sigismunds m. hansischen Kaufleuten, in: HG 16 (1887), S. 61-82 (4 Briefe zum Geldgeschäft V.s m. Kaiser Sigismund). – Ders., Hansisch-Venetianische Handelsbeziehungen im 15. Jh., Rostock 1895 (Festschr. d. Landes-Univ. Rostock z. zweiten Säkularfeier d. Univ. Halle a. S.) (31 Briefe 1411–1429 v. Hildebrand u. Sivert V.). – Ders. (Hrsg.), H. V. Briefwechsel eines dt. Kaufmanns im 15. Jh., Lpz. 1921 (546 Stücke); Ergänzungen (9 Briefe) u. Berichtigungen dazu b. F. Techen, H. V. Briefwechsel eines dt. Kaufmanns im 15. Jh., in: ZLGA 21 (1923), S. 257–274. – M. P. Lesnikov, Die Handelsbücher d. hansischen Kaufmanns V., Bln. 1973 (Forsch. z. mittelalterlichen Gesch. 19) (= die Bücher Af 1 u. Af 6; 1399–1415). – UBStL, Bd. V, Nr. 263 m. Anm., 631, 669, 682; Bd. VI, Nr. 498,534. – HUB, Bd. 4, Nr. 1008; Bd. 5, Nr. 111, 188 u. Anm. 1, 328, 418, 581, 733 u. Anm. 3; Bd. 6, Nr. 457, 466, 467. – HR Abt. I, Bd. 5, Nr. 679–682.
Literatur: B. Kuske, Die Handelsgeschäfte d. Brüder V., in: HG 27 (1922), S. 187-195. – L. v. Winterfeld, Die Beziehungen d. Brüder V. zu ihrer Heimatstadt Dortmund, in: Beitrr. z. Gesch. Dortmunds u. d. Grafschaft Mark 34 (1927), S. 42–52. – Dies., H. V. Ein hansischer Kaufmann vor 500 Jahren, Lübeck 1929 (Hansische Volkshefte 18). – C. Nordmann, Die Veckinchusenschen Handelsbücher. Zur Frage ihrer Edition, in: HG 65/66 (1940/41), S. 79–144. – M. P. Lesnikov, Die livländische Kaufmannschaft u. ihre Handelsbeziehungen zu Flandern am Anfang d. 15. Jh., in: Z. f. Gesch.wiss. 6 (1958), S. 285–303, bes. 293 ff. (Handelsgeschäfte Vs. m. Partnern aus Riga und Dorpat). – Ders., Lübeck als Handelsplatz f. osteuropäische Waren im 15. Jh., in: HG 78 (1960), S. 67–86 (Handlungsbuch während d. Aufenthalts V.s in Lübeck 1418/19: Af 8). – Ders., Der hansische Pelzhandel zu Beginn d. 15. Jh., in: Hansische Studien. Heinrich Sproemberg z. 70. Geburtstag, Bln. 1961, S. 219–272. – Ders., Zur Frage d. Profitniveaus im hansischen Handel zu Beginn d. 15. Jh. anhand d. Nachlasses v. H. V., in: Hansische Stud. V: Zins-Profit. Ursprüngliche Akkumulation, Weimar 1981, S. 28–40 (Abh. zur Handels- u. Sozialgesch. 21). – F. Irsigler, Hansekaufleute. Die Lübecker V. u. d. Kölner Rinck, in: Hanse in Europa. Brücke zw. d. Märkten, 12. bis 17. Jh., Köln 1973, S. 301–312. – Ders., Der Alltag einer hansischen Kaufmannsfamilie im Spiegel d. Veckinchusen-Briefe, in: HG 103 (1985), S. 75–99. – R. Delort, Les livres de commerce de H. V., in: Bibliothèque de l'Ecole des chartes 132 (1974), S. 110–121. – A. v. Brandt, Die Veckinchusen-Handelsbücher. Vorgesch., Problematik u. Verwirklichung einer Quellenedition, in: HG 93 (1975), S. 100–112. – M. Lindemann, Nachrichtenübermittlung durch Kaufmannsbriefe. Brief-„Zeitungen" in d. Korrespondenz H. V.s (1398-1428),

München 1977. – Dies., Die Herkunft d. Familie Veckinchusen-Feckinghaus, in: Beitrr. zur Gesch. Dortmunds u. d. Grafschaft Mark 72 (1980), S. 173–178. – W. Stark, Die Handelsgesellschaft d. Bruder V. im ersten Jahrzehnt d. 15. Jh., in: Hansische Stud. V: Zins-Profit. Ursprüngliche Akkumulation, Weimar 1981 S. 90–114 (Abh. zur Handels- u. Sozialgesch. 21). – Ders., Über Platz- u. Kommissionshändlergewinne im Handel d. 15. Jh., in: Hansische Stud. VI: Autonomie, Wirtschaft u. Kultur d. Hansestädte, Weimar 1984, S. 130–146 (ebd. 23). – Ders. Unters. zum Profit beim hansischen Handelskapital in d. ersten Hälfte d. 15. Jh., Weimar 1985 (ebd. 24). – Ph. Dollinger, Die Hanse, 4. Aufl. Stgt. 1989, S. 229–232.

Rolf Hammel

VILLERS, *Charles* François Dominique de, geb. 4. 11. 1765 Boulay, Lothringen, gest. 26. 2. 1815 Göttingen; kath. – Offizier, Publizist, Gelehrter.

Eltern: Nicolas François Dominique de Villers (Unsicherheit über Ursprung u. Rechtmäßigkeit d. Adelsprädikats), geb. 29. 1. 1738, gest. 2. 11. 1808, Receveur des finances, Conseiller du roi; Catherine Euphrasie geb. de Launaguet (auch Launagay), geb. 1745, gest. 30. 3. 1812, Tochter d. aus dem Languedoc stammenden Adligen Hugues de Launaguet.

Unverheiratet.

Neffe: Alexander von V. (1812–1880), Verf. d. „Briefe eines Unbekannten", 1881/87 (s. ADB, 40, S. 779–783).

V., ältestes von neun Kindern, erhielt zwischen seinem neunten und fünfzehnten Lebensjahr eine Erziehung bei den Benediktinern von Saint-Jacques in Metz, trat 1780 als Anwärter, 1781 als Zögling in die dortige Artillerieschule ein und brachte es in seiner Offizierslaufbahn bis zum Rang eines „capitaine". Diese bis 1792 während Phase war geprägt durch den Glanz des gesellschaftlichen Lebens und die Entfaltung geistiger Interessen, die ihren Niederschlag in einer seiner ersten Veröffentlichungen fanden: „Le magnétiseur amoureux" (1787). Die Französische Revolution von 1789 und ihre Folgen bedeuteten aber schließlich auch in V.' Leben die große Wende. In seiner Schrift „De la liberté" (1791) hatte er eine entschieden kritische Position bezogen. Im April 1792 blieb ihm keine andere Wahl mehr als Flucht und Emigration.

Nach wechselnden Aufenthalten in Aachen, Lüttich, Münster, Holzminden, Corvey, Driburg ließ sich V., der mit allen Kräften danach strebte, mit der deutschen Kultur vertraut zu werden, im November 1796 an der Univ. Göttingen immatrikulieren. Er trat in näheren Kontakt zu dem Altphilologen Christian Gottlob Heyne, dem Orientalisten Johann Gottfried Eichhorn, den Historikern August Ludwig v. Schlözer, Ludwig Timotheus Spittler und Arnold Heeren. Seine für einen damaligen Franzosen ungewöhnlich intensive Beschäftigung mit deutscher Literatur, Wissenschaft und Philosophie wurde wesentlich beeinflußt durch V.' Beziehung zu Dorothea Rodde-Schlözer (s. d.), der Tochter Schlözers, die seit 1792 mit dem Lübecker Senator Matthäus Rodde verheiratet war. V. war ihr, die 1787 zum Doktor der Philosophie promoviert worden war, wohl schon 1794 bei seinem ersten Aufenthalt in Göttingen begegnet. Aus der Begegnung erwuchs eine tiefe innere Bindung, die bis zum Tode V.' währte. Sie hat ihrer beider Leben außerordentlich bereichert, sie zugleich aber auch in den Spannungen und Zwängen einer ungelösten Dreierkonstellation festgehalten.

In Lübeck brach V. 1797 eine geplante Reise zu seinem Bruder Frédéric nach Rußland ab und lebte fortan bei der Familie Rodde, bis 1811 in Lübeck und dann bis zu seinem Tode in Göttingen. Lübeck und das Haus Rodde ermöglichten V. vielfältige und enge Kontakte mit der geistigen Elite Norddeutschlands: mit Klopstock, F. H. Jacobi (s. SHBL, 9, S. 157), F. L. Stolberg (s. SHBL, 1, S. 259), Johann Heinrich Voß, H. W. v. Gerstenberg (s. SHBL, 8, S. 156). V. tauchte ganz in das geistige Klima des nördlichen Deutschland ein. Von Lübeck aus entfaltete er eine reiche publizistische Tätigkeit. Sie war darauf gerichtet, den Franzosen den Zugang zur deutschen Kultur zu öffnen. Er schrieb zahlreiche Artikel über Philosophie, Sprache und Literatur für die in Hamburg erscheinende Emigrantenzeitschrift „Le Spectateur du Nord". Er lieferte Übersetzungen von Texten Klopstocks, Kants und Wilhelm v. Humboldts. Die Darstellung der Philosophie Kants hatte er schon in den „Lettres Westphaliennes" (1797) begonnen. Er setzte dies fort in einigen Artikeln für den „Spectateur du Nord", vor allem aber in seiner „Philosophie de Kant" (1801), der ersten umfassenderen Darstellung dieser Philosophie in französischer Sprache. Die größte Wirkung erzielte er mit seinem „Essai sur l'esprit et l'influence de la Réformation de Luther" (1804), einer breit angelegten Untersuchung, die ihm den Preis des „Institut National" und die Ehrendoktorwürde der Univ. Göttingen (1805) einbrachte.

1801 und 1803 unternahm V. Reisen nach Paris; 1803 kam es dabei zur Begegnung mit Madame de Staël in Metz. Sie hatte seine Schriften gelesen und korrespondierte mit ihm. Sein Einfluß auf ihr Werk, vor allem auf ihr berühmtes Buch „De l'Allemagne" (1813), war beträchtlich. Als eine seiner letzten Arbeiten schrieb er ein ausführliches Vorwort zur Leipziger Ausgabe des Buches (1814). Die Kriegsereignisse und die napoleonische Politik erlaubten V. nicht, ungestört seinen geistigen Interessen nachzugehen. Immer wieder fühlte er sich zu aktivem Engagement herausgefordert. Nach dem Einmarsch französischer Truppen in Hannover im Juni 1803 veröffentlichte er seinen „Appel aux officiers français de l'armée de Hanovre, qui peuvent et veulent mettre à profit le loisir de leur position". Er führte ihnen die Chance vor Augen, die darin bestehe, das geistige Deutschland kennenzulernen. Sehr bekannt geworden sind seine persönliche Intervention und der Schutz des Roddeschen Hauses während der Plünderung Lübecks durch französische Truppen im November 1806. In der „Lettre à Mme la comtesse Fanny de Beauharnais, contenant un récit des événements qui se sont passés à Lubeck dans les journées du jeudi 6 novembre 1806 et les suivantes" (1807) stellte er die Ereignisse höchst eindringlich dar und bemühte sich, allerdings vergeblich, um Vergünstigungen als Ausgleich für das, was der Stadt angetan worden war. V. setzte sich nachhaltig für die Erhaltung der Freiheiten und des Status der Hansestädte ein, übersetzte die „Klagen der Völker des Continents von Europa die Handelssperre betreffend" von Reimarus (1809) und bezog eine grundsätzliche Stellung in seinen „Observations générales sur les constitutions des trois villes libres anséatiques Lubeck, Bremen et Hambourg",

Charles de Villers
Gemälde von F. C. Gröger, 1809

einem Text, der in überarbeiteter Form 1814 gedruckt wurde, um damit auf die Verhandlungen des Wiener Kongresses einzuwirken. Mit seinem „Coup d'œil sur les universités et le mode d'instruction publique de l'Allemagne protestante [...]" (1808) verteidigte er die deutsche Universität, insbesondere ihre moderne Gestalt, wie sie die Univ. Göttingen verkörperte, gegen Umgestaltungspläne nach französischem Muster im Königreich Westfalen unter Jérôme Bonaparte.

1811 wurde V. von der westfälischen Regierung in Kassel zum Professor an der Univ. Göttingen ernannt. Er hielt Vorlesungen über die wissenschaftliche Kultur der Deutschen und über französische Literatur. Die Berufung und Übersiedelung nach Göttingen fielen in eine Zeit, in der V. wegen seines Eintretens für die Hansestädte heftigen Verfolgungen durch den französischen Marschall Davoust ausgesetzt war. 1814, nach dem Untergang des Königreichs Westfalen und der Rückkehr der Hannoverschen Regierung, kam dann aber für V. mit der ihm brüsk mitgeteilten Entlassung aus dem Professorenamt der Schicksalsschlag von der deutschen Seite, für deren Sache er sich mit seiner ganzen Person eingesetzt hatte. V.' Entlassung, deren Hintergründe nicht alle geklärt sind, erregte größtes Aufsehen. Benjamin Constant, Madame de Staël, der Freiherr vom Stein traten für ihn ein, so daß wenigstens die Bedingungen gemildert wurden und V. auch in Deutschland bleiben durfte. Aber er war tief verletzt. Ein dunkler Schatten lag über der kurzen Lebensspanne, die ihm noch blieb.

V.' Bedeutung liegt in seiner Rolle als Mittler zwischen deutscher und französischer Kultur. Den Ausgangspunkt bildete der Vergleich der Kulturen, wie er aus intensiv erlebter Erfahrung und geistiger Auseinandersetzung in der Emigration erwuchs. V. begriff das Ganze der kulturellen Erscheinungen, Sprache, Religion, Philosophie, Literatur, Bildungseinrichtungen, von ihren inneren Voraussetzungen her. Sein Denken entzündete sich an dem, was er als Gegensatz zwischen der französischen und der deutschen Kultur auffaßte: den Gegensatz zwischen einem alles durchdringenden „Sensualismus" und einem die ganze Kultur in ihrer Tiefe prägenden Idealismus. Diese Sicht fand deutlichen Ausdruck in V.' Untersuchung über die Liebesthematik in deutscher und französischer Dichtung, „Sur la manière essentiellement différente dont les poètes français et les allemands traitent l'Amour" (1806), einer Arbeit, mit der gleichsam die komparatistische Betrachtungsweise in der Literaturwissenschaft begründet wurde. Das von V. gezeichnete idealisierte Deutschlandbild hat in der Vermittlung durch Madame de Staëls Deutschlandbuch in Frankreich eine anhaltende Wirkung ausgeübt, auch wenn er selbst als einer der Anreger fast ganz in Vergessenheit geriet. Für V. kam dem idealistischen Menschenbild und der seiner Meinung nach durch dieses geprägten deutschen Kultur eine tiefe Wahrheit zu. Diese wollte er den Franzosen, unabhängig von jeder nationalistischen Deutung, vermitteln. Idealismus bestimmte V.' persönlichen Charakter und sein Handeln. Er erlitt dabei aber auch das Schicksal, durch die Macht der geschichtlichen Ereignisse zwischen alle Fronten zu geraten.

Quellen: Briefe an Ch. de V. v. Benj. Constant, Görres, Goethe, Jac. Grimm, Guizot, F. H. Jacobi, Jean Paul, Klopstock, Schelling, Mad. de Staël, J. H. Voß und vielen Anderen. Ausw. aus d. handschr. Nachlasse d. Ch. de V., hrsg. v. M. Isler, Hbg. 1879. – Nachweise v. Briefen v. u. an V. b. Wittmer u. Sickermann-Bernard (s. Lit.). Dort auch Übersicht über d. V. betreffenden Arch.bestände u. a. in Göttingen u. Paris. – Lebensdaten d. Eltern aufgrund v. Dok.en im Familienarch. Herms, Weihenzell (Nachkommen v. Frédéric de V.).
Nachlaß: SUBH.
Werke: Verz. b. B. A., Saalfeld, Wittmer u. Sickermann-Bernard (alle s. Lit.). – Die Hauptwerke sind im Text genannt.
Literatur: Verz. b. Sickermann-Bernard, Crowley, Kern/Kern (s.u.). – ADB, 39, S. 708–714. – B. A., Ch. F. D. v. V., in: Zeitgenossen, 2, Lpz. u. Altenburg 1818, S. 52–75. – Saalfeld, Gesch. d. Univ. Göttingen 1788–1820, Göttingen 1820, S. 124–128. – Ph.-A. Stapher, Ch. de V., in: Biographie universelle, 49, Paris 1827, S. 69–82. – E. A. Bégin, V., Madame de Rodde et Madame de Staël, Metz 1839. – O. Ulrich, Ch. de V. Sein Leben u. seine Schrr. Mit V.' Lettre à Mademoiselle D. S. sur l'abus des grammaires dans l'étude du français, et sur la meilleure méthode d'apprendre cette langue, Lpz. 1899. – L. Wittmer, Ch. de V. 1765–1815. Un intermédiaire entre la France et l'Allemagne et un précurseur de Mme de Staël, Genf u. Paris 1908. – M. Sickermann-Bernard, Ch. de V. et l'Allemagne. Contribution à l'étude du préromantisme européen. Thèse Montpellier 1976 (Masch.; Kopie in d. Bibl. d. Seminars f. Romanische Philologie d. Univ. Göttingen). – R. A. Crowley, Ch. de V. Mediator and Comparatist, Bern 1978 (Stanford German Studies 14). – B. Kern/H. Kern, Madame Doctorin Schlözer. Ein Frauenleben in d. Widersprüchen d. Aufklärung, München 1988. – B. Kern u. a., Ch. de V. (1765–1815). Mittler zwischen dt. u. französischer Kultur. Drei Vorträge, Seminar f. Romanische Philologie d. Univ. Göttingen 1991.
Porträts: Litho v. Dupuy nach Zeichnung v. R. de Robert (Paris, Bibliothèque Nationale), Abb.: Kern/Kern (s. Lit.), S. 152. – Gemälde v. F. C. Gröger, 1809 (SUBH), Abb.: s. S. 410; danach Litho v. F. C. Gröger, Abb.: P. Vignau-Wilberg, Der Maler F. C. Gröger, Neumünster 1971, S. 223. – Kreidezeichnung v. F. C. Gröger (?), Abb.: L. v. Schlözer, Dorothea v. Schlözer. Ein dt. Frauenleben, Bln. u. Lpz. 1923, nach S. 248.

Hermann Krapoth

Johann Julius Walbaum
Gemälde von F. C. Gröger, 1802

WALBAUM, Johann Julius, geb. 30. 6. 1724 Wolfenbüttel, gest. 21. 8. 1799 Lübeck; ev. – Arzt, Naturforscher.

Eltern: Johann Conrad Walbaum, gest. 1737, Brauer in Wolfenbüttel; Hedwig Sophie geb. Holzhausen, aus einer Helmstedter Bürgerfamilie.

Ehefrau: 1.) Elisabeth Christina Münder geb. Ziegra, gest. 17. 10. 1770 Lübeck; verh. 1758 ebd. – 2.) Sophia Margaretha Reimers, gest. 27. 12. 1775 Lübeck; verh. 4. 2. 1774 ebd.; Tochter d. nachmaligen Bürgermeisters von Bergedorf Sebastian Reimers.

Kinder: aus 1.) 1 Sohn, 2 Töchter; aus 2.) 1 Tochter Magdalene Julia, geb. 1775, verh. 1797 mit d. Lübecker Arzt Nicolaus Heinrich Brehmer (1765–1822).

W. sollte nach dem Wunsch seines Vaters Kaufmann werden, mußte jedoch nach dessen frühem Tod die ererbte Brauerei gemeinsam mit seiner Mutter fortführen. In seiner Freizeit widmete er sich der Lektüre und der Gärtnerei, durch die er zur Botanik und insbesondere zur Kräuterkunde kam. Als Siebzehnjähriger entschloß er sich aufgrund dieser Neigung zum Studium der Medizin. Zunächst besuchte er vier Jahre die Lateinschule in Wolfenbüttel. 1745 bezog er die Universität Helmstedt, 1747 wechselte er nach Göttingen. Dort wurde er 1748 zum Doktor der Medizin promoviert. Sein größtes Interesse galt der Chirurgie. Von seinen Lehrern war der Arzt, Naturwissenschaftler und Schriftsteller Albrecht von Haller der wichtigste. Da sein Ziel, sich auf ausgedehnten Reisen fortzubilden, an den fehlenden finanziellen Mitteln scheiterte, ließ er sich 1749 in Lübeck nieder, wo ein Mangel an akademisch ausgebildeten Ärzten bestand.

Die freundliche Aufnahme, die er fand, bewog ihn zum Bleiben, auch als Haller ihn 1751 als Prosektor an das anatomische Theater in Göttingen berief.

W. wurde zum bedeutendsten Arzt in Lübeck in der zweiten Hälfte des 18. Jahrhunderts. Der Verbesserung des Hebammenwesens und des Apothekenwesens galt sein Augenmerk ebenso wie der Ausbildung der Wundärzte. Besondere Verdienste erwarb er sich in Theorie und Praxis der Geburtshilfe. So benutzte er 1758 erstmals bei geburtshilflichen Operationen Handschuhe, rund ein Jahrhundert vor der Durchsetzung steriler Operationshandschuhe. Wie andere Ärzte seiner Zeit war er ein engagierter Freund und Förderer der Aufklärung. Größten Wert legte er auf die Erziehung und Bildung seiner Kinder, auch seiner Dienstboten und nicht zuletzt seiner Mitbürger. An der Umwandlung der 1789 gegründeten Literarischen Gesellschaft in die Gesellschaft zur Beförderung gemeinnütziger Tätigkeit im Jahre 1793 war er maßgeblich beteiligt. Daß diese Vereinigung zum Mittelpunkt aller aufklärerischen Reformbestrebungen in Lübeck und zur Stätte umfassenden Gedanken- und Wissensaustausches der Aufklärer wurde, war auch und gerade ihm zu verdanken. Schwerpunkte seines gemeinnützigen Wirkens waren die Rettungsanstalt für im Wasser Verunglückte, die älteste Einrichtung der Gesellschaft (1791), und die Badeanstalten (1794). In seinen Vorlesungen vor der gemeinnützigen Gesellschaft behandelte er neben Themen aus seinen wissenschaftlichen Arbeitsgebieten auch praktische Verbesserungen in vielen Lebensbereichen, von Mitteln gegen feuchte Wände und energiesparenden Feuerstellen – W. erfand einen Sparofen – bis hin zu den Nachteilen üppiger nächtlicher Schmausereien. Neben jüngeren Männern wie Ludwig Suhl (s. d.), Christian Adolph Overbeck (s. d.) und Anton Diedrich Gütschow war W. der einflußreichste Träger der lübeckischen Aufklärung im ausgehenden 18. Jahrhundert. Die enge Verbindung des 1809 gegründeten Ärztlichen Vereins mit der Gesellschaft zur Beförderung gemeinnütziger Tätigkeit ist durch ihn vorbereitet worden.

Neben seiner Arztpraxis und seinem gemeinnützigen Engagement pflegte W. weiterhin seine wissenschaftlichen Interessen. Als Naturforscher widmete er sich vorwiegend der Kräuterkunde und der Zoologie. Seine Werke über Schildkröten, Fische und Vögel fanden in der Fachwelt Anerkennung. So wurde er 1782 zum Mitglied der Gesellschaft naturforschender Freunde zu Berlin, 1792 der Russisch-Kaiserlichen freien ökonomischen Gesellschaft zu St. Petersburg ernannt. Die „Ichthyologia" des schwedischen Gelehrten Peter Artedi wurde von ihm herausgegeben. Mit dem Berliner Arzt Dr. Marcus Elieser Bloch, einem Freund Moses Mendelssohns und angesehenen Naturwissenschaftler, dessen besonderes Interesse gleichfalls den Fischen galt, stand er in Verbindung. Für den Aufklärer W. ist kennzeichnend, daß er sein Wissen in zahlreichen Beiträgen für Zeitungen und Zeitschriften auch einem größeren Publikum vermittelte. Seine Sammlungen, die seine Erben der Gesellschaft zur Beförderung gemeinnütziger Tätigkeit übergaben, wurden der Grundstock des Naturhistorischen Museums in Lübeck. Die Vielseitigkeit ebenso wie die durch die humanitären Grundwerte und Reformanliegen der Aufklärung bestimmte Einheit seines Schaffens kommt in der Inschrift seines Grabsteines auf dem Dom-Innenhof zum Ausdruck: „Verdienter Arzt – Emsiger Naturforscher – Gemeinnütziger Bürger".

Quellen: AHL: Arch. d. Ges. zur Beförderung gemeinnütziger Tätigkeit, insbes. 19, Vorträge u. Vorlesungen, 1 u. 2 (12 Vorträge aus d. Jahren 1789 bis 1798; 1 nur z. T. erhalten, 7 verloren. Vgl. dazu Verz. d. Vorträge u. Vorlesungen, gehalten in d. Versammlungen d. Ges. zur Beförderung gemeinnütziger Thätigkeit vom Jahre 1789 bis Ostern 1889, Lübeck 1889, S. 3–16). – Das Ms. Adversaria historiae naturalis impolita, 7 Bde., gehört zu d. Kriegsverlusten d. Stadtbibl. Lübeck. – Chr. A. Overbeck, Zur neuesten Culturgesch. Lübecks, in: Hanseatisches Magazin 1 (1799), S. 181–227, bes. 200 f., 219. – Gedanken beym Grabe meines Wohlthäters d. Herrn Doctor W., in: Lübeckische Anzeigen vom 24. 8. 1799. – N. H. Brehmer, Dem Andenken eines geschätzten Arztes D. J. J. W. gewidmet von seinem Schwiegersohne, Lübeck 1799 (Nachdr. in: F. Schlichtegroll, Nekrolog auf d. Jahr 1799, Bd. 2, Gotha 1805, S. 26–29).

Werke: Verz. in: J. K. Ph. Elwert, Nachr. von d. Leben u. d. Schrr. jetzt lebender Teutscher Aerzte, Wundärzte, Thierärzte, Apotheker u. Naturforscher, 1, Hildesheim 1799, S. 633–643; J. G. Meusel, Lex. d. vom Jahr 1750 bis 1800 verstorbenen teutschen Schriftsteller, 14, Lpz. 1815 (Neudr. Hildesheim 1968), S. 341–345. – Ausw. bei A. Klick, Bibliogr. zur Medizinalgesch. Lübecks, Neumünster 1967 (Kieler Beitrr. zur Gesch. d. Med. u. Pharmazie 4). – Kurzgefaßte Gedanken von d. verderbten Zustande d. Hebammen u. dessen Verbesserung, Lübeck 1752. – Herrn Levret's Wahrnehmungen von d. Ursachen u. Zufällen vieler schwerer Geburten, 2 Bde., Lübeck u. Altona 1758/1761. – Verzeichniß einer vollständigen Apotheke, 2 Bde, Leipzig 1767/1769. – Die Beschwerlichkeit d. Geburtshülfe, aus Beyspielen erwiesen, Bützow 1769. – Chelonographia, oder Beschreibung einiger Schildkröten, nach natürlichen Urbildern verfertigt, Lübeck 1782. – [Hrsg. v. P. Artedi,] Ichthyologia, 3 Bde., Greifswald 1788–1792. – Beitrr. u. a. in: Lübeckische Anzeigen, Hannöverisches Magazin, Schrr. d. Berliner Ges. naturforschender Freunde.

Literatur: H. Chr. Zietz, Ansichten d. Freien Hansestadt Lübeck u. ihrer Umgebungen, Frankfurt a. M. 1822 (Neudr. Lübeck 1978), S. 293 f., 301, 304, 322, 356. – B. H. v. d. Hude, Gesch. d. Ges. zur Beförderung gemeinnütziger Thätigkeit in Lübeck seit ihrer Stiftung im Jahre 1789, bis zum Jahre 1824, Lübeck 1825, S. 5 f., 12, 17 f., 39. – L. Heller, Gesch. d. Lübeckischen Ges. zur Beförderung gemeinnütziger Thätigkeit während d. ersten funfzig Jahre ihres Bestehens, ebd. 1839, S. 5 f., 43 ff., 78. – A. Hach, Die Ges. zur Beförderung gemeinnütziger Thätigkeit während d. ersten hundert Jahre ihres Bestehens 1789 bis 1888. Festschr. zur Säkularfeier, ebd. 1889, S. 2 f., 54 f., 67, 98. – Dr. med. J. J. W., in: VBl 1900, Sp. 4–6. – Unser Museum, in: ebd., Sp. 9–10.– H. Lenz, Die Sammlungen d. Ges. zur Beförderung gemeinnütziger Thätigkeit. Begründung u. Entwicklung derselben im ersten Jh. ihres Bestehens 1800–1900, in: Das Museum zu Lübeck. Festschr. zur Erinnerung an d. 100jährige Bestehen d. Sammlungen d. Ges. zur Beförderung gemeinnütziger Thätigkeit. 1800–1900, Lübeck 1900, S. 1–76, bes. 3 ff. – H. Stodte, Festschr. zur 150-Jahr-Feier d. Ges. zur Beförderung gemeinnütziger Tätigkeit zu Lübeck. Begr. 1789, ebd. 1939, S. 7 ff. – F. v. Rohden, Von alten Lübecker Ärzten, in: Wagen 1960, S. 83–100, bes. 83 f. – G. Behrens, 175 Jahre gemeinnütziges Wirken. Ges. zur Beförderung gemeinnütziger Tätigkeit. Gegr. 1789, Lübeck 1964, S. 31 f., 35, 52. – A. v. Brandt, Das Lübecker Bürgertum zur Zeit d. Gründung d. „Gemeinnützigen". Menschen, Ideen u. soziale Verhältnisse, in: Wagen 1966, S. 18–33, bes. 28 f. – N. Weppelmann, Unters. zur Entwicklung d. berufsbildenden Schulwesens dargestellt am Wirken d. Ges. zur Beförderung gemeinnütziger Tätigkeit in Lübeck im 18. u. 19. Jh., Diss. Hbg. 1971, S. 54 f., 154, 315.

Porträt: Ölgemälde v. F. C. Gröger, 1802, nach einem Medaillonbildnis (im Besitz d. Ges. zur Beförderung gemeinnütziger Tätigkeit in Lübeck); Abb. s. S. 412; Erl. b. P. Vignau-Wilberg, Der Maler Friedrich Carl Gröger, Neumünster 1971, S. 63.

Franklin Kopitzsch

WEHRMANN, Carl Friedrich, geb. 30. 1. 1809 Lübeck, gest. 11. 9. 1898 ebd.;
ev. – Staatsarchivar.

Eltern: Heinrich Andreas Carl Wehrmann, geb. 15. 12. 1772 Lübeck, gest. 28. 4.
1819 ebd., Lehrer am Katharineum; Susanna Margaretha geb. Masch, geb. 13. 4.
1786 Lübeck, gest. 1. 11. 1874 ebd.; Tochter d. Kaufmanns Samuel Friedrich
Masch.

Ehefrau: Luise Henriette Dorothea Gläser, geb. 21. 6. 1814 Lübeck, gest. 4. 3. 1875
ebd.; verh. 26. 7. 1839 ebd.; Tochter d. Lehrers August Michael Gläser.

Kinder: 2 Töchter, 2 Söhne.

Nach dem Besuch des Lübecker Katharineums und dem Erwerb des Reife-
zeugnisses 1827 bezog W. zum WS 1827/28 die Univ. Jena und studierte dort
fünf Semester Theologie, aber auch Geschichte und Philosophie. Im SS 1830 begab er sich für zwei Semester nach Berlin, wo er vor allem Friedrich Schleiermacher hörte. Nach Beendigung seiner Studien wurde er 1831 Lehrer am privaten
Erziehungsinstitut des Arztes und Sprachforschers Carl Ferdinand Becker in Of-
fenbach/Main. Schon in Jena war er zur deutschen Burschenschaft gestoßen –
ein Zeichen für sein politisches Bewußtsein, das ihn später auch die demokratische Aufbruchstimmung in seiner Heimatstadt mitempfinden ließ. Wegen even-
tueller Mitwisserschaft an dem Sturm auf die Frankfurter Hauptwache am 4. 3.
1833 folgte in Lübeck ein gerichtliches Nachspiel, das aber für W. mit einer Geld-
strafe glimpflich abgeschlossen wurde.

Am 24. 10. 1833 bestand W. in Lübeck das theologische Examen und wurde
unter die Kandidaten des Geistlichen Ministeriums aufgenommen. Er entschied
sich für das Lehrfach und übernahm eine Stelle in der 1804 gegründeten Ernestinenschule (Lehranstalt für die weibliche Jugend); seit 1834 war er Hauptlehrer
und Schulleiter. Dabei war es selbstverständlich, daß er von den liberalen Zeit-
strömungen im kleinen Staatswesen Lübeck berührt wurde, die unter dem Namen „Jung-Lübeck" zusammengefaßt werden. Außer den Brüdern Ernst, Georg
und Theodor Curtius (s. d.), E. Geibel (s. d.), Ernst Deecke, Wilhelm Mantels (s.
d.) u. a. gehörten W.s frühere Schulkameraden Heinrich Thöl und Wilhelm v.
Bippen (s. d.) zu diesem Kreis. Er beteiligte sich mit ihnen an der Herausgabe der
„Neuen Lübeckischen Blätter", eines Periodikums der Gesellschaft zur Beförderung gemeinnütziger Tätigkeit, das einerseits zur kulturell-literarischen Aufklärung des Leserpublikums dienen sollte, andererseits aber auch Mißstände im
Staat anprangerte. 1845 trat er zusammen mit seinem Freund Mantels in den
Verein für Lübeckische Geschichte und Altertumskunde ein, der damals nur erst
einen kleinen Kreis von Fachleuten umfaßte, die selbst in der Geschichtsforschung tätig waren.

1854 gab W. gern sein Lehramt auf, um der Berufung in das Amt des Lübecker
Staatsarchivars zum 22. 7. 1854 zu folgen, auch wenn er noch zwanzig Jahre lang
im Vorstand der Ernestinenschule wirkte. Seit 1569 war die Verwaltung des Archivs einem der drei Ratssekretäre im Auftrage eines senatorischen Archivherrn
übertragen gewesen. Die Zunahme der Amtspflichten des Ratssekretärs und
wohl auch das sich seit dem Anfang des Jahrhunderts durchsetzende Bewußtsein von der Bedeutung des Lübecker Archivmaterials für die deutsche und

nordeuropäische Geschichtsforschung hatten dazu geführt, daß der Senat 1854 das Amt eines Staatsarchivars einrichtete, der von Fall zu Fall allerdings auch noch Aufgaben eines Ratssekretärs (Protokollführung in Senatssitzungen, Anfertigung von Gutachten, Zusammenstellung des Staatskalenders) zu übernehmen hatte. Mit der Einrichtung dieses Amtes wurde die Funktion des Lübecker Archivs als geschichtswissenschaftliche Anstalt für die Zukunft verankert.

Als Hauptaufgabe nahm W. die Ordnung der mehr als 20 000 Stück umfassenden Urkunden in Angriff, die bis dahin lediglich in einer Ordnung von der Mitte des 18. Jh. durch den Dompropsten J. C. H. Dreyer (s. SHBL, 5, S. 76) vorlagen, der sich auf die politisch wichtigen Stücke konzentriert und Privaturkunden nur am Rande betrachtet hatte. Nicht nur zeugen die sechs Bände des Urkundenrepertoriums, die heute noch als Grundlage der Auskunftserteilung und Forschung im Lübecker Archiv dienen, vom Wirken des Staatsarchivars, W. investierte auch ein Großteil seiner Arbeitskraft in die Vorbereitung der Urkunden zur Veröffentlichung im Lübecker Urkundenbuch. Hatte er schon an dessen ersten drei Bänden mitgewirkt, so ging die Herausgeberschaft von Band 4 an ganz auf ihn über; auch Band 10 konnte er noch für den Druck vorbereiten, so daß er insgesamt sieben von den zwölf Bänden des monumentalen Werks selbst bearbeitet hat, und zwar Band 6 bis 10 nach seinem 70. Lebensjahr. Seine profunde Kenntnis des Lübecker Urkunden- und Aktenbestandes befähigte ihn auch, nachhaltig bei der Bearbeitung des Hansischen Urkundenbuches und der Hanserezesse mitzuhelfen.

Stand die Beschäftigung mit den Urkunden bei W. eindeutig im Mittelpunkt, so wandte er sein Interesse auch dem umfangreichen Bestand des Alten Senatsarchivs zu, allerdings in einer heute nicht mehr befriedigenden Form. Die Senatsaktenbestände bildeten den breiten Strom der Lübecker Überlieferung, wogegen Deputationen und kleinere Behörden, wenn auch verwaltungsgeschichtlich als eigene Provenienz anzusehen, doch durch die häufige personelle Verquickung des verantwortlichen Senators bzw. auch des leitenden Beamten mit den Verwaltungsaufgaben anderer Bereiche gewissermaßen nur Rumpfbestände darstellten; daher ist es verständlich, daß W. die Ordnung der Senatsakten als zentrale Aufgabe betrachtete, die schriftliche Überlieferung anderer Institutionen in sie eingearbeitet und dabei von ihm als Doppelüberlieferung empfundenes Schriftgut kassiert hat, wodurch heute schmerzlich empfundene Lücken gerissen und aussagekräftige Zusammenhänge irreparabel zerstört sind. Der methodische Mißgriff ist aber auch darauf zurückzuführen, daß die Archivwissenschaft zu W.s Zeit noch nicht auf den Grundsatz des Provenienzprinzips festgelegt war. Die Protokolle der unteren Verwaltungsebene vernichtete W. glücklicherweise nicht, sondern ordnete sie dem archivischen Handschriftenbestand zu.

Seine Arbeit im Archiv beschränkte sich jedoch nicht nur auf die öffentlichkeitsferne Tätigkeit in Trese (Urkundenarchiv in der Marienkirche) oder Registratur (Kanzleigebäude) – erst 1879 konnte W. mit dem Aktenbestand in das freigewordene Gebäude des Oberappellationsgerichts umziehen –, W. hat seine Forschungsergebnisse durch Vorträge und Aufsätze auch der Öffentlichkeit zur

Kenntnis gebracht. Es ging dabei nicht nur um mittelalterliche Themen, sondern auch um recht aktuelle politische, wie z. B. das von Dänemark (bzw. dem Ministerium für Holstein in Kopenhagen) lange verhinderte Projekt einer Verbindung Lübecks mit dem entstehenden Eisenbahnnetz Deutschlands. Seine wissenschaftlichen Beiträge reichen thematisch von den Handwerkerkorporationen – W.s Edition der Rollen der Handwerksämter ist bis heute noch nicht überholt und ausgeschöpft – über kirchengeschichtlich-kunstgeschichtliche Fragen bis hin zu kulturhistorischen Darstellungen und verfassungs- und verwaltungsgeschichtlichen Problemen. W. gehörte von Anfang an zum Vorstand des 1871 gegründeten Hansischen Geschichtsvereins, und so spielten auch hansische Themen in seinen Forschungsarbeiten eine Rolle. Er blieb bis zu seinem Lebensende einer der Hauptautoren der 1855 gegründeten Zeitschrift des Vereins für Lübeckische Geschichte und Altertumskunde. Hatte C. J. Milde (s. d.) mit Unterstützung des Archivs schon Heft 1 bis 9 des grundlegenden Werks „Siegel des Mittelalters aus den Archiven der Stadt Lübeck" herausgegeben, so mußte nach seinem Tod Heft 10 mit den Bürgersiegeln von W. allein bearbeitet werden. Bis ins 83. Lebensjahr hatte W. das Amt des Staatsarchivars inne, nur von 1880 bis 1885 war ihm zeitweise eine archivische Hilfskraft beigegeben. Erst am 31. 3. 1892 trat W. in den Ruhestand.

Hatte W. schon vor seiner archivarischen Tätigkeit seine Arbeitskraft in den Dienst der Gesellschaft zur Beförderung gemeinnütziger Tätigkeit gestellt (1836 bis 1845 Vorsteher der Kunst- und Naturaliensammlung, 1839 bis 1845 Vorsteher der Gesellschaftsbibliothek), so wandte er ihr auch noch späterhin sein Interesse und seine Kenntnisse zu, da er von 1838 bis 1861 dem in ihrem Rahmen entstandenen Verein für Lübeckische Statistik angehörte. Schon früh (1827) war W. der Freimaurerloge Zur Weltkugel beigetreten. Von 1867 bis 1889 war er Meister vom Stuhl. Während dieser Zeit nahm die Loge einen auffälligen Aufschwung; Ehrenmitgliedschaften anderer Lübecker und auswärtiger Logen honorierten dies. 1887 wurde auch eine Wehrmann-Stiftung der Loge gegründet.

W. hatte sich schon in seiner Jugend mit dem liberal-revolutionären Gedankengut der deutschen Erhebung beschäftigt, und dieser geistige Hintergrund ist ihm zeit seines Lebens erhalten geblieben, sah er doch Lübeck, historisch ganz individuell geformt, gerade deshalb als einen wichtigen Baustein eines Deutschen Reiches. Auf diesen übergeordneten Gedankengang führte ihn die Beschäftigung mit der Lübeckischen Geschichte hin, bei der er nach deren „eigenthümlichem Charakter" fragte, um „das Hervorgehen des gegenwärtigen Zustandes aus früheren Zuständen und Bestrebungen" deutlich zu machen. Daß er dabei zugleich in archivischem Sinne eine erste Schneise in den bis dahin noch nicht geschichtswissenschaftlich erschlossenen Bestand der Lübecker Urkunden- und Aktenüberlieferungen geschlagen hat, wird sein Verdienst bleiben. – Dr. jur. h.c. der Univ. Göttingen, 1881. – Dr. phil. h.c. der Univ. Rostock, 1889. – Kgl. schwedischer Nordsternorden, 1888. – Goldene Denkmünze der Gesellschaft zur Beförderung gemeinnütziger Tätigkeit, 1879. – Medaille Bene Merenti (Lübeck) in Gold, 1889.

Quellen: AHL: Neues Senatsarch. III 7/2 b; Nachlaß Wehrmann.

Werke: Verz. in: ZLGA 8 (1900), S. 212–216. – *Hervorzuheben:* Die älteren Lübeckischen Zunftrollen, Lübeck 1864, 2. Aufl. ebd. 1872. – Die Verpfändung Kiels an Lübeck im Jahre 1469, in: ZLGA 2 (1867), S. 38–74. – Der Lübeckische Rathsweinkeller, in: ebd., S. 75–128. – Mitt. über d. ehemalige Lübeckische Domkapitel, in: ebd. 3 (1876), S. 11–19. – Das Lübek-ker Arch., in: ebd., S. 349–406. – Der Aufstand in Lübeck bis zur Rückkehr des alten Raths 1408–1416, in: HG 1878, S. 103–156. – Gesch. d. Sklavenkasse, in: ZLGA 4 (1884), S. 158–193. – Die Entstehung u. Entwicklung d. Eisenbahnverbindungen Lübecks, in: ebd. 5 (1888), S. 26–116. – Das Lübeckische Patriziat, in: ebd. S. 293–392. – Der Memorienkal. d. Marien-kirche in Lübeck, in: ebd. 6 (1897), S. 49–160. – Die Lübeckischen Landgüter I, in: ebd. 7 (1898), S. 151–236. – C.F.W. (Bearb.), UBStL, Bd. 4–10, Lübeck 1873–1898.

Literatur: Th. Hach, C.F.W., in: LBl 1898, S. 520–522, 533–535, 557 f. – K. Koppmann, C.F.W. zum Gedächtnis, in: HG 1898, S. 38. – J. Sass, C.F.W. (1809–1898), in: BJb 3 (1899), S. 336 f. – M. Hoffmann, Zum Gedächtnis C.F.W.s, in: ZLGA 8 (1900), S. 201–216. – A. Ha-gedorn, Zur Erinnerung an C.F.W., in: ZHG 11 (1903), S. 110. – A. Kemper, Gesch. d. Loge Zur Weltkugel in Lübeck 1779–1929, Lübeck 1929, S. 89–114. – A. v. Brandt, Das Lübecker Archiv in d. letzten hundert Jahren, in: ZLGA 33 (1952), S. 33–80, bes. 40 u. 45–47. – H.-B. Spies, Die hauptamtlichen wiss. Beamten d. Lübecker Archivs, in: A. Graßmann (Hrsg.), Das AHL, Lübeck 1981 (Senat d. Hansestadt Lübeck, Amt f. Kultur, Veröff. 16), S. 10–17, bes. 10.

Porträts: Foto im AHL, Abb.: Spies (s. Lit.), S. 13. – Gemälde in d. Loge Zur Weltkugel, Lübeck, Abb.: Kemper (s. Lit.), S. 89. – Büste, ebd. – Foto b. Koppmann (s. Lit.)

Antjekathrin Graßmann

WICKEDE, Friedrich Bernhard von, geb. 31. 12. 1748 Lübeck, gest. 24.(nicht 25.) 11. 1825 Kopenhagen; ev. – Pädagoge, Silhouetteur.

Eltern: Bernhard von Wickede, geb. 14. 6. 1705 Tolkschuby, Angeln, gest. 3. 12. 1776 Lübeck, Bürgermeister; Angelica Gertrud geb. Grube, gest. 21. 11. 1801, Tochter d. Kaufmanns Johann Heinrich Grube in Lübeck.

Ehefrau: 1.) Magdalena *Augusta* Dorothea Vanselow, geb. 3. 11. 1751, gest. 7. 11. 1786 Lübeck; verh. 10. 5. 1774 ebd. – 2.) Margrethe Elisabeth Hake, geb. 12. 2. 1754, gest. 1. 4. 1800 Antvorskov, Seeland; verh. 18. 11. 1787 Berlin; Tochter d. Pa-stors im Burgkloster in Lübeck, Johann Hake (1717–1793); in 1. Ehe verh. m. d. Pfarrer d. deutschen Gemeinde in Stockholm, Carl Christian Noodt (1745–1780); 1782 in 2. Ehe verh. m. Johann Balthasar Dehnke/Denecke, (1742–1784), Kauf-mann in Stockholm.

Kinder: aus 1.) 7 Töchter, 1 Sohn Friedrich Bernhard August (1774–1822), dän. Of-fizier u. Regierungsrat in Frederiksnagore, Trankebar; aus 2.) 1 Tochter, 2 Söhne, darunter Johann Wilhelm geb. 30. 8. 1788, gest. 4. 3. 1881, dänischer Oberst u. Kammerherr, der letzte männliche Sproß der dänischen Linie.

W. war einziger Sohn des hochgeachteten Lübecker Bürgermeisters Bernhard von Wickede, von dem er bis zum zwölften Lebensjahr unterrichtet wurde. Nach dem Besuch des Katharineums ging W. Ostern 1766 zunächst an die Univ. Ro-stock, dann zur Univ. Jena, von der er aber schon 1768 wieder nach Lübeck zu-rückkehrte. Dort wurde er als Zirkelherr in die Zirkelgesellschaft aufgenommen; nach dem Tode seines Vaters wurde er deren eigentliche Seele. Er setzte seinen

Ehrgeiz daran, diese Gesellschaft von Lübecker Patriziern wieder auf die alte Höhe ihrer seit dem 17. Jahrhundert abgesunkenen Bedeutung zurückzuführen. Diesem Bemühen entsprach der Umbau des alten Gesellschaftshauses in der Königstraße, den W. 1777/78 durchführen ließ, um der Gesellschaft einen repräsentativen Rahmen zu geben. Die Kosten des Umbaus zehrten nicht nur das Gesellschaftskapital, sondern auch W.s eigenes Vermögen auf, so daß Hypotheken aufgenommen werden mußten. Schließlich wurde es notwendig, das Haus zu vermieten, um die Schuldenlast tilgen zu können. W. wurde selbst Mieter des Hauses und gründete hier eine Erziehungsanstalt für junge Leute nach dem Vorbild des „Philanthropinum", das der Pädagoge Johann Bernhard Basedow (s. SHBL, 4, S. 14) 1774 als Musterschule in Dessau eingerichtet hatte. Dort sollten die Kinder zu einem gemeinnützigen, patriotischen und „glückseligen" Leben befähigt werden. An W.s Schule wurde im sogenannten Kursussystem unterrichtet: neben den Elementarfächern wurden Erdbeschreibung, Geschichte, Naturgeschichte, Mathematik, Physik und neuere Sprachen gelehrt, daneben auch Tanzen und Zeichnen. Für den handwerklichen Unterricht stand eine Drechslerwerkstatt zur Verfügung, und auch für militärische Übungen gab es Einrichtungen. Lehrer und Schüler trugen einheitliche Kleidung. Um Geld zu beschaffen, unternahm W. 1780/81 ausgedehnte Reisen nach Kopenhagen und Mecklenburg. In Kopenhagen hielt er sich etwa ein Jahr auf. Er hatte eine von dem letzten Grafen von Holstein, Adolf VIII. (gest. 1459), an drei Lübecker Ratsherren ausgestellte Schuld- und Pfandverschreibung von 1454 käuflich erworben und forderte nun vom König die Bezahlung des Kapitals und der seit dem Jahr 1500 rückständigen Zinsen und Zinseszinsen. Offenbar hoffte er, durch diese Forderung eine Anstellung zu bekommen, denn anschließend reichte er ein Gesuch um Verleihung des dänischen Indigenatsrechts ein. Die Gültigkeit der Schuldverschreibung wurde jedoch nicht anerkannt, und auch das Indigenat erhielt er vorerst nicht; der König versprach aber, ihn auf andere Weise zu unterstützen. W.s finanzielle Lage wurde immer bedenklicher, und 1789 mußte er Konkurs anmelden. Er erwog andere Möglichkeiten, seine pädagogische Arbeit fortzusetzen, z. B. nach Livland zu gehen, zog es jedoch vor, in der Nähe zu bleiben, und wollte am liebsten nach Kopenhagen ziehen, von wo er jedoch weder eine Aufforderung noch irgendeine Unterstützung erhielt. Er verlegte dann seine Erziehungsanstalt nach Plön, wo er sie in kleinerem Rahmen fortzuführen versuchte. Im Jahre 1794 bemühte er sich erneut um das dänische Indigenatsrecht. Sein Gesuch wurde von den Behörden befürwortet, die vor allem den wirtschaftlichen Nutzen seiner Anstalt betonten und darauf hinwiesen, daß W. in der Zeit von 1790 bis 1794 in Plön 16 junge Leute in der Schule gehabt habe, welche mehr als 10 000 Reichstaler fremdes Geld im Lande in Umlauf gebracht hätten; er selbst habe aus eigenen Mitteln 7 500 Mark zuschießen müssen. Das Gesuch wurde diesmal bewilligt.

Trotz dieser Förderung hatte auch seine Erziehungsanstalt in Plön keinen Bestand. Seine Beziehungen zu den deutschen Kreisen in Kopenhagen, vor allem zu dem aus Lübeck stammenden Pastor Balthasar Münter, mit dem er während seines Kopenhagener Aufenthalts 1780/81 Umgang gehabt und später die Verbindung aufrecht erhalten hatte, ermöglichten es ihm, sich 1800 in Dänemark niederzulassen. Er war zunächst Gutsinspektor auf Antvorskov, das dem Etatsrat Constantin Brun, Münters Schwiegersohn, gehörte. Nach einigen Jahren ging er nach Slagelse, wo er sich nach dem Tod seiner zweiten Frau der Erziehung seiner elf Kinder widmete und gleichzeitig versuchte, durch pädagogische Tätigkeit seinen Lebensunterhalt zu verdienen. Als er bei einem Konkurs in Stockholm den Rest seines Vermögens verloren hatte, wandte er sich 1803 wiederum an den König mit der Bitte um Wartegeld für den Unterhalt seiner großen Familie, bis er eine Anstellung im Dienst des Königs erhalten habe. Es wurden ihm einmalig 200 Reichstaler bewilligt, seine vielen Bewerbungen um eine Anstellung blieben jedoch erfolglos. 1812 zog er nach Kopenhagen, wurde dort in die Freimaurerloge Zorobabel aufgenommen und verbrachte seine letzten Jahre angeblich als Literat.

Nicht in seiner beruflichen Tätigkeit als Pädagoge hat W. Bleibendes geschaffen, sondern in der Kunst des Silhouettenschneidens, die er als ein Dilettant betrieb. Er war mit ihr während seiner Studienzeit in Jena in Berührung gekommen. Aus dieser Zeit stammen die ältesten Schattenrisse in seinem umfangreichen Stammbuch, das ca. 70 Silhouetten aus der Zeit zwischen 1767 und 1794 enthält. W. silhouettierte besonders viel während seines ersten Aufenthaltes in Kopenhagen (1780–1781), vor allem die Köpfe der bekannten deutschstämmigen Familien der Stadt. Die Schattenrisse sind zum größten Teil in einem Album (im Besitz des Reventlow-Museums in Pederstrup, Lolland) erhalten, in dem die hervorragendsten Vertreter des Kopenhagener Geisteslebens gesammelt sind und das damit ein charakteristisches Zeugnis der geselligen Kultur in der Bernstorff-Zeit darstellt. Die Dichterin Friederike Brun, geb. Münter, die vertraute Freundschaft mit der viel älteren Frau Augusta W. pflegte, besaß ein Album mit 62 Porträtsilhouetten, die W. geschnitten hatte; eine geringere Anzahl ist auch im Album ihres Bruders, des Kirchenhistorikers Friedrich Münter, erhalten. W. erwarb sich in Kopenhagen rasch einen Ruf für besondere Kunstfertigkeit, nachdem er den auf dem Totenbett liegenden Dichter Johannes Ewald silhouettiert hatte. Seine Schattenrisse sind, im Gegensatz zur sonst üblichen Praxis, aus freier Hand geschnitten und zeichnen sich durch eine einfühlsame Linienführung aus.

Quellen: RAK: Finanskollegiet, Sekr. J. Nr. 1465, 1926 u. 2381/1803, 1713/1806; Danske Kancelli A. 136 b (Gesuche 1780–1781), A. 134 (Indigenatsrecht 26. 9. 1794, anliegend „Plan und Methode der Erziehungs-Anstalt in Plön", o. J., 20 S.). – Mus. f. Kunsthandwerk, Frankfurt a. M.: L. St. 218 (Stammbuch). – Briefe an F. Münter: KB, NKS 1698 XV, 2, an Friederike Brun: RAK, Personarkiv Nr. 5225. – Stammbucheintragungen: Jena 20. 7. 1761 (mit eigenhändiger Zeichnung) an J. B. Berg, Mus. f. Kunsthandwerk, Frankfurt a. M., L. St. 305, S. 96 f.; Kop. 23. 9. 1780 an F. Münter, KB, NKS 605, 8⁰, S. 125. – F. Brun, Wahrheit aus Morgenträumen, Aarau 1824, S. 155 f. – K. L. Rahbek, Erindringer af mit Liv, Kop. 1824, S. 366.

Werke: Verz. d. Schrr. b. Kordes (s. Lit.), S. 385. – Abb. v. Silhouetten b. Bobé, Efterladte Papirer, Langguth, Thorlacius-Ussing, Nygaard, Ochsner u. Schlee (s. Lit.).

Literatur: Kordes, S. 385. – V. v. Wickede, Gesch. d. altadligen Geschlechts v. Wickede, bearb. v. H. v. Wickede, Rostock 1900, S. 77. – L. Bobé, Bidrag til Johannes Ewalds Levned, in: Tilskueren 18 (1901), S. 227–247, bes. S. 230 f. – Ders., Efterladte Papirer fra den Reventlowske Familiekreds 4, 1900, S. 324 f.; 8, 1917, S. 144 f., 423 f.; 9, 1922, nach S. 32; Tilføjelser,

1917, S. 141–143. – Ders., Berlingske Tidendes Silhouet Udstilling 1931, S. 12 (KB). – W. Brehmer, Verz. d. Mitglieder d. Zirkelkompagnie, in: ZLGA 5 (1888), S. 393–454, bes. S. 444. – K.-F. Wehrmann, Das Lübeckische Patriziat, in: ebd., S. 293–392, bes. 367 f. – A. Langguth, Christian Hieronymus Esmarch u. d. Göttinger Dichterbund, Bln. 1909, bes. S. 166 f., 176–187. – G. Nygaard, Ewald-Portrætter, in: Fra Arkiv og Museum, Serie 2, Bd. 1 (1918), S. 185–209, bes. 191 f.,202, 207. – M. Gräfin Lanckorónska, Stammbücher um Lessing, in: Z. d. Bücherfreunde, N. F. 21 (1929), S. 29–31. – V. Thorlacius-Ussing, Reventlow-Museet Pederstrup, in: Kunstmuseets Aarsskrift, 1943, S. 1–46, bes. 34, 44–46. (In Bezug auf W. damit identisch: Ders., Reventlow-Museet Pederstrup [Kop. 1971], S. 205 f., 232–34.) – Weilbach 3, S. 509. – B. Ochsner, Om nogle tidlige danske Silhouetter, in: Fund og Forskning 1 (1954), S. 87–110, bes. 89–92. – E. Schlee, Schl.-holst. Silhouetten, in: Kunst in Schl.-Holst., 1959, S. 92–127, bes. 100–102,107. – Chr. Pieske, Aus d. Arbeit d. Silhouetteure in Lübeck, in: ZLGA 44 (1964), S. 59–83, bes. 64–67.
Porträts: Silhouetten in W.s eigenem Stammbuch (s. Qu.) u. in F. Bruns Silhouettenalbum (RAK), Abb.: Ochsner (s. Lit.).

Vello Helk

WITTENBORG, Johann, geb. zwischen 1320 u. 1325 Lübeck, hingerichtet zwischen 15. 8. u. 21. 9. 1363 ebd. – Kaufmann, Ratsherr, Bürgermeister.

Eltern: Hermann Wittenborg maior, gest. nach d. 14. 6. 1337 Lübeck, Kaufmann; Margarethe geb. Grope.
Ehefrau: Elisabeth, gest. nach 1370; verh. 1345 Lübeck; Tochter d. Ratsherrn Arnold von Bardewik.
Kinder: 2 Söhne, 4 Töchter.

Ob W. aus einer in Lübeck bereits länger ansässigen Familie stammt, wie bisher angenommen wurde, muß offen bleiben. Seine Vorfahren lassen sich über seinen Vater Hermann hinaus nicht weiter verfolgen.

Über W.s Jugend ist wenig bekannt. Nach dem Tode seines Vaters, eines Fernhändlers, im Jahre 1337 hat er sich einige Zeit – wohl zwischen 1339 und 1343 – in Flandern aufgehalten. Nach Ausweis seines Handlungsbuches ist er um 1348 in England gewesen, zeitweise zusammen mit Brun Warendorp, seinem erfolgreichen Nachfolger als Bürgermeister und Flottenführer. Eine Reise über See mit nicht genanntem Ziel 1354 und eine (Wall-)Fahrt nach Aachen im Jahre 1356, die vermutlich weiter nach Brügge führte, folgten.

Am 1. 9. 1345 war er bereits verheiratet. Seine Frau hat vermutlich nur mobiles Vermögen mit in die Ehe gebracht; Umschreibungen von Immobilien „in dotalicium" (als Brautschatz) auf W.s Namen sind nicht überliefert. Da die wirtschaftlichen Verhältnisse dieses Zweiges der Bardewik nicht die besten waren, haben wir hier evtl. den typischen Fall der Einheirat eines (reichen) „homo novus" in eine (wirtschaftlich bedrängte) altangesehene Ratsfamilie vor uns.

Über die Vermögenslage und die Handelsgeschäfte W.s sind wir dank seines Handlungsbuches außergewöhnlich gut unterrichtet. Von seinem Vater angelegt, umfaßt es für W. selbst die Jahre von 1346 bis 1359. Sein Handel erstreckte sich auf der hansischen Ost-Westroute zwischen Preußen, Livland, Rußland und

Flandern, England mit Lübeck als Zentrum. Dort wurden die Waren jeweils verkauft, so daß Ost- und Westgeschäfte klar voneinander getrennt blieben. Haupthandelsartikel waren Tuche aus dem Westen, Malz, Gerste sowie Pelze aus dem
Norden und Osten. Der Gesamtumfang seiner Geschäfte läßt sich nicht annähernd abschätzen, da die Eintragungen des Handlungsbuches sich nur auf den
Kreditverkehr beziehen. Dieser belief sich allein in den Jahren 1357 und 1358 nur
für Tuche, Getreide, Malz, Pelzwerk und Wachs auf 6776 Mark Lübisch. Die
Gewinne seiner Handelsgeschäfte legte W. in Immobilien, d.h. Häusern (Grundstücken) und Renten innerhalb und außerhalb der Stadt an. Am Ende seines Lebens besaß er fünf Häuser in Lübeck, die erst lange nach seinem Tod von seinen
Hinterbliebenen veräußert wurden.

Sein wirtschaftlicher Erfolg verschaffte ihm Eingang in die politische Führungsschicht der Stadt. Vermutlich im Jahre 1350 wurde W. wahrscheinlich für
seinen verstorbenen Schwiegervater Arnold von Bardewik und begünstigt
durch die von der Pest gerissenen Lücken in den Rat gewählt. 1353 nahm er zusammen mit Johann Woltvogel von Herzog Erich dem Jüngeren von Sachsen das
Schloß Dömitz in Empfang. 1358 vertrat er mit Hermann de Wickede und Bertram Vorrad Lübeck auf dem Hansetag zu Rostock, und 1360 waren dieselben
drei an dem Abschluß eines Friedensvertrages mit Herzog Erich von Sachsen beteiligt. Zu dieser Zeit war W. bereits Bürgermeister. Das Niederstadtbuch weist
ihn als solchen erstmals 1359 aus (NStB I 800, 5). Nachdem Waldemar Atterdag
1360 Öland und Gotland (Visby) erobert hatte, vertrat W. mit Johann von Pleskow und Berend Oldenborgh Lübeck im September 1361 auf dem Hansetag zu
Greifswald, der den Krieg gegen Dänemark beschloß. W. erhielt den Oberbefehl
über die Flotte und führte sie im April 1362 nach dem Sund, um Helsingborg zu
belagern. Die versprochenen Truppen der Könige von Schweden und Norwegen
waren nicht zur Stelle, die Belagerung zog sich in die Länge und gab den Dänen
Gelegenheit, die schlecht bewachten hansischen Schiffe anzugreifen. Zwölf
(nach anderen Quellen sechs oder elf) Koggen (von 27) konnten sie erbeuten. W.
brach daraufhin die Belagerung ab und führte, ohne irgendeine Entscheidung
erreicht zu haben, den Rest der Flotte zurück. Nach seiner Rückkehr wurde er
abgesetzt und ins Gefängnis geworfen. Der genaue Zeitpunkt ist unbekannt,
ebenso der Anklagepunkt, der letztlich zur Hinrichtung führte.

Die Niederlage allein kann nicht der Grund gewesen sein. Auch seinen
Freunden, die sich auf den Hansetagen 1363 in Lübeck und Wismar für ihn einsetzten und um seine Freilassung baten, war der Grund seiner Inhaftierung unbekannt. Die versammelten Städte verzichteten auf eine Anklageerhebung, obgleich auch sie Wittenborgs „Tat" (factum suum) als ein Vergehen betrachteten.
Die Angelegenheit wurde dem Lübecker Rat übertragen, der W. eben wegen
dieser Tat „et propter alias causas, quas cum Johanne Wittenborgh specialiter
haberent" gefangen hielt und zu gegebener Zeit darüber entscheiden wollte.
Von einer möglichen Todesstrafe ist nicht einmal andeutungsweise die Rede.
Und doch war W. zwei Monate später bereits hingerichtet.

Der Grund für die Härte der Strafzumessung liegt vermutlich in den inneren
Spannungen, wohl wirtschaftspolitischer Art, dem Vorhandensein zweier Par

teien im Rat der Stadt. Die frühere Hochverratsthese jedenfalls ist hinfällig, da keine Konfiskation des Vermögens stattfand. Die Tatsache, daß das Handlungsbuch W.s ins Lübeckische Archiv kam, könnte andererseits für die Vermutung Mollwos (s. Qu. u. Lit.) sprechen, daß W., obwohl lübeckischer Ratsmann und Bürgermeister, das Handelsverbot mit Flandern übertreten habe und dies für seine Verurteilung mit ausschlaggebend gewesen sei.

W. wurde zwischen dem 15. August und dem 21. September 1363 auf dem Marktplatz zu Lübeck enthauptet. Der Rat verweigerte ihm ein Begräbnis in der Marienkirche und ließ ihn bei den Dominikanern im Burgkloster bestatten. Sein Name wurde aus der Ratslinie gestrichen.

Quellen: AHL: Niederstadtbuch I. – Schröder, Topographische Reg. – Urfehdereg. Nr. 25, 31 (= UBStL III Nr. 367). – *Gedr. Quellen:* UBStL, 2, Nr. 389 Anm., Nr. 1098 S. 1065; 3, Nr. 179, 209, 256, 260, 263, 269, 281, 310, 358, 367, 380, 389, 415, 417; 4, Nr. 61, 64, 92. – HUB, 3, Nr. 272 Anm. 1, Nr. 486 (= UBStL, 3, Nr. 358). – Hanserezesse Abt. 1, Bd. 1 Nr. 223 § 5, 259, 263, 280 § 4, 287 § 18, 291 § 1, 296 § 12, 299 §§ 2, 4, 325 § 7. – Die Chronica Novella d. Hermann Korner, hrsg. v. J. Schwalm, Göttingen 1895, S. 66, 275, 284. – Das Handlungsbuch d. Hermann u. Johann Wittenborg, hrsg. v. C. Mollwo, Lpz. 1901, S. 1–86; Testament des J. W., ebd. S. 89. – Chronica Sialandiae, in: Annales Danici medii aevi, hrsg. v. E. Jørgensen, Kop. 1920, S. 188. – Die Bremer Chronik v. Rinesberch, Schene u. Hemeling. Die Chroniken d. dt. Städte 37 (Die Chroniken d. niedersächsischen Städte. Bremen), Bremen 1968, S. 145. – A. v. Brandt, Reg. d. Lübecker Bürgertestamente d. Mittelalters, 2, Lübeck 1973, Nr. 925, S. 294.
Literatur: ADB, 43, S. 609 f. – D. Schäfer, Die Hansestädte u. König Waldemar von Dänemark, Jena 1879, S. 275 ff., 310 ff., 359 f. – W. Mantels, Die hansischen Schiffshauptleute J. W., Brun Warendorp u. Tidemann Steen, in: Ders., Beitrr. z. Lübisch-Hansischen Gesch., hrsg. v. K. Koppmann, Jena 1881, S. 184–194, 227–229. – W. Brehmer, Der Lübecker Bürgermeister Jacob Plescow, in: HG 1882, S. 49–66, 55 f. – M. Hoffmann, Gesch. d. Freien u. Hansestadt Lübeck, Lübeck 1889–1892, S. 113 f. – Das Handlungsbuch des Hermann u. J. W., hrsg. v. C. Mollwo, Lpz. 1901, S. I–LXXIX. – Fehling Nr. 366. – Ph. Dollinger, Die Hanse, 2. Aufl. Stgt. 1976, S. 97, 223 ff.

Rolf Hammel

ABKÜRZUNGSVERZEICHNIS

Abb.	Abbildung(en)	Einf.	Einführung
Abdr.	Abdruck	Einl.	Einleitung
abgeb.	abgebildet	Enz.	Enzyklopädie
abgedr.	abgedruckt	Erg.-Bd.	Ergänzungsband
Abh.	Abhandlung(en)	Erg.-H.	Ergänzungsheft
Abschr.	Abschrift	Erl.	Erläuterung(en)
Abt.	Abteilung	ersch.	erschienen
Akad.	Akademie	erw.	erweitert
allg.	allgemein	ev.	evangelisch
Anm.	Anmerkung(en)		
anon.	anonym	Faks.	Faksimile
Anz.	Anzeigen, Anzeiger	Festschr.	Festschrift
ao.	außerordentlich	Ffm.	Frankfurt am Main
Arb.	Arbeiten	fol.	Folio
Arch.	Archiv	Forsch.	Forschung(en)
Aufl.	Auflage(n)	Forts.	Fortsetzung(en)
ausführl.	ausführlich		
Ausg.	Ausgabe(n)	geb.	geboren
ausgew.	ausgewählt	gedr.	gedruckt
Ausw.	Auswahl	gegr.	gegründet
		Gem.	Gemeinde
Bd., Bde.	Band, Bände	gen.	genannt
bearb.	bearbeitet	Ges.	Gesellschaft
begr.	begraben	ges.	gesammelt
Beil.	Beilage	Gesch.	Geschichte
Beitr., Beitrr.	Beitrag, Beiträge	gesch.	geschieden
Ber., Berr.	Bericht(e)	gest.	gestorben
bes.	besonders	get.	getauft
Bibl.	Bibliothek		
Bibliogr.	Bibliographie	H.	Heft
Biogr.	Biographie	Hbg.	Hamburg
biogr.	biographisch	Hdb.	Handbuch
Bl., Bll.	Blatt, Blätter	Hdwb.	Handwörterbuch
Bln.	Berlin	hist.	historisch
		holst.	holsteinisch
Chron.	Chronik(en)	Hrsg.	Herausgeber
Cod.	Codex, Codices	hrsg.	herausgegeben
		Hs., Hss.	Handschrift(en)
d. Ä.	der Ältere		
d. J.	der Jüngere	Inst.	Institut
dargest.	dargestellt		
Darst.	Darstellung	Jb., Jbb.	Jahrbuch, Jahrbücher
dass.	dasselbe	Jg.	Jahrgang
dems.	demselben	Jh.	Jahrhundert
ders.	derselbe	jüd.	jüdisch
dess.	desselben		
dies.	dieselbe	Kal.	Kalender
Diss.	Dissertation	Kap.	Kapitel
Dok.	Dokument(e)	Kat.	Katalog
dt.	deutsch	kath.	katholisch
		Kb., Kbb.	Kirchenbuch,
ebd.	ebenda		Kirchenbücher

kgl.	königlich	Slbd.	Sammelband
Kl.	Klasse	Slg.	Sammlung
Kop.	Kopenhagen	Sp.	Spalte
Korr.	Korrespondenz	SS	Sommersemester
Kr.	Kreis	Stgt.	Stuttgart
Ksp.	Kirchspiel	Stud.	Studien
Kupf.	Kupferstich	Supp.	Supplement
Lex.	Lexikon	t.	tomus
Lit.	Literatur	T., T.	Teil(e)
Lpz.	Leipzig	Taf.	Tafel
luth.	lutherisch	TH	Technische Hochschule
		TU	Technische Universität
masch.	maschinenschriftlich		
med.	medizinisch	UB	Universitätsbibliothek
Mh.	Monatsheft(e)	Übs.	Übersetzung
Mitt.	Mitteilungen	übs.	übersetzt
Ms., Mss.	Manuskript(e)	unbek.	unbekannt
Mus.	Museum	ungedr.	ungedruckt
		Univ.	Universität
Nachr.	Nachrichten	Unters.	Untersuchung(en)
ndt.	niederdeutsch	Urk.	Urkunde(n)
Neudr.	Neudruck		
N. F.	Neue Folge	Ver.	Verein
N. R.	Neue Reihe	verb.	verbessert
Nr.	Nummer	Verf.	Verfasser
		Verh.	Verhandlung(en)
o. J.	ohne Jahr	verh.	verheiratet
o. O.	ohne Ort	Veröff.	Veröffentlichung(en)
o. O. u. J.	ohne Ort und Jahr	vervielf.	vervielfältigt
op.	opus	verw.	verwitwet
		Verz.	Verzeichnis
Prof.	Professor	verz.	verzeichnet
Progr.	Programm	vgl.	vergleiche
Ps.	Pseudonym	Vjh.	Vierteljahreshefte
		Vjschr.	Vierteljahresschrift
Qu.	Quelle(n)		
		Wbl.	Wochenblatt
R.	Reihe	Wiss.	Wissenschaft
Red.	Redaktion	wiss.	wissenschaftlich
ref.	reformiert	WS	Wintersemester
Reg.	Regesten	Wschr.	Wochenschrift
schl.	schleswigsch	Z.	Zeitschrift
Schl.-Holst.	Schleswig-Holstein	Zbl.	Zentralblatt
schl.-holst.	schleswig-holsteinisch	Ztg.	Zeitung
Schr., Schrr.	Schrift(en)	zus.	zusammen
s. d.	siehe dort		

SIGELVERZEICHNIS

Achelis, Matrikel	Th. O. Achelis, Matrikel der Schleswigschen Studenten 1517– 1864, 3 Bde., Kop. 1966–1967
ADB	Allgemeine Deutsche Biographie, 56 Bde., Lpz. 1875–1912 (Neudruck Bln. 1967)
AfStKg	Archiv für Staats- und Kirchengeschichte der Herzogthümer Schleswig, Holstein, Lauenburg
AHL	Archiv der Hansestadt Lübeck
Alberti 1867	E. Alberti, Lexikon der Schleswig-Holstein-Lauenburgischen und Eutinischen Schriftsteller von 1829 bis Mitte 1866, 2 Bde., Kiel 1867/68
Alberti 1885	E. Alberti, Lexikon der Schleswig-Holstein-Lauenburgischen und Eutinischen Schriftsteller von 1866–1882, 2 Bde., Kiel 1885/86
Andresen/Stephan	L. Andresen/W. Stephan, Beiträge zur Geschichte der Gottorfer Hof- und Staatsverwaltung von 1544–1659, 2 Bde., Kiel 1928 (QuFGSH 14 u. 15)
Arends	O. F. Arends, Gejstligheden i Slesvig og Holsten fra Reformationen til 1864, 3 Bde., Kbh. 1932
BJb	Biographisches Jahrbuch und Deutscher Nekrolog, hrsg. v. A. Bettelheim
BLÄ	Biographisches Lexikon der hervorragenden Ärzte aller Zeiten und Völker, hrsg. v. Aug. Hirsch u. a., 2. Aufl., 5 Bde., Erg.-Bd., Bln. u. Wien 1929–1935 (Neudruck München usw. 1962)
Bricka	Dansk biografisk Lexikon, hrsg. v. C. F. Bricka, 19 Bde., Kop. 1887–1905
BSSt	Beiträge zur Schleswiger Stadtgeschichte
BuKHL	Die Bau- und Kunstdenkmäler der Hansestadt Lübeck, 4 Bde., Lübeck 1906–1974
Cimb. lit.	J. Moller, Cimbria literata, 3 Bde., Kop. 1744
DAA	Danmarks Adels Aarbog
DBJb	Deutsches Biographisches Jahrbuch, hrsg. v. Verband der Deutschen Akademien
DBL	Dansk biografisk Leksikon, redigiert v. P. Engelstoft u. Sv. Dahl, 27 Bde., Kop. 1933–1944
DBL 3. Ausg.	Dansk biografisk leksikon, 3. Ausg., redigiert v. Sv. Cedergreen Bech, 16 Bde., Kop. 1979–1984
DGB	Deutsches Geschlechterbuch
DHT	[Dansk] Historisk Tidsskrift
DMP	Danske malede Portrætter, hrsg. v. E. F. S. Lund u. C. Chr. Andersen, 10 Bde., Kop. 1895–1912
Embedsetat	G. N. Kringelbach, Den danske civile Centraladministrations Embedsetat 1660–1848, Kop. 1889; Suppl.: Civile Direktioner og Kommissioner samt andre overordnede Myndigheder under Enevælden, Kop. 1899. [Forts.:] Den civile Centraladministration 1848–1893, Kop. 1894.
Faaborg	N. L. Faaborg, Danske grafiske Portrætter: Kongehuset, Kbh. 1980
Falck	Archiv für Geschichte . . . der Herzogthümer Schleswig, Holstein und Lauenburg, hrsg. v. N. Falck
Fehling	E. F. Fehling, Lübeckische Ratslinie von den Anfängen der Stadt bis auf die Gegenwart, Lübeck 1925 (Neudruck ebd. 1978)
FJbSH	Familienkundliches Jahrbuch Schleswig-Holstein

Gesch. CAU	Geschichte der Christian-Albrechts-Universität Kiel 1665–1965, Bd. 1 ff., Neumünster 1965 ff.
Goedeke	K. Goedeke, Grundriß zur Geschichte der deutschen Dichtung aus den Quellen, 2. [z. T. 3.] Aufl., Bd. 1 ff. [verschiedene Bearbeiter], Dresden [später Bln.] 1884 ff.; N. F.: Bd. 1 [mehr nicht erschienen], Bln. 1962
GSH	Geschichte Schleswig-Holsteins, Bd. 1 ff., Neumünster 1958 ff.
GV I	Gesamtverzeichnis des deutschsprachigen Schrifttums (GV) 1700–1910, Bd 1 ff., München usw. 1979–1987
GV II	Gesamtverzeichnis des deutschsprachigen Schrifttums (GV) 1911–1965, 150 Bde., München usw. 1976–1981
HAB	Herzog August Bibliothek Wolfenbüttel
Hdb. Emigration	Biographisches Handbuch der deutschsprachigen Emigration nach 1933 = International Biographical Dictionary of Central European Emigrés 1933–1945, hrsg. v. W. Röder u. a. 3 Bde., München usw. 1980–1983
HG	Hansische Geschichtsblätter
HJb	Historisches Jahrbuch
HR	Hanserezesse, 4 Abt., [wechselnde Verlagsorte] 1870–1970 (Neudr. Hildesheim u. New York 1975)
HUB	Hansisches Urkundenbuch, 11 Bde., [wechselnde Verlagsorte] 1876–1916
HZ	Historische Zeitschrift
Jb. Angeln	Jahrbuch des Heimatvereins der Landschaft Angeln
Jb Dithmarschen	Dithmarscher Jahrbuch
Jb. Eckernförde	Jahrbuch der Heimatgemeinschaft Eckernförde e. V.
Jb. Eutin	Jahrbuch für Heimatkunde Eutin
Jb. Geest	Jahrbuch für die Schleswigsche Geest
JbNfI	Jahrbuch des Nordfriesischen Instituts
JbNfV	Jahrbuch des Nordfriesischen Vereins für Heimatkunde und Heimatliebe
Jb. Nordfriesland	Nordfriesisches Jahrbuch
Jb. Oldenburg	Jahrbuch für Heimatkunde Oldenburg / Ostholstein
Jb. Pinneberg	Jahrbuch für den Kreis Pinneberg
Jb. Plön	Jahrbuch für Heimatkunde im Kreis Plön
Jb. Rendsburg	Rendsburger Jahrbuch
Jb. Segeberg	Heimatkundliches Jahrbuch für den Kreis Segeberg
Jb. Steinburg	Steinburger Jahrbuch
Jöcher	Chr. G. Jöcher, Allgemeines Gelehrten-Lexicon, 4 Bde., Lpz. 1750–1751
KB	Det Kongelige Bibliotek, Kopenhagen
Kdm	Die Kunstdenkmäler des Landes Schleswig-Holstein, [Bd. 1 ff.], München u. Bln. 1939 ff.
Kordes	B. Kordes, Lexikon der jetztlebenden schleswig-holsteinischen und eutinischen Schriftsteller, Schleswig 1797
Kosch Lit.	Deutsches Literatur-Lexikon, begründet v. W. Kosch, 3. Aufl., Bd. 1 ff., Bern u. München 1968 ff.
KSDL	Kieler Studien zur deutschen Literaturgeschichte
KSH	Kunst in Schleswig-Holstein
Kürschner Gel.	Kürschners Deutscher Gelehrten-Kalender
Kürschner Lit.	Kürschners Deutscher Literatur-Kalender

Lange	Chr. Lange, Sammlung schleswig-holsteinischer Münzen und Medaillen, 2 Bde., Bln. 1908/12
LAS	Landesarchiv Schleswig-Holstein, Schleswig
LbgH	Lauenburgische Heimat
LBl	Lübeckische Blätter
LHS	Lexikon der hamburgischen Schriftsteller bis zur Gegenwart, begründet v. H. Schröder, 8 Bde., Hbg. 1851–1883
L.-S.	D. L. Lübker/H. Schröder, Lexikon der Schleswig-Holstein-Lauenburgischen und Eutinischen Schriftsteller, von 1796 bis 1828, 3 Bde., Altona 1829–1831
LSAK	Lübecker Schriften zur Archäologie und Kulturgeschichte
MGG	Die Musik in Geschichte und Gegenwart, 16 Bde., Kassel usw. 1949–1979
MGGL	Mitteilungen der Geographischen Gesellschaft und des Naturhistorischen Museums in Lübeck
MKStG	Mitteilungen der Gesellschaft für Kieler Stadtgeschichte
MLGA	Mitteilungen des Vereins für Lübeckische Geschichte und Altertumskunde
MusKK	Museum für Kunst und Kulturgeschichte der Hansestadt Lübeck
NDB	Neue Deutsche Biographie, Bd. 1 ff., Bln. 1953 ff.
NNdD	Neuer Nekrolog der Deutschen
NE	Nordelbingen
NStM	Neues Staatsbürgerliches Magazin
PB	Schleswig-Holstein-Lauenburgische Provinzialberichte
Poggendorff	J. Chr. Poggendorff, Biographisch-Literarisches Handwörterbuch der exakten Naturwissenschaften, hrsg. v. d. Sächsischen Akademie der Wissenschaften zu Leipzig, Bd. 1 ff., Lpz. 1863 ff.
PT	Personalhistorisk Tidsskrift
QuFGSH	Quellen und Forschungen zur Geschichte Schleswig-Holsteins
RAK	Rigsarkivet, Kopenhagen
RE	Realencyklopädie für protestantische Theologie und Kirche, 3. Aufl., 24 Bde., Lpz. 1896–1913
RGG	Die Religion in Geschichte und Gegenwart, 3. Aufl., 6 Bde., Registerbd., Tübingen 1957–1965
Schnobel	J. H. Schnobel, Lübeckische Geschlechter (AHL, Hs. 817[2])
SFSt	Schriften der Gesellschaft für Flensburger Stadtgeschichte
SH	Schleswig-Holstein
SHA	Schleswig-Holsteinische Anzeigen
SHBL	Schleswig-Holsteinisches Biographisches Lexikon, 9 Bde., Neumünster 1970–1991 (ab Bd. 6: Biographisches Lexikon für Schleswig-Holstein und Lübeck)
SHK	Schleswig-Holsteinisches Jahrbuch (früher: Schleswig-Holsteinischer Kunstkalender)
SHLB	Schleswig-Holsteinische Landesbibliothek, Kiel
SHLM	Schleswig-Holsteinisches Landesmuseum, Schleswig
Singer	H. W. Singer, Allgemeiner Bildniskatalog, 14 Bde., Lpz. 1930–1936; Neuer Bildniskatalog, 5 Bde., Lpz. 1937/38

SLIMf	Kieler Schriften zur Musikwissenschaft (früher: Schriften des Landesinstituts für Musikforschung Kiel)
SøÅ	Sønderjyske Årbøger
SSHKG	Schriften des Vereins für Schleswig-Holsteinische Kirchengeschichte
StA Hamb.	Staatsarchiv Hamburg
StM	Staatsbürgerliches Magazin
SUBH	Staats- und Universitätsbibliothek Hamburg Carl von Ossietzky
Th.-B.	Allgemeines Lexikon der bildenden Künstler von der Antike bis zur Gegenwart, begründet v. U. Thieme u. F. Becker, 37 Bde., Lpz. 1907–1950 (Neudr. Lpz. 1970)
TRE	Theologische Realenzyklopädie, hrsg. v. G. Krause u. G. Müller, Bd. 1 ff., Bln. u. New York 1977 ff.
UBBL	Urkundenbuch des Bisthums Lübeck, hrsg. v. W. Leverkus, Oldenburg 1856
UBStL	Urkundenbuch der Stadt Lübeck, 11 Bde., Registerbd., Lübeck 1843–1932
VA	Vejledende Arkivregistratur, udgivet af Rigsarkivet
VBl	Vaterstädtische Blätter
VLAS	Veröffentlichungen des Schleswig-Holsteinischen Landesarchivs
VLGA	Verein für Lübeckische Geschichte und Altertumskunde
Volbehr / Weyl	F. Volbehr / R. Weyl, Professoren und Dozenten der Christian-Albrechts-Universität zu Kiel 1665–1954, 4. Aufl., Kiel 1956 (VSHUG N. F. 7)
Vollmer	H. Vollmer, Allgemeines Lexikon der bildenden Künstler des XX. Jahrhunderts, 6 Bde., Lpz. 1953–1962
v. Seelen	J. H. v. Seelen, Athenae Lubecenses, 4 Bde., Lübeck 1719–1722
VSHUG	Veröffentlichungen der Schleswig-Holsteinischen Universitätsgesellschaft
Wagen	Der Wagen. Ein lübeckisches Jahrbuch
Weilbach	Weilbachs Kunstnerleksikon, red. v. M. Bodelsen u. P. Engelstoft, 3 Bde., [Kop.] 1947–1952
Westergaard	P. C. B. Westergaard, Danske Portrætter i Kobberstik, Litografi og Træsnit, 2 Bde., Kop. 1930/33
Westphalen	E. J. v. Westphalen, Monumenta inedita rerum Germanicarum praecipue Cimbricarum et Megapolensium, 4 Bde., Lpz. 1739–1745
Zedler	Grosses vollständiges Universal-Lexicon aller Wissenschaften und Künste, hrsg. v. J. H. Zedler, 64 Bde., 4 Supplementbde., Halle u. Lpz. 1732–1754 (Neudr. Graz 1961–1964)
ZHG	Zeitschrift des Vereins für Hamburgische Geschichte
ZLGA	Zeitschrift des Vereins für Lübeckische Geschichte und Altertumskunde
ZNF	Zeitschrift für Niederdeutsche Familienkunde
ZSHG	Zeitschrift der Gesellschaft für Schleswig-Holsteinische Geschichte

ABBILDUNGSVERZEICHNIS

AUTORENVERZEICHNIS

Ahrens, Prof. Dr. Gerhard, Institut für Sozial- und Wirtschaftsgeschichte der Universität Hamburg, Allende-Platz 1, 2000 Hamburg 13; S. 117–129, 178.

Alwast, Dr. Dr. Jendrist, Fürkiek 3, 2352 Bissee; S. 331.

Angermann, Prof. Dr. Norbert, Wacholderweg 7a, 2110 Buchholz/Nordheide; S. 62.

Beck, Dr. Dorothea, Am Diengholt 9, 4404 Telgte; S. 221.

Bickelmann, Dr. Hartmut, Stadtarchiv, Rathaus, 2850 Bremerhaven; S. 100, 208.

Blühm, Dr. Andreas, Alfons-Auer-Str. 2, 8400 Regensburg; S. 286.

Brinkmann, Dr. Jens Uwe, Städtisches Museum, Ritterplan 7/8, 3400 Göttingen; S. 45.

Bröhan, Dr. Margrit, Limastraße 30A, 1000 Berlin 37; S. 372.

Bruns, Dr. Alken, Archiv der Hansestadt Lübeck, Mühlendamm 1-3, 2400 Lübeck; S. 25, 28, 39, 72, 77, 81, 153, 174, 237, 257, 290, 314, 355, 368.

Carstensen, Dr. Richard †; S. 59.

Clasen, Dr. Carl-Wilhelm, Schlebacher Straße 3, 5308 Rheinbach-Merzbach; S. 50.

Dierks, Prof. Dr. Manfred, Carl von Ossietzky Universität Oldenburg, Postfach 2503, 2900 Oldenburg; S. 243.

Dittrich, Dr. Christian, Schlottwitzer Str. 1A, 8021 Dresden; S. 170.

Dünnhaupt, Prof. Dr. Gerhard, Department of German, Queen's University, Kingston, Ontario K7L 3N6, Kanada; S. 135.

Frecot, Janos, Berlinische Galerie, Stresemannstraße 110, 1000 Berlin 61; S. 129.

Freimark, Prof. Dr. Peter, Sierichstraße 156, 2000 Hamburg 60; S. 67, 70.

Frentz, Dr. Therese, Kaiserallee 3, 2400 Travemünde; S. 296.

Freytag, Prof. Dr. Hartmut, Kuckallee 14, 2057 Reinbek; S. 228, 317, 353.

Friederici, Dr. Adolf, Hindenburgstraße 14a, 2223 Meldorf; S. 24.

Goldmann, Dr. Bernd, Platz von Montrichard 3, 6228 Eltville; S. 145.

Grabkowsky, Dr. Anna-Therese, Hoffschultestr. 14, 4400 Münster; S. 176.

Graßmann, Dr. Antjekathrin, Archiv der Hansestadt Lübeck, Mühlendamm 1–3, 2400 Lübeck; S. 37, 159, 160, 248, 252, 265, 415.

Grosskopf, Suzanne, Heibargredder 18, 2409 Scharbeutz; S. 261.

Guttkuhn, Peter, Kahlhorststraße 30, 2400 Lübeck; S. 21.

Hahne, Heinz, Garten- und Friedhofsamt der Hansestadt Lübeck, Mühlendamm 7, 2400 Lübeck; S. 34, 235.

Hammel, Dr. Rolf, Wakenitzufer 24, 2400 Lübeck; S. 292, 402, 421.

Hannemann, Horst, Wakenitzstraße 52, 2400 Lübeck; S. 113, 141, 378.

Harder, Dr. Jürgen, Wachtelschlag 14, 2400 Lübeck; S. 336.

Hassenstein, Prof. Dr. Friedrich, Stauffenbergring 25, 3400 Göttingen; S. 86, 92, 95, 327, 341–353.

Hauschild, Prof. Dr. Wolf-Dieter, Bodelschwinghstraße 17, 4535 Westerkappeln; S. 47, 106, 305.